성어거스틴의

고백록

St. Augustine's CONFESSIONS

어거스틴 지음 / 선한용 옮김

대한기독교서회

성 어거스틴의 고백록
ⓒ 어거스틴

1990년 2월 20일 초판 1쇄
2003년 3월 15일 2판 1쇄
2019년 5월 10일 3판 1쇄
2024년 9월 30일 3판 7쇄

지은이 어거스틴
옮긴이 선한용
펴낸이 서진한
펴낸곳 대한기독교서회

등록 1867년 8월 26일 제1967-000002호
주소 서울시 강남구 테헤란로103길 14(삼성동)
전화 출판국 02-553-0873~4, 영업국 02-553-3343
팩스 출판국 02-3453-1639, 영업국 02-555-7721
e-mail editor@clsk.org
https://www.clsk.org
facebook.com/clskbooks
instagram.com/clsk1890

책번호 807
ISBN 978-89-511-1965-1 94230

Confessiones
by Augustine
tr. by Sun, Han Yong

The Christian Literature Society of Korea, Seoul
Printed in Korea

* 책값은 뒤표지에 있습니다.

성어거스틴의

St. Augustine's CONFESSIONS

고백록

_역 자 서 문

어거스틴은 354년에 북아프리카에서 태어나 430년에 세상을 떠난 교부이다. 그러나 그의 사상은 20세기 오늘에 이르기까지 계속 영향을 끼쳐 왔다. 중세기에는 안셀므스(Anselmus), 보나벤투라(Bonaventura), 토마스(Thomas)가 그의 저서에 의존함이 많았고 종교개혁 시대에는 루터와 칼빈이 그의 사상을 재발견하여 종교개혁의 신학적인 근거를 수립했다. 17세기의 개신교 정통주의자들도 그의 권위를 받아들였으며 19세기의 자유주의 신학자들도 그의 신학적인 공헌을 인정했다.

근대에 와서 인간의 내면성을 파헤친 어거스틴의 사상은 신정통주의 신학자들, 실존주의 신학자들에게 막대한 영향을 주었다. 그 예로는 칼 바르트, 에밀 브루너, 파울 틸리히, 니버 형제 등이 어거스틴에게서 인간과 세계가 안고 있는 여러 문제와 그 해결의 통찰력을 찾았다.

최근에 와서는 정치문제(역사 해석의 문제), 영성문제, 생태계의 문제를 놓고 신학자들은 어거스틴에게 눈을 돌려 그의 신학적인 조명을 받으려 하고 있다. 즉, 어거스틴의 "두 도성"의 개념에서 정치문제(Markus)를, 그의 신비주의에서 영성문제(G. Bonner)를, 그의 창조론에서 생태계의 문제(Santmire)를 조명해 보려 하고 있다. 이런 면에서 볼 때 틸리히가 어거스틴을 말하여 "그는 자기 이후 천년 동안만 아니라 모든 시대에 영향을 끼친 사람이다."라고 지적한 것이나, 다니엘 윌리엄스(D. Williams)가 "서양신학사는 어거스틴에 대한 계속적인 주(註)밖에 안 된다."고 말한 것은 극히 당연하다고 본다. 그의 사상은 마르지 않는 샘과 같아서 후대 사람들이 항상 이 샘에 다시 와서 그의 통찰력의 물을 마시고 또 마셔 왔다.

이렇듯 중요한 교부요, 신학자인 어거스틴의 **고백록**을 부족한 내가 번역하여 세상에 내놓게 되었다. 내가 **고백록**을 번역하기 시작한 것은 7년 전이다. 서울 감리교신학대학에서 처음으로 어거스틴의 **고백록**을 강의할 때 학생들의 요청과 동료교수들의 격려에 의하여 시작한 것이 이제야 끝난 것이다.

내가 어거스틴의 **고백록**을 번역한 데는 몇 가지 이유가 있다. 첫째는, 그가 쓴 많은 책 중에서 그의 **고백록**은 동서고금을 막론하고 많은 사람들에 의하여 애독된 책이기 때문이다. 이 책은 철학자, 신학자, 심리학자, 문학가들이 연구의 대상으로 다루기도 하지만 보통사람들이 읽고도 큰 감명을 받는 책이다. 그의 **고백록**을 읽는 사람은 그 책 속에서 자기 자신을 읽게 될 것이다. 둘째는, 그의 **고백록**이 나의 삶에서나 내 사상형성에 결정적인 영향을 끼쳐 왔기 때문이다. 셋째는, 요사이 신학계에서 "이야기 신학"이라는 말이 자주 나오고 있는데, 어거스틴의 **고백록**이야말로 이야기 신학의 원형(Archetype)이라고 볼 수 있기 때문이다. 자기 자신에 대한 이야기, 다른 사람들의 이야기를 통해서 신학적인 여러 문제를 뜻 있게 다룬 책이 있다면 어거스틴의 **고백록**보다 더 좋은 책은 없을 것이다.

어거스틴의 **고백록**을 흔히 참회록이라고 부르기도 한다. 그것은 틀린 말이 아니다. 그러나 어거스틴이 사용한 **고백록**(Confessiones)이라는 라틴어의 뜻은 참회한다는 것 이상의 내용을 담고 있다. 그것은 자기를 죄 가운데서 인도하신 하나님을 찬양하는 뜻과 함께 창조주 하나님에 대한 신앙고백을 포함하고 있다. 요약하여 말하면 어거스틴의 **고백록**은 그의 삼중적인 고백, 즉 죄의 고백, 찬양의 고백, 신앙의 고백을 다 포함하고 있는 것이다. 그래서 어거스틴이 Confessiones라는 복수형의 단어를 사용한 듯하다. 그러므로 그가 **고백록** 서두에서 "오, 주님, 당신은 위대하시니 크게 찬양을 받으실 만하옵니다."(Magnes es, Domino, et laudabilis valde)라고 시작한 것도 이러한 맥락에서 이해해야 할 것이다. 그는 **고백록**에서 자기의 과거의 죄를 고백함으로써 하나님의 위대하심과 은총(은혜)을 찬양하고 동시에 자기의 신앙, 아니 교회에서 권위를 가지고 가르친 창조자에 대한 신앙을 고백하고 있는 것이다.

이러한 고백은 일차적으로는 하나님께 하는 것이요, 이차적으로는 그의 고백을 듣는 청중들과 앞으로 이 책을 읽게 될 허다한 독자들에게 하는 것이라고 볼 수 있다. 따라서 그의 삼중적인 고백은 하나님을 찬양하고, 하나님 앞에서 자신을 성찰하며 청중과 독자들을 위하여 기독교인의 신앙(교리)과 삶을 권면하는 세 가지의 요소를 포함하고 있다. 이런 면에서 어거스틴의 **고백록**은 기독교인의 영성훈련을 위하여 또한 신학교육을 위하여 대단히 좋은 책이라고 볼 수 있다.

이러한 요소를 담고 있는 어거스틴의 **고백록**은 전부 13권으로 되어 있다. 실제로 어거스틴이 자기의 과거생활을 다룬 부분은 1권에서 9권까지이다. 왜 그가 자기의 생활 이야기가 아닌 부분(10－13권)을 첨가했을까에 대하여는 학자들 간에 의견이 구구하다. 그러나 그러한 문제는 **고백록** 11권에 나타난 시간론을 이해하면 그 이유를 알 수 있을 것이다. 그에게 있어서 시간이란 물체의 운동을 표시하는 물리학적 시간이 아니라 인간의 내면에서 의식된 체험의 시간이다. 어거스틴이 시간을 '혼의 분산'(distentio animi)이라고 말하는 것은 바로 체험의 시간을 의미하는 것이다. 그러므로 시간의 세 양상인 과거, 현재, 미래는 과거에 대한 기억(memoria), 현재의 직관(contuitus), 미래에 대한 기대(expectatio)로 파악이 된다.

이러한 맥락에서 볼 때 그의 **고백록**은 3부로 나누어져 있다고 생각할 수 있다. 1권에서 9권까지는 어거스틴이 자기의 과거, 즉 자기의 출생부터 어머니의 죽음까지를 기억하면서 그간에 자기를 인도하신 하나님의 은혜와 섭리를 찬양하고, 10권에서는 어거스틴이 **고백록**을 쓰고 있던 당시, 자신의 현재, 즉 자기 혼의 모습(의식의 심층까지)을 다루고 있다. 그가 회심 후에도 계속 받고 있는 현재의 유혹도 여기에서 논하고 있다. 그리고 11권에서 13권까지는 그가 시간론과 창조론을 다룸으로써 창조자의 섭리 가운데 있는 인간의 궁극적인 의미 실현을 바라고 기대하고 있다. 그러기에 그는 미래에 있을 우리의 안식을 위해 하나님께 간구함으로 **고백록**을 끝맺는다.

고백록을 번역하는 데 라틴어 원본으로는 하버드대학 출판사에서 1960년대에 Loeb Classical Library판으로 나온 *St. Augustine's Confessions* I, II(라틴어와 영문대조)와 *Skutella, Marrin, Confessiones*(Leibzig : Bibliotheca Teubneriana, 1934)를 사용했다. 번역하는 데 아래의 책들을 참조했음을 밝히는 바이다.

· *The Library of Christian Classics*, Vol. VII. Augustine : *Confessions and Enchiridion*. tr. A. C. Outler(Philadelphia : The Westminster Press, 1955).

· *Nicene and Post-Nicene Fathers of the Christian Church*, Vol. I. tr. J. G. Pilkington. Grand Rapids(Wm. B. Erdmans Publishing Co., 1974).

· *Basic Writings of Saint Augustine*. ed. W. J. Oates(New York : Random House, 1948).

· *The Fathers of the Church*. Vol. 21. Confessions. tr. V. Bourke Washington, D. D.(The Catholic University Press, 1953).

· *Confessions of St. Augustine*, tr. J. K. Ryan(New York : Doubleday & Company, Inc., 1960).
· *St. Augustine, Confessions*. tr. R. S. Pine-Coffin(New York : Dorset Press, 1986).
· Robert J. O' Connell, *St. Augustine' s Confessions, The Odyssey of Soul*, Cambridge(Harvard University Press, 1969).

번역할 때 우리말로 표현하기 힘든 문장은 '—' 로 표시하여 문장을 나누어 읽기 쉽고 뜻이 통하도록 했다. 또한 뜻이 잘 통하지 않을 것 같은 곳에는 대치될 수 있는 단어나 그 해석을 '괄호' 속에 넣어서 문장이 잘 흐르고 이해될 수 있도록 했다. 이 번역판에서 **고백록**의 저자를 '아우구스티누스' 라고 하지 않고 보통 많은 사람들의 입에서 통용되고 있는 호칭을 사용하여 '어거스틴' 이라고 했다.

끝으로 **고백록**을 번역하도록 계속 나를 격려해 주고 그 책이 나오기를 고대한 감리교신학대학의 교수들과 제자들, 그리고 이 책을 출판하도록 도와준 대한기독교서회에 감사를 드린다.

1990년 2월
선 한 용

개정완역판 서문

어거스틴의 **고백록**을 번역하여 세상에 내놓은 후 벌써 거의 13년이란 세월이 흘러갔다. 그간 14판이 나왔다. 나는 그간 여러 신학대학교와 교회에서 이 책을 중심으로 어거스틴의 신학 사상과 영성에 관하여 강의를 많이 해왔다. 13년이란 세월 동안에 독자들이나 내 강의를 들었던 학생들과 교인들로부터 많은 격려와 조언과 평가를 받았다. 또한 나 스스로도 그간 어거스틴의 사상을 강의하면서 더 많은 연구를 해왔다. 그러던 과정에서 나는 13년 전에 번역했던 어거스틴의 **고백록**을 다시 번역하여 세상에 내놓고 싶은 생각이 들었다.

첫째 이유는 13년이란 세월 동안 어거스틴의 사상을 더 깊이 그리고 넓게 볼 수 있게 된 나의 마음에 '이렇게 번역하고 표현했더라면 더 좋았을 텐데…' 라는 생각이 강하게 들었기 때문이다. 둘째 이유는 처음으로 **고백록**을 대하는 독자들이나 학생들을 위해 간단한 안내가 필요하다는 것을 느꼈기 때문이다. 이것은 많은 독자들로부터 받은 조언이기도 했다. 그들의 말에 의하면 기독교의 불멸의 고전이라고 해서 **고백록**을 접해 봤으나 안내서가 없어서 읽어 봐도 잘 이해가 되지 않았다는 것이다. 그래서 나는 독자들을 위해 "어거스틴의 **고백록**에 대한 해설"을 몇 년 전부터 쓰기 시작했다. 가까운 장래에 출판할 수 있으리라고 기대하고 있다. 여기에 실린 안내는 그 해설의 서론을 요약한 것이다. 셋째 이유는 독자들의 이해를 돕기 위해 자세한 각주(註)를 매 쪽의 밑에 달아 설명해 줄 필요성을 느꼈기 때문이다. 이것은 독자들의 요청이기도 했고, 역자도 동감한 바이다. **고백록**의 내용에 대해 더 깊은 연구를 하고자 하는 사람은 후에 출판될 "**고백록**의 해설"을 반드시 읽어 보기를 바란다.

이 개역판의 "**고백록**을 이해하기 위한 안내"와 "각주"에서 **고백록**의 권, 장, 절을 표기할 때 아라비아 숫자를 괄호에 넣어 표시했다. 예를 들면 **고백록** 1권 7장 11절을 1, 7, 11이라고 표기했다. **고백록**의 차례에서 1－13권의 내용을 각각 요약한 것이나 또는 각 권과 장의 제목을 간단히 붙인 것은 독자들의 이해를 돕기 위해서 역자가 적어 넣은 것임을 밝혀 둔다. 이 개역판을 내기 위해 더 참고한 책은 다음과 같다.

· James J. O'Donnell, *Augustine Confessions* Vol. I. II. III(Oxford University Press, 1992).

· Oeuvres de Saint Augustin 13, 14. *Les Confessions*(Desclee de Brouwer, 1962).

· Saint Augustine, *Confessions*. tr. Henry Chadwick(Oxford: Oxford University Press, 1992).

· Augustinus, *Confessiones*(Bekenntnisse, Lateinish und Deutsch)(Koesel-Verlag Muenchen, 1995).

이 개역판 **고백록**이 나오도록 계속 격려해 준 감리교신학대학 교수님들과 학생들, 장로회신학대학 교수님들과 학생들, 그리고 양 신학대학의 동문들과 독자들에게 감사를 드린다. 특별히 번역상의 문제를 놓고 고민한 역자에게 많은 암시와 교정과 격려를 아끼지 않았으며 또한 문장을 교정해 주고 잘 다듬어주기까지 한 김재은 교수와 양명수 교수의 노고에 감사한다. 끝으로 개정완역판의 출판을 허락하고 그 수고를 담당한 대한기독교서회에 심심한 감사를 드린다.

선한용
2002년 11월 13일
어거스틴의 출생 1648년째를 기념하며

_차 _례

제 3 권 카르타고의 학생 시절과 마니교 *93*

어거스틴은 자신의 카르타고 유학시절의 생활, 즉 쾌락을 추구한 자신의 생활을 회상한다. 그때 그가 읽은 키케로의 책 『호르텐시우스』는 그에게 철학적인 관심을 불어 넣어 준다. 그는 성서에 눈을 돌려 그 안에서 합리적인 진리를 찾아보려고 한다. 그러나 성서의 뜻이 이해가 안 되어 합리적인 진리를 설파한다는 마니교에 깊이 빠지게 된다. 이것을 염려하던 어머니는 자기 아들이 결국은 기독교 신앙으로 돌아올 것이라는 꿈을 꾸고 위로를 받는다. 또한 어거스틴의 그릇된 신앙 때문에 울고 있던 그의 어머니에게 어떤 교회 감독이 "이렇게 흘리는 눈물의 자식이 망할 리 없습니다."라고 위로한다. 어머니는 이 말을 하늘로부터 들려 온 소리로 받아들이고 위로를 받는다.

제 4 권 유혹하고 유혹받으며, 속고 속이는 삶 *117*

어거스틴은 9년 동안 마니교에 깊이 빠져 그 종교의 미신에 유혹되어 속고 속이는 생활을 한다. 그러나 실은 어거스틴 자신도 자기 고향인 타가스테에서 남을 속이는 수사학을 가르치는 교사생활을 한다. 그간 그는 점성술에도 깊이 빠져 그것에 의해서도 속고 속이는 생활을 한다. 그는 고향에서 깊이 사귄 친구와 사별을 한다. 친구를 잃고 그는 인간생명의 무상함을 실감하며 슬퍼한 나머지 그 슬픔을 잊으려고 고향을 떠나 카르타고로 다시 돌아간다. 그는 자기가 처음으로 쓴 책 『아름다움과 알맞음』을 소개한다. 그리고 자기가 20살 때 읽은 아리스토텔레스의 『십 범주』와 다른 철학 책들은 자기의 삶에 아무 도움도 주지 못했다고 말한다.

제11권 시간과 영원 *377*

자기의 과거의 생과 현재의 모습을 분석한 어거스틴은 이제 존재의 시작인 창조와 그때(시간)를 상세히 논하면서 '하나님이 천지를 창조하시기 전에는 무엇을 하고 계셨는가?' 라는 질문에 답한다. 그에 의하면 하나님은 세상을 시간 안에서 창조하시지 않으시고 시간과 함께 창조하셨으므로 창조 이전의 시간인 '그때' 를 물을 수 없다고 말한다. 이와 같은 대답으로부터 출발하여 어거스틴은 시간과 영원의 질적인 차이와 관계, 시간의 본질, 시간체험 때문에 생기는 영혼의 분산과 분열, 그리고 그것을 극복하는 길에 대해 철학적으로 규명한다.

제12권 무로부터의 창조, 질료와 형상 *419*

제11권에서 창조와 시간의 문제를 다룬 어거스틴은 이제 창세기 1:1과 1:2를 해석한다. '하늘' (天)이란 '하늘의 하늘' 로서 영적 존재의 창조를 뜻하고 '땅' (地)이란 무형의 질료를 뜻한다고 그는 논하고 있다. 하나님은 이 무형의 질료로부터 우리가 보는 이 세계를 만드셨다고 말함으로써 '무로부터의 창조' 에 대한 신학적인 뜻을 규명한다. 그는 여기서 창조에 대한 여러 가지 해석의 가능성을 시사하면서 해석하는 자는 관용의 태도를 가지고 사랑의 덕을 세우는 데 해석의 초점을 맞추어야 한다고 주장한다.

제13권 창세기 1장에 대한 은유적 해석 *461*

그는 창세기 1장을 은유적으로 해석하면서 특히 창조 때 나타나신 삼위일체, 하나님의 형상으로 지음을 받은 인간의 위치와 사명, 그리고 좋으신 하나님이 창조한 세계의 좋음을 말하고 있다. 마지막으로 그는 자기의 해석의 정점을 이루고 있는 하나님의 안식을 논하면서 우리도 우리가 해야 할 좋은(선한) 일을 다 마친 후 하나님 안에서 영원한 안식을 누릴 수 있도록 하나님께 기원한다.

어거스틴의 생애에서 중요한 사건들

354년	11월 13일에 북아프리카 타가스테(Thagaste)에서 태어나(지금의 알제리아의 Souk-Ahras) 거기에서 초등교육을 받다.
365－369년	마다우라에 가서 문법교육을 받다.(타가스테에서 남쪽으로 30km 지점에 있음)
369년	집안 형편으로 인해 학교를 쉬고 집에서 일년간 지내다.
371－374년	카르타고에 가서 수사학 공부를 하다. 이때 어거스틴은 어떤 여자와 동거생활을 하기 시작했고, 372년경에 아들 아데오다투스를 낳다. 마니교에 깊이 빠지게 되다.
375년	고향 타가스테로 돌아와 문법학을 가르치다.
376년	고향을 떠나 카르타고에 가서 수사학을 가르치다.
383년	카르타고를 떠나 로마로 가다.
384년	밀라노의 수사학 교수로 가서 거기에서 암브로시우스 감독을 만나다.
385년	모니카가 밀라노에 오다.

386년 어거스틴은 밀라노의 정원에서 회심한 후 자기 일행과 함께 밀라노의 동북쪽 33km 지점에 있는 카씨키아쿰(Cassiciacum)에 가서 약 6개월 동안 휴양하면서 책을 쓰다. 그리고 동시에 세례를 받기 위해 마음의 준비를 하다.

387년 3월경에 밀라노로 돌아와 부활주일(4월 24–25일)에 아들 아데오다투스, 친구요 제자인 알리피우스와 함께 암브로시우스 감독에 의해 세례를 받다.

387년 (가을) 일행과 함께 고향 북아프리카로 돌아가기 위해 오스티아에서 배를 기다리는 중 모니카가 세상을 떠나다. 어거스틴은 일행과 함께 로마로 가서 교회 지도자들을 만나고 책도 쓰면서 약 일년을 지내다.

388년 고향인 타가스테로 돌아가 수도원을 설립하다.

390년 아들 아데오다투스와 친구요 제자인 네브리디우스가 사망하다.

391년 지중해 해안의 도시 히포의 감독 발레리우스에 의해 강제로 사제 안수를 받다.

395년 감독으로 성별되어 감독을 돕다가 그가 사망한 후(396

	년) 히포 교구를 홀로 돌보게 되다.
397–400년	**고백록**을 쓰다.
403–412년	도나투스파들과 논쟁하다.
410년	로마 시가 야만족에 의해 함락되다.
412–421년	펠라기우스파들과 논쟁하다.
413–426년	그의 대작 『신국론』을 쓰다.
430년 8월 28일	어거스틴이 76세로 세상을 떠나다.

고백록에 대한 어거스틴 자신의 평가

1) 『재고록』(*Retractationes*), II, 32(427 AD)

1. 내 **고백록** 13권은 나의 악한 행동과 선한 행동을 말함으로 공의롭고 선하신 하나님을 찬양하고 있으며, 사람들의 이해와 사랑을 자극하여 하나님에게 향하게 하고 있다. 그 책은 내가 그것을 쓰고 있을 때 나에게 그러한 영향을 끼쳤고, 내가 지금 그것을 읽을 때에도 나에게 그러한 영향을 아직도 끼치고 있다. 사람들이 내 책을 어떻게 생각하는가에 대해서는 그들 자신들에게 맡긴다. 그러나 나는 내 책이 많은 내 신앙의 형제들에게 즐거움을 주어 왔고 아직도 주고 있음을 알고 있다. 제1권부터 10권까지는 나 자신에 대해서 기록하였다. 그리고 나머지 3권은 성서에 대해서 기록하였는데 그것은 "태초에 하나님이 천지를 창조하시니라." 부터 시작하여 "(일곱째 날에 하나님이) 안식하시니라." 까지를 다루었다.(창세기 2:2)

2. **고백록** 4권에서 내 친구의 죽음에 직면해서 내 마음이 비참해짐을 고백할 때 나의 혼과 그의 혼은 두 몸에 있는 하나의 혼이라고 말하면서 다음과 같이 적었다. "그러나 아마도 그의 반쪽인 나마저 죽으면 내가 그렇게 사랑했던 그 친구가 완전히 죽을까 봐 내가 나의 죽음을 두려워했는지도

모릅니다."(4, 6, 11) 이러한 표현은 심각한 고백이라기보다는 경솔한 것이었다. 그러나 이러한 부적절한 표현은 내가 끝에 "그러나 아마도… 두려워했는지도 모릅니다."라고 첨가한 것에 의해 좀 경감될 수도 있을 것이다. 그리고 **고백록** 13권(13, 32, 47)에서 "그것(궁창)은 상층의 영적인 물과 하층의 물질적인 물 사이에 놓여 있는…"이라고 내가 말했는데 이러한 표현은 충분한 고려가 없이 한 것이다. 아무튼 그 내용은 대단히 애매하다.

이 책은 "오, 주님, 당신은 위대하시니"로 시작하고 있다.

2) 『인내의 은혜』(*De Dono Perseverantiae*), 20, 53(428 AD)

내가 쓴 소책자 중에서 **고백록**보다 더 널리 알려졌고 또한 더 즐거움을 주는 책이 어디에 있는가? 나는 이 책을 펠라기우스의 이단 사상이 나타나기 훨씬 전에 내놓았지만 이 책에서 나의 하나님에게 "당신이 명하시는 것을 주시고 당신이 원하시는 것을 명하소서."라고 여러 번 기도한 것이 명확히 드러나 있다. 내가 쓴 이 말을 어떤 나의 동료 감독이 로마에 있을 때 펠라기우스가 있는 곳에서 반복한 일이 있었다. 펠라기우스는 이 말을 받아들이지 못해 반대하다가 너무 흥분한 나머지 그 감독과 거의 싸움을 걸 정도였다. 진실로 하나님이 제일 먼저—그리고 가장 절실하게—우리에게 명하시는 것 중에서 우리가 하나님을 믿어야 한다는 것 외에 무엇이 또 있겠는가? 이 믿음은 하나님 자신이 우리에게 주시는 것이므로 우리가 그에게 '당신이 명하시는 것을 주소서' 라고 말함은 당연한 것이다.

또한 같은 책에서 내가 전에 그렇게 야비하고 거친 언변으로 공격했던 그 신앙으로 결국 하나님은 나를 전향하게 하셨다고—나의 회심에 대하여—내가 말한 것을 기억하지 못하는가? 나의 회심의 이야기는 믿음으로 매일 흘리는 어머니의 눈물에 주어진 선물임을 말해 주고 있는 것이다. 그러한 나의 어머니에게 (하나님은) 내가 망하지 않는다는 약속을 하신 것이다. 거기에서 내가 확실히 선포한 것은, 하나님은 자기의 은혜로, 참 신앙을 싫어할 뿐만 아니라 실제로 그 신앙을 역행하는 인간의 의지까지도 전향시키신다는 사실이다.

3) 다리우스(Darius)에게 보낸 『서신』(*Epistula*), 231, 6(429 AD)

그러므로 내 아들아, 내 **고백록**을 받아 선한 동기를 가지고 읽어라. 피상적으로 읽지 말고 기독교인의 사랑을 가지고 읽어라. 이 책에서 너는 나 자신이 있는 그대로를 보라. 그리고 있는 그대로의 나 이상으로 나를 칭찬하지 말라. 또한 이 책에서 내가 나 자신에 대하여 증언한 이외의 것은 아무것도 믿지 말라. 이 책에서 내 자신이 어떠하였다는 것을 살펴보아라. 만일 내 안에 너를 기쁘게 하는 어떤 것이 있으면 나를 찬양하지 말고 내가 찬양하고 싶은 하나님을—나로 인해—나와 함께 찬양하자. 왜냐하면 하나님이 우리를 만드셨지, 우리가 우리 자신을 만든 것이 아니기 때문이다. 진실로 우리는 한때 스스로 잃어버린 바 되었었다. 그러나 우리를 만드신 그분이 우리를 다시 만드셨다. 그러므로 이 책의 각 쪽에서 나를 볼 때마다 내가 실족하지 않고 계속 완전함에 나아가도록 나를 위해 기도해 다오. 내 아들아, 나를 위해 기도해 다오.

어거스틴의 행적과 관련된 지도

고백록을 이해하기 위한 안내

1. 어거스틴의 생애[1)]

어거스틴의 사상을 이해하기 위해서는 그의 생애를 알아야 한다. 우리는 위대한 사상가의 생애를 모르고서도 그의 사상을 이해할 수가 있다. 예를 들면 우리는 칸트나 헤겔의 생애를 모르고서도 그들의 사상을 이해할 수가 있다. 그러나 어거스틴의 경우는 그렇지 않다. 그의 삶의 여정을 모르고서는 그의 사상을 이해하기 힘들다. 왜냐하면 그의 사상은 그의 생애와 밀접히 연결되어 펼쳐 나가고 있기 때문이다. 한마디로 말하면 그의 삶이 그의 사상이요, 그의 사상이 그의 삶이라고 말할 수 있다. 그러기 때문에 여기에서 먼저 그의 생애를 간단히 기록하고자 한다.

어거스틴은 기원후 354년 11월 13일 북아프리카 해안에서 약 80 km 남쪽에 자리잡고 있는 조그만 도시 타가스테(Thagaste, 지금은 알제리 동쪽에 있는 Souk-ahras라는 도시)에서 아버지 파트리키우스(Patricius)와 어머니 모니카(Monica) 사이에서 태어났다. 아버지는 본래 이교도였으나 세상을 떠날 무렵(370년) 세례를 받았다. 그의 어머니는 열렬한 기독교인이었다. 현재 이 지역은 이슬람교의 영향하에 있지만 그때는 로마의 영토로서 기독교가 대단히 강하게 자리잡고 있었던 곳이었다. 그는 자기 고향 타가스테와 인근 도시인 마다우라(Madaura)에서 초등교육과 문법교육을 받았고, 17세에 북아프리카에서 정치, 문화, 교육의 중심지요 가장 큰 도시

---

1) 어거스틴의 생애에 대하여 더 자세히 알고자 하면 다음의 책을 읽기 바란다.
Peter Brown, 차종순 역, *Augustine of Hippo*(Berkeley: University of California Press, 1967).
선한용, 『시간과 영원—성 어거스틴에 있어서』, 부록 (대한기독교서회, 1998).
Frederic Van Der Meer, *Augustine the Bishop* (London: Sheed and Ward, 1961).

였던 카르타고(Carthago, 지금은 튀니지의 수도 튀니스)에 가서 수사학을 공부했다.

어거스틴은 카르타고에서 공부를 잘하여 수석을 차지했지만 가슴에서 타오르는 정열을 참을 수 없어서 한 여자를 만나 동거생활을 하게 되었다. 그는 그 동거생활에서 한 아들을 갖게 되었는데 그에게 아데오다투스(Adeodatus—하나님으로부터 받은 선물)라는 이름을 지어 주었다.

거기에서 공부하는 동안 어거스틴은 키케로(Cicero)의 『홀텐시우스』(*Hortensius*)라는 책을 읽게 되었다. 이 책을 통하여 그는 진리를 사랑하고 추구하는 철학에 관심을 갖게 되었다. 그는 진리를 추구하는 심정으로 성서를 읽어 보았다. 그러나 성서의 문체가 조잡하고 그 뜻을 이해할 수가 없어서 더 이상 읽지를 않았다. 그 대신 그는 진리를 설파한다는 마니교(Manichaeism)에 빠져들게 되었다. 왜냐하면 자기가 고민하고 있던 악의 문제를 마니교가 기독교보다 더 합리적으로 대답해 줄 수 있다고 생각했기 때문이었다.

마니교란 페르시아 왕족의 후예인 마니(Mani, 216—277)가 창시한 종교로서 극단의 이원론(二元論)을 내세운 종교였다. 마니에 의하면 이 우주에는 영원부터 선한(빛의) 신과 악한(어둠의) 신이 있어 왔는데 이 세상에서 체험된 선과 악의 근원은 바로 이 두 신이란 것이다. 그러므로 '악이 어디서 왔는가?' 라는 문제에 대해 고민한 어거스틴에게 마니의 대답은 합리적인 것 같았고 진리인 것 같았다. 그래서 그는 거의 9년 동안이나 마니교의 신봉자가 된 것이다. 이 마니교는 그 당시 지중해 연안에 널리 퍼져 있었다.

마니교도가 된 어거스틴은 4년 후(21살) 공부를 마치고 그의 동거인과 아들을 대동하고 고향(타가스테)으로 돌아와 수사학의 기초인 문법을 가르치게 되었다. 어거스틴의 어머니는 자기 아들이 마니교에 빠져 있는 것을 보고 슬픔과 분노를 금치 못했다. 그래서 모니카는 어거스틴과 한집에서 살거나 식탁을 같이하지 않았다. 그러나 모니카는 두 가지의 암시를 받고서(하나는 그녀의 꿈이었고 다른 하나는 어느 감독의 위로하는 말씀이었다.) 어거스틴과 식탁을 같이하게 되었다.(3, 11, 19—3, 12, 21) 그는 자기 고향에서 1년 조금 넘게 가르치다가 다시 카르타고에 돌아가 수사학을 가르쳤다. 고향을 떠난 이유는 미래의 성공을 위해서는 소도시 타가스테보다는 대도시인 카르타고가 더 낫다고 생각한 이유도 있었겠으나, **고백록**에서 밝힌 주요인은 자기가 어렸을 때부터 같이 친하게 지냈던 한 친구의 죽음이었다. 고향을 떠나면 친구를 상기시켜 주는 것들이 적어서 슬픔이 감소될 줄 알았다.(4, 7, 12)

그는 카르타고에서 교수생활을 하면서 마니교를 열심히 신봉했다. 그러나 마니교에 대한 자기의 의심을 마니교도들이나 마니교의 감독 파우스투스(Faustus)가 속시원하게 풀어 주지를 못했다. 이때부터 그는 마니교에 대한 회의를 품기 시작했다. 어거스틴은 약 7년 동안 카르타고에서 수사학 교수생활을 하다가 29살 되던 때(383년) 로마로 자기 생활의 터를 바꾸었다.(5, 8, 14−15)

어거스틴이 카르타고를 떠나 로마로 간 배후에는 몇 가지 이유가 있었다. 높은 보수, 좋은 학생, 성공의 기회가 그를 로마로 유인한 것이다.(5, 8, 14) 그래서 어거스틴은 어머니에게 로마로 떠나는 친구를 바래다 주고 오겠다고 속이고 항구로 나가 친구와 함께 배를 타고 로마로 떠났다.(5, 14, 15) 로마에서 보낸 그의 교수생활은 대단히 불만스러웠다. 그는 카르타고에서도 경험하지 않았던 일을 로마에서 겪은 것이다. 로마의 학생들은 카르타고의 학생들처럼 난폭하지는 않았다. 그러나 학생들이 수업을 다 받은 다음 수업료를 낼 때가 되면 자주 작당을 해서 다른 학교 교사에게 가버린다는 것이었다. 그는 로마의 학생들이 싫어졌다. 그래서 기회만 있으면 로마를 떠날 생각을 하고 있었다.

그는 로마에 있는 일년 동안 회의론을 주장한 아카데미파와 접촉을 하게 되었다. 어거스틴은 이 회의론의 영향하에서 마니교의 신앙(이원론)을 비판적인 시각에서 보게 되었고 적당한 기회를 타서 그 교를 떠나기로 결심까지 하였다.(5, 10, 18−19) 이때 어거스틴은 로마의 시장 심마쿠스(Symmacus)가 밀라노(Milano)에 보낼 수사학 교수를 구한다는 소식을 듣고 그 선발시험에 응하였다. 그는 다행히 많은 지원자 중에서 선발되어 384년(30세)에 밀라노 시의 수사학 교수로 부임하게 되었다. 그는 밀라노에 오자마자 그 곳의 감독 암브로시우스(Ambrosius)를 찾아갔다. 암브로시우스 감독은 그를 친절하게 맞아 주었다. 이상하게도 어거스틴의 마음은 자신도 모르게 그 감독에게 끌려 갔다. 특히 암브로시우스 감독의 친절함, 그의 권위 있는 설교와 성서 해석은 어거스틴으로 하여금 철학적인 회의론을 극복하게 도와주었다. 즉 암브로시우스 감독은 신앙과 이성의 관계에 대하여 고민하는 어거스틴에게 "알기 위해서는 먼저 믿어야 한다."는 새로운 지평을 열어 주었다.(5, 13, 23―5, 14, 25)

이때 어거스틴의 어머니 모니카는 아들을 만나기 위해 바다와 육지를 넘어 밀라노에 왔다. 그녀는 자기 아들이 암브로시우스 감독의 도움으로 기독교 신앙에 점점 가까이 오고 있음을 알고 기뻐했으며, 매일 조석으로 교회에 출석하여 아들의 구원을 위해 하나님께 간구했다.

한편 어거스틴은 밀라노에 온 후 신플라톤주의자들을 접하게 되었고 그들을 통하여 몇 권의 플라톤파의 철학서적을 읽게 되었다.(7, 9, 13) 그는 이 책들을 통하여 악의 근원에 대한 마니교의 이원론을 극복할 수 있었고 기독교 신앙의 합리적 근거를 알 수 있게 되었다. 이제 그는 성서를 읽기 시작했다. 특히 바울 서신을 탐독했고, 그가 이때까지 이해할 수 없었던 성서의 많은 문제가 이해되기 시작했다.(7, 20, 26―7, 21, 27) 그러나 기독교 신앙을 이론적으로 이해했다고 해서 돈과 명예와 정욕에 빠져 있는 자신의 영적 문제가 해결된 것은 아니었다. 그것은 지적인 해결보다는 그의 의지의 결단을 요구했다.

어거스틴은 한편으로는 이미 확실시된 기독교의 신앙(진리)에 몸과 마음을 바치고 싶었다. 그러나 다른 편으로는 '돈과 명예와 정욕'을 버릴 수 없어 마음의 안정을 찾지 못했다. 그래서 그는 암브로시우스 감독을 여러 면으로 보좌해 주고 있었던 사제, 심플리키아누스(Simplicianus)를 찾아갔다. 이때 심플리키아누스는 어거스틴에게 한때 플라톤주의 철학자요, 수사학자였던 빅토리누스(Victorinus)의 회심에 대한 이야기를 해주었다.(8, 2, 3―8, 4, 9) 그 이야기를 듣고 어거스틴은 자기도 그와 같이 되고 싶었다. 그러나 자신은 그렇게 되지 않아서 고민했다.(8, 5, 10)

또한 어거스틴은 그 후 황제의 수행원인 폰티키아누스(Ponticianus)로부터 애굽의 수도사 안토니우스(Antonius)에 대한 이야기와 세상에 대한 미련을 버리고 하나님에게 자신들의 생을 바치기로 결심한 황제 수행원들의 회심에 대한 이야기를 들었다. 어거스틴 자신도 그들처럼 되고 싶었다.

그러나 그의 마음은 그렇게 움직여지지 않았다.(8, 6, 14–8, 7, 18)

그래서 그는 자기가 살고 있던 집의 정원(동산)에 들어가 어느 무화과나무 밑에 주저앉고 말았다. 그의 혼은 이제 벌거숭이로 하나님 앞에 선 것이다. 눈물이 소낙비처럼 쏟아져 나왔다. 참회의 눈물, 하나님께 용서를 구하는 눈물이기도 하였다. 그때 어거스틴은 다음과 같은 기도를 하였다. "주여 언제까지입니까? 당신은 영원히 나에게 진노하시렵니까? 나의 이전의 죄를 기억치 마시옵소서… 또 내일, 내일입니까? 왜 지금이 아닙니까? 왜 바로 이 시간에 내 불결함이 끝나지 않습니까?"

이때 갑자기 이웃집 뜰에서 "들고 읽어라! 들고 읽어라!"(Tolle lege! Tolle lege!)는 어린아이들의 노랫소리가 계속 들려왔다. 그는 울음을 뚝 그치고 일어나 성서를 펴들고 첫눈에 들어온 구절을 읽었다. 그 구절은 로마서 13:13–14이었다. "낮에와 같이 단정히 행하고 방탕하거나 술 취하지 말며, 음란하거나 호색하지 말며, 다투거나 시기하지 말고 오직 주 예수 그리스도로 옷 입고 정욕을 위하여 육신의 일을 도모하지 말라."(8, 12, 28–29)

이제 폭풍우와 그의 마음을 뒤덮고 있던 검은 구름은 사라지고 밝은 진리의 태양이 그의 마음을 비추기 시작하였다. 이 통회의 눈물과 함께 그의 옛 사람은 죽고 새 사람이 무화과나무 밑에서 태어난 것이다. 어거스틴은 바로 자기 제자 알리피우스와 함께 어머니 모니카에게 달려가서 이 소식을 전하였다. 어머니는 기뻐 뛰며 춤을 추었다. 이제 그녀가 늘 자기 아들을 위해 드린 기도가 이루어진 것이다. 때는 386년 늦은 여름, 어거스틴이 32세 때였다.

그는 회심 후 교수직을 그만두고 일생을 독신으로 살면서 수도생활을 하려고 결심했다. 그는 밀라노에서 동북쪽으로 약 33km 떨어져 있는 카씨키아쿰(Cassiciacum) 별장에 가서 어머니, 아들, 자기 제자들과 함께 약 6개월 동안 명상을 하고 책도 쓰면서 세례 받을 준비를 하고 있었다. 이때 그가 쓴 책들은 어거스틴의 초기 저서로 알려진 『회의론 반박』(*Contra Academicos*), 『행복한 삶』(*De beata vita*), 『질서론』(*De ordine*), 『독백록』(*Soliloquia*) 등이다. 그리고 그 이듬해 그는 밀라노에 돌아와(387년 4월 25일 부활주일 전야) 아들 아데오다투스, 제자 알리피우스, 그리고 다른 사람들과 함께 암브로시우스 감독에 의해 세례를 받았다.(9, 6, 14)

그는 세례를 받은 후 어머니, 아들, 형님, 그리고 같이 살고 있었던 제자들과 함께 고향으로 돌아가 수도생활을 하기로 결정하였다. 그들 일행은 오스티아(로마 서쪽에 있는 항구도시)에 와서 아프리카 행 배를 기다리던 중(387년), 모니카는 열병에 걸려 세상을 떠났다. 그때 어머니는 56세, 어거스틴은 33세였다. 어머니가 세상을 떠나기 전에 어거스틴과 그의 어머니는 그들이 머물고 있었던 집 창가에서 '미래에 있을 성자들의 영생' 에 대하여 서로 이야기를 하던중 신비체험을 함께했다. 이것이 저 유명한 '오스티아의 신비체험' 이다.(9, 10, 23－26)

어거스틴 일행은 그 곳에 그녀의 시체를 묻었다. 그때 국내 사정으로 인해 배가 출항을 못하게 되자 그는 일행과 함께 약 일년 가량 로마로 가 있었다. 거기에 머무르는 동안 그는 기독교 지도자들도 만났고 몇 권의 책도 쓰기 시작했다. 일년 후 그는 일행과 함께 카르타고를 거쳐 고향 타가스테로 돌아갔다. 그는 부모의 가산을 정리하여 자기 집을 수도원으로 만들었고, 남자들끼리 자활하면서 명상하고 공부하는 수도생활을 시작했다.

이곳에서 보낸 3년 간의 수도생활은 어거스틴에게 보람 있는 것이었다. 자기의 사상도 성숙했고 또한 많은 저서도 써 내놓았다. 그러나 두 사람의 죽음이 어거스틴의 마음을 공허하게 만들었다. 그것은 자기 아들 아데오다투스의 죽음이요, 자기의 절친한 친구이자 제자인 네브리디우스의 죽음이었다.(390년) 그는 자기의 아픔을 달래기 위한 목적도 있었지만 자기의 수도원을 더 큰 도시로 옮기고 싶어서 391년 봄에 타가스테의 서북쪽, 지중해 연안에 자리잡고 있는 도시, 히포(Hippo)를 방문했다. 이곳에 머물고 있던 중 어느 주일날 교회에 가서 예배를 드렸다. 이때 그는 강제로 붙들려 많은 교인들의 환호 속에 발레리우스(Valerius) 감독에 의해 사제 안수를 받게 되었다. 이때가 391년 이른 봄이었다. 그의 나이는 37세였다.

어거스틴은 타가스테에 있는 수도원을 이곳 히포의 교회 정원으로 옮기도록 허락을 받았다. 그는 감독을 도와 사제 일을 보면서 이 수도원에서 명상과 성서 연구와 저서활동을 계속하였다. 바로 이 수도원에서 교육을 받고 훈련을 받은 사람들이 나중에 북아프리카 교회를 이끌고 간 지도급 감독들이 되었다. 이제 나이가 많은 히포의 감독 발레리우스는 유명해진 어거스틴을 다른 지역 감독으로 빼앗길까 봐 395년 어거스틴을 자기와 동역감독으로 성별받게 했다. 그가 감독으로 성별된 지 얼마 안 되어 발레리우스 감독은 세상을 떠났다.

이제 어거스틴은 그 곳의 유일한 감독이 되어 북아프리카 교회를 돌보며 기독교 신앙과 교리를 수호하고 해석하기 위해 많은 책을 썼고 여러 종교회의도 주도했다. 특히 교회의 거룩성과 세례의 문제로 야기된 도나투스 논쟁(Donatist Controversy)과 자유의지와 은총의 문제로 야기된 펠라기우스 논쟁(Pelagian Controversy)은 어거스틴으로 하여금 많은 책들을 펴내게 하여 후대에 교회론과 은총론 및 예정론을 정착시키는 데 큰 공헌을 하게 했다.

429년 5월에 스페인을 통해서 북아프리카 서쪽에 상륙한 반달족은 동쪽을 향해 진격하면서 잔인 무도하게 방화, 고문, 살인을 감행하며 북아프리카를 황폐케 했다. 430년 5월에 반달족은 드디어 히포 시를 포위, 해안을 봉쇄했고, 외부와의 모든 교통을 차단시켰다. 반달족이 히포 시를 포위한 지 3개월 후 어거스틴은 열병으로 눕게 되었다. 그는 함께 있던 사람들에게 다윗의 참회하는 시(편)를 적어 자기의 침대 맞은편에 있는 벽에 걸어달라고 요청했다. 그는 늘 이 시를 외우면서 참회의 눈물을 흘리던 중 430년 8월 28일에 이 변화무쌍한 시간의 세계에서 영원한 '하나님의 도성' 으로 부름을 받았다. 그때 어거스틴의 나이는 76세였다.

히포 시를 포위했던 반달족은 그 후 얼마 안 되어서 그 시를 공격하여 불태우고 말았다. 그러나 다행히 그가 섬겼던 교회 건물과 그의 도서관은 불태우지 않고 남겨 놓았다. 그가 부탁한 대로 그의 저서는 지금까지 보전되어 우리 기독교 신자들의 신앙과 사상과 생활에 좋은 길잡이가 되어왔다. 어거스틴의 전생애와 사상을 한마디로 요약한다면, 아니 우리 기독교 신앙과 삶을 한마디로 축소해 말한다면 그의 **고백록**(1, 1, 1)에 기록된 문장을 들 수 있다. "당신은 우리를 당신을 향해서 살도록 창조하셨으므로 우리 마음이 당신 안에서 안식할 때까지는 편안하지 않습니다."

2. 고백록은 어떠한 책인가?

어거스틴이 쓴 많은 책들 중에서 **고백록**은 고금을 막론하고 가장 많이, 널리 읽혀진 책으로서 철학자들, 문학가들, 심리학자들, 신학자들, 평신도들, 심지어는 비기독교인들까지도 애독하는 책이기도 하다. 이 책은 어거스틴이 회심한 지 11년 후, 감독이 된 지 2년 후에 쓰기 시작하여(397년) 400년에 세상에 내놓았다. 기독교가 무엇임을 이해하려는 자는 적어도 성서와 어거스틴의 **고백록**은 읽어 봐야 한다. 더욱이 인생의 문제를 놓고 고민하는 사람, 진리를 추구하는 데서 회의를 극복하고 확실성에 도달하고자 하는 자, 기독교 신앙의 내용을 이해해 보고자 하는 자, 자신의 신앙의 성숙을 위해 노력하고자 하는 자는 반드시 이 책을 읽어 봐야 한다.

어거스틴의 **고백록**은 엄밀한 의미에서 자서전은 아니다. 물론 1－9권[2]에서는 자기의 자서전이라고 말할 수 있는 삶의 이야기가 기록되어 있다. 우리는 이 기록을 통해서 그가 나면서부터 회심할 때까지의 그의 삶의 여정의 일면을 볼 수 있다. 그러나 이 기록은 보통 우리가 이해하고 있는 자서전은 아니다. 그는 많은 부분을 언급하지 않고 지나갔다. 어거스틴 자신도 그것을 말하고 있다.(3, 12, 21) 그리고 삶의 이야기의 발전 과정도 시간적으로(chronologically) 기록하지 않고, 기억을 더듬어 뒤로 갔다(flash-back) 앞으로 갔다(flash-forward) 하면서 중요한 사건을 택하여 논하고 있다. 그 이유는 그러한 사건을 통하여 자기가 말하려고 한 어떤 신학적, 신앙적인 목적을 가지고 있었기 때문이다. 또 어거스틴의 **고백록**이 보통 자서전과 다르다는 이유는 그 책의 구조가 특이하기 때문이다. 1－9권에서는 어거스틴이 자신의 삶의 이야기를, 10－13권에서는 기억, 시간, 창조에 대한 철학적이요, 신학적인 문제를 논하고 있다. 그러므로 구조적인 면에서도 어거스틴의 **고백록**은 우리가 보통 생각하고 있는 자서전은 아니다. 그러면 우리는 이 **고백록**을 어떠한 책이라고 이해해야 할 것인가? 그것을 이해하려면 우리는 먼저 그가 왜 자신의 **고백록**을 쓰게 되었는지를 밝혀야 할 것이다.

---

2) 여기서 "권"(liber)이라 함은 한 권의 책이 아니라 한 권에 포함되어 있는 "장"(章)과 같은 것이다. 그러므로 **고백록**은 하나의 책이지만 전부 13권(장)으로 되어 있다. 그의 대작인 『신국론』(*De civitate Dei*)은 22권으로 되어 있다.

첫째로, 어거스틴이 **고백록**을 쓰게 된 목적은 이 책을 통하여 자기 자신이나 많은 사람들이 하나님에게(ad Deum) 마음을 향하게 하여 그를 사랑하고 찬양하게 하기 위함이었다.(1, 1, 1 ; 11, 1, 1) 따라서 어거스틴의 자서전적 이야기는 실은 이차적인 것으로서, 자기도 모르게 자기를 인도하신 하나님의 섭리를 찬양하고 감사하는 찬양록인 것이다. 이러한 목적은 그가 말년에 쓴 『재고록』(*Retractationes*)에도 잘 나타나 있다. "내 **고백록** 13권은 나의 악한 행동과 선한 행동을 말함으로 공의롭고 선하신 하나님을 찬양하고 있으며, 사람들의 이해와 사랑을 자극하여 하나님에게 향하게 하고 있다. 그 책은 내가 그것을 쓰고 있을 때 나에게 그러한 영향을 끼쳤고, 내가 지금 그것을 읽을 때에도 나에게 그러한 영향을 아직도 끼치고 있다." 그러므로 어거스틴이 **고백록**의 첫 문장에서 "오, 주님, 당신은 위대하시니 크게 찬양을 받으실 만합니다."(1, 1, 1)라고 말한 것은 그의 의도를 명확히 드러내 보이고 있는 것이다.

둘째로, 그는 교회를 돌보고 양떼를 양육하는 감독으로서 교회에 들어온 사람들에게 '어떻게 기독교인이 되는가?' 에 대하여 가르치고 훈련시켜야 할 책임이 있었다. 콘스탄틴 황제 이전의 교회는 박해를 받은 교회였다. 그러므로 그때 기독교인이 되기 위해서는 사람들은 죽음을 각오하는 실존적 결단을 했어야 했다. 그러나 콘스탄틴이 황제가 되자 박해는 끝났고, 기독교는 이제 제국에서 가장 많은 혜택을 받는 종교가 되었다. 그러자 많은 사람들은 아무 내적 결단도 없이 교회에 물밀듯이 들어오게 되었다. 더욱이 380년 테오도시우스(Theodosius) 황제가 기독교를 로마 제국의 유일한 종교로 선포한 후에는 그 도수가 가중되었다. 이리하여 소위 기독교 시대(Tempora Christiana)가 도래한 것이다. 이제 로마 시민으로 태어난 사람은 모두 자동적으로 기독교인이 된 것이다. 이제는 기독교인이 되기보다는 기독교인으로 태어나게 된 상황이 되었다. 모든 사람이 기독교인인 나라에서는 참다운 기독교인이 되기도 힘들고 또한 찾아보기도 힘들었을 것이다.

이러한 상황에 직면하여 교인들의 영적 생활을 지도하는 감독인 어거스틴은 어떻게 하면 그러한 명목상의 기독교인들을 훈련시켜 참된 그리스도의 제자가 되게 할 수 있을까 고심했을 것이다. 그래서 그는 '어떻게 기독교인이 되는가?'를 가르치기 위하여 자기의 회심의 기록인 **고백록**을 써서 세상에 내놓은 것이다. 다시 말하면 어거스틴은 사람들에게 자기와 같이 죄에 대한 회심의 경험(내면의 결단)이 없이는 진정한 기독교인이 될 수 없다고 자기의 **고백록**을 통해 말해 주었던 것이다.

셋째로, 어거스틴은 교인들에게 기독교인으로서 '어떻게 살아야 하는가?'를 가르치기 위하여 **고백록**을 썼다고 생각해 볼 수 있다. 교회가 박해를 받고 있을 때 교인들의 중요한 관심사는 어떻게 자기들이 그리스도를 위한 충성을 굽히지 않고 순교하는가, 즉 어떻게 그리스도를 위하여 죽는가였다. 따라서 기독교 지도자들이 교인들을 훈련시킬 때도 어떻게 순교하는가를 가르쳤다. 그러나 기독교가 로마 제국의 국교가 된 상황, 즉 어거스틴이 감독으로 있을 때의 사회 상황은 전혀 달랐다. 따라서 이제는 어떻게 죽는가를 가르치기보다는 어떻게 기독교인으로서 이 세상에서 살아야 하는가를 가르쳐야만 했다. 그래서 어거스틴은 자신의 **고백록**을 써서 우리 기독교인들은 이 세상에서 어떻게 살아가야 하는가를 말해 주었던 것이다. "무분별한 사랑"을 피하고 "사랑의 질서(한도)"를 지키라는 권면(2, 2, 2), "단순히 관습에 따라 판단하는 정의가 아니고 전능하신 하나님의 올바른 법에 의하여 판단하는 정의"를 따르라는 권면(3, 7, 13), 뇌물이나 위협을 물리치고 정직하게 공직의 임무를 수행했던 알리피우스(Alypius)의 이야기(6, 10, 16)를 통해 어거스틴은 기독교인으로서 이 세상에서 어떻게 살아야 하는지 윤리를 말해 주고 싶었던 것이다.

넷째로, 교인들을 양육하고 훈련시키는 사명을 가진 어거스틴은 교회에 들어온 많은 사람들에게 우리가 고백하는 신앙의 내용을 신학적으로 설명해 줄 필요를 느꼈다. 그래서 그는 자기가 젊었을 때에 신앙의 문제로 혼란을 겪었고 고민했으나 기독교의 전통적인 신앙에서 지적인 그리고 실존적인 해답을 찾았다고 고백하고 있다. 그리고 특히 '태초에 하나님이 천지를 창조하시니라'를 집중적으로 해설하면서 창조주에 대한 신앙을 여러 각도에서 설명해 주고 있다.(11, 12, 13권) 따라서 어거스틴은 이 책에서 여러 신학적인 주제들, 즉 창조론, 신론, 인간론, 기독론, 시간론, 악의 기원(죄론), 구원의 은총 등을 다루고 있다. 이 점에서 볼 때 어거스틴의 **고백록**은 자서전적인 신학(autobiographical theology) 또는 이야기 신학(storytelling theology)의 원형이라 말해도 무관할 것이다. 그렇기 때문에 **고백록**은 성직자들과 신학도들뿐만 아니라 평신도들을 위해서도 아주 좋은 신학 입문서인 것이다. 특히 신앙과 신학의 문제로 고민하는 자는 꼭 읽어 봐야 할 중요한 책이기도 하다.

다섯째로, **고백록**을 듣거나 읽게 될 사람들로 하여금 "그 '깊은 곳'을 알게 하기 위함"이었다.(2, 3, 5) 그 깊은 곳이란 인간의 마음속 깊이에 도사리고 있는 죄인 것이다. 기독교가 콘스탄틴 황제 이전에 박해를 받고 있었던 상황하에서는 기독교인들이 싸워야 할 적은 그들의 외부에 있었다. 즉 그들이 싸워야 할 적은 로마, 이교 문화, 마귀 등이었다. 그러나 콘스탄틴 황제 이후를 살고 있던 어거스틴은 기독교인의 싸움의 대상은 밖에 있지 않고 인간 안에 있음을 말해 주고 있다. 인간 안에 있는 그 적이란 바로 인간의 마음 안에 있는 죄인 것이다.

그래서 그는 이렇게 고백하고 있다. "그러므로 나는 제 자신과 더불어 싸우고 있었고 내 자신에 의하여 분열되어 있었습니다. 이 싸움은 다름 아닌 내 의지를 상대로 일어난 싸움이었습니다. 그 싸움의 원인은 내가 아니요, 내 안에 있는 죄였습니다."(8, 10, 22) 따라서 그의 **고백록**은 하나님과 사람들 앞에서 죄인인 자기를 고발하는 고발장이며, '그 깊은 곳'에서 하나님께 부르짖는 소리인 것이다. 바로 그러한 부르짖음과 자기 고발을 통해서 그의 영혼의 병은 치유가 된 것이다. 이러한 경험을 한 어거스틴은 자기 이야기를 통해서 그러한 '깊은 곳'에 빠져 있는 자들에게 감화를 주어 그들의 마음이 하나님께 향하게 되기를 원했을 것이다.

여섯째로, 어거스틴이 **고백록**을 쓰게 된 외적인 이유를 하나 말하고자 한다. 그가 396년에 히포의 감독으로 성별되자 교회의 안팎에서 많은 비판이 쏟아져 나오기도 했다. 사람들은 그가 젊었을 때 방탕한 생활을 했던 일, 마니교도가 되어 교회를 비판했던 일들을 잊지 않았다. 또한 사람들은 그가 밀라노에서 회개하고 세례를 받았다고 한 것이나 북아프리카에 돌아와 수도원을 세운 것에 대해서도 의심의 눈초리로 보게 되었다. 더욱이(그가 전통적인 카톨릭 교회에서 분리되어 나온 도나투스 교회를 비판하며 교회 통합을 주장하고 있었기 때문에) 도나투스파들은 어거스틴의 과거를 들추면서 인신공격까지 했다.

이런 상황에서 어거스틴은 교회 안팎에서 일어나고 있는 오해와 비판에 대해 자기가 과거에 어떠한 사람이었고, 또한 현재 어떠한 상태에 있으며, 미래에 어떻게 살고자 한다는 것을 말해 주는 답변을 할 필요를 느꼈던 것 같다. 이런 면에서 볼 때 **고백록**은 하나의 'apologia pro vita sua' (자신의 생에 대한 변호)인지도 모른다. 그러나 우리가 그의 **고백록**을 읽을 때 자기를 비판하는 자들에게 향한 자기변명이라는 인상은 하나도 받지 않는다. 오히려 그는 자기의 과거와 현재를 하나님 앞과 사람들 앞에 솔직하게 내놓고 비판하며, 평화의 나라에 도달할 때까지 어떻게 살고자 함을 기록하고 있다. 이 점에서 어거스틴의 **고백록**은 흔히 말하는 자서전과는 다른 것이다.

3. 고백록은 어떻게 구성이 되어 있는가?

고백록은 전부 13권으로 되어 있다. 13권은 어거스틴 자신이 구분한 것이다. 그러나 각 권이 여러 장으로 구분된 것은 1506년에 출간된 **고백록**(Amerbach' s printed text)이었다. 또 각 장이 절(節)로 구분되어 나오게 된 것은 1679년에 출판된 쌍마우루의 베네딕틴 판(Edition of Bennedictines of Saint-Maur)이었다.

1-9권에서는 어거스틴이 과거 자기의 죄스러운 생활, 진리를 추구하는 과정과 고민을 고백하고 있으며, 그러한 삶에도 불구하고 그를 신앙으로 인도하신 하나님의 섭리와 은총을 찬양하고 있다. 10권에서는 기억의 신비를 논하면서, 현재의 자기 혼의 모습(의식)을 심층 분석하며 성찰하고 있다. 그리고 11-13권에서는 각각 시간론, 창조론, 창세기 1장에 대한 은유적(영적, 상징적) 해석을 함으로써 미래에 있을 인간의 영원한 안식을 말하고 있다. 그러므로 **고백록**은 엄밀히 말해서 3부로 되어 있다고 말할 수 있다.

고백록의 구조에 대하여 우리가 논할 때에 반드시 언급해야 할 점이 또 있다. 그것은 **고백록** 1-9권의 구조가 5권을 중심으로 서로 대칭관계(chiasm)를 이루고 있다는 사실이다. 1권에서는 어거스틴의 육신이 이 세상에 태어나 죄스러운 생의 순례를 시작함을, 9권에서는 어거스틴이 회심 후 영적으로 태어나(세례) 어머니와 함께 영생을 미리 맛보는 신비체험을 한 것이 기술되어 있다. 이러한 대칭관계는 "어머니는 나를 육신으로는 시간의 빛에 태어나게 하셨고 마음으로는 영원한 빛에 태어나게 하셨습니다."(9, 8, 17)에 잘 나타나 있다. 2권과 8권에서는 각각 정원의 나무가 기록되어 있다. 2권에는 어거스틴이 친구들과 함께 배 도둑질을 했던 에피소드(아담의 타락과 같음)가 기록되어 있고, 8권에는 무화과나무 밑에 쓰러져서 회심한 에피소드가 기록되어 있다. 즉, 2권과 8권에는 배나무 밑에서 죄를 지은 어거스틴과 무화과나무 밑에서 회심하고 죄를 용서받은 어거스틴이 대조되어 기록되어 있는 것이다.

3권에는 어거스틴이 키케로의 책을 읽고 지혜를 사랑하는 철학으로 전향했음과 마니교를 믿게 되었다는 이야기가 언급되어 있고, 7권에는 그가 플라톤주의자들의 책을 읽고 악의 문제를 해결하게 되었으며, 신의 존재에 대해 확실성을 갖게 되어 기독교 신앙에 가까이 오게 되었음이 언급되어 있다. 그러므로 3권의 키케로의 책과 7권의 플라톤주의 책들이 서로 대조를 이루고 있는 것이다. 4권과 6권에서는 우정관계를 서로 대조해서 논하고 있다. 4권에서는 어거스틴이 동거인과 같이 살고 있었다는 사실, 동향인 친구와 사별하고 슬픔에 빠지게 되어 고향을 떠나 카르타고로 돌아갔다는 이야기, 그리고 거기에서 새로운 친구들과 사귐으로 고향의 친구를 잃은 슬픔을 어느 정도 잊을 수 있게 되었다는 이야기가 기록되어 있다. 6권에서는 어거스틴의 제자요, 친구인 알리피우스와 네브리디우스 성격, 자기 동거인과 이별하고 슬퍼한 사실, 친구들과 함께 학문을 위해 공동생활을 설계했으나 와해되어 버린 사실 등이 기록되어 있다.

마지막으로 5권은 어거스틴의 생애를 판가름해 주는 중간지점을 이루고 있다. 5권의 전반부에는 어거스틴이 오랫동안 기다렸던 마니교의 감독 파우스투스(Faustus)를 만나 본 후 마니교를 떠나기로 결심했다는 기록이 있고, 후반부는 카르타고를 떠나 로마를 거쳐서 밀라노에 온 어거스틴이 그 고장의 감독인 암브로시우스의 인품과 설교(성서해석)를 통해 기독교 신앙으로 오게 되었음이 기록되어 있다. 그러므로 5권은 어거스틴의 생애의 전환점을 이루고 있는 것이다.

이러한 대칭 관계를 어거스틴이 생각을 하면서 **고백록**을 썼는지에 대해서는 논란의 여지가 있을 수 있다. 그러나 수사학 교수로서 언어학이

나 문학의 형식에 깊은 이해가 있었던 어거스틴이 당대에 흔히 쓰고 있었던 이 대칭관계를 전혀 생각하지 않았다고는 볼 수 없다. 따라서 **고백록**은 어거스틴이 자기의 과거의 생을 사건의 연속을 따라서 적어 놓은 자서전이라고 말하기보다는 어떤 신학적인 그리고 문학적인 관점에서 잘 정리하여 구성해 놓은 자서전적 신학서적이라고 봐야 할 것이다. 여기에 바로 어거스틴의 천재적인 재질이 나타나고 있는 것이다.

4. 고백의 대상

어거스틴이 **고백록**을 쓸 때 누구에게 이 고백을 했던 것일까? 우리는 위에서 **고백록**의 구조나 목적을 설명하는 과정에서 그가 누구에게 고백을 하고 있는지 알 수 있었다. 그러나 이것에 대하여 좀더 구체적으로 논하고 넘어가는 것이 독자들에게 도움이 될 것으로 생각된다.

첫째로, 그의 **고백록**의 형식은 하나님에게 고백하는 것으로 되어 있다. 그 내용은 주로 하나님에게 드리는 기도의 형식으로 되어 있어서 '당신' (Te), '주님' (Domine), '하나님' 이라는 호칭을 사용하고 있다. 따라서 **고백록**은 "오 주님, 당신은 위대하시니 크게 찬양을 받으실만 합니다."라고 시작하여 "아멘."으로 끝나고 있다. 이렇게 기도의 형식으로 책을 써서 세상에 내놓은 것은 문학의 역사에서 처음이라고 학자들은 말하고 있다. 그러나 만일 그의 고백이 하나님에게만 향한 것이었다면 아마도 그가 자기의 **고백록**을 쓰지 않았을지도 모른다. 왜냐하면 하나님은 우리 인간이 고백하기 전에 이미 우리의 속을 다 알고 계시기 때문이다.

둘째로, 그러므로 어거스틴은 형식상으로나 직접적으로는 하나님께 고백을 한 것이지만 간접적으로는 자기의 교인들, 동포들, 그리고 이 글을 읽게 될 사람들(우리들)에게도 한 것이다. 그는 이것을 **고백록**에서 밝히고 있다. "내가 누구에게 이런 말을 하고 있습니까? 오, 나의 하나님, 당신에게 이 말을 하는 것이 아니라, 당신의 면전에서 내 동포, 그리고 내 글을 읽게 될 세상 사람들의 일부에게 하는 것입니다." (2, 3, 5)

셋째로, 어거스틴은 하나님에게 고백을 하는 과정에서 갑자기 대상을 바꾸어 자기 영혼을 불러 독백을 하고 있다. 이것은 카씨키아쿰에서 쓴 자기의 『독백록』(*Soliloquia*)의 흔적이 좀 나타나 있음을 엿볼 수 있다. 그 예를 들어 보자. "내 영혼아, 이제 바보짓을 그만 하라. 네 마음의 귀를 너의 헛된 소란으로 어둡게 하지 말라. 너는 잘 들어라. '말씀' 자신이 너에게 돌아오라고 부르신다… 내 영혼아, 그러면 어찌하여 너는 그렇게 삐뚤어졌느냐?"(4, 11, 16－ 4, 12, 19) "그러한 생각은 없애 버려라. 그러한 부질없는 사소한 것은 깨끗이 잊어버리고 진리를 추구하는 데만 내 마음을 다 바치자. 인생이란 비참한 것이요, 우리의 죽음은 언제 찾아올지 모른다…." (6, 11, 19) 우리는 이러한 독백의 내용을 7, 5, 7 ; 11, 15, 19－20 ; 11, 27, 34－11, 28, 38에서도 읽어 볼 수가 있다. 이것은 하나님 앞에서 어거스틴이 자신을 책하고, 격려하여 자기 마음을 하나님께로 더욱 향하게 하는 표현이기도 하지만 듣는 자들이나 독자들로 하여금 스스로 자문하여 보도록 자극시키는 수사학적 표현이기도 하다.

제 1 권

유아기와 소년기

어거스틴은 먼저 위대하신 하나님을 불러 찬양한다. 그리고 자기의 생의 시작부터 15살까지의 삶에서 (유년기와 소년기에) 여러 가지의 죄, 즉 하라는 것은 하지 않았고 하지 말라는 것은 했던 죄들을 시인하고 고백한다. 그럼에도 불구하고 그러한 삶의 배후에서 역사하셨고, 인도하셨으며, 온갖 선물을 주셨던 하나님께 감사한다.

St. Augustine's CONFESSIONS

1 장_ 하나님의 위대하심을 찬양함

(1) 오, 주님, 당신은 위대하시니 크게 찬양을 받으실 만합니다. 당신의 능력은 심히 크시고 당신의 지혜는 헤아릴 수 없습니다.(시 145:3) 그러기에 당신의 피조물의 한 부분인 인간이 당신을 찬양하기 원합니다. 인간은 자신의 유한성과 스스로 지은 죄의 증거와 당신은 교만한 자를 물리치신다는 그 증거를 몸에 지닌 채 살고 있습니다. 그렇지만 당신의 피조물의 한 부분인 이 인간은 당신을 찬양하기 원합니다.

당신은 우리 인간의 마음을 움직여 당신을 찬양하고 즐기게 하십니다. 당신은 우리를 당신을 향해서(ad te) 살도록 창조하셨으므로 우리 마음이 당신 안에서(in te) 안식할 때까지는 편안하지 않습니다.[1)]

오, 주여, 나에게 지혜를 주시어 당신을 불러 아뢰는 것이 먼저인지 그렇지 않으면 당신을 찬양함이 먼저인지, 혹은 당신을 아는 것이 먼저인지 그렇지 않으면 당신을 불러 아뢰는 것이 먼저인지를 깨달아 알게 하소서.

그러나 당신을 모르고서야 누가 당신을 부르겠습니까? 당신을 알지 못하고 부르는 자는 사실 당신을 부르는 것이 아니라 당신 아닌 딴 것을 부르는 것밖에 지나지 않습니다. 아마 우리가 당신을 부름은 당신을 알게 되기 위함일 것입니다. 그러나 믿음 없이 어떻게 사람들이 당신을 부르며 설교하는 자 없이 어떻게 당신을 믿을 수 있습니까?(롬 10:14) 이제 주를 찾는 자가 주를 찬양하리니(시 22:26) 찾는 자마다 주를 만날 수 있을 것이요, 만나는 자가 주를 찬양할 수 있을 것입니다. 주여, 이제 내가 주님을 찾고 불러 아뢰옵니다. 당신의 아들의 인성(人性)과 당신의 설교자의 사역을 통해서[2)] 나에게 불어넣어 주신 내 믿음이 당신을 불러 아뢰옵니다.

---

1) 이 짧은 한 문장은 **고백록**의 전사상을 나타내고 있을 뿐만 아니라, 어거스틴의 전사상을 대표한 문구라고 볼 수 있다. 여기에서 "당신을 향해서"(ad te)란 표현은 인간의 본래적인 삶을 말하는 것이다. 이와 반대는 하나님에게 등을 돌리는 a te 혹은 abs te(하나님으로부터의 소외, 분리)이다. 회심이란 abs te의 삶에서 ad te로 전향하는 것이다. 그리고 기독교인의 삶의 순례는 마지막으로 "당신 안에서"(in te) 안식하는 것이다.

2장_ 전능하시고 어디에도 계신 하나님

(2) 그러면 나의 주되신 하나님을 내가 어떻게 부를 수 있습니까? 내가 그를 부를 때 그를 내 안으로 들어오시라 구하는 것인데 내 안에 내 하나님이 들어오실 무슨 자리가 있단 말입니까? 어떻게 하늘과 땅을 지으신 하나님이 내 안에 들어오신다는 말입니까? 내 주 하나님, 내 안에 당신을 포용할 어떤 무엇이 있습니까? 당신이 하늘과 땅을 창조하시고 그 안에서 나를 지으셨는데 저 하늘과 땅이 감히 당신을 포용할 수 있습니까? 존재하는 모든 것은 당신이 창조하셨기에 그것들이 당신을 받아들일 수 있는 능력을 가지고 있는 것입니까? 그렇다면 지금 존재하고 있고 또한 당신이 먼저 내 안에 거하시지 않으셨다면 존재할 수 없었던 내가 왜 당신에게 빌어 내 안에 들어오시도록 하는 것입니까? 내가 비록 지옥에 있지 않아도 당신은 거기에도 계심을 분명히 압니다. 내가 만일 지옥에 내려갈지라도 당신은 거기에도 계십니다.(시 139:8) 그러므로 모든 것이 주 안에 있고, 주로 말미암아 있고, 주를 통해 있사오니, 나도 당신 안에 있지 않으면 존재할 수도 없습니다.(롬 11:36) 그렇습니다. 주여, 사실 그렇습니다. 내가 이미 당신 안에 있거늘 당신을 어디로 불러오시게 하겠으며 또는 어디로부터 내 안에 오시게 하겠습니까? 내가 하늘과 땅을 초월하여 어디로 가서 당신을 내 안으로 오실 수 있도록 할 수 있겠습니까? "나는 천지에 충만하지 아니하냐?" (렘 23:24)라고 당신은 말씀하시지 않았습니까?

2) 어거스틴은 여기에서 그리스도의 성육신에 근거한 암브로시우스의 목회사역을 말하고 있다. 설교자의 목회사역은 그리스도의 성육신 사건 위에 근거해 있음을 알아야 한다. 그는 밀라노의 감독 암브로시우스의 설교와 성서 해석을 통하여 기독교 신앙으로 회심하게 되었다. 참고: **고백록** 5, 14, 24 ; 6, 3, 3−6, 5, 8.

3장_ 모든 것을 포용하고 계신 하나님

(3) 그러면 당신이 하늘과 땅에 충만하시다 하여 그 하늘과 땅이 당신을 포용하고 있는 것입니까? 혹은 하늘과 땅이 당신을 포용할 수 없기 때문에 당신은 그것들을 충만하게 채우시고 넘쳐흐르십니까? 그렇다면 하늘과 땅을 채우시고 당신의 남는 부분은 어디에 쏟으십니까? 당신은 모든 것을 포용하고 계시기에 다른 아무것에 의해서도 포용될 필요가 없으십니다. 왜냐하면 당신은 모든 것을 채우시되 그것들을 포용함으로써 채우시기 때문입니다. 당신이 채운 그릇들이라 해도 당신을 제한시킬 수 없음은 그 그릇이 깨어졌다고 할지라도 당신은 쏟아지지 않기 때문입니다. 그러므로 당신을 우리 위에 쏟아 부어 주신다고 할 때도 그것 때문에 당신은 엎질러져 밑으로 내려오신 것이 아니요, 오히려 우리를 일으켜 올리십니다.

당신은 흩어지심이 없이 우리를 하나로 모으십니다. 그러나 당신이 모든 것을 채우신다고 할 때 당신의 전부를 통틀어 채우십니까? 그렇지 않으면 이 모든 것이 당신을 전부 포용할 수 없기 때문에 당신의 일부분만을 포용하는 것입니까? 혹 이 모든 것이 당신의 한 부분을 동시에 포용합니까? 그렇지 않으면 제각기 따로 당신을 포용함으로 큰 것은 당신을 더 많이 작은 것은 당신을 덜 포용하는 것입니까? 그러면 당신의 어떤 부분은 더 크고 어떤 부분은 더 작습니까? 그렇지 않으면 당신은 어디에든지 전체적으로 편재하시되 세상에 있는 아무것도 당신 전부를 포용할 수 없는 것입니까?[3)]

3) 하나님은 공간적인 혹은 물질적인 크기를 가지고 세상을 포괄하시는 존재가 아니고 영적인 존재로서 세상을 포괄하고 계심을 어거스틴은 말하고 있다. 이것은 마니교의 물질적인 신관을 비판하고자 함이다. 참고: **고백록** 3, 6, 10－11 ; 7, 1 ,1－2.

4장_ 하나님의 속성

(4) 제가 묻사오니 그러면 나의 하나님 당신은 누구십니까? 주님이 아니시고 누구십니까? 주님 외에 누가 하나님이십니까?(시 18:31)

당신은 지극히 높으시고 선하시며, 전지 전능하시며, 지극히 자비로우면서도 의로우시며, 지극히 은밀히 계시면서도 가장 가까이 현존하시며, 지극히 아름다우면서도 지극히 강하시며, 항상 계시되 어디에 의존해 계시지 않으시며, 스스로는 변하지 않으시되 모든 것을 변화시키시며, 새롭게 되거나 옛것으로 돌아가지 않으시되, 모든 것을 새롭게 하십니다. 그러나 당신은 교만한 자들을 노쇠하게 하시니 그들은 이것을 알지 못합니다.

당신은 항상 일하시되 안식하시고, 부족함이 없으시나 거두시며, 계속 받들어 주시고, 채워 주시고, 보호해 주십니다. 당신은 항상 창조하시고, 양육하시며, 완성하십니다. 당신은 부족함이 없으시나 찾으시고, 사랑을 하시되 (욕심으로) 불타지 않으시며, 질투를 하시나 괴로워하지 않으시고, 뉘우치시나 슬퍼하지 않으시며, 노하시되 안정하십니다. 당신이 하시는 일을 바꾸시되 당신의 뜻과 계획은 바꾸지 않으시며, 당신이 무엇을 찾으셨다 할 때 아주 잃어버린 것을 찾음이 아니십니다.

당신은 결코 궁핍함이 없으시나 무엇을 얻을 때 기뻐하시며, 욕심이 없으시나 이자를 요구하십니다. 사람들은 당신께 필요 이상 더 바쳐 당신을 인간에게 빚진 자로 만들려 하나 사실 인간이 가진 것 중에 당신 것 아닌 것이 어디 있습니까?(고전 4:7) 당신은 인간에게 빚진 것이 하나도 없으시나 마치 빚진 것처럼 그들에게 갚아 주십니다. 또한 당신에게 진 빚을 없이 해주신다 해도 그것 때문에 당신은 손해 보는 것이 없으십니다.

오, 나의 생명, 나의 거룩한 즐거움이 되신 하나님, 내가 지금 무엇을 말했습니까? 인간이 당신에 대하여 말할 때 무엇을 감히 말할 수 있습니까? 그러나 당신에 대하여 침묵을 지키는 자들에게는 화가 있을 것입니다. 왜냐하면 당신에 대하여 말을 많이 하는 사람도 실은 벙어리와 같기 때문입니다.[4)]

5장_ 하나님과 나와의 관계

(5) 누가 나를 이끌어 당신 안에서 쉬게 할 수 있겠습니까? 누가 당신을 내 마음에 오시게 하여 내 마음을 취하게 하고 나로 하여금 내 죄악을 잊게 함으로 나의 유일한 선이 되시는 당신을 포옹할 수 있게 하겠습니까? 당신은 나와 무슨 상관이 있습니까? 자비를 베푸사 나로 하여금 당신께 말하게 하여 주소서.

나는 당신과 무슨 상관이 있기에 나를 명하여 당신을 사랑하지 않으면 진노하셔서 비참함을 느끼도록 위협하십니까? 당신을 사랑하지 않음이 사소한 비참함밖에 안 됩니까? 그렇지 않습니다. 내 주 하나님이여, 당신은 나와 무슨 상관이 있습니까? 자비로써 말씀하여 주소서. 내 영혼에게 "나는 네 구원이라 이르소서." (시 35:3)

나로 하여금 그 말씀을 듣게 하소서. 오, 주님, 내 마음의 귀가 당신의 면전에 있사오니 내 귀를 열어 주소서. "나는 네 구원이라" 고 내 영혼에게 말씀해 주소서. 내가 그 말씀을 좇아 따라가 당신을 붙들겠습니다. 당신의 얼굴을 나에게서 돌리지 마소서. 내가 당신의 얼굴을 봄으로써 내 육신이 죽게 된다고 할지라도 내가 살기 위하여 당신의 얼굴을 뵙고자 하옵니다.

(6) 내 영혼의 집은 당신이 들어오시기에 너무 비좁으니 넓혀 주소서. 폐허가 된 집이니 수리해 주소서. 당신의 눈에 거슬리게 한 것이 너무 많이 있는 것을 알고 고백하옵니다. 그러나 누가 그것들을 깨끗이 씻어 주겠습니까? 당신 외에 누구에게 "주여, 나를 숨은 허물에서 벗어나게 하소서" (시 19:12), '남들이 지은 죄에 빠지지 않도록 당신의 종을 건져 주소서' 라고 부르짖겠습니까? 내가 믿는 고로 당신께 아뢰옵니다.(시 116:10) 주님, 내가 당신에게 지은 죄를 고백할 때 당신은 내 마음의 죄악을 사하여

4) 인간은 하나님에 대하여 많이, 여러 가지로 말할 수 있다. 그러나 하나님에 대한 어떠한 기술도 적절하지는 않다. 참고: 『삼위일체론』(*De Trinitate*) 3, 2 ; 『요한복음 강해』(*Tractatus in Joannis evangelium*) 13, 5.

주셨던 것을 주님은 알고 계십니다. 내가 지금 진리 자체이신 당신과 쟁론하려 함이 아닙니다. 내 죄악이 스스로 거짓 증거함으로써 나 자신을 속이는 것도 원치 않습니다. 그러므로 나는 당신과 쟁론을 하려 하지 않습니다. 오, 주님, 당신이 만일 죄악을 지켜보실진대 주여 누가 서리이까?(시 130:3)

6장_ 유아기에 대한 기억

(7) 내가 비록 흙이요, 재밖에 안 되지만 당신의 자비 앞에서 말하게 하소서. 다시 나로 하여금 말하게 하소서. 내가 당신의 자비를 향해서 말함이지 나를 비웃는 사람을 향해서 말함은 아닙니다. 아마 당신마저 나를 비웃을지 모르겠습니다만 돌이켜 나를 굽어살피시고 불쌍히 여겨 주소서. 오, 나의 주님, 내가 어디로부터 이 '죽음에 이르는 생명' 의 세계로 왔는지 모르겠습니다. 오히려 이것을 '생명에 이르는 죽음' 이라고 말함이 더 좋을지 모르겠습니다. 그러나 당신의 자비의 위로하심이 처음부터 나를 붙들어 살게 하셨음을 나의 육신의 부모님들을 통해서 들었습니다. 당신은 그들로부터 그리고 그들 안에서 적당한 때 나를 지으셨습니다만 나는 그것을 전혀 기억할 수 없습니다.

내가 비록 여인의 젖의 위로로 양육함을 받았으나 실은 나의 어머니나 나의 유모가 자기들의 유방을 가득 채운 것이 아니라 모든 것을 주관하시는 당신의 풍성하심과 법도에 따라 당신이 그들을 통해 유아의 음식을 나에게 주신 것입니다. 당신은 또한 나에게 본능을 주어 당신이 주시는 분량 이상 먹지 않게 하셨고 나를 기르는 분들에게는 당신이 그들에게 주신 것을 내게 먹이도록 하셨으니 그들은 당신이 풍성하게 주신 것을 인간의 애정으로 즐거이 내게 주기를 원했습니다. 그것은 그들을 통해서 오는 나의 축복이 바로 그들의 축복이었기 때문입니다. 그러나 실은 그 축복이 그들에게서 온 것이 아니라 (당신으로부터) 그들을 통해서 내게 온 것입니다.

오, 하나님, 모든 축복(선)은 당신으로부터 온 것이며, 나의 구원도 모두 당신으로부터 온 것이옵니다. 물론 이것은 훨씬 후에 당신이 나의 안과 밖에서 베풀어 주신 은혜로 나에게 말씀하실 때 깨달아 알게 된 것입니다. 유아기 때는 다만 젖을 빨기와 배부르면 자고, 불편하면 우는 것밖에 몰랐습니다.

(8) 그 후 나는 웃기를 시작했습니다. 처음에는 자면서 나중에는 깨어 있을 때 웃었습니다. 이것조차 다른 사람들이 후에 나에게 말해 주거나 다른 아이들에게서 같은 것을 내가 보고 믿게 되었지 기억은 전혀 할 수 없습니다. 나는 조금씩 내가 어디에 있다는 것을 알게 되었고 나의 요구를 들어줄 수 있는 자들에게 뜻을 표시하려고 했습니다. 그러나 내 뜻을 그들에게 충분히 표시할 수가 없었습니다. 그 이유는 내 뜻은 내 안에 있었고 그들은 내 밖에 있어서 자기들의 주어진 감각적인 힘으로 그들이 내 영혼 안으로 들어올 수가 없어서였습니다. 그리하여 나는 내 팔과 다리를 움직이고 소리를 내어 할 수 있는 한 내 뜻에 맞는 몸짓을 미약하나마 약간 내었습니다.

그러나 그 몸짓은 내가 마음에서 원한 것과 똑같지 않아서 그들은 나를 이해해 주지 못했습니다. 나를 이해해 주지 못해서였는지 아니면 내가 원한 것이 내게 해로운 것이었는지는 몰라도 그들이 나에게 복종을 않고 집안 어른들이 종처럼 봉사해 주지 않는다는 이유로 나는 성질을 내고 울음으로써 보복을 했던 것입니다. 아이들이 전부 이렇다는 것은 그들을 살펴봄으로써 알게 되었습니다. 그들이 비록 나를 알지는 못했어도 그들은 내가 어떠했다는 것을 나를 길러 주었던 자들보다 더 잘 나에게 보여 주었습니다.

(9) 이제 나의 어린 시절은 죽은 지 오래되었습니다. 그러나 나는 지금 살아 있습니다. 오, 주님, 그러나 당신은 영원히 살아 계신 분으로서 당신 안에서는 아무것도 죽는 것이 없습니다. 당신은 세상이 창조되기 전에, 아니 '이전' 이라고 부를 수 있는 모든 것 이전부터 모든 피조물의 하나님이시요, 주님이셨습니다. 그러므로 당신 안에는 무상한 모든 만물의 제 원인들, 변천하는 모든 만물의 불변한 근원(원형)들, 비이성적인 것과 시간적인 모든 존재의 영원한 원리가 있습니다.

오, 하나님, 당신께 비는 나에게 말씀하소서. 오, 자비로우신 하나님이여, 불쌍한 나에게 말씀하여 주소서, 나의 어린 시절이란 이미 없어져 버린 전생을 뒤따르는 것입니까? 그렇지 않으면 어머니의 복중에서 지내던 때를 뒤따르는 것입니까? 그와 같은 무엇을 사람들은 나에게 암시해 주었고 또한 나 자신이 임신한 부인들을 보아 알기도 했습니다. 나의 즐거움이 되신 하나님, 그러면 저 어린 시절 이전은 어떠했습니까? 나는 어디에 있었고 또 누구였습니까? 이것에 대하여 나에게 말해 줄 수 있는 자는 아무도 없습니다.[5] 나의 부모님이나 다른 사람들의 경험이나, 내 자신의 기억도 이것에 대하여 설명해 줄 수 없습니다. 이런 질문을 하고 있는 나를 보고 당신은 지금 웃고 계십니까? 그렇지 않으면 나로 하여금 내가 아는 것을 당신에게 고백을 하고 찬양을 돌리라고 명하십니까?

(10) 천지를 주관하시는 하나님, 내 존재의 시작과 어린 시절을 내가 기억하지 못합니다만 이것에 대하여 당신께 고백하고 찬양을 올립니다. 당신은 인간으로 하여금 타인을 이해함으로써 자기 자신을 이해하도록 하셨고 또한 자기를 길러 준 여인들의 권위를 토대로 자기 자신에 대하여 말해 준 여러 가지 이야기를 믿게 하셨습니다.

그때 나는 분명히 존재했었고 또한 살고 있었습니다. 그리고 나의 어린 시절이 끝날 무렵에는 내 감정을 다른 사람들에게 알리기 위해서 무슨 표시를 해보려고 노력을 했었습니다. 오, 주님, 이러한 피조물이 당신으로부터 오지 않고 어디서 왔겠습니까? 누가 충분한 기술이 있어 자기 자신을 만들어 낼 수 있겠습니까? 그렇지 않으면 어떤 다른 근원으로부터 존재와 생명이 우리들에게 흘러들어 온 것입니까? 아닙니다. 우리 주님이신 당신이 우리를 지으셨습니다. 당신은 최고의 존재와 최고의 생명 그 자체이시므로 당신에게는 존재와 생명이 떨어져 있지 않고 하나입니다. 실로 당

5) 인간의 혼이 어디서 그리고 어떻게 왔는가(혼의 기원)에 대한 이론은 전통적으로 혼의 선재설, 혼의 창조설, 혼의 유전설 등이 있었다. 그러나 어거스틴은 여기에 대하여 확실한 대답을 피한다. 어거스틴은 영혼의 기원에 대한 것보다는 영혼의 운명(순례)에 대하여 관심을 가졌다. 참고: 『자유의지론』(*De liberao arbitrio*) 3, 21, 59; 『영혼과 그 기원』(*De anima et eius origine*) 4, 23.

신은 최고의 존재자이시요, 불변자이시니 당신 안에는 오늘이란 현재가 지나가지 않습니다. 그러나 (우리의) 그 오늘이란 날은 당신 안에서 지나간다고 생각할 수 있습니다. 왜냐하면 모든 시간이 당신 안에 있고 또한 당신이 지탱해 주시지 않으면 오늘이 지나가지도 못하기 때문입니다. 그리고 "주의 연대는 무궁하리이니" (시 102:27) 당신의 연대는 항상 오늘입니다.[6)]

얼마나 많은 우리의 날들과 우리의 조상의 날들이 당신의 '오늘'을 통해 지나갔으며 당신의 '오늘날'로부터 그 존재의 척도와 양상을 받아 왔습니까? 다가오는 모든 날들도 그렇게 자신의 존재의 척도와 양상을 받아 지나갈 것입니다. 그러나 당신은 항상 같으신 분(시 102:27)으로서 아직 오지 않은 날인 내일의 일들과 지나가 버린 날인 어제의 모든 일들을 당신의 오늘이란 날로 모아 현존케 하십니다. 누가 이것을 이해 못한다고 해도 내게 무슨 상관이 있습니까? 그래도 그로 하여금 즐거이 '이것이 무엇이냐?' 고 계속 묻게 하소서. 이 물음에 대한 답을 얻지 못할지라도 즐거움으로 당신을 찾아 만나게 하여 주소서. 행여 질문에 대한 대답을 얻어 놓고 당신을 찾지 않을까 두렵습니다.

7장_ 유아기의 죄악

(11) 하나님이여, 저의 부르짖음을 들으소서. 인간이 지은 죄에 어찌 화가 없겠습니까! 이렇게 인간이 부르짖을 때 당신은 그 인간에게 자비를 베풀어 주시오니 그 이유는 당신이 그 인간을 창조하셨기 때문입니다. 그러나 인간 안의 죄만은 당신이 창조하시지 않으셨습니다.[7)] 그런데 누가 내 어린 시절의 죄를 나에게 알려 주겠습니까? 당신 앞에서는 죄 없는 자가 하나도 없사오니 이 세상에서 하루를 살았던 어린아이라도 그러합니다. 누가 나로 하여금 그것을 기억하여 알게 할 수 있겠습니까?

---

6) 인간의 시간은 항상 머물러 있지 않고 흘러가는 것이지만 영원하신 하나님은 불변한 존재로서 항상 현재로 머물러 계신 분이시다. **고백록** 11, 13, 15-16.

7) 어거스틴은 존재의 기원과 죄의 기원을 구별해 말하고 있다. 그에 의하면 존재의 기원은 창조자 하나님이시지만 죄의 기원은 인간의 자유의지의 왜곡인 것이다.

내가 비록 그때의 나 자신을 기억하지 못한다 할지라도 내가 지금 관찰하고 있는 저 어린아이들이 내 죄를 기억하게 해주는 것이 아닙니까? 그러면 그때 나는 어떠한 죄를 지었습니까? 울면서 젖을 달라고 하던 것이었습니까? 만일 내가 지금 젖이 아니고 나에게 필요한 밥을 달라고 그처럼 울었다면 나는 웃음거리가 되었을 것이요, 꾸지람을 받아 마땅했을 것입니다. 그때 나는 분명히 꾸지람을 들을 만한 일을 했을 것입니다. 그러나 그때 나는 꾸짖는 이들을 이해할 수 없는 상태에 있었기 때문에 세상의 풍속이나 상식은 나를 꾸짖지 않고 그대로 받아 주었을 것입니다. 우리들은 성장함에 따라 이런 유치한 모습을 뽑아 없애 버립니다. 그러나 나쁜 짓을 버리려고 할 때, 알면서 좋은 것까지 버리는 사람을 나는 보지 못했습니다.

그런데 그러한 나이의 유아가 가지면 해로운 것을 울면서 달라는 짓, 나보다 나이가 많고, 지혜로운 어른들—자유인들[8], 나를 낳아 준 부모님과 다른 사람들—에게, 나의 그릇된 욕심을 들어주지 않는다고 사납게 성내던 짓, 그리고 나에게 해로움을 알고 내 말을 들어주지 않은 그들에게 원한을 품어 해를 끼치려고 했던 짓들을 좋은 것이라 말할 수 있습니까? 그러므로 어린아이가 순결하다 함은 그 마음이 좋아서가 아니라 그 몸의 지체가 약한 탓입니다.

나는 일찍이 어린아이가 질투하는 것을 보고 알게 되었습니다. 아직 말도 할 줄 모르는 아이가 제 젖을 먹는 다른 아이를 보자 새파랗게 질린 얼굴을 하고 있었습니다. 누가 이런 것을 모르겠습니까? 어머니와 유모들은 어떻게 해서라도 이런 짓들을 고칠 수가 있다고 합니다만 무슨 방법을 쓰는지 나는 알 수가 없습니다. 자기가 배불리 먹고 남아 흐르는 젖을 배고파하는 아이나 또는 생존의 지속을 위하여 젖을 꼭 필요로 하는 다른 아이와 같이 나누어 먹기를 싫어하는 그 짓이 어찌 순결하다고 말할 수 있습니까?[9] 그러나 우리가 그것을 예사로 여겨 관대하게 용서해 주는 것은 그 짓들이 죄가 아니라든가 혹은 하찮은 일이어서가 아니라 나이가 들면서

8) 그 당시 노예의 신분이 아닌 사람들 모두를 자유인이라고 칭했다. 그 당시 노예는 전쟁에서 포로 된 자, 납치된 자, 혹은 노예의 신분으로 태어난 자였다.

9) 어거스틴이 어린이도 죄가 있다고 말한 이유는 아담으로부터 이어받은 원죄를 말하기 위함이다. 인간은 이러한 원죄에 스스로 지은 죄(자범죄)를 보태며 살고 있는 것이다.

그런 짓은 없어지기 때문입니다. 그런 짓은 사실 어린아이들이 하는 짓이기에 우리가 받아 주지 어른들이 그런 짓을 한다면 참고 받아 주지 않을 것입니다.

(12) 오, 내 주 하나님, 당신은 어린아이에게 생명과 육체를 주시고, 우리가 아는 바와 같이 그의 육체에 감각과 지체를 주어 그들을 튼튼하게 만들어 주셨으며, 용모를 주어 아름답게 하시고 건강과 안전을 위하여 생명의 모든 능력을 그들에게 안겨 주셨습니다.

지극히 높으신 분이시여, 당신은 우리를 명하여 이런 것을 주신 당신께 찬양을 드리라 하시며, 주님께 감사하고 그의 이름을 노래하라 하십니다.(시 92:1) 당신 이외에 아무도 이런 일들을 할 수 없으니 당신은 진실로 전능하시고 좋으신 하나님이십니다. 유일한 하나님이신 당신으로부터 이 모든 것이 왔사오니 당신이 이 모든 것을 아름답게 만드시고 이 모든 것을 당신의 법도에 따라 질서 있게 다스리십니다.

오, 주님, 그러하오나 내가 기억할 수가 없으므로 다른 사람들의 말을 믿는다든가 다른 어린아이들을 보고 추측할 수밖에 없는—비록 그 추측이 신빙성 있는 일이라고 할지라도—내 어린 시절을 이 세상에서 보내는 내 생애에 넣어 생각해 보고 싶지는 않습니다. 왜냐하면 그때란 어머니의 태 속에서 시간을 보낸 것과 마찬가지로 내 망각의 어둠 속에 파묻혀 있기 때문입니다.

그러나 만일 내가 죄악 중에서 잉태되었고 내 어머님이 자기 태 안에서 나를 죄 가운데서 길렀다면(시 51:5) 내 주 하나님이여, 내가 기도하오니 당신의 종 내가 어디서나 언제나 죄가 없었던 때가 있었겠습니까? 그러나 지금은 그 시절을 생략하여 지나가 버리려고 합니다. 내가 기억할 수도 없는 그 시절을 말해 내게 무슨 소용이 있습니까?

8장_ 소년 시기와 언어 배우기

(13) 나는 자라서 유년기로부터 소년기로 접어든 것이 아닙니까?[10)]

오히려 소년기가 나에게 찾아와 나의 유년기를 뒤따른 것이 아닙니까? 나의 유년기란 물러가지 않았습니다. 그것이 갔다면 어디로 갔겠습니까? 그렇지만 그것은 지금 있지 않는 것뿐입니다. 왜냐하면 이제 나는 말할 줄 모르는 어린아이가 아니었고 이미 재잘거리는 소년이었기 때문입니다. 나는 이것을 기억하고 있으며 내가 어떻게 말하기를 배웠는지 후에 알게 되었습니다.

어른들이 처음에 나에게 말을 가르쳐 준 것은 후에 어떤 가르치는 법을 따라 나에게 글을 가르쳐 준 것과 같지는 않았습니다. 당신이 주신 마음을 가지고 나는 중얼거리고 각가지 소리를 내며 사지를 여러모로 흔들어 내 마음의 뜻을 나타내려고 하였습니다. 그러나 나의 뜻을 전부 전하지도 못했고 어떤 표시로 그것을 전부 나타내지도 못했습니다. 나는 기억을 통해서 언어를 습득한 것으로 생각합니다. 사람들이 어떤 물건의 이름을 불러 가리키고 또한 말에 맞게 그 물건을 보고 몸짓을 하면 나는 즉시 그것을 보고 그 말이 바로 그 물건을 표시하는 이름이라고 알게 되었습니다. 그리하여 그들이 뜻하는 것을 그들의 몸짓에 의하여 분명히 알게 되었습니다. 그것은 모든 민족들에게 공통된 자연의 언어로서 얼굴의 표정, 눈짓, 다른 지체의 움직임과 목소리를 통해서 나타납니다. 그 표현은 사람들이 무엇을 원하고 갖고자 하며, 무엇을 피하고 거절하는지 그 심정을 알게 해줍니다.

이와 같이 나는 여러 마디의 말을 자주 듣고 그 말이 표시하는 물건을 점점 알게 되자 내 입은 이런 표시를 반복하는 데 익숙하게 되었고 그것으로 내 의사를 나타낼 수 있게 되었습니다. 그렇게 함으로 나는 주변에 있는 이들과 의사를 소통하는 말의 기호(사인)들을 주고받아 내 의사를 전달하게 되었고 부모의 권위와 어른들의 지도에 의존하면서 거친 풍랑이 일고 있는 인간사회로 점점 깊숙이 들어가고 있었습니다.

---

10) 어거스틴은 인간의 일생을 6기로 나누어 말한다. 그것은 유아기(infantia), 소년기(pueritia), 청년기(adolescentia), 장년기(inventus), 중년기(gravitas), 노년기(senectus)인데 그는 **고백록** 1권에서 세례를 받을 때까지(9권), 즉 유아기에서 장년기까지의 자기의 삶과 사상의 순례를 논하고 있다.

9장_ 학문을 싫어하고 놀기를 좋아하며 채찍을 무서워하던 소년 시절

(14) 하나님, 나의 하나님, 내가 세상에서 번영하고 인간의 명예와 헛된 부를 얻게 하는 웅변술에 능하게 되기 위해서는 선생님에게 복종해야만 했습니다. 그러나 그렇게 한 것이 마땅한 것이라고 내 소년기에 강요를 당할 때 나는 얼마나 많은 괴로움과 조롱을 경험했는지 모릅니다. 이 목적 때문에 나는 학교에 가서 문학을 배우게 되었습니다만 가련한 나는 그것의 가치를 알지 못했습니다. 그리고 배우는 데 게으르면 매를 맞곤 했습니다.[11] 어른들은 이런 일을 잘하는 것이라고 생각했습니다. 우리 이전의 많은 사람들도 같은 길을 걸어 이 슬픔의 길을 걸어가야 할 전례를 만들어 주었으니 우리들도 아담의 후손들에게 수고와 슬픔을 더해 주면서 할 수 없이 그 길을 가야만 했습니다.

주님, 그때쯤에 나는 당신께 기도하는 사람들을 보고 그들로부터 우리의 이해력이 허락하는 한도 내에서 당신에 대하여 배워 알게 되었습니다. 즉 당신은 비록 우리의 감각에는 나타나시지 않더라도 우리의 기도를 들으시고 도와주시는 어떤 위대한 존재이심을 알게 되었습니다. 그래서 나는 나의 도움과 피난처가 되시는 당신께 기도하기 시작하였고, 그런 기도를 드리는 중 묶인 내 혀는 풀리기 시작했습니다. 비록 작은 나였지만 적지 않은 정성으로 학교에서 매맞지 않게 해달라고 기도했습니다. 그러나 당신이 내 기도를 들어주시지 않으셨을 때—그것은 나에게 어리석은 것이 되지는 않았습니다만—어른들, 더욱 나의 불행을 원치 않는 내 부모님까지도 내 매맞음을 웃음거리로 여겼으니 그때 이런 일은 나에게 대단히 심한 마음의 고통이 되었습니다.

11) 어거스틴이 살았던 시대에 학교에서 학생들에게 엄한 체벌을 가한 것은 보편적인 현상이었다.

(15) 주님, 혹시 세상에 위대한 정신력을 가진 자가 있어서 당신을 깊이 사랑하고 의지하고 있다고 합시다. 그 사람이 당신을 그토록 사랑하고 의지한다는 이유로 큰 용기를 얻어 세상 사람들이 심히 무서워하고 피하려고 하는 형틀이나 쇠갈고리 또는 여러 가지 형벌을 가볍게 생각할 수 있습니까?—물론 어떤 자는 마음이 굳어져 그런 수도 있겠습니다만—우리 부모님들이 선생님들에게 매맞은 우리를 보고 비웃는 것 같이 그 사람이 이런 형벌을 무서워하는 자들을 보고 비웃을 수가 있겠습니까?

우리는 이처럼 사람들이 형벌을 무서워하여 피하려고 시도하는 것에 못지않게 매를 무서워했고 그것을 피하게 해달라고 기도했습니다. 그러나 그러한 두려움에도 불구하고 주어진 공부, 즉 쓰기, 읽기, 학습에 항상 태만하여 죄를 짓곤 했습니다.

오, 주님, 그때 내가 능력이 없고 기억력이 부족했던 것이 아닙니다. 당신의 은혜로 나는 내 나이에 적합한 능력과 기억력을 가지고 있었습니다. 그러나 나의 마음은 노는 데 정신이 팔려 있어 이것 때문에 선생님들로부터 벌을 받았습니다만 사실 선생님 자신들도 노는 데 마음을 두고 있었습니다. 그래도 사람들은 어른들이 놀이를 하면 일이라 하고 아이들이 그와 같은 놀이를 하면 같은 놀이를 하는 어른들에게 벌을 받게 되었습니다. 그러나 아무도 그 어린아이를 동정하는 사람도 없고 또는 그 어른들을 딱하게 생각해 주는 사람도 없었습니다. 아마 상식적으로 생각하는 사람은 내가 공치기를 함으로 공부의 진도가 방해를 받았으니 마땅한 벌을 받았다고 생각할 것입니다. 그러나 바로 그 공부 때문에 나는 후에 어른이 되어 더 부끄러운 노릇을 하게 된 것이 아닙니까? 그리고 나를 때린 그분도 별다른 사람이 아니었습니다. 그도 역시 동료 선생과 하찮은 논쟁을 하다가 지면 내가 공치기 하다가 친구에게 질 때보다 훨씬 더 분노와 질투에 못 이겨 몸부림치는 것이었습니다.

10장_ 놀기 위해 부모님의 말씀을 거역함

(16) 내 주 하나님, 당신은 자연의 모든 것을 지으시고 다스리십니

다. 그러나 죄악은 당신이 창조하시지 않으셨기에 다스리시기만 하십니다. 내 주 하나님, 그런데 나는 죄를 지었습니다. 부모님과 선생님들의 말씀을 거역하여 죄를 지었습니다. 그들이 무슨 동기를 가지고 나에게 그 공부를 하라고 했는지는 몰라도 그들이 나에게 하라고 요청한 공부는 나의 훗날을 위해 도움이 될 것이었습니다. 그러나 나는 모든 경기에서 승리하기를 좋아했고, 내 귀를 거짓된 우화로 즐겁게 하는 것을 좋아했으니 그것은 내 귀를 더욱더 심하게 간질거리게만 했습니다. 그와 같은 호기심은 귀에서 눈으로 옮겨 어른들의 경기와 연기를 보는 내 눈에 더욱더 빛나게 되었습니다. 사람들은 그러한 연출자들을 높이 평가하여 자기 자녀들도 그렇게 되기를 원했던 것입니다. 그러나 그들은 자기 자녀들이 하는 연기로 인해 공부에 방해가 되면 매를 맞아도 좋다고 생각했는데, 사실 부모님들이 자식들에게 바라는 그 공부란 그들이 장차 커서 그러한 연기를 보여 줄 수 있도록 하게 하는 것에 불과했습니다. 오, 주님, 이 모든 것들을 자비로 대하시어 당신께 부르짖는 우리를 구해 주소서. 당신께 부르짖지 않는 자들도 구해 주시어 그들로 하여금 당신께 부르짖음으로 구원을 받게 하소서.

11 장_ 세례를 연기함

(17) 내가 아직 소년이었을 때 영생에 대한 가르침을 들었습니다. 그 영생이란 교만한 우리들에게 친히 내려오신 우리 주 하나님의 겸손을 통해서 약속된 것이었습니다. 나는 그때 당신을 굳게 믿고 있었던 어머니의 모태로부터 태어난 후 바로 십자가의 표시로 인 침을 받았고 당신의 소금으로 간이 배어 있었습니다.[12)]

오, 주님, 내가 어렸을 때에 갑자기 배가 몹시 아파서 죽게 되었던 일을 당신은 알고 계십니다. 그때도 당신은 나를 지키시는 자였으니 내 어머니와 우리 모두의 어머니 되신 당신 교회의 경건에 감화되어 내가 얼마

12) 고대교회에서는 초심자로 등록된 자들에게는 십자가의 표시로 인을 쳐 주었고 입을 열어 혀 위에 소금을 놓음으로써 마귀를 내쫓는 의식을 행했었다.

나 열렬한 믿음으로 내 주 하나님이신 당신의 (아들인) 그리스도의 세례를 받으려고 열망했는지 당신은 알고 계십니다. 내 육신의 어머니는 대단히 당황하며 당신을 믿는 경건의 마음으로 나의 영생을 낳아 주기 위해 또 산고를 치르는 것이었습니다.

주 예수여, 그리하여 내가 당신께 참회함으로 죄 사함을 받아 구원의 성례로 깨끗이 씻겨지고, 구원받은 자들의 무리에 들도록 어머니는 열심히 준비를 하셨습니다. 그러나 내 병은 즉시 나았습니다. 이리하여 나의 죄 씻음은 늦어졌으니 그 이유는 내가 만일 더 오래 살면 더 더럽혀질 것이 불가피한 것이었고 또한 세례를 받은 후에 지은 죄는 더 크고 위험하기 때문이었습니다.[13] 그때 나는 이미 믿는 자였고 아버지를 제외한 온 집안과 어머니가 다 믿었습니다. 아버지는 아직 믿지 않았어도 내 안에 있는 어머니의 경건의 영향을 넘어뜨리거나 그리스도에 대한 나의 신앙을 방해하거나 하지는 않았습니다.

나의 하나님, 어머니는 온 노력을 기울여 내가 그보다 당신을 나의 아버지로 삼을 것을 원했습니다. 이 일에 있어서 당신은 어머니로 하여금 그녀의 남편을 이기게 하셨습니다. 어머니는 영적으로는 아버지보다 탁월하셨으나 계속 그에게 잘 순종하였습니다. 이렇게 순종하는 것이 실은 어머니가 당신께 순종하는 것이었으니 이것을 명하신 분이 당신이었기 때문입니다.

(18) 오, 나의 하나님, 내가 당신께 묻사오니 그때 내 세례가 무슨 목적으로 연기되었는지 그것이 당신의 뜻이라면 그 이유를 알고 싶습니다. 그때 고삐가 늦추어져 죄를 더 짓게 한 것이 참으로 나에게 좋은 것이 되었습니까? 그렇지 않으면 늦춰지지 않았어야만 했습니까? 그렇다면 왜 지금도 사방에서 내 귀에 들리는 소리는 '그를 내버려두어라. 자기가 하고 싶은

---

13) 고대교회는 세례를 받은 이후의 죄를 대단히 심각하게 생각하였다. 강경파는 세례 이후의 지은 죄는 용서함을 받을 수 없다고 믿었고, 온건파는 세례를 받은 후에 지은 죄는 두 번까지는 용서해 주어야 한다고 믿기도 했다. 그래서 어떤 교인들은 세례를 의도적으로 죽을 때까지 연기하기도 했다. 그 예로서 기독교 황제였던 콘스탄틴은 337년 임종시에 유세비우스 감독에 의해 세례를 받았다.

대로 내버려두어라. 그는 아직 세례를 받지 않았다' 라고 합니까?

그러나 육체의 건강 문제에 대해서는 아무도 '그를 내버려두어라. 더 상처를 받게 내버려두어라. 그는 아직 치료되지 않았으니 말이다' 라고 말하지는 않습니다. 내가 그때 만일 단번에 치료가 되고 계속 나와 내 친구의 끊임없는 노력을 통하여 당신의 보호하에 안전하게 인도되어 왔다면 얼마나 더 좋았겠습니까? 진실로 그렇게 되었더라면 나에게 훨씬 더 좋을 뻔했습니다.

그러나 얼마나 많고 큰 유혹의 (바다의) 파도가 소년기 후에 나에게 닥쳐 왔습니까? 이것을 미리 본 어머니는 (세례를 통해) 그리스도의 형상으로 이루어져야 할 무형의 진흙 덩어리와 같은 나를 그 파도에 맡기는 것이 더 낫다고 생각한 것입니다.[14)]

12장_ 강제로 공부를 함

(19) 나는 이 소년 시기에—물론 이 시기를 청년 시기보다는 덜 무섭게 생각했습니다만—공부하기를 싫어했고 또한 강제로 공부시키는 것을 좋아하지 않았습니다. 그러나 나는 강제로 공부를 하게 되었으니 내가 공부를 잘하지 않았어도 그것은 나에게 유익한 것이 되었습니다. 왜냐하면 만일 강제로라도 시키지 않았으면 나는 공부를 하지 않았을 것이기 때문입니다.

사람이란 비록 자기 하는 일이 좋다고 할지라도 그것을 강제로 하기는 좋아하지 않습니다. 나의 하나님, 나를 강제로 공부시킨 자들이 잘한 일은 아니었으나, 당신은 그것이 나에게 도움이 되도록 하셨습니다. 나를

14) 여기서 진흙 덩어리(terram)란 창세기 1:2에 나온 "땅이 혼돈하고 공허하며" 에 비유한 것으로 아직 형상화되지 않은 무형의 질료(12, 3, 3—12, 5, 5)를 뜻하고 있다. 또는 창세기 2:6에 나온 흙을 뜻하기도 한다. 그러므로 아직 형상화되지 않은 진흙과 같은 인간은 성례와 가르침으로서 그리스도의 형상으로 재형성되어야 함을 시사하고 있다.(13, 12, 13) 그러나 어거스틴은 그리스도의 형상으로 재형성되기보다는 세상의 파도에 맡겨진 것이다.

강제로 공부시킨 그들의 관심은 다만 부끄러운 영광과 재물에 대한 끝없는 욕심을 만족시켜 보자는 목적뿐이었습니다. 그러나 우리 머리카락을 세시는 당신은 공부를 억지로 시킨 그들의 잘못을 나를 위해 선용하시어 나에게 유익이 되게 하셨고, 공부하기 싫어한 나의 잘못을 당신은 내 벌의 이유로 사용하셨습니다.

그러므로 작은 소년이었으나 죄는 크게 짓고 있던 내가 벌을 받은 것은 당연한 것이었습니다. 그리하여 당신은 좋지 못한 일을 하는 자들을 통하여 나를 좋게 해주셨고 내가 지은 죄로 인해 나를 바르게 벌하시었습니다. 고르지 못한 모든 마음은 그 자신에게 스스로 벌이 되오니 이것은 당신이 정해 주신 법으로서 당연히 그렇게 될 수밖에 없습니다.

13장_ 무슨 공부를 좋아했는지를 말함

(20) 내가 어릴 때부터 배우던 그리스어 공부를 왜 그렇게 싫어했는지 그 이유를 지금까지도 모릅니다. 라틴어는 내가 대단히 좋아했었는데 초등교사들이 가르치는 것보다 이름 있는 문법학자들[15]이 가르치는 것을 더 좋아했습니다. 초보자들의 공부인 읽기, 쓰기, 셈하기는 그리스어를 배우는 것에 못지않게 나에게는 무거운 짐이요, 고역이었습니다. 이런 것이 나의 죄와 허영으로부터 온 것이 아니고 어디서부터 왔겠습니까? 나는 "육체뿐이라 가고 다시 오지 못하는 바람"(시 78:39)뿐이었습니다. 내가 처음에 배운 초등교육 과목은 나로 하여금 글을 읽고 내 뜻을 스스로 적을 수 있는 능력을 습득하게 해주었으므로—지금도 그 능력을 소지하고 있습니다만—후에 배운 다른 과목보다 더 유익하고 확실한 것이었습니다.

그 외 다른 과목을 배울 때는 알지 못한 어떤 아에네아스(Aeneas)의 표류기를 강제로 암기하도록 했고 사랑 때문에 자살한 디도(Dido)를 위해 울어 주게 했습니다.[16] 그러나 그때 나는 내 자신의 방탕을 생각하지 않았

15) 어거스틴이 살았던 시대에는 초등교육은 초등교사(primus magister)가, 문법교육은 문법교사(grammaticus)가, 최고학문은 수사학자(rhetor)가 가르쳤다.

고, 나의 생명이신 하나님, 당신을 떠나서 죽어가고 있는 나 자신에 대해서는 한 방울의 눈물도 흘리지 않았습니다.

(21) 아에네아스의 사랑 때문에 죽는 디도를 생각하여 눈물을 흘려도 당신을 사랑하지 않아서 죽어 가는 자신에 대해서는 눈물하나 흘리지 않았으니 자신의 가련함을 슬퍼하지 않는 것보다 더 가엾은 일이 또 어디 있겠습니까? 오, 하나님, 당신은 내 마음의 빛이 되시고 내 영혼의 입에 음식이 되시며 내 마음과 내 생각의 심연을 연결시켜 주시는 힘이 되십니다.

나는 당신을 사랑하지 않고 당신을 멀리 떠나 음탕한 생활을 했습니다. 내 주위에 있는 자들은 같이 죄를 지으면서 "잘했다. 잘했다." 하고 소리를 지르는 것이었습니다. 당신을 떠나 세상을 사랑함이 바로 간음이 아니고 무엇입니까? "잘했다. 잘했다." 하는 소리는 이러한 일을 하지 않는 사람을 부끄럽게 만들기 위함이었습니다. 나는 이러한 내 상황에 대해서는 슬퍼하지 않았지만 칼날에 엎드러져 자살한 디도의 죽음은 슬퍼했습니다.

그러는 동안 나 자신은 당신을 떠나 당신이 만든 피조물의 맨 밑바닥을 찾아 내려갔으니 흙이 다시 흙으로 빠져 들어가는 것이었습니다. 그때 만일 나더러 이런 것들을 읽지 말라고 금했더라면 나를 슬프게 하는 책을 읽지 못하게 한다고 슬퍼했을 것입니다. 나는 이런 어리석은 것들이 초기에 배운 읽기와 쓰기보다 훨씬 더 훌륭하고 유익한 것이라고 생각했습니다.

(22) 나의 하나님, 그러나 '그렇지 않다. 제일 처음에 배운 것이 훨씬 더 낫다' 고 이제 내 영혼에 소리쳐 주시고 당신의 진리로 하여금 나에게 말씀하여 주소서. 나는 이제 쓰기와 읽기를 잊어버리기보다 아에네아스의 표류나 그런 따위의 모든 것들을 잊어버리기를 원합니다. 지금도 저 문법을 가르치는 학교의 출입문에 휘장이 걸려 있습니다만 그것은 어떤 깊은

16) 아에네아스(Aeneas)는 로마의 시인 베르길리우스(Vergilius, 70－19 BC)의 서사시 아에네이드(Aeneid)의 전설적인 주인공으로 나온 장군의 이름이다. 그는 트로이(Troy) 전쟁시 트로이 성을 끝까지 사수했으나 결국 패해 유랑하다가 북아프리카 카르타고로 가서 왕의 딸 디도(Dido)를 만나 사랑의 관계를 가졌다 한다. 그러나 아에네아스가 카르타고를 떠나 이탈리아로 향하자 그녀는 자살하고 만다.

뜻을 품고 있는 명예의 상징이라기보다는 교사들의 오류를 가리우는 덮개를 의미했습니다.

내가 이제 내 영혼이 갈망하는 나의 하나님 당신께 고백하여 마음의 평안을 얻고 내 죄악의 길을 비판함으로 당신의 거룩한 길을 사랑하고자 하오니 그들이 이러한 말을 하는 나를 향해 고함을 치지 말게 하소서. 나는 그들을 이제는 두려워하지 않습니다. 또한 저 문법을 팔고 사는 자들이 나를 향해 소리를 지르지 못하게 하소서. 내가 만일 그들에게 시인이 말한 대로 아에네아스가 한때 카르타고에 왔었다는 말이 참말이냐고 묻는다면 그중 무식한 자들은 알지 못한다고 대답할 것이요, 식자들은 그것이 사실이라는 것을 부정할 것입니다. 그러나 내가 아에네아스라는 이름이 무슨 글자로 되어 있느냐고 묻는다면 이것을 배운 자들은 인간들이 서로 일정하게 합의하고 약속한 기호에 따라 바르게 대답할 것입니다.

내가 만일 다시 '읽고 쓰는 것과 허구의 이야기, 이 둘 중에서 어떤 것을 잊어버릴 때 우리들에게 가장 심한 불편을 가져오겠느냐?' 고 묻는다면 기억력을 전혀 상실하지 않은 자라면 누구나 잘 대답할 수 있을 것입니다. 그러나 나는 소년 시절 그때에 오류를 범하여 나에게 유익한 공부보다 헛된 것을 더 좋아했습니다. 오히려 전자를 미워하고 후자를 사랑했습니다. '하나 더하기 하나는 둘, 둘 더하기 둘은 넷' 이라는 노래는 나에게 참으로 싫증이 난 것이었습니다. 그러나 무장한 군인들이 가득 타고 있는 그 목마와 불타는 트로이(Troy), 크레우사(Creusa)의 유령[17]과 같은 허황한 광경은 나에게 가장 흥미가 있는 것이었습니다.

14장_ 그리스어와 라틴어에 대하여

(23) 그렇다면 나는 왜 그런 이야기로 가득 차 있는 그리스 문학을

17) 크레우사(Creusa)는 아에네아스 장군의 부인이었다. 트로이 성이 불타고 있을 때 아에네아스는 불 속으로 들어가 자기 부인을 만났다. 그러나 그가 만난 자기 부인은 죽은 그녀의 유령이었다. 그래도 그 유령은 자기 남편의 미래에 대하여 말을 해주었다는 것이다.

싫어했습니까? 호메루스(Homerus)는 그러한 이야기를 엮어 가는 데 능란했습니다. 그의 글은 흥미는 있었지만 허구였습니다. 그래서 소년인 나에게는 그것이 맞지 않았습니다. 내가 생각하기에는 만일 그리스 소년들에게 베르길리우스(Vergilius)를 강제로 배우게 했다면 내가 호메루스를 싫어한 것처럼 그들도 그를 싫어했을 것입니다. 사실을 말하면 외국어를 배우는 어려움은 저 달콤한 그리스 신화의 맛에다 쓸개를 타놓은 것 같았습니다. 왜냐하면 나는 그 언어의 단어 하나도 알지 못하는데 그것을 배우도록 무서운 벌과 위협으로 나를 밀고 갔기 때문입니다.

물론 나는 유아기에 라틴어를 전혀 알지 못한 때가 있었습니다. 그러나 어떤 두려움이나 형벌의 고통 없이 나를 기르는 유모들의 귀엽게 해주는 말, 나를 보고 웃는 자들이 해준 재미있는 이야기, 나와 같이 놀아 준 사람들의 장난에 주의를 기울임으로써 그것을 자연히 습득하게 되었습니다.

나는 어떠한 벌의 압력에 고무 됨이 없이 라틴어를 배웠으니 내 마음은 나를 재촉하여 내 자신의 감정을 표현하게 했습니다. 그러나 그러한 표현은 여러 어휘가 없이는 불가능했습니다. 그 어휘는 나를 가르치는 선생님들로부터 배운 것이 아니고 나에게 친절히 말해 준 사람들로부터 귀담아 듣고 내가 느낀 것을 그들의 귀에 전달하게 된 것입니다. 이것으로 분명히 알 수 있는 것은 어린이의 언어 학습에서는 공포를 주어 가르치는 것보다 자유로운 호기심이 훨씬 효과가 있다는 것입니다.

오, 하나님, 그러나 당신의 법은 지나친 자유를 징계로 제재하십니다. 그것은 선생님의 채찍으로부터 순교자의 시련에 이르기까지 다 관계되오니 당신의 효력 있는 법은 유익한 쓴맛을 섞어서 우리를 전에 당신으로부터 분리시킨 저 해로운 쾌락에서 다시 불러 당신에게로 돌이키게 하십니다.

15 장_ 하나님께 기도함

(24) 오, 주님, 나의 기도를 들어주소서. 내 영혼으로 하여금 당신의 징계로 인하여 실망하지 말게 하시고 당신의 자비를 찬양하기에 피곤하지 말게 하소서. 당신의 자비로 나를 그릇된 길에서 구해 주셨으니 당신께서

내가 이때까지 따랐던 모든 달콤한 유혹보다 더 달콤한 기쁨이 되어 주옵소서. 나로 하여금 내 모든 힘을 다하여 당신을 사랑하게 하시고 내 마음의 힘을 다하여 당신의 손을 붙들게 하심으로 나를 마침내 모든 유혹의 위험에서 구해 주소서.

주여, 당신은 진실로 나의 임금, 나의 하나님이시니 내가 소년 시절에 배웠던 모든 유용한 것을 당신을 섬기는 데 바치게 하시고 내가 지금 말하고, 쓰고, 읽고, 셈하는 모든 것이 당신을 섬기는 데 도움이 되게 하소서. 내가 헛된 것을 배울 때 당신은 나에게 징계를 가하셨으나 그러한 헛된 것을 좋아하는 저의 죄는 용서해 주셨습니다. 그러한 헛된 것을 공부하는 중에도 유익한 말을 많이 배우기는 했습니다. 그러나 그러한 유익한 말은 헛되지 않은 학문에서도 배울 수 있는 것이오니 이 길이 어린이들이 걸어가야 할 안전한 길이라 생각합니다.

16 장_ 신화에 대하여

(25) 아, 화 있으라, 인간 풍습의 급류여! 누가 너의 흐름을 막을 수 있겠느냐? 네가 말라붙을 날이 언제 있겠느냐? 언제까지 너는 하와의 자녀들을 저 넓고 무서운 바다로 휘몰아 넣으려고 하느냐? 나무(방주)[18]에 오른 자들도 그 바다를 건너가기가 거의 불가능하지 않느냐? 때로는 악한 자에게 벼락을 치고 때로는 자신이 간음을 하는 주피터의 이야기를 내가 너에게서 읽지 않느냐? 이 두 가지를 그가 동시에 할 수는 없다. 그가 이 두 가지를 다 했다고 하나 실은 벼락이라는 속임수로 실지 간음을 모방하도록 충동을 주기 위해 인간이 만든 허구한 이야기이다. 그러나 자기들의 학교에서 교육받은 어느 사람이 '이것은 호메루스가 꾸민 이야기다. 그는 인간들의 잘못을 신들에게로 옮겨 놓았다. 그가 신들의 하는 일을 인간들에게 옮겨 놓았더라면 더 좋을 뻔했다' 고 말한다면 긴 가운을 입은 선생님들 중에

18) 나무는 홍수에서 살아 남은 노아의 방주, 구원의 도구인 교회, 죄인을 구속하신 십자가 나무를 상징한 것이다.

서 이 소리를 들어줄 사람이 있겠는가? 그러나 다음과 같이 말하는 것이 오히려 진실할 것이다. 즉 "이것들은 사실 호메루스가 꾸민 이야기이다. 그러나 그는 신의 속성을 죄를 지은 인간들의 속성처럼 보았는데 그 이유는 인간이 범한 범행이 신들의 행동을 모방하는 것처럼 보이게 함으로 범죄를 범죄로 간주하지 않게 하고 사람들로 하여금 아주 절망하지 않게 하기 위함이다."

(26) 그러나 오, 지옥의 급류여! 인간의 자녀들은 그러한 학문을 배운다 하여 사례금을 바치고 너의 속으로 던져지는구나. 더욱 이것을 가르치는 선생님들은 특히 공개 광장에서 가르칠 때 법이 정해 준 봉급을 받고, 또한 사례금 이외에도 더 많은 이윤을 얻는구나.

그리하여 너는 바위를 치며 소리 지르기를 '여기는 말을 가르치는 곳, 네가 생각한 대로 사람을 설득하고 조종하는 데 필요한 웅변을 통달할 수 있게 하는 곳, 너의 의견을 토로하는 데 아주 적절한 곳' 이라 하는구나.

그들은 말하기를 테렌티우스(Terrentius)의 글이 아니었더라면 우리는 다음과 같은 말, 즉 '황금비, 여인의 품, 하늘의 신전' 등의 말들을 알지 못했을 것이라 한다.[19] 테렌티우스는 자기의 글에서 간음의 본보기로 주피터 신을 따르려는 한 청년을 등장시켜 벽에 붙은 한 그림을 보게 한다. 그 그림은 주피터 신이 다나애(Danae)의 품에 황금비를 내려 순진한 그 여인을 속여 낸 것을 묘사한 것이다. 그 청년이 그 그림을 보고 마치 하늘의 권위를 얻은 것처럼 자기의 정욕을 어떻게 발작시켰는지 보라.

그 청년은 이렇게 말한다.

> "무슨 신을 내가 본뜰 것인가? 하늘의 신전을 큰 소리로 뒤흔드는 그 신? 그렇다면 나와 같은 불쌍한 인간이라고 해서 그런 짓을 못해? 나는 벌써 그런 짓을 했어! 아주 즐겁게!"

---

19) 테렌티우스(Terrentius, 195-159 BC)의 『거세자』(*Eunuchus*)(去勢者)에 의하면 아크리시우스(Acrisius)가 자기의 딸 다나에(Danae)를 탑 안에 가두어 두었을 때 주피터(로마 신화에 나온 최고의 신, 그리스 신화의 제우스[Zeus] 신에 해당함)가 황금의 비가 되어 그녀의 무릎에 내려 페르세우스(Perseus)를 낳게 했다는 것이다.

이런 추행을 통해서 배우는 것은 절대로 그러한 말만은 아니다. 그런 말을 통해서 그와 같은 추행이 더욱 떳떳이 행해지고 있는 것이다. 나는 말을 탓하는 것이 아니다. 소위 말이란 귀하게 가려 낸 좋은 그릇이다. 그러나 내가 유감스럽게 생각하는 것은 술 취한 선생님들에 의해서 우리들의 그릇에 부어진 오류의 술이다. 우리가 그 술을 마시지 않을 때는 매를 맞았고 식별력이 있는 재판장에게 호소할 수 있는 자유마저 빼앗겼다.

오, 하나님, 그러나 나는 이제 당신의 면전에서 옛 이야기를 상기하며 말한다 해도 별 두려움을 느끼지 않습니다. 그런데 그때의 나는 이런 것을 불행하게도 즐겨 배웠기 때문에 사람들은 나더러 소망이 있는 소년이라 했습니다.

17 장_ 허망한 교육

(27) 오, 하나님, 나로 하여금 당신의 선물인 나의 재능과 그것을 쓸데없이 낭비한 나의 어리석음에 대하여 잠깐 말하게 허락해 주소서. 그때 나의 마음을 심히 불안하게 한 과제가 하나 주어졌습니다. 그것을 잘하느냐 못하느냐에 따라 칭찬이냐 부끄러움이냐 혹은 채찍이냐가 달려 있었습니다. 그 과제란 트로이의 왕이 이탈리아로 들어오는 것을 막지 못해 분해하고 슬퍼하는 여신 유노(Juno)의 말을 웅변으로 말해 보라는 것이었습니다.[20] 내가 듣기로는 유노가 절대로 이런 말을 하지 않았다는 것입니다. 그러나 우리는 이 시인의 허구한 이야기를 따라 모방을 해야 했고 시적인 음률을 산문으로 고쳐서 말을 해야 했습니다. 이 웅변에서 우리가 거기에 나온 인물들의 감정과 슬픔을 적절하게 나타내고 그것을 가장 적당한 말로 장식하면 찬사를 받게 되었습니다.

그러나 나의 참 생명이신 하나님, 내 웅변이 나의 동년배들이나 내 동급생들보다 훨씬 더 칭찬을 받을 만하다고 해서 그것이 도대체 무슨 소용이 되겠습니까? 그것은 사실 연기요, 바람뿐이 아닙니까? 내 재간과 혀를

20) 유노(Juno)는 로마의 최고의 신, 주피터의 딸이자 부인이기도 하다.

쓸 수 있는 길이 이리도 없었단 말입니까? 주님, 당신의 성서 말씀에 기록된 (당신에게 드린) 찬양이 내 마음의 연약한 넝쿨을 받쳐 주었더라면 내 마음의 넝쿨은 저 허망한 것들에 의해 끌려가지 않았을 것이요, 공중의 권세 잡은 자에게 부끄러운 희생물이 되지 않았을 것입니다. 실로 타락한 천사에게 희생되는 길이 한두 가지가 아닙니다.

18장_ 문법은 지키지만 하나님의 법은 대수롭지 않게 보는 교육

(28) 오, 나의 하나님, 그러므로 내가 당신을 떠나 밖으로 이렇게 헛된 것을 향해 빠져 들어가게 된 것은 이상한 것이 아니었습니다. 그때 내가 나의 모범으로 삼고 추종했던 사람들은 자기들의 행동—그렇게 나쁘지 않은 행동—을 문법에 틀린 말로 묘사하다가 비난을 받으면 부끄러워했고, 자기들의 음탕한 행동을 정확하고 아름다운 말로 묘사하다가 칭찬을 받으면 좋아했던 자들이었습니다. 오, 주님, 당신은 이것을 보시고도 침묵을 지키셨으니 당신은 오래 참으시는 분, 진리와 자비가 풍성하신 분이시기 때문입니다.(시 103:8) 그러면 당신은 영원히 침묵을 지키시려 하십니까? 아닙니다. 지금도 당신을 찾고 당신의 즐거움을 목마르게 갈구하면서 "내가 마음으로 주께 말하되 여호와여 내가 주의 얼굴을 찾으리이다."(시 27:8)라고 부르짖는 영혼을 당신은 저 무서운 깊은 웅덩이에서 건져 주십니다.

나는 당신의 얼굴에서 멀리 떠나 욕정의 어두운 그늘에 있었습니다. 우리가 당신을 떠나는 것(abs te)이나 당신에게로 돌아가는 것(ad te)은 우리의 발걸음이나 공간의 문제가 아닙니다. 탕자가 먼 곳에 가서 당신이 주신 재물을 탕진하고 아버지의 집을 떠날 때, 말이나 수레나 배를 빌려서 간 것이 아니요, 보이는 날개를 타고 가거나 걸어서 간 것도 아닙니다. 떠나는 자식에게 사랑으로 대해 주셨고 비참하게 되어 돌아왔을 때 더 큰 사랑으로 대해 주셨던 아버지! 욕정에 사로잡혀 당신을 떠나는 것, 즉 마음이 어두워져 당신의 얼굴에서 멀리 떨어져 나오는 것, 바로 이것이 당신의 얼굴을 멀리하는 것이옵니다.

(29) 오, 내 주여, 굽어 살펴 주소서. 당신이 항상 그러하시듯 참고 살펴 보아 주소서. 인간의 자식들이 이전 사람들로부터 배워 온 글자와 음절의 관습적인 법칙들은 열심히 따라 지키지만 당신으로부터 받은 영원한 구원의 법도는 얼마나 대수롭지 않게 여깁니까?

옛날부터 규정되어 내려온 발음 법을 따라 말하고 가르치는 사람이 만일 문법에 맞지 않게 사람(hominem, 호미넴)이란 글자의 첫 음절 H(ㅎ)를 빼버리고 'ominem' (오미넴)이라고 발음하면 사람들은 대단히 불쾌하게 생각합니다. 그러나 그들이 당신의 계명을 어기어 다른 사람을 미워하는 경우에는 그것을 대수롭지 않게 여깁니다. 사람이 남을 미워할 때는 그 자신을 흥분케 하는 그 증오 자체가 미워하는 원수보다 자신을 더 해롭게 한다는 사실을 모릅니다. 또한 사람들은 그 증오로 말미암아 자기 원수보다 자기 영혼이 더 해를 받고 있음을 모릅니다.

이제 내가 확실히 알게 된 것은 어떤 글의 지식이라 할지라도 '네가 그렇게 대접을 받기 싫으면 너도 남에게 그렇게 행하지 말라' 는 양심의 글보다 더 내면성을 가진 글은 없다는 것입니다. 높은 곳에 거하셔서 침묵과 신비 가운데 싸여 계신 위대하신 하나님, 당신은 피곤치 않은 법으로 옳지 못한 욕정에 맹목이란 벌을 던져 주었습니다.

사람이란 웅변의 명성을 얻기 위하여 사람인 판관 앞에서 그리고 자기를 둘러싼 청중 가운데서 분노와 증오가 담긴 말로 자신의 적을 공격할 때 그의 혀가 문법적인 실수를 하지 않도록 심한 주의를 합니다. 예를 들면 자신이 실수하여 호미네스(homines)라 발음하는 대신 오미네스(omines)라고 발음할까 염려합니다. 그러나 자기 마음의 분노로 인해 사람을 인간 사회로부터 제거시키지는 않을까 하는 염려는 하지 않습니다.[21]

21) 어거스틴은 인간의 생명을 존중해야 함을 주장했으며 따라서 사형집행을 반대했다.

19장_ 행동의 부패보다는 말의 실수를 피하려는 데 더 열중함

(30) 소년인 나는 가엾게도 이러한 풍습의 문간에 던져져 있었습니다. 그 곳은 내 경기장인 학교로서 나는 거기서 문법적으로 틀리지 않게 말하는 것을 보고 부러워하기보다는 내가 실수를 범하지나 않을까 하여 더 무서워했습니다.

나의 하나님, 이것을 당신께 여쭈어 고백합니다. 나는 사람들에게서 박수 갈채를 받았으니 그때 나의 생각에는 그런 사람들을 즐겁게 해주는 것이 나에게서 보람 있는 삶이라고 본 것입니다. 그리하여 나는 당신의 눈에서 멀리 떨어져 치욕의 심연 속으로 빠져 버리고 말았습니다. 당신이 보시기에 그때 나보다 더 형편없는 놈이 어디 있었겠습니까? 나는 내 자신이 싫을 정도로 거짓말을 많이 하여 나의 가정교사, 학교 선생님들, 부모님을 속였습니다. 놀고 싶었고, 쓸데없는 구경을 하고 싶었으며, 무대에서 연기하는 것을 보고 그 흉내를 내고 싶은 욕망 때문에 그런 거짓말을 했던 것입니다.

더욱이 나는 부모님이 쓰는 창고에서 또는 식탁에서 좀도둑질을 했습니다. 때로는 무엇이 먹고 싶어서 그랬고, 때로는 경쟁놀이를 할 때 다른 아이들에게 무엇을 주어 그 경쟁놀이에서 이기고 싶어서 그랬습니다. 그들도 나와 마찬가지로 그 놀이에서 이기기를 원했으나 무엇을 주면 곧잘 파는 것이었습니다. 이와 같이 나는 놀이에서도 다른 아이들을 다 이기고 싶은 헛된 욕망에 사로잡혀 남을 속이기까지 하면서 부정직한 승리를 추구했습니다. 내가 남에게 하는 거짓말을 다른 아이들에게서 발견할 때 나는 참지 못해 얼마나 가혹하게 욕설을 퍼부었습니까? 그리고 내가 한 거짓이 드러나 욕을 먹을 때는 그것을 시인하려고 하는 것보다는 오히려 시비를 걸어 싸우려고 달려들었습니다. 이것을 보고 어떻게 천진난만한 어린이라 하겠습니까? 아닙니다. 오, 주님, 결코 아닙니다.

오, 나의 하나님, 당신의 자비에 호소합니다. 이와 같은 죄는 인간이 성장함에 따라 가정교사와 선생님들을 떠나고 가지고 놀던 호두와 공과 새들을 버린다 해도 역시 마찬가지로(어른들에게) 임금님들과 지사들에게 옮겨져서 그들로 하여금 황금과 토지와 노예를 더 차지하려는 데 급급하게 합니다. 따라서 어린아이들의 잘못에 가해진 선생님의 채찍은 그들에게 더 가혹한 형벌로 대치되어 나타납니다. 오, 우리 임금이 되시는 주여, 이러기에 당신은 어린아이들의 성격에서 나타난 겸손을 상징으로 삼아서 "천국이 이런 자의 것이니라."(마 19:14)고 말씀하셨습니다.

20장_ 어렸을 때 받은 하나님의 은혜에 대해 감사함

(31) 오, 주님, 우주를 창조하시고 다스리시는 가장 높으시고 선하신 하나님, 내가 당신의 뜻에 의해 소년 시절에 그대로 남아 있게 되었다 할지라도 나는 우리 하나님이 되신 당신에게 감사를 드리고 싶습니다. 그때에도 나는 존재하고 있었고, 살아 있었고, 생각하고 있었습니다. 그리고 나 자신의 안전에 대하여 유의할 수 있었습니다. 이것은 내 존재의 근원이신 당신의 가장 신비스러운 통일성의 흔적에 불과합니다. 나는 내적 감각으로 외적 감각의 전부를 지켜 살펴보았고 밖에 있는 사물들에서 그리고 그 사물들에 대한 나의 생각을 통해서 진리를 파악하고 기뻐하게 되었습니다. 나는 그때 알면서 속임을 당하기 싫었습니다. 나는 좋은 기억력을 가지고 있었고 잘 배워서 말재간도 있었습니다. 나는 우정에 부드러웠고 슬픔과 천한 행위와 무지를 회피했습니다. 이렇게 살아 있는 이 작은 피조물은 놀랄 만하고 칭찬받을 만한 것이 아닐까요?

그러나 이 모든 것은 나의 하나님이 주신 선물이었습니다. 내가 이것을 나 자신에게 부여해 준 것이 아닙니다. 이 모든 것이 좋았고 이 좋은 모든 것이 다 합하여 나를 이루어 놓았습니다. 그런고로 나를 만드신 분이 좋으시고 그분이 바로 나의 하나님이시니 내가 어렸을 때부터 가지고 있던 온갖 선물에 대하여 그분에게 찬양을 드립니다.

그러면 그때의 내 죄란 무엇입니까? 그것은 나의 쾌락, 나의 명성, 나의 진리를 당신 안에서 찾지 않고 당신의 피조물, 즉 나 자신과 다른 것들 속에서 찾으려는 데 있었습니다. 그 때문에 나는 슬픔과 혼돈과 오류 속으로 빠져 들어가게 되었습니다.

나의 즐거움, 나의 명예, 나의 신뢰가 되시는 하나님, 당신께 감사를 드립니다. 당신이 주신 여러 선물로 인하여 감사를 드립니다. 그 선물들을 내 안에 잘 보존해 주소서. 이로서 나의 존재는 잘 보존되고 당신이 주신 여러 선물은 더 풍성해져 완성될 것입니다. 그리하여 나는 당신과 함께 있게 될 것이니, 이는 내 존재가 본래 당신으로부터 왔기 때문입니다.

제 2 권

열여섯 살 되던 때의 청년기 : 배나무 밑에서

그는 열여섯 살 되던 해에 집안 형편 때문에 마다우라에서 했던 공부를 중지하고 일년간 부모님 집에서 쉰다. 그는 쉬면서 태만과 정욕으로 보냈던 자기의 청년기를 기억하며 하나님께 고백한다. 그는 여기에서 두 에피소드를 이야기하고 있다. 하나는 아버지와 함께 목욕탕에 갔던 일과 다른 하나는 남의 배를 따먹은 이야기이다. 그는 특히 배도둑질에 대해 길게 이야기하면서 죄를 짓는 동기, 그 행동과 실체, 그리고 죄의 집단성(사회성)을 자세히 논하고 있다.

1장_ 청년기의 죄

(1) 이제 나는 지나간 나의 추잡한 잘못들과 육체로 떨어졌던 내 영혼의 타락을 기억하고자 합니다. 오, 하나님, 그것은 내 과거가 좋아서가 아니라 당신을 사랑하고 싶어서입니다. 당신의 사랑을 사랑하기 위한 자기 성찰의 쓴 괴로움을 지니면서도 나의 추잡한 잘못들을 상기하옵니다. 거짓 없는 기쁨, 복되고 안전한 기쁨이 되신 주님, 당신께서 나의 기쁨이 되어 주소서. 나는 오직 한 분(一者)이신 당신을 떠나 잡다(雜多)한 세계로 떨어져서 산산조각이 나 흩어져 버렸으니 이제 나를 거두어 모아 주소서.[1] 나는 청년기로 접어들면서 감각적인 쾌락으로 만족하려는 욕망으로 불타 있어 여러 가지 허망한 사랑을 추구하는 자가 되어 버렸습니다. 이리하여 나의 미모는 시들어졌으니 당신이 보기에는 썩어진 존재였으나 내 자신의 눈에는 좋게 보였으므로 다른 사람의 눈에 잘 보이게 하려고 애를 썼습니다.

2장_ 사랑과 정욕

(2) 그러나 사랑을 주고 사랑을 받는 것보다 더 좋은 것이 어디에 있었겠습니까? 그러나 나는 그때 밝은 우정의 길, 즉 마음과 마음이 통하는 진정한 우정의 한도(사랑의 질서)를 지키지 못했습니다. 오히려 진흙 투성인 육체의 정욕과 사춘기의 열정적인 상상력이 안개같이 일어나 나의 마음을 흐리게 했고 어둡게 했기 때문에 나는 무엇이 순수한 사랑이고 무엇이 추잡한 정욕인지 분간할 수 없었습니다. 이 두 가지는 나의 마음에서 복잡

---

1) "오직 한 분이신(一者)이신 당신을 떠나 잡다한 세계로 떨어져서…"라는 표현은 하나님을 떠나 잡다(雜多)의 세계로 전락하여 분열되어(헷갈려) 있는 자신의 혼의 모습을 말하고 있는 것이다. 따라서 산산이 분열된 영혼이 거두어지기(통합) 위해서는 '하나'이신 하나님에게 향하는(ad te) 길이다. 이런 표현은 플로티누스(Plotinus, 204–270)의 『에네아드스』(*Enneads*) 1, 6, 9에 나온 사상과 대단히 흡사하다.

하게 엉키어 나를 안절부절못하게 했고, 나의 젊음을 불결한 욕심의 낭떠러지로 이끌어가 치욕의 소용돌이로 던져 버렸습니다.

당신의 진노가 나에게 세차게 임하고 있었어도 나는 그것을 모르고 있었습니다. 나를 묶어 끌고 가는 죽음의 쇠사슬 소리에 의해 내 귀가 먹었기 때문이었습니다. 이것은 내 영혼의 교만 때문에 당신이 내게 내리신 벌이었습니다. 이리하여 나는 점점 당신을 멀리 떠나게 되었고, 당신은 나를 그대로 방치해 두셨습니다. 나는 음탕한 생활에서 이리저리 뒹굴며 자신을 낭비하고 쏟아 버리면서 헤매고 있었습니다. 그러나 당신은 계속 침묵만 지키고 계셨습니다. 오 하나님, 당신은 왜 그리 느리십니까? 당신은 그때 침묵을 지키시었고 나는 당신을 멀리 떠나 길을 잃고 거만한 낙담과 불안한 피곤감에 젖어 슬픔의 불모지에 더욱 깊이 빠져 들어가고 있었습니다.

(3) 이때 어느 누가 나의 혼란한 상태를 정돈해 주었고, 나로 하여금 내 주위에서 덧없이 지나가는 아름다운 것들을 잘 쓰도록 도와주었으며, 세상의 쾌락을 추구하는 나의 욕구에 한계선을 그어 주었다면, 내 청춘의 파도의 힘은 결혼생활이라는 해안으로 인도되어 승화되었을 것입니다.

오, 주님, 그러면 그 청춘의 파도는 가라앉아 잔잔해지고 당신의 법이 정하여 준 대로 자식을 많이 갖게 되어 만족했을 것입니다. 당신은 죽을 수밖에 없는 우리들에게 자손을 이어가게 하시고 당신의 낙원에서 제외된 저 가시까지도 당신의 부드러운 손으로 어루만져 무디게 하십니다. 진실로 당신의 능력은 우리가 당신을 멀리 떠나 있을 때에도 우리와 멀리 떠나 계시지 않으십니다.

그때 나는 하늘(구름)로부터 들려 오는 당신의 음성[2]에 더 주의 깊게 귀를 기울였어야 했습니다. 그 음성은 "이런 이들은 육신에 고난이 있으리니 나는 너희를 아끼노라." (고전 7:28) 또는 "남자가 여자를 가까이 아니함이 좋으니라." (고전 7:1) 또는 "장가 가지 않는 자는 주의 일을 염려하여

2) "하늘(구름)로부터 들려오는 말씀" 이란 성서의 말씀을 의미함. **고백록** 13, 15, 16－17 이하를 보면 성서를 궁창(하늘)에 비유하고 있다. 성서의 말씀은 오묘해서 안개(구름)와 같은 신비가 진리를 덮고 있으니 이것을 거두어 진리를 밝히 볼 수 있도록 어거스틴은 기원하고 있다.

어찌하여야 주를 기쁘시게 할꼬 하되 장가 간 자는 세상일을 염려하여 어찌하여야 아내를 기쁘게 할꼬 하느니라." (고전 7:32—33)는 말씀입니다. 나는 이런 말씀에 더 주의 깊게 귀를 기울였어야 했습니다. 그리고 천국을 위하여 스스로 고자가 되어(마 19:12) 당신의 포옹하심을 더 행복하게 기대했어야 했습니다.

(4) 그러나 가련한 나는 당신을 떠나 바다의 노도와 같이 거품을 내뿜고 내 정욕의 조류를 따라 당신이 정해 주신 법의 한계를 벗어났습니다. 그러나 나는 당신의 채찍을 벗어나지 못했습니다. 사람이 어떻게 당신의 채찍을 피할 수 있겠습니까? 당신은 항상 내 곁에 계셔서 부드럽게 노하시었고 옳지 않은 나의 기쁨에 쓰디쓴 불만을 섞어 주시어 나로 하여금 불만이 없는 기쁨을 찾게 해주셨습니다.

주님, 당신 이외에 어디서 그런 기쁨을 찾을 수 있겠습니까? 당신은 우리를 가르치시고 고쳐 주시기 위하여 슬픔으로 때려 상처를 내시며, 죽지 않도록 하기 위하여 우리를 죽이십니다. 내 육신이 16세가 되던 때에 내가 어디에 있었습니까? 당신의 집의 기쁨을 떠나 내가 얼마나 멀리 가서 귀양살이를 했었습니까? 그때 맹렬한 정욕이 나를 가장 강하게 지배하고 있어서 나는 당신의 법을 떠나 부끄러운 줄도 모르고 나 자신을 그 지배에 맡겨 버렸던 것입니다. 그 동안 나의 부모들까지도 망해 가는 나를 결혼으로 구해 줄 생각은 하지 않았습니다. 그들의 유일한 관심은 내가 훌륭하게 수사학을 습득하여 설득력 있는 웅변가가 되는 것이었습니다.

3장_ 어거스틴의 유학준비와 부모의 관심

(5) 그때 내 공부는 중단되었습니다. 나는 문법과 수사학을 공부하고 있었던 인근 도시 마다우라에서[3] 돌아왔습니다. 그러나 아버지는 나를

3) 마다우라(Madaura)는 어거스틴의 고향인 타가스테에서 남방으로 약 30km 떨어져 있는 도시이다. 이 도시는 고전문학과 수사학을 높이 숭상하는 학문의 도시였다. 이곳에서 2세기에 플라톤주의 철학자로 유명한 아플레이우스(Apuleius)가 있었다.

카르타고로 유학시키기 위하여 돈을 준비하고 계셨습니다. 이러한 계획은 내 아버지의 재력 때문이라기보다는 자식을 위한 공명심 때문이었다고 봅니다. 나의 아버지는 타가스테에 사는 한 가난한 시민이었습니다. 내가 누구에게 이런 말을 하고 있습니까? 오, 나의 하나님, 당신에게 이 말을 하는 것이 아니라 당신의 면전에서 내 동포 그리고 내 글을 읽게 될 세상 사람들의 일부에게 하는 것입니다. 그러면 무슨 목적으로 이 말을 합니까? 그 목적은 이 말을 하는 나나, 이것을 읽는 모든 사람들로 하여금 그 "깊은 곳"[4]을 알게 하기 위함입니다. 그 깊은 곳(시 130:1)에서 우리는 당신께 부르짖는 것입니다. 당신은 그 고백하는 마음과 신실한 삶에 더욱 귀를 기울이십니다.

사람들은 가정 형편이 넉넉하지 못하면서도 자기 자식의 유학에 필요한 학비를 마련하신 아버지를 높이 칭찬했습니다. 그 이유는 부유하게 사는 사람들이 많지만 그렇게까지 한 사람은 드물었기 때문입니다. 그러나 아버지는 내가 당신을 향해서 잘 나아가고 있는가 혹은 그렇지 않은가, 정결한가 그렇지 않은가에 대해서는 염려하지 않았습니다. 당신이 경작할 내 마음의 밭이 불모지가 되든지 말든지 간에 내가 웅변에 능하기만 하면 된다는 것이었습니다. 오, 하나님, 당신만이 '당신의 밭' 인 내 마음의 유일하고 참되며 좋으신 밭 주인이십니다.

(6) 내 나이 16세 때 나는 가정의 어려운 형편 때문에 잠시 학교를 쉬고 부모님과 함께 살면서 집에서 놀고 있었습니다. 이때 내 정욕의 가시덤불이 내 머리 위에 자라나 우거져 있어도 그것을 뽑아줄 손은 하나도 없었습니다. 어느 날이었습니다. 아버지가 목욕탕에서 성인이 되기 시작하고 사춘기의 정열이 타오르는 내 육체를 보자 그는 손자라도 기다리는 듯이 기뻐하며 어머니에게 말했습니다. 그러나 그 기쁨이란 세상 사람들이 보이지 않는 술에 취하여 창조주이신 당신을 잊어버리고 당신 대신 피조물을 사랑하며 즐기는 것밖에 안 됩니다. 그 술 취함이란 사람이 당신을 떠나 저속한 것들을 향해 구부러지고 왜곡된 의지에 취하는 것을 말합니다. 그러

4) 인간의 심연에 도사리고 있는 죄를 뜻함.

나 당신은 어머니의 가슴에 당신의 성전을 짓기 시작하여 당신이 거할 집의 기초를 다지고 계셨습니다. 아버지는 다만 예비신자로서 믿기 시작한 지 얼마 되지 않았습니다. 그러기에 어머니는 거룩한 두려움과 떨림으로 놀라고 있었습니다. 아직 세례를 받지 않았으나 내가 혹시 "하나님에게 얼굴을 향하지 않고 등을 향하는"(렘 2:27)[5] 무리들과 섞여 구부러진 길을 걷지나 않을까 하여 어머니는 무척 두려워하고 계셨습니다.

(7) 나에게 화가 있으라! 나의 하나님, 내가 당신을 멀리 떠나가면서도 어찌 당신에게 침묵을 지키시라고 주장할 수 있습니까? 그러면 그때 정말 당신이 침묵을 지키고 계셨습니까? 그렇다면 당신의 신실한 여종인 나의 어머니를 통해 내 귀에 퍼부어 주신 것이 당신의 말씀이 아니고 무엇이란 말입니까? 그러나 그 말이 내 마음에 들어와 행동으로 나오지는 못했습니다. 지금도 기억합니다만 어머니께서는 퍽 염려가 되어 나에게 조용히 "음행을 하지 말라. 특히 다른 사람의 아내를 더럽히지 말라."고 부탁했습니다. 이런 말은 여자들이 보통 하는 충고같이 보여 이것을 따르는 것을 오히려 부끄럽게 생각했습니다. 사실 그 충고는 당신께로부터 온 것이었으나 나는 그것을 알지 못했습니다. 내 생각에는 당신은 침묵만 지키고 계셔 어머님만 말씀하시는 줄 알았습니다. 그러나 그를 통해 당신이 말씀하시고 계셨기 때문에 당신은 침묵을 지키시고 계신 것이 아니었습니다. 따라서 당신의 여종의 아들인 나는 그 여종의 말을 듣지 않았으므로 실은 당신의 말씀을 듣지 않은 것이 되었습니다.

그러나 나는 이것을 알지 못하고 맹목적으로 질주해 나갔습니다. 뻔뻔스럽게 자기들의 추행을 자랑할 뿐 아니라 그런 짓을 더 많이 하면 할수록 더 자랑하는 동년배들보다 내가 덜 뻔뻔스러움을 나는 부끄럽게 생각했습니다. 더 나빴던 것은 내가 그 추행을 행하는 것은 쾌감을 얻기 위해서뿐 아니라 친구들로부터 찬사를 받기 위함이었습니다. 그리하여 나는 친구들로부터 흉잡히지 않고 찬사를 받으려고 하다가 더 못된 짓을 행하게 되

5) 하나님에게 얼굴을 향하는 것은 ad te(본래적인 삶), 하나님에게 등을 돌리는 것은 abs te(비본래적인 삶, 즉 하나님으로부터 소외)이다.

었습니다. 그리고 그들 중에서 가장 타락한 자들이 한 짓을 내가 하지 않은 것 같았을 때에는 내가 하지 않은 것까지도 했다고 말했습니다. 이렇게 함으로써 나는 그들 속에서 순진하고 정결하다는 이유로 무시를 당하지 않고 존경을 받았습니다.

(8) 내가 어떠한 친구들과 바빌론[6]의 거리를 누비고 다녔는지 보소서. 나는 마치 값진 기름과 향료의 침대에서처럼 그 거리의 흙탕물에서 뒹굴고 늘어져 있었습니다. 그리고 나의 보이지 않는 원수는 그 도시의 한복판에 가까이 끌고 가기 위해서 나를 발길로 처넣어 유혹했으니 나를 유혹하기가 쉬워서 그랬나 봅니다. 내 육신의 어머니는 이미 바빌론의 복판에서 몸을 피하여(렘 50:8) 그 가장자리로 서서히 가고 계셨습니다. 그러기에 어머니는 나에게 정결을 지키라고 충고하면서 아버지가 나에 대해 말한 것에는 유의하지 않았습니다. 그는 그때 내 정열이 파괴적이고 미래에 위험한 것이 될 것이라는 것을 알았지만 그것을 송두리째 뽑아 버릴 수 없을 바에야 부부애라는 계약으로 구태여 나의 정열을 억제할 필요는 없다고 본 것입니다.

어머니는 이런 점에 유의하지 않으셨으니 혹시 내가 결혼을 하게 되면 부인이 나의 희망에 방해가 되고 짐이 될까 염려했던 것입니다. 당신에게 바라는 어머니의 희망은 내세에 대한 것이 아니고 내가 출세하는 데 필요한 공부를 하는 것이었습니다. 이런 희망은 내 부모님이 다 가지고 있었습니다. 즉, 나의 아버지는 당신에 대하여 거의 생각을 하지 않았고 다만 나에 대하여 헛된 기대만 가지고 있었습니다.

내 어머니 생각에는, 내 공부가 나중에 하나님께로 돌아오는 데 방해가 되지 않고 오히려 도움이 되리라 믿었던 것입니다. 내가 기억할 수 있는 범위에서 보면 그때의 부모님의 성격에 대하여는 대개 이 정도로 추측해 말할 수 있습니다. 그 동안에 나에게는 마음대로 놀 수 있는 자유의 고삐가 늦추어져서 있었으므로 어떤 심한 제한도 없이 내가 하고 싶은 놀이의 한도를 넘어 방탕의 지경까지 다다르게 되었습니다. 오, 하나님, 이런

6) 거짓된 신들을 섬기는 사악한 도시를 상징함.

짓을 하는 동안 안개가 자욱히 끼어 내 눈으로 하여금 당신 진리의 광채를 못 보게 했으니 나의 죄는 마치 피부 지방질이 부풀어 나오듯 나에게서 튀어 나왔습니다.

4장_ 배 도둑질

(9) 오, 주님, 도둑질은 당신의 법과 인간의 마음에 새겨진 법에 의하여 금지되고 있습니다. 그 법은 인간의 죄악이 감히 말살할 수 없습니다. 어느 도둑놈이 자기의 것을 훔친 도둑을 용서해 줍니까? 넉넉한 도둑놈이라 할지라도 궁핍해서 자기의 것을 훔친 도둑을 용서해 주지 않을 것입니다. 그러나 나는 도둑질을 하고 싶었고 또한 사실 했습니다. 내가 도둑질을 하게 된 것은 배가 고파서도 아니요, 궁핍해서도 아니요, 다만 착한 일을 무시하고 싶고 또한 죄를 짓고자 하는 강한 충동에 어찌할 수 없어 범한 것입니다. 그렇지 않고서야 어찌 내가 이미 더 좋은 것을 많이 가지고 있었는데도 불구하고 그런 것을 훔치게 됩니까? 내가 즐기고 싶었던 것은 훔친 물건이 아니라 도둑질 자체, 죄 그 자체였나 봅니다.

우리 집 포도밭 근처에 배나무 한 그루가 있었습니다. 주렁주렁 많이 열리기는 했으나 그 열매의 맛이나 색깔에서 따먹고 싶을 정도는 안 되었습니다. 어느 날 밤늦게—우리들은 그렇게 늦게까지 광장에서 노는 나쁜 습성이 있었는데—불량배인 우리들은 다 같이 가서 나무를 흔들어 배를 땄던 것입니다. 우리는 한아름씩 배를 가지고 와서는 그것을 먹지 않고 몇 개 겨우 맛만 본 다음 돼지 떼에 던지고 말았습니다. 이런 짓을 하는 것이 즐거웠으니 하지 말라는 것을 하는 재미였습니다.[7)]

오, 하나님, 내 마음을 보소서. 당신은 깊은 저 심연 속에 있는 내 마음을 불쌍히 보시었습니다. 이제 내 마음으로 그 깊은 곳에서 찾고 있는 당신에게 고백합니다. 내가 어떤 뚜렷한 이유 없이 사악한 일을 할 때 거기에

7) 인류의 시조인 아담과 하와가 금단의 열매를 따먹은 것처럼 어거스틴과 그의 친구들도 그들과 똑같이 금단의 열매를 따먹은 것이다. 즉 그들은 하지 말라는 것을 한 것이다.

서 찾는 것이 무엇이었습니까? 사악한 일을 할 때 사악한 일을 하도록 한 원인[8]은 바로 사악함 자체 이외에 아무것도 없었습니다. 그것은 더러운 것이었습니다. 그러나 나는 그것을 사랑했습니다. 나는 내가 망해 가는 것을 사랑했습니다. 나의 나쁜 짓을 사랑했습니다. 그 나쁜 짓으로 무엇을 얻는다는 것을 사랑하는 것이 아니라 그 나쁜 짓 그 자체를 사랑한 것입니다. 타락한 내 영혼은 당신을 굳건히 의지하고 사는 데서부터 멸망의 심연으로 떨어져 아무것도 부끄럽게 생각하지 않고 부끄러움만 찾고 있었습니다.

5장_ 죄를 짓게 되는 동기

(10) 모든 아름다운 것들, 즉 금이나 은이나 모든 것에는 나름대로의 적당한 매력이 있습니다. 촉감(육체를 만지는) 그 자체도 매력이 있어 사람을 즐겁게 해주고 다른 감각도 각각 그것을 통해서 들어오는 대상과 서로 알맞게 관계되어 사람을 끄는 힘을 가지고 있습니다. 세상의 명예도 지배하고 명령하는 어떤 매력을 가지고 있습니다. 그러한 매력 때문에 복수하려는 생각도 나오게 됩니다.

오, 주여, 그러나 이 모든 것을 얻는다는 이유로 당신을 떠나거나 당신의 법도에서 벗어나면 안 됩니다. 이 세상에서 사는 우리의 삶에도 그에 알맞은 독특한 매력이 있어 그 자체에 있는 매력의 분량에 따라 세상의 하층에 있는 것(존재와 가치)에 알맞게 조화되어 살도록 되어 있습니다. 인간 상호간의 우정도 그 자체에 어떤 달콤한 매력을 지니고 있어 서로 하나로 끌어 당겨 조화되게끔 매어 주는 것입니다.

오, 우리 주여, 이러한 가치, 즉 하층의 질서에 속한 것들을 더 사랑하고 참 좋고 아주 좋으신 당신, 당신의 진리와 법도를 덜 사랑하는 무분별한 사랑[9] 때문에 죄를 짓게 됩니다. 물론 이 하층의 것(가치)들도 우리에게 즐거움이 됩니다. 그러나 이것들을 만드신 나의 하나님과는 비교도 되지

8) 여기서 사악을 행하도록 하는 원인을 사악함 자체라고 어거스틴은 말하고 있는데 그것은 악한 의지, 즉 왜곡된 의지를 말하고 있는 것이다. 참고: **고백록** 7, 16, 22.

9) 무분별한 사랑이란 사랑의 질서의 왜곡이다. 어거스틴에 의하면 하나님이 창조하신

않습니다. 그런고로 의로운 자는 당신 안에서 즐거워하게 됩니다. 그리고 마음이 곧은 자에게 당신은 기쁨이 되어 주십니다.

(11) 그런고로 범행이 왜 행해지느냐는 물음에 대해서는, 사람이 하층에 속하는 어떤 것(가치)을 얻으려고 하는 욕망이라든가 혹은 그것을 잃어버리지 않으려는 두려움 이외에는 달리 설명할 길이 없습니다. 실로 이런 하층에 속한 것은 높은 상층의 존재와 가치에 비하면 보잘것없고 하찮은 것이라고 할지라도 아름답고 매력이 있습니다. 누가 살인을 했다고 합시다. 그 살인의 동기는 무엇이었을까요? 그 동기는 그의 아내를 사랑했거나, 그의 재산에 욕심을 냈거나 혹은 먹고살기 위해 도둑질한 것이었거나, 또는 무엇을 그에게 빼앗길까 두려워서 혹은 해를 당하고 복수심에 불타 있었으므로 그랬을 것입니다. 사람이 살인 행위 그 자체가 좋아서 어떤 동기도 없이 살인을 합니까? 이유 없이 악하고 잔인하다고 사람들이 말하는 저 야비하고 난폭한 사람(카틸리나, Catilina)[10]이라 할지라도 그 행동에는 동기가 있었습니다. 그는 "게으른 탓으로 손과 마음이 둔해지지 않도록"이라고 말했습니다.

그러면 무슨 목적, 무슨 이유로 그랬을까요? 이러한 범행을 저질러서 성곽을 점령한 다음, 명예와 제국과 부를 취하기 위함이었습니다. 그리고 또한 법의 두려움과 가정의 궁핍으로부터 벗어나고 죄책감을 느끼는 양심으로부터 피하기 위함이었습니다. 그런고로 카티리나까지도 자기의 범죄를 사랑한 것이 아니고 다른 어떤 것을 사랑했습니다. 바로 그것이 동기가 되어 그 범행을 저지르게 되었습니다.

모든 것은 다 좋기 때문에 우리 인간의 사랑의 대상이 될 수 있다는 것이다. 그러나 그 사랑은 존재의 계층에 따라서 더 사랑하든지 덜 사랑하든지, 혹은 목적으로 사랑하든지 수단으로 사랑하든지 해야 한다. 이 순서가 전도가 될 때 무분별한 사랑이 되는 것이다. 참고: 『그리스도교 교양』(*De doctrina christiana*) 1, 22 ; 선한용, 『시간과 영원』, 제8장 시간과 사랑.

10) Cicero, *De Catiline*, 16.

6장_ 죄를 짓게 되는 동기 분석

(12) 아, 내가 범했던 그 도둑질! 내가 16세 때 범한 그 어둠의 행동 속에서 이 가련한 내가 사랑했던 것이 대관절 무엇이었을까? 도둑질! 너는 결코 아름다운 것이 아니었다. 도둑질이니 아름다울 수 없다. 그러면 어떤 존재이기 때문에 내가 너에게 이렇게 말을 걸어 의논하는 것이냐?

오, 지극히 아름다우신 하나님, 만물의 창조자이신 하나님, 나의 가장 선하시고 참되신 하나님, 그때 우리가 훔친 배는 우리 눈에 좋게 보였습니다. 그 이유는 그것들도 당신의 좋으신 피조물이었기 때문입니다. 그 배는 참으로 보기에 좋았습니다. 그러나 내 가련한 영이 탐낸 것은 그 배가 아니었습니다. 왜 그런고 하니 그보다 더 좋은 배가 얼마든지 나에게 있었기 때문입니다. 나는 훔치기 위하여 도둑질을 했다고 볼 수 있으니, 그것을 훔치자마자 내버렸기 때문입니다. 그 배에서 내가 만족을 느꼈던 것은 내 죄였으니 나는 바로 그것을 좋아했던 것입니다. 만일 약간의 배가 내 입에 들어갔다면 그 좋은 맛은 그것을 먹는 내 죄였을 것입니다.

내 주 하나님, 내가 이제 묻고 싶은 것은 그 도둑질에서 나를 그렇게 기쁘게 해준 것이 무엇이었습니까? 그 도둑질에는 어떤 아름다움도 없습니다. 즉 정의나 지혜, 정신이나 기억, 감각이나 활력 있는 생명에 있는 아름다움이 없습니다. 또한 거기에는 제 궤도를 따라 달리는 별의 영광이나 아름다움도 없고 끊임없는 신진대사로서 생명을 풍성히 이어가는 지구나 바다의 아름다움도 없습니다. 거기에는 악을 행할 때 보통 나타나는 거짓된 색깔이나 그림자 같은 매력도 없습니다.

(13) 오, 하나님, 당신만이 만물을 초월하여 높이 계시는 분이시므로 당신만이 모든 것 위에 뛰어난 존엄과 영광을 받으셔야 합니다. 그러나 인간의 교만은 당신의 높으심을 흉내 내려 합니다. 권력을 가지고 있는 자는 그 잔인성 때문에 사람들이 그를 두려워해 주기를 바랍니다. 그러나 하나님 이외에 참으로 두려울 자가 누구입니까? 누가 언제, 어디서, 어디로,

누구를 통해서 당신의 능력으로부터 감히 벗어나 피할 수 있단 말입니까? 음탕한 자들의 매혹이 사랑을 끌기 원합니다. 그러나 당신의 사랑보다 더 우리의 사랑을 끄는 것이 없고 모든 것을 뛰어넘어 아름답게 빛나는 당신의 진리를 사랑하는 것보다 더 건전한 사랑은 없습니다. 호기심은 지식욕을 자극하여 모든 것을 아는 것 같이 보이게 하지만 모든 것을 아주 잘 아시는 분은 당신뿐이십니다.

무지와 어리석음이 단순하고 무해한 것처럼 가면을 쓰고 자기를 나타내지만 참으로 당신과 같이 단순하시고 무해하신 분이 어디에 있습니까? 그런고로 악인들에게 해를 주는 적은 바로 자기 자신들이 저지른 행동입니다. 게으름이 안식하는 것처럼 나타나 보이지만 주님 안에서 누리는 안식 외에 더 확실한 안식이 어디에 있습니까? 사치를 가리켜 만족과 풍성함이라 하지만 당신만이 다함이 없고 결함이 없는 기쁨의 풍성함으로 가득 차 있으십니다.

인간의 낭비가 무엇을 관대하게 주는 것 같이 보이지만 좋은 것을 아낌없이 주시는 분이 당신이십니다. 탐욕은 많은 것을 소유하려고 하지만 당신은 이미 모든 것을 소유하고 계십니다. 질투는 서로 높은 자가 되려고 다투지만 당신보다 더 높으신 분이 어디에 있습니까? 분노는 보복을 하려고 기회를 노립니다. 하지만 당신보다 더 공정하게 보복하시는 분이 어디에 있습니까? 예기치 않았던 일이 돌연히 일어나 우리가 사랑한 것이 위협을 당할 때 우리는 놀라 위축되거나 또는 그것들의 안전을 보호하려고 합니다. 그러나 당신에게선 예기치 않았던 것이나 돌연히 생기는 것은 없으십니다.

당신이 사랑한 것을 누가 당신으로부터 빼앗을 수 있습니까? 당신 밖에 그 어디에 참으로 흔들리지 않는 안전이 있겠습니까? 인간은 자기의 욕심이 좋아하는 것을 잃어버릴 때 슬픔으로써 그것을 다시 찾으려고 갈망합니다. 왜냐하면 당신이 아무것도 잃어버리시지 않으신 것처럼 자신도 무엇을 잃어버리지 않으려고 욕심을 내기 때문입니다.

(14) 이처럼 영혼이 당신을 떠나 돌아서서(abs te) 당신 밖에서(extra te) 순수하고 깨끗한 것을 찾으려고 할 때 곧 외도를 하는 것이 됩니다. 그

러나 그 영혼이 당신께로 다시 돌아가기까지는(ad te) 그것을 찾을 수가 없습니다. 당신을 멀리 떠나 당신을 대항하여 스스로 교만해지려고 하는 모든 것은 당신을 잘못 모방한 것이 됩니다. 그러나 그들은 당신을 잘못 모방하는 그 행위에서 당신이 바로 모든 자연을 만드신 창조주시라는 것을 시인하고 있으며 어디로 가든지 당신을 전혀 떠나 있을 수 없다는 것을 고백하게 됩니다.

그러면 저 도둑질에서 내가 사랑했던 것은 무엇이었습니까? 그리고 어떤 점에서 내가 나의 주님을 잘못, 그리고 나쁘게 모방한 것이었습니까? 사실 내 능력으로 할 수 없어서 몸짓으로나마 당신의 법을 어기는 것을 내가 좋아했습니까? 그리하여 나는 포로가 되었으면서도 전능이라는 그늘진 가면 아래서 하지 말라는 것을(벌받지 않고) 함으로써 거짓된 자유를 내보이고 있지 않았습니까? 나의 주님, 당신을 피하여 그늘을 좇고 있는 당신의 종을 보소서. 아, 부패여! 아, 생명의 괴이함이여! 죽음의 심연이여! 다만 옳지 않기 때문에 그 옳지 않은 일을 한 데서 내가 그렇게 즐거울 수가 있겠습니까?

7장_ 용서하시는 하나님께 감사

(15) 이런 일들을 상기하는 데도 내 영혼은 그것으로 인해 두려움을 느끼지 않게 되니 내가 무엇으로 주께 보답해야 되겠습니까?(시 116:12) 오, 주님, 당신이 그러한 악하고 가증한 나의 행동을 용서해 주셨으니 내가 당신을 사랑하고자 하며 당신께 감사와 찬송을 드리려 합니다. 당신의 은혜와 자비로 말미암아 내 죄가 얼음이 녹듯이 녹아 없어졌습니다. 또한 내가 무슨 악한 일을 하지 않게 된 것도 당신의 은혜 때문입니다. 사실 죄 때문에 죄를 사랑한 내가 무슨 짓은 못했겠습니까?

이제 당신은 나의 모든 죄, 즉 내가 행동으로 옮기지 않는 죄까지도 다 용서해 주신 것을 압니다. 자기의 연약함을 아는 사람 치고 누가 감히 자기의 순결함과 무죄함을 자기의 능력에 다 돌릴 수가 있겠습니까? 또한 누가 감히—당신께 돌아오는 자들의 죄를 용서해 주시는—당신의 자비가 덜 필요하다고 하여 당신을 덜 사랑해도 된다고 말할 수 있습니까? 당신이 부르실 때 그 음성을 듣고 곧 순종하여—내가 지금 상기하고 고백하는 것을 읽고서—자신은 그런 짓을 하지 않았다고 자처할 사람이 있으면 그로 하여금 나를 비웃지 말게 해주소서.

나는 한때 병든 자였으나 (영혼의) 의사에 의해 고침을 받았습니다. 바로 나를 치료하신 그 의사의 도움으로 그 비웃는 자도 병들지 않았거나 혹은 나보다 덜 앓았을 것입니다. 그러므로 그 사람도 나처럼, 아니 나보다 더 당신을 사랑해야 합니다. 왜냐하면 의사이신 당신께서 나를 심한 죄의 병에서 고쳐 주셨음을 그 사람이 알게 되었고 또한 같은 당신의 손이 그 자신도 죄를 짓지 않게 도우셨다는 것을 알게 되었기 때문입니다.

8장_ 도둑질을 하게 된 이유

(16) 가련한 내가 아직까지 기억하면서 부끄럽게 생각하는 것들, 특히 그 도둑질로부터 얻은 결과는 무엇이겠습니까? 내가 도둑질을 할 때 그 도둑질 자체를 사랑한 것 외에 무엇을 사랑했겠습니까? 도둑질은 본래 아무것도 아닌 무(無, nihil)[11]이기 때문에 그것을 사랑했던 것은 더욱 비참한 일이 아니겠습니까? 또한 나 혼자였다면 그 도둑질을 하지 않았을 것입니다. 내가 그때 도둑질을 하게 된 것은 함께 행동했던 공모인들(친구들)과의 사귐을 사랑했기 때문이었습니다. 그러므로 나는 도둑질만 사랑한 것이 아니었습니다. 그렇지만 사실을 말하자면 내가 사랑한 것은 도둑질 이외의 다른 어떤 것도 아니었습니다. 그러므로 친구와의 사귐도 본래 별 다른 것도 아닌 것이 아닙니까? 그렇다면 이것이 대관절 무엇입니까?

나의 마음을 비추어 그 어두운 구석까지 살펴보시는 하나님 이외에 누가 나에게 이것(그 어둠)에 대해 설명해 줄 수 있습니까? 내 마음으로 하

11) 도둑질은 하나님이 창조하신 것이 아니기 때문에 존재하지 않는 '무' 인 것이다. 만일 하나님이 창조하신 것이라면 좋은 것이 되기 때문이다. 그러므로 도둑질(악)은 어떤 실체가 아니고 존재와 선의 결핍(부재)인 것이다. 그에 대한 좋은 비유는 어둠인 것이다. 어둠은 어떤 실체가 아니고 빛이 없는 상태이다.(3, 7, 12 ; 7, 16, 22)

여금 이것에 대하여 묻고, 따지고, 생각하게 한 것이 도대체 무엇입니까? 만일 그때 내가 훔친 배를 사랑했고 정말 먹고 싶어서 그 짓을 했다면 나는 그것을 혼자 했을 것이고 그렇게 함으로써 나는 만족했을 것입니다. 또한 나는 내 공모자들의 자극에 의하여 내 탐욕의 간지러움을 불붙게 할 필요도 없었을 것입니다. 그러나 내가 느낀 쾌감은 그 배에 있었던 것이 아니라 바로 그 죄악을 범하는 데 있었고 그 죄악은 나의 나쁜 친구들과 함께 저지르는 것이었습니다.

9장_ 나쁜 동료의 영향

(17) 그때 내 심정은 어떠한 상태였습니까? 그것은 확실히 타락해 있었고 그러한 상태인 나는 참 불쌍한 자였습니다. 나의 그런 상태란 도대체 무엇입니까? 누가 감히 자기의 잘못을 이해할 수 있겠습니까?

우리들은 우리들이 무엇을 하는 줄도 모르고, 속아넘어갔던 자들을 생각하고서는 마음이 간지러워 한바탕 웃지 않을 수 없었습니다. 그들은 우리가 속인 줄을 알았다면 분을 참지 못했을 것입니다. 내가 그렇게 신나는 일을 왜 나 혼자 안 했는지요? 사람이 혼자 쉽게 웃지 않는 것과 같습니까? 보통 사람이란 혼자 웃지 않습니다만 때로는 옆에 사람이 없고 자기 혼자 있을 때도, 우스꽝스러운 것이 감정에나 마음에 사무칠 때 웃음보를 터뜨리게 되는 수가 있습니다. 그렇지만 나는 혼자서 그런 짓(도둑질)을 하지 않았을 것입니다. 절대로 나 혼자는 그런 짓을 하지 않았을 것입니다.[12)]

나의 하나님, 생생한 내 영혼의 기억이 당신 앞에 놓여 있으니 보시옵소서. 나 혼자서는 그 도둑질을 하지 않았을 것입니다. 나를 기분 좋게 해준 것은 내가 훔친 물건이 아니라 그 훔치는 행동 그 자체였습니다. 그리고 내가 그 행동을 혼자서 했더라면 기분이 그렇게까지 좋지는 않았을 것입니다.

12) 아담도 금단의 열매를 하와와 함께 먹은 것처럼 어거스틴도 금지된 행동을 친구들과 함께한 것이다. 이것은 죄의 사회성, 집단성, 연대성을 말하기 위함이다.

아! 우정답지 못한 우정이여! 너는 영혼을 이상하게 유혹한 자, 탐욕과 장난의 충동으로 해로운 짓을 갈망하는 자, 자신의 사욕을 차리거나 남에게 복수할 생각은 없으면서도 다른 사람이 잘못됨을 보려고 하는 자였다. 그리하여 누가 "자, 가자! 그러자!" 고 말하면 우리들은 파렴치하지 못함을 오히려 부끄럽게 여겼구나.

10장_ 모든 선은 하나님 안에 있음

(18) 누가 이 얽히고 헝클어진 매듭을 풀어 줄 수 있습니까? 그것은 더러워서 내 자신이 생각하기도 싫고 보기도 싫습니다. 그러나 청결한 눈에 나타나시는 의로우시고, 순결하시며, 아름다우시고 매혹적인 당신을 뵙고 싶습니다. 질릴 줄 모르는 만족감을 가지고 당신을 바라보고자 합니다. 당신에게 완전한 평안과 요동치 않는 생명이 있습니다. 당신 안에 들어가는 자는 "네 주인의 즐거움"(마 25:21)에 들어가 두려움 없이 가장 선하신 분 안에서 잘 살 수 있을 것입니다. 오, 나의 하나님, 그러나 나는 당신으로부터 떨어져서 길을 잃었습니다. 나의 젊은 시절에 나를 붙들어 주시는 당신을 멀리 떠나 헤매고 다녔습니다. 그리하여 나는 스스로 궁핍한 땅이 되었습니다.(눅 15:14)[13)]

13) 어거스틴은 자기 자신을 아버지의 집을 떠나 먼 나라에 가서 살다가 궁핍하게 된 탕자의 신세에 비하고 있다. 이런 표현은 "오직 한 분이신 하나님"을 떠나 잡다한 세계로 전락하여 산산조각이 난 자신에 비한 것과 맥을 같이하고 있다.(2, 1, 1)

제 3 권

카르타고의 학생 시절과 마니교

어거스틴은 자신의 카르타고 유학 시절의 생활, 즉 쾌락을 추구한 자신의 생활을 회상한다. 그때 그가 읽은 키케로의 책 『호르텐시우스』는 그에게 철학적인 관심을 불어 넣어 준다. 그는 성서에 눈을 돌리어 그 안에서 합리적인 진리를 찾아보려고 한다. 그러나 성서의 뜻이 이해가 안 되어 합리적인 진리를 설파한다는 마니교에 깊이 빠지게 된다. 이것을 염려하던 어머니는 자기 아들이 결국은 기독교 신앙으로 돌아올 것이라는 꿈을 꾸고 위로를 받는다. 또한 어거스틴의 그릇된 신앙 때문에 울고 있던 그의 어머니에게 어떤 교회 감독이 "이렇게 흘리는 눈물의 자식이 망할 리 없습니다." 라고 위로한다. 어머니는 이 말을 하늘로부터 들려 온 소리로 받아들이고 위로를 받는다.

St. Augustine's CONFESSIONS

1장_ 사랑에 빠짐(육신의 정욕)

(1) 나는 드디어 카르타고(Carthago)로 왔습니다. 그 곳은 가증한 사랑으로 가득 찬 프라이팬(Sartago)[1]이 내 주위에서 펄펄 끓고 있는 곳이었습니다. 나는 아직 사랑하고 있지는 않았으나 사랑하기를 사랑하고, 깊이 숨겨진 욕구불만에서 내가 그 욕구불만을 더 강하게 느끼지 못함을 스스로 미워했습니다. 나는 사랑하기를 사랑하고 올가미가 없는 평탄한 길과 안전한 길을 미워하면서 사랑의 대상을 찾아 헤매었습니다.

하나님, 나는 내 마음의 양식인 당신이 없어서 굶주리고 있었지만 배고픔을 느끼지 못했습니다. 그래서 나는 썩지 않는 음식을 갈망하지 않고서 그대로 머물러 있었습니다. 그것은 내가 썩지 않는 음식으로 이미 배불러 있어서가 아니라 내 속이 비어 있으면 있을수록 구역질이 났기 때문입니다. 이렇기 때문에 내 영혼은 건전하지 못했으니 종기투성이가 되고 곪아 터져서 그 가려움을 없이 하려고 나는 감각적인 것으로 긁고 있었습니다.(욥 2:7—8)

그러나 감각적인 것은 영혼을 가지고 있지 않기 때문에 그것이 진정한 우리의 사랑의 대상이 될 수는 없었습니다. 사랑을 주고 사랑을 받는 것은 내게 달콤한 것이었습니다.[2] 내가 사랑한 자의 육체를 즐길 수 있을 때는 훨씬 더 그 도수가 높았습니다. 이리하여 나는 우정의 맑은 샘을 불결한 정욕으로 더럽혔습니다. 이렇게 나는 추하고 부정직한 놈이었지만 지나

---

1) 카르타고는 북아프리카에서 알렉산드리아와 함께 상업, 문화, 교육의 중심지였다. 그런데 수사학자인 어거스틴은 카르타고(Carthago)를 발음이 거의 같은 사르타고(Sartago, 프라이팬)에 대조해 말함으로써 그 도시가 쾌락의 도시임을 말해 주고 있다. 또한 3권의 1, 2, 3장은 죄의 세 가지 양태를 말하기 위해 육신의 정욕, 안목의 정욕, 이생의 자랑(요1 2:16)을 논하고 있다.

2) 어거스틴은 요한1서 2:16에 토대하여 죄의 3가지 형태인 육신의 정욕(3, 1, 1), 안목의 정욕(3, 2, 2—4), 이생의 자랑(3, 5, 5)을 자기의 생을 통하여 논하고 있다. 참고: 3, 8, 16.

친 헛된 생각에 사로잡혀 고상하고 점잖게 보이기를 원했습니다.

자비로우신 나의 하나님, 당신은 무한히 선하시어서 나를 위해 그 달콤한 쾌락에 얼마나 많은 쓸개를 섞어 주셨습니까? 나는 사랑을 받을 뿐 아니라 남몰래 나를 얽어매는 쾌락의 극치를 경험하기까지 했습니다. 그러나 그 쾌락의 경험은 괴로움과 얽혀져 있었으니 사실 나는 질투, 의혹, 공포, 분노, 분쟁 등으로 빨갛게 달구어진 쇠붙이로 징계를 받고 있는 것이었습니다.[3)]

2장_ 연극관람을 좋아함(안목의 정욕)

(2) 나는 또한 거기에서 연극관람에 사로잡히게 되었습니다. 그 연극이란 내 비참한 모습을 그린 장면으로 가득 차 있어 내 욕정의 불에 기름을 끼얹는 것이었습니다. 사람들은 왜 슬프고 애달픈 일을 몸소 당하기는 싫어하면서도 그런 장면을 보고 슬퍼하기를 좋아합니까? 관람하는 자는 이런 연극에서 서러움을 실감하려고 하며 그 서러움에서 어떤 쾌감을 맛보려고 합니다. 이것이 바로 가련하고도 미친 행동이 아니고 무엇입니까? 사람이 이런 일로 감동을 받으면 받을수록 그는 그런 슬픈 감정에서 못 빠져 나와 온전치 못하게 됩니다. 사람들은 보통 그런 슬픈 일을 혼자 당하면 불행이라고 하고 다른 사람들과 같이 괴로워하면 동정이라고 합니다. 그러나 꾸며 내어 사실이 아닌 연극을 보고 슬퍼하는 것이 무슨 동정이 될 수 있습니까? 관람자들은 고통받는 연기자를 도와주려고 온 것이 아니라 다만 그들의 연기를 보고 슬퍼해 주려고 초대받아 와 있는 것뿐입니다. 그리고 그들이 더 슬퍼하면 할수록 그들은 더욱더 이 꾸며 낸 연극의 배우에게 박수갈채를 보내는 것이 됩니다.

만일 연기자의 불행이—그것이 역사적인 것이든 혹은 상상적인 것이든 간에—관람자의 슬픔을 자아내지 못하면 싫증을 내고 불평을 하면서

3) 로마 시대에 법정에서 범죄자로부터 증거를 얻어내기 위해 빨갛게 달구어진 쇠붙이로 고문을 한 것이 보통 있었다고 한다. 어거스틴은 모든 쾌락의 추구에는 그러한 고문을 당한 듯한 경험이 뒤따른다고 말하고 있다.

나갑니다. 그러나 만일 그의 마음이 깊이 자극되어 슬퍼지게 되면 그들은 정신을 바짝 차리고 앉아서 기쁨의 눈물을 흘립니다.

(3) 그러면 사람들이 눈물과 슬픔을 사랑해서 그렇습니까? 확실한 것은 모든 사람은 다 기쁘게 되기를 원하고 슬프게 되기를 원치 않습니다. 그러나 모든 사람은 슬퍼하는 사람을 동정하기는 원합니다. 이렇듯 슬픔이 없이는 동정이 불가능하기 때문에 우리들이 슬픔을 사랑하게 되는 것입니까? 이것 역시 저 우정의 물줄기에서 흘러나온 것입니다. 그런데 이 물줄기는 어디로 가며 어디로 흐릅니까? 왜 그 흐름은 자기 자신의 의지에 의하여 저 하늘의 청결에서 전락하고 전향하여 흙탕물의 흐름, 수치스러운 탐욕의 조류로 흘러 들어가 섞이어, 식별할 수 없을 정도로 변모되고 변질되어 버립니까? 그러면 동정이란 것을 배격해야 합니까? 결코 아닙니다. 때로는 다른 사람의 슬픔을 동정해야 합니다.

"내 영혼아, 그러나 네가 청결하게 되지 못할까 주의하여라. 너는 너를 지키시는 하나님, 우리 조상들의 하나님이 되시고 모든 것 위에 계셔서 영원히 찬양을 받으실 만한 하나님의 면전에서 청결하지 못하게 될까 주의하여라." 물론 지금 내게 남을 슬퍼해 주는 동정심이 없다는 것은 아닙니다. 그러나 그때 나는 무대의 연기에서 사랑하는 사람들이 서로 너절하게 좋아하는 것을 보고 같이 공감했습니다. 그리고 그들이 서로 헤어질 때는 그들을 동정하여 함께 슬퍼했으니 나는 동시에 슬픔과 동정을 좋아한 것이 아닙니까? 그러나 오늘에 와서 나는 해가 되는 쾌락을 얻지 못했거나 또는 괴로운 행복을 놓쳤다고 고민하는 자들보다 자기들의 사악을 즐기는 자를 더 불쌍히 여겨 동정합니다. 말하자면 이것이 바로 진정한 동정입니다.

그러나 그 동정에서 느끼는 나의 슬픔은 나에게 즐거움을 주지는 못했습니다. 불쌍한 자와 함께 슬퍼하는 그 동정의 행위는 칭찬을 받아야 하지만 사실은 진정한 동정을 하는 사람도 자기를 슬프게 해주는 것만은 없기를 바라는 모양입니다. 만일 심술궂은 호의가 있다고 가정해 본다면 — 물론 그럴 수가 없지만 — 그때에 남을 진정으로 동정하고자 하는 자는 자기가 동정을 할 수 있도록 불행해진 사람이 생겨나기를 원할 것입니다. 그러므로 어떤 불행한 자를 보고 슬퍼하는 것은 좋으나 그것을 사랑의 대상으로 삼아서는 안 될 것입니다.

우리가 자신의 영혼을 사랑하는 것보다 훨씬 더 순수하게 우리 영혼을 사랑하시는 주 하나님, 당신에게는 순수한 자비가 있어 세상의 어떤 슬픔에도 상처를 받지 않으십니다. 누가 그런 완전함에 도달할 수 있겠습니까?

(4) 그러나 불쌍한 이놈은 슬퍼하기를 좋아했고 내 마음을 슬프게 해주는 것들을 찾아 헤매었습니다. 가상적으로 연출된 남의 슬픔이었지만 나는 그 배우들의 연기를 아주 좋아했고 그것에 반하여 눈물까지 흘리게 되었습니다. 그러므로 내가 당신의 보호하심을 싫어하며 당신의 양떼를 떠나 길을 잃고 돌아다니는 불행한 양 한 마리가 되어 버렸고 또한 더러운 병에 걸리게까지 된 것은 그리 이상한 것이 아니었습니다.

내가 슬픔을 사랑하게 된 이유는 그 슬픔이 내 마음에 깊이 파고 들어와 상처 내주기를 바라는 것도 아니었고 또한 내가 관람하기 좋아한 비극이 나에게도 일어나기를 바라는 것도 아니었습니다. 다만 가상의 연극의 소리를 듣고 봄으로써 내 감정의 표면을 가볍게 긁어 스쳐가기를 바랐던 것입니다. 그러나 긁어 주던 손톱자국은 유독한 손톱으로 긁은 듯이 부풀고 염증이 생겨 썩고 있었습니다. 오, 나의 하나님, 이것이 그때 나의 삶이었으니 어찌 그것이 참다운 삶이라 할 수 있겠습니까?

3장_ 교만과 난폭한 행위(이생의 자랑)

(5) 당신의 신실한 자비는 멀리서 내 위를 배회하고 있었습니다. 나는 큰 죄에 빠져 나를 탕진하고 있었고, 신성모독의 호기심을 쫓아가다가 당신을 떠나게 되었습니다. 그리하여 나는 부정한 행동의 맨 밑바닥, 즉 요사스런 악마를 섬기는 데까지 전락하여 그에게 내 천한 행동을 제물로 바치기까지 했습니다. 그럴 때마다 당신은 나를 채찍으로 쳐서 혼내 주셨습니다.

나는 언젠가 엄숙한 의식이 거행되는 당신의 교회 건물 내에서 뻔뻔스럽게 욕정을 내어 죽음의 열매를 맺는 일을 꾸미기까지 했습니다. 그 때 당신은 나를 대단히 가혹한 벌로 치셨으나 그 벌은 내 잘못에 비하면 아무것도 아니었습니다. 오, 무한히 자비로우신 나의 하나님, 당신은 저 무서운 위험 속에서 나를 건져 주신 내 피난처이십니다. 그때 나는 그 위험 속에서 길게 목을 빼며 당신을 점점 멀리 떠나 헤매었고 당신의 길이 아닌 내 자신의 길을 따라가는 도망자의 자유를 좋아했습니다.

(6) 그때에 내가 고상하다고 생각하여 열심히 추구했던 학문은 결국 법정투쟁에서 두각을 나타내게 하는 것을 목적으로 하고 있었습니다. 그러므로 나는 두각을 나타내고자 원했는데 내가 교활하면 할수록 나는 더 유명하게 되는 것이었습니다. 그런 짓을 하는 것이 인간의 맹점이었는데 사람들은 이 맹점을 자랑으로 삼는 것이었습니다. 그때쯤 되어서 나는 이미 우리 수사학 학교에서 수석을 차지하여 몹시 좋아 뽐내며 교만으로 잔뜩 부풀어 있었습니다. 그러나 주께서 잘 아시다시피 나는 좀 침착한 편이어서 "뒤집어엎는 자들"[4]과는—이런 어리석고 악마적인 이름을 용맹의 표식으로 붙여 주었는데—좀 거리를 두고 지냈습니다.

그럼에도 불구하고 나는 그들 사이에 들어가 지내면서 그들과 같지 않음을 오히려 부끄러워했습니다. 나는 이들과 같이 사귀고 지내는 가운데 때로는 어떤 재미를 느끼기는 했으나 그들의 행동, 즉 그들의 뒤집어엎는 행동은 아주 질색이었습니다. 그들이 보통 하는 짓이란 수줍어하는 신입생들을 까닭 없이 때려 눕혀 비웃고 괴롭히는 것이었습니다. 이렇게 함으로써 그들은 자신들의 지독한 장난의 기질을 계속 만족시키고 있었습니다. 이런 짓을 하는 자들의 짓보다 더 악마적인 행동을 닮은 것이 없기에 그들을 뒤집어엎는 자들이라 불렀던 것입니다. 그들이 남을 속이고 놀리기를 즐기는 동안 속이고 유혹하는 마귀들은 그들을 속이고 비웃고 있었으니 완전히 뒤집어지게 된 놈들은 바로 그들이었습니다.

---

4) "뒤집어엎는 자들"(Eversores)이란 난잡한 카르타고의 학생들로 이루어진 깡패들에 대한 별명이었다.

4장_ 키케로의 책에 접함

(7) 내 생애 중에서도 불안정한 시기라고 할 수 있는 그때에 나는 이런 자들의 틈에 끼어 웅변술(수사학)에 관한 여러 책들을 공부하고 있었습니다. 웅변에서 뛰어난 존재가 되려는 것이 나의 동기였는데 그것은 인간의 헛된 영광을 좋아하는 바람으로 잔뜩 부풀어 있는 것뿐이었습니다.

보통 하는 공부의 과정을 밟아 나가는 중에 키케로(Cicero)가 쓴 어떤 책을 읽게 되었습니다. 키케로라 하면, 그의 마음은 어떤지 모르나 그의 연설에서는 세상에 널리 알려져 칭찬 받는 자였습니다. 특히 이 책은 철학으로의 권유를 기록한 것으로서 사람들은 그 책을 『호르텐시우스』(*Hortensius*)라 부르고 있었습니다.[5)]

그런데 이 책은 내 마음을 아주 바꾸어 내 기도를 나의 주님이신 당신께 향하게 했고 나에게 새로운 희망과 욕구를 주었습니다. 이 책을 읽은 후 이때까지 품어 왔던 나의 모든 헛된 희망은 돌연 나에게 하찮은 것으로 보였습니다. 나의 마음은 이제 불멸의 지혜를 추구하려는 욕구로 가득 차 나는 당신에게 돌아가기 위해 일어섰습니다.

이때 내 나이는 19세였습니다. 아버지가 2년 전에 세상을 떠나셨기 때문에 나는 어머니가 마련해 준 학비로 공부를 하고 있었습니다. 그러나 내가 저 키케로의 책을 공부한 것은 내 혀끝을 날카롭게 세우기 위함만은 아니었습니다.(물론 그렇게 보이기는 했지만) 그 책이 나에게 감동을 준 것은 웅변의 문체가 아니라 그 내용이었습니다.

(8) 나의 하나님, 나는 그때 땅에 속한 것에서부터 당신에게로 나아

---

5) 키케로(Cicero, 106—43 BC)가 쓴 이 책은 지금 남아 있지 않으나 그의 단편이 어거스틴의 여러 책에서 언급되고 있다. 그 책의 내용은 철학으로의 권유, 즉 지혜를 사랑하고 추구하라는 것이었다. 『회의론 반박』 3, 14, 31 ; 『행복한 삶』 10 ; 『독백록』 1, 17 ; 『신국론』 3, 15 ; **고백록** 8, 7, 17. 참고: R. J. O' Connell, *Images of Conversion in St. Augustine' s Confessions* (New York: Fordham Univ. Press), 3—89.

가고자 얼마나 열렬히 열망했는지 모릅니다. 그러나 나는 그때까지도 당신이 나를 위해 무엇을 하고 계신지 알지 못했습니다. 진실로 당신에게는 지혜가 있사옵니다. 그 지혜를 사랑함을 그리스어로는 철학(Philosophia)이라고 일컬었는데, 그 책은 이런 사랑으로 나를 사로잡고 있었습니다.

그러나 세상에는 철학을 빙자하여 위대하고 달콤하며 영예스러운 이 이름으로 자기들의 오류를 색칠하고 가리면서 사람들을 유혹하는 자들이 있습니다. 그래서 그 책은 키케로의 시대나 그 이전에 있었던 그러한 사람들을 전부 지적하여 비판하고 있었습니다. 거기에는 또한 당신의 착하고 충성된 종을 통해서 밝히 드러내신 성신의 유익한 권고 같은 것도 있었습니다. 즉 "누가 철학과 헛된 속임수로 너희를 사로잡을까 주의하라. 이것은 사람의 전통과 세상의 초등학문을 따름이요, 그리스도를 따름이 아니니라. 그 안에는 신성의 모든 충만이 육체로 거하시고"(골 2:8－9)라는 말씀과 같은 것이 쓰여 있었습니다.

내 마음의 빛이 되신 당신은 알고 계십니다. 나는 그때 이 사도가 하신 말씀을 모르고 있었습니다. 그래서 나는 다만 키케로가 말하는 그 권유를 좋아한 나머지 그 책의 가르침을 따라 이 학파 저 학파를 초월하여 지혜 자체를 사랑하고, 탐구하고, 소유하고, 포용하고자 일어섰고 불타 있었습니다. 이렇듯 내 마음이 지혜로의 갈망으로 불타 있었으나 그 책에 한 가지 석연치 않았던 것은 그리스도의 이름이 그 속에 없었다는 것이었습니다.

오, 주님, 그 이름, 당신의 아들, 내 구주 되신 그 이름을 당신의 자비는 나의 어린 마음으로 하여금 어머니의 젖과 함께 정성스럽게 먹게 하셨고 대단히 귀중하게 내 마음속 깊이 간직하게 하셨습니다. 그러므로 아무리 깊이가 있고 잘 쓰여진 책이라 할지라도 당신의 이름이 없는 이상 내 마음을 완전히 사로잡을 수는 없었습니다.

5장_ 성서로 마음을 전향해 봄

(9) 그러므로 나는 성서로 마음을 돌려 그것이 어떠한가 알아보기로 했습니다.[6] 그러나 그 책은 교만한 자들에게는 이해가 힘들고 어린아이들

에게는 확실치 않으며, 처음은 나지막하여 쉬운 듯하나 더 나아갈수록 태산같아 신비에 싸여 있는 것이었습니다. 나에게는 그때 성서의 뜻에까지 꿰뚫고 들어갈 수 있는 능력이 없었고 그 말씀에 고개를 숙이고 따를 겸손도 없었습니다.

내가 처음 성서를 읽었을 때는 지금처럼 생각하지 않았습니다. 또한 문체에서도 성서는 키케로의 웅변의 위엄에 비길 바가 못 된다고 생각했습니다. 이처럼 나의 교만은 성서의 소박한 문체를 싫어했고 그럼으로써 나의 예리한 통찰력도 그 내적인 의미까지 뚫고 들어가지 못했습니다. 진실로 성서에 대한 이해는 어린아이가 성장하듯 자라나야 되는 것 같습니다. 그러나 나는 어린아이처럼 되기를 싫어했고 교만의 헛된 바람으로 잔뜩 부풀어 스스로 어른이 된 것처럼 생각했습니다.

6장_ 마니주의를 따름

(10) 그때 또한 나는 어떤 부류의 사람들 사이에 빠져들고 말았는데[7] 그들은 미친 듯이 교만했고 육적인 것을 너무 따랐으며 말을 너무 많이 하는 사람들이었습니다. 그들의 입은 당신의 이름과 우리 주 예수 그리스도의 이름과 우리의 위로자이시요 보혜사이신 성령의 이름이 뒤섞인 말들로 재잘거리는 악마의 덫이었습니다. 이 이름들이 항상 그들의 입에서 떠나지 않았지만 그것은 다만 혀의 굴리는 소리일 뿐 그들의 마음은 그 참다운 진리를 알지 못한 채 비어 있었습니다. 그들은 계속 "진리, 진리"라고 부르짖었고 나에게도 계속 그 말을 했습니다. 그러나 사실 진리 자체는 그 안에 있지

---

6) 어거스틴이 그때 읽은 라틴어 성서는 2세기에 그리스어 성서(70인 역)에서 라틴어로 번역된 것으로서 제롬이 번역한 불가타 라틴어 성서가 나오기 이전에 있었던 '구 라틴어 성서' 였다.

7) 마니교도들을 말한 것이다. 그들은 불교, 기독교, 영지주의, 페르시아의 조로아스터교를 절충하여 극도의 이원론을 설파한 마니(Mani, 216−277)를 추종한 자들이다. 마니는 스스로를 예수 그리스도가 보내 주시겠다고 약속한 성령의 보혜사라고 주장했다. 선과 악의 근원을 빛의 신과 어둠의 신에 둔 마니의 극단적인 이원론은 이 문제로 고민한 어거스틴에게 어떤 매력을 준 것 같다.

않았습니다. 그들은 허위를 말하고 있었으니 참으로 진리 자체가 되신 당신에 대해서뿐만 아니라 당신의 피조물인 세상의 원소들에 대해서도 역시 마찬가지였습니다.

가장 선하시고 모든 아름다운 것들 중에서 가장 아름다우신 나의 아버지여, 당신을 사랑하는 까닭에 나는 비교적 진리를 말하는 저 철학자들까지도 무시하고 지나가야만 했습니다. 오, 진리, 진리여, 그들(마니주의자들)이 나에게 계속하여 여러 가지 면으로 많은 책과 말로 당신의 이름을 약간 속삭여 주었을 때 내 영혼의 골수는 얼마나 당신을(내적으로) 열망했었습니까? 이런 것들은 당신에 굶주린 나에게 해와 달, 즉 당신의 아름다운 피조물을 올려놓은 식탁밖에 안 되었습니다. 그러나 그것들은 당신이 만드신 것들일 뿐 당신 자신도 아니고 혹은 당신이 제일 먼저 지으신 것들도 아니었습니다. 하늘에서 아무리 빛나는 존재라고 할지라도 저 물질적인 존재들은 영적인 존재 후에 창조되었습니다. 그렇지만 내가 배고파하고 갈구했던 대상은 저 영적인 피조물들도 아니었습니다. 내가 열망한 것은 변치도 않으시고 회전의 그림자도 없으신 진리, 당신 자신이었습니다.(약 1:17) 그러나 그들이 나를 위해 준비한 식탁에는 찬란한 환상들이 올려져 있었습니다. 그러기에 적어도 육안으로 보는 해를 사랑하는 것이 마음을 속이는 거짓된 환상(신화)을 사랑하는 것보다 더 나으리라고 생각했습니다.

그러나 나는 그때 그것들이 당신인 줄 알았기에 받아먹고 있었습니다. 물론 맛있게 먹지 못했습니다. 왜냐하면 그것들은 허망한 환상으로서 당신과 같지 않았기 때문입니다. 그러므로 내가 그것을 먹고 영양을 얻어 건강하게 된 것이 아니라 오히려 쇠약해졌습니다. 꿈속에서 보는 음식과 깨어 있을 때 보는 음식이 별로 다를 것이 없는 것 같으나 꿈속에서는 그것을 먹어 영양을 섭취할 수 없다는 점이 다릅니다.

그러나 이제 당신이 말씀하신 바와 같이 이런 마니주의자들의 환상들은 어떠한 점에서도 당신과 같을 수 없습니다. 그것들은 다만 물질적인 대상으로부터 만들어진 환상일 뿐입니다. 이러한 환상에 비하면 우리의 육안으로 보는 하늘 혹은 땅위에 실제적인 물체가 훨씬 더 확실한 것들입니다. 들짐승들이나 공중에 나는 새들도 우리처럼 이런 물체를 보고 압니다. 이렇듯 우리가 보고 있는 물체들은 우리가 상상하여 그려 낸 것보다 더 확실한 것입니다. 그리고 또한 이 물체를 상상하여 마음속에 그려 본 것(영상)이 그것들을 토대로 하여 존재하지 않는 어떤 무한하고도 거대한 대상을 추측해 만든 것(환상)보다 더 확실합니다.

나는 그때 이런 공허한 찌꺼기(환상)만 먹고 있었기 때문에 영양을 취할 수가 없었습니다. 내가 항상 열망한 사랑이시며 나의 힘이 되신 당신은 우리가 저 하늘에서 볼 수 있다든지, 볼 수 없다든지 하는 물체가 아니시고 그것들을 전부 창조하신 창조주이십니다. 그러나 보이는 모든 것들이 당신의 피조물 중에서 가장 으뜸가는 것은 아닙니다. 그렇다면 당신은 나의 환상, 즉 실재하지 않는 존재에 대한 환상에서 아주 멀리 떨어져 (초월해) 계시는 존재이십니다. 또한 이런 환상보다 실재의 사물에 대한 영상이 더 확실하고 이 사물의 영상보다 그 사물, 그 자체가 더 확실한 존재입니다. 그러나 당신의 존재는 이런 사물의 존재 양식과도 같지 않습니다. 그리고 당신은 우리 육체의 생명이 되는 영혼과 같은 존재도 아닙니다. 물론 육체를 움직이는 생명(영혼)은 육체 자체보다 더 좋고 더 확실합니다만 당신은 이것마저 초월하신 영혼의 생명으로서 바로 뭇 생명의 생명이시며 생명 그 자체이십니다. 오, 나의 영혼의 생명이시여, 당신은 절대로 변하시지 않는 존재이십니다.[8)]

(11) 그러면 그때 당신은 어디에 계셨고 나는 당신으로부터 얼마나 멀리 떠나 있었습니까? 정말 나는 당신에게서 떠나 멀리 떠돌아다녀 내가 쥐엄 열매로 먹이던 돼지가 먹다 남긴 찌꺼기도 먹지 못하게 되었습니다.(눅 15:16) 시인들이나 문법학자들이 말하는 이야기는 이런 마니주의자들의 속임수보다는 훨씬 더 나았습니다. 왜냐하면 시나 노래나 날으는 "메데아"[9)]의 이야기는 그래도 이 사람들이 말하는 다섯 가지 원소보다 더 도움이 되는 것이 많았습니다. 이들은 이 다섯 가지 원소를 다섯 가지 암흑의

8) 어거스틴에 의하면 하나님은 인간의 영혼의 생명이요, 영혼은 육체의 생명이다. 그런 고로 영혼이 떠나면 육체가 죽게 된 것처럼 영혼이 하나님을 떠나면 죽게 된다는 것이다.(10, 6, 10)

9) 메데아(Medea)는 콜키스(Cholchis)의 왕의 딸로서 마법을 사용하여 용차를 타고 하늘을 날았다고 한다.

동굴과 관련시켜서 여러 가지로 꾸며 색칠해 냈던 것입니다.[10] 그러나 그러한 요소는 실제로 존재한 것이 아니어서 그것을 믿는 자들을 오히려 죽게 만드는 것이었습니다.

시를 읊고 노래를 부를 때, 즉 날으는 "메데아"를 노래할 때 그것을 사실로 긍정하거나 믿지는 않았지만 내 마음의 양식으로 삼을 수는 있었습니다. 그러나 저 다른 가르침(마니주의자들의 환상)은 내가 그때 사실로 믿었습니다. 그러므로 내가 어떠한 단계를 밟아서 점점 지옥의 밑바닥으로 끌려갔는지를 생각하면 지금도 소름이 끼칩니다. 내가 진리를 찾기 위해 애태우며 허덕이고 있을 때 실은 나의 하나님이신 당신을 찾고 있었습니다만 동물보다 뛰어나게 만들어 주신 우리 마음으로 찾지 않고 육체의 감각으로 찾고 있었습니다. 내가 이렇게 고백하게 됨은 내가 이 고백을 하기 전에 당신이 먼저 나를 자비롭게 여겨 주셨기 때문입니다.

그러나 당신은 내 자신의 깊은 내면보다 더 깊은 내면에 계시며 내가 높이 도달할 수 있는 그 높이보다 더 높이 계셨습니다. 나는 이때 마치 솔로몬의 비유에서 나오는 저 지각 없고 뻔뻔스러운 여자를 만나는 듯했습니다. 그 여자가 집 문 앞에 앉아서 나에게 "도둑질한 물이 달고 몰래 먹는 떡이 맛이 있다."(잠 9:17)고 말하는 것 같았습니다.[11] 그 여자는 내가 내 영혼의 집밖으로 나와 육체의 감각에서 살면서 그 감각을 통해 들어온 음식을 새김질만 하고 있는 것을 보고 나를 유혹했습니다.

---

10) 마니교에 의하면 어둠의 왕국이 빛의 왕국을 침입할 때 빛의 신은 그 침입을 막기 위해 최초의 인간을(아담이 아님) 5가지 좋은 원소로 무장을 시켰는데 그것이 바로 빛, 물, 바람, 불, 공기이다. 어둠의 왕국에 사는 악마도 5가지 나쁜 원소를 가지고 빛의 세계를 침공했는데 그것은 연기, 악한 불, 악한 바람, 암흑, 악한 물이다. 이 두 영역의 원소들이 싸우는 도중 혼합되어 형성된 것이 이 세상이라고 한다. 그래서 이 세상은 선과 악이 혼합되어 있다는 것이다.

11) 여기서 "지각 없고 뻔뻔스러운 여자"란 어리석음을 인격화한 것으로 창기와 같은 마니교를 상징한 표현이다. 즉 마니교는 창기와 같이 어거스틴을 유혹한 것이다. "도둑질한 물…"이란 마니교가 기독교의 진리를 왜곡하여 가르친 이단설을 말한 것으로, 그 물이 입에는 단 것 같으나 실은 짠물과 같아서 목마름을 더하게 할 뿐임을 시사하고 있다.

7장_ 이치에 맞지 않는 마니주의자들의 가르침

(12) 그도 그럴 것이 나는 그때 물질적 존재 이외에 참 존재인 다른 실체를 모르고 있었기 때문이었습니다. 이 어리석은 사기꾼들(마니주의자들)이 나에게 질문하기를 "악은 어디서부터 오느냐? 하나님은 어떤 몸의 형체를 가지고 있어 어떤 제한을 받고 있느냐? 그러면 하나님도 머리털이나 발톱이 있느냐? 아내를 동시에 여러 명 데리고 사는 자, 사람을 죽이는 자, 혹은 동물을 잡아 제사를 드린 자들도 의롭다고 말할 수 있느냐?" 라고 하면 나는 곧잘 그들에게 설득되었던 것입니다.[12] 이런 문제에 대하여 잘 몰랐기 때문에 내 마음은 대단히 어지러웠습니다. 진리로부터 멀리 떨어져 나가고 있으면서도 마치 진리에 접근하고 있는 것처럼 느끼고 있었습니다. 악이란 선의 결핍으로서 그 자체는 존재하지 않는 것이라는 것을 아직 모르고 있었습니다.

내 눈의 시력은 보이는 것(물체) 이상을 보지 못했고 마음의 눈은 환상만을 보고 있었으니 어찌 이것을 알 수 있었겠습니까? 또한 하나님은 영이시기 때문에 길이와 넓이를 채우는 어떤 지체도 가지고 있지 않다는 것과 또한 어떠한 부피를 가지고 있는 존재도 아니라는 것을 잘 모르고 있었습니다. 부피라고 하는 것은 그 전체보다 부분이 항상 작기 마련입니다. 그것이 비록 무한한 부피라고 하더라도 일정한 공간에 있는 그 부분은 무한한 전체보다 작기 마련입니다. 그러므로(하나님을 양적으로 생각하면) 그러한 하나님은 영이신 하나님처럼 어디에든지 온전하게 계시는(편재하신) 분은 아니십니다. 그리고 우리 안에 있는 존재의 원리가 무엇이며 성서가 말하는 '하나님의 형상대로 지음을 받았다' 는 뜻이 무엇인지를 전혀 모르고 있었습니다.

12) 마니교도들은 인간이 하나님의 형상으로 창조되었다면 하나님도 사람의 모습으로 생겼을 것이 아니냐고 비판했다. 또한 그들은 구약의 족장들의 일부 다처주의, 모세의 살인 행위, 구약의 동물제사 제도 등을 비판했다.

(13) 나는 또한 진정한 내적 정의, 즉 단순히 관습에 따라 판단하는 정의가 아니고 전능하신 하나님의 올바른 법에 의하여 판단하는 정의도 알지 못했습니다. 이 정의에 의하여 모든 지역과 시대의 관습(도덕)이 그 지역과 시대에 적절하게 이루어져 적용되게 됩니다. 그러나 그 법 자체는 언제 어디서나 변함이 없어 여기서는 이렇고 저기서는 저렇게 될 수가 없습니다. 이 내적인 정의에 의하여 아브라함, 이삭, 야곱, 모세, 다윗 그리고 하나님으로부터 칭찬을 받은 모든 사람들이 의롭다 칭함을 받았으나 어리석은 자들은 이들을 의롭지 못하다고 말합니다. 이는 그 사람들이 인간의 판단을 가지고 헤아리거나 자신들의 특수하고 부분적인 도덕의 좁은 규범으로 전인류의 일반적인 도덕을 측정하려고 하기 때문입니다.

이러한 그릇된 판단은 마치 갑옷을 입을 때 몸의 각 지체에 어떤 것을 맞춰 입어야 할지 모르는 사람이 정강이받이를 머리에 쓰고 투구를 발에 신고서 맞지 않는다고 불평하는 것과 같습니다. 또한 그런 판단은 어떤 상인이 오후의 업무를 금하는 공휴일에, 오전에 물건을 팔 듯이 오후에도 물건을 팔지 못하게 한다고 투덜대는 것과 똑같습니다. 또한 그런 판단은 어떤 사람이 한 집에서 술 심부름하는 자의 일이 따로 있고 보통 일을 하는 종들의 일이 따로 있으며, 또는 마구간에서 하는 일이 따로 있고 식탁에서 하는 일이 따로 있는 것을 보고 성을 내면서 한 집, 한 가정에서 다 똑같은 일을 하지 않는다고 불평하는 것과 같습니다.

이러한 비유는 전에 그러한 일을 하여 의로운 자라고 칭함 받았지만 지금은 그렇지 않다든지 혹은 하나님은 그때그때의 시간적인 이유가 있어서 한때는 사람들에게 그렇게 하라고 명하셨으나 지금은 그렇지 않다는 말을 듣고 화를 내며 불평하는 사람의 경우와 같습니다. 그러나 실은 전이나 지금이나 똑같은 의로운 뜻을 따르는 데는 변함이 없습니다. 같은 사람, 같은 날, 같은 집에서도 여러 가지 집안 일을 서로 각각 다르게 하게 되고, 혹은 전에는 해도 무방했던 일들이 시간이 지난 후에는 금지되어 버리는 경우가 있으며, 한 곳에서는 허락되고 명령되었던 것이 다른 곳에서는 금지되거나 벌받게 되는 경우를 우리들은 다 잘 알고 있습니다. 그러면 정의의 기준은 하나가 아니며 또 항상 바뀌는 것입니까? 그렇지 않습니다. 다만 정의가 위에 앉아서 다스리는 시간(때)이 서로 같지 않아서 그렇습니다. 시

간이란 항상 머물러 있지 않고 변화하기 때문입니다.[13]

그래서 지상생활이 짧은 인간은 자기들이 현재 경험한 것을 가지고 경험하지 못한 옛 시대와 그 당시 사람들의 사정과 관계를 비교 종합하기가 힘듭니다. 그러나 한 몸, 한 날, 한 가정에서는 각 지체나 시간, 인물들이 어떻게 서로 적절하게 알맞은가를 쉽게 알 수 있습니다. 이래서 사람들은 전자의 경우를 이해하기 힘든 것으로 여기고 후자의 경우를 쉽게 인정하고 받아 주게 됩니다.

(14) 그 당시 나는 이런 것을 모르고 있었고 또한 그것의 뜻을 파악하지도 못했습니다. 이런 것이 사방에서 내 눈을 자극하고 있었지만 나는 그것을 보지 못하고 있었습니다. 그런 처지에서도 나는 시를 지어 읊었습니다. 시를 지을 때 그 각운을 내 마음 내키는 대로 붙일 수는 없었습니다. 여기서는 이렇게 저기서는 저렇게 음률을 따라야 했습니다. 또한 한 시구에서도 각운이 각각 달라야 했습니다. 이렇게 서로 다르지만 내가 시를 지을 때 따라야 할 시의 원리만은 하나의 법칙으로 일관되어 나아가고 있었습니다.

이와 마찬가지로 각 시대에 달리 내리신 하나님의 교훈도 모든 착하고 거룩한 사람들이 순종한 그 정의에 의하여 더욱 고상하고 뛰어난 방법으로 하나의 도덕 질서를 이루어 나가고 있습니다. 정의는 그 본질에서는 변함이 없으나 어느 시대나 똑같이 명령되지 않고 시대와 경우에 따라 적절하게 분배되고 있음을 몰랐던 것입니다. 그래서 소경이 된 나는 하나님의 명령과 감화하심을 따라 현재를 살아가며 당신이 계시하신 대로 미래를 예고하는 저 경건한 믿음의 조상들을 비난하고 있었습니다.

---

13) 어거스틴의 윤리관은 어떻게 보면 상황윤리에 가까운 것 같다. 그는 황금률(네가 그렇게 대접을 받기 싫으면 너도 남에게 그렇게 행하지 말라.)을 절대시한다.(1, 18, 29) 그러나 그것의 적용은 시간과 장소, 행위자의 동기에 따라서 다르게 적용된다고 그는 말한다. 그에 의하면 모든 도덕적 행동의 기준은 사랑이다. 그래서 그는 "사랑하라. 그리고 네가 원한 대로 하여라."(『요한 서신 강해』[*Tractatus in Epistolam Johannis*], 7, 8)고 말하기까지 한다. 그러나 그는 어떠한 상황에서도 거짓말을 하면 안 된다는 절대윤리를 주장하기도 한다.

8장_ 보편적인 하나님의 법

(15) 네 마음과 목숨과 뜻을 다하여 하나님을 사랑하고 네 이웃을 네 몸과 같이 사랑하라(마 22:37-39)는 계명이 때와 장소에 따라 옳지 않을 수가 있습니까? 그러므로 자연(인간 본성)에 거슬리는 악한 행위는 언제 어디서나 미워해야 하고 벌을 받아야 합니다. 그러한 행동은 바로 소돔 사람들이(창 13:13) 저지른 것이었습니다. 만일 온 백성이 모두 그런 행동을 똑같이 한다 할지라도 하나님의 법에 의하여 같은 범죄로 심판을 받아야 합니다. 하나님께서 법을 주신 것은 인간으로 하여금 서로 이렇게 악용하도록 한 것은 아닙니다. 인간의 왜곡된 욕정이 하나님께서 만드신 인간 본성을 더럽히면 실은 하나님과 인간 사이의 교제를 망치는 것이 됩니다. 또한 인간 관습에 거슬리는 행동도 그 관습을 여러모로 고려하여 하지 않는 것이 좋습니다.

그러므로 어느 도시에서나 국가에서 관례나 법으로 책정된 것을 시민들이나 외래인들이 자기 멋대로 어겨서는 안 됩니다. 어떤 부분이든 전체와 일치되지 못하면 추하게 보입니다. 그렇지만 하나님께서 명하신 법이 사람들의 관례나 법에 맞지 않을 때는 그 전례가 없었다 할지라도 그의 명령을 따라야 합니다. 만일 그 법을 준행하지 않았으면 곧 회복해야 하고 그 법이 아직 설정되지 않았으면 곧 법으로 세워져야 합니다. 한 나라를 다스리는 임금이 자기나 자기 이전의 어느 누구도 시행해 본 적이 없는 법령을 새로 책정하여 나라를 다스린다 할 때 부당하게 생각할 필요는 없습니다.

그 임금에게 복종하는 것이 공익에 반대되는 것이 아니고, 오히려 마땅한 것이라면—사실 제왕에게 복종하는 것이 인간사회의 공통된 법칙이요, 그에게 복종하지 않는 것이 오히려 공익에 반대되는 것과 같이—모든 피조물을 다스리시는 하나님에게 주저함 없이 복종하는 것이 당연하지 않겠습니까? 인간사회에서는 권력의 계층이 있어 낮은 계층의 명령보다 높은 계층의 명령을 듣는 것처럼 하나님은 만유 위에 계시니 먼저 그의 명령을 따라 복종해야 할 것입니다.

(16) 또한 거친 말과 난잡한 행동으로 다른 사람을 해치는 범죄를 생각해 봅시다. 그 행동의 동기를 여러 가지로 들 수 있습니다. 원수를 대하듯 보복을 한다든지, 강도가 여행자들에게 하듯 수고 없이 어떤 이익을 취하려고 그렇게 할 수 있습니다. 또는 자기가 두려워하는 자를 공격하여 어떤 해를 미리 피하기 위해서, 또는 덜 행복한 사람이 더 행복한 사람을 질투하여 그럴 수도 있습니다. 아니면, 성공한 사람이 누군가 자기와 동등하게 될 것을 두려워하거나 싫어서, 또는 칼싸움을 구경할 때 다른 사람의 고통을 즐기든지 그렇지 않으면 다른 사람을 비웃고 조롱하는 마음에서 그럴 수도 있습니다. 이런 것은 육신의 정욕과 안목의 욕심과 이생의 자랑에서 생겨난 인간 죄악의 주요한 형태로서(요1 2:16) 때로는 이중에서 하나만, 때로는 둘, 때로는 전부 함께 동시에 나타나기도 합니다.

오, 가장 높으시고 좋으신 하나님, 이리하여 인간은 열 줄이 달린 현악기와 같은 당신의 십계명, 즉 셋과 일곱을 위반하며 살고 있습니다.[14] 그러나 아무리 우리 인간이 당신을 욕한다 해도 당신은 더럽혀질 수 없고, 아무리 당신을 해치려 해도 당신은 해를 받지 않으십니다. 그렇지만 당신은 그러한 일을 범한 자들을 벌하시니, 그런 죄를 짓는 자 스스로가 해를 받도록 그들을 벌하십니다. 그러므로 그들이 당신에게 죄를 짓는 경우, 실은 자기 자신들의 혼을 망치는 일을 범하는 것밖에 되지 않습니다. 따라서 죄를 짓는 것은 스스로를 속이는 것으로서, 당신이 만드시고 제정하신 본성을 왜곡하거나 나빠지게 하는 것이고, 좋게 사용하라고 주신 것을 함부로 하여 잘못 사용하는 것이며, 금지된 것을 바라고 본성에 어긋나는 짓을 좋아하는 것이 됩니다. 이런 사람들은 말과 마음으로 당신을 향해 성을 내고 쓸데없이 반항하는 죄를 짓는 자들입니다. 또한 그들은 인간사회의 한계선을 대담하게 뛰어넘어 자기들 기분에 따라 서로 다른 파당을 지어 공모하기를 즐깁니다.

인간이 생명의 원천이시며 참으로 유일하신 우주의 창조자와 통치자이신 당신을 버리게 될 때 이런 일들을 하게 됩니다. 또한 사람이 스스로의 교만으로 인해 부분을 전체인 양 헛되이 사랑할 때 이런 일을 하게 됩니

14) 셋은 하나님께 관한 계명이며 일곱은 이웃에 관한 계명이다.

다. 그러므로 우리는 겸손과 경건한 마음으로 당신에게 돌아가야 합니다. 그러면 당신은 우리를 그릇된 습성에서 씻어내 주시고 당신에게 고백한 죄를 자비로 대해 주시며, 죄에 매여 부르짖는 신음소리를 들어주시고, 우리 스스로가 얽어맨 쇠사슬에서 우리를 풀어 주십니다. 우리가 거짓된 자유의 뿔(교만)을 당신을 향해서 세우지 않으면 당신은 이 모든 일을 우리를 위해 해주십니다. 그 거짓 된 자유의 뿔이란 더 소유하고자 하는 탐욕으로 인해 모든 것을 잊어버리게 되는 것이요, 모든 것의 선이 되신 당신보다 우리 자신들의 것을 더 사랑하게 되는 것을 말합니다.

9장_ 하나님의 판단과 인간의 판단

(17) 그러나 이 모든 추행과 범행과 다른 악행 중에는 또한 개선의 과정에 있는 자들의 죄가 있습니다. 이런 자들은 완전의 척도에 의하여 판단하면 비난의 대상이 되지만 이제 자라나는 곡식처럼 앞으로 열매를 맺을 것이라는 희망을 보임으로써 칭찬을 받을 수도 있습니다. 또한 어떤 행동은 추행과 범행처럼 보여도 우리 주 하나님이신 당신이나 사회의 관습을 거역하는 것이 되지 않으므로 죄가 되지 않는 경우가 있습니다. 예를 들면 어려운 때를 대비해서 사람들이 필요한 것들을 모아 쌓아 둘 수가 있습니다. 이때 우리들은 이 행동을 오직 소유욕에서 생긴 행위라고 확실히 단정 지을 수 없습니다. 또한 개선을 목적으로 법정에서 어느 행동을 벌했을 때에도 그것이 개인에게 해를 끼치려는 욕구에서 그랬다고 판단할 수는 없습니다.

그러므로 인간들 앞에서는 비난을 받아야 할 행동도 당신의 증거로 칭찬을 받을 수 있고 사람들로부터 칭찬을 받는 사람들도 당신 앞에서는 저주를 받을 수 있습니다. 왜냐하면 겉으로 나타난 행동과 행동하는 자의 심정, 그리고 알 수 없는 그때의 상황이 서로 다르기 때문입니다. 그러나 당신이 갑자기, 인간이 이제까지 생각할 수 없었고 과거에도 그런 예가 없었으며 또한 한때는 당신이 금했던 그 어떤 것을 이제는 지키라고 명령하셨다고 합시다. 그 명령이 어떤 특수한 인간 사회의 관습에 반대가 되고 또한 우리가 당신의 이유를 모른다고 할지라도 그 명령을 지켜야 한다는 것을 의심할 자는 없을 것입니다. 그 이유는 당신의 명령에 복종하는 그 사회가 참으로 의로운 사회가 될 수 있기 때문입니다. 그렇지만 당신이 주신 명령을 알고 행하는 자는 복이 있습니다. 당신을 섬기는 종들의 모든 행동은 그 당시에 필요한 것을 나타내 주거나 혹은 미래에 될 것을 미리 보고 말해 주는 것이 됩니다.

10 장_ 마니교도들을 비난함

(18) 나는 이것을 몰라 당신의 예언자들과 거룩한 종들을 비웃고 있었습니다. 그러나 그들을 비웃은 결과로 내가 얻은 것은 내 자신이 당신으로부터 비웃음을 당하고 있었다는 것이었습니다. 나는 점점 알게 모르게 어리석은 것을 믿기 시작했습니다. 그리하여 사람들이 무화과를 딸 때 그 무화과가 운다고 하든가 무화과나무가 어머니처럼 흰 젖의 눈물을 흘린다고 생각했습니다. 그럼에도 불구하고 이 무화과를—자기가 딴 것이 아니고 다른 사람의 못된 손으로 딴 것이라 할지라도—마니교 성인들이 먹으면 그것을 뱃속에서 소화시켜 숨을 내뱉을 때 천사를 내놓는다는 것이었습니다. 즉 그가 무화과를 먹고 기도할 때 신음하고 한숨 쉬는 동안 호흡을 통해 신의 어떤 부분들을 뱉어 낸다는 것입니다.[15] 만일 그 마니교의 성인들의 이와 배로 인해 그 신의 부분이 풀려나지 않으면 그 지고하시고 참되신 신의 부분은 그대로 무화과에 남아 있게 된다는 것이었습니다. 나는 어리석게도 인간보다도 인간을 위해 만들어 낸 땅위의 과일을 더 가엾게 여겨야 된다고 믿었습니다. 그래서 마니교도가 아닌 어떤 사람이 배고파서 음식을 구걸할 때 그 과일의 한 조각을 주면 극형이라도 받는 것처럼 생각했습니다.

15) 마니교에는 선택받은 자(electus, 성직자)와 듣는 자(auditor, 평신도)가 있는데 선택받은 자들은 고기를 안 먹고 결혼도 하지 않았다. 평신도들이 과일을 선택받은 자들에게 음식물로 주면 그들은 그 과일을 먹고 과일 속에 갇혀 있는 신적 요소(빛 혹은 천사)를 해방시켜 준다고 마니교도들은 믿었다.

11 장_ 어머니의 꿈

(19) 당신의 신실한 종, 내 어머니가 제 자식이 죽어서 통곡하는 어떤 어머니보다 더 애절하게 나를 위해 당신께 눈물로 부르짖고 있을 때 당신은 높은 곳으로부터 손을 펴서 저를 이(마니교의) 깊은 어둠 속에서 구해 주셨습니다. 내 어머니는 당신께로부터 받은 믿음과 정신으로 확실히 나의 죽음을 보고 있었습니다. 오, 주님, 그러나 당신은 어머니의 기도를 들으셨고 어머니가 엎드려 기도하는 곳마다 눈 아래 바닥을 흠뻑 적신 어머니의 눈물을 업신여기지 않으셨습니다. 진실로 당신은 어머니의 기도를 들어주셨습니다. 그렇지 않았다면 어머니를 위로한 그 꿈이 어디서 왔겠습니까? 그 꿈을 꾼 후에야 비로소 어머니는 나를 집에 다시 들어와 살게 하고 밥도 한 상에서 먹게 했습니다. 이전에는 어머니가 내 오류의 모독을 싫어하고 미워한 나머지 그렇게 하지 않았습니다.[16] 어머니의 꿈은 이러했습니다.

어머니가 나무로 만들어진 '잣대'[17] 위에 서서 슬픔과 괴로움에 싸여 있을 때 한 잘생긴 젊은이가 어머니를 보고 즐거운 얼굴로 웃으면서 가까이 오고 있었습니다. 그 젊은이는 어머니에게 왜 그렇게 슬퍼하며 날마다 눈물로 지내느냐고 물었습니다. 그는 어머니에게서 무엇을 물어 배우려고 하기보다 어머니를 가르치려는 태도로 한 듯했습니다.

---

16) 어거스틴은 카르타고에서 공부를 하는 동안 한 여인을 만나 동거를 했고 두 사람 사이에서 아들을 낳았다. 375년경 동거인과 아들을 데리고 고향, 타가스테로 돌아왔다. 그리고 그는 고향에서 문법을 가르치면서 마니교를 설파했다. 모니카는 너무 충격을 받아 자기 집에서 살지 못하게 했다. 그래서 어거스틴은 자기의 후견인이었던 로마니아누스 집으로 가서 임시 살았던 것 같다. 그러나 모니카는 어느 날 밤에 꿈을 꾼 후에 그들을 집으로 다시 들어오게 하여 밥도 같이 먹게 되었다.

17) 나무로 만든 '잣대'(regula)는 반듯하고 좁다는 뜻도 있지만 더 중요한 것은 고대교회에서 이단을 방지하기 위해 책정한 신앙의 기준(교리, regula fidei)을 뜻한 것이다. **고백록** 8, 12, 30에서 어거스틴은 자기가 회심하여 어머니가 믿었던 기독교 정통적인 신앙의 교리(잣대) 위에 서 있게 되었음을 고백하고 있다.

그때 어머니가 내 멸망을 보고 운다고 대답하자 그 젊은이는 안심하라고 타이르면서 어머니가 서 있는 곳에 나도 같이 있는 것을 보고 알라고 말했답니다. 어머니가 정신을 차려 살펴보니 같은 잣대 위에 내가 어머니 옆에 서 있었다는 것입니다. 당신이 어머니의 애타는 마음에 귀를 기울이시지 않으셨다면 어찌 어머니가 이런 꿈을 꿀 수 있었겠습니까? 오, 전능하시고 좋으신 하나님, 당신이 우리 개개인을 돌보아 주실 때 마치 한 사람뿐인 양 돌봐 주시고 또한 모든 사람을 돌보실 때도 꼭 한 사람을 돌보시듯 하십니다.

(20) 어머니가 나에게 그 꿈에 대해 말씀하실 때 나는 그것을 잘못 해석하여 어머니도 언젠가는 나처럼 될 때가 있으니 실망할 필요가 없다는 뜻이라고 말했습니다. 그러나 어머니는 주저하지 않고 즉각 "그게 아니다. 그 젊은이는, 네 아들이 있는 곳에 너도 서 있을 것이라고 말하지 않고 너 있는 곳에 네 아들도 서 있을 것이라고 말했다."고 대답했습니다. 이것을 어떻게 이해해야 하겠습니까?

오, 주님, 내가 가끔 이것에 대해 말한 때가 있습니다만, 내가 기억할 수 있는 한도 내에서 이 사실을 기억하여 당신께 고백합니다. 나는 그 꿈 자체보다 어머니를 통해서 주신 당신의 대답에 더 감동되었습니다. 어머니는 나의 그럴듯한 꿈 해석에 당황하지 않고 그 꿈이 무엇을 뜻하는지를 명백히 알고 있었습니다. 그러나 나는 어머니가 그것을 말해 주기 전에는 알지 못했습니다. 당신은 그 꿈을 통해서 어머니의 현재의 괴로움을 위로하고 미래에 누릴 즐거움을 이 경건한 여인에게 미리 예고해 주신 것이었습니다.

왜냐하면 나는 이런 일이 있은 후 거의 9년 동안이나 저 마니주의의 깊은 흙탕물과 그 위선의 암흑 속에서 뒹굴었기 때문입니다. 때로는 그 흙탕물에서 일어나려고 노력을 했습니다만 그럴수록 나는 또다시 더 무겁게 밑으로 가라앉아 버리고 말았습니다. 그러나 이러는 동안 정결하고 경건하며 침착한 저 과부는—당신은 이런 이들을 사랑하십니다—더욱더 싱싱한 희망에 차서 넘쳤고 또한 이에 못지않게 눈물과 슬픔 가운데서 기도할 때마다 나를 위해 애통해 하며 당신께 간구하기를 그치지 않았습니다. 어머니의 기도가 당신 앞에 상달되었어도 당신은 나를 그 어둠 속에서 뒹굴도록 그대로 내버려두셨습니다.

12장_ 어느 감독의 충고

(21) 그 동안에 당신이 어머니에게 또 다른 답을 주신 것을 나는 기억하고 있습니다. 내가 당신께 특별히 고백하고 싶은 것이 있어서 많은 것을 언급하지 않고 그저 지나갑니다. 물론 그중에는 잊어버린 것도 많이 있습니다. 당신이 어머니에게 주신 다른 답이란 당신의 교회에서 자라났고 당신의 책에 정통한 당신의 종인 어느 감독[18]을 통해서 주신 것이었습니다. 어머니는 그에게 찾아가 나를 만나 이야기를 해주면서 잘못된 점을 꾸짖고, 나쁜 것을 고쳐 주며, 좋은 것을 가르쳐 주라고 간청했습니다. 감독은 적당한 사람이라 생각되면 이런 교훈을 주곤 했습니다. 그러나 그는 그 요청을 거절했습니다. 나중에 알고 보니 그 거절은 대단히 현명한 것 같았습니다. 왜냐하면 나는 새로 받아들인 저 이단(마니교) 교리로 잔뜩 부풀어 있었고 또한 어머니가 그에게 말한 대로 경험이 없는 여러 사람들을 복잡한 질문으로 현혹케만 하고 있으니 가르쳐도 별 소용이 없다고 대답했습니다.

그 감독은 "당분간 그를 내버려두시오. 그를 위해 하나님께 기도만 하시오. 혼자 책을 읽다가 스스로 자기의 오류에 눈을 떠 하나님에게 등을 돌리고 살고 있는 자기를 발견하게 될 것이오."라고 대답했습니다. 그리고 또 그는 계속해서 자기도 어릴 때에 미혹된 어머니 때문에 마니교도들을 따랐고 그들의 책을 전부 읽었을 뿐만 아니라 복사까지 했다고 말해 주었습니다. 그러나 자기를 반박하는 자나 설득하는 자의 도움도 없이 이 사교

18) '어느 감독' 은 과연 누구일까? 어거스틴은 그 이름을 밝히지 않고 있다. 그러나 어거스틴이 아직 북아프리카에 있었을 때이니 그가 북아프리카에 있는 어느 감독임에는 틀림이 없다. 어떤 한국어 번역판에는 암브로시우스 감독이라고 시사되어 있으나 그럴 수가 없다. 어거스틴이 밀라노의 감독 암브로시우스를 처음 만난 때는 384년 밀라노의 수사학 교수로 갔던 해이다.

를 버려야 되겠다고 스스로 깨달아 그것을 벗어났다는 것이었습니다.

그가 이렇게 말해도 어머니는 흡족하게 여기지 않고 계속 울며불며 꼭 한번 가서 나에게 말 좀 해주라고 간청을 했습니다. 이렇게 귀찮게 구는 어머니의 간청에 그는 약간 짜증을 내면서 "자, 이제 돌아가시오. 염려할 것 없습니다. 이렇게 흘리는 눈물의 자식이 망할 리 없습니다."라고 말했다는 것입니다. 그 후 어머니는 가끔 나와 이야기할 때마다 그때 자기는 그 감독의 대답을 하늘로부터 들려 온 음성으로 받아들였다고 말해 주었습니다.

제 4 권

유혹하고 유혹받으며, 속고 속이는 삶

어거스틴은 9년 동안 마니교에 깊이 빠져 그 종교의 미신에 유혹되어 속고 속이는 생활을 한다. 그러나 실은 어거스틴 자신도 자기 고향인 타가스테에서 남을 속이는 수사학을 가르치는 교사생활을 한다. 그간 그는 점성술에도 깊이 빠져 그것에 의해서도 속고 속이는 생활을 한다. 그는 고향에서 깊이 사귄 친구와 사별을 한다. 친구를 잃고 그는 인간생명의 무상함을 실감하며 슬퍼한 나머지 그 슬픔을 잊으려고 고향을 떠나 카르타고로 다시 돌아간다. 그는 자기가 처음으로 쓴 책 『아름다움과 알맞음』을 소개한다. 그리고 자기가 20살 때 읽은 아리스토텔레스의 『십 범주』와 다른 철학 책들은 자기의 삶에 아무 도움도 주지 못했다고 말한다.

1장_ 유혹하고 유혹받는 삶

(1) 나는 열아홉 살 때부터 스물여덟 살 때까지 여러 가지 욕정으로 인해 남을 유혹하기도 하고 유혹당하기도 하며, 또는 속이기도 하고 속기도 하면서 살았습니다. 공개적으로는 학예[1]라고 부르는 학문의 이름으로 그랬고, 숨어서는[2] 거짓된 종교의 이름하에서 그랬던 것입니다. 전자의 경우에 나는 거만했고 후자의 경우에는 아주 미신적이어서 모든 면에서 볼 때 나는 헛되고 비어 있었습니다. 한편, 나의 공직생활에서는 헛된 대중의 인기를 추구한 나머지 극장의 박수 갈채를 얻고자 시 낭송 대회에 참가했습니다. 이것은 사실 지푸라기의 월계관을 추구한 무대 연기의 허망함이요, 절제 없는 욕심일 뿐이었습니다.

그러나 다른 한편으로, 내 개인 생활에서는 이 모든 추잡한 행동으로부터 깨끗함을 얻고자 소위 성자 혹은 선택받은 자라고 불리는 사람들에게 음식을 갖다 바쳤습니다. 그들은 이 음식을 먹고는 위장에서 천사와 신을 만들어 뱉게 되고, 그 천사와 신에 의하여 우리들은 깨끗하고 자유롭게 된다는 것이었습니다. 이런 일을 나는 친구들과 함께 행하고 있었으니 그들은 나와 함께 혹은 나에 의해 속고 있었습니다.

당신이 사람을 구원하시기 위하여 내리시는 채찍과 절망을 아직 경험하지 못한 교만한 자가 있으면 저를 보고 비웃으라고 하십시오. 그러나 나는 당신을 찬양하기 위하여 나의 부끄러움을 고백하고자 합니다. 이제 간구하오니 나에게 은혜를 주시어 나로 하여금 현재의 기억을 더듬어 내 과거의 오류를 회상하게 하시고 그것을 당신께 감사의 제물로 드리게 하소서. 실로 내가 나를 인도한다고 할 때 당신이 함께해 주시지 않으시면 스스

1) 여기서 '학예'(doctrinae liberales)라 함은 현대에서는 'liberal arts'라고 부르는 학문의 분야로서 중세기에는 주로 문학, 수사학, 철학, 산수, 기하학, 음악, 천문학을 말했다.

2) 그때 마니교도들은 숨어서 종교활동을 할 수밖에 없었다. 왜냐하면 372년에 로마의 황제 발렌티니아누스가 마니교를 금하는 엄한 법령을 선포했기 때문이었다. 그러나 그 법령은 잘 지켜지지 않았다.

로 자멸의 길로 떨어질 수밖에 없지 않습니까? 내가 잘 있다고 할 때도 실은 당신의 젖을 빨고 있었고 영원히 썩지 않는 음식인 당신을 먹고 있지 않았습니까?(요 6:27) 인간이 아무리 인간이 아니라고 말한다 해도 인간이 아닐 수가 있습니까? 그러므로 힘이 세고 강한 자가 우리를 비웃는다고 할지라도 약하고 부족한 우리들은 당신을 향해 항상 고백할 따름입니다.

2장_ 수사학 교수로서의 어거스틴

(2) 그때쯤 나는 수사학을 가르치고 있었습니다. 명성을 얻고 싶은 욕망에 나는 말로써 다른 사람을 굴복시키는 재주를 팔고 있었던 것입니다. 주님, 그러나 당신이 아신 바와 같이 나는 세칭 정직하다고 여기는 좋은 학생들을 두고 싶었습니다. 나는 그들에게 속임 없이 다른 사람들을 속이는 재주를 가르쳐 주었습니다. 그 재주를 사용하여 무죄한 자를 해치라고 함이 아니요, 유죄한 자의 생명을 구하기 위하여 쓰라고 가르쳐 준 것입니다.

주여, 당신은 이 미끄러운 길에서 넘어지는 저를 멀리서 보고 계셨습니다. 또한 짙은 연기 속에서도 거짓을 찾고 허영을 사랑하는 그들을 가르칠 때에 내가 약간의 신의의 불꽃을 보여 줌으로써 그들의 친구가 된 것을 당신은 알고 계십니다.

그 즈음에 내겐 한 여자 친구가 있었습니다. 그 여자는 정식 결혼으로 나와 맺어진 사람이 아니고 생각 없이 이리저리 헤매는 정욕이 찾아낸 자였습니다.[3] 그러나 나는 이 여자 하나만을 두고 있었고 또 그에게 신의를 지켰습니다. 이렇게 그 여자와 사는 동안 나는 자식을 낳을 목적으로 맺게 되는 결혼이라는 계약과, 자식을 낳는 데는 관심이 없고 다만 정욕의 사랑으로 이루어진 두 사람의 관계 사이에 큰 차이가 있다는 것을 경험을 통해서 발견했습니다. 물론 원하지 않았다 해도 한번 자식이 생기면 그들을

3) 어거스틴은 카르타고에 갔던 371년(17세)에 한 여자 친구를 만나 동거생활을 했다. 그는 동거인의 이름을 밝히지 않는다.(3, 1, 1) 그는 13년 동안 이 여자와 같이 살다가 밀라노에서 회심 전에 이별을 했다.(6, 15, 25)

사랑하기 마련입니다.

(3) 또 내 생각에 떠오르는 것이 있습니다. 내가 언젠가 무대에서 행한 시 낭송 대회에 나가려고 할 때 어떤 점쟁이[4]가—나는 이제 그를 잘 기억하지 못합니다만—나에게 와서 그 대회에서 꼭 이기게 해주면 무엇을 주겠느냐고 물었습니다. 나는 그런 더러운 푸닥거리가 싫고 가증스러워서 딱 잘라 "만일 승리의 월계관이 금으로 만들어졌다 할지라도 승리를 얻기 위해 파리 한 마리 죽이고 싶지 않다."고 말했습니다. 왜냐하면 그 점쟁이는 산 짐승을 잡아 제물로 바치고 그 덕으로 귀신들을 불러 나를 돕게 할 생각이었기 때문입니다.

나는 이 악한 짓을 거절했습니다. 그러나 내 마음의 하나님이신 당신을 사랑하기 때문에 거절한 것은 아니었습니다. 나는 그때 당신을 어떻게 사랑해야 할지 모르고 있었고 또한 당신을 빛나는 물질 이상의 어떤 존재로 생각해 볼 수도 없었습니다. 이렇게 상상으로 꾸며 낸 허구의 것을 좋아하는 영혼들은 당신을 떠나 간음을 행하는 것이요, 거짓된 희망을 믿는 것이며 "바람을 먹으며"(호 12:1) 사는 것이 아니옵니까? 그런데 나는 이렇듯 내 승리를 위해 귀신들에게 제사 드리는 것을 거절했으면서도 마니주의의 미신에 빠져 아직도 나 자신을 귀신들에게 바치고 있었습니다. 이 귀신들에게 먹을 것을 바친다고 함이 바로 바람을 먹으며 사는 것이 아니고 무엇이겠습니까? 이렇듯 우리들은 자신들의 오류로 인해 귀신들의 웃음거리와 노리개감이 되어 버린 것입니다.

---

4) '점쟁이'(haruspex)란 3장에 나온 점성가(mathematicos)와는 다른, 마술사 혹은 무당에 가까운 말이다. 어거스틴이 동물제사를 거절했던 이유는 마니교가 동물살생을 금했기 때문이었다.

3장_ 점성술에 빠짐

(4) 그러면서도 나는 또한 자칭 점성가라고 말하는 사기꾼들과 의논하기를 주저하지 않았습니다. 왜냐하면 그들은 점을 치되 제사를 드리지도 않고 귀신들의 도움을 요청하는 기도도 드리지 않았기 때문입니다. 물론 참다운 기독교 신앙과 경건은 반드시 이런 짓을 비난하고 정죄해야 합니다. 내가 당신께 "내게 은혜를 베푸소서. 내가 주께 범죄 하였사오니 내 영혼을 고치소서."(시 41:4)라고 고백한 것은 좋은 일입니다. 또한 당신의 자비를 악용하여 죄를 짓는 기회로 삼지 않고 주님의 말씀, "보라 네가 나았으니 더 심한 것이 생기지 않게 다시는 죄를 범하지 말라."(요 5:14)는 주님의 말씀을 기억함은 좋은 일입니다.

그러나 점성가들은 이 건전한 말씀(진리)을 파괴하기 위해 "너로 하여금 죄짓게 한 원인은 필연적으로 하늘의 별이 결정한 것이다." 또는 "금성이나 토성이나 화성이 하는 일이다."라고 합니다. 이 말은 육신과 피를 지니고 있으며 교만하고 타락한 인간은 아무런 책임이 없고 하늘과 별을 지으시고 다스리시는 당신에게 그 책임이 있다는 것입니다. 그러나 당신은 정의의 근원이 되시고 생의 단맛이 되셔서 각 사람에게 그 행한 대로 갚으시고(마 16:27), "상하고 통회하는 마음을 주께서 멸시하지 아니하시리이다."(시 51:17)

(5) 그때 그 지방의 총독은 대단히 현명한 사람으로서 의술이 아주 좋아 그 방면에서 이름이 뛰어났던 분이었습니다.[5] 그 총독은 이즈음 웅변대회에서 우승을 한 내 머리 위에 승리의 월계관을 씌워 주었습니다. 그러나 사실 내 머리는 병들어 있었습니다. 그가 이렇게 한 것은 의사로서 내 병을 고쳐 주기 위해서 한 것이 아니었습니다. 나를 온전케 하실 이는 교만

5) 여기서는 어거스틴이 총독의 이름을 밝히지 않는다. 그러나 **고백록**(7, 6, 8)에서는 그의 이름이 빈티키아누스(Vindicianus)라고 밝힌다. 그는 본래 로마 황제의 주치의로 있다가 황제의 임명을 받고 북아프리카의 총독이 된 것이다.

한 자를 물리치시고 겸손한 자에게 은혜를 주시는 당신뿐이십니다.(약 4:6) 그러나 당신은 이 노인을 통하여 나를 도와주시어 내 영혼을 치료할 기회를 놓치지 않으셨습니다.

나는 그와 친하게 되자 그가 하는 말을 열심히 그리고 신중하게 듣곤 했습니다. 그의 말은 단순했으나 그의 말에는 사상이 살아 있었고 힘이 차 있어서 듣기가 퍽 재미있었습니다. 서로 이야기하는 중에 내가 점치는 책들을 공부하고 있다는 사실을 알자 아버지처럼 친절하게 나를 타이르면서 그 책들을 내버리라고 권했습니다. 필요한 데 써야 할 나의 노력과 관심을 이런 무가치한 것에 쏟을 필요가 없다는 것이었습니다. 자기도 젊었을 때에는 점성술을 직업으로 삼아 생계를 유지하려고 공부한 적이 있었다는 것입니다. 그도 그럴 것이 그는 히포크라테스[6]를 이해하고 있었으니 점성술쯤이야 문제없이 통달할 수 있었을 것입니다. 그러나 점성술이 속임수라는 것을 알고 난 후 솔직한 사람인 그는 남을 속여서 생계를 유지하고 싶은 생각이 없어 그것을 버리고 의학으로 들어갔다는 것입니다.

그는 이어서 내게 말하기를 "그러나 자네는 세상에서 살아갈 수 있는 수사학을 가르치는 직업이 있으니 이런 점성술 공부야 자유로이 한번 하고 싶어서 하는 것이지 생계에 필요해서 하는 것은 아닐 거야. 나는 점성술 하나만 가지고도 나의 생계를 유지할 수 있도록 철저히 그것에 대하여 공부한 사람이었으니 내 말을 더 믿어 주어야 되네."라고 강조했습니다. 그래서 나는 그들이 점을 치는 많은 것들이 대개 맞아떨어지는 이유를 물어보았습니다.

그의 합리적인 대답에 의하면, 모든 자연 만물에 편재하여 있는 우연의 힘 때문에 그렇게 맞는 것처럼 보인다는 것입니다. 예를 들면, 사람이 우연히 어떤 시집의 한 장을 뒤져 볼 때 그 시인은 아주 다른 뜻으로 읊었다고 할지라도 그것이 놀랍게도 읽는 사람의 현재 사건에 꼭 부합되는 것처럼 느껴질 때가 있다는 것입니다. 그는 이어서 말하기를 "그렇기 때문에 놀랄 이유는 하나도 없네. 이것은 인간의 혼 안에 우리가 알지 못하는 어떤

6) 히포크라테스(Hippocrates, 460－377 BC)는 그리스의 의학자로서 의학의 선조라고 불리고 있다.

고차적인 본능이 있어서, 궁금해서 찾아온 자들의 일이나 행동에 대하여 맞는 대답을 해주는 것 같네. 그러므로 점치는 것이 맞게 됨은 우연의 일치이지 (별을 관찰하는) 기술에서 온 것은 아니네."라고 했습니다.

(6) 이렇듯 진실로 당신은 그를 통해서 나를 돌보아 주셨습니다. 당신은 또한 모든 것을 내 기억에 간직해 주시어서 나중에 그것을 스스로 찾아내어 생각해 볼 수 있도록 해주셨습니다. 그러나 그때에는 총독으로 있던 그 사람이나 나의 가장 친한 벗 네브리디우스[7]—참으로 착하고 청결한 젊은이로서 점치는 것이라면 비웃어 버린—도 나를 설복시켜 점성술 공부를 버리게 하지는 못했습니다. 왜냐하면 이들보다 점성술 책을 쓴 저자들이 내게 더 큰 영향을 주었기 때문이었습니다. 또한 점성가들의 점치는 것은 운수나 우연히 맞히는 것이지 절대로 천문학자들의 학문에 기인한 것이 아니라는 확실한 증명도 나는 찾아볼 수 없었기 때문입니다.

4장_ 친구의 죽음에 직면하여

(7) 나는 그때쯤 고향에 돌아가 수사학을 가르치기 시작했는데 이 학문에 관심을 가지고 공부한 친한 벗을 하나 두고 있었습니다. 나이도 나와 같아 나처럼 한창 피어나는 청춘기에 접어들고 있었습니다. 그는 고향에서 나와 함께 자랐고 학교도 같이 다녔으며 함께 놀고 지냈던 사람이었습니다. 그러나 그때는 나와 친한 벗은 아니었습니다. 물론 그 후에도 진정한 의미에서 내 친구가 되지는 못했습니다만. 왜냐하면 참다운 우정이란 우리에게 주신 성령으로 말미암아 우리 마음속에 부어 주신 그 사랑 안에서 당신이 우리를 서로 매어 주시지 않으시면 불가능하기 때문입니다.(롬 5:5)

그렇지만 우리들의 우정은 달콤한 것으로 함께 학문을 열심히 추구

7) 어거스틴은 **고백록** 5권 이전에서는 자기의 친구였던 네브리디우스 이외의 이름은 거론하지 않는다. 자기 부모의 이름이나 선생님들의 이름, 심지어는 "이렇게 흘리는 눈물의 자식이 망할 리 없습니다."라고 말해 준 감독의 이름도 밝히지 않는다. 그러나 5권부터 이름을 밝히기 시작한다.

함에 따라 익어가고 있었습니다. 나는 그를 참 신앙에서—그는 아직 젊어서 참 신앙에 온전히 그리고 철저하게 뿌리내리지 못하고 있어서—돌이켜 나오게 하여 허구의 이야기나 해로운 미신(마니교)으로 빠져 들어가게 했습니다. 어머니는 나의 형편을 보고 울고 계셨습니다. 그리하여 그의 마음은 나와 함께 오류에서 방황하고 있었고 나의 혼은 그가 없이는 살 수 없을 지경이었습니다. 그러나 당신은 복수를 하시는 하나님으로서 당신으로부터 도망치는 자들의 뒤꿈치를 좇으시고, 동시에 당신은 자비의 샘으로서 묘한 방법으로 우리를 당신께 돌아가게 하십니다. 당신은 나의 삶에서 가장 아름다웠던 그와의 우정이 싹튼 지 일년도 못 되어 그의 생명을 거두어 가셨습니다.

(8) 인간이 어떻게 자기 홀로 경험한 당신의 은혜를 다 들어서 찬양을 드릴 수 있겠습니까? 나의 하나님, 그때 당신이 하신 일은 무엇이었습니까? 당신의 심판은 오묘하고 깊어 우리가 그 뜻을 헤아릴 길이 없습니다. 내 친구가 심한 열병으로 오랫동안 의식을 잃고 죽은 듯이 땀을 흘리며 누워 있었습니다. 모두들 그가 회복할 수 없으리라고 절망해서, 그가 의식을 잃고 있는 중에 세례를 받게 했습니다. 나는 그때 그의 세례에 대해서 별로 관심이 없었습니다. 그는 무의식중에 자신의 육체에 행해진 세례보다는 오히려 나에게서 배웠던 것을 더 기억하고 있으리라고 나는 생각했던 것입니다. 그러나 그런 생각은 틀린 것이었습니다. 그는 곧 회복이 되어 살게 되었습니다.

내가 그와 이야기를 할 수 있는 기회가 오자마자—그때는 바로 그가 정신을 차려 나에게 말을 하려고 할 때였습니다. 우리는 서로 깊이 의지하고 있던 처지였기에 나는 그의 곁을 떠나지 않고 있었습니다—나는 그에게 농담을 했던 것입니다. 내 생각으로는 그때 알지도 못하고 느끼지도 못한 상태에서 받은 그 세례에 대한 나의 농담을 그 자신도 농담으로 받아넘기리라 믿었기 때문입니다. 그런데 그는 듣고 자기가 세례 받은 것을 알고 있었습니다. 그는 깜짝 놀라 마치 자기의 원수라도 된 듯이 나를 쳐다보면서 솔직하고, 담백하게 충고하는 것이었습니다. 즉 내가 계속 자기의 친구가 되려거든 그와 같은 소리는 하지 말아 달라는 것이었습니다. 나는 아연 실색했으면서도 내 감정을 감추고 그가 건강을 회복한 후에 그런 문제를 다시 논의하기로 마음먹었습니다. 그러나 당신은 그를 당신 곁에 두어 내 미래의 위안으로 삼고자 내 어리석음에서 떼어 가셨습니다. 그는 며칠 후 열병이 재발하여 내가 없는 사이에 세상을 떠났습니다.

(9) 내 마음은 슬픔으로 매우 어두워져서 사방을 둘러봐도 보이는 것이라고는 죽음뿐이었습니다. 내 고향은 나에게 감옥이 되었고 내 아버지의 집은 이상하게도 불길한 장소로 변했습니다. 그와 함께 말하고 했던 모든 일들이 그가 없음으로 해서 내게는 괴로움밖에 되지 않았습니다. 내 눈은 사방을 두루 살펴 그를 찾았으나 그를 보지 못했습니다. 그래서 나는 그가 있지 않는 모든 장소를 싫어했습니다. 이런 장소들은 그가 아직 살아 있을 때 어디에 가 있으면 "자, 조금 있으면 곧 올 것이야."라고 말을 해주었는데 지금은 아무 말이 없었습니다.

나는 내 자신이 알 수 없는 하나의 큰 수수께끼였습니다. 나는 내 영혼에게 왜 낙망하며 나를 그렇게 괴롭히느냐고 물어 보았습니다. 내 영혼은 뭐라고 대답할 줄을 몰랐습니다.[8] 내가 만일 "너는 하나님을 바라라." (시 43:5) 하고 내 영혼에게 말했다 해도 내 영혼은 내 말을 따르지 않았을 것입니다. 왜냐하면 내 영혼에게 '하나님을 바라라' 할 때 그 하나님은 상상에서 그린 신이지만 내 영혼이 잃어버린 친구는 그 신보다 더 실제적이요, 좋았기 때문입니다. 오히려 우는 것이 내게는 좋았으니 그 눈물이 내 마음에서 사랑한 그 친구를 대신한 것이었습니다.

5장_ 죽은 친구를 위한 슬픔

(10) 오, 주님, 그러나 이제 그 모든 것은 다 지나가 버렸고 나의 아픔도 시간과 함께 지나갔습니다. 나로 하여금 진리이신 당신으로부터 배우게 하시고 내 마음의 귀를 당신의 입에 대어 당신이 말씀하시는 것을 듣게

8) 인생의 수수께끼에 대해 인간 자신이 대답해 줄 수 없음을 말하고 있다.

하소서. 왜 불행에 빠져 있는 사람이 울고 나면 마음이 시원합니까? 당신은 어디든지 안 계신 곳이 없지만 혹시 당신께서는 우리의 불행을 멀리 하시고 무관심하게 대하시는 것이 아닙니까? 우리가 이렇게 괴로움 속에서 뒹굴고 있어도 당신은 태연하고 불변의 존재로 계시기만 하십니까? 그러나 우리가 울며 당신의 귀에 호소하지 않으면 우리에겐 별 희망이 남아 있지 않습니다.

그러면 쓰디쓴 세상살이, 즉 애태움과 슬픔, 눈물과 한숨에서 그렇게 마음이 시원한 열매를 따게 됨은 어찌된 일입니까? 당신이 우리의 기도를 들어주시리라는 희망 때문에 그러한 느낌을 갖게 되는 것입니까? 그렇다면 내가 사랑한 자를 잃어버리고 어쩔 줄 몰라 그렇게도 괴로워했던 경우도 마찬가지입니까? 나는 그가 다시 살아나기를 바라지는 않았습니다. 내가 그렇게 눈물을 흘린 것도 그런 뜻에서는 아니었습니다. 나는 그저 슬퍼서 울기만 했습니다. 즐거움을 잊어버리고 불행에 빠진 탓으로 그랬습니다. 혹시 울음이란 그 자체는 쓰디쓴 것이지만 우리가 한때 좋아했던 것들이 (감당할 수 없을 정도로) 싫어지면, 또는 그 상태가 계속되는 동안, 우리에게 시원함을 주는 것입니까?

6장_ 비참한 인간의 실존을 자각하게 됨

(11) 내가 왜 이런 말을 하고 있습니까? 지금은 내가 당신께 고백할 때인데 왜 이렇게 질문만 하고 있습니까? 나는 정말 불행했습니다. 어떤 사람이든지 없어질(유한한) 것에 우정을 붙이고 살다가 거기에 얽매여 버리면 불행하게 될 수밖에 없습니다. 자기가 사랑하던 것이 없어지게 될 때 그 사람의 마음은 갈래갈래 찢어져 자기의 비참한 실존을 알게 되고 또한 이런 일이 있기 전의 자기 모습도 비참했다는 것을 비로소 알게 됩니다.

그때 내가 바로 그런 상태에 빠져 있었기 때문에 나는 슬피 울고 있었으면서도 그 상태에 머물고 있었습니다. 나는 정말 불쌍한 존재였습니다. 그러나 그 불행한 삶을 죽은 친구보다 더 아쉽게 붙들고 있었습니다. 그런 상태에 빠져 있는 나의 삶을 좀 바꾸었으면 하는 생각은 있었습니다만 친구와 이별을 했으면 했지 그 삶을 버리기는 싫었습니다. 혹시 저 오레스테스(Orestes)와 필라데스(Pylades)[9]의 이야기처럼—허구의 이야기가 아니라면—나도 친구를 위해 내 삶을 버릴 수 있었을까 의문입니다. 그들은 두 사람이 함께 살지 못할 바에야 함께 죽는 것이 더 낫다고 생각한 것입니다.

그러나 그때 나는 그들의 생각과 아주 다른 이상한 느낌을 갖고 있었습니다. 왜냐하면 나에게서는 사는 것이 정말 싫었지만 또한 죽는 것이 그렇게도 무서웠습니다. 그 친구를 사랑하는 마음이 강하면 강할수록 나는 그를 앗아간 죽음을 잔인한 원수처럼 더욱 미워하고 무서워했습니다. 그 죽음은 친구를 집어삼킨 힘이었기 때문에 삽시간에 모든 사람을 집어삼키고 말 것이라고 믿었던 것입니다. 내가 이런 상태에 있었음을 잘 기억하고 있습니다.

오, 하나님, 나의 마음을 보시고 그 속에 무엇이 있는가 살피소서. 내 희망이신 주님, 내가 잘 기억하고 있사오니 내 마음을 살피어 이러한 불결한 감정을 씻어 주시고 내 눈을 돌리게 하여 내 발을 올무에서 빼내어 주소서.

다른 사람들은 멀쩡하게 살아 남아 있는데 결코 안 죽을 사람처럼 내가 사랑했던 그 친구가 죽었다는 사실이 나에게는 이상하게 느껴졌습니다. 또한 더 이상하게 느껴진 것은 그 친구의 반쪽이라는 나는 살아 남아 있고 그는 죽었다는 사실입니다. 어떤 사람이 자기의 친구를 가리켜 '자기 혼의 반쪽' 이라 말했는데 아주 적절한 표현이었습니다. 나도 나의 혼과 그의 혼은 두 몸에 있는 하나의 혼이라고 느꼈습니다. 그러기에 반쪽으로만은 살기가 싫어서 사는 것이 나에게는 소름 끼치는 것이었습니다. 그러나

9) 그리스의 신화에 나온 이야기인데 오레스테스는 트로이 성을 공격하여 함락시킨 총 지휘관인 아가멤논(Agamemnon)의 아들이다. 아가멤논이 원정을 갔을 때 그의 부인은 아에기스투스(Aegisthus)와 정을 통하고 남편이 승리하여 돌아왔을 때 궁전에서 남편을 살해한다. 그리고 아에기스투스가 어린아이였던 오레스테스를 살해하려 하자 그의 누이였던 엘렉트라(Electra)는 그를 이웃 왕국에 도피시킨다. 거기에서 그는 왕가에서 자라나면서 왕자 필라데스(Pylades)와 친한 우정을 맺고 산다. 이 두 사람의 우정관계를 로마의 시인들이나 작가들은 자주 언급한 것이다. 오레스테스(와 필라데스)는 후에 자기 아버지인 아가멤논을 살해한 아에기스투스와 어머니를 살해하고 만다.

그의 반쪽인 나마저 죽으면 내가 그렇게 사랑했던 그 친구가 완전히 죽을까 봐 아마도 내가 나의 죽음을 두려워했는지도 모릅니다.[10]

7장_ 불안한 혼의 쉴 자리를 찾아서

(12) 아, 사람을 적절하게 사랑할 줄 모르는 미친놈! 아, 무상한 인간의 운명을 반항으로 대하는 어리석은 놈! 그때 내가 바로 그러한 놈이었습니다. 그래서 나는 안달하고 한숨 지며, 울고 괴로워하며, 마음의 안정을 얻을 수 없었고 바른 생각을 할 수도 없었습니다. 나는 부서지고 피 흘리는 내 혼을 이리저리 끌고 다녔으나 내 혼은 나에게 끌려 다니는 것을 원치 않았습니다. 그래서 나는 내 혼이 쉴 수 있는 어느 곳을 찾아 거기에 놓아 두고 싶었으나 그러한 곳은 어디에도 없었습니다. 아름다운 숲이나, 놀이와 노래가 있는 곳에도, 향기 나는 정원이나, 훌륭한 잔치나, 향락의 침실에도, 또한 글과 시를 읽는 곳에서도, 내 혼은 안식할 자리를 찾지 못했습니다.[11] 나는 모든 것이 다 싫어졌습니다. 빛마저도 싫었습니다. 내 친구가 아닌 그 모든 것은 다 귀찮고 고통이었으니 다만 그에 따른 슬픔과 눈물에서 잠깐 위안을 얻었을 뿐입니다. 그러나 내 혼이 그 슬픔과 눈물에 젖어 있지 않을 때는 더 무거운 불행의 짐이 나를 엄습하는 것이었습니다. 주님, 당신만이 이 짐을 가볍게 할 수 있기에 당신에게 내 짐을 맡겼어야 했습니다.

이 사실을 알면서도 그렇게 하려고 하지 않았고 또한 할 수도 없었습니다. 왜냐하면 그 당시 나는 당신을 확고하고 부동한 실체로 생각하지

---

10) 어거스틴은 자기의 『재고록』(*Retractationes*) 2, 6, 2에서 이러한 표현은 심각한 고백이 아니고 경솔한 말이었다고 솔직히 기록하고 있다. 그러나 '아마도' (forte)란 말이 들어가 있기 때문에 이러한 어리석은 표현은 어느 정도 완화된 것이 아니냐고 말하고 있다.

11) 인간은 시각, 청각, 후각, 미각, 촉각의 만족에서 그리고 지적인 만족(호기심)에서 영혼의 안식처를 찾고자 한다. 그러나 항상 변하는 감각적인 세계에서는 인간의 마음은 안식할 수 있는 자리를 찾을 수 없다. 인간의 마음이 영원하신 하나님 안에서 안식하기까지는 마음의 불안을 면치 못한다. 이것이 바로 이 고백록의 주제이다.(1, 1, 1 ; 4, 11, 16 ; 13, 35, 50—13, 38, 53)

않았기 때문입니다. 실은 내가 그때 이해한 하나님은 당신 자신이 아니고 나의 오류의 산물인 헛된 환상밖에 되지 않았습니다. 그러므로 좀 쉼을 얻고자 나의 짐을 환상의 하나님께 내어 맡길 때 그 짐은 허공을 통해 다시 나에게 돌아와 버렸습니다. 나는 나 자신의 불행한 장소가 되어 그 곳에 머물러 있을 수도 없고 떠나갈 수도 없게 되었습니다. 내 마음이 내 마음을 피해 어디로 도망갈 수 있겠습니까? 내가 내 자신을 피해 어디로 도망갈 수 있겠습니까? 내가 어디에 간들 내가 따라가지 않을 곳이 있겠습니까? 그러나 나는 내 고향을 떠났습니다. 그를 보지 않았던 곳이라면 나의 눈도 그를 덜 찾을 것 같아서였습니다. 이리하여 나는 타가스테의 마을을 떠나 카르타고로 다시 갔습니다.

8장_ 치유의 효과가 있는 시간의 경과와 새로운 친구들의 위로

(13) 시간은 쉬지 않고 하염없이 지나가지만 무심코 지나가는 것은 아니었습니다. 그것은 우리의 감각을 통해 우리 마음에 기묘한 일을 해놓습니다. 시간은 나날이 왔다 지나갑니다. 시간은 오고 감으로 내 마음에 새로운 희망과 새로운 기억을 심어 주었으며 허전한 나를 지나간 날의 즐거움으로 조금씩 메워 놓았으니 나의 서러움은 좀 가라앉게 되었습니다. 그러나 그 슬픔에 뒤따르는 것은 같은 슬픔은 아니었어도 다른 슬픔을 주는 원인들이었습니다. 첫번의 슬픔이 그렇게도 쉽게 그리고 깊숙이 내 마음에 침투한 것은 죽을 수밖에 없는 사람을 안 죽을 사람처럼 사랑함으로써 내 혼을 모래 위에 쏟아 놓아 버린 탓이었습니다. 그러나 무엇보다 슬픔을 딛고 힘을 내게 한 것은 다른 친구들의 위안이었습니다.[12] 그들과 함께 나는

12) 사랑한 자의 죽음에 직면해서 생긴 슬픔을 극복하는 길은 장소의 변화, 시간의 경과, 그리고 친구들의 위로이다. 그러나 이것이 근본적으로 그 슬픔을 해결해 주지 못함을 어거스틴은 실감한다. 왜냐하면 장소를 바꾸어도 자신이 슬픔을 가지고 가며, 시간이 경과해도 다른 종류의 슬픔이 뒤따르고, 친구의 위로도 한계가 있기 때문이다. 그는 죽음에서 오는 슬픔을 극복하는 길을 4, 9, 14-4, 12, 19에서 자세하게 논하고 있다.

당신 대신에 내가 좋아한 것을 사랑했습니다.

그것은 엄청난 허황된 이야기와 장황한 거짓말과 음탕한 언어로 귀를 간지럽게 하여 내 영혼을 부패시키고 있었습니다. 이러한 허황된 이야기는 친구들이 죽어 기억에서 사라지듯이 나에게서 죽어 없어지지 않았습니다. 그들이 하던 것들 중에서 내 마음을 아주 사로잡은 몇 가지가 있습니다. 그것은 서로 말하고 웃는 것, 읽는 것, 서로 농담하거나 심각한 이야기를 하는 것, 때로는 의견을 서로 달리 하면서도 자기 자신을 대하듯 기분 나쁜 감정을 품지 않는 것, 가끔 있는 의견의 불일치를 통해 전체의 의견 일치를 자주 이루도록 하는 것, 때로는 서로 가르치고 서로 배우는 것, 그리고 친구가 없으면 무척 보고 싶어하고 서로 만나면 즐거운 마음으로 반겨 주는 것 등이었습니다. 이처럼 사랑을 서로 주고받는 사람들의 마음에서 생기는 표현은, 얼굴의 표정, 혀, 눈 그리고 수천 가지의 애교 있는 동작으로 나타나 우리의 혼을 함께 불태워 여럿을 하나로 만들어 놓았습니다.

9장_ 높은 차원의 사랑

(14) 친구를 사랑한다 함은 이러한가 봅니다. 이렇게 친구를 사랑하기 때문에 만일 사랑하는 자를 사랑하지 않거나 사랑의 표현 이외에 아무것도 바라지 않는 그 사랑에 사랑으로 응답하지 않을 때는 그의 양심은 죄책감을 갖게 됩니다. 바로 이 때문에 친구가 죽으면 우리는 애통하고 슬퍼하며, 우리의 마음은 눈물에 젖고, 기쁨은 비통함으로 바꾸어져 잃어버린 죽은 자의 생명이 산 자의 죽음처럼 느껴지나 봅니다. 그러나 당신을 사랑하고 당신 안에서 친구를 사랑하며 당신을 위해 원수까지 사랑하는 사람은 복을 받을 것입니다.

왜냐하면 항상 계셔서 모든 것을 사랑하시는 그분 안에서 모든 것을 사랑하는 자만이 자기가 사랑한 것을 하나도 잃어버리지 않기 때문입니다. 그분이란 천지를 창조하시고 창조한 것을 채우시는 우리 하나님이 아니시고 누구겠습니까? 당신은 천지를 채우심으로써 천지를 창조하셨으니 아무도 당신을(의도적으로) 떠나 버리지 않는 한 당신을 잃어버릴 수 없습니다. 그러나 그가 당신을 떠난다 한들 어디로 가며 또한 어디로 가야 당신을 피할 수 있겠습니까? 그는 다만 당신의 선하심에서 노하심으로 달려갈 뿐입니다. 그러한 사람은 어디로 가든지 그를 벌하시는 당신의 법을 경험하게 됩니다. 당신의 법은 진리요, 진리는 곧 당신 자신입니다.

10장_ 만물은 변화하므로 영혼의 참 쉴 곳이 되지 못함

(15) 오, 만군의 하나님이여, 이제 "우리를 돌이키시고 주의 얼굴빛을 비추사 우리가 구원을 얻게 하소서."(시 80:3) 인간의 혼이 어디로 향하든지 당신에게 향하지 않는 한 슬픔에 빠지게 됩니다. 비록 당신 밖에(extra te), 나 자신 밖에(extra se) 있는 아름다운 것들을 추구한다 할지라도 그러합니다. 왜냐하면 당신으로부터 오지 않는 아름다운 것이란 존재할 수도 없기 때문입니다.

세상의 아름다운 것이란 존재하다가 없어지고 맙니다. 그들의 존재에는 그 시작이 있고 성숙으로의 성장이 있으며, 나중에는 늙어 소멸됩니다. 비록 모든 것이 다 늙지 않는다고 할지라도 없어지기 마련입니다. 그러므로 그들이 존재하기 시작할 때부터 빨리 자라나 성숙하려 하면 할수록 빨리 비존재로 달려간 것과 마찬가지입니다. 이것이 바로 존재의 법칙인 듯합니다. 이것이 당신께서 그들에게 준 운명이오니 그들은 함께 존재하지 않는 여러 사물들의 일부분으로서 지나가 소멸되고 서로 잇달아 존재해 가면서 이 우주를 형성해 갑니다. 이리하여 그들은 이 우주의 한 부분이 되고 있습니다.

보시옵소서. 우리 언어도 이와 같이 여러 소리가 의미 있게 연결되어 이루어져 있습니다. 언어를 이루고 있는 각 마디가 다 발음되어 서로 뒤따라서 지나가지 않는다면 의미 있는 언어가 되지 못합니다. 만물을 창조하신 하나님이여, 내 영혼으로 하여금 이 만물을 통해서 당신을 찬양하게 하소서. 그러나 내 육체의 감각 탓으로 내 영혼이 세상 사물에 대한 사랑(욕심)의 접착제에 의해 이것들에게 꽉 달라붙게는 말게 하소서. 이것들은 자기의 가는 길을 다 간 후 없어지게 됩니다. 그러면서도 이것들은 우리의 영혼을 해로운 욕심으로 갈기갈기 찢어 놓습니다. 그것은 내 영혼이 사랑스러운 그것들과 함께 있고 싶어하고 또한 그것들 안에서 쉬고자 하기 때문입니다.

그러나 무상한 존재인 그것들 안에는 쉴 곳이 없습니다. 그것들은 계속 흘러가니 누가 감히 그의 육체의 감각으로 쫓아 따라갈 수 있겠습니까? 그것들이 혹시 현존해 있다고 할지라도 누가 그것들을 붙잡을 수 있겠습니까? 우리의 육체적 감각이란 그것이 감각인 탓으로 느리고 또한 제한을 받고 있습니다. 물론 육체의 감각이란 본래 지음을 받은 대로는 그 자체에 있어 제구실을 하는 데 충분한 기관입니다. 그러나 정해진 시작에서부터 정해진 종점까지 달리는 사물을 붙잡아 정지시키는 데는 그 힘이 충분하지 못합니다. 당신의 말씀에 의해 창조함을 받은 만물은 그 말씀 안에서 "저기서부터 여기까지"라고 정해 주신 당신의 음성을 듣습니다.(욥 38:11)

11장_ 하나님만이 불변하시다

(16) 내 영혼아, 이제 바보 짓을 그만하라. 네 마음의 귀를 너의 헛된 소란으로 어둡게 하지 말라. 너는 잘 들어라. '말씀' 자신이 너에게 돌아오라고 부르신다. 거기에는 흔들리지 않는 안정이 있으니 네 사랑이 먼저 그것을 버리지 않는 한 네 사랑은 결코 저버림을 받지 않을 것이다. 보라, 이 모든 것은 지나가고 그 뒤에 다른 것이 뒤따라오고 있다. 이리하여 이 모든 것은 부분으로서 서로 합하여 낮은 층의 현상계를 형성하고 있다.

그러나 "나는 항상 있어 변치 않는다."고 하나님은 말씀하신다. 그의 안에 너의 삶의 자리를 펴라. 내 영혼아, 네가 가진 모든 것을 그에게 맡겨 두라. 내 영혼아, 결국 너는 속고 또 속아서 몹시 피곤해졌다. 진리로부터 네가 받은 것은 모두 진리에게 맡겨라. 그리하면 너는 아무것도 잃지 않을 것이다. 네 안에서 말라 들어 갔던 것이 다시 소생될 것이요, 너의 병은 치료될 것이다. 또한 너의 불안정하고 사라져 가는 존재 양상은 갱신되고 새롭게 되어 너는 너 자신으로 돌아가게 될 것이다. 그리고 이러한 불안정한 것들은 자신들이 종말에 돌아가게 될 곳으로 너를 끌어내리지 않고 영원히 항상 계시는 하나님 앞에서 너와 함께 튼튼히 존속할 것이다.

(17) 내 영혼아, 그러면 어찌하여 너는 그렇게 비틀어져 네 자신의 육체를 따르고 있느냐? 네 육체로 하여금 돌이켜 너를 따르도록 하여라. 네가 육체의 감각을 통하여 알게 된 것은 다만 부분일 뿐이므로 너는 전체를 알지 못한다. 물론 이 적은 부분이 어느 정도 너를 즐겁게 해줄 것이다. 그러나 만일 너의 육체의 감각이 벌로 인하여 전체의 일부분만을 알도록 제한을 받지 않고, 전체를 알 수 있는 힘을 가지고 있었다면 너는 전체를 더 즐기기 위하여 현재의 부분적 존재가 지나가기를 원할 것이다. 이것은 마치 우리가 말을 할 때 육체의 감각으로 그 말을 듣는 것과 같다. 우리가 말을 들을 때 그 말의 음절이 현재에 계속 머물러 있기를 원치 않는다. 오히려 그 음절이 지나가고 다른 음절이 뒤따라와서 전체의 문장을 다 듣기를 원한다.

이와 같이 존재에서도 동시적으로 존재하고 있지 않은 여러 부분들이 한데 모아져서 전체를 이루고 있다. 그러나 동시적으로 모든 것(전체)을 파악하는 것이 부분을 각각 달리 아는 것보다 더 즐거운 것이다. 그렇지만 이 모든 것을 만드신 그분은 이 모든 것보다 더욱 좋고 위대하시니 그분이 우리의 하나님이시다. 아무 존재도 그분의 자리를 뒤따라 차지하지 못하기 때문에 그분은 과거로 지나가시지 않으신다.

12장_ 하나님을 사랑하는 것과 피조물을 사랑하는 것

(18) 만일 사물들이 너를 즐겁게 하거든 그 이유로 하나님을 찬양하여라. 그리고 너의 사랑을 그것들에게 돌리지 말고 그것들을 만드신 창조주께 돌리어라. 혹시 사물들을 사랑하다가 하나님을 노엽게 할까 두렵다. 만일 사람들이 너를 즐겁게 하거든 하나님 안에서 그들을 사랑하라. 사람이라고 할지라도 그 자체는 변하는 것이니 그들이 하나님 안에 있을 때에만 확고하여 요동하지 않는다. 그렇지 않으면 그들도 지나가 없어지고 만다.

그러므로 하나님 안에서 그들을 사랑하며 가능한 한 많은 사람을 너와 함께 그분에게 이끌어 올리어라. 그리고 그들에게 말하여라. "하나님을 사랑하자. 그분이 이 모든 것을 만드셨다. 그분은 이 모든 것에서 멀리 떠나 계시지 않으신다." 그분은 이 모든 것을 만드신 후 멀리 떠나가신 것이 아니다. 모든 것은 그분에게서 왔고 그분 안에서 존재하고 있다. 보라, 그분이 어디에 계신지! 진리가 인식된 곳에 그분은 계신다. 그분은 우리 마음 속 깊숙한 곳에 계시지만 우리 마음은 그분을 떠나 버렸다.

죄인들아, 너희 마음으로 돌아가 너를 만드신 그분을 굳게 붙들어라. 그분 안에 거하라. 그러면 너는 굳게 서 있게 될 것이다. 그분 안에서 쉬어라. 그러면 너는 편히 쉼을 얻을 것이다. 너는 이 험준한 길을 따라 어디로 헤매어 가느냐? 네가 좋아하는 선(좋음)은 모두 그분에게서 왔으니 그것들이 그분에게 향해 있고 그분과 관계되어 있을 때만 좋고 즐거운 것이 될 것이다. 그러나 만일 하나님으로부터 온 것을 바르게 사랑하지 않거나 혹은 그분을 버려 두고 대신 피조물을 사랑하게 되면, 그 좋고 즐거운 것들도 결국 다 쓰디쓴 것으로 되어 버리고 말 것이다.

그런데 왜 너는 이렇듯 힘들고 괴로운 길을 계속 걸어가고 있느냐? 네가 찾고 있는 안식은 그 곳에는 없다. 네가 진실로 찾는 것을 찾아라. 그러나 네가 찾고 있는 곳에는 참다운 안식이 없다. 너는 죽음의 땅에서 행복한 샘을 찾고 있는데 거기에는 그러한 샘이 있을 수 없다. 어찌 생명이 없는 곳에 행복한 샘이 있을 수 있겠는가?

(19) 그러나 우리의 참 생명이 되신 분이 우리에게 친히 내려오셔서 우리의 죽음을 담당하시고 그 자신의 풍성한 생명력으로 죽음을 죽이셨다.[13] 그리고 큰소리로 우리를 불러 그분에게로, 그가 계셨던 신비의 곳으로 돌아오라고 말씀하신다. 그분은 본래 거기에서부터 우리에게 내려오시어 먼저 동정녀의 모태에서 유한한 우리 인간성과 연합하심으로써 우리 인간으로 하여금 영원히 죽지 않도록 하셨다.

그는 거기에서부터 마치 신랑이 그의 방에서 나온 것 같이, 자기의

---

13) 인간의 죽음에 대한 유일한 해답은 죽음을 죽이고 부활하신 그리스도에게 있음을 말하고 있다. 이것이 바로 기독교의 진수요, 복음인 것이다.

길을 달리기 기뻐하는 장사와 같이(시 19:5) 태어나시어 지체하심이 없이 달리시면서 말씀과 행동으로, 죽음과 삶으로, 강생과 승천으로 우리를 큰 소리로 불러 그분에게로 돌아가라 하신다.

그분은 우리의 면전에서 떠나심으로써 우리로 하여금 우리 자신의 마음으로 향하게 하시고 거기에서 그분을 찾게 하셨다. 그분이 우리를 떠나셨으나 그분은 지금 여기에 계신다. 그분은 우리와 함께 오랫동안 계시지 않으셨으나 우리를 아주 떠나가신 것은 아니다. 그 분이 세상을 떠나 저 세상으로 올라가셨으되 세상을 떠나가신 것이 아니니 그 이유는 그분이 세상을 지으셨고, 세상 안에 계셨으며, 죄인을 구원하시기 위해 세상에 오셨기 때문이다. 내 영혼이 그분에게 죄를 지었어도 고백을 하면 그분은 내 영혼을 온전케 해주신다.

오, 너 인간의 자식들아, 언제까지 너희 마음이 세상을 사랑하는 무게에 눌려 흐느적거리고 있겠느냐? 이제 생명 되신 이가 너에게 내려오신 후에도 너는 저 세상으로 올라가 살려고 하지 않는구나. 네가 교만해져서 네 머리를 하늘을 대항하여 높이 들면 너는 어디로 오를 것 같으냐? 네가 이제 하나님께로 향해 오를 수 있기 위해서는 먼저 겸손하게 머리를 숙이고 내려오너라. 너는 하나님을 대항하여 하늘로 오르려고 하다가 밑으로 떨어지고 말았다. 네가 사랑하는 사람들에게 이것을 말하여 그들로 하여금 눈물의 골짜기에서 울게 하고 그럼으로써 그들을 너와 함께 하나님께로 이끌어 올리어라. 네가 만일 사랑의 불길에 타오르면서 이 말을 한다면 너는 하나님의 영의 인도하심에 따라 그들에게 말한 것이 된다.

13장_ 처음으로 쓴 책, 『아름다움과 알맞음』

(20) 그때 나는 이러한 진리를 모르고 있었으므로 낮은 층에 있는 아름다운 것들을 사랑하다가 심연 속으로 빠져 들어가고 있었습니다. 나는 친구들에게 말하기를 "우리가 사랑하는 대상은 아름다운 것이지 그 외에 또 무엇이 있겠느냐? 그러면 아름다운 것이란 무엇이고 그 아름다움이란 무엇일까? 우리를 끌어당기어 우리가 사랑하는 대상과 하나 되게 한 것은

대관절 무엇일까? 그것들에게 어떤 아름다움과 우아함이 없다면 결코 우리를 끌어당기지 못할 것이다."라고 했습니다.

내가 조심스럽게 살펴보니 사물에는 전체를 구성하고 있는 것에서 오는 아름다움도 있고 또는 몸의 한 부분이 몸의 전체와 잘 맞는다든가, 혹은 신발이 발에 잘 맞는 것과 같이 서로 잘 들어맞는 데서 오는 아름다움도 있었습니다. 이런 생각이 내 가슴속 깊이에서부터 마음에 솟아 나오기에 나는『아름다움과 알맞음』(*De Pulchro et apto*)이라는 제목으로 책을 썼습니다. 내 생각에는 두세 권 썼는데 하나님, 당신이 아시거니와 그것들은 나의 기억에서 사라져 버렸고 나는 지금 그 책을 수중에 갖고 있지 않습니다. 어떻게 되었는지 그 책은 없어지고 말았습니다.

14장_ 사람을 좋아하게 되는 마음

(21) 나의 주님이 되신 하나님, 내가 그 책을 써서 로마 시의 웅변가인 히에리우스(Hierius)에게 바친 이유는 무엇이었습니까? 나는 그 사람을 본 일이 없으나 그가 박학하다는 평판과 그가 한 말이 마음에 들어 그를 사랑(좋아)하게 되었습니다. 그러나 내가 그를 더욱 사랑하게 된 것은 다른 사람들이 그를 심히 찬양했기 때문입니다. 그는 본래 시리아 사람이었는데 처음에는 그리스어의 연설에 능통했으며 나중에는 라틴어 수사학에 숙달했고 철학에 대해서도 해박한 지식을 가지고 있었다는 것이었습니다.

이처럼 우리는 보지 못한 사람도 사랑하게 되는 모양입니다. 그러면 사랑이란 찬양하는 사람의 입에서 나와 그것을 들은 사람의 마음으로 들어가는 것입니까? 그럴 수 없습니다. 그것은 한 사람의 사랑에 의해 다른 사람의 사랑이 점화되는 것이겠습니다. 그러므로 우리가 찬양을 받은 자를 사랑하게 될 때는 그를 찬양한 사람이 거짓으로 하고 있지 않음을 믿을 수 있을 때, 즉 그가 사랑하기 때문에 찬양한다고 믿을 수 있을 때입니다.

(22) 오, 나의 하나님, 이처럼 내가 한 사람을 사랑하게 될 때 당신의 판단에 의하지 않고 다른 사람들의 판단에 근거하여 사랑하게 되었습니다.

당신의 판단하에서는 아무도 속일 수 없습니다. 그런데 왜 그 사람에 대한 나의 감정은 군중들에게 훨씬 더 인기가 있는 유명한 경마자나 투사에 대한 나의 감정과는 그렇게 다릅니까? 사실 나는 그 웅변가를 유별나게 그리고 더 심각하게 사랑하고 찬양했습니다. 그리고 그이처럼 나도 다른 사람들로부터 찬양 받기를 원했습니다. 그러나 나는 사람들이 연극 배우들을 찬양하고 사랑하듯 나를 찬양해 주고 사랑해 주기는 원하지 않습니다. 물론 나도 연극 배우들을 좋아합니다만 나는 오히려 그들처럼 유명하게 되기보다 이름없는 사람이 되는 것이 더 좋고, 그처럼 사랑 받기보다 미움을 받는 것이 더 좋을 듯 싶습니다.

그런데 하나의 영혼 속에 어떻게 그토록 많고 잡다한 사랑이 퍼져 있게 됩니까? 우리는 다 같이 똑같은 사람인데 내가 나 자신에게서는 물리치고 멀리하고 싶은 것을—물론 미워하지는 않지만—다른 사람에게서는 사랑하고 싶은 것은 무엇 때문입니까? 우리는 좋은 말(馬)을 사랑합니다. 그러나 사람이 말처럼 될 수 있다고 할지라도 말이 되고 싶은 사람은 하나도 없을 것입니다. 그러나 연극 배우를 사랑한다는 것과 말을 사랑한다는 것은 다른 경우일 것입니다. 왜냐하면 나와 그 연극 배우는 같은 인간성을 가지고 있기 때문입니다. 그럼에도 불구하고 나는 그 사람처럼 되고 싶지는 않습니다. 그러면 나도 같은 사람인데 왜 나 자신으로서는 싫은 것을 다른 사람의 경우에는 사랑하게 됩니까? 사람이란 그 자신도 알 수 없는 심연입니다.

주님, 당신은 사람의 머리털까지 세시며 그중 하나라도 당신 목전에서 잃어버리시지 않으십니다. 그러나 인간의 머리털을 세는 것이 인간 마음의 사랑과 감정을 헤아리는 것보다 훨씬 쉽습니다.

(23) 그러나 내가 사랑했던 저 웅변가 히에리우스는 나도 그렇게 되었으면 하고 바라던 유형의 사람이었습니다. 나는 교만으로 인해 오류에 빠져 "온갖 교훈의 풍조에 밀려 요동"(엡 4:14) 하고 있었습니다. 그러나 그 중에도 당신은 은밀히 나를 인도하시고 계셨습니다. 이제 내가 알고 있고 또한 확실히 당신에게 고백함은 내가 그를 사랑한 것은 그가 찬양을 받을 만한 어떤 재질을 가지고 있었다는 것이 아니라 그를 찬양하는 다른 사람

들의 사랑 때문이었습니다. 왜냐하면 만일 같은 사람들이 그를 찬양하기보다 경멸과 책망으로 그의 재질을 비난했다면 내 마음은 열정적으로 그를 사랑하게 되지 않았을 것이기 때문입니다.

이 경우 사실은 그의 재질이 달라지거나 그 사람이 바뀐 것이 아니라 다만 그에 대한 사람들의 평판이 달라진 것뿐입니다. 이처럼 진리에 확고히 서지 못한 영혼은 무력하여 흔들리게 됩니다. 여러 가지 의견만을 품고 있는 사람들의 가슴으로부터 말소리의 바람이 터져 나오면 영혼 역시 그 바람 부는 대로 흔들리고 휘말리게 됩니다. 그리하여 그 영혼에 비친 빛은 가려져서 우리 눈앞에 있는 진리를 보지 못하게 됩니다.

그때 나의 큰 관심사는 나의 작품과 나의 연구열이 저 유명한 웅변가에게 알려지는 것이었습니다. 그가 만일 나와 내 작품을 인정해 주었다면 나는 더욱 열정적으로 그를 사랑했을 것이고 인정해 주지 않았다면 당신의 확고함에 서 있지 못한 나의 빈 마음은 무척 상처를 받았을 것입니다. 그래서 나는 그에게 바친 『아름다움과 알맞음』을 명상하면서 스스로 감탄했습니다. 그러나 누구 하나 그 책에 대하여 칭찬해 주는 사람은 없었습니다.

15 장_ 진리의 추구

(24) "홀로 기이한 일들을 행하시는"(시 72:18) 전능하신 하나님이여, 나는 아직 이 모든 문제(아름다움의 본성)의 중심점이 당신의 창조에 기인하고 있음을 모르고 있었습니다. 그래서 내 마음은 물체의 형태만을 따라서 그 자체에서 '아름다운 것' 과 다른 사물과 조화되기 때문에 아름답게 보이는 '알맞음' 을 구별하여 정의해 보았습니다. 이리하여 나는 사물현상의 실례를 들어 내 논증을 펴보았습니다. 또한 나는 영혼의 본성에 대하여 생각해 보려고 했으나 영적인 존재에 대하여 품고 있었던 그릇된 생각 때문에 진리를 이해할 수 없었습니다. 진리의 힘 그 자체가 가끔 내 눈에 육박해 왔어도 숨찬 내 영혼은 비물질적인 영적 실체로부터 눈을 돌리어 물체의 선(線), 색, 형태 등의 여러 가지 요소에 눈을 팔았습니다. 또한 영혼은 이런 보이는 요소들을 소유하고 있지 않은 고로 나는 영혼을 지각

할 수 없다고 생각했습니다.

더욱 나는 덕으로부터 오는 평화를 사랑하고, 사악으로부터 오는 불화를 미워했기 때문에 전자에는 통일성이 있고 후자에는 어떤 종류의 분열성이 있다고 구별하여 보았습니다. 따라서 통일성에는 이성적 정신 및 진리의 본질과 최고선이 있고 반면에 분열성에는 확실히 모르지만 어떤 비이성적인 생명의 본체 혹은 최고악의 본성이 있는 것처럼 나에게 보였습니다. 나는 이 악이 모든 것의 근원이 되신 당신으로부터 온 것이 아님을 알고는 있었지만 악도 어떤 실체를 가지고 있는 것으로 또는 그 자체에 어떤 생명이 있는 것으로 보았습니다. 나는 전자를 모나드(Monad, 단자)라 불러 아무 성 차별이 없는 영혼과 같은 것으로, 후자를 다이아드(Dyad, 양자)라 불러 폭행할 때 분노, 음탕할 때 나타나는 정욕과 같은 것으로 생각했습니다. 그러나 그때 나는 사실 무슨 말을 하고 있는지 몰랐습니다. 왜냐하면 그때 나는 악이란 전혀 실재하는 것이 아니라는 것과 우리 영혼은 최고선도 아니며 불변한 존재도 아니라는 것을 배우지도 못했고 알고 있지도 않았기 때문입니다.

(25) 어떤 행동을 하게 하는 영혼의 운동이 왜곡되어 오만해지고 거칠어지며 무절제하게 될 때 범행을 하게 되고, 영혼의 충동이 육신의 쾌락을 한없이 즐기려고 할 때 추행을 낳게 됩니다. 이와 같이 이성적 정신이 혼탁해지면, 온갖 오류와 거짓된 견해들이 우리들의 삶을 혼미하게 합니다. 그때 나의 삶이 바로 이러했습니다. 내 영혼은 진리 자체가 아니니 진리에 참여하기 위해서는 다른 빛에 의하여 조명되어야 함을 모르고 있었습니다. 주여, 내 등불을 밝히시고, 나의 하나님이여, 나의 어둠을 비추소서.(시 18:28) 우리는 모든 것을 당신의 충만한 데서 받았습니다.(요 1:16) 당신은 세상에 온 모든 사람을 비추는 참 빛이십니다.(요 1:9) 당신에겐 변함이 없으시고, 회전하는 그림자도 없으십니다.(약 1:17)

(26) 나는 당신의 자리에 올라가기 위해 온갖 힘을 다했습니다만 당신은 나를 밀쳐 내어 죽음을 맛보도록 하셨습니다. 당신은 교만한 자를 대적하십니다.(벧전 5:5) 어리석게도 나는 본질적으로 당신과 같은 존재라고

생각을 했으니 이것보다 더 교만한 것이 어디에 있습니까?

나는 변화하는 존재임을 알고 있었습니다. 그것은 내가 더 지혜롭게 되기 원할 때 덜 좋은 상태에서 보다 더 좋은 상태로 변해 간다는 사실만으로도 확실히 증명할 수 있었습니다. 그런데 나는 내 존재가 당신과 같지 않다고 생각하기보다는 당신도 나와 같이 변화하는 존재라고 보기를 더 좋아했습니다. 그러기에 당신은 나를 밀쳐 내리시고 나의 변덕스러운 교만을 격퇴하셨습니다.

이리하여 나는 물질적인 형상만을 생각하게 되었고 나 자신도 육체뿐이라 하여 내 육체만을 탓하게 되었습니다. 나는 떠돌아다니는 바람처럼(시 78:39) 당신께 돌아가지 않고 당신 안에나 내 안에나 물체 안에도 존재하지 않는 허망한 것들 사이를 그저 떠돌아다니고 있었습니다. 그 허망한 것이란 당신의 진리에 의하여 창조된 것이 아니고 물질적인 사물을 토대로 내 어리석은 상상력이 만들어 낸 산물이었습니다. 나는 당신의 충실한 소자들, 즉 나의 동향인들에게—물론 나는 영적으로 그들로부터 유배된 자였으나 나는 그런 줄도 모르고 있었습니다—어리석고도 무례한 질문을 곧잘 던졌습니다. "왜 하나님이 창조한 영혼이 잘못을 저지르느냐?"고. 그러나 나는 사람들이 나에게 "왜 하나님이 잘못을 저지르느냐?"고 묻는 것에 대해서는 좋지 않게 생각했습니다. 그리하여 나는 당신의 불변한 본성이 어떤 필연성에 의하여 잘못을 저지른 데 관여되어 있다고 주장했고, 나의 변덕스러운 본성이 고의로 왜곡된 길을 감으로써 그에 대한 벌로 잘못에 떨어지게 된다고 생각하지는 않았습니다.

(27) 내 마음의 귀를 시끄러움으로 어지럽게 했던 모든 물질적인 허상들을 분석하고 생각하면서 내가 그 책을 썼을 때는 아마 내 나이가 26세 아니면 27세나 되었을 것입니다. 오, 달콤한 진리여, 물론 나는 내 마음의 귀를 기울여 당신의 심오한 내적 음악을 들으려 애를 썼습니다. 내가 『아름다움과 알맞음』을 명상할 때 계속 당신의 면전에 서서, 당신의 음성을 들으며, "신랑의 목소리를 듣고 기뻐하고자 했습니다."(요 3:29, 계 18:23) 그러나 그것은 사실 불가능했습니다. 내 자신의 잘못된 음성으로 말미암아 나는 나 자신 밖으로 끌려나왔고 내 자신의 교만의 무게로 말미암아 계속 심

연으로 빠져 들어가고 있었습니다. 그리하여 당신은 나로 하여금 즐겁고 기쁜 소리를 듣지 못하게 하셨습니다. 또한 내 뼈들도 즐거워하지 못하게 하신 것은 그것들이 아직 겸손해지지 않았기 때문이었습니다.

16장_ 별 도움을 주지 못했던 책, 아리스토텔레스의 『십 범주』

(28) 내가 20세 가량 되었을 때입니다. 내 수중에 아리스토텔레스의 『십 범주』[14]라는 책이 들어왔습니다. 그 책에 대하여 카르타고의 수사학 선생이나 박학하다고 알려진 다른 유명한 사람들도 심히 뽐내면서 나에게 말하기에 나는 그 책이 위대하고 어떤 신성한 책인 줄로 생각하여 언젠가 읽기를 갈망하고 있었습니다. 그런데 후에 나는 그 책을 혼자 읽고 이해할 수 있었습니다. 그러나 그것은 나의 삶에 아무 도움을 주지 못했습니다.

나는 그 책을 읽고 이해했다는 사람들과 이야기도 해보았습니다. 그들에 의하면 학식 있는 선생님들이 그 책에 대하여 말로 설명해 줄 뿐만 아니라 땅에다 도표를 그리면서까지 설명해 주었어도 그들은 그것을 이해하는 데 상당한 곤란을 겪었다는 것입니다. 그들은 내가 혼자 읽고 터득한 것 이상으로 나에게 말해 주지 못했습니다. 그 책은 나에게 인간과 같은 '실체' 와 그 속에 내재한 '속성' 들에 대해 잘 말해 주고 있는 듯했습니다. 그 예로 사람의 속성을 들면, 그 사람의 질은 어떠한지(質), 그의 키는 얼마인지(量), 그의 혈족 관계는 어떠한지(關係), 어디에 있는지(場所), 언제 낳았는지(時間), 서 있는지, 앉아 있는지(狀態), 신을 신고 있는지, 혹은 무기를 들고 있는지(所有), 무엇을 하고 있는지(能動), 혹은 당하고 있는지(受動)를 말해 주고 있는 것입니다. 모든 것은 내가 방금 열거한 아홉 가지 범주에 속하거나 혹은 실체라는 유(類)에 속한 것입니다.

14) 본래 그리스어로 기록된 아리스토텔레스의 『십 범주』라는 책은 마리우스 빅토리누스(Marius Victorinus)에 의해 라틴어로 번역된 것이다. 어거스틴은 그가 번역한 다른 책들도 읽었다.(8, 2, 3)

(29) 그러나 이 모든 것이 나의 삶에 아무 도움을 주지 못했습니다. 오히려 나에게 방해만 되었습니다. 왜냐하면 나는 존재한 모든 것은 이 10 범주에 다 포함된다고 생각했고, 따라서 이 방법으로, 마치 물체를 이해한 것처럼 단순하고 불변하신 당신을 크고 아름다운 속성을 가진 실체인 양 설명하려고 했기 때문입니다.[15] 그러나 당신의 크심과 아름다우심은 당신 자신이십니다. 반면에 물체가 크고 아름다움은 그것이 단순히 물체라는 이유 때문은 아닙니다.

왜냐하면 그것이 비록 더 작거나 덜 아름답다고 할지라도 그것은 역시 물체이기 때문입니다. 당신에 대한 나의 생각은 거짓이었고 진리가 아니었습니다. 그것은 나의 비참한 상태가 만들어 낸 허구였으니 나는 당신의 축복을 받을 근거를 가지고 있지 않았습니다. 이제 당신의 명하신 대로 나에게 그대로 이루어졌으니, 나 때문에 땅이 가시와 엉겅퀴를 냈고, 나는 빵을 위하여 수고를 해야만 했습니다.(창 3:18)

(30) 나는 그 당시에 학예(學藝)라고 부르는 방면에 관한 여러 가지 책을 구입하여 모조리 읽고 홀로 이해할 수 있었습니다. 그러나 나는 사실 사욕의 노예가 되어 있었으니 그렇듯 내가 책을 읽었다고 할지라도 그것이 나에게 무슨 도움이 되었겠습니까? 나는 그 책들을 흥미 있게 읽었습니다만 그 책 속에 있는 참되고 확실성 있는 것이 어디로부터 오는지를 전혀 알지 못하고 있었습니다. 나는 빛에게 등을 돌리고 있었으므로 내 얼굴은 그 빛이 비추는 것들만 보게 되었습니다. 따라서 비추는 것들만 보고 있던 내 얼굴은 빛을 받지 못하고 있었습니다.[16]

내 주 하나님이여, 당신이 아시거니와 나는 수사학, 논리학, 기하학, 음악, 산수에 관한 여러 책을 모조리 읽었고 누구의 도움 없이도 별 어려움

15) 아리스토텔레스의 『십 범주』는 이 세상의 사물을 인식하는 데는 필요한 것이지만 그것으로써 영적인 존재이신 하나님을 인식할 수는 없는 것이다. 이것은 칸트가 순수이성으로써는 하나님을 파악할 수 없다고 한 말과 상통한다.

16) 간단한 이 한 문장은 플라톤의 『공화국』 7권에 나온 "동굴의 비유" 에 비할 수 있는 중요한 내용을 가지고 있다. 빛에 비할 수 있는 하나님에게 등을 돌리고 세상 사물만 보고 사는 사람은 세상에 대한 정보(scientia, 지식)는 많이 가지고 있을지 모르지만 자기의 존재의 근원이 되신 하나님과 자신을 아는 지혜(sapientia)는 갖지 못하게 된다.

없이 그것들을 이해할 수 있었습니다. 이해의 신속함과 식별의 예민함을 내가 소유하고 있었다면 그것은 바로 당신께서 주신 선물이거늘 나는 이 선물에 대하여 당신에게 감사의 제사를 드리지 않았습니다. 그 탓으로 그것은 나에게 도움이 되기보다는 오히려 파멸이 되었습니다.

이토록 나는 당신이 주신 자산의 대부분을 내 힘으로 간직하려고 애만 썼지 그 힘을 전부 바쳐 당신을 위해 쓰려고 하지 않았습니다. 그리하여 나는 당신을 떠나 먼 나라로 가서 당신이 주신 선물을 음탕한 정욕에 탕진했습니다. 좋은 선물을 좋게 쓰지 못한다면 그것이 나에게 무슨 도움이 되겠습니까? 나는 그때 열심 있고 재능이 있는 사람들도 그러한 학문을 이해하기는 대단히 어려웠다는 사실을 잘 모르고 있었습니다. 그러나 후에 나는 그것을 내 경험을 통해 알게 되었습니다. 내가 그러한 학문을 다른 사람들에게 가르쳐 보니 그중에서 가장 우수한 사람도 내가 설명한 바를 그렇게 빨리 터득하지 못했다는 사실을 알게 되었습니다.

(31) 진리 되신 주 하나님, 그러나 나는 당신을 크고 빛난 물체로만 보았고 나 자신을 그 물체의 한 조각으로 생각했으니 그러한 생각이 나에게 무슨 도움이 되었겠습니까? 아, 그것은 너무도 지나친 왜곡이었습니다. 그러나 그때는 내가 그러한 지경에 처해 있었습니다. 오, 나의 하나님, 그러나 내가 그때 사람들 앞에서 당신을 공공연히 모독하고 당신을 거슬러 개처럼 짖어 대기를 부끄러워하지 않았던 것처럼 이제 나는 당신의 면전에서 나에게 베푸신 당신의 자비를 고백하고, 당신의 이름을 불러 아뢰기를 부끄러워하지 않습니다.

그때 나의 재능은 학문을 하는 데 대단히 빨라 문제에 얽힌 책들을 어느 스승의 도움도 없이 풀어 이해할 수 있었습니다. 그러나 경건의 교리에 대해서는 신성 모독의 잘못을 저지르고 있었으니 그러한 재능이 나에게 무슨 도움이 되었겠습니까? 그러나 당신의 어린 자녀들이 비록 재능은 나보다 둔하지만 당신을 멀리 떠나지 않고 당신의 안전한 교회의 둥우리에 남아서 깃이 돋아나고 또한 건전한 신앙의 음식으로 그들의 사랑의 날개가 양육을 받았다면 그들에겐 아무런 해로움이 없을 것입니다.

오, 우리 주 하나님이시여, 당신의 날개 밑에서 우리가 바라고 있사오니 우리를 보호하시고 우리를 안고 가 주소서. 당신은 우리가 어릴 때나 또는 우리가 백발이 될 때까지 우리를 안고 가실 것입니다. 당신이 우리의 힘이 되실 때 우리는 정말 강하게 됩니다. 그러나 힘이 우리의 힘뿐일 때는 그것은 우리의 약함이 되고 맙니다. 우리의 선함은 영원히 당신 안에 근거하고 있사오니 당신을 싫어서 떠나면 우리는 우리 자신의 왜곡으로 떨어져 버리고 맙니다. 오, 하나님, 우리로 하여금 당신에게 돌아감으로써 다시는 파멸에 이르지 않도록 해주소서. 당신은 선 자체이시므로 우리의 선은 당신 안에서만 위험 없이 거할 수 있습니다. 우리가 돌아갈 집을 찾지 못할 것이라고 두려워할 필요가 없으니, 우리는 다 스스로 그 집에서 떨어져 나온 자들이기 때문입니다.[17] 우리 집은 우리가 거기에 거하지 않아도 허물어지지 않사오니 그 집은 당신의 영원한 집이기 때문입니다.

17) 성서에 나온 탕자가 자기의 궁핍함을 알고 집으로 돌아가듯이 인간도 아무리 하나님의 집에서 멀리 떠나 산다고 할지라도 자기의 궁핍한 실존을 알며, 그 집을 기억하고 돌아가기를 결심하면 그 집을 찾아 돌아갈 수 있다는 것이다. 왜냐하면 우리는 본래 그 집에 속해 있었는데 거기에서 떠나 나왔기 때문이다.

제 5 권

마니교의 감독 파우스투스와 기독교의 감독 암브로시우스

어거스틴이 카르타고에 다시 와서 수사학을 가르치는 중에 마니교의 감독인 파우스투스가 그 곳에 온다. 그와 대화를 나눈 후에 마니교에 실망하여 그 종교를 떠나기로 결심하고 로마로 간다. 그 곳에서 교수생활을 하면서 아카데미파(회의론 학파)의 이론을 받아들인다. 얼마 후 그는 간사한 로마의 학생들에 대해 실망하던 중 밀라노의 수사학 교수로 임명을 받아 간다. 그 곳에서 어거스틴은 암브로시우스 감독의 설교와 은유적 성서 해석의 도움으로, 그리고 아카데미파의 비판적 시각을 통해 마니교를 떠나기로 결심하고 기독교회의 예비신자가 된다.

St. Augustine's CONFESSIONS

1장_ 하나님을 찬미하도록 자신의 영혼을 격려함

(1) 나의 혀가 당신께 드리는 나의 고백의 제물을 받아 주소서. 당신의 이름을 찬양하기 위해 당신은 내 혀를 만드셨고 또한 그 혀를 움직이게 하셨습니다. 오, 주여, 나의 모든 뼈를 고쳐 주시어, 고침을 받은 그 뼈들이 "당신과 같은 자 누구리요?" 라고 고백하게 하소서.(시 35:10) 우리가 당신에게 고백함은 우리 마음에 일어나는 일들을 당신에게 알려 드리려고 하는 것은 아닙니다. 그것은 아무리 굳게 닫힌 마음이라도 꿰뚫어 보시는 당신의 눈을 피할 수 없으며 아무리 완고한 인간의 마음이라도 당신의 손길을 물리칠 수 없기 때문입니다. 당신은 마음대로 자비를 통해서 혹은 형벌을 통해서, 그 완고한 인간의 마음을 녹이시오니 당신의 그 열기를 피할 자가 어디 있겠습니까?(시 19:6)

그래도 내 영혼으로 하여금 당신을 찬양함으로 당신을 사랑하게 하시고, 당신 앞에서 당신의 자비를 고백함으로 당신을 찬양하게 하소서. 당신의 모든 피조물들이 끊임없이 당신을 찬양하며 당신 앞에서 침묵을 지키지 않고 있습니다. 인간의 영혼도 그의 입술과 소리로써 당신을 찬양하며, 온갖 동물과 무생물들도 그들을 관찰하는 자들의 입을 통해 당신을 찬양합니다. 이리하여 우리의 영혼은 권태로부터 당신을 향해 일어서게 되고, 당신이 훌륭하게 창조한 피조물을 통해 당신 자신에게로 올라가게 되오니, 거기서 우리 영혼은 새롭게 되고 참다운 힘을 얻게 되옵니다.

2장_ 아무도 하나님의 면전을 피할 수 없다

(2) 사악하고 불안한 자들이 당신을 피해 떠나 도주할지라도 당신은 그들을 보시고 계시며 그들이 도주하는 어두운 길을 쏘아보십니다. 그들은 아름다운 세계에서 살고 있으면서 그들 자신들은 스스로 추해졌습니다. 그렇다고 그들이 당신에게 해를 끼칠 수 없으며 또한 하늘에서 땅 끝까지 다

스리시는 공의롭고 완벽한 당신의 통치를 손상시킬 수도 없습니다. 그들이 당신의 낯을 피해 도주한다면 어디로 피해 가겠습니까? 당신이 찾을 수 없는 곳이 어디 있습니까? 그들은 당신을 보지 않으려고 피해 가지만 당신은 그들을 항상 보시고 계시며, 그들의 눈을 어둡게 하여 당신과 부딪혀 다시 만나게 하십니다. 당신은 당신이 만드신 것을 하나도 버리지 않으십니다. 이리하여 불의한 자들은 당신의 자비를 피해 가다가 당신과 당신의 공의에 부딪혀 그들이 택한 험한 길에서 넘어지게 되고 그에 합당한 고통을 받게 됩니다.

진실로 그들은 어디에든지 계시나 어떤 장소에도 매이지 않으시며, 당신에게서 멀리 떠난 자들에게도 가까이 계시는 당신을 알지 못합니다. 그러므로 그들로 하여금 당신에게 돌아가 당신을 찾게 하소서. 그들이 당신을 버렸어도 당신은 당신의 피조물을 버리지 않으십니다. 그들로 하여금 당신에게 돌아가게 하소서.

이제 당신은 그들의 마음속에 계십니다. 당신께 고백하고, 당신께 자신을 내어 맡기며 그 험한 길을 걸어온 후 당신의 가슴에 파묻혀 우는 그런 사람들의 마음속에 계십니다. 그때 당신은 그들의 눈물을 씻어 주십니다.(계 21:4) 그들이 기쁨에 복받쳐 눈물을 흘릴 때 그 울음 속에서 즐거움을 맛 볼 것입니다.

오, 주님, 당신은 혈육을 가진 인간과 같지 않으시니 그들을 창조하시고 재창조하시어 위안을 주십니다. 내가 당신을 찾고 있을 때 나는 어디에 있었습니까? 당신은 내 앞에 바로 계셨습니다. 그러나 나는 내 자신으로부터 떠나 있었으므로 나 자신을 찾을 수 없었으니 하물며 당신을 어떻게 찾을 수가 있었겠습니까?

3장_ 마니교의 감독인 파우스투스와 자연철학자(천문학자)들

(3) 이제 당신의 면전에서 내 나이 29살 되던 때를 말씀드리려 합니다. 그때 마니교의 감독인 파우스투스(Faustus)[1)]가 카르타고에 왔습니다.

그는 악마의 큰 올가미였습니다. 그래서 그의 감언이설에 많은 사람들이 걸려들었고 나도 그의 언변에 감탄했습니다. 그러나 나는 그때 내가 배우려 했던 바의 진리와 그의 말의 매혹을 구분할 수 있었습니다. 또한 나는 그들 사이에서 평판이 높았던 파우스투스가 내 앞에 먹으라고 가져다 놓은 지식의 내용에 더 관심이 있었고, 그 지식이 담긴 말의 형식에는 별 관심이 없었습니다. 내가 그를 만나기 전에 들은 바에 의하면 그는 모든 학문에 조예가 깊었고 특히 학예에 능한 학자라는 것이었습니다.

나는 이미 많은 철학자들의 책들을 읽었고, 그 읽은 내용을 기억하고 있었습니다. 그래서 나는 철학자들의 이론과 마니교도들의 지루한 우화를 비교해 보았습니다. 이 둘 중에서 나에게는 철학자들의 이론이 훨씬 더 진리인 것처럼 보였으니, 그 이유는 그들이 비록 세계의 주가 되시는 당신을 찾지는 못했어도 그들의 힘으로 이 세계를 바로 인식하고 판단할 수 있었기 때문입니다.

오, 주님, 당신은 위대하시니, 낮은 자를 굽어보시며, 교만한 자를 멀리서도 아십니다.(시 138:6) 당신은 마음 깊은 데서부터 참회하는 자에게만 가까이 하십니다. 그러나 교만한 자들은 그들이 아무리 깊고 묘한 지식으로써 별과 모래알을 세고, 성좌의 위치를 관측하며, 천체의 궤도를 추적한다 할지라도 당신을 발견할 수는 없습니다.

(4) 그들은 당신이 주신 마음과 재능으로써 이 모든 것들을 조사하고 연구하여 많은 것을 발견했습니다. 그들은 수년 후에 일어날 일식과 월식의 날과 시간과 그 범위를 미리 말했는데 그들의 계산은 틀림이 없었고, 그들이 예측한 사건은 그대로 맞았습니다. 또한 그들은 자신들이 발견한 원리를 기록하여 놓았으므로 오늘도 사람들은 그것을 읽고 그에 따라 해와 달이 어느 해, 어느 달, 어느 날, 어느 시에, 어떤 부분이 이지러지리라는 것을 예언했습니다. 그 예언은 그대로 맞았습니다. 이러한 것을 모르는 사람들은 경탄하고 놀라며, 그것을 아는 사람들은 칭찬을 받고 뽐냈습니다. 이

1) 파우스투스는 마니교의 72 감독 중 하나이다. 그는 로마 제국에서 유능한 마니교 감독으로 알려졌다. 어거스틴은 399년에 파우스투스를 반박하는 책을 썼다.

리하여 그들은 불손한 교만으로 당신에게서 떨어져 내려와 당신으로부터 오는 빛을 받지 못하고 있었습니다.

그들은 미래에 있을 일식은 미리 알면서도 현재에 있는 자기 자신들의 일식은 전혀 보지 못하고 있었습니다. 왜냐하면 그들은 이 모든 것을 연구하는 자신들의 재능이 어디서부터 오는지를 알려고 하지 않았기 때문입니다. 더욱이 그들은 자신들을 만드신 분이 당신인 줄 알고 있으면서도, 그들은 창조하시고 보존하시는 당신에게 자신들을 바치려고 하지 않았습니다. 또한 그들은 자기들 자신들이 만들어 낸 것들을 희생 제물로 당신에게 드리지 않았습니다. 즉, 공중에 나는 새와 같은 자신들의 교만과, 바다에 있는 고기가 심연의 은밀한 길을 찾아다니는 것과 같은 그들의 이기적인 호기심과, 들짐승들과 같은 그들의 육적인 방종을 죽여서 당신에게 바치려 하지 않았습니다.[2] 그러나 만일 그들이 이것들을 죽여 희생제물로 당신에게 바쳤으면 "소멸하는 불"(히 12:29)이 되신 하나님, 당신은 그들의 사망의 근심을 불사르시고 그들을 새로 창조하시어 영원히 죽지 않도록 하셨을 것입니다.

(5) 그들은 길이 되시는 당신의 말씀을 모르고 있었습니다. 그 말씀에 의하여 당신은 그들이 측정하는 모든 것을, 그것들을 측정하는 그들 자신을, 그들이 측정한 것을 지각하는 감각을, 그리고 측정된 것을 이해하는 정신을 다 창조하셨습니다. 그러므로 당신의 지혜는 무궁하여 측정할 수 없습니다.(시 147:5) 그러나 당신의 독생자는 우리의 지혜와 의로움과 거룩함이 되시고(고전 1:30), 우리와 같은 사람이 되시어 가이사(황제)에게 세금을 바치기까지 했습니다.(마 22:21) 그들은 이 길을 몰랐습니다. 그들은 자신으로부터 그분께로 내려가서 그분에 의하여 그분에게로 올라가는 길을 모르고 있었습니다. 그들은 이 길을 모르기에 자신들은 하늘에 높이 달

2) 어거스틴은 요한1서 2:16에 나온 죄의 세 가지 양태를 자연철학자들에게 비유적으로 적용하여 말하고 있다. 자연철학자들은 '공중에 나는 새' (이생의 자랑), '바다의 고기' (안목의 정욕), '들짐승' (육신의 정욕)과 같은 자신들의 교만과 지식을 추구하는 호기심과 육신의 정욕을 죽여 하나님께 희생제물로 바치지 않는 자들이라고 그는 말하고 있다.

린 별들처럼 빛나는 줄로 착각하고 있었습니다. 그러나 사실 그들은 땅으로 떨어졌고, 그들의 어리석은 마음은 어두워지고 말았습니다.(롬 1:21－25)

그들이 어떤 피조물에 대하여 한 말은 사실 맞는 부분이 많았습니다. 그러나 진리가 되시고 세상을 지으신 당신을 경건한 마음으로 찾지 않았기 때문에 그들은 하나님을 찾지 못했습니다. 혹시 그분을 찾았고 또한 그분이 하나님이심을 안다고 할지라도 그분에게 영광을 돌리지도 않고 감사드리지도 않아 그들의 생각은 오히려 허망해지고 말았습니다. 그들은 스스로 지혜롭다고 생각한 나머지 당신의 업적을 자신들의 업적에 귀속시켰습니다. 또한 이와 똑같은 왜곡된 맹목성을 가지고 그들은 자신들의 속성을 당신에게로 귀속시켰습니다. 그들은 자신들의 거짓을 진리이신 당신에게 돌리기까지 하였습니다. 이리하여 그들은 불멸하신 하나님의 영광을 썩어질 사람과 새와 네 발 달린 짐승과 기어다니는 버러지의 형상으로 바꾸었습니다. 그들은 당신의 진리를 거짓으로 바꾸어 창조자를 찬양하는 대신에 피조물을 예배하며 섬기고 있었습니다.(롬 1:21－25)

(6) 그러나 나는 철학자들이 피조물의 세계에 관하여 말한 여러 가지 옳은 지식을 기억하고 있었습니다. 또한 나는 그들의 합리적인 설명이 수학적으로나 계절의 순서와 눈에 보이는 별들을 보아 잘 증명된다고 보았습니다. 나는 철학자들의 이론과 마니의 교리를 비교해 보았습니다. 마니도 그러한 제목에 대하여 상당히 많은 책을 썼습니다. 그러나 그의 저서들은 내가 배운 자연철학자들의 책들처럼, 동지, 하지, 춘분, 추분 그리고 일식과 월식과 같은 것에 대해서는 아무 설명을 해주지 못했습니다. 나에게 마니가 기록한 것을 믿으라고 (마니교도들이) 강요했지만 그것은 수학적인 이론이나 내 자신의 관찰에 일치하지 않았습니다. 사실 그것은 아주 달랐습니다.[3)]

3) 마니도 천체에 대하여 많은 책을 썼으나 그것은 천문학적인 지식에 근거한 것이 아니라 종교적인 환상으로 가득 차 있었다. 그것은 인간의 관찰에도 맞지 않았다.

4장_ 참 행복은 하나님을 아는 지혜이다

(7) 진리의 하나님이신 주여, 사람이 이런 지식(자연에 대한 과학적인 지식)을 가지고 당신을 기쁘시게 해드릴 수 있습니까? 아닙니다. 사람이 이 모든 것을 알고 있다 할지라도 당신을 모르면 불행하게 됩니다. 그러나 이런 것들을 몰라도 당신을 알고 있는 자는 행복한 사람입니다. 그러면 사람이 당신도 알고 또한 이런 것들을 알고 있다면 더 행복합니까? 아닙니다. 그 사람이 이런 것들을 안다고 해서 더 행복한 것이 아니라 당신을 알고 있기 때문에 행복하오니, 그 사람은 당신을 하나님으로 알고 영광과 감사를 당신께 돌리며 그 마음에 헛된 생각을 품지 않기 때문입니다.

세상에는 나무의 높이가 몇 자이고 그 둘레가 얼마인지 몰라도, 자기가 그 나무를 소유하고 있음을 알고 있고, 또한 그것을 사용할 수 있음을 당신께 감사드리는 사람이 있습니다. 그 반면에 나무를 재고 그 가지의 수를 셀 수 있는 지식이 있어도, 그것을 소유하고 있지도 않고 또한 그것을 만드신 창조자를 알거나 사랑하지도 않는 사람이 있습니다. 여기서 전자가 후자보다 훨씬 더 행복하다는 것은 말할 나위도 없는 사실입니다. 이렇듯 믿는 사람은 비록 북두칠성의 궤도는 몰라도 만물이 섬기는 당신께 의존하므로 아무것도 가지지 않고 있으되 모든 것을 소유한 자가 됩니다.

그러므로 당신을 믿는 사람은, 하늘을 측정하고, 별들을 세며, 물질의 중량을 달면서도 만물의 한도(mensura)를 정하시고, 만물을 수(numero)에 따라 형성하시며, 만물을 무게(pondus)에 의해 안정(질서)시키시는 당신을 모르는 사람보다 훨씬 행복하다는 것을 의심함은 어리석은 일입니다.[4)]

---

4) 어거스틴은 여기에서 솔로몬의 지혜서 11:21에 기록되어 있는 말, 즉 "당신은 만물을 한도(mensura)와 수(numero)와 무게(pondus)로 마련하셨습니다."를 인용하며 설명하고 있다. 그는 자기 여러 저서에서 이 구절을 31번이나 직접 인용하고 있는데 때로는 이 말을 바꾸어 modus, species, ordo라는 단어를 쓰기도 한다. mensura(modus)는 한계를 정하는 것이요, numero(species)는 수와 종을 정하는 것이며, pondus(ordo)는 존

5장_ 마니교의 교리와 그 성격

(8) 누가 마니에게 명하여 세상 사물에 대한 지식에 관해 쓰게 했습니까? 그러한 지식 없이도 우리는 경건을 배울 수 있지 않습니까? 당신은 인간에게 "보라, 경건이 곧 지혜이니라."(욥 28:28)고 말씀하셨습니다. 마니는 세상 사물에 대해서는 잘 안다 해도 이 경건의 지혜는 몰랐습니다.

그러나 사실 그는 사물에 대해서조차 잘 모르면서 뻔뻔스럽게 다른 사람들을 감히 가르치려고 대들었으니 그는 경건의 지혜를 갖지 못한 자임에 분명합니다. 경건이란 당신께 고백하는 것이요, 세상에 대한 지식을 공언하는 것은 헛된 것뿐입니다. 그는 이런 것들에 대하여 안다고 재잘거리다가 결국 그 방면에 조예가 깊은 학자들에 의해 공박을 받았으니, 이보다 더 어려운 다른 문제에 대해서도 잘 모를 것이라는 그의 정체가 드러나고 말았습니다.

그는 사람들로부터 존경을 받기 위해 이리저리 돌아다니면서 믿는 자를 풍성하게 하고 위로하시는 성령[5]이 친히 권능으로 자기 안에 거하고 있음을 믿으라고 설파했습니다. 그러므로 그가 하늘과 일월성신의 운동에 대하여 말한 것이 틀렸음이 드러났을 때는(물론 이것은 종교적인 교리와는 다르지만) 그의 아는 체하는 것은 정말 신성 모독이 되고 말았습니다. 왜냐하면 그는 자기가 모르는 것을 가르쳤을 뿐만 아니라 또한 자기가 왜곡한 것을 가르쳤기 때문입니다. 그는 자기의 말을 신적 존재의 가르침으로 받아들이라고 강요할 정도로 어리석었고 미쳤으며 또한 교만에 찬 사람이었습니다.

재를 질서 지어 안정시키는 것이다. 이 세 가지의 요소는 창조주가 되시는 삼위일체 하나님에게 그 근원을 두고 있는 것이다. 참고: 『창세기 축자 해석』(*De Genesi ad litteram*) 4, 3, 7 ; 『신국론』 5, 11.

5) 마니교의 교조 마니는 자기가 바로 예수님이 보내 주시겠다고 약속하신 위로자, 보혜사인 성령이라고 주장했다.

(9) 나는 어떤 기독교인이 이런 문제에 대하여 알지 못하거나 혹은 잘못 알고서 말하는 것을 들을 때 가능하면 그의 개인적인 의견을 관용의 태도로 봐줍니다. 만물의 창조자 되신 주님, 그가 비록 창조된 사물의 형태와 본질에 대해서는 무식하다 할지라도, 당신을 거역하는 어떤 가르침을 믿지 않는 한 그에게는 어떠한 해로움도 없을 것입니다. 그러나 그가 만일 이런 세상 사물에 대한 지식이 경건의 교리의 본질에 속한다고 생각하든지, 혹은 자기가 잘 알지 못하는 이런 지식을 지나치게 독단적으로 주창하게 되면 그 지식은 그에게 해가 되고 맙니다. 그러나 신앙의 요람기에는 그러한 사람의 신앙의 허약함도—그 사람이 성장해서 완전한 성인이 되어 여러 교리의 바람에 불리어 요동하지 않게 될 때까지—어머니와 같은 사랑이 참고 돌보아 줍니다.(엡 4:13)

그러나 마니는 스스로 교사, 권위자, 혹은 자기의 교리를 믿는 자들의 수령이 되어 그의 추종자들로 하여금 그를 단순한 보통 인간으로가 아니라 당신의 성령이라 믿고 따르게 했습니다. 이와 같이 그의 거짓된 가르침이 판명된 이상 누가 그러한 미치광이 짓을 따르기를 거절하지 않겠습니까? 그러나 나는 낮과 밤의 교차와 장단(長短), 일식과 월식, 그리고 내가 다른 책에서 읽은 것을 그가 일관성 있는 이론으로 설명할 수 있는지 없는지를 확실히 알 수 없었습니다. 만일 그가 그런 것에 대하여 설명할 수 있었다고 하더라도 그의 이론이 옳은가 틀린가에 대해서 내 마음에서 의심이 가시지 않았습니다. 그러나 나는 그가 성자라는 평판 때문에 내 신앙을 그의 권위 위에 세워 놓기로 마음먹고 있었습니다.

6장_ 파우스투스에 대한 실망

(10) 나는 거의 9년 동안 안정되지 못한 마음으로 마니교도들의 교리에 귀를 기울이고 있었습니다. 그러므로 파우스투스가 카르타고에 온다는 말을 듣고 나는 그의 도착을 몹시 기다리고 있었습니다. 그 이유는 내가 다른 마니교도들을 만나 그들이 대답할 수 없는 어려운 질문을 던지면 그들은 항상 파우스투스를 말하면서 그가 와서 같이 이야기해 보면 이 문제

뿐만 아니라 다른 더 어려운 문제들에 대해서도 쉽게 그리고 명확히 설명해 주리라는 것이었습니다. 만나서 같이 이야기해 보니 말솜씨가 구수하여 퍽 마음에 드는 사람이었습니다. 그러나 그의 말의 내용에서는 다른 마니교도들이 말한 것과 별다름이 없었고 다만 그들보다 말을 더 잘하고 재미있게 한다는 것뿐이었습니다. 하지만, 멋지게 차려입은 사환이 값비싼 빈 술잔만을 나에게 준들 어찌 내 갈증이 해소될 수 있겠습니까? 내 귀는 이미 이런 쓸데없는 것들을 너무 많이 들어 왔었습니다. 그러므로 그러한 말들이 더 잘 표현되었다고 해서 더 나은 것이 아니요, 웅변적이라고 해서 진리를 말하는 것도 아니며, 또한 말하는 사람이 얼굴이 매력적이고, 그 언어가 유창하다고 해서 그의 영혼이 지혜로운 것이 아님을 잘 알고 있었습니다. 따라서 파우스투스에 대하여 나에게 이렇듯 기대감을 갖게 해준 그 사람들은 이런 면에서 좋은 판단자는 아니었습니다. 그들은 그의 재미있는 말만 듣고 그를 지혜롭다고 여겼던 것입니다.

동시에 나는 다른 부류의 사람들을 알고 있었습니다. 그들은 아름답고 일관성 있는 말로 진리에 대하여 말해 주어도 그 진리를 의심하여 믿지 않으려 하는 사람들이었습니다. 그러나 나의 하나님, 당신은 나를 놀랍고도 은밀한 방법으로 가르쳐 주셨습니다. 당신이 그것은 진리라고 나에게 가르쳐 주셨기 때문에 나는 그것을 믿었습니다. 또한 진리가 어디서 어떻게 계시되든지 그 진리를 가르친 스승은 당신뿐이라는 것을 나는 믿고 있었습니다. 그리하여 나는 이제 당신으로부터 배워 알게 된 것이 있었으니 그것은 사람이 말을 잘한다고 해서 진리를 말하는 것이 아니요, 말을 잘 못한다고 허위를 말함이 아니며, 또한 큰 소리로 강력하게 말한다고 해서 진리를 말하는 것이 아니요, 말하는 것이 매끈하다고 하여 반드시 거짓된 것이 아니라는 것입니다. 지혜와 어리석음은 마치 좋은 음식과 좋지 않은 음식에 비해 말할 수 있고 세련된 언어와 보통의 언어는 그릇과 질그릇에 비해 볼 수 있습니다. 이 두 종류의 음식을 은그릇이나 혹은 질그릇에 담아 사람을 대접할 수 있듯이 지혜와 어리석음도 세련된 언어나 보통의 언어로 진술될 수 있습니다.

(11) 파우스투스를 기다리던 내 심정이 강했으므로 그의 말하는 태

도, 표정, 그리고 자기의 사상을 유창하고 적당한 말로 옷 입혀서 표현하는 것이 마음에 들었습니다. 사실 나는 그가 마음에 들었기 때문에 다른 사람과 함께, 아니, 다른 사람보다 더 그를 칭찬하고 추켜올렸습니다. 그러나 나를 괴롭힌 여러 문제들을 청중들이 많이 모인 집회에서 내놓고 자유롭게 그와 토론하는 기회를 나에게 허락해 주지 않아서 내 마음은 퍽 언짢았습니다. 마침내 나와 내 친구들이 그와 함께 이런 문제로 토론할 수 있는 적당한 기회가 와서 나는 그 앞에 내가 의심했던 여러 문제들을 털어 내놓았습니다.

그때 바로 나는 그가 문법(문학)을 좀 공부한 것 외에 학예에 대해서는 전혀 교육을 받지 못했음을 알게 되었습니다. 그러나 그는 키케로의 연설, 세네카(Seneca)[6]의 책 몇 권, 시(詩)집, 그리고 자기 교파에 대하여 라틴어로 잘 엮어진 몇 권의 책을 읽은 사람이었습니다. 이렇게 그는 많은 교육을 받은 사람은 아니었지만 좋은 천성과 재간 때문에, 그리고 매일 강연을 하는 실질적인 경험을 통해서 매력 있고 유창한 웅변을 배운 듯합니다. 내 주 하나님이여, 내 양심의 심판자이시여, 내가 지금 기억하고 있는 것이 사실 그대로입니까, 아니면 틀립니까? 내 마음과 기억을 당신 앞에 열어 놓습니다. 그때 당신의 섭리의 은밀한 손은 나를 인도하셨으니, 그것은 나로 하여금 부끄러운 내 잘못을 내 얼굴 앞에 놓고 내 잘못을 보고 미워하도록 하기 위함이었습니다.

7장_ 마니교에 대해 회의를 품게 됨

(12) 나는 파우스투스가 학식 있으리라고 생각했으나 무식하다는 사실을 확실히 알게 되자 그에 대한 나의 실망은 대단히 컸습니다. 왜냐하면 이때까지 내가 번민해 온 여러 복잡한 문제에 대해 그로부터 어떠한 해답도 얻을 수 없으리라고 나는 생각하게 되었기 때문입니다. 물론 그가 마

6) 세네카(4 BC—65 AD)는 스토아주의 철학자로서 로마의 유명한 정치가요, 문필가였다. 그는 한때 네로 황제의 개인 교사이기도 했다.

니교도만 아니었다면 이러한 학예(학문)를 모르고서도 경건의 진리에 굳건히 서 있을 수 있었을 것입니다. 사실 마니교도들의 책은 하늘과 별, 해와 달에 대하여 허황된 긴 이야기로 가득 차 있었습니다. 그러므로 내가 간절히 요망했던 문제, 즉 마니교도들의 책에 포함된 설명이 사실 그대로 맞는지, 내가 다른 곳에서 읽어 알게 된 수학적인 설명보다 더 나은지, 혹은 거의 같은지에 대하여 파우스투스는 만족할 만한 답을 줄 수 없으리라고 나는 믿었습니다. 그러나 내가 이런 문제들은 고려되어야 하고 또한 토론되어야 한다고 그에게 제안하자 그는 정말 겸손하게 그런 문제들을 감히 다루려고 하지 않았습니다. 그는 이런 문제들에 대하여 잘 모르고 있었기 때문에 자기의 무지를 고백하는 것을 부끄럽게 생각하지는 않았습니다.

세상에는 이런 문제에 대하여 나를 가르친다고 하면서, 사실 아무것도 가르치지 못했던 말만 많은 사람들이 많이 있었습니다. 나는 그와 같은 사람들로부터 많은 곤욕을 받았습니다. 그러나 파우스투스는 그러한 사람들과는 전혀 달랐습니다. 그는 비록 당신에게는 바른 마음의 자세를 갖지 못했을지라도, 자기 자신에게는 적어도 솔직했던 사람이었습니다. 그는 자기의 무식함을 전혀 모를 정도로 무식하지는 않았으니, 점잖게 물러설 수 없든가 빠져나갈 길이 없는 토론에는 말려들지를 않았습니다. 내가 그를 좋아하게 된 것도 바로 이 때문이었습니다. 진실로 자기 자신의 제한을 받아들이는 겸손한 마음의 자세는 내가 구하고 있는 지식을 획득하는 것보다 더 아름답게 보였습니다. 이처럼 난해하고 곤란한 문제를 대할 때마다 파우스투스의 태도는 이렇듯 겸손했습니다.

(13) 이리하여 마니교의 교리를 연구하려던 나의 열심은 꺾이고 말았습니다. 그들 중에서도 그렇듯 유명한 파우스투스가 나를 번민케 했던 여러 문제에 대하여 대답을 못해 줄 때 그 교파의 다른 교사들에 대한 나의 실망은 더욱 컸던 것입니다. 그때 나는 카르타고에서 수사학 교수로서 젊은 사람들을 가르치고 있었습니다. 파우스투스도 내가 가르치는 학문을 몹시 배우려고 하므로 함께 자주 만나게 되었습니다. 나는 그가 읽고 싶어한 책이나 혹은 그의 정도에 알맞다고 생각한 책을 골라서 같이 읽었습니다.

그러나 이 사람을 알게 되자마자 마니교를 더 깊이 탐구하려고 한 나의 노력은 끝장이 나고 말았습니다. 물론 나는 그들과 완전히 결별한 것은 아니었습니다만 더 좋은 것을 아직 찾지 못한 나는 더 나은 어떤 것이 나타날 때까지, 어쩌다가 발을 딛게 된 이 길에 잠시 동안 머물러 있기로 마음 먹었습니다. 이리하여 많은 사람에게 죽음의 올가미가 되었던 파우스투스는 자신이 원치 않았지만 내게 걸려 있던 그의 올가미를 자기도 모르게 풀기 시작했습니다.

오, 나의 하나님, 그것도 당신의 손이 당신의 은밀한 섭리 가운데서 나의 영혼을 버리지 않으셨기 때문이요, 어머니께서 피로 물들인 가슴으로 밤낮 나를 위해 눈물로 당신께 제사를 드렸기 때문이며, 또한 당신께서 놀라운 방법으로 나를 대하여 주셨기 때문입니다. 이 모든 것은 당신께서 다 하신 일이었으니 주께서 사람의 발걸음을 인도하시고, 그 길을 택하셨기 때문입니다.(시 37:23) 당신이 이미 창조하신 것을 재창조하사 고쳐 주시는 당신의 손을 떠나서 우리가 어떻게 구원을 얻을 수 있겠습니까?

8장_ 로마로 떠남

(14) 그러므로 당신은 내 마음을 설득하여 내가 카르타고에서 가르쳤던 것을 로마로 가서 가르치도록 인도하셨습니다. 내가 이렇게 설득된 경위를 당신 앞에서 고백하지 않고 그저 지나갈 수가 없사오니 여기에서도 당신의 지혜의 심오함과 나를 향한 당신의 끊임없는 자비를 생각하고 그것을 선포해야 하겠기 때문입니다.

내가 로마에 가고 싶었던 이유는 내 친구가 약속한 대로 좋은 보수와 높은 자리 때문만은 아니었습니다—물론 이러한 조건이 내 마음을 자극시키지 않았다고 볼 수는 없지만—나의 가장 크고 유일한 동기는 그 곳의 학생들은 더 조용히 공부하고 있고 엄격한 규율 밑에서 잘 통제되어 있다고 들었기 때문입니다.

그 곳에서는 학생들이 무례하게 자기들이 등록하지 않은 교사의 교실에 들어가지도 못하고 또한 교사의 허락 없이는 등록도 할 수 없다는 것이었습니다. 반면에 카르타고에서는 학생들 사이에 추잡하고 난잡한 방종이 있었습니다. 그들은 무례하게 교실로 뛰어들어 미친 사람들처럼 학생들을 위해 교사가 세워 놓은 규칙을 무너뜨리는 것이었습니다. 그들은 믿기 어려울 정도로 여러 가지 난잡한 행동을 행했으니 관습은 용납하지만 법으로는 엄하게 처벌받아야 할 행동이었습니다. 그러나 관습이 용납해 준다 할지라도 당신의 영원한 법이 용서할 수 없는 행동이었으니 그런 짓은 더욱 비참한 것이 되고 맙니다. 그들은 그렇게 행동을 해도 그에 대한 벌이 없다고 생각하지만 그와 같은 행동을 계속하는 그 맹점 자체가 바로 그들의 벌인 줄을 생각 못합니다.[7] 따라서 그들이 받는 괴로움은 그들이 남에게 끼친 괴로움보다 훨씬 더 심할 것입니다.

내가 학생이었을 때는 이런 짓을 몹시 싫어했습니다. 그러나 교사가 된 후로는 학생들이 행한 이런 짓을 참고 견디어야 했습니다. 그러므로 나는 사람들이 말하는 대로 그러한 추태가 없는 로마로 가고 싶었습니다. 이렇게 "나의 피난처시요 살아 있는 사람들의 땅에서 나의 분깃이 되신" (시 142:5) 당신께서 내 영혼을 구원하시기 위해 나로 하여금 삶의 고장을 바꾸도록 하셨습니다. 당신은 카르타고에서 나를 채찍으로 쳐 몰아내어 떠나게 하시고,[8] 로마에서는 매력의 유혹을 마련하여 나를 그리로 끌어당기셨습니다.

이와 같은 두 경우에 당신은 '죽어 가는 생'을 사랑하는 사람들을 이용하셨습니다. 한편으로는 미친 듯이 행동하는 사람들을 이용하셨고 다른 편으로는 나에게 헛된 희망을 약속하는 사람들을 이용하셨습니다. 이렇듯 당신은 나의 발걸음을 바로잡아 주시려고 은밀히 그들의 잘못과 나의 잘못을 함께 이용하셨습니다. 내 마음의 평안을 어지럽게 했던 그들은 부끄러운 광증으로 눈이 어두워졌고 다른 곳으로 나를 유혹해 냈던 그들은 이 세상의 맛을 본 사람들이었습니다. 그리하여 카르타고에서 현실적인 불

---

7) 나쁜 행동을 한 것에 대한 벌은 외적인 체벌이기보다는 내적으로 자기의 영혼을 망치는 행동을 계속하는 자기 파멸의 벌인 것이다. 예를 들면 도둑질하고도 벌을 받지 않았다고 말할 자가 있을지 모르나 실은 그러한 도둑질을 계속하는 습성(맹점) 자체가 바로 도둑질에 대한 벌이 되는 것이다.

8) 여기서 말한 "채찍으로 쳐 몰아내어 떠나게 하시고"는 그때 로마 황제가 내린 마니교 금지령으로 인한 박해를 시사한 것 같다. 아니면 자기 가정의 불화나 학생들에 대한 불만을 시사하고 있는지도 모른다.

행을 증오했던 나는 로마에서 헛된 행복을 찾고 있었습니다.

(15) 오, 하나님, 내가 왜 한 고장을 떠나 다른 곳으로 가는지 그 이유는 당신만이 아시었습니다. 그러나 당신은 그 이유를 나에게나 또는 내가 떠난다 해서 슬피 울며 해변까지 따라 나온 어머니에게도 알려 주시지 않았습니다. 어머니는 나를 꽉 붙들면서 집으로 돌아가든지, 그렇지 않으면 자기와 같이 가자고 간청했습니다. 그러나 나는 어머니를 속여 친구가 순풍을 만나 출항할 때까지 자리를 뜰 수 없다고 했습니다. 이렇듯 나는 어머니, 그러한 어머니에게 거짓말을 하고 빠져 나왔습니다. 이러한 나의 잘못도 당신은 자비로써 용서해 주시어 ― 비록 지겨운 놈이었지만 ― 나를 바다의 물에서 구하셔서 당신의 은총의 물(세례의 물)에 이르도록 하셨습니다. 그리하여 내가 그 물에 의해 깨끗하게 씻음을 받았을 때, 나를 위해 당신 앞에서 매일 자기 얼굴 밑의 땅을 적시던 나의 어머니의 눈물의 강을 당신은 멈추게 해주셨습니다.

어머니가 그때 나 없이는 집으로 돌아가려고 하지 않아서 나는 겨우 어머니를 설득하여 우리가 타고 갈 배 근처에 있는 성 키프리아누스(Cyprianus)[9] 기념 예배당에서 그날 밤을 지내시도록 했습니다. 그날 밤에 나는 몰래 빠져 나왔고 어머니는 그 곳에서 울며 기도만 하고 계셨습니다. 오, 하나님, 어머니가 그렇게 눈물을 흘리면서 당신께 기도한 바는 나를 떠나지 못하게 해달라는 것이었습니다. 그러나 당신의 뜻은 오묘하셔서 어머니가 정말 원하는 것이 무엇임을 아시어, 그가 항상 원했던 것을 들어주시려고, 그때 어머니가 구한 것은 들어주시지 않았습니다.

어느덧 바람이 불어 우리의 돛이 부풀게 되자 배는 움직여 해안은 우리의 시야에서 멀어져 갔습니다. 그날 아침 어머니는 그 해안에 나와 서서 슬픔을 이기지 못해 불평과 애통으로 당신의 귀를 메웠습니다. 그러나 당신은 그러한 기도를 들어주시지 않았습니다. 오히려 당신은, 내 욕망을 끝장 내시려고 나를 내 욕망의 힘에 의해 휘말려 가게 하셨고, 내 어머니의

9) 키프리아누스(200－258 AD)는 카르타고의 유명한 감독이며 순교자이다. 후에 그의 순교를 기념하여 그 도시에 교회를 건립했다.

육정을 슬픔의 채찍으로 때려 벌하시었습니다. 왜냐하면 어머니는 다른 어머니처럼, 아니 다른 어머니보다 더 나와 같이 있기를 좋아했으며, 또한 내가 떠나감으로 인해 당신이 큰 즐거움을 어머니를 위해 예비하고 계셨음을 모르고 있었기 때문입니다. 이것을 모르고 있었기에 어머니는 큰소리로 울고 애통해 했으며, 그 괴로움을 통해 하와로부터 물려받은 유산을 보여 주셨으니 슬픔 속에서 난 자식을 슬픔으로 찾고 있었습니다. 그러나 어머니는 나의 거짓과 잔인함을 탓한 후 다시 나를 위해 당신께 기도를 계속하면서 집으로 돌아갔고 나는 로마를 향해 떠나갔습니다.

9장_ 로마에서 치룬 질병

(16) 보시옵소서, 로마에서 나를 기다리고 있었던 것은 신병의 채찍이었습니다. 나는 아담 안에서 모든 사람이 죽을 수밖에 없는 원죄(고전 15:22) 이외에도 당신, 내 자신, 그리고 다른 사람에게 지은 많고도 무거운 죄를 짊어지고 거의 지옥으로 떨어질 뻔했습니다. 당신은 이러한 나의 죄를 그리스도 안에서 아직 용서해 주시지 않으셨고 내 죄로 말미암아 생긴 당신과의 원수 됨(엡 2:15)을 그리스도의 십자가로 없이 해주시지 않았습니다. 내가 그때에 믿었던 환상의 십자가[10)]를 통해 어떻게 그러한 죄가 용서받을 수 있었겠습니까? 그러므로 내가 그리스도의 육체의 죽음을 사실이 아니라고 믿었던 것만큼 내 영혼의 죽음은 사실이었습니다. 그리고 그의 육체의 죽음이 사실이었던 것만큼, 그것을 믿지 않았던 내 영혼의 삶은 헛된 것이었습니다.

내 열병은 점점 심해져 거의 죽게 되었습니다. 만일 내가 그때 죽었더라면 당신의 법에 따라 내 그릇된 행동이 받아 마땅한 불 속의 괴로움으로 떨어지지 않고 어디로 갔겠습니까? 내 어머니는 이러한 상황을 모르고 먼 곳에서 나를 위해 기도를 계속하고 계셨습니다. 당신은 어디에든지 계

---

10) 마니교도들은 예수의 십자가상의 죽음이나 성육신을 역사적인 사건으로 믿지 않고 다만 인간의 보편적인 고난을 상징한 것으로 보았다.

셔서 어머니가 있던 곳에서는 그의 기도를 들어주시고, 내가 있던 곳에서는 자비를 베풀어 주셨습니다. 그리하여 내 마음이 당신을 모독하는 병에 들었어도 당신은 내 육체의 건강을 회복시켜 주셨습니다.

그러나 나는 그러한 위험한 가운데에 있으면서도 당신의 세례를 받으려고 하지 않았습니다. 내가 이미 기록하고 고백한 것처럼, 어머니의 신앙을 따라 세례를 간청했던 나의 소년 시절이 훨씬 더 나았습니다. 그 후 내 수치스러운 행동은 점점 증가했고 나는 미친 듯이 당신이 처방하신 약을 비웃었습니다. 그러나 당신은 나 같은 죄인이라 할지라도 두 번 죽게 내버려두시지 않으셨습니다. 만일 내가 그러한 상태에서 죽어 어머니의 마음이 상처를 받았다면, 그 상처는 결코 치료되지 않았을 것입니다. 어머니가 나를 얼마나 사랑하셨는지, 그리고 육신으로 나를 낳아 줄 때보다, 영적으로 나를 출생시키기 위하여, 얼마나 더 큰 산고를 치러야 했는지 나는 말로 다 형용할 수 없습니다.

(17) 그러므로 만일 나의 그러한 죽음이 어머니의 사랑의 장부를 찔러 꿰뚫었다면 어머니의 아픔이 어떻게 치료될 수 있었을지 나는 감히 상상할 수가 없습니다. 그러면 밤낮 쉬지 않고 간절히 드린 어머니의 기도는 어찌된 것입니까? 그녀의 기도는 당신에게 상달되었습니다. 오, 자비의 하나님, 당신이 그렇게 청결하고 정숙한 과부의 '참회하고 겸손한 마음'을 멸시하실 수 있었겠습니까?

어머니는 항상 자선을 행했고, 당신의 성자들을 받들어 섬기기를 즐거워했으며, 하루도 빠짐없이 당신의 제단에 제물을 드렸고, 하루에 두 번씩 조석으로 교회에 나갔습니다. 교회에 나간 것도 어떤 쓸데없는 잡담이나 할머니들의 이야기를 듣기 위함이 아니요, 설교를 통해서 당신의 말씀을 듣기 원했고, 또한 당신이 어머니의 기도를 들어주시기 원해서였습니다. 어머니는 당신에게 금이나 은이나, 혹은 변하고 없어질 재물을 달라고 기도하지 않고 오직 자기 자식의 영혼의 구원을 위해 눈물을 흘리며 기도했는데 당신이 어찌 어머니를 돕지 않을 수 있으며, 이렇게 흘린 눈물을 당신이 무시할 수 있었겠습니까? 어머니가 이렇게 하게 된 것도 당신의 은혜로 말미암음입니다.

주님은 어머니를 도와주지 않을 수 없었습니다. 확실히 당신은 어머니의 곁에 계셔서 어머니의 기도를 들어주시어, 당신이 그렇게 되도록 예정하신 그 계획을 이루어 나가고 계셨습니다. 당신이 어머니에게 (나에 대하여) 주신 꿈과 응답에 대하여 내가 이미 앞에서 말씀드린 것(3권 11장)도 있고 아직 안 드린 것도 있습니다만, 그것으로 당신은 어머니를 속였을 리가 없습니다. 그러기에 어머니는 그것들을 항상 마음에 충실히 간직하셨으며, 마치 그것들은 당신이 어머니에게 친히 서명해 주신 친서(약속)인 양 기도할 때마다 내놓고 당신께 애걸했습니다. 당신의 인자하심은 영원하셔서(시 118:1) 모든 빚진 자들의 빚을 삭제해 주시고도, 그런 약속 때문에 그들에게 빚진 자가 되기까지 하십니다.

10장_ 마니교에 남아 있으면서 아카데미파와 접촉

(18) 그때 당신은 내 병을 낫게 해주셨습니다. 당신 여종의 아들에게 육체의 건강을 회복시켜 주셨으니 나로 하여금 당신을 위해 삶으로써 더 좋고 확실한 건강을 얻게 하기 위함이었습니다. 나는 그 후로 로마에서 또 다시 남을 속이고 속고 있는 소위 '성자들' 과 사귀게 되었습니다. 사실 나는—내가 병들어 머물러 있었던 그 집 사람과 같은— '듣는 이들' 뿐 아니라 '선택받은 자들' 과도 같이 사귀게 되었습니다.[11)]

그때까지도 나는 죄를 짓는 것은 우리가 아니요, 우리 안에 있는 어떤 것이라고 생각했습니다. 그러므로 이러한 생각은 내 교만에 만족감을 주어 스스로 잘못이 없다고 생각하게 했습니다. 따라서 내가 죄를 지었을 때도 그것을 내 죄로 당신께 고백하여 용서를 받으려고 하기보다는(그것은 사실 당신께 지은 죄인데), 오히려 나 자신을 변명하고, 내 안에 있는, 나 아닌, 나도 모르는 어떤 것에 죄를 돌렸습니다. 그러나 실상 나는 하나뿐이었는데 내 불경건은 나를 둘로 나누어 그러한 분열을 내 안에 만들어 놓았던

11) 마니교에는 성자(선택받은 자, electus)와 듣는 자(auditor)가 있는데 전자는 성직자를, 후자는 평신도를 의미한다. 선택받은 성직자는 채식을 하고 결혼도 하지 않는 금욕주의를 실천했고 평신도들은 세속의 업무에 종사하며 결혼도 하고 고기도 먹었다.

것입니다. 그러므로 내가 나를 죄인으로 여기지 않았던 것이 고침을 받을 수 없는 더 큰 죄였습니다.

오, 전능하신 하나님, 내가 당신에 의해 패배를 당하여 구원을 받게 되기보다는 당신을 내 안에서 패배시켜 스스로 멸망에 이르는 것을 더 좋아했사오니 이것이 나의 가증한 죄악이었습니다. 당신은 내 마음이 악한 말에 기울지 않고, 악한 일을 하는 자들과 함께 죄악에 대한 변명을 하지 않도록 내 입 앞에 아직 파수꾼을 세우지 않으셨고 내 입술의 문을 지키시지 않으셨습니다.(시 141:3, 4) 그러므로 나는 아직도 그들(마니교도들)의 '선택받은 자들' 과 관계를 맺고 있었습니다.

(19) 그러나 나는 이제 그러한 그릇된 종교(마니교)로부터 아무 도움도 받을 수 없음을 알게 되었습니다. 내가 더 이상 좋은 답을 얻을 수가 없어서 그저 만족하게 눌러앉아 있자고 생각했던 이론에 대해서까지도 나는 흥미와 열성을 잃기 시작했습니다. 나는 그때 아카데미파[12]라고 부르는 철학자들이 훨씬 더 현명하다는 생각이 들었습니다. 그들이 주장하는 바는 우리는 모든 것을 의심해야 한다든가 또는 인간은 진리를 확실히 파악할 수 있는 능력을 가지고 있지 않다는 것이었습니다. 물론 나는 그때 그들의 진의를 알고 있지 않았지만 이것이 일반적으로 평가된 그들의 사상인 듯했습니다. 그래서 나는 마니의 책들에 가득 차 있는 허구한 이야기를 믿고 있던 우리 집 주인을 노골적으로 설득하며 믿지 말라고 했습니다. 그렇지만 마니교의 이단에 빠져 있지 않은 아카데미파 사람들보다 마니교도들과 더 친한 관계를 가지고 있었습니다.

나는 이전처럼 열심을 내어 그 마니교를 옹호하지 않았습니다만,

12) 여기에서 말한 아카데미파란 기원전 3세기에 플라톤의 옛 아카데미파의 주장(진리를 확실히 인식할 수 있다는 주장)을 반대하고 개연성을 주장했던 신아카데미파, 즉 회의론을 말하는 것이다. 어거스틴은 회심 직후 『회의론 반박』(*Contra Academicos*)을 써서 이 주장을 비판했다. 그에 의하면 우리가 모든 것을 의심한다고 할지라도 의심하고 있는 자신의 존재에 대해서는 의심할 수 없다는 것이다.(『자유의지론』 2, 3, 7 ; 『신국론』 11, 26) 이것은 "나는 생각한다. 고로 나는 존재한다." 고 말한 데카르트를 1300년 앞질러 미리 말한 것이라고 볼 수 있다.

로마에 상당히 잠입해 있었던 그들과의 친분 관계가 다른 길을 찾으려는 내 발걸음을 느리게 했습니다. 보이는 것과 안 보이는 것을 창조하신 천지의 주재자시여, 나는 이때 당신의 교회에서도 진리를 찾는 희망을 단념하고 있었습니다. 당신이 인간의 육체의 형상을 갖고 있고 우리 육체의 지체의 윤곽에 제한되어 있다고 생각하는 것은 어리석게만 느껴졌습니다. 나는 하나님을 명상할 때 어떤 큰 물체로밖에는 생각할 수 없었습니다. 내 생각에는 물체 아닌 것은 존재하지 않는다고 믿었기 때문입니다.[13] 이러한 생각은 나의 가장 크고 유일한 오류의 원인이었습니다.

(20) 그러기 때문에 나는 악(惡)도 이와 같은 실체로서 징그럽고 무시무시한 물체(덩어리)와 같은 것이라고 믿었습니다. 마니교도들에 의하면 그것이 밀착되면 소위 그들이 말하는 땅이 되는 것이요, 희박하고 가볍게 되면 기체와 같은 것이 된다는 것이었습니다. 그들은 이러한 기체를 이 땅에 침투하는 악령이라고 상상했던 것입니다. 그러나 나는 어느 정도의 경건을 소유하고 있었던 만큼 좋으신 하나님이 결코 악한 실체를 창조하셨을 이유가 없다고 믿었습니다. 그래서 나는 서로 상반되는 두 물체(덩어리)를 가정하게 되었으니, 이 둘은 다 무한하되 악은 비교적 더 좁고, 선은 더 광대한 것이라고 생각했습니다. 이와 같은 병적인 전제로부터 나의 여러 가지 신성 모독이 자연적으로 나오게 되었습니다.

내 마음이 기독교의 신앙으로 전향하고자 했으나 그 신앙은 내가 생각했던 것과는 같지 않아서 뒤로 물러서고 말았습니다. 나의 하나님—내 입이 내게 베푸신 당신의 자비를 고백합니다—내 생각에는 당신은 모든 면에서 무한하시나 악한 물체와 대립되고 있는 그 부분만은 유한하다고 보았습니다. 이렇게 생각한 이유는 당신은 모든 면에서 유한하므로 인간 육체의 형태에 의해서 제한을 받고 있다고 생각하는 것보다는 더 경건스럽다고 보았기 때문입니다. 그래서 당신이 악을 창조하시지 않으셨다고 생각한 것이, 당신으로부터 악이 왔다고 본 것보다 더 나은 것처럼 나는 생각했

13) 마니교는 영적인 존재를 부정하고 모든 것을 물질적인 존재로 받아들였다. 신도 어떤 종류의 물질적인 존재로 보았다.

습니다. 그러면서도 나는 어리석게도 악을 어떤 막연한 실체로 여길 뿐만 아니라, 어떤 형체를 지닌 물질로 보았습니다. 나는 인간의 정신도 공간에 퍼져 있는 어떤 희박한 물질로만 생각했으므로 정신에 대한 바른 개념을 가지고 있지 않았습니다.

우리의 구원자이신 당신의 독생자까지도 빛나는 당신의 실체의 덩어리로부터 우리의 구원을 위하여 떨어져 나오신 분으로 나는 생각했습니다. 그러므로 그분에 대한 나의 이해는 나의 헛된 상상에 맞게 해석한 데 지나지 않았습니다. 따라서 나는 이와 같은 존재가 육체(마리아의)와 결합하지 않은 채 동정녀 마리아에게서 태어날 수 없다고 생각했습니다. 또한 내가 생각했던 그러한 신적인 실체가 어떻게 악에 물들지 않은 채 육체와 결합할 수 있는지 나는 믿어지지가 않았습니다.

그래서 그분이 인간의 육신을 입고 탄생하셨다(성육신)는 사실을 내가 믿기 두려웠던 것은 그 결과로 그분은 육체로 말미암아 더럽혀졌다고 믿어야만 되었기 때문이었습니다. 지금 당신의 영적인 자녀들은 이와 같은 (그 당시의) 내 마음의 혼돈을 읽어 보고는 친절과 사랑의 미소를 지을 것입니다. 그러나 이것이 바로 그때의 나였습니다.

11 장_ 마니교도들의 성서 비판에 대한 엘피디우스의 반응

(21) 더욱이, 나는 마니교도들이 당신의 성서에 있는 사실을 들어 비난한 것을 들었는데, 그런 비난은 변호 받을 수 없는 것이라고 나는 생각했습니다. 그러나 때로는 성서의 여러 문제점들을 가지고 그 책에 조예가 깊은 사람을 만나서 이야기하고 싶고 그의 의견을 듣고 싶었습니다. 나는 이미 카르타고에 있을 때 마니교도들과 대면하여 공개토론을 했던 엘피디우스(Elpidius)라는 사람의 말에 감동된 바가 있었습니다. 그가 마니교도들이 쉽게 반박할 수 없는 성서적 증거를 제시했을 때에 그들의 대답은 대단히 미약한 듯 보였습니다. 그러한 대답도 공개적으로 하지 않고 우리들끼리 모인 장소에서 사적으로 했던 것입니다.

그들은 또한 말하기를 신약성서는 유대교의 율법을 기독교 신앙에 집어넣으려고 한 사람에 의해 위조된 것이라고 했습니다. 그러면서도 그들은 위조되지 않은 책 하나도 그 증거로 내보이지를 못했습니다. 아무튼 나는 아직도 실체를 양분하여 두 물질적인 덩어리로 보고 있었으므로, 이 두 개념이 나를 사로잡고 질식시킬 정도로 누르고 있었습니다. 나는 이러한 무게에 눌려 당신 진리의 신성한 공기를 마시고자 갈망했으나 순수하고 오염되지 않은 공기를 마실 수가 없었습니다.

12장_ 로마의 간사한 학생들

(22) 내가 로마에 온 목적이 수사학을 가르치는 것이었으므로 이것을 위해 열심히 일을 시작했습니다. 먼저 나는 약간의 학생들을 집으로 모아 가르쳤는데, 그들에게, 그리고 그들을 통해 나의 명성이 점점 알려지게 되었습니다. 그런데 내가 아프리카에서도 참아 줄 수 없었던 일을 로마에서 당하고 있음을 알게 되었습니다. 물론 내가 들었던 대로 이곳에서는 젊은 불량배들의 만행은 없었습니다.

그러나 내가 들은 바로는 대부분의 로마의 학생들은 교사에게 보수를 주지 않으려고 작당을 해서 갑자기 다른 교사에게 함께 가버린다는 것이었습니다. 그들은 약속을 어긴 자들이요, 돈을 사랑한 나머지 정의를 경시하는 자들이었습니다. 나는 그들을 미워했습니다. 그러나 그들을 완전한 증오로 대하지는 않았습니다. 내가 그들을 미워한 것은 그들이 다른 사람들에게 그러한 부정직한 행동을 하기 때문이 아니라 내 자신이 개인적으로 그들로부터 받을지도 모르는 손해 때문이었습니다.

아무튼 이와 같은 학생들은 성격이 야비한 자들입니다. 그들은 당신을 떠나 무상한 시간적인 노름과 부정한 이득을 사랑함으로써 자기들의 손을 더럽히는 자들입니다. 또한 그들은 영원히 머무시며 우리를 돌아오라 부르시는 당신, 간음한 자(하나님을 떠난 자)가 돌아올 때 용서해 주시는 당신을 저버리고, 지나가는 이 세상을 포옹한 자들입니다. 지금도 나는 그렇게 비뚤어지고 구부러진 사람들을 미워하기는 마찬가지입니다. 그러나

오, 하나님, 그들이 마음을 고쳐 돈보다 학문을 더 사랑하고, 학문보다 진리이시요, 모든 선의 충만이시며, 진정한 우리의 평화가 되시는 당신을 더 사랑한다면 나는 그들을 사랑하게 될 것입니다. 그러나 그때 내가 바랐던 것은 그들이 당신을 위해 좋은 사람이 되라고 하기보다는 그들에게서 내가 손해를 보지 않게 되는 것이었습니다.

13 장_ 밀라노의 감독인 암브로시우스를 만나게 됨

(23) 그 후 밀라노의 도시로부터 로마 시장에게 메시지가 왔습니다. 그 메시지의 내용은 수사학 교사를 하나 선발하여 국비로 밀라노에 보내 달라는 요청이었습니다. 나는 마니교의 허망함에 취해 있는 자들을 통해서 이 자리를 지망했습니다. 내가 이곳을 떠나는 것은 사실 이들을 떠나는 것이 되었음에도 그때는 그들이나 나도 이것을 몰랐습니다. 결국 당시 로마의 시장인 심마쿠스(Symmachus)[14]가 시험에 합격한 나를 선발하여 그곳으로 보내게 되었습니다.

드디어 나는 밀라노로 와서 그 도시의 감독인 암브로시우스(Ambrosius)를 찾아갔습니다.[15] 그는 세상에서 가장 훌륭한 사람 중의 하나요, 당신의 충실한 종이라고 알려져 있었습니다. 그 당시에 그가 선포한 감동적인 설교는 당신 백성들에게 당신의 "풍부한 양식(밀)과 환희의 기름과

14) 로마 시의 시장이었고 로마의 원로원이었던 심마쿠스는 기독교를 반대하여 전통적인 로마의 종교를 부활시키려고 노력했던 사람이었다. 그러나 이러한 심마쿠스의 노력에 반대하여 싸운 사람은 그때 밀라노의 감독이었던 암브로시우스였다. 이 두 사람은 혈육으로는 이종 형제간이었다.

15) 어거스틴이 밀라노의 수사학 교수로 임명된 해는 384년 가을이었다. 그의 나이는 거의 30세가 되었다. 밀라노의 기독교 감독 암브로시우스(340—397)는 370년에 북이탈리아를 통치하도록 임명을 받은 총독이었다. 그러나 373년 밀라노의 감독을 선출할 때 민란이 나지 않도록 감독 선거를 관할하기 위해 교회에 들어갔다가 의외에로 감독으로 당선되었다. 기독교의 가정에 태어나 신앙생활은 했으나 세례는 아직 받지 않았었다. 그래서 며칠 사이에 세례를 받고, 사제 안수를 받고, 감독으로 성별되었다. 암브로시우스는 교회사에서 유례를 볼 수 없는 인스턴트 감독이 된 것이다. 그러나 서방교회에서 유명한 교부 중의 한 사람이요, 어거스틴을 회심시킨 자이다.

마음을 기쁘게 하는 포도주"(시 104:15)를 주었습니다. 내가 나도 모르게(nesciens) 당신에 의하여 그에게 인도된 것은, 내가 알면서(sciens) 그에 의해 당신에게 인도되도록 하기 위함이었습니다.

하나님의 사람인 그는 아버지가 자식을 대하듯 나를 맞아 주었고, 감독으로서 내가 그 곳에 오게 됨을 진심으로 환영했습니다. 나는 그를 좋아하게 되었습니다. 물론 처음에는 그가 진리의 스승이라는 점에서 그를 좋아한 것이 아니고—왜냐하면 나는 이미 당신의 교회에서 진리를 찾는다는 것을 아주 포기했기 때문입니다—그가 나를 친절하게 대해 주었다는 점에서 그랬습니다. 나는 교인들 앞에서 행한 그의 설교를 주의 깊게 들었습니다. 물론 좋은 동기에서 그런 것이 아니고, 다만 그의 웅변이 평판 그대로인지 그리고 그의 말의 흐름이 내가 들었던 대로 유창한지 알아보자는 뜻에서 그랬습니다.

그러므로 나는 그가 말한 내용(주제)에 대해서는 무관심하든가 무시해 버리고 다만 그의 말의 형식에만 주의를 쏟았습니다. 그의 설교의 형식이 파우스투스의 강연처럼 재미있고 사람을 홀리게 하는 것은 아니었으나 훨씬 교양이 있고 매력이 있어서 내 마음에 들었습니다. 더욱이 그 내용을 본다면 비교도 되지 않았습니다. 후자는 마니교의 거짓 속에서 길을 잃어 헤매는 자요, 전자는 확실히 구원의 교리를 가르치는 자였습니다. 그 구원은 죄인들에게서 먼 거리에 있었으니, 내가 바로 그때 그러한 죄인이었습니다. 그러나 나는 점점 나도 모르게 당신에게 가까이 가고 있었습니다.

14 장_ 암브로시우스 감독의 설교와 감화

(24) 나는 그가 무엇(내용)을 말하는가보다는, 어떻게(형식) 말하는가에 대해 배우려고 노력하였는데—왜냐하면 인간이 당신에게 도달할 수 있는 확실한 길은 찾아볼 수 없다고 생각했기에 이러한 헛된 관심만이 나에게 남아 있었습니다—동시에 내가 무관심했던 내용(뜻)이 말의 형식과 함께 내 마음에 들어왔습니다. 이 두 가지는 서로 떼어놓을 수 없는 까닭에 내가 마음을 열어 그가 어떻게 말을 잘하는가에 귀를 기울이고 있을 때 동

시에 그가 말하는 내용(진리)도 마음에 점차적으로 들어오게 되었습니다.

먼저, 그가 말하는 내용은 변호될 만하다고 내 마음에 느껴지기 시작했습니다. 나는 그때까지 기독교의 신앙을 반박했던 마니교도들의 주장을 반박할 수 없다고 생각했으나 이제는 기독교 신앙은 합리적인 근거하에서 옹호될 수 있다고 보게 되었습니다. 특히 구약성서의 한두 구절을 글자 그대로 받아들였을 때는 그것이 나를 죽이는 것이 되었지만 그것을 은유적으로 풀어 설명해 줄 때 나는 기독교 신앙의 합리적 근거가 더욱 옹호될 수 있다고 생각하게 되었습니다.(고후 3:6)[16] 이렇듯 성서의 많은 구절을 이렇게 나에게 해석해 줄 때, 율법과 예언서를 미워하고 비웃는 사람들의 비판을 당해 낼 수 없다고 절망한 나 자신을 탓하게 되었습니다.

그러나 기독교를 믿는 학자들이 기독교 신앙을 반박한 이론을 모조리 그리고 모순 없이 비판했다고 해서 내가 기독교의 길을 따르는 것이 된다든가 혹은 내가 이때까지 믿어 왔던 신앙을 정죄해야 된다고 보지는 않았습니다. 양편이 그 변증에서는 동등한 위치에 서 있기 때문입니다. 그러므로 기독교의 길이 패배당한 것도 아니요, 그렇다고 승리한 것도 아직 아니었습니다.

(25) 이제 나는 열심히 마니교도들의 거짓을 논박할 수 있는 가능한 길을 모색해 보는 데 관심을 쏟았습니다. 만일 내가 그때 영적인 실체를 이해할 수 있었다면 그들의 강한 거점을 단번에 무너뜨려 그것을 내 마음으로부터 추방할 수 있었을 것입니다. 그러나 그때 나는 그렇게 하지를 못했습니다. 이제 나는 우리의 육체 감각이 감지할 수 있는 이 세상의 모든 물체들과 자연 전체에 대하여 생각하고 비교해 볼 때 다수의 철학자들이 갖고 있는 의견이 가장 타당할 것 같다고 결론을 내렸습니다. 그래서 아카데미파의 방법대로 모든 것을 의심해 보고 모든 의견 사이에서 망설이다가 마니교를 떠나기로 결심했습니다. 내가 회의를 품었던 기간에도, 마니교도

16) 암브로시우스 감독의 성서 해석은 은유(allegory)적 해석이었다. 이것을 영적 해석 혹 상징적 해석이라고 말하기도 한다. 어거스틴은 이 해석을 통하여 문자를 통하여 상징된 성서의 영적인 의미를 터득함으로써 기독교 신앙으로 점점 가까이 오게 되었다. 그는 후에 이 은유적 성서 해석을 이어받아 더 발전시켰다. 참고: 『그리스도교 교양』.

들보다 어떤 철학자들을 더 높이 본 이상 그 교파에 그대로 남아 있을 필요가 없다고 생각했습니다. 그러나 구원하시는 그리스도의 이름을 모르는 이 철학자들에게도 내 영혼의 병을 치료해 달라고 맡길 수가 없었습니다. 그러므로 어떤 확실한 것이 나타나 내 갈 길을 인도하게 될 때까지 내 부모가 그토록 부탁한 기독교회의 예비 신자가 되기로 결심했습니다.

제 6 권

기독교 신앙은 알았으나 세상의 욕망 때문에 고민함

어거스틴의 어머니 모니카는 밀라노에 와서 자기 아들이 교회에 나간 것을 보고 기뻐한다. 둘 다 암브로시우스를 존경하며 특히 어거스틴은 그의 은유적 성서 해석을 듣고 성서에 대한 새로운 이해를 갖게 되고 알기 위해서는 먼저 믿어야 함을 알게 된다. 그러나 어거스틴은 세상의 명예와 재물과 여자의 문제로 고민을 한다. 그는 이러한 고민을 자기의 제자요, 친구인 알리피우스와 네브리디우스와 함께 나누며 습관의 폭력이 얼마나 무서운 힘을 가지고 있는지 고백한다. 그는 어머니의 주선으로 약혼을 하고 자기의 동거인과 이별한다. 그러나 그의 고민은 가중되어 간다.

St. Augustine's CONFESSIONS

1장_ 어거스틴을 찾아온 어머니

(1) '어릴 때부터 나의 희망' 이 되신 하나님, 그 동안 당신은 어디에 계셨습니까? 어디에 가셨습니까? 당신은 나를 창조하셨고 또한 들의 짐승들과 공중의 새들로부터 구별하셔서 그들보다 더 지혜롭게 만드시지 않으셨습니까? 그러나 나는 어둠 속에서 미끄러운 길을 걸어 다니며 나 자신 밖에서 당신을 찾고 있었습니다. 그러므로 나는 내 마음의 하나님을 찾지 못했습니다. 나는 바다의 깊은 밑바닥까지 내려가 보았어도 진리를 발견할 수 있으리라는 희망과 확신을 가질 수 없어 절망했습니다.

이때 사랑이 지극한 어머니는 모든 위험 중에서도 당신을 의지하며 바다와 육지를 넘어 나를 따라와 계셨습니다. 항해중에 풍랑을 만나서 위험에 직면할 때면—선원들이 경험이 없는 여행자들을 위로하는 것이 예사인데—어머니는 선원들을 위로하며 그들이 무사히 목적지에 도착할 것이라고 안심시켜 주었답니다. 그렇게 한 것도 당신이 꿈으로 그에게 미리 알려 주셨기 때문입니다.

어머니는 내가 진리를 찾지 못하고 절망한 나머지 큰 위험 속에 빠져 있는 것을 알고 계셨습니다. 내가 어머니에게 나는 기독교 신자가 되지는 않았으나 이제는 마니교도가 아니라고 말했을 때에 어머니는 반가운 새로운 소식을 들은 듯 깜짝 놀라 기뻐하지 않았습니다. 왜냐하면 어머니는—이미 내 비참한 생의 단면을 알고 마치 내가 죽은 듯 애통했으나—내가 당신에 의해 다시 살아날 것을 확신하고 있었기 때문이었습니다.

어머니는 마음속으로(나인성의 과부처럼) 나를 관 속에 넣어 당신 앞에 내놓고, 당신이 저 과부의 아들에게 말씀하신 것처럼 "청년아, 내가 네게 말하노니 일어나라."(눅 7:14)고 말씀해 주시기를 바랐습니다. 그리고 그 청년이(내가) 일어나 말하게 될 때 당신은 그를 어머니에게 돌려주실 것을 확신했던 것입니다. 그러므로 어머니는 자기가 매일 눈물로 이루어지기를 기도했던 대부분이 이미 이루어졌다는 것을 듣고도 또한 내가 아직 진리를 포착 못했으나 거짓된 사상에서는 구출되었다는 사실을 알고도 흥분할 정도로 기뻐하지는 않았습니다. 어머니는 오히려 전체를 약속하셨던 당신이 언젠가는 나머지마저 이루어 주실 것을 굳게 믿고 계셨습니다. 그러기에 어머니는 조용히 그리고 확신을 가지고 나에게 대답하기를 자기가 죽기 전에 꼭 내가 충실한 기독교 신자가 될 것임을 그리스도 안에서 믿는다고 하셨습니다. 어머니는 나에게 더 이상 말씀하시지 않았습니다.

오, 자비의 근원이 되신 하나님, 그러나 어머니는 당신께 눈물과 기도를 전보다 더 드리어 당신이 나를 빨리 도와주시고 내 어둠을 조명해 주시기 애원했습니다. 또한 어머니는 더 열심을 내어 교회에 나아가 "영생하도록 솟아나는 샘물"(요 4:14)을 갈급하면서 암브로시우스의 설교를 경청했습니다. 어머니는 암브로시우스를 하나님의 천사인 양(갈 4:14) 위했습니다. 그 이유는 그를 통해서 내가 현재 처해 있는 흔들리고 회의하는(중간) 상태에나마 와 있었기 때문입니다. 어머니는 내가 이 상태를 통과하여 질병에서 건강으로 옮겨질 것을 확신하고 있었습니다. 그러나 나는 그 건강을 회복하기 전에 의사가 소위 '위기'라고 부르는 더 위험한 단계를 거쳐야 했습니다.

2장_ 낡은 관습을 버리는 어거스틴의 어머니

(2) 어머니는 아프리카에서 하던 습관을 따라 죽과 떡과 술을 순교자들을 기념하여 세운 사당에 가서 바쳤던 일이 있었는데[1] 언젠가 바로 그 사당을 지키던 수위에게 저지를 당했던 일이 있었습니다. 그 금령이 감독인 암브로시우스로부터 온 것임을 알고 어머니는 겸손하게 순종했습니다. 어머니가 그의 금령을 반대하지 않고 오히려 자신의 습관을 탓하는 것을

1) 북아프리카 교회에서는 교인들이 순교자들의 무덤에 모여 예배를 드리고 먹고 마시는 관습이 있었다. 이것을 제사(laetitiae)라고 불렀는데 이것이 도를 넘어 사회악을 조성하기도 했다. 이러한 북아프리카의 관습을 암브로시우스는 용납하지 않았다. 어거스틴도 후에 히포의 감독으로 있을 때 이 관습을 없애기 위해 무척 노력했고 결국 이 관습을 없앴다. 여기에서 어거스틴이 자기 어머니가 암브로시우스 감독의 명령에 순복하여 그 관습을 버렸다고 한 이야기는 북아프리카에서 이 관습을 없애려고 교인들을 설득하는 측면이 엿보인다.

보고 나는 깜짝 놀랐습니다. 어머니는 음주욕에 빠져 있지 않았고 술을 좋아한다고 해서 진리를 거스르도록 자극받지도 않았습니다. 어머니는 금주의 노래를 부르는 자들을 싫어하는 많은 남녀와 같지도 않았고, 물 탄 술을 준다고 짜증을 내는 술꾼과도 같지 않았습니다.

어머니가 순교자에게 바칠 음식의 바구니를 가지고 갈 때도 자기가 먼저 맛보고 나머지를 사람들에게 나누어 주었습니다. 그때 어머니는 자기 입에 알맞게 물 탄 술을 작은 잔에 담아 차려 놓았는데 예절을 따라 조금 맛보곤 했습니다. 만일 이렇게 공경해야 할 성자들의 사당이 많이 있을 경우에는 어머니는 그 한 잔을 가지고 다니면서 여러 곳을 예방했습니다. 나중에는 이렇게 물로 묽어졌고, 가지고 다님으로 해서 미지근하게 된 술잔을 어머니는 그 곳에 있는 사람들과 조금씩 나누어 마셨으니 이것은 그들의 향락을 위함이 아니라 경건을 자극시켜 주기 위함이었습니다.

그러나 저 유명한 설교자요, 가장 경건한 감독이 금령을 내려 그러한 관습은 그것이 비록 온건하게 행해진다고 할지라도 술 취한 자들에게 주정 부리는 기회를 주고, 또한 이런 죽은 자들을 위한 기념 제사는 이교도들의 미신과 흡사하다는 이유로 못하게 했다는 사실을 알자마자 어머니는 즐거운 마음으로 그런 일을 그만두셨습니다. 그러므로 어머니는 땅의 과일로 가득 찬 바구니를 순교자들의 사당에 들고 오는 대신에 가슴에 벅찬 순수한 기도를 가지고 와서 드리는 것을 배워 알게 되었습니다. 이리하여 어머니는 힘이 허락하는 한 가난한 자들을 도와주었고, 순교자들이 주님의 수난을 본받아 자기들의 생명을 바쳐 면류관을 얻은 그 곳에서 행해진 주의 성만찬에 참여했습니다.

오, 나의 주 하나님, 그러나—이 문제에 대하여 나는 내 마음을 솔직히 당신 앞에 엽니다—내가 보기에는 만일 이러한 금령을 어머니가 그렇게 존경한 암브로시우스가 아닌 다른 사람이 내렸다면 쉽게 자기의 관습을 포기하지는 않았을 것입니다. 어머니는 내 구원을 위해 그를 극진히 존경하였고 그는 어머니의 신실한 신앙 생활을 정말로 좋게 여겼습니다. 어머니는 항상 좋은 일을 하셨고, 신앙 생활에 열심이 있었으며, 교회에 늘 출석한 자였습니다. 그래서 감독님은 나를 볼 때마다 자주 어머니를 칭찬하며 그러한 어머니를 모시고 있음을 축하한다고 말해 주었습니다. 그러나 그는 어머니가 어떠한 자식을 두고 있었는지는 알지 못하고 있었습니다. 그때 나는 모든 것을 의심했고 생명으로 인도하는 길도 찾을 수 없다고 생각했던 것입니다.

3장_ 암브로시우스의 말씀과 모습

(3) 나는 아직도 나를 도와주시도록 당신께 간구하고 있지 않았습니다. 내 마음은 학문 탐구와 논쟁에만 몰두해 있었습니다. 나는 세상 사람들의 행복의 표준에 따라 암브로시우스를 행복한 사람이라고 여겼습니다. 왜냐하면 위대한 인물들도 그를 존경하고 있었기 때문입니다. 다만 그의 독신 생활이 나에게는 무거운 짐인 듯 보였습니다. '그는 어떠한 희망을 품고 있을까? 그의 자리에서 받는 여러 가지 시험을 그는 어떻게 싸워 나가고 있을까? 그는 역경을 당할 때 무슨 위로를 받고 있을까? 그리고 당신의 성찬의 떡을 먹을 때 그의 마음의 입에서 어떤 기쁨을 맛보고 있을까?' 이러한 문제를 생각해 보았으나 그것은 내 경험 밖에 있는 것이기에 나는 추측할 수 없었습니다. 그도 물론 내가 처해 있는 고민이나 내 발 앞에 있는 위험의 깊이를 알지 못했을 것입니다. 나는 그에게 묻고 싶은 말이 있어도 묻지 못했습니다. 왜냐하면 그는 분주한 많은 사람들의 일을 돌보아 주고 있었기 때문에 나는 항상 그와 가까이 듣고 말할 수 있는 기회를 갖지 못했습니다.

그는 사람들이 없어서 좀 한가할 때—그것도 오랜 시간이 아니었습니다만—필요한 정도의 음식으로 그의 육신의 원기를 회복시키거나 독서로 그의 정신을 새롭게 했습니다. 독서할 때 그의 눈은 책장을 훑어 갔고 그의 마음은 그 뜻을 찾고 있었는데 목소리는 내지 않고 혀를 쉬게 하면서 정독했습니다. 그는 누가 자기를 찾아왔을 때 방문을 금하는 일이 없었으나, 그에게 누가 왔다고 큰소리로 알리게 하지도 않았습니다. 우리가 때때로 그를 찾아갔을 때 우리는 그가 조용히 책을 정독하고 있는 것을 볼 따름이었습니다. 우리는 한참 동안 말없이 그 곳에 앉아 있다가—누가 감히 그렇게 심취해서 독서하고 있는 그를 방해하려 하겠습니까?—조용히 떠나

곤 했습니다.

우리 생각으로는 그가 책을 정독한 이유는 자기 마음을 새롭게 하기 위해 모처럼 얻은 그 짧은 시간을 다른 사람들의 복잡한 문제로 마음에 헷갈림을 받지 않으려 한 것이라 생각했습니다. 또한 그가 책을 정독한 이유는 그가 큰 소리로 읽을 때 그 곳에 의심 많고 주의 깊게 듣는 사람이 있어서 애매한 대목을 설명해 달라고 요청하든지 혹은 어려운 문제를 놓고 토론을 하자고 하면 시간이 소비되어 자기가 읽고자 했던 분량을 다 읽지 못할까 염려하여 그런 것이 아닌가 생각도 해봤습니다. 아마 그가 정독한 진정한 이유는 쉽게 피곤해지는 그의 목소리를 쉬게 하려는 것인지도 모릅니다. 아무튼 그 이유가 무엇이었든지 간에 그는 확실히 좋은 뜻에서 그랬던 것이라고 생각했습니다.

(4) 그러나 나는 알고 싶어한 나의 문제를 그의 가슴, 당신의 거룩한 신탁(神託)[2] 앞에 내놓고 해답을 얻고자 했으나 그러한 기회를 얻지 못했습니다. 기회를 얻었을 때도 그것은 너무 짧았습니다. 내 마음속에서 들끓고 있던 여러 문제를 그 앞에 내놓고 이야기하려면 긴 시간이 필요했는데 그는 너무 바빠서[3] 나는 그러한 여유 있는 시간을 얻을 수 없었습니다. 나는 매주일 사람들에게 진리의 말씀을 바르게 전하는 그의 설교를 들었습니다. 그럴 때마다 나는 거짓말로 우리를 속인 자들(마니교도들)이 성서를 반대하기 위하여 묶어 놓았던 매듭은 풀릴 수 있다는 확신을 갖게 되었습니다.

특별히 내가 그때 깨달아 알게 된 것은 영적인 어머니가 되는 교회를 통해 당신의 은혜로 거듭나게 된 당신의 영적인 자녀들은 '사람이 당신의 형상대로 지음을 받았다' 는 말씀의 뜻을 당신도 인간처럼 육체의 제한을 받고 있다는 뜻으로 이해하지 않고 있었다는 사실입니다. 물론 나는 그

---

2) '신탁' (oraculum)이란 하나님의 뜻을 전하는 사자, 예언자, 현자, 혹은 하나님의 말씀을 의미한다.(8, 12, 29) 어거스틴은 암브로시우스 감독의 권위를 받아들이고 그를 가장 존경하는 의도에서 신탁이란 말을 그에게 적용한 것 같다.

3) 암브로시우스 감독은 자기 교구를 돌보는 일뿐만 아니라, 병자, 빈자, 고아들을 돌보아주는 일, 더욱이 콘스탄틴 황제 이후 감독들에게 부여한 사법권의 행사(재판권), 정치 문제 해결, 포로 석방을 위한 외교 때문에 무척 바쁜 나날을 보냈다. 그래서 어거스틴은 개인적으로 암브로시우스를 자주 만나지 못한 것 같다.

때 영적인 실체가 어떠한 것인가에 대해서는 조금도 알 수 없었습니다. 그러나 내가 그렇게 오랫동안 돌아다니며 소리 지르고 반대했던 것은 사실 기독교 신앙이 아니라 내 자신의 생각이 만들어 낸 허상이었다는 것을 알고 스스로 즐거워하면서도 부끄러움을 느꼈습니다. 내가 정말로 경솔하고 불경건했던 것은 애를 써서 탐구해 보려고 하지 않고 쉽게 저주해 버렸다는 것이었습니다.

당신은 가장 높이 계시면서도 가장 가까이 계시며 깊이 숨어 계시면서도 가장 뚜렷이 나타나 현존하십니다. 당신에게는 크고 작은 지체나 부분이 없으시므로 당신은 어느 특수한 공간에 제한 받음이 없이 전체로 어디에든지 존재하십니다. 당신은 우리와 같은 육체를 가지고 있지 않으시나 사람을 당신의 형상을 따라 창조하셔서 인간으로 하여금 머리부터 발까지 공간 안에 존재케 하셨습니다.

4장_ 문자와 그 정신(의미)

(5) 이렇듯 나는 '당신의 형상' 이 어떠한 모습으로 (인간 안에) 존재하고 있는지 알 수 없었습니다. 그러므로 나는 상상으로 기독교인들이 그렇게 믿을 것이라 가정하여 그것을 욕하고 반대할 것이 아니라, 그 교리를 '어떠한 의미로 믿어야 하는가?' 라는 질문을 던져 그것을 알아보려고 문을 두드려야만 했습니다. 그때 내가 과연 무엇을 확실하게 파악할 수 있을 것인가에 대한 불안감이 나의 내장을 더욱 심하게 찌르는 것이었습니다. 내가 그렇게 오랫동안 확실한 진리를 가르친다는 (마니교도들의) 약속에 속고 미혹되어 유치한 열성과 오류로 확실성 없는 것을 마치 진리인 양 계속 지껄이고 다닌 것에 대해 나는 더욱 부끄럽게 생각했습니다. 나는 나중에야 그것이 거짓임을 확실히 알게 되었습니다.

이제 내가 확실하게 알게 된 것은 그 주장이 확실한 것이 아니라는 것이었습니다. 그러나 그때는 그것이 확실한 줄 알고 맹목적으로 논쟁하기 위해 당신의 교회를 반박했습니다. 나는 아직 교회가 진리를 가르치고 있음을 알지 못했습니다. 그러나 내가 한 가지 알게 된 것은 이때까지 내가 맹렬히 반박해 왔던 것은 교회가 가르치고 있지 않았다는 것이었습니다. 이런 점에서 나는 그때 혼돈 된 상태에서 전향(회심)해 가는 과정에 있었습니다.

나의 하나님, 당신의 독생자의 몸인 그 유일한 교회는—내가 어렸을 때에 그 안에서 그리스도의 이름으로 인침을 받았던—이러한 유치한 어리석음을 받아 주지 않았습니다. 또한 당신의 교회가 건전한 교리를 가르칠 때도 만물의 창조자이신 당신은 인간의 형상과 같이 어느 공간에—그 공간이 아무리 크고 넓다고 할지라도 모든 면에서 제한되어 있으므로—제한되어 계시다고 주장하지 않았습니다. 나는 이와 같은 당신 교회의 가르침에 대해 기쁘게 생각했습니다.

(6) 내가 또한 기뻤던 것은 구약성서의 율법과 예언서를 내 앞에 놓고 읽을 때 이전에 하듯이 읽지 않고 새로운 눈으로 읽게 되었다는 사실입니다. 이전에 내가 그것을 대할 때는—당신의 성도들이 사실은 그렇게 (문자적으로) 이해하지 않았는데도 그렇게 생각했다고 상정하여—불합리한 책이라고 비난했던 것입니다. 나는 암브로시우스가 교인들에게 하는 그의 설교에서 "율법 조문은 죽이는 것이요 영은 살리는 것이니라."(고후 3:6)[4]는 성서의 본문을 성서 해석의 규범으로 삼아 강력하게 추천하는 것을 즐거운 마음으로 들었습니다. 그는 신비의 너울을 벗기어, 글자 그대로 받아들이면 불합리한 것같이 보이는 본문의 뜻을 영적(은유)으로 해석하여 주었습니다.

내가 아직 그가 말한 것이 참인가 아닌가 확실히 알지 못했어도 나로 하여금 불합리하게 여기도록 하지는 않았습니다. 나는 그때 다시 오류에 거꾸로 떨어질까 두려워 어떤 것도 긍정적으로 받아들이기를 피했습니다. 나는 이처럼 허공에 매달려 있음으로 해서 더 목 졸라 죽게 되었으니 7

4) "Lettera occidit, spiritus autem vivificat." 율법의 조문(문자)은 사람을 죽이는 것이지만 그 율법의 정신은 사람을 살리는 것임을 말한 것으로 암브로시우스 감독은 이것을 성서 해석의 방법에 적용했다. 그러므로 성서를 문자 그대로 받아들이지 말고 그 문자의 영적인 의미를 파악하라고 그는 말했던 것이다. 이러한 그의 설교가 성서를 이해하는 데서 어거스틴에게 새로운 지평을 열어 주었다.

과 3을 더하면 10이라고 확실히 알 수 있는 것처럼, 보이지 않는 것에 대해서도 그렇게 확실히 알 수 있기를 원했습니다. 물론 보이지 않는 것은 전혀 알 수 없는 것이라고 생각할 정도로 나는 어리석지는 않았습니다. 그러나 나는 내 감각에 경험되지 않는 물체이든, 혹은—내가 그때 물질적인 것으로밖에 생각할 수 없었던—영적인 존재이든 간에 이와 같이 확실하게 증명될 수 있기를 원했습니다.

내가 그때 믿기만 했으면 나는 바로 치료될 수가 있었을 것입니다.[5] 그러면 그 믿음으로 내 영혼의 눈이 밝아져 영원히 같으시고 부족함이 없으신 당신의 진리를 바라볼 수 있었을 것입니다. 그러나 그때 나는 돌팔이 의사에게 혼난 사람이 좋은 의사까지 믿기를 무서워하는 것처럼 내 영혼의 건강도 이와 같이 믿지 않고서는 치료가 되지 않을 것인데 거짓된 어떤 것을 믿게 될까 봐 치료받기를 거부했던 것입니다. 그러므로 나는 믿음의 약을 준비하시어 이 세상 모든 질병의 치료약으로 사용하사 큰 효과를 내게 하신 당신의 치료의 손을 거절한 것입니다.

5장_ 성서의 권위

(7) 그러나 그때부터 나는 기독교가 가르치는 교리를 더 좋아하기 시작했습니다. 내가 생각하기에는 아직 증명되지 않은 것을 믿으라고 할 때—그것이 증명될 수 있는 것이지만 모든 사람에게 다 증명될 수 없든지 혹은 전혀 증명될 수 없는 것을 믿으라고 하든지 간에—기독교회의 가르침이 마니교의 그것보다 훨씬 온건하고 솔직했습니다. 마니교는 믿음을 비

5) 인간은 유한하고, 미숙하고, 죄인이기 때문에 믿음이라는 권위의 인도함이 필요하다고 어거스틴은 말하고 있다. 그러나 이 믿음은 인간의 이성의 병(의심하는 병)을 치료하는 약으로서의 믿음인 것이다. 이 믿음으로 이성이 치료가 되면 이성은 눈이 밝아져 믿음이 인도하는 진리를 이해할 수 있다는 것이다. 그러므로 믿음은 이성을 배제하는 것이 아니라 오히려 이성으로 하여금 자신의 기능을 행할 수 있도록 인도해 주는 것이다. 그래서 그는 "네가 믿지 않으면 너는 알 수 없다."고 말한 것이다. (『자유의지론』 2, 2, 6)

웃고 경솔히 지식을 약속하면서도 그렇게 많은 허구와 부조리를 증명할 수 없기 때문에 믿으라고 강요했던 것입니다.

주님, 마침내 당신은 아주 부드럽고 자비스러운 손으로 나를 어루만져 내 마음을 점점 안정시켜 주었습니다. 나는 여러 가지 사물을 보지 않고도 또한 여러 가지 사건이 일어날 때 그 현장에 있지 않았어도 그것들을 믿고 있었다는 것을 생각해 보았습니다. 즉 세계 역사의 여러 가지 사건들, 내가 보지 않았던 장소나 도시에 대한 여러 가지 사실들, 또한 내 친구들, 의사들, 그 밖의 다른 사람들에 대한 여러 가지 일들을 믿지 않고서는 우리는 이 세상에서 아무것도 할 수 없다는 것을 생각해 보았습니다. 더욱이 내가 어느 부모에게서 태어났다고 하는 확실하고도 부정할 수 없는 이 사실을 내가 다른 사람이 해주는 말을 믿지 않고서는 전혀 알 수 없다는 것도 생각해 보았습니다.

이리하여 당신은 나를 설득하여 당신의 책(성서)—거의 이 땅의 모든 백성들 중에서 당신이 그토록 강한 권위로써 이룩해 놓으신 그 책—을 믿는 자들이 잘못이 아니라 믿지 않는 자들이 잘못임을 깨달아 알게 하셨습니다. 그러므로 사람들이 나에게 "어떠한 근거하에서 이 성서가 유일하시고 신실하신 하나님의 영으로 말미암아 인류에게 내려 주신 책인 줄 아는가?"라고 물어도 나는 그들에게 귀를 기울일 필요가 없다고 생각했습니다. 바로 이 점에서 나는 먼저 믿어야 했습니다. 따라서 자가당착한 철학자들의 책에서 내가 읽었던 것과 같은 여러 가지 모독적인 의문과 공격도 당신이 존재하신다는 것과—비록 당신의 본질에 대해서는 몰라도—당신이 인간의 모든 일을 다스리시고 계시다는 것을 믿는 데서 나를 흔들어 놓지는 못했습니다.

(8) 때로는 강하게, 때로는 약하게나마 당신은 존재하신다는 것과 당신은 우리를 돌보신다는 것을(히 11:6) 나는 항상 믿고 있었습니다. 물론 그때 나는 당신의 본체가 어떠하며 또한 당신에게로 가는 길, 되돌아가는 길은 어떠한 길인가에 대해서는 모르고 있었습니다. 우리가 순수 이성으로 진리를 발견하기가 너무 약하고 또한 그렇기 때문에 성서의 (인도하시는) 권위가 필요하므로, 당신은 모든 곳에서 그러한 탁월한 권위를 성서에 주

시어 우리로 하여금 그것을 통해 당신을 믿고 찾도록 하신다고 나는 믿기 시작했습니다. 이리하여 이때까지 불합리하다고 해서 내 마음에 거슬리게 보였던 성서 구절의 뜻이 합리적으로 설명해 주는 말을 몇 번 듣고 나니 영적 해석에 의해 그 신비가 드러나기 시작했습니다.

이때 나는 성서의 권위가 더 존중할 만하고 더 믿을 만하다고 생각하게 되었습니다. 그것은 성서는 누구든지 쉽게 읽을 수 있을 뿐만 아니라 그 깊은 의미 속에 심오한 신비가 감추어져 있었기 때문입니다. 또한 성서는 명백한 말과 단순한 문체로 모든 사람에게 열려 있지만 사색하는 사람들에게도 심각한 주의를 환기시켰습니다. 이렇게 함으로써 성서는 모든 사람을 그 넓은 품안으로 다 불러모아 들이고, 그 좁은 문을 통해서 소수의 사람들을 당신에게로 인도하셨습니다. 그러나 만일 성서가 권위의 최고봉에 서 있지 않든가 혹은 그 거룩한 겸손의 품안으로 많은 사람들을 이끌어 들이지 않았다면(하나님께로 인도되는) 사람들의 수는 훨씬 적었을 것입니다. 이렇게 내가 계속 생각하고 있을 때 당신은 내 곁에 계셔서 내가 쉬는 한숨을 들어 주셨습니다. 내가 흔들리고 있을 때도 당신은 나를 인도하셨고, 내가 이 세상의 넓은 길에서 방황할 때도 당신은 나를 버리시지 않으셨습니다.

6장_ 헛된 행복의 추구(명예와 돈과 결혼)

(9) 그때 나는 명예와 부(돈)와 결혼을[6] 열망하고 있었고, 당신은 나를 보고 웃고 계셨습니다. 이러한 욕구를 추구해 나갈 때 나는 아주 쓰디쓴 곤경을 당해야 했습니다. 그러나 당신의 자비는 그 곤경을 통해 크게 역사하셔서 내가 당신 아닌 다른 것에서 만족감을 느끼지 못하게 하셨습니다.

6) 어거스틴은 명예와 돈과 결혼을 행복의 조건이라고 추구하고 있었다. 그는 이것을 다른 말로 권력욕(libido dominandi 혹은 교만, superbia), 탐욕(avaritia), 정욕(concupiscentia)이라고 바꾸어 말하기도 한다. 이 세 가지 욕망은 인간을 사로잡아 노예로 만드는 쇠사슬이기도 하다. 현대 말로는 권력(power), 돈(money), 성(sex)이다. 그러므로 이 셋은 행복의 조건이라고 보기보다는 죄의 세 가지 양태로 보는 것이 나을 것이다. 참고: 선한용, 『시간과 영원』, 제13장, 172－188.

오, 주님, 내 마음을 굽어살피소서. 당신이 나로 하여금 이것들을 기억하게 하여 당신께 고백하게 하소서. 당신이 내 영혼을 저 강한 죽음의 덫에서 벗어나게 해주셨으니 이제 내 영혼이 당신에게만 굳게 의존해 있게 하소서. 그때 내 영혼이 얼마나 불행했습니까? 그러나 당신은 내 영혼의 아픈 상처를 찔러 모든 것을 버리고 당신께 돌아가게 하셨습니다. 당신은 모든 것을 초월해 계시지만 당신 없이는 모든 것이 존재할 수 없사오니 이제 내 영혼이 당신께 돌아가 고침을 받기 원합니다.

나는 정말 불행했습니다. 당신은 어느 날 내가 얼마나 불행한가를 깊이 느끼도록 하셨습니다. 나는 그날 황제[7]를 찬양하는 연설을 준비하고 있었습니다. 나는 그 연설에서 많은 거짓말을 해야 되었고 내가 거짓말을 하고 있음을 뻔히 알면서도 많은 사람들은 그 거짓말에 박수 갈채를 보내야 했습니다. 그때 내 마음은 그것에 대한 염려에 사로잡혀 있었고 초조한 생각으로 열이나 뒤끓고 있었습니다. 나는 그날 밀라노의 한 거리를 지나다가 불쌍한 거지 한 사람을 보았습니다. 그는 술에 아주 취해서 웃으며 농담을 하고 있었습니다.

그 광경은 나를 우울하게 만들었습니다. 나는 긴 한숨을 쉬면서 내 주위에 있는 친구들에게 우리 자신들의 어리석음에 대하여 말을 했습니다. 나는 욕심의 박차 아래서 내 불행의 짐을 끌고 가는 데 모든 노력을 다했습니다. 그러나 그 짐을 끌고 가면 갈수록 그것은 무거워지는 것뿐이었습니다. 결국 우리의 모든 노력의 목적은 행복한 상태에 도달하고자 하는 것인데 저 거지는 이미 우리보다 먼저 그 경지에 이르렀으나 우리는 그 곳에 결코 이르지 못할 것 같았습니다. 그가 몇 푼의 돈을 구걸하여 얻은 그 일시적인 행복감을 나도 맛보려고 꼬불꼬불 구부러진 길을 헤매며 많은 고난을 겪어야 했습니다. 물론 그가 소유한 행복은 참 행복이 아니었습니다. 그러나 내 욕심이 찾고 있었던 행복은 훨씬 더 거짓된 것이었습니다.

어쨌든 그는 확실히 명랑했었고 나는 불안해 했습니다. 그는 근심이 없어도 나는 두려움에 가득 차 있었습니다. 그때 누가 나에게 즐거운 것이 좋으냐 두려운 것이 좋으냐고 물었다면 물론 나는 즐거운 것이 좋다고

7) 황제는 발렌티니아누스 2세를 말함. 때는 384년 11월쯤 된다.

대답했을 것입니다. 그러나 다시 나에게 저 거지처럼 되겠느냐 아니면 네가 살아왔던 대로 있겠느냐고 물었다면 근심과 두려움이 있어도 나 자신대로 남아 있기를 선택했을 것입니다. 그러나 이것은 거짓된 선택이 아니겠습니까? 그러한 비교가 적절합니까? 내가 학식이 좀 있다고 해서 그보다 더 낫다고 생각해서는 안 될 것입니다. 그것은 학식으로 내 마음이 기쁘게 되지 않기 때문입니다. 오히려 나는 학식의 자랑으로 사람들을 즐겁게 해주려고만 했습니다. 즉 사람들을 가르치려고 하기보다는 즐겁게 해주려고 하는 것뿐이었습니다. 그러므로 당신은 징계의 채찍으로 나의 뼈를 부수어 주셨습니다.

(10) 사람들이 나에게 말하기를 '인간이란 어떤 대상에서 행복을 찾느냐에 따라 큰 차이가 난다. 저 거지는 술 취하는 데서 행복을 찾았고, 너는 영광을 획득하는 데서 네 행복을 찾는다' 고 한다면 내 영혼으로 하여금 그런 사람들의 말을 듣지 말게 하소서. 주여, 무슨 영광을 내 영혼이 찾고 있었습니까? 그것은 당신 안에 있는 영광이 아니었습니다. 그러므로 그 거지의 즐거움이 참 즐거움이 아니었던 것처럼, 내가 찾는 영광도 참 영광이 아니었습니다. 이러한 영광의 추구는 더욱더 내 머리를 어지럽게 만들었습니다. 그 거지는 그날 밤 바로 그 술에서 깨어 제정신을 찾았을 것입니다만 나는 내 문제를 안고 매일 밤 자고, 매일 아침 일어나며, 또 계속하여 자고 일어나 매일매일을 그렇게 지내는 것이었습니다.

진실로 인간이 어디서 행복을 찾느냐에 따라 큰 차이가 생깁니다. 나는 이것을 알고 있었습니다. 신실한 소망에서 오는 기쁨과 내가 추구하고 있는 헛된 영광 사이엔 비교할 수 없는 차이가 있었습니다. 또한 그 거지와 나 사이에는 다른 차이가 있었습니다. 확실히 그는 나보다 행복한 사람이었으니 내가 근심으로 속을 태우고 있을 때 그는 즐거움에 넘쳐 흘렀고, 내가 거짓말을 하여 헛된 영광을 찾고 있을 때, 그는 지나가는 사람들에게 복을 빌어 주고 술을 얻어먹을 수 있었기 때문입니다. 그때 나는 내 친한 친구들에게 이러한 나의 느낌에 대하여 여러 번 말을 했습니다. 내가 알게 된 것은 그들도 나와 같은 상태에 있었다는 것입니다. 나는 내가 잘못되어 간다고 생각하며 몹시 슬퍼했고, 그 슬픔과 함께 내 불행은 배나 악화되어 갔습니다. 혹시 우연히 행운이 나에게 찾아왔다 해도 나는 그것을 붙잡고 싶지 않았습니다. 왜냐하면 행운이란 내가 그것을 붙잡으려고 하자마자 날아가 버리고 말기 때문이었습니다.

7장_ 타가스테의 알리피우스

(11) 서로 친하게 같이 살았던 우리들은 이런 생각을 하면서 괴로워했습니다. 나는 특히 이런 문제에 대하여 알리피우스(Alypius)[8]와 네브리디우스(Nebridius)[9]와 함께 속을 터놓고 이야기했습니다. 알리피우스는 나의 동향 태생으로 그의 부모님은 그 도시의 상류층에 속에 있었습니다. 그는 나보다 나이가 어렸고, 내가 고향에서 가르치기 시작했을 때와 후에 카르타고에서 가르치고 있을 때 내 밑에서 공부를 했습니다. 그는 내가 착하고 학식이 있게 보인다 해서 나를 퍽 좋아했고, 나도 그와 같은 젊은 사람이 뛰어난 덕성의 소질을 가지고 있었기에 그를 좋아했습니다. 그러나 그는 하찮은 구경에 열을 올리는 카르타고 사람들의 나쁜 관습의 소용돌이에 휘말려 들어가게 되었고, 특히 원형극장에서 행해진 투사 경기에 미쳐 거기에만 열중했습니다. 그가 한참 이 유행에 빠져 비참하게 헤어나지 못하고 있을 때 나는 카르타고에 있는 학교에서 수사학을 가르치고 있었습니다.

그러나 그때 그는 그의 아버지와 나 사이에서 어떤 불편한 관계가 있어서 나에게서 공부를 배우지 않고 있었습니다. 그가 원형극장에 아주

8) 알리피우스는 어거스틴의 동향인이요, 제자였다. 그는 어거스틴의 권유로 마니교에 빠졌었고 어거스틴과 함께 밀라노에 있다가 같이 기독교 신앙으로 회심한 자이다. 그는 북아프리카로 같이 귀환하여 수도생활을 같이하다가 394−395년경에 어거스틴보다 먼저 타가스테의 감독이 된 자이다. 그는 끝까지 어거스틴과 함께 북아프리카의 교회를 위해 활동한 자였다.

9) 네브리디우스는 본래 카르타고 출신으로 어거스틴을 따라 밀라노에 와 있었다. 그도 마니교를 신봉했으나 어거스틴이 회심한 후에 기독교로 개종했다. 어거스틴의 일행이 타가스테로 돌아갈 때 그는 집안 형편 때문에 카르타고에 머물러 자기 온 집안을 기독교 신앙으로 인도했다. 그는 어거스틴과 계속 서신교환을 했으며, 어거스틴의 아들 아데오다투스가 죽은 같은 해(390년)에 세상을 떠났다. 참고: **고백록** 9, 3, 6.

미쳐 있었던 것을 알고 나는 몹시 슬퍼했습니다. 왜냐하면 내가 그에게 걸었던 큰 희망을 그는 이미 내버렸거나 아니면 내던질 것 같아서였습니다. 그렇지만 나는 그를 충고하거나 그의 행동을 제지할 수 있는 우정의 친절함이나 선생의 권위나 어떠한 방법도 가지고 있지 않았습니다. 그 이유는 그가 나에게 갖고 있었던 감정은 그의 아버지가 갖고 있었던 감정과 같다고 나는 생각하고 있었기 때문입니다. 그러나 사실은 그렇지 않았습니다. 그는 자기 아버지의 감정에 영향받지 않고 나를 만나면 인사를 했고 때로는 학교에 와서 내 강의를 듣고 가기도 했습니다.

(12) 그때 그가 쓸데없는 경기에 지각없이 열정을 쏟다가 자신의 좋은 재능을 낭비하지 않도록 주의를 주는 것을 나는 깜빡 잊고 있었습니다. 오, 주님, 그러나 모든 것을 창조하시고 다스리시는 당신은 장차 당신의 자녀의 일원으로 당신의 성례를 집행하는 감독이 될 그를 잊지 않으셨습니다. 그리고 당신은 나도 모르게 나를 통하여 그를 회개시켰사오니 이는 그의 회개가 오로지 당신이 하시는 일임을 드러내기 위함이었습니다.

어느 날 내가 보통 하듯이 학생들 앞에 앉아서 강의를 하고 있을 때 알리피우스가 들어와 인사를 하고 앉아서 내가 가르치고 있는 내용에 주의를 쏟고 있었습니다. 마침 그때 나는 어떤 책의 구절을 읽고 설명하려고 하던 중이었습니다. 그것을 잘 설명하려고 하던 중 우연히 경기 관람에 관계되어 있는 비유가 머리에 떠올랐습니다. 나는 학생들에게 더 흥미 있고 확실하게 이해시키기 위하여 또한 경기에 미친 사람들을 좀 비웃기 위하여 그 비유가 적절하다고 생각했습니다.

우리들의 하나님, 그때 내가 알리피우스의 병을 고쳐 줄 것이라고는 조금도 생각을 못했습니다. 그런데 그는 내가 한 말을 자신에게 적용시켜 내가 그 누구도 아닌 그 자신을 위해 던진 말로 믿고 받아들였습니다. 어떤 사람은 그 말을 듣고 나를 욕했을 텐데 이 솔직한 젊은이는 이 말을 자기를 꾸짖고 나를 더 좋아하는 이유로 삼았습니다. 당신은 오래 전에 "지혜 있는 자를 책망하라, 그가 너를 사랑하리라."(잠 9:8)고 말씀하셨고 그것을 당신의 책에 기록하게 하셨습니다. 사실 나는 그를 책망하지 않았습니다. 그러나 사람들이 알든지 모르든지 당신만이 아시는 그 옳은 방법과 질서를 따라서 모든 사람을 이용하시는 당신은 나도 모르게 내 마음과 혀를 뜨거운 숯불이 되게 하사 장래가 촉망되는 그의 마음을 태워 병을 고쳐 주셨습니다.

내 골수로부터 고백하는 당신의 자비를 생각하면 누가 감히 당신을 찬양하지 않을 수 있습니까? 알리피우스는 내 말을 듣자마자 비참한 쾌락에 유혹되어 스스로 좋아서 뛰어들어갔던 함정에서 뛰쳐나왔습니다. 그리고 그는 굳은 절제의 힘을 발휘하여 자기의 마음을 붙들고 흔들어 온갖 더러운 투기적 오락경기를 떨쳐 버렸습니다. 그 후 그는 다시 그런 짓에 가까이 하지 않았습니다. 그는 또한 그가 내 밑에서 공부하는 것을 싫어하는 아버지를 설득했습니다. 아들의 간청에 아버지는 마침내 이를 승낙하여 알리피우스는 또 다시 내 학생이 되었습니다. 그러나 그는 나와 함께 같은 미신에 관여하게 되었습니다. 그는 마니교도들이 겉으로 행하는 그럴듯한 금욕(절제) 생활의 덕을 좋아했고 또한 그것이 참되고 순수한 것인 줄로 생각했습니다. 그러나 그러한 금욕 생활은 아직 참다운 덕의 깊이를 깨닫지 못한 영혼들, 거짓 되고 피상적인 덕의 외모에 쉽게 속아넘어가는 귀한 영혼들을 함정에 빠뜨렸습니다. 그것은 진실로 어리석고 유혹적인 금욕 생활이었습니다.

8장_ 투사 경기에 다시 빠진 알리피우스

(13) 그러나 알리피우스는 그의 부모님이 항상 그에게 권고했던 세상의 출세를 버리지 못해 법률을 공부하러 나보다 먼저 로마로 떠났습니다. 거기서 그는 또 다시 믿을 수 없을 정도의 열정으로 투사 경기에 휘말려 들어가고 말았습니다. 그는 처음에 그러한 경기를 아주 반대했고 그것을 구경하는 것조차 싫어했습니다. 그러나 그러한 잔인 무도한 경기가 벌어지고 있는 어느 날 그는 점심을 먹고 돌아오는 몇몇 친구들과 학우들을 우연히 만나게 되었습니다. 그들은 강력하게 반대하고 저항하는 그를 친절한 폭력을 써서 억지로 원형극장에 이끌고 갔습니다. 알리피우스는 끌려가면서 그들에게 이렇게 말했습니다. "너희들이 내 몸을 거기에 끌고 가서 앉

게 한다 하더라도 결코 내 마음과 눈을 강제로 그 경기에 향하게 하지는 못할 것이다. 그러므로 나는 그 곳에 있으면서도 실은 그 곳에 있지 않는 것과 같으니 너희들을 이겨 그 경기를 보지 않을 것이다."

그들은 이 말을 듣고도 알리피우스를 끌고 들어갔으니 아마 그가 말했던 대로 하는가 보기 위함이었을 것입니다. 그들이 원형극장에 들어가 자리를 찾아 앉았을 때 온통 그 장소가 비인간적인 잔인성으로 홍분되어 있었습니다. 그러나 알리피우스는 두 눈을 딱 감고 자신의 마음이 그러한 사악한 광경에 향하지 않도록 주의하고 있었습니다. 그가 자기의 귀까지 막았더라면 더 좋을 뻔했습니다. 때마침 그 칼싸움에서 한 사람이 피 흘리며 쓰러지자 관중들은 고함을 질렀고 그 소리는 그의 귀를 때려 그를 온통 호기심에 사로잡히게 했습니다. 그는 무엇을 보든지 간에 그것을 무시하고 극복할 수 있다고 자신하고 눈을 떴습니다. 그러나 그는 자기가 눈을 떠서 보려고 했던 그 쓰러진 사람의 육체적 상처보다 더 큰 상처를 자기 영혼에 받았던 것입니다.

그는 그 고함 소리를 내게 했던 그 투사의 넘어짐보다 더 비참하게 쓰러져 넘어졌습니다. 그 고함 소리는 그의 귀로 들어가 그의 눈을 뜨게 했고 마침내 그의 영혼을 쳐 넘어뜨렸으니 그의 영혼은 용감했다기보다 뻔뻔스러웠습니다. 그의 혼이 이렇게 더 약하게 된 것은 당신을 의지하지 않고 자신의 힘을 믿었기 때문입니다. 그는 피를 보자마자 야만인처럼 그것을 들이마신 듯했고 그 광경을 외면하기보다는 그것을 쏘아보았습니다. 그는 자기도 모르게 열광의 술을 마시어 그 사악한 투쟁을 즐기게 되었고 나중엔 잔인한 쾌락에 취하게 되기까지 했습니다. 이제 그는 그 곳에 들어올 때의 자신이 아니었고, 그 곳에 온 관중의 하나가 되었으며, 그를 이끌고 온 자들의 진정한 동지가 되었습니다. 내가 이 이상 무엇을 더 말할 수 있겠습니까?

그는 구경을 하다가 소리를 지르며 홍분하게 되었습니다. 그가 그 자리를 떠나도 그 홍분은 그를 떠나지 않아 그를 다시 그 곳으로 오게 유인했습니다. 그가 다시 그 자리에 올 때는 처음에 그를 이끌고 갔던 자들과 함께 올 뿐만 아니라 그들보다 먼저 오기도 했습니다. 또한 그는 다른 사람들을 충동질하여 끌고 오기까지 했습니다. 그러나 당신은 아주 강하고 자비스러운 손을 들어 그를 이 함정에서 건져내어 자신을 신뢰하지 않고 당신만을 의지하도록 가르쳐 주셨습니다. 물론 이 일은 훨씬 후에야 이루어졌습니다.

9장_ 도둑으로 오해받을 뻔했던 알리피우스

(14) 그러나 이 모든 것은 그의 기억에 간직되어 장차 그를 치료하는 좋은 약이 되었습니다. 그가 아직 카르타고에서 내 학생으로 있었을 때 또 하나의 사건이 일어난 적이 있었습니다. 그는 어느 날 정오에—학생들이 보통 연습을 위하여 하던 습관을 따라—광장에 가서 자기가 암기해서 말해야 할 구절들을 깊이 생각하고 있었습니다. 그때 당신은 그가 도둑으로 오해받아 그 광장에서 체포되도록 허락하셨습니다. 오, 우리 하나님, 당신이 이를 허락하심은 장차 크게 될 알리피우스가 사람을 판단할 때 남의 말을 경솔히 믿고 쉽게 정죄해서는 안 된다는 것을 배우게 하신 것으로 생각합니다.

그가 손에 서판(書板)과 펜을 들고 홀로 재판소 앞을 왔다 갔다 거닐고 있었을 때 한 청년이—그는 학생이었는데 실은 그가 진범이었습니다—알리피우스 모르게 도끼를 품고 은행 건물 창살(납으로 된)에까지 가서 그 창살을 잘라 내기 시작했습니다. 이 도끼 소리를 듣고 은행 건물 밑에 있던 사람들은 조용히 서로 의논한 후 사람들을 밖으로 보내어 누구든지 발견하는 대로 잡아오라고 했습니다. 그 도둑은 그 안에서 속삭이는 소리를 듣고 잡히지 않도록 도끼를 내버리고 달아났습니다. 이제 알리피우스는 그 도둑이 그 쪽으로 들어간 줄 몰랐으므로 급히 어떤 사람이 뛰어 나오는 것을 어렴풋이 보고는 이상하게 여겨 현장에 가보았습니다. 그는 그 곳에 내버려둔 도끼를 보고 집어들고는 무슨 일인가 하고 의아하게 생각했습니다. 그때 그 곳에 쫓아온 사람들은 홀로 도끼를 손에 들고 서 있는 청년 하나를 발견하게 되었습니다. 도끼 소리에 놀라 쫓아온 사람들인 만큼, 도끼를 들고 있는 사람을 보자 그들은 그를 바로 붙잡았습니다. 그리고 그들은 마치 범인을 현장에서 잡은 것처럼 그 곳에 몰려든 광장의 주민들에게 뽐

내 말하면서 그를 끌고 재판관에게 갔습니다.

(15) 이제 알리피우스가 어떻게 해야 한다고 가르쳐 줄 필요가 없었습니다. 오, 주님, 그것은 당신이 유일한 증인으로 오셔서 그가 무죄함을 증명하셨기 때문입니다. 그들이 알리피우스를 끌고 감옥 아니면 고문을 하러 가는 길에 우연히 공공건물을 맡아서 관리하는 한 건축설계사를 만나게 되었습니다. 그들은 그를 보고는 대단히 기뻐했습니다. 왜냐하면 그 광장에서 물건이 도난당하면 언제나 그 사람은 그들을 의심하곤 했기 때문입니다. 그들은 이제 누가 정말 범인인가를 그에게 보여 줄 수 있다고 생각했던 것입니다. 그런데 그 건축 설계사는 자주 원로인의 집에 드나드는 사람으로 그 곳에서 여러 번 알리피우스를 만나 본 일이 있었습니다. 그가 알리피우스를 바로 알아보고는 그의 손을 잡아 사람들에게서 그를 떼어놓았습니다. 그리고 알리피우스에게 무슨 일로 이렇게 되었는지 그 이유를 물어 보았습니다. 그가 내용을 다 들은 다음 흥분과 협박의 분위기 속에 싸여 있는 사람들에게 따라오라고 명했습니다.

그들은 모두 그 일을 저지른 청년의 집에 가게 되었습니다. 그 집 문 앞에는 한 노예 소년이 서 있었는데 나이가 너무 어려서 자기가 말하면 자기 주인에게 해로울 것이라는 두려움도 없이 사실을 본 그대로 말할 아이였습니다. 그 노예 소년은 그의 주인을 따라 광장에 왔었습니다. 알리피우스는 그 소년을(은행의 창살을 자른 청년과 함께 있었음을) 바로 알아보고는 건축 설계사에게 말해 주었습니다. 건축 설계사는 그 소년에게 도끼를 보여 주면서 누구의 것이냐고 물었습니다. 그 소년은 바로 "우리의 것" 이라고 대답하면서 물어 본 대로 모든 것을 다 이야기했습니다. 이리하여 범죄가 그 집주인에게로 돌아가 알리피우스를 범인처럼 취급했던 무리들은 부끄러움을 당하고 말았습니다. 그러나 미래에 당신의 말씀의 종이 되어 당신 교회에서 많은 일들을 처리 판단할 알리피우스는 이 경험을 통해 더 지혜롭게 되어 집으로 돌아갔습니다.

10장_ 뇌물을 물리친 알리피우스와 진리를 추구했던 네브리디우스

(16) 내가 로마에 왔을 때 그 곳에서 알리피우스를 다시 만나게 되었습니다. 그는 몹시 나를 좋아하여 우리는 친근하게 지냈으므로 내가 밀라노로 갈 때 나를 따라왔습니다. 그는 나를 떠나 있기 싫어했고 또한 자기가 공부한 법률 사무를 거기서도 해볼까 하는 생각으로 그리한 것입니다. 법률 사무란 자기가 원했기보다는 자기 부모님들의 원이었던 것입니다. 그는 이미 세 번이나 배석 판사로 있을 때 뇌물을 받지 않은 정직한 사람으로 알려져 많은 사람들이 그를 이상하게 생각했습니다. 그러나 그는 사람들이 정직보다 금을 더 좋아한다는 것을 오히려 이상하게 생각했습니다. 왜냐하면 그는 이미 탐욕의 유혹과 공포의 위협으로 시련을 겪은 뒤였기 때문입니다.

그가 로마에서 이탈리아 재무상의 보좌관으로 있을 때였습니다. 거기에 대단히 유력한 원로원의 한 원로가 있었는데 많은 사람들이 그에게 은혜를 입었고 또한 그를 두려워하는 처지였습니다. 보통 그러하듯이 대단한 영향력을 가지고 있었던 그 원로는 법이 허락하지 않는 이런저런 일들의 특혜를 알리피우스에게 요청하는 것이었습니다. 알리피우스는 그의 요청을 거절했습니다. 그 원로가 뇌물을 그에게 약속했습니다. 그때 그는 이것을 웃으며 무시해 버렸습니다. 이렇듯 여러 방법으로 남을 돕기도 하고 해치기도 하는 저 유명한 원로의 친절함도 바라지 않았고 원수 됨도 두려워하지 않았던 알리피우스의 비상한 성격에 모든 사람은 놀랐습니다. 그가 보좌해 주는 재무상도 그러한 특혜를 주는 데 반대했으나 공개적으로 그 요청을 거절하지 못하고 알리피우스에게 책임을 미루면서 알리피우스가 그런 일을 못하게 한다고 말했던 것입니다. 사실인즉 만일 그 재무상이 그 원로의 요청에 굴복했다면 알리피우스는 그 자리를 사임했을 것입니다.

그러나 그는 학문을 사랑하는 이유 때문에 시험에 들 뻔했던 일도 있었습니다. 즉 자기 개인을 위해 책의 사본을 만들 때(정부의 것을 만들

때처럼) 특별 공정 가격으로 돈을 지불하고 싶었습니다. 그러나 정의의 원리를 고려하여 좀더 올바른 길을 택하기로 결심한 것입니다. 그리하여 그는 결론 내리기를 그를 금하는 공평성이 자신의 직책이 부여하는 특권보다 더 유익(중요)하다고 생각했습니다. 이것은 사소한 것이었습니다만 작은 일에 충성한 사람이 큰 일에도 충성함(눅 16:11)을 말해 주는 것이었습니다. 그러므로 당신의 진리의 입에서 나오는 말씀, 즉 "너희가 만일 불의한 재물에도 충성하지 아니하면 누가 참된 것으로 너희에게 맡기겠느냐 너희가 만일 남의 것에 충성하지 아니하면 누가 너희의 것을 너희에게 주겠느냐"(눅 16:11-12)의 말씀은 참된 것이었습니다. 알리피우스는 내가 기록한 대로 그러한 인물이었습니다. 그는 나의 가까운 친구였고, 그도 역시 어떠한 인생의 항로를 택할 것인가에 대해 나처럼 방황하고 있었습니다.

(17) 그때 네브리디우스도 우리와 함께 있었습니다. 그는 카르타고 근방에 있는 자기의 고향, 자기가 오래 살았던 카르타고, 자기 아버지의 많은 토지와 집, 그리고 같이 오시기를 거절하신 어머니를 뒤에 두고 밀라노에 왔었습니다. 그가 밀라노에 온 것은 나와 같이 살면서 진리와 지혜를 탐구할 목적 이외에는 아무것도 없었습니다. 그는 열심히 행복한 생을 추구하고 우리를 번민케 하는 여러 가지 어려운 문제를 예리하게 분석하면서 나와 함께 한숨쉬고 나와 함께 방황했습니다. 그러므로 굶주린 세 사람의 입이 서로 자신들의 배고픔을 이야기했고 때를 따라 저들에게 음식을 주시는 당신(시 145:15)을 기다리고 있었습니다.

우리는 세상일을 추구할 때 꼭 함께 따르는 좌절감을 느끼며—이것도 당신의 자비가 하신 일이었습니다만—그렇게 괴로움을 당하는 이유를 알고자 했습니다. 그러나 어둠이 눈앞을 가리고 있었기 때문에 우리는 되돌아서서 신음하며 서로 탄식하기를 "언제까지 이러한 상태가 계속될까?" 말했던 것입니다. 우리는 자주 이런 말을 했습니다. 그러나 우리는 그렇게 말하면서도 세상을 따르는 일을 버리지 못했습니다. 왜냐하면 그것들을 버릴 때 우리가 꽉 붙들 수 있는 확실한 진리를 아직 보지 못했기 때문입니다.

11 장_ 어거스틴의 자기 성찰

(18) 나는 열아홉 살 때 처음으로 지혜에 애정을 느껴 그것을 찾기만 하면 헛된 희망과 거짓된 욕심을 버리기로 결심까지 했습니다. 그러나 그때부터 얼마나 많은 세월이 흘렀는가를 기억하면서 내 과거의 생을 돌아보니 나는 스스로 이상한 생각이 들었습니다. 이제 나이 삼십이 되어 가는데 나는 아직도 항상 지나가면서 내 힘을 탕진시키는 현재의 낙을 즐기려고 같은 진흙탕에 깊이 빠져 남아 있었습니다. 나는 다음과 같은 독백을 했습니다.

'내일이면 그것을 찾게 되겠지! 그러면 그것이 나에게 분명해질 것이요, 나는 그것을 확실히 붙잡을 수 있을 것이다. 그래 파우스투스가 와서 모든 것을 설명해 준다고! 오, 위대한 아카데미 철학자들이여, 이 세상에서는 정말 인생의 방향을 정해 주는 확실한 근거가 없단 말인가? 그렇지 않다. 우리는 그것을 더 열심히 탐구해야지 절망하면 안 된다. 보라, 전에 부조리하게 보였던 교회 서적들(성서)도 지금은 부조리하게 보이지 않는구나. 그것은 달리 혹은 합리적으로 해석될 수 있을 것이다. 그러므로 내가 진리를 명확히 발견할 때까지 어릴 때에 부모님이 나를 세워 주신 그 곳에 서 있겠다. 그러면 그것을 어디서 언제 찾는다는 말인가? 암브로시우스는 바빠서 시간이 없고 나 역시 바빠서 독서할 시간이 없구나. 내가 필요한 책은 어디서 구할 수 있을까? 언제, 어디에 가서 그러한 책을 구입할 수 있을까? 누구에게서 그러한 책을 빌린단 말인가? 내 영혼의 건강을 위하여 일정한 시간과 때를 배정해야 하겠다.

이제 우리에게 큰 희망이 떠오르기 시작하는구나. 기독교 신앙은 우리가 그러리라고 생각했던 것처럼 또는 우리가 공연히 비난했던 것과 같은 그러한 교리를 가르치지 않으니 말이다. 교회의 (신)학자들도 하나님을 인간 육체의 형상과 같이 제한받고 있는 존재로 생각하는 것을 신성 모독으로 보고 있다. 그러므로 모든 난문제를 이해할 수 있는 문들이 우리에게 다 열리도록 문 두드리기를(마 7:7) 주저하지 말자. 자, 오전 시간은 내 학생들을 위하여 쓴다 하자. 그러면 나머지의 시간은 무엇을 하면서 보낼까? 왜 문을 두드리는 데 쓰지 않을까? 만일 나머지 시간을 그렇게 쓴다면 나를 후원해 줄 영향력 있는 친구들을 언제 가서 만난다는 말인가? 학생들이 사서 공부하게 될 수사학 교재는 언제 준비할 것인가? 언제 나는 업무에 시달려 스트레스를 받고 있는 내 마음을 쉬게 하여 소생시킬 수 있을까?

(19) '그러한 생각은 없애 버려라. 그러한 부질없는 사소한 것은 깨끗이 잊어버리고 진리를 추구하는 데만 내 마음을 다 바치자. 인생이란 비참한 것이요, 우리의 죽음은 언제 찾아올지 모른다. 만일 죽음이 갑자기 덮쳐 오면 나는 어떤 상태에서 이 세상을 떠나게 될까? 이 세상에서 게을러 배우지 못한 것은 어디 가서 배울 수 있을까? 오히려 이 세상에서 게을렀던 탓으로 나는 벌을 받게 되지 않을까? 만일 죽음이 인간의 모든 걱정과 감정을 종식시키는 것이라고 생각해 보면 어떠할까? 그렇다면 이것 역시 탐구해 봐야 할 것이다. 그러나 그렇지는 않을 것이다. 기독교 신앙의 권위가 온 세계에 이렇게 탁월하게 전파되어 있음은 무의미하거나 근거 없는 것은 아닐 것이다. 만일 인간의 혼이 육신의 죽음과 함께 끝난다면 하나님이 우리를 위하여 그렇듯 위대한 일을 하시지 않으셨을 것이다. 그렇다면 왜 내가 세상의 희망을 딱 끊고 내 자신을 하나님께 온전히 바쳐 행복한 생을 추구하는 데 주저하고 있을까?

그러나 잠깐 기다려 보아라. 이 세상의 것도 우리를 즐겁게 해주고 있다. 그것도 그 자체에 어떤 달콤한 맛(매력)을 갖고 있으니 결코 소홀히 여길 것이 못 된다. 그러므로 그것을 쉽게 버려서는 안 될 것이다. 그것을 버린 후 다시 찾게 되면 더 부끄러운 일이 될 것이다. 보라, 이제 나에게는 명예의 자리를 얻는 것이 대단히 중요하다. 그 이상 내가 바랄 것이 무엇인가? 나에게 유력한 친구들이 많으니 그들에게 강요하지 않더라도 도지사 자리쯤이야 쉽게 딸 수 있을 것이다. 그러면 돈 많은 여자와 결혼할 수 있어서 우리들의 경제적 부담이 적어질 것이요, 나의 욕망은 채워지겠지.[10] 세상에는 우리가 본받을 만한 위대한 인물들이

많이 있는데 그들도 결혼 생활을 하면서 지혜를 헌신적으로 추구했던 사람들이 아닌가?'

(20) 내가 이렇게 독백을 할 때 불확실한 바람은 방향을 바꾸어 가면서 불어 내 마음을 이리저리 흔들어 놓았습니다. 그러한 동안 시간은 흘러가고 나는 주께 전향하기를 미루고 있었습니다. 매일매일 나는 '당신 안에서 사는 삶' 을 연기해 가고 있었으나 '내 안에서 매일 죽고 있는 나의 죽음' 은 연기하지 못하고 있었습니다. 나는 행복한 삶을 갈망하면서도 그것이 있는 자리만은 아직도 두려워하고 있었으니 나는 사실 행복한 삶은 피하면서 그것을 찾고 있었습니다. 그때 나의 생각에는 내가 만일 여자의 포옹에서 거절당한다면 너무나 비참한 존재가 될 것이라고 여겼던 것입니다. 그래서 그 연약함을 치료하시는 당신의 자비의 약을—그것을 먹어 보지 못한 탓으로—나는 생각해 보지 못했습니다. 이처럼 나는 어리석어서 성서에 기록된바 당신이 주시지 않으시면 아무도 절제를 행할 수 없다(솔로몬의 지혜서 8:21)는 말씀을 이해하지 못하고 있었습니다. 내가 마음의 탄식으로 당신의 귀를 두드려 확고한 신앙으로 내 모든 근심을 당신께 맡겼다면 당신은 그 절제력을 나에게 꼭 주셨을 것입니다.

12장_ 독신과 결혼 생활

(21) 내가 결혼하면 안 된다고 적극 반대한 사람은 알리피우스였습니다. 그의 생각에는 내가 결혼을 하면 우리가 서로 같이 살기도 불가능하고 또한 우리가 오랫동안 원했던 대로 헷갈림 없이 지혜를 추구하는 한가한 시간을 갖지 못한다는 것이었습니다. 이미 그때에도 그는 엄격한 절제생활을 하고 있어서 나에게는 하나의 큰 경이가 아닐 수 없었습니다. 사실 그는

10) 어거스틴이 행복(성공)의 조건이라고 생각한 것은 이미(6, 6, 9) 언급된 "명예와 돈과 결혼" 이었다. 그러므로 그가 희망한 것은 도지사 자리를 획득한 것이었다. 그러면 돈 많은 여자와 결혼하게 되어 명예와 돈과 결혼에 대한 욕구가 다 충족되어 행복하게 될 것이라고 그는 생각한 것이다.

청년기에 들어서면서 성 관계의 경험을 가지고 있었으나 계속 그것에 사로잡혀 있지는 않았습니다. 오히려 그는 그것을 후회하고 되돌아서서 그후부터 지금까지 엄한 절제 생활을 해온 사람이었습니다. 나는 예를 들어 세상에는 결혼을 했어도 지혜를 사랑하고 하나님을 기쁘시게 하며 자기들의 친구들을 믿고 사랑했던 사람들이 있다고 말하면서 그의 논증을 반박했습니다. 물론 나는 이와 같은 영혼들의 고귀함에 전혀 미치지 못한 자였습니다.

나는 육욕의 질병에 걸려 있었고 그 치명적인 쾌락의 쇠사슬에 얽매여 그것을 이리저리 끌고 다녔습니다. 그러나 나는 그 병에서 풀려나기를 두려워했습니다. 내 아픈 상처를 건드릴까 봐 쇠사슬에서 나를 풀어 주려는 손을 거절한 것처럼, 나는 알리피우스의 현명한 충고를 거절했습니다. 더구나(유혹하는) 뱀이(창 3:1) 나를 통해 알리피우스에게 말했으니 그 뱀은 내 혀를 통해 쾌락의 올가미를 만들어 알리피우스가 다니는 길에 펼쳐 놓았습니다. 그것은 그의 고귀하고 자유스러운 발목이 거기에 걸려 넘어지도록 하기 위함이었습니다.

(22) 알리피우스는 자기가 그렇게 높이 평가하고 있던 내가 성적 쾌락에 밀착되어 있어—우리가 그 문제에 대하여 말을 할 때마다—독신생활은 결코 할 수 없다고 말하는 것을 듣고 놀랐습니다. 나는 그가 그렇게 놀라는 것을 보고 나 자신을 변명하는 뜻에서 말하기를 그의 성적 경험은 한때 잠깐 동안 은밀히 맛본 것이었기 때문에 그것을 지금은 거의 잊게 되어 비방할 수 있지만 나의 성적 경험은 이미 습관화된 쾌락인 만큼 끊기가 힘들다고 했습니다. 그리고 내가 또 그에게 말하기를 이와 같은 습관화된 생활에 결혼이라는 명예스러운 이름이 붙게 되면 내가 그러한 생활을 포기하지 못한다고 해서 이상하게 생각할 필요가 없다고 했습니다.

내가 이렇게 말하자 그도 역시 결혼을 해볼까 하는 생각을 갖기 시작했습니다. 그러나 그의 결혼 동기는 어디까지나 호기심이었지, 그러한 쾌락의 추구는 아니었습니다. 그는 말하기를—그에게는 내 생활이 행복하게 보였는데—나에게서 결혼의 행복이 없다고 하면 그러한 삶은 삶이라기보다는 벌이라고 생각하게 한 것이 대관절 무엇인지 알고 싶다고 했습니다. 그는 나처럼 쾌락의 쇠사슬에 매여 본 적이 없었으므로 나의 매여 있음에 대하여 놀라면서도 호기심을 가지고 있었습니다. 그리고 그의 이러한 호기심은 그러한 경험을 하고자 하는 욕망을 불러일으켰습니다. 그 욕망은 다음으로 그를 그것을 실지로 해보는 실험의 단계로 이끌어갔을지 모릅니다. 만일 그렇게 했다면 그는 아마 그의 호기심의 대상이었던 나의 쾌락의 노예 생활로 빠지게 되었을 것입니다. 그는 이렇듯 "사망과 언약"(사 28:15)을 맺으려 했으니 위험을 좋아하는 자는 그 위험에 빠지기 마련입니다.

아무튼 그나 나나 부부의 명예인 결혼 생활을 잘하고 자식을 낳아 잘 기른다는 의무에 대해서는 별 관심이 없었습니다. 나는 충족될 수 없는 정욕을 만족시키려는 습관성의 노예가 되어 큰 괴로움을 당하고 있었고, 알리피우스는 단순히 경이와 호기심에 의해 그 노예 상태로 끌려가고 있었습니다. 오, 높으신 하나님, 우리는 계속 그러한 상태에 있었습니다. 그러나 당신은 티끌과 같은 우리를 버리시지 않으시고 우리의 형편을 불쌍히 여기사 기이하고 오묘한 방법으로 우리를 구출하셨습니다.

13장_ 어거스틴의 약혼

(23) (그때) 결혼하라는 지속적인 압력이 나에게 가해졌습니다. 그래서 나는 어떤 여자에게 구혼을 했고 그 여자도 나에게 약속을 하여서 약혼이 이루어지게 되었습니다. 이것은 주로 어머니가 노력하여 성사된 것이었습니다. 어머니의 희망은 내가 일단 결혼을 하고 구원에 이르게 하는 세례의 물로 죄로부터 깨끗이 씻음을 받게 되는 것이었습니다. 그러므로 어머니는 내가 매일매일 세례 받기에 합당한 준비를 해가고 있음을 보고 기뻐했습니다. 또한 어머니는 내가 기독교 신앙을 받아들일 때는 자기의 기도와 당신의 약속이 일치될 것이라고 보았던 것입니다. 그때 어머니는 나의 요청과 자기의 희망에 따라 마음으로부터 당신께 부르짖기를 미래의 내 결혼 생활에 대하여 꿈으로 어떤 표징을 보여 달라고 간구했습니다. 그러나 당신은 이것을 들어주시지 않으셨습니다. 어머니는 그 대신 인간 정신의 강한 편견 때문에 생기게 되는 상상과 같은 허망하고 환상적인 꿈만을 꿀 뿐이었습니다.

어머니가 나에게 이에 대한 이야기를 해주실 때 전에 당신이 계시해 주셨던 때와 같이[11] 확신을 가지고 말씀하시지 않으시고, 오히려 그것을 무시한 것이었습니다. 어머니가 자주 말씀해 주시기를 자기에게 무엇이라 표현할 수 없는 느낌이 있는데 그것으로 당신의 계시와 자기 마음의 꿈을 구분할 수 있다고 했습니다. 아무튼 내 결혼준비는 추진되었고 여자의 부모가 허락했으므로 정혼 나이[12]에서 두 살 모자라는 처녀와 약혼을 했습니다. 그 여자는 퍽 내 마음에 들었으므로 나는 기꺼이 그 여자를 기다리기로 동의했습니다.

14 장_ 공동 생활의 설계와 그 와해

(24) 그때 함께 친하게 지내고 있었던 친구들은 괴롭고 소란한 인간생활이 몹시 싫어서 속세를 떠나 한적한 공동생활[13]을 해보자고 의논을 하여 거의 결정까지 했습니다. 그 한적한 생활을 이루기 위해서는 우리가 각자의 소유를 다 모아 공동재산을 만들어 하나의 가족이 되는 것이었습니다. 그러면 우리의 신실한 우정을 통해서 모든 재산은 네 것, 내 것 없이 하나의 재산이 됨으로 모든 재산은 각자의 것인 동시에 모든 사람에게 속하게 되는 것이었습니다. 우리 생각에는 이 공동체에서 같이 살 사람들은 열 명 정도 될 것 같았습니다. 그중에는 아주 잘사는 사람도 몇 있었는데 특히 로마니아누스(Romanianus)[14]는 내 고향 사람으로 어릴 때부터 나와 친한

11) **고백록** 3, 11, 19.

12) 그 당시 법으로 허용된 정혼 나이는 12세였다. 그녀는 정혼 나이에서 두 살 모자랐으니 그의 약혼녀는 10세다. 그러므로 그는 2년을 기다려야만 했다. 이때 어거스틴의 나이는 32세였으므로 그의 약혼녀와의 나이 차이는 22년이다. 그러한 관행은 로마 사회에 흔히 있었던 것 같다.

13) 어거스틴은 신피타고라스 학파의 공동체, 혹은 플로티누스가 한때 구상했던 플라톤 공동체(Platonopolis)를 본떠서 뜻을 같이한 사람들끼리 학문을 탐구하고 사색을 하는 한적한 공동 생활을 계획한 것 같다. 이러한 계획이 그때 이루어지지는 못했어도 후에(회심 후) 카씨키아쿰에서 지낸 약 6개월간의 공동 생활(**고백록** 9, 4, 7−9, 5, 13)과 북아프리카로 귀환하여 고향에 세운 수도원 생활, 히포의 감독으로 있으면서 그 곳에서 운영한 수도원 생활에서 그의 뜻이 실현되었다.

사이였습니다. 그는 어떤 중대한 사건 때문에 이곳에 와서 법정에 출입을 하고 있었습니다. 그는 특별히 이러한 우리의 계획에 관심을 가지고 있었고 또한 그는 다른 사람들보다 경제적으로 훨씬 윤택했기 때문에 그의 의견은 우리들을 설득하는 데 큰 영향력을 가지고 있었습니다.

우리는 또한 결정하기를 매년 우리 중에서 두 명을 관리인으로 뽑아 그들로 하여금 우리가 필요로 하는 것을 공급하도록 하고, 나머지 사람들은 조용하게 지내도록 하자는 것이었습니다. 그러나 우리 중에 어떤 이는 이미 결혼을 한 자들이고 우리는 결혼을 할 의향이 있었으므로, 우리들의 부인들이 이것을 허락할 것인지에 대해서 질문이 나오기 시작하자, 그렇게 훌륭하게 짜여진 모든 계획이 우리의 손에서 산산조각으로 부서지고 말았습니다.

이리하여 우리는 또 다시 옛 한숨과 신음을 되풀이하게 되었고 우리의 발걸음은 굳어진 세상의 길을 다시 따르게 되었습니다. 이렇듯 우리 마음에 있는 생각은 여러 가지로 변했지만 당신의 뜻은 영원히 변치 않아 한결같으십니다.(시 33:11) 당신의 뜻은 우리의 뜻을 비웃으시면서 우리를 위한 당신의 계획을 준비해 가십니다. 그 계획에 따라 당신은 적절할 때 우리에게 음식을 주시고 당신의 손을 펴사 우리의 영혼을 축복으로 채워 주십니다.(시 145:15－16)

15 장_ 어거스틴의 동거인

(25) 그러한 동안 나는 죄를 더 많이 짓고 있었습니다. 나와 같이 오랫동안 살아왔던 동거인은 내 결혼에 방해가 된다고 하여 내 곁에서 떼어(잘라) 내어 떠나게 했습니다.[15] 이로 인하여 그녀에게 밀착해 있던 내 마

14) 로마니아누스는 어거스틴의 동향인으로 돈이 많은 독지가였다. 어거스틴이 카르타고에 유학을 하게 된 것도 그의 경제적인 도움으로 이루어진 것이다. 그는 끝까지 어거스틴의 후견인으로 남아 그에게 도움의 손길을 아끼지 않았다. 어거스틴은 『회의론 반박』(*Contra Academicos*)과 『참된 종교』(*De vera Religione*)라는 책을 써서 로마니아누스에게 헌납했다.

음(심장)은 심한 상처를 입고 피를 흘리는 것이었습니다. 그녀는 다시는 다른 남자를 만나서 같이 살지 않겠다고 당신께 맹세를 하면서 그녀가 낳은 내 아들을 남겨 두고 아프리카로 돌아갔습니다. 그러나 이 여자의 결단 정도도 본받지 못할 만큼 불행하고 약해진 나는 나와 약혼한 여자를 결혼으로 맞아들일 2년이 너무 지루해서 참고 기다릴 수 없었었습니다.

그래서 나는 정식 부인이 아닌 한 여자를 또 얻게 되었으니 사실 나는 동거가 좋아서 그런 것이 아니라 정욕의 노예가 된 탓이었습니다. 이리하여 내 영혼의 질병은 악습의 노예가 된 탓으로 더 심해져 갈 뿐이었습니다. 그렇다고 나의 전 동거인과 이별한 데서 받은 상처가 아물어진 것도 아니었습니다. 그 상처는 처음에는 타는 듯 통증이 심했으나 곧 곪기 시작했습니다. 사실 곪은 상처는 더 위험한 것이었습니다. 거기엔 통증이 덜 느껴져 질병을 의식하지 못하기 때문입니다.

16장_ 죽음과 심판을 두려워함

(26) 자비의 원천이 되신 하나님, 당신께 찬양과 영광을 돌리옵니다. 내가 불행하게 될수록 당신은 나에게 더 가까이 오시고 계셨습니다. 그때 당신은 오른팔을 들어 나를 진흙탕에서 건져내어 깨끗이 씻어 주시려고 하셨으나 나는 그것을 모르고 있었습니다. 나를 육체적 쾌락의 심연에 더 깊숙이 빠져 들어가지 못하도록 방지한 것은 죽음과 장차 올 당신의 심판에 대한 두려움이었습니다. 다른 것들에 대한 나의 생각은 시간과 함께 바꾸어져 갔으나 이 두려움은 계속 내 마음을 떠나지 않았습니다.

나는 시간이 있을 때마다 내 친구 알리피우스와 네브리디우스와 함께 선과 악의 본성에 대하여 토의를 했습니다. 내가 만일 죽은 후에도 영혼이 생존하여 그 업적에 따라 상벌을 받는다는 것을 믿지 않았다면 에피큐

15) 어거스틴은 어머니의 권고로 13년간 같이 살며 아들까지 낳아 준 동거인을 북아프리카로 보내고 제국의 고관의 딸과 약혼을 한 것이다. 그는 이별한 동거인의 이름이나 행적을 전혀 밝히지 않고 있다. 그러나 그녀와 이별하고 괴로워한 그의 심정을 이 짧은 글에서 엿볼 수 있다.

러스(Epicurus)[16]가 내 안에서 승리했을 것입니다. 왜냐하면 에피큐러스는 영혼불멸과 사후의 상벌을 믿지 않았기 때문입니다. 나는 그들에게 "우리가 만일 영원히 죽지 않고 살아서 계속 육체적 쾌락을 누리되 그것을 상실할 두려움도 없이 즐긴다 하면 우리는 행복하지 않겠는가? 우리가 그 이상 더 바랄 것이 무엇인가?" 라고 물어 보았습니다.

내가 이렇듯 진흙탕에 깊이 빠져 눈이 어두워진 탓으로 목적으로 삼고 사랑해야 할 덕과 미의 빛을 식별하지 못했으니 이것이 나의 불행의 원인인 줄을 모르고 있었습니다. 이 빛은 육체의 눈으로는 볼 수 없고 다만 내적 인간의 눈으로만 식별할 수 있었습니다. 또한 내가 더욱 불행했던 것은—비록 부끄러운 이야기이지만 — 그러한 것들에 대하여 친구들과 환담하는 그 즐거움이 어디서부터 오는지 생각해 보지 않았습니다. 왜냐하면 그 당시에 내가 가지고 있었던 행복의 개념에 따른다 할지라도 아무리 풍족한 육체적 쾌락도 친구들과의 사귐이 없이는 행복할 수 없었기 때문입니다. 그래서 정말로 나는 이 친구들을 목적으로 삼아 사랑했습니다. 또한 그들 역시 나를 목적으로 삼아 사랑한다고 나는 느꼈습니다.

아, 이 구부러진 길! 당신을 떠나면 보다 더 좋은 어떤 것을 찾을 수 있으리라고 바랐던 이 오만한 내 영혼에 화 있으라! 내 영혼이 등으로, 옆으로, 배로 엎치락뒤치락하며 이리저리 누워 보아도 모두 불편하여 괴롭기만 했습니다. 오로지 당신 안에서만 내 영혼이 편안히 쉴 수 있사옵니다. 당신은 항상 우리 곁에 계시사 우리를 처참한 방랑에서 구해 내시어 당신께로 나아가는 길 위에 세워 놓으십니다. 그리고 우리를 위로하시면서 말씀하십니다. "달려오너라. 내가 너희를 붙잡아 목적지까지 인도해 주마, 거기에 가서도 내가 너희를 붙잡아 주마."

16) 에피큐러스(341－270 BC)는 향락주의를 주장했던 그리스의 철학자이다.

제 7 권

어거스틴의 지적(知的) 회심

어거스틴은 31세 때의 일을 상기하며 신의 본성, 악의 기원에 대한 질문을 제기한다. 그리고 그의 마음을 사로잡고 있었던 마니교도들의 가르침을 비판한다. 그는 또한 이때 점성술이 맞지 않다는 결론도 내리게 된다. 그는 이제 신플라톤주의 책들을 입수하여 읽고 물질적인 세계를 초월해 있는 영적인 세계가 있음을 알게 된다. 그리고 신은 영원한 존재자라는 것과 존재하는 것은 다 좋다는 것과 악은 실체가 아니고 인간의지의 왜곡이라는 것을 알게 된다. 그러나 기독교와 신플라톤주의 철학 사이에는 근본적인 차이가 있음을 알게 된다. 즉 신플라톤주의는 평화의 나라를 보여 주면서도 그리로 가는 길을 찾지 못하는 것과 같다고 그는 말하고 있다. 그래서 어거스틴은 바울 서신을 읽기 시작한다.

St. Augustine's CONFESSIONS

1장_ 신의 본성에 대한 새로운 이해

(1) 이제 사악하고 가증스러운 나의 청년기는 지나가고 나는 장년기로 들어서게 되었습니다. 그런데 내 나이가 더할수록 나의 헛된 생각도 더해 갔습니다. 그때 나는 눈으로 볼 수 있는 것 외의 다른 실체를 생각할 수가 없었습니다. 하나님, 그러나 내가 철학을 공부하기 시작한 후부터는 당신을 인간의 형체를 가진 존재로 이해하지 않았습니다. 나는 그러한 생각을 항상 멀리했던 것입니다. 우리 신앙의 어머니가 되는 당신의 교회도 이런 생각을 멀리함을 알고 나는 퍽 기뻐했습니다. 그러나 나는 당신의 존재를 달리 이해할 줄은 모르고 있었습니다. 물론 이와 같은 인간인 나였지만 당신을 가장 높으시고, 유일하시며, 참되신 하나님으로 이해하려고 노력은 했습니다. 또한 나는 마음속으로부터 당신을 불멸하시고, 불변하시며 침해될 수 없는 존재로 믿으려고 노력했습니다. 왜 내가 그렇게 생각해야 되는지 그 이유는 알지 못했어도 확실히 알게 된 것은 소멸하는 존재는 불멸하는 존재보다 더 열등하고, 침해될 수 없는 존재는 침해되는 존재보다 더 우월하며, 불변한 존재는 변하는 존재보다 더 좋다는 것이었습니다.

내 마음은 큰소리로 내 상상이 만들어 낸 모든 환상들과 싸웠습니다. 그리고 이 한 가지 확실성을 가지고 내 마음의 눈 주위를 맴도는 불결한 상상의 파리 떼들을 쫓아 버리려고 노력했습니다. 그러나 내가 그것들을 쫓아버리자마자 눈 깜짝할 사이에 내 면전에 다시 모여들어 내 눈앞을 가려 잘 보지 못하게 만들었습니다. 이 탓으로 나는 비록 당신을 인간 육체의 모습을 지닌 존재라고 생각하지는 않았어도 어떤 공간을—세상 안에 스며들어 계시든지 혹은 세상 밖의 무한한 공간에 퍼져 계시든지 간에—차지하고 있는 물체와 같은 존재로 생각할 수밖에 없었습니다. 바로 이 존재가 소멸되거나, 침해되거나 변하는 존재보다 나은 불멸, 불가침, 불변의 존재라고 생각했던 것입니다. 내가 이렇게 생각한 이유는 공간이 없는 존재는 사실 존재하지 않는 무(無), 즉 절대무(絶對無)라고 보았기 때문입니다. 왜냐하면 만일 어떤 물체가 공간을 가지고 있지 않다거나 혹은 공간이 땅이나 물이나 공기나 하늘과 같은 물체를 포함하지 않고 텅 비어 있다면 그 공간은 허공, 즉 아무것도 없는 공간으로 남아 있기 때문입니다.

(2) 이렇듯 나는 내 자신이 어떠한 존재인지도 확실히 알지 못하는 우둔한 마음을 가지고 있었습니다. 그래서 무엇이든지 일정한 공간 안에서 길이나 넓이나 폭이나 밀도의 강약을 가지고 있지 않다면, 즉 공간적인 차원과 아무 관계가 없는 것이라면 나는 그것을 바로 아무것도 아닌 무(無)일 것이라고 생각했던 것입니다. 내 마음에 있는 형상은 내 눈이 늘 보고 있는 감각적인 형태와 흡사했습니다. 그러나 그때 나는 이러한 마음의 형상을 갖도록 해주는 정신력 그 자체는 물질적인 실체와 아주 다른 것임을 알지 못했습니다. 그래서 나는 이 정신력 그 자체도 어떤 큰 물질적인 존재가 아니라면 이러한 마음의 형상을 형성해 낼 수 없으리라고 생각했던 것입니다.[1)]

나는 이리하여 내 생명의 생명이 되신 당신도 무한한 공간을 통해 어디에든지 존재하시는 물질적인 실체, 즉 전세계의 덩어리(용적)에 침투해 있고 또한 그것을 넘어 끝없이 무한한 공간에 두루 퍼져 있는 큰 물질적인 실체로 이해했습니다. 따라서 땅과 하늘과 만물이 모두 당신으로 가득 차 있고 당신 안에 한정되어 있으되 당신은 어떠한 제한도 받지 않는다고 나는 생각했던 것입니다. 마치 햇빛이 땅을 뒤덮고 있는 기체의 제한을 받지 않아 그것을 자르거나 부수지를 않고 가득 채움으로써 통과하고 침투하듯이, 당신도 천체나 기체나 바다나 땅의 모든 것들을 그 대소를 막론하고 침투하거나 통과할 수 있어 당신의 임재로 가득 채운다고 나는 상상했습니다. 또한 당신은 은밀한 영감을 가지고 당신이 창조하신 만물을 외적으로나 내적으로 다스린다고 생각했습니다.

내가 이렇게 추측했던 것은 당신을 다른 방법으로 이해할 수 없었기 때문이었습니다. 그러나 이러한 이론은 잘못된 것이었습니다. 이 이론을 따른다면 땅의 큰 부분은 당신의 임재를 더 많이 차지하게 되고 땅의 작

---

1) 어거스틴은 마니교를 떠났으나 아직도 마니교의 유물론적 사고는 완전히 벗어나지 못한 것 같다. 그래서 그는 공간과 시간을 초월한 영적인 세계나 실체를 확실히 파악할 수 없었던 것이다. 그는 후에 플라톤주의와 성서를 통하여 영적 실체를 알게 되었다.

은 부분은 당신의 임재를 덜 차지하는 것이 됩니다. 다시 말하면 모든 것은 당신의 임재로 가득 차 있으되 코끼리의 몸은 참새의 몸보다 더 커서 더 많은 공간을 차지하고 있으므로 당신은 코끼리의 몸에 더 많이 임재한다는 결론에 빠지게 됩니다. 그렇다면 당신은 세상에 있는 존재의 크고 작음에 따라 부분적으로 세상에 임재하는 것이 됩니다. 그러나 당신은 그렇게 존재하시는 분이 아님을 나는 모르고 있었으니 그것은 아직도 당신이 나의 어둠을 조명시켜 주시지 않으셨기 때문이었습니다.

2장_ 마니교도들을 비판함

(3) 오, 주님, 남을 속이면서 스스로 속고 있으며, 말은 많이 하면서도 실은 벙어리인 저 마니교도들—그들을 벙어리라고 함은 그들의 입술에서부터는 당신의 말씀이 나오지 않기 때문입니다—을 향해서 나는 반박할 수 있는 충분한 논거를 가지고 있었습니다. 그 충분한 논거란 우리가 카르타고에 있을 때 네브리디우스가 곧잘 제언했던 것으로서 우리들은 그의 말을 듣고 큰 인상을 받은 때가 있었습니다. 그의 질문은 다음과 같았습니다. 즉, "마니교도들이 당신과 대결하여 싸우고 있는 세력이라고 말한 그 어둠의 왕국이 당신을 향하여 싸움을 걸 때, 만일 당신이 그 싸움에 응하지 않을 경우에는 그 세력이 당신을 대항하여 무슨 일을 감히 할 수 있을 것인가?" 였습니다.

이 질문에 대해 어둠의 왕국이 당신에게 해를 끼칠 수 있다고 그들이 대답했다면 당신은 침해될 수 있고 타락할 수 있는 존재로 이해됩니다. 반면에 그 어둠의 왕국이 당신을 해칠 수 없다고 대답했다면 당신은 하등 싸움을 할 이유가 없다고 이해됩니다. 그러나 마니교도들에 의하면 당신의 일부분인 지체, 즉 당신의 본체에서 나온 자손인 혼이 당신이 창조하시지 않은 그 반대 세력들과 싸우다가 그들과 혼합이 되어 있고, 또한 그들로 인하여 침해를 받아 타락하고 더 나빠져서 행복의 상태에서 비참한 상태로 전락되었다는 것입니다. 그러므로 당신의 자손인 이 영혼은 어떤 도움이 없이는 깨끗하게 되거나 구원을 받을 수 없다고 그들은 말합니다. 당신의 본체에서 나온 이 혼은 바로 인간의 혼인데, 이렇게 노예가 되고, 더럽혀지고, 타락된 그 혼을 구하기 위해 자유로우시고, 깨끗하시며 온전하신 당신 말씀이 오셨다고 합니다. 그러나 그 말씀 자체도 인간 영혼과 똑같은 실체를 가지고 있기 때문에 타락할 수 있다고 그들은 말합니다.

그러므로 만일 그들이 당신의 본성(실체)은—그것이 무엇이었든지간에—변하거나 타락하지 않는다고 주장했다면 그들의 모든 주장은 거짓이요, 가증스러운 것밖에 안 됩니다. (왜냐하면 그들은 당신의 실체에서 나온 인간의 혼이나 당신의 말씀이 더럽혀질 수 있는 존재라고 말하고 있기 때문입니다.) 만일 그들이 당신의 본성은 타락할 수 있다고 말했다면 그들의 주장이 잘못되었음은 자명한 이치로 받아들여야 하며 또한 그것을 듣자마자 가증스럽게 여겨야 할 것입니다. (왜냐하면 빛의 왕국과 어둠의 왕국은 본래부터 완전히 분리되어 있기 때문입니다.) 따라서 이와 같은 네브리디우스의 논증은 전부 토해 버려야 할 그들의 이론(마니주의)을 반박하는데 넉넉했습니다. 당신에 대하여 그렇게 생각하고 말하는 자들(마니교도들)은 자기들의 주장을 변호하거나 대답할 길이 없고, 다만 당신을 오직 마음과 혀로 모독할 뿐입니다.

3장_ 자유 의지와 악의 문제

(4) 나는 그때에도 당신이 우리의 영혼뿐 아니라 우리의 육체와 모든 것을 지으신 우리의 주님이시요, 참 하나님이심을 굳게 믿고 있었습니다. 또한 당신은 이렇게 저렇게 타락하거나 변모되거나 변화될 수 없는 존재라는 것을 주장하고 있었습니다. 그러나 악의 원인에 대해서는 확실히 알 수 없었고 쉽게 설명할 수도 없었습니다. 그렇지만 악의 원인이 무엇이었든지간에 그것에 대한 나의 탐구가 나로 하여금 불변하신 하나님을 변하는 존재로 믿도록 강요하지는 못했습니다. 만일 내가 그렇게 강요당했다면 내 자신이 이때까지 탐구해 왔던 악의 원인이 될 수밖에 없습니다. 이리하여 나는 편안한 마음으로 마니교도들이 말하는 것은 진리가 아니라고 하는 확신을 다시 가지고 이 문제를 탐구하게 되었습니다. 나는 있는 힘을 다해

서 마니교도들을 멀리했습니다. 그들이 악의 원인을 탐구하지만 그들 자신이 악으로 가득 차 있었기 때문입니다. 그들은 자신들이 악을 행한다고 생각하기보다 당신의 본체가 악에 의해 침해를 받는다고 주장하기를 더 좋아했습니다.

(5) 우리가 악한 행동을 하게 됨은 우리의 자유 의지 때문이요, 우리가 그 행동의 결과로 악(고난)을 당하게 됨은 당신의 공정한 심판 때문이라는 말을 나는 듣고 그것을 이해해 보려고 노력했습니다.[2] 그러나 나에게는 그것이 명확히 이해되지 않았습니다. 나는 이 난해한 문제의 심연으로부터 마음의 눈을 돌려 빠져 나오려고 했으나 그 곳으로 다시 빠져 들어갔습니다. 나는 거듭 노력하여 빠져 나오려고 해봤으나 줄곧 그 곳으로 다시 빠져 들어가는 것이었습니다. 그러나 한 가지 사실이 나를 당신의 빛으로 조금 인도해 주었습니다. 그것은 내가 살아 있음을 확실히 알고 있는 것과 마찬가지로 내가 의지를 지니고 있음을 확실히 알고 있다는 사실이었습니다. 그러므로 내가 무엇을 하려고 원하든지 안 하든지 간에 의지의 주체는 다름 아닌 나 자신이었다는 사실을 확실히 알게 되었습니다. 나는 이제야 바로 여기에 내 죄악의 원인이 있음을 알게 되었습니다.

그러나 내가 내 의지에 반대하여 스스로 원치 않는 일을 할 경우에는 내가 그것을 한 것이라고 보기보다는 내가 어떤 고난을 당하고 있다고 생각하게 되었습니다. 나는 그러한 고난을 나의 잘못으로 보기보다는 내 잘못에 대한 벌이라고 여겼습니다. 그리고 나는 당신을 의로우신 분으로 생각했기 때문에 나에게 내린 당신의 벌을 불공정하다고 생각하지 않았습니다. 그러나 나는 다시 다음과 같이 질문해 보았습니다.

"나를 만드신 이가 누군가? 그는 선하실 뿐 아니라 선 그 자체이신 하나님이 아니신가? 그러면 내가 악을 원하고 내가 마땅히 벌을 받아야 할

2) 누구에게서 이 말을 들었을까? 아마도 암브로시우스의 설교를 통해서 들었을 것이라고 생각된다. 어거스틴에 의하면 악은 두 가지가 있는데 하나는 인간이 범한 악이요, 또 하나는 인간이 당하는 악이다. 전자는 죄요, 후자는 그러한 악을 행하는 결과로 인간이 당하는 고통이요, 벌이다.(『자유의지론』 1, 1, 1 ; 『마니교도 아디만투스 반박』 [*Contra Adimantum Manichaeum*], 26)

이유(원인)가 되는, 즉 선을 원치 않는 의지는 어디서 오는 것인가? 선하신 나의 하나님이 나를 전부 창조하셨는데 누가 내 안에 이것을 넣어 주었으며 이 고통의 나무를 내 안에 심어 놓았을까? 만일 악마가 이 일을 해놓았다면 그 악마는 어디서 왔을까? 만일 선한 천사가 자신의 사악한 의지로 인하여 악마가 되었다고 하면 그로 하여금 악마가 되게 한 그 사악한 의지는 어디서 왔을까? 천사도 선하신 창조주께서 전부 만드신 것이 아니냐?"

이러한 생각이 나를 다시 압도하여 숨막힐 지경이었습니다. 그러나 나는 아무도 당신을 찬미하지 않는 지옥의 오류, 그리고 인간이 악을 행한다고 생각하기보다 당신이 어떤 악의 세력에 침해를 당한다고 생각하는 그러한 오류의 심연에는 빠져 들지 않았습니다.

4장_ 최고선이 되신 하나님

(6) 나는 이미 타락할 수 없는 존재가 타락할 수 있는 존재보다 더 낫다고 하는 사실을 알게 되었으므로 이와 같은 사고 방식으로 다른 어려운 문제도 해결해 보려고 시도했습니다. 그 결과 나는 당신의 본성이 어떠한 것이든 간에 당신은 타락할 수 없는 존재임을 고백하게 되었습니다. 왜냐하면 과거와 미래에 걸쳐서 어떤 인간의 혼도 최고선이시요, 완전한 선이신 당신보다 더 위대한 존재를 생각해 볼 수 없기 때문입니다.[3] 이제 나는 타락할 수 없는 존재는 타락할 수 있는 존재보다 더 위대하다는 자명한 진리를 받아들였기 때문에 다음과 같은 결론을 내릴 수 있었습니다. 즉 만일 당신이 타락할 수 없는 존재가 아니라면 나는 나의 하나님이신 당신보다 더 위대한 존재를 생각할 수 있다는 것이었습니다.

그러므로 타락할 수 없는 존재는 타락할 수 있는 존재보다 더 위대하다는 사실을 알게 된 그 점에서 당신을 찾아야 하고 거기에서부터 더 나아가 타락의 원인이 된 악의 소재도 발견해야 함을 알게 되었습니다. 또한

3) 이 문장은 11세기에 성 안셀므스(Anselmus)가 시도한 신의 존재론적 증명을 미리 예견한 것이라고 볼 수 있다.(Proslogium) 안셀므스에 의하면 "신은 더 이상 위대하다고 생각할 수 없는 최고의 존재" 인 것이다.

당신의 본체는 그러한 악에 의하여 아무 침해도 받을 수 없음을 알게 되었습니다. 즉 어떤 종류의 타락한 존재도 우리 하나님을 해칠 수 없다는 것입니다. 어떤 의지나 필연이나 우리가 알지 못하는 우연도 당신을 해치지 못한다는 사실입니다. 그 이유는 당신이 바로 우리 하나님이시요, 당신이 뜻하시는 것이 바로 선이시며, 당신 자신이 바로 선이시기 때문입니다. 그러나 타락할 수 있는 것은 선이 아닙니다. 또한 당신은 당신의 뜻을 거슬러서 어떤 일을 하도록 강요받지 않으십니다. 왜냐하면 당신의 뜻은 당신의 능력을 능가하지 않기 때문입니다. 만일 당신이 당신을 능가한다면 당신의 뜻은 당신의 능력보다 더 높다고 말할 수 있습니다. 그러나 그렇지 않음은 당신의 뜻과 당신의 능력은 하나님 자신이기 때문입니다.

모든 것을 아시는 당신에게 우발적인 사건이 어디 있습니까? 모든 것은 당신이 그것을 아시고 계신다는 결과로 인하여 존재하게 됩니다. 그런데 하나님이신 그 본체는 타락할 수 없다고 하는 논거를 증명하려고 우리가 더 이상 말을 할 필요가 있습니까? 만일 당신의 본체가 타락할 수 있다면 그것은 하나님이 아니지 않습니까?

5장_ 악의 원인을 찾아서

(7) 나는 악이 어디로부터 오는지 그 원인을 찾고 있었습니다. 그러나 내가 그것을 찾는 방법이 옳지 못해서 악의 문제를 바로 보지 못했습니다. 그래서 나는 창조된 세계의 모든 것, 즉 눈으로 볼 수 있는 모든 것, 즉 땅, 바다, 공기, 별들, 나무들과 동물들과 눈으로 볼 수 없는 모든 것, 즉 하늘 위의 궁창, 모든 천사들, 그 안에 있는 영계의 존재들을 내 마음의 눈앞에 펼쳐 놓았습니다. 나는 이 영계의 존재들도 어떤 종류의 물질적인 형체를 가지고 있다고 봐서 내 상상을 따라 이 자리, 저 자리에 배치(분류)해 놓아 보았습니다. 그리고 나는 당신의 모든 피조물을 하나의 큰 덩어리로 보았고 그것을 구성하고 있는 물체들을—그것이 현실의 물체든지 혹은 내 상상으로 그린 영계의 물체든지 간에—그 종류에 따라서 구별해 보았습니다.

나는 이 덩어리를 거대한 형체를 지닌 하나의 존재로 보았으나 실제상의 그 크기는 알 수 없었습니다. 그래서 나는 편리상 생각하기를 그 덩어리는 상당히 크지만 모든 면에서 유한하다고 본 것입니다. 주님, 그러나 내가 당신을 생각할 때는 당신은 이 큰 물질 덩어리를 모든 면에서 포괄하시고 또한 침투하시되 어디까지나 무한한 존재라고 본 것입니다. 마치 끝없이 넓은 바다가 있고 그 바닷물로 흠뻑 젖어 있는 해면(스펀지)과 같은 것이 그 안에 있듯이 나는 당신의 유한한 피조물 세계도 이처럼 무한하신 당신으로 말미암아 충만되어 있다고 생각해 보았습니다. 그리고 나는 다음과 같이 혼자 말했습니다.

'하나님을 우러러보고 또한 그 하나님이 창조하신 세상을 바라보아라! 하나님은 선하시고 전능하셔서 이 모든 피조물을 한없이 능가하신다. 하나님은 선하심으로 이 모든 것을 선하게 창조하셨다. 그분이 이 모든 것을 포괄하시고 또한 그 안에 임재하여 충만케 하시고 계심을 보라. 그렇다면 악이 어디 있을까? 만일 악이 있다면 그것은 어디서 왔으며, 어떻게 하여 이 세계에 들어오게 되었을까? 악의 뿌리와 그 씨는 무엇일까? 혹시 악이란 전혀 존재하지 않는 것일까? 그렇다면 왜 우리는 악을 두려워하며 존재하지 않는 것을 피하려고 하는가? 만일 우리가 존재하지도 않는 악을 공연히 두려워한다면 바로 그 두려움 자체가 우리 마음을 찌르고 괴롭히는 악일 것이다. 그러면 우리가 두려워할 근거가 없음에도 두려워하고 있으니 그것은 더욱 심각한 악이 아닐까? 그런즉 우리는 악이기 때문에 그것을 두려워하든지 아니면, 우리가 그것을 두려워하는 자체가 악이 되든지 그중의 하나일 것이다.

그렇다면 선하신 하나님이 이 모든 것을 선하게 만드셨는데 도대체 이 악이 어디서부터 온 것일까? 최고선이신 하나님이 보다 덜 선한 이 모든 것을 창조하셨으나 창조주나 피조물이 다 선함은 틀림없는 사실이다. 그렇다면 악은 어디서부터 온 것일까? 혹시 본래부터 어떤 악한 질료[4]가 있었는데 하나님이 그것으로부터 이 세상을 형성(창조)하신

4) "어떤 악한 질료"(materies aliqua mala)는 플라톤의 『티메우스』(*Timaeus*, 51e—52d)

과정에서 그 질료의 어떤 부분을 선하게 변경시키지 않고 그대로 내버려두신 것일까? 왜 하나님이 그렇게 하셨을까? 그분이 전능하시지만 이 세계에 악이 하나도 없도록 이 질료를 전부 선하게 변경시킬 수 있는 힘은 없었던 것일까?

마지막으로 왜 하나님은 그러한 질료로부터 어떤 것을 만드시려고 하셨을까? 왜 전능하신 분이 그 질료가 애당초에 존재하지 않도록 하시지는 못했을까? 과연 악한 질료가 하나님의 뜻을 거슬러 스스로 존재할 수 있을까? 만일 그 질료가 영원부터 존재해 있었던 것이라면 왜 하나님이 과거 헤아릴 수 없이 긴 시간 동안 존재하도록 두었다가 오랜 시간이 경과한 후에야 그것으로부터 무엇을 만드시려고 결심하셨을까? 혹 만일 하나님이 어느 때 갑자기 무엇을 창조하시려고 원하셨다면 그 전능하신 분이 그 악한 질료를 없애 버리는 것이 더 낫지 않았을까?

그러면 그분만이 완전하시고, 참되시고, 무한하신 최고선으로 존재해 계시지 않을까? 또한 선하신 하나님이 선하지 않은 세계를 창조한 것은 선한 것이 아니라고 한다면 왜 하나님은 그 악한 질료를 제거하여 없애 버리고 그 대신 선한 질료를 만들어 그것으로부터 만물을 선하게 창조하시지 않으셨을까? 왜냐하면 만일 하나님이 자신이 만들지 않은 어떤 질료를 사용하지 않고서는 어떠한 선한 것도 창조할 수 없다고 한다면 그분은 전능한 존재가 아니기 때문이다.'[5)]

나는 이러한 곤혹스러운 문제들을 내 마음속에서 고민하며 숙고해 보면서 혹시 진리를 발견하기 전에 죽지 않을까 심히 불안해 했습니다. 그러나 기독교회에서 가르친바 우리의 주요, 구원자가 되신 당신의 아들 그리스도에 대한 신앙은 계속 강하게 내 마음속에서 자리를 잡아가고 있었습

에 나온 창조 신화를 시사한 것이다. 참고: 선한용, 『시간과 영원』, 제3장 시간과 무로부터의 창조.

5) 여기에서 어거스틴이 제기한 악의 기원에 대한 질문은 지금도 신학자들이 논하는 문제이다. 기독교 신앙은 하나님의 전능하심과 선하심을 항상 주장해 왔다. 그러면 그러한 하나님이 창조하신 세계에 왜 악이 존재하는가에 대한 질문이 나오기 마련이다. 이에 대한 어거스틴의 해답은 **고백록** 7, 12, 18－7, 16, 22에 기록되어 있다.

니다. 나의 신앙은 여러 면에서 아직도 올바른 교리의 가르침에 의해 틀이 잡히지 않았고, 거기에서 벗어나는 면이 있었어도 내 마음은 그것을 아주 놓치지는 않았습니다. 오히려 나는 매일 신앙의 교리를 점점 더 많이 수용하게 되었습니다.

6장_ 점성술의 오류에서 벗어남

(8) 이즈음 나는 또한 점성가들의 거짓된 점술과 불경건한 환상을 버리게 되었습니다. 나의 하나님, 이것에 대하여도 나는 당신의 자비를 내 영혼의 밑바닥에서부터 고백합니다. 그것은 당신, 오로지 당신만이 우리를 죽음의 오류로부터 다시 불러내시는 생명이시기 때문입니다. 당신만이 죽음을 모르시는 생명이시요, 어둠 속에 있는 영혼을 조명하시되 스스로는 빛을 필요로 하시지 않으신 지혜이시며, 또한 온 세계와 바람에 흔들리는 나뭇잎까지도 다스리시는 지혜이십니다.

당신은 저 현명한 노인인 빈디키아누스(Vindicianus)와 내가 아주 좋아했고 재능이 뛰어난 청년 네브리디우스를 통하여 나의 완고한 고집을 고쳐 주셨던 일이 있습니다.[6] 전자는 아주 강력한 확신을 가지고 후자는 좀 주저하면서도 자주 다음과 같이 나에게 말을 해주었습니다. "미래의 사건을 미리 알아내는 기술이란 없는 것이다. 그러나 혹 미래에 대한 인간의 추측이 우연히 맞을 수도 있다. 인간이 미래에 대하여 말을 많이 하다 보면 그중에 어떤 것이 맞을 수 있는 것이다. 실은 말할 당시에는 그 말을 한 사람도 모르지만 말을 많이 하다 보면 그중에 더러는 맞게 된 것이다."

또한 당신은 나의 고집을 고쳐 주시기 위하여 친구 하나를 더 주셨습니다. 그는 점성술에 정통한 사람이 아니었지만 깊은 호기심을 가지고 점쟁이들을 자주 찾아다니는 자였습니다. 그는 자신이 말한 대로 자기의

6) **고백록** 4, 3, 4–6에서 어거스틴은 자기가 점성술에 깊이 빠져 있었음을 말하고 있다. 그때 자기의 친구 네브리디우스나 그 지방의 총독도 점성술에 심취되어 있는 자기를 설복시키지 못했다고 말한다. 여기서 처음으로 그 총독의 이름이 빈디키아누스임을 밝힌다.

아버지에게서 들은 바가 있어 점성술에 대하여 약간의 지식을 가지고 있었으나 그 점술을 뒤엎을 정도의 비판력은 가지고 있지 못했습니다. 이 사람의 이름은 피르미누스(Firminus)였습니다. 그는 고등교육을 받은 자였고 웅변술에도 능한 사람이었습니다. 그는 나를 자기의 친한 친구로 여겼기에 언젠가 나에게 찾아와서 자신의 출세에 관계되어 있는 여러 가지 일에 대하여 조언을 구했습니다. 그리고 그는 소위 자기가 타고난 별자리의 운수가 어떠냐고 나에게 물어 보았습니다. 나는 이 문제에 대해서는 네브리디우스의 견해에 기울기 시작했습니다. 그러나 나는 그의 물음을 거절하지 않고 미래에 대하여 사실 잘 모르면서도 마음에 떠오르는 대로 추측하여 그에게 말해 주었습니다. 그리고 덧붙여서 이제는 나도 이 점성술을 헛되고 가소로운 것으로 보게 되었다고 말했습니다.

이 말을 듣자 그는 자기의 아버지도 한때 호기심을 가지고 점성술 책을 열심히 공부했었고 또한 이 방면에 똑같이 열광적으로 연구한 한 친구와 함께 공동연구까지 한 일이 있었다고 나에게 이야기해 주었습니다. 그들은 같이 열심히 연구하고 상의하던 중 이 어리석은 점성술에 심취되어 심지어는 이성이 없는 가축이 새끼를 낳아도 그 낳는 시간을 재고 그때의 성좌의 위치를 관찰하기까지 했다는 것입니다. 그들은 이런 관찰을 통하여 소위 점성술에 대한 새로운 증거를 수집한 것이었습니다.

피르미누스는 계속해서 한때 자기 아버지에게서 들은 이야기를 나에게 다음과 같이 전해 주었습니다. 그의 어머니가 자기를 임신했을 때 그의 아버지와 함께 점성술을 연구한 그 사람의 여종도 임신을 했다는 것입니다. 그 사람은 자기 집의 개가 새끼를 낳을 때도 시간을 정확히 따져 볼 정도로 세밀한 인간이었기에 자기의 여종이 임신한 것을 모를 리가 없었습니다. 그리하여 이 두 사람, 즉 자기 아버지는 자기를 임신한 어머니의 출산을, 그리고 그 사람은 자기 여종의 출산을 정확히 관찰했습니다. 즉 그들은 제각기 그 두 여인이 출산하게 될 날과 시간과 분을 면밀히 관찰하고 계산하여 지켜보고 있었습니다. 그런데 우연히도 이 두 여인은 똑같은 시간에 각각 아들을 낳았다는 것입니다.

그러므로 이 두 사람은 새로 태어난 어린아이들에 대하여, 즉 한 사람은 자기 아들에 대하여, 그리고 다른 사람은 자기 여종의 아들에 대하여 똑같은 신수를 세밀한 데 이르기까지 말해 주어야만 했습니다. 다시 말하면 이 두 여자가 산기가 있을 때 그의 아버지와 아버지의 친구는 제각기 자기 집안에서 일어난 사건을 서로 알려 주기로 했습니다. 그들은 어린아이가 태어나자마자 그 시간을 상대편에게 알려 주기 위해 보낼 심부름꾼을 대기시켰습니다. 물론 그들은 자기 집안에서 제각기 어린아이를 낳게 되었기 때문에 그 출생 시간을 정확히 알 수 있었습니다.

피르미누스의 말에 의하면 어린아이들이 양가에서 태어나자마자 심부름꾼을 상대편 집에 보냈는데 그들은 두 집 거리의 중간 지점에서 만나게 되었습니다. 그러므로 아무도 그 어린아이들이 태어난 시간이나 별자리에 대해서 다른 점을 찾을 수 없었습니다. 그런데 잘 사는 아버지 집에 태어난 피르미누스 자신은 출세의 길을 걷게 되어 부와 명예를 얻었지만, 종의 신세로 태어나 종의 멍에를 벗어날 수 없었던 그 여종의 자식은 계속 자기 상전만을 섬기는 신세였다고 그를 친히 알고 있었던 피르미누스가 나에게 말해 주었습니다.

(9) 그의 말은 믿을 만한 사람의 증언이었으므로 나는 그 말을 듣고 믿었습니다. 이때 나의 모든 과거의 저항심은 무너졌습니다. 나는 먼저 피르미누스가 가지고 있는 점성술에 대한 호기심을 없애기 위하여 노력했습니다. 그래서 그에게 말하기를 내가 만일 그의 점을 치기 위하여 그의 별자리를 보았다면 나는 분명히 거기에서 사람들 중에서 이름난 그의 부모님, 자기 고향에서 대대로 내려온 그의 명문의 가정, 그의 자유인의 신분, 그가 적절하게 받은 교양과 고등교육 등을 보았음이 틀림이 없었을 것이라고 했습니다.

그러나 만일 그 종이 나에게 와서 자기의 점을 쳐달라고 부탁했다면 비록 별자리가 똑같다고 할지라도 그의 형편에 알맞게 하기 위해 같은 별자리에서 그의 비참하고 가난한 가정, 그의 종의 신분 등 여러 면에서 피르미누스와 다른 생의 형편을 보았을 것이라고 말했습니다. 그러므로 내가 같은 별자리를 보고도 서로 틀리게 점을 쳐야 사실에 들어맞게 되고 별자리가 같다고 해서 똑같은 점을 치면 사실에 맞지 않아 거짓말하는 것이 되었습니다. 이와 같은 사실을 통해서 내가 확실히 알게 된 것은 별자리를 보고 맞게 점치는 것은 우연의 일치이거나 거짓이지 어떤 지식에 근거한 것이 아니라는 것이었습니다. 따라서 점이 맞지 않는 것은 지식이 부족해서가 아니라 (그날의) 운이 좋지 않은 것뿐입니다.

(10) 나는 이렇게 그 문제에 접근함으로써 이것과 관련된 다른 문제들도 내 마음속에서 깊이 생각하게 되었습니다. 그래서 만일 점성술로 돈이나 뜯어먹고 사는 어리석은 자들이 나에게 도전해 오면서 피르미누스가 나에게 한 말이나 그의 아버지가 그에게 해준 말은 다 사실무근이라고 말한다면 나는 곧바로 그들을 공박하고 비웃음거리로 만들고 싶었습니다. 그래서 나는 쌍둥이로 태어난 경우를 생각해 보았습니다. 그들은 어머니의 태로부터 거의 같은 시간에 태어났기 때문에 그 짧은 시간차가 운명에 어떤 중요한 영향을 끼칠지는 모르지만 인간의 관찰로는 그 시간차의 의미를 알아낼 수도 없고 또한 점성가들이 점을 칠 때 보게 되는 도표에 포함시킬 필요조차 없을 정도입니다. 아무튼 쌍둥이의 경우를 생각해 보아도 점치는 것이 사실로 맞을 수가 없습니다. 왜냐하면 같은 별자리를 가지고 태어난 에서와 야곱의 미래에 대해서는 똑같은 예언이 있어야 했는데 실은 이 두 사람의 운명이 달랐다는 것입니다.(창 25:22—26) 그러므로 점을 친다는 것은 거짓임에 틀림이 없습니다. 그러나 그의 점치는 것이 사실에 맞게 하기 위해서는 같은 별자리를 보면서도 각각 다른 말을 해야 합니다. 그러기 때문에 점치는 것이 맞는다고 하는 것은 우연의 일치이지 어떤 지식에 근거해 있는 것은 아닙니다.

오, 주님, 당신은 이 우주를 가장 올바르게 다스리시는 통치자이십니다. 당신은 점성가들이나 그들에게 점을 치러 온 문의자들이 알지 못한 은밀한 방법으로 역사하시어 인간 영혼의 숨은 공적을 따라서 문의자들이 마땅히 들어야 할 당신의 깊으신 심판의 음성을 듣도록 하십니다. 그러므로 인간이 당신에게 '이것이 무엇입니까?' 혹은 '저것이 왜 그렇게 되었습니까?' 라고 질문해서는 안 됩니다. 인간이 당신께 결코 그런 질문을 해서는 안 됩니다. 그것은 그는 다만 인간일 뿐이기 때문입니다.

7장_ 악의 원인을 확실히 이해할 수 없어 고민함

(11) 나의 도움이 되신 하나님, 이리하여 당신은 나를 그러한 쇠사슬(점성술)에서 풀어 주셨습니다. 그러나 악의 원인이 무엇인지에 대해서는 나는 아직도 그 해답을 (확실히) 얻지 못했습니다. 이와 같이 나의 생각이 여러 방면으로 뒤흔들리고 있는 중에서도 당신은 나를 믿음의 길에서 떨어져 가게 하시지는 않았습니다. 나는 아직도 당신이 존재하신다는 것, 당신의 본체는 불변하시다는 것, 그리고 당신은 모든 인간을 보살피시고 심판하신다는 것을 믿고 있었습니다. 또한 나는 당신의 아드님이신 우리 주 그리스도 안에서 그리고 당신의 교회의 권위가 보증하는 성서[7]를 통해서 사후에 있을 영생에 이르게 하는 인간 구원의 길을 당신이 준비하셨다는 것을 믿고 있었습니다. 이러한 신앙은 내 마음속에 안전하고 튼튼하게 자리를 잡고 있었으나 악이 어디서부터 왔는가의 문제에 대해서는 답을 찾지 못해 내 마음은 심히 불안해 했습니다.

나의 하나님, 그때 내 마음이 얼마나 괴로움을 겪었고 신음을 했는지요! 그러나 그때 당신은 귀를 기울여 듣고 계셨어도 나는 그것을 알지 못했습니다. 내가 침묵중에 간절히 그 해답을 찾고 있을 때 말로 다할 수 없는 영혼의 고통은 당신의 자비를 갈구하는 강한 부르짖음이었습니다. 내가 그때 겪은 고통을 알고 계신 분은 당신뿐, 사람들은 그것을 알지 못했습니다. 나는 내 친한 친구들에게도 그 고통을 말로 표현해 줄 수 없었습니다. 내가 그 고통을 표현할 수 있는 시간과 언어가 부족했으니 어떻게 그들이 내 영혼의 산란함을 알아들을 수 있었겠습니까?

그러나 당신의 귀에는 내 마음이 부르짖는 소리가 전부 상달되어 내 소원이 당신의 면전에 놓이게 되었습니다. 그러나 나는 내 눈을 비추는 빛과 함께 있지 않았으니 그것은 그 빛이 내 안으로 비치고 있을 때 나는

---

7) 『푼다멘투스 서간 반박』(*Contra epistolam quam vocant Fundamenti*) 6, 6에서 어거스틴은 같은 내용을 말하고 있다. "내가 교회의 권위를 통해서 감명을 받지 않았다면 복음을 믿지 않았을 것이다."

밖을 향해 있었기 때문입니다. 그 빛은 공간을 차지하고 있지 않는데, 나는 공간을 차지하고 있는 사물들에만 생각을 돌리고 있었습니다. 그러므로 나는 그 사물들 가운데서 쉴 수 있는 자리를 찾을 수가 없었습니다. 공간에 있는 사물들은 내가 '이만하면 충분하다. 이만하면 좋다' 고 말할 정도로 나를 영접해 주지 않았고 또한 내가 정말 안정할 수 있는 곳으로 돌아가도록 내버려두지도 않았습니다.

내가 (세상)사물들에서 안정할 수 없음은 사람은 당신 아래에 존재하지만 사물들보다는 위에 존재하고 있기 때문입니다. 그러므로 내가 당신에게 의존해 살고 또한 당신이 사람 아래에 있도록 창조한 모든 것을 나에게 종속시킬 때 당신은 나의 참 기쁨이 되십니다. 이것이 나를 구원에 이르게 하는 중용의 길이요, 올바른 수단이었으니 그것은 곧 내 육체를 다스리고 당신을 섬김으로써 당신의 형상에 합당하게 사는 것이었습니다.

그러나 내가 교만하게 당신을 거슬러 일어서고 곧은 목을 방패로 삼아 당신께 달려들었을 때 내 밑에 있는 낮은 사물들이 내 위로 올라가 나를 무겁게 내리눌러서 나는 쉬거나 숨을 돌릴 여유도 없었습니다. 내가 눈을 떠서 보려고 하면 세상의 사물들이 사방으로부터 무더기로 떼를 지어 내 눈앞으로 모여들었습니다. 이것들을 피해 내가 좀 생각을 하려고 하면 이런 사물의 영상들이 주께로 나아가는 길을 가로막고 나에게 "이 더럽고 쓸모없는 인간아! 네가 어디로 간단 말이냐?" 라고 말한 것 같았습니다. 이 모든 것은 나의 상처에서 자라나게 되었습니다. 그러므로 당신은 상처받은 자를 고쳐 주시듯 교만한 자를 겸손케 하시려 했습니다. 그러나 나는 교만으로 부풀어 당신으로부터 떨어져 나왔습니다. 그것은 마치 내 뺨이 너무 부풀어올라 눈을 덮어 앞을 보지 못하도록 하는 것 같았습니다.

8장_ 치료하시는 하나님의 은밀한 손

(12) 오, 주님, 당신은 영원한 분이시지만 영원히 우리에게 진노하시지 않으심은 티끌이나 재와 같은 우리들을 당신이 불쌍히 여기시기 때문입니다. 당신은 불구가 된 나를 보시고 고쳐 주시기를 기뻐했습니다. 당신

은 날카로운 침으로 내 마음을 찔러 흔들어 놓아 내 영혼의 눈이 당신을 확실히 볼 때까지 편안함을 얻지 못하도록 하셨습니다. 그리하여 어루만져 치료하시는 당신의 은밀한 손에 의해 나의 부은 상처는 가라앉게 되었고, 병들어 어두워진 내 영혼의 시력은 통증과 슬픔을 동반한 당신의 치료의 안약에 의해 나날이 더 밝아져 갔습니다.

9장_ 플라톤주의 철학과 성서

(13) 당신이 무엇보다도 먼저 나에게 보여 주시기 원했던 것은 당신은 교만한 자를 물리치시고 겸손한 자에게 은혜를 베푸신다는 것과 또한 인간에게 겸손의 도를 보여 주시기 위해 크신 자비를 베풀어 말씀이 육신이 되어 사람들 가운데 거하셨다(요 1:14)는 것이었습니다. 그러기 위해서 당신은 그리스어에서 라틴어로 번역된 몇 권의 플라톤주의 철학서적[8]을 아주 거만한 어떤 사람[9]을 통해 내 손에 허락하셨습니다.

그 책을 읽어 보니 말은 같지 않지만 실은 여러 가지 논증으로 같은 내용을 설명하고 있음을 발견하게 되었습니다. 그 내용인즉, "태초에 말씀이 계시니라. 이 말씀이 하나님과 함께 계셨으니 이 말씀은 곧 하나님이시니라. 그가 태초에 하나님과 함께 계셨고 만물이 그로 말미암아 지은바 되었으니 지은 것이 하나도 그가 없이는 된 것이 없느니라. 그 안에 생명이 있었으니 이 생명은 사람들의 빛이라. 빛이 어둠에 비치되 어둠이 깨닫지 못하더라." 였습니다. 나는 또한 그 책에서 인간의 혼이 비록 "빛에 대하여 증거하지만 그는 이 빛이 아니다. 그러나 하나님 자신인 하나님의 말씀이

8) "몇 권의 플라톤주의 철학서적" 이란 신플라톤주의 철학자들의 책을 의미한 것으로 플로티누스(Plotinus), 포르피리(Porphyry)의 책을 말한 것이다. 이 책들은 본래 그리스어로 기록되어 있는데 빅토리누스(Victorinus)가 라틴어로 번역해 내놓은 것이다.(**고백록** 8, 2, 3)

9) "거만한 어떤 사람" 은 만리우스 테오도루스(Manlius Theodorus, 409년경에 사망)로 추측된다. 그는 한때 총독으로 봉직했으나 말년에 밀라노의 플라톤주의 학파의 일원이 되었고 후에 기독교로 개종한 철학자이다. 어거스틴은 이 사람에게 자기의 책 『행복한 삶』을 바쳤다.

세상에 태어난 모든 사람을 비추는 참 빛이라."는 말을 읽었습니다. 나는 거기서 또 "그가 세상에 계셨으며 세상이 그로 말미암아 지은바 되었으되 세상이 그를 알지 못하였다."라는 말을 읽었습니다. 그러나 내가 그 책에서 읽을 수 없었던 것은 그가 "자기 땅에 오매 자기 백성이 영접하지 아니하였으나 영접하는 자 곧 그 이름을 믿는 자들에게는 하나님의 자녀가 되는 권세를 주셨으니"(요 1:11－12)라는 말씀이었습니다.

(14) 나는 또한 그 책에서 말씀이신 하나님은 "혈통으로나 육정으로나 사람의 뜻으로나 육정의 뜻으로 나지 아니하고 하나님께로부터 난 자"라는 말을 읽었습니다. 그러나 나는 거기에서 "말씀이 육신이 되어 우리 가운데 거하시매"(요 1:14)라는 말씀은 읽지 못했습니다. 또한 나는 그 책에서 여러 가지 방법으로 여러 번 "아들은 하나님의 형상이었으나 하나님과 동등됨을 취할 것으로 여기지 아니하시었으니 그것은 그가 본래 하나님과 같은 본체이시었기 때문이다."라고 말한 것을 읽었습니다. 그러나 그 책에는 그가 "자기를 비워 종의 형체를 가지사 사람들과 같이 되셨고 사람의 모양으로 나타나사 자기를 낮추시고 죽기까지 복종하셨으니 곧 십자가에 죽으심이라. 이러므로 하나님이 그를" 죽은 자로부터 "지극히 높여 모든 이름 위에 뛰어난 이름을 주사 하늘에 있는 자들과 땅에 있는 자들과 땅 아래 있는 자들로 모든 무릎을 예수의 이름에 꿇게 하시고 모든 입으로 예수 그리스도를 주라 시인하여 하나님 아버지께 영광을 돌리게 하셨느니라."(빌 2:7－11)는 말씀이 없었습니다.

나는 또한 그 책에서 당신의 독생자는 시간 이전에 그리고 시간을 초월하시어 당신과 같이 영원하시고 불변하시다는 것과 모든 영혼은 그의 충만하심을 힘입어 행복하게 된다는 것과 영혼은 자신에 내재한 그 지혜에 참여함으로써 새롭게 되고 지혜롭게 된다는 말을 읽었습니다. 그러나 "때가 이르매 그리스도께서 죄인들을 위하여 죽으셨다."는 것과 "당신께서는 자기 아들을 아끼지 아니하시고 우리 모든 사람을 위하여 내어 주셨다."(롬 5:8, 8:32)는 말씀은 거기에 없었습니다. 그것은 "당신이 이것을 지혜로운 자들에게는 숨기시고 어린아이들에게는 나타내시어"(눅 10:21) 수고하고 무거운 짐을 진 자들이 그에게 나와 쉼을 얻을 수 있도록 하기 위함이었습니다.(마 11:28—29) 그는 마음이 온유하고 겸손하며 온유한 자를 공의로 인도하시고 겸손한 자들에게 그의 길을 가르치십니다. 그는 또한 우리의 곤고와 환난을 보시고 우리의 죄를 다 사하여 주십니다.(시 25:9, 18) 그러나 스스로 높은 학식이 있다고 뽐내며 거니는 자들은 "나는 마음이 온유하고 겸손하니 나의 멍에를 메고 내게 배우라. 그러면 너희 마음이 쉼을 얻으리니"(마 11:29)라고 하신 그의 말씀을 듣지 않습니다. 그러므로 그들은 "하나님을 알되 하나님을 영화롭게도 아니하며 감사하지도 아니하고 오히려 그 생각이 허망하여지며 미련한 마음이 어두워졌나니 스스로 지혜 있다 하나 어리석게" 된 것입니다.(롬 1:21—22)

(15) 내가 또 거기에서 읽은 것은 그들이 썩어지지 않는 당신의 영광을 여러 우상과 여러 가지 형상, 즉 썩어질 사람과 새들과 짐승들과 뱀들의 형상과 같은 것으로 바꾸어 놓았다는 것입니다. 그것은 곧 애굽 사람의 음식인데 이것을 위해 에서는 자기의 장자권을 팔아먹은 것입니다.(창 25:33) 당신의 장자인 저 백성들도 애굽으로 마음을 돌리고 당신의 형상인 자신의 영혼을 풀을 먹는 소 앞에 엎드리게 하여 당신 대신에 네 발 달린 짐승의 머리를 경배했던 것입니다. 나는 이런 것들을 그 책에서 읽었습니다만 받아 먹지는 않았습니다.

오, 주님, 당신은 동생으로 태어난 야곱의 치욕감을 없애기 위해 형으로[10] 하여금 동생을 섬기게 하시고 이방인을 불러 당신의 위업을 받게도 하셨습니다. 나도 이방인 중에서 당신께로 나아온 자였습니다. 그리고 나는 당신이 당신의 백성으로 하여금 애굽에서 꼭 취하여 가지고 나가라고 하신 그 황금[11]에 마음을 두고 있었습니다.(출 3:22, 11:2) 왜냐하면 그 황금이야말로 어디에 있든지 당신의 것이기 때문입니다. 또한 당신은 당신의

10) 여기서 "에서", "형", "애굽" 이라는 말이 나오는데 이것들은 유대교와 기독교 이전의 이교(異教)를 상징적으로 말한 것이다.

11) 애굽에서 꼭 취해 가지고 나가라고 한 황금은 신플라톤주의 철학(지혜, 진리)을 의미한다. 진리는 어디에 있든지 귀한 것이요, 하나님의 소유물인 것이다. 그러므로 그 진리를 취해서 기독교 신앙을 설명하는 방법론으로 사용할 수 있다는 것이다. 그러나 그것이 신앙의 대상이 되는 "황금의 우상" 이 되어서는 안 된다고 어거스틴은 말하고 있다.(참고: 『그리스도교 교양』 2, 40, 60) 신플라톤주의 철학자 플로티누스는 로마에

사도를 통해 아테네 사람들에게 어떤 시인이 말했던 것처럼 우리는 당신 안에서 "살며, 기동하며 있느니라."(행 17:28)고 말씀하셨습니다. 사실 그 때 내가 읽은 책도 분명히 아테네에서 온 것이었습니다. 그러나 나는 그들이 황금으로 만든 애굽의 우상에는 마음을 두지 않았습니다. 그것은 그들이 하나님의 진리를 거짓으로 바꿨고 창조자 대신 피조물을 예배하고 섬겼기 때문이었습니다.

10장_ 신적인 빛에 의한 진리로의 접근

(16) 아무튼 나는 이 책을 통해 나 자신 안으로 들어가라는 권고를 받고[12] 당신의 인도하심을 따라 내 영혼 안으로 깊숙이 들어가게 되었습니다. 내가 이렇게 할 수 있었던 것도 당신이 나를 도와주셨기 때문입니다. 내가 내 영혼 안으로 들어가자 미약한 내 영혼의 눈으로나마 거기서 내 영혼의 눈 위에 그리고 내 정신 위에 있는 변하지 않는 빛을 보았습니다. 그 빛은 모든 육안으로 볼 수 있는 보통의 빛이 아니었습니다. 즉 어떤 빛이 있어서 그것이 점점 밝아지고 강해져서 모든 공간을 비추게 되는 그런 종류의 큰 빛이 아니었습니다. 그 빛은 그런 것이 아니었고 지상에 있는 어떤 빛과도 전혀 다른 빛이었습니다. 그 빛이 내 정신 위에 있다 함은 기름이 물위에 있듯이 혹은 하늘이 땅위에 있듯이 있는 것이 아니었습니다. 그 빛이 나보다 높음은 그 빛이 나를 지으셨기 때문이요, 내가 그보다 낮음은 내가 그 빛에 의해 지음을 받았기 때문입니다. 진리를 아는 자는 그 빛을 알게 되고 그 빛을 아는 자는 영원을 알게 됩니다. 그리고 진실로 사랑은 이 빛을 알게 합니다.

서 가르쳤으나 본래 애굽 태생이다. 그러나 그 철학을 소급해 올라가면 결국 그리스의 도시 아테네에서 온 플라톤 철학인 것이다.

12) 플라톤주의 철학이나 어거스틴의 사상은 다 인간의 내면의 세계(homo interior)에 눈을 뜨게 해준다. 그러나 어거스틴의 사상이 플라톤주의 철학과 다른 점은 하나님의 도우심을 말하고 있는 점이다. 즉 하나님의 도우심으로 밖에서 영혼 안으로, 그리고 자기 영혼을 초월하여 하나님에게로 향하는 혼의 지향을 말하고 있는 점이다. 참고: 『참된 종교』(*De vera religione*) 39, 72.

오, 영원한 진리여! 참된 사랑이여! 사랑스러운 영원이여![13] 당신은 나의 하나님이시니 당신을 향해 내가 밤낮으로 한숨을 짓습니다. 내가 당신을 처음 보았을 때 당신은 나를 들어 올려 나로 하여금 봐야 할 것을 보게 하셨습니다. 그러나 나에게는 그때까지도 그것을 볼 수 있는 시력이 없었습니다. 당신은 황홀한 강한 빛을 나에게 비추어 내 시력의 약함을 물리쳤습니다. 그래서 나는 사랑과 두려움으로 떨고 있었습니다. 그때 나는 당신과 전혀 같지 않은 영역에서 당신과 아주 멀리 떨어져 있음을 발견하게 되어 마치 높은 데서부터 다음과 같은 당신의 음성을 듣는 듯했습니다. '나는 성인들의 음식이다. 너는 성장하여 나를 먹어라. 네가 먹은 음식을 네 몸으로 변화시키듯 나를 너의 몸으로 변화시키지 말라. 오히려 너 자신을 나와 같이 되도록 변화시켜라.'

나는 또한 당신은 죄로 인하여 사람을 견책하시고 내 영혼을 거미에 먹히듯 야위게 하심을 알게 되었습니다. 그래서 나는 '그러면 진리란 유한한 공간이나 무한한 공간에 펼쳐 있는 것이 아니니, 없는 것인가?' 라고 자문해 보았습니다. 그때 당신은 멀리서 나에게 외쳐 말씀하시기를 "나는 스스로 있는 자니라."(출 3:14) 하셨습니다. 이 말씀은 내 마음(가슴)에 바로 닿는 음성 같았습니다. 나는 더 이상 의심할 여지가 없었습니다. 왜냐하면 진리는 피조물을 통해서 분명히 알게 되었으니(롬 1:20) 진리가 없다고 의심하기보다는 내가 살고 있음을 의심하는 것이 더 쉽기 때문이었습니다.

11 장_ 절대적 존재, 존재, 절대적 비존재

(17) 내가 당신 아래에 존재하는 모든 것을 살펴보니 그것들은 참으로 존재하는 절대적 존재(omnino esse)도 아니요, 참으로 존재하지 않는 절대적 비존재(omnino non esse)도 아님을 깨달아 알았습니다. 당신께로

13) 여기서 언급된 "영원한 진리", "참다운 사랑," "사랑스러운 영원" 은 삼위일체가 되신 하나님을 시사하고 있다. "영원한 진리" 는 성자를, "참다운 사랑" 은 성령을, "사랑스러운 영원" 은 영원한 존재이신 성부를 시사한 것이다. 참고: 『신국론』 11, 24.

부터 왔으니 존재하는 것이나 당신과 같은 존재가 아니므로 비존재라 말할 수 있습니다.[14] 참으로 존재하는 실체는 항상 있어 변치 않는 존재입니다.

그러므로 내가 하나님께 의지하고 사는 것이 나에게는 좋은 것(선)이 됩니다. 그 이유는 내가 그의 안에 존속하지 않으면 내가 내 자신 안에서도 존속하지 못하기 때문입니다. 그러나, 당신은 스스로 존재하시면서 모든 것을 새롭게 하십니다. 당신이 나의 주 하나님이 되심은 나의 선을 필요로 하지 않으시기 때문입니다.

12장_ 존재하는 것은 다 좋다

(18) 그리고 모든 것은 비록 나빠졌다 하더라도 본래 좋은 것(선한 것)임을 확실히 알았습니다. 만일 그것들이 아주 좋은 존재(최고의 선)였든지, 혹은 전혀 좋은 것이 아니었다면 나빠질 수 없었을 것입니다. 왜냐하면 만일 그것들이 아주 좋은 존재라고 한다면 나빠질 수가 없고, 또한 그것들 안에 좋은 요소가 하나도 없다면 나빠지게 될 아무것도 있을 수 없기 때문입니다. 나빠진다고 하는 것은 어떤 존재에 해를 끼치는 것인데, 해를 끼친다 함은 그 존재의 좋은 것을 감소시키는 것밖에 안 됩니다. 그러므로 나빠지게 됨은 해롭게 됨이 아니라고 주장하는 것은 잘못입니다. 확실한 것은 무엇이 나빠지게 됨은 그 안에 좋은 것이 상실되었음을 말합니다. 그러나 만일 어떤 존재가 그 안에 있는 모든 좋은 것을 다 상실했다면 그것은 더 이상 존재할 수 없을 것입니다. 따라서 만일 어떤 것이 아직 존재하고 있고 또한 아주 나빠지지 않았다면 그것은 더 좋아질 수 있는 존재입니다. 왜냐하면 그것이 계속 남아 있어 존재하는 한 아주 나빠지지 않았기 때문

14) 절대적 존재는 창조자이신 하나님을, 절대적 비존재는 절대무를 의미한다. 피조물은 하나님에 의하여 절대무로부터 창조함을 받았으니 존재와 비존재의 종합이라고 볼 수 있다. 피조물이 존재한다는 것은 참 존재자이신 하나님이 창조하셨고, 지지해 주고, 보존해 주고 계시기 때문이다. 그러므로 피조물(특히 인간)이 창조자이시요, 지지자이신 하나님을 의지하고 사는 것이 마땅한 일이요, 자신에게 좋은 것이 된다는 것이다. 참고: **고백록** 12, 7, 7－12, 8, 8 ; 선한용, 『시간과 영원』, 제3장 시간과 무로부터의 창조, 35－50.

입니다.

그러나, 그런 존재들이 좋은 것을 다 상실한 다음에도 더 좋아질 것이라고 주장한다면 그 이상 불합리한 것이 어디에 있겠습니까? 그들이 모든 좋은 것을 상실했다면 존재도 상실하게 될 것이기 때문입니다. 따라서 그들은 존재하는 한 좋습니다. 그런고로 존재한 모든 것은 다 좋습니다.[15)]

그러면, 내가 지금까지 그 근원을 찾아왔던 악은 사실 실체가 아닙니다. 만일 악이 실체라면 그것도 좋은 것이기 때문입니다. 악이 하나의 실체로서 나빠질 수 없다면 그것은 최고로 좋은 것이 될 것이요, 나빠질 수 있다면 그 안에 좋은 것이 남아 있어야만 합니다. 그러므로, 내가 확실히 알게 된 것은 당신이 모든 것을 좋게 지으셨다는 것과 당신이 창조하시지 않은 실체는 하나도 없다는 것입니다.

그러나, 당신은 모든 것을 동등하게 창조하지 않으셨기 때문에 모든 것이 동등하지 않게 존재합니다. 그러나 각 개개의 존재 자체는 좋습니다. 그리고 창조된 모든 것의 총화는 심히 좋습니다.[16)]

13장_ 창조된 세계는 서로 조화를 이루고 있어 좋다

(19) 당신에게는 악이 정말 존재하지 않습니다. 당신에게만 아니라, 당신이 창조한 것을 전체적으로 볼 때 악은 사실 존재하지 않습니다. 그 이유는 당신이 창조한 일부분에서 어떤 것은 다른 것들과 조화되지 않아서 악인 듯이 생각되기도 합니다만, 그런 것들도 다른 것들과는 조화되어 좋게 되고 그 자체에서도 좋은 것이기 때문입니다. 그리고 조화되지 않는 것들이라 할지라도 우리가 지구—구름이 끼고 바람이 부는 하늘을 두고 있

15) **고백록** 13, 31, 46–13, 32, 47. 참고: 플로티누스, *Enneads*, 1, 7, 2.

16) 어거스틴에 의하면 존재의 계층과 좋음(선)의 계층은 같이 간다. 그러나 모든 것이 함께 조화되어 있으면 심히 좋은 것이 된다고 주장한다.(창 1:31) 그러므로 그의 계층사상에는 환경지배 혹은 환경파괴의 경향성은 없는 것이다. 오히려 인간보다 낮은 계층에 있는 자연(피조물)을 사용(uti)하라고 할 때도 오용이나 남용을 금하고 있다.(3, 8, 16)

는—라고 부르는 창조의 낮은 부분과는 조화되고 있습니다.

그러므로, 내가 '이런 것들이 존재하면 안 된다' 라고 말할 수 없습니다. 만일 내가 이것들만 보았다면 더 좋은 것을 진정 원했을 것입니다. 이런 피조물 자체만으로도 당신을 좋으시다고 찬양해야 합니다. 당신을 찬양해야 한다는 사실을 땅의 모든 것들이 보여 주고 있습니다. 즉, 용, 모든 심연, 불, 우박, 눈, 얼음, 당신의 말씀을 따라 움직이는 폭풍, 산, 언덕, 과일나무들, 백향목들, 들짐승과 가축들, 기는 것들과 나르는 새들, 세상의 왕들과 백성들, 제후들과 세상의 모든 판관들, 젊은 남녀들, 노인과 어린이들, 이 모든 존재들이 당신의 이름을 찬양합니다.(시 148:7－12)

우리들의 하나님, 나는 천사들이 하늘의 높은 곳에서 당신을 찬미하고 당신이 이룩해 놓으신 해와 달, 별들과 빛, 하늘의 하늘, 하늘 위에 있는 물(시 148:1－5), 이 모든 것이 당신의 이름을 찬양하고 있음을 보고 나는 이보다 더 좋은 세계를 원하지 않습니다.[17] 나는 모든 것을 깊이 생각하고 확실히 판단하여 깨닫게 되었으니(존재의 계층에서) 위에 있는 존재가 아래에 있는 존재보다 더 좋으나 모든 피조물이 함께 화합해서 존재한 것이 위에 있는 존재가 홀로 있는 것보다 훨씬 좋다는 것이었습니다.

14 장_ 온전한 마음을 가진 자는 피조물을 다 좋아하게 됨

(20) 당신이 창조한 것을 싫어할 때 내 마음이 온전하지 못한 것처럼 당신이 창조한 어떤 것이라도 싫어하는 자들이 있으면 그들의 마음도 온전치 못합니다. 그래서 내 영혼은 나의 하나님이 되신 당신을 감히 싫다고 할 수 없어 내가 싫어한 것들이 당신에게로부터 온 것이라고 말할 수 없

17) 하나님이 창조하신 이 세계는 좋은 세계라고 어거스틴은 주장한다. 이런 주장은 이 세계를 악한 것으로 보는 마니교에 대한 비판이기도 하다. 라이프니츠(Leibniz, 1646－1716)가 이 세상을 하나님이 창조하실 수 있는 세계 중에서 가장 좋은 세계라고 말한 것도 어거스틴과 맥을 같이하고 있다. 따라서 악은 실체가 아니고 선의 결핍 혹은 완전의 결핍밖에 안 된 것이다.

었습니다. 따라서 내 영혼은 두 개(선과 악)의 실체를 가르친 이원론으로 떨어져 안식을 찾지 못했고 어리석은 말만 했습니다. 그래서 이 그릇된 생각을 버리고 나의 영혼은 무한한 공간에 퍼져 있는 하나님을 만들어 그분이 당신이신 줄 알고 내 마음에 모시었습니다. 이리하여 내 영혼은 자신이 만든 우상의 신전이 되고 말았으니 이것은 당신에게 가증한 것이 되었습니다.

그러나 당신은 나도 모르게 내 머리를 가라앉히고 허망한 것을 보지 못하도록 내 눈을 감겨 주셨습니다. 이리하여 나는 나의 집착에서 조금 떠났으며 나의 광기는 가라앉아 잠들게 되었습니다. 그 잠에서 깨어나 당신 안에서 눈을 떴을 때 나는 당신을 전과는 달리 무한한 존재자로 알게 되었습니다. 이 통찰력은 나의 혈육에서 나온 것이 아니었습니다.

15장_ 모든 것은 하나님으로 말미암아, 하나님 안에 있음

(21) 그리고 내가 눈을 돌이켜 다른 것들을 살펴볼 때 알게 된 것이 있었으니 모든 것은 당신으로 말미암아 존재하게 되었다는 것과 모든 것은 당신 안에서 유한한 존재라는 것입니다. 그러나 그 유한한 것들이 당신 안에 존재해 있다 함은 어떤 공간 안에 존재해 있다는 것과는 같지 않습니다. 당신이 그 모든 것을 당신의 진리의 손으로 붙들고 있기 때문에 그것들은 존재하고 있는 것입니다. 모든 것은 존재하고 있는 한 참되며, 거짓이란 아무것도 아닌 것으로서, 사실 존재하지 않는 것을 존재하는 것으로 생각할 때에만 있는 허위입니다. 그리고 모든 것은 그들의 자리뿐 아니라 시기에 있어서 서로 화합하여 있다는 것을 나는 보고 깨달아 알았습니다. 그러나 당신은 홀로 영원한 존재자로서 셀 수 없는 시간이 지나간 다음에 어떤 일을 시작하신 분이 아닙니다. 왜냐하면 지나간 모든 시간이나 앞으로 오게 될 모든 시간은 항상 계시며 일하시는 당신을 통하지 않고는 가지도 오지도 않기 때문입니다.

16장_ 악이란 실체가 아니고 의지의 왜곡이다

(22) 병든 자에게 맛없는 빵도 건강한 자에게는 맛이 있고, 병든 눈에는 고통이 되는 빛도 건강한 눈에는 즐거움이 된다는 것은 전혀 이상한 것이 아니라는 것을 경험으로 알게 되었습니다. 이와 같이 사악한 자들은 당신의 정의를 싫어합니다. 그뿐 아니라, 좋게 창조되어 창조의 낮은 부분(계층)과 잘 조화되어 살고 있는 독사나 조그만 벌레들까지도 그들은 싫어합니다. 사실 그 사악한 자들은 창조의 낮은 부분에 속해 있는 것이 됩니다. 당신을 멀리 떠나 있을수록 창조의 낮은 부분에 속하게 되어 당신을 닮지 않음이 되며, 당신을 더 닮을수록 창조의 높은 부분과 알맞게 되는 것입니다.

이리하여 '사악이란 무엇인가?' 추구한 결과 내가 알게 된 것은 사악이란 어떤 실체가 아니고 (인간)의지의 왜곡이라는 것이었습니다. 의지의 왜곡이라 함은 그 의지가 최고 실체이신 하나님으로부터 돌아서서 자신 안에 깊이 놓여 있는 보배를 버리고 낮은 부분으로 떨어져 밖으로 잔뜩 부풀어 있음(교만)을 말합니다.

17장_ 존재 자체이신 하나님을 인식한 지적 신비체험

(23) 어느덧 나는 당신을 사랑하고 있었으니 이것은 놀랄 만한 일이었습니다. 당신을 사랑함은 당신 대신 어떤 환상을 사랑한 것이 아니었습니다. 그러나 나는 안정되지 못해서 나의 하나님을 계속해서 즐길 수가 없었습니다. 내가 당신의 아름다우심에 쏠렸다가도 다시 내 자신의 무게로 말미암아 당신으로부터 떨어져 나와 슬퍼하면서도 낮은 부분을 향해 떨어져 들어가고 있었습니다. 이 무게란 육체의 버릇(정욕)이었습니다.[18]

18) "육체의 버릇"(consuetudo carnalis)에 대해서는 **고백록** 8, 5, 10－12 ; 13, 9, 10을 참고.

그러나 당신에 대한 기억은 내 안에 남아 있어 내가 의지해야 할 유일한 분이신 당신이 계심을 결코 의심하지는 않았습니다. 그러나 나는 당신에게 튼튼히 매여(의지해) 있기에는 아직 부족한 자였습니다. 왜냐하면 나빠져 버린 내 육체는 혼을 아래로 눌러 내리고 있었고 지상의 장막 생활은 마음을 무겁게 눌러 그 마음은 여러 가지 것들의 생각에 잠겨 흩어져 있었기 때문입니다. 그렇지만 내가 확실히 알게 된 것은 당신의 보이지 않는 것들, 곧 당신의 영원하신 능력과 신성이 창조 때부터 피조물을 통하여 확실히 이해된다는 것이었습니다.(롬 1:20)

그러므로 내가 하늘에 있는 것이나 땅에 있는 아름다운 사물들을 감상할 때 이러한 변화 무쌍한 사물들에 대하여 바른 판단을 할 수 있도록 '이것은 이렇게 되어야 한다. 저것은 저렇게 되면 안 된다' 고 하는 그 판단의 표준이 무엇인지 알고 싶었습니다. 내가 무엇에 의해서 그러한 판단을 할 수 있는지 알아볼 때 발견하게 된 것은, 불변하고 참된 영원한 진리가 변하는 내 정신 위에 있다는 것이었습니다.

이리하여 나는 단계적으로 여러 가지 물체로부터 시작하여 육체의 감각을 통해 물체를 지각하는 영혼으로 올라가고, 거기에서부터 혼의 내적 지각에 다다랐습니다. 육체의 감각은 이 혼의 내적 지각에게 밖에 있는 사물들을 전달해 주는 것입니다. 여기까지는 동물들도 올라갈 수 있습니다. 거기서부터 나는 육체의 감각으로부터 받은 것을 판단하는 이성의 사색력(판단력)까지 도달했습니다. 그리고 내 안에 있는 그 이성의 사색력까지 또한 변한다는 것을 스스로 깨닫고, 그 이성은 자신을 인식하는 단계에까지 올라왔습니다. 거기에서 이성은 자신의 생각을 습관의 세력에서 벗어나 서로 모순된 여러 가지의 혼잡한 환상의 무리들을 떨쳐 버렸습니다. 이리하여 이성은 자신의 생각들을 조명해 주는 그 빛을 찾고자 했습니다.

그때 의심할 바 없이 그 이성은 소리를 질러 불변한 존재가 변하는 존재보다 더 낫다고 했습니다. 이렇게 하여 내 이성은 불변한 존재를 어떻게 알게 되었는데 사실 그 이성이 어떤 방법으로 그 존재를 알고 있지 않고서야 불변하는 존재가 변하는 존재보다 더 낫다고 할 근거가 없었습니다. 이리하여 그 이성은 눈 깜짝할 순간에 '존재 자체' (quod est, 스스로 계신 존재자)에 도달하게 되었습니다.[19] 그때 나는 당신의 보이지 않는 것들(신성과 능력 등)을 창조된 것들을 통하여 알게 되었습니다. 그러나 나는 계속해서 바라다 볼 수는 없었습니다. 나는 다시 나의 약함으로 격퇴되어 보통으로 하는 일들(일상성)의 세계로 되돌아왔습니다. 나는 그 아름다운 기억과 그에 대한 동경을 몸에 지니고 있는 것뿐이었으니 그것은 마치 음식은 먹지 못하고 냄새만 맡은 것과 같았습니다.

18장_ 그리스도만이 유일한 구원의 길이 되심

(24) 그러므로 나는 당신을 즐기는 데 알맞는 힘을 얻고자 그 길을 찾아보았으나 찾지 못했습니다. 그러나 하나님과 인간의 중보자(中保者)이신 인간 예수 그리스도(딤전 2:5)를 받들어 모실 때 비로소 그 길을 찾았습니다. 그는 만물 위에 계시어 영원히 찬양을 받으실 만한 하나님이십니다. 그는 나를 불러 "내가 곧 길이요 진리요 생명이니"(요 14 : 6)라고 말씀하시고 내가 약해서 받아먹을 수 없는 하늘의 양식을 우리 인간의 육체와 섞어 주셨습니다. 그것은 곧 '말씀이 육신이 되신 것' 이었으니 만물을 창조하신 당신의 지혜가 가난한 우리를 먹이시려고 우유가 되신 것입니다. 그러나 나는 아직도 겸손하지 않아서 겸손하신 나의 주님 예수를 붙들 수가 없었고 그의 연약하게 되심이 우리들에게 무엇을 가르치려고 하는지를 알지도 못했습니다.

영원한 진리이신 당신의 말씀은 당신이 창조하신 높은 부분을 훨씬 초월하신 분으로서 자기에게 순종한 자들을 자기에게 이끌어 올리십니다. 그러나 이 낮은 세상에서는 그 말씀은 우리 인간의 진흙으로 자기의 비천한 집을 지으셨고 사람들로 하여금 자신들을 버리고 그에게 순종하게 하여 그 말씀이 계신 자리에 올라오도록 이끄셨습니다. 그는 그들의 교만을 낮추고 사랑을 길러 주어 그들로 하여금 "인간의 피부"(창 3:21)의 옷을 입고 약하

19) 어거스틴은 자기의 신비체험을 **고백록** 7, 17, 23(밀라노의 신비체험)과 9, 10, 23(오스티아의 신비체험)에서 언급하고 있다. 여기에서 그가 말한 신비체험은 플로티누스적인 신(일자)과의 합일의 체험이라기보다는 지적으로 하나님을 바라봄(관상), 즉 하나님의 존재에 대한 지적인 확실성에 도달했음을 의미한 것이라고 봄이 좋을 것이다.

게 되신 신성을 발 앞에서 보게 하셨습니다. 이리하여 그는 그들로 하여금 이제는 자신들을 더 이상 신뢰하지 않게 할 뿐만 아니라 스스로 약한 존재가 되도록 하셨습니다. 그것은 그들이 나중에 피곤에 지쳐 그에게 몸을 내던질 때 그 신성이 일어나 그들을 들어 일으켜 세우기 위함이었습니다.

19장_ 그리스도의 성육신에 대한 견해

(25) 그러나 나는 그때 그렇게 생각하지 않았습니다. 나는 내 주 그리스도를 다만 다른 사람과 비교할 수 없을 만큼 탁월한 지혜를 소유한 하나의 인간으로 본 것입니다. 특히 그는 기적적으로 동정녀에게서 태어나셨고 영혼불멸을 성취하기 위해서 세상 것을 업신여겼으며, 우리를 위하여 하나님의 섭리를 보여 주신 우리의 모범이 되신 분이라고만 본 것입니다. 이런 이유로 그는 권위가 있는 우리의 스승이 될 수 있었다고 생각했습니다. 그러나 '말씀이 육신이 되시었다' 는 것이 내포한 신비에 대해서는 전혀 생각조차 하지 못했습니다. 그에 대해 기록된 책을 통해 우리들에게 전해진 것에서 내가 배운 것은 그는 먹고, 마셨고, 주무셨고, 걸어다니셨고, 중심으로 기뻐하셨고, 슬퍼하셨으며, 사람들에게 말씀을 전하셨다는 것이었습니다.

또한 그의 육체는 당신의 말씀과 결합된 것이 아니고 인간의 혼과 정신에만 결합되었다는 것으로 이해했습니다. 당신 말씀의 불변성을 아는 사람이면 누구나 다 이 정도는 알 수 있었고 나도 그때 이것에 대하여 잘 알 수 있어 의심하지 않았습니다. 그가 때로는 의지의 결단으로 몸의 지체를 움직이셨고, 때로는 안 움직이셨고, 때로는 감정을 유발하셨고, 때로는 그렇지 않으셨고, 때로는 말의 기호를 통해 지혜 있는 말씀을 전하셨고, 때로는 침묵을 지키신 이 모든 것은 항상 변하는 인간의 혼과 정신의 고유한 속성을 가리킨 것입니다.

만일 그에 대한 이런 기록이 거짓이라면 그에 대한 다른 모든 기록도 거짓이 될 위험이 있고 또한 인류 구원의 신앙이 그 책에서 증거가 되어 있지 않다는 것을 뜻합니다. 그러나 거기에 있는 기록은 참되기 때문에 나는 그것을 통해서 그리스도 안에 있는 완전한 인간을 인정하게 되었습니다. 그를 다만 인간의 육체뿐이라든가 혹은 이성이 없는 동물적인 혼을 가지고 있는 육체라고 생각하지 않고 참다운 인간으로 받아들였습니다. 그러나 내가 이 사람을 다른 사람들보다 훨씬 뛰어나다고 보게 된 것은 그가 진리의 화신이라고 보기보다는 지혜에 참여한 그 인간성의 탁월성과 완전성에 있다고 보았기 때문입니다.

다른 한편, 알리피우스에 의하면 그리스도에게서 하나님이 육신과 이렇게 결합하여 있기 때문에 그에겐 하나님과 육신 이외에는 어떤 영혼도 없다고 기독교인들이 믿고 있다는 것이었습니다. 그래서 그는 그리스도에게는 인간의 정신이 없다고 주장했습니다. 그러나 그는 잘 설득이 되어 그리스도가 살아 있고 이성을 가지고 있는 존재가 아니었다면 그에 대하여 기록된 여러 가지 행동을 할 수 없었을 것이라는 것을 알게 되어 점점 기독교 신앙으로 가까이 오고 있었습니다. 나중에 그는 자기가 생각하고 있던 것은 아폴리나리우스(Apollinarius)의 이단설[20]의 잘못임을 알고 기독교 신앙을 즐거이 받아들이게 되었습니다. 내 경우를 솔직히 고백하면 기독교의 진리인 '말씀이 육신이 되셨다' 는 글은 포티누스(Photinus)의 허위[21]와 구별이 된다는 것을 나는 훨씬 후에야 알게 되었습니다. 사실 이단을 논박하는 것은 당신 교회의 가르침과 교리를 높이 들어 나타나게 함이니 약한 신앙을 가진 자들 사이에서 바른 신앙을 가진 자들을 나타나게 하기 위해서는 이단들도 있어야만 합니다.

20) 아폴리나리우스(Apollinarius, 310－390)의 이단설은 예수를 육체와 혼과 정신을 가지고 있는 완전한 인간으로 보지 않고 그의 혼과 정신을 하나님의 로고스가 대치했다는 설이다. 이 설은 381년의 콘스탄티노플 공의회에서 이단으로 규정되었다. 그런데 알리피우스는 이 이단설에 빠졌으나 곧 시정했다는 것이다.

21) 어거스틴은 알리피우스와는 달리 그때 예수를 다만 탁월한 인간으로만 보려는 4세기의 아리우스(Arius)의 이단설에 가까운 포티누스주의에 빠졌으나 후에 시정했다고 말하고 있다. 그러므로 그때 알리피우스는 예수의 인간성을 무시하고 신성만을 주장한 기독론에 빠졌고, 어거스틴은 예수의 신성보다는 탁월한 인간성만을 주장한 오류에 빠졌으나 곧 시정했다는 것이다.

20 장_ 플라톤주의의 길과 기독교의 길과의 차이

(26) 나는 그때 플라톤주의자들의 책을 읽고 비물질적인(영적) 진리를 추구해야 한다는 것을 배웠습니다. 또한 나는 보이지 않는 당신의 진리를 창조된 것들을 통하여 알게 됨을 깨달았습니다. 내 영혼이 약하여 세상으로 떨어졌을 때에도 나는—내 영혼의 어둠 때문에 계속 관상을 못했지만—당신을 어떤 의미에서는 알고 있었습니다. 내가 확실히 알게 된 것은 당신이 존재하신다는 것, 당신은 무한한 존재자이시기 때문에 유한하거나 무한한 공간에 펼쳐 있는 분이 아니시라는 것, 그리고 당신은 항상 같으신 분으로서 이렇게 저렇게 변하시지 않는 분이란 것입니다. 그리고 만물이 당신으로부터 왔다고 하는 것은 그들이 존재하고 있다는 이유만 가지고도 증명이 된다는 것이었습니다. 이 모든 것을 나는 확실히 알고 있었습니다만 나는 너무 약해서 당신을 줄곧 즐길 수가 없었습니다. 마치 전문가인 것처럼 내가 지껄이긴 했으나 우리 구주이신 그리스도 안에서 당신의 길을 찾지 않았다면 나의 지식은 통달의 길이 되기보다는 멸망의 길이 되었을 것입니다.

나는 사실상 벌을 충분히 받았음에도 지혜로운 자로 나타내 보이기를 원하여 나의 무지를 슬퍼하기보다는 오히려 지식의 교만으로 부풀어 있었습니다. 겸손의 기반이 되시는 예수 그리스도 위에 세워진 사랑이 나에게 있었습니까? 혹시 언제 그런 책들(플라톤주의자들의 책들)이 나에게 이런 사랑을 가르친 일이 있었습니까? 그러나 내가 당신의 성서를 연구하기 전에 이 책들을 읽게 된 것은 당신의 뜻이었으니 그 책들로 인해 내가 어떻게 영향을 받았는지 나로 하여금 기억하게 하기 위함이었습니다. 또한 내가 성서로 정화되고 내 상처가 당신의 손으로 고침을 받은 후 나로 하여금 교만과 고백의 차이, 어디로 가야 할지는 알되 그 길을 모르는 자들과 축복의 본향을 보여 줄 뿐만 아니라 거기에서 살도록 인도하는 길과의 차이를 식별하도록 하기 위함이었습니다.[22]

22) 플라톤주의와 기독교 신앙과의 근본적인 차이를 말하고 있다.

내가 만일 당신의 성서로 양육이 되고 그것에 익숙해짐으로써 당신께 맛을 들인 다음에 그 책들을 읽게 되었다면 그것들은 나에게서 경건의 확고한 바탕을 빼앗아갔을지도 모릅니다. 또는 내가 성서에서 얻은 온전한 감정에 강하게 머물러 있었다 하더라도 잘못 생각하여 플라톤주의자들의 책을 공부하는 것만으로도 지혜를 얻을 수 있다고 생각했을지 모릅니다.

21 장_ 사도 바울의 서신을 읽음

(27) 그래서 나는 열심히 당신의 영으로 감동된 책, 특히 사도 바울의 책을 붙들었습니다. 나는 그때 생각하기를 바울은 자기 모순에 빠진 듯하고 그가 가르치는 글은 율법과 선지자들의 증거와 일치하지 않는다고 여겼습니다. 그러나 이 모든 의심은 사라지고 순수하게 부르짖는 말씀이 하나의 형태로 나에게 나타나서 나는 즐거움과 두려운 마음으로 성서공부를 하게 되었습니다. 이렇게 시작해서 내가 발견한 것은 플라톤주의자들의 책에서 읽은 모든 진리가 이 성서에서는 당신의 은혜에 대한 찬양과 함께 있다는 것이었습니다. 그러므로 누구든지 세상을 볼 때 보이는 사물이나 볼 수 있는 자기의 시력을 마치 당신으로부터 받지 않은 것처럼 생각하여 자신을 자랑하지 말아야 할 것입니다. 사람이 가지고 있는 것 중에 당신으로부터 받지 않은 것이 무엇이 있습니까?(고전 4:7) 이럼으로써 우리들은 당신의 은혜로 인하여 항상 존재하시는 당신을 바라보도록 권고를 받을 뿐만 아니라 당신을 소유할 수 있는 힘을 얻게 될 것입니다.

또한 멀리 서 있어서 당신을 보지 못하는 자도 당신의 은혜로 인하여 그 길을 계속 걸어가 나중에는 당신을 와서 보고 소유할 수 있게 될 것입니다. 우리 인간이 속사람으로는 하나님의 법을 즐거워하되 우리의 지체 속에서 한 다른 법이 우리의 마음의 법과 싸워 우리의 지체 속에 있는 죄의 법 아래로 우리를 사로잡아 오는 것을 볼 때(롬 7:22-23) 우리가 무엇을 감히 할 수 있습니까? 오, 주님, 당신은 의로우시나 우리는 죄를 지었고 불의를 행했습니다.

당신의 손이 우리를 무겁게 누르시오니(시 32:4) 우리는 저 죽음의 왕인 '옛부터의 죄인' (마귀)에게 넘김을 받았으니 그것은 죄 값으로 당연한 것이었습니다. 그는 우리의 의지를 꾀어 당신의 진리에 머물러 있지 못하게 하고 자기의 의지와 똑같게 했습니다. 가엾은 인간이 이제 무엇을 할 수 있겠습니까? 누가 이 사망의 몸에서 구해 줄 수 있습니까?(롬 7:24) 예수 그리스도로 말미암은 당신의 은혜밖에는 없습니다. 그 예수 그리스도는 당신께서 당신과 같은 영원한 존재자로 낳으시고 또한 당신의 (구원의) 길의 시작(태초)이 되게 하셨습니다.(잠 8:22, 골 1:17)[23] 이 세상의 임금은 그에게서 아무런 죽을 죄를 찾지 못했습니다. 그러나 그(빌라도)가 예수님을 죽임으로 말미암아 우리 죄의 기록은 깨끗이 씻음을 받았습니다.(골 2:14)

그런데 저 플라톤주의자들의 책에는 이런 것이 언급되어 있지 않았습니다. 그 책에는 이러한 경건의 표현, 고백의 눈물, 당신의 희생, 괴로워하는 마음, 상하고 참회하는 심정, 겸손, 당신의 백성의 구원, 당신의 신부인 도성, 성령의 보증, 우리의 구속의 잔이 있지 않았습니다. 그 책에서는 "나의 영혼이 잠잠히 하나님만 바람이여 나의 구원이 그에게서 나오는 도다. 오직 그만이 나의 반석이시요, 나의 구원이시요, 나의 요새이시니 내가 크게 흔들리지 아니하리로다." (시 62:1－2)라고 노래를 부른 자가 없었습니다. 그 책에서는 "수고하고 무거운 짐 진 자들아 다 내게로 오라." (마 11:28)고 부르는 음성을 들을 수가 없었습니다. 그들은 '온유하고 겸손한' 그에게서 배우기를 꺼려 했습니다. 왜냐하면 당신은 그것을 지혜롭고 슬기로운 자에게는 숨기시고 어린아이들에게는 그것을 나타내 보이셨기 때문입니다.(마 11:25)

진실로 숲이 우거진 산봉우리에서 평화의 나라를 바라다보면서도 그리로 가는 길을 찾지 못하는 것과 하늘 황제가 이끄는 만군의 보호 아래 그 곳으로 가는 길을 따라가는 것은 전혀 다릅니다. 전자의 길은 도망병들이나 이탈자들이 자기들의 두목인 "사자나 용" (시 91:13)의 지휘 아래 사람

23) "영원한 존재자로 낳으시고"는 하나님의 영원한 아들(성자)을 뜻하는 것이요, "당신의 (구원의) 길의 시작이 되게 하셨습니다."는 인간의 구원을 위해 성육하신 예수 그리스도를 의미한 것이다. 어거스틴은 요한복음 1:1－14, 잠언 8:22, 골로새서 1:14－17을 연결시켜 영원하신 성자와 성육신하신 아들을 설명하고 있다. 참고: 『신앙과 교리』(*De Fide et Symbolo*) 4, 6 ; 『그리스도교 교양』 1, 34, 38.

들을 방해하고 습격하는 위험한 길이요, 후자의 길은 하늘의 군대를 이탈하여 강도질하는 자들이 없는—오히려 그런 일을 하는 것을 괴롭게 생각하기 때문에—길입니다.[24)]

내가 저 "사도 중에 지극히 작은 자"(고전 15:9)인 바울의 글을 읽을 때 이런 말씀들이 내 장부(腸腑)에 이상하게 치밀어 들어왔습니다. 그래서 나는 당신이 하신 일을 생각하면서 두려워 떨고 있었습니다.

24) 여기에서도 플라톤주의와 기독교 신앙과의 차이를 논하고 있으나 간접적으로는 어거스틴이 도나투스파 교회에 대한 비판을 하고 있다. 도나투스파 교회는 전통적인 가톨릭 교회를 떠나 이탈하고 도망친 교회 분리자들임을 시사하고 있다. 참고: 선한용, 『시간과 영원』, 부록 11장 도나투스 논쟁.

제 8 권

마음의 회심: 무화과나무 밑에서

어거스틴은 마음이 괴로워 심플리키아누스 사제를 찾아간다. 그는 그 사제로부터 신플라톤주의 철학자였던 빅토리누스가 어떻게 회심했는가 하는 이야기를 듣는다. 그리고 황제의 수행원이었던 폰티키아누스로부터 애굽의 수도사였던 안토니우스에 대한 이야기를 듣는다. 어거스틴도 그들처럼 되고 싶어한다. 그러나 자신은 그렇게 되지 않는다. 이런 이야기는 어거스틴을 정원으로 몰아넣는다. 그는 정원으로 들어가 어느 무화과나무 밑에 앉아서 슬피 울며 내적 싸움을 하게 된다. 그러나 "들고 읽어라, 들고 읽어라."는 어린이의 노랫소리를 듣고 성서를 펴서 로마서 13:13-14를 읽게 된다. 이 성서구절을 읽는 순간 확실성의 빛이 그의 마음에 주입이 되어 회심을 하게 된다. 어머니는 그 소식을 듣고 기뻐 춤을 추며 하나님께 감사한다.

St. Augustine's CONFESSIONS

1장_ 심플리키아누스 사제를 찾아감

(1) 오, 나의 하나님, 나로 하여금 내게 베푸신 당신의 자비를 감사함으로 기억하여 당신께 찬양을 올리게 하소서. 내 뼈가 당신의 사랑에 흠뻑 젖어 "주여, 당신과 같은 자 누구리요?"(시 35:10) "주께서 나의 결박을 푸셨나이다. 내가 주께 감사제를 드리리이다."(시 116: 16, 17)라고 말하게 하소서. 당신이 어떻게 나의 결박을 푸셨는지 내가 만방에 선포하리니 이것을 듣고 당신을 예배하는 자들은 함께 말하게 하소서. '하늘과 땅에서 주님을 찬양할지어다. 그의 이름은 위대하시고 놀랍도다.'

이제 당신의 (성서의) 말씀은 내 심장(마음)의 밑바닥(praecordia)에 굳게 박혀졌고, 당신은 나를 사방으로 둘러싸고 계셨습니다. 당신의 영원한 생명에 대하여는 "거울로 보는 것 같이 희미하게 알았지만"(고전 13:12) 확신은 하고 있었습니다. 그러므로 나는 당신이 불멸의 실체이시요, 다른 모든 실체의 근원이 되심을 의심하지 않았습니다. 그러나 내가 바랐던 것은 당신의 존재에 대한 강한 (지적인) 확실성보다는 당신 안에서 (내 마음이) 더 견고히 서 있는 것이었습니다. 그러나 내 현실의 생활은 아직도 혼돈 속에 빠져 있어 내 마음은 묵은 누룩을 내버리고 정화되었어야 했습니다.(고전 5:7) 그것은 '그 길'—우리 구주 자신이신—이 나에게 호감은 주었으나 나는 그 좁은 길을 걸어가기가 싫었기 때문입니다.

그럴 때 당신은 내 마음에 심플리키아누스(Simplicianus)[1]를 찾아가는 것이 좋을 것이라는 생각을 갖도록 하셨습니다. 그는 당신의 충실한 종으로 보였고 그 안에는 당신의 은총의 빛이 빛나고 있었습니다. 그는 젊어

1) 심플리키아누스는 본래 로마에 있었던 사제였으나 교황은 새로 선출된 감독 암브로시우스를 돕고 보좌해 주도록 그를 밀라노에 보냈다.(373년) 그는 유명한 플라톤주의 철학자요, 수사학자인 빅토리누스를 회심시킨 인물이기도 하다.(8, 2, 3—5) 암브로시우스는 너무 분주했기 때문에 어거스틴은 이 사제를 찾아가 자기의 인생문제를 털어 내놓은 것이다. 암브로시우스 감독이 397년에 사망하자 바로 이 사제가 그 뒤를 이어 밀라노의 감독이 되었다.(400년에 사망)

서부터 충실히 당신을 섬기며 살아왔다는 말을 나는 들었습니다. 그때 그는 나이가 많았고 또한 긴 세월 동안 당신의 길을 열성으로 따랐던 자(사제)였습니다. 나는 그가 많은 학문을 터득했고 많은 것을 경험했으리라 생각했는데 사실 그는 그러한 인물이었습니다. 그런고로 내가 그에게 바랐던 것은 그가 내 고민을 다 들은 후—자기의 지식과 경험을 통해서—나 같은 사람이 당신의 길을 걸어가려면 어떤 방법이 적당한지 인도해 달라는 것이었습니다.

(2) 나는 당신의 교회가 사람들로 가득 차 있음을 보았는데 그들 중 어떤 이는 이 길로, 어떤 이는 저 길로 제각기 가고 있었습니다. 나는 이 세상을 좇아 사는 나의 삶의 모습이 싫었습니다. 이제 과거에 나를 사로잡았던 명예와 돈(재물)을 추구하는 욕심의 불도 사라진지라, 그러한 삶을 사는 것이 나에게는 오히려 무거운 짐이나 종살이로 느껴졌습니다. 왜냐하면 당신 안에서 누리는 기쁨과 내가 사랑하는 당신 집의 아름다움에 비해 볼 때 이 세상의 기쁨은 더 이상 나를 현혹하지 못했기 때문이었습니다.

그러나 나는 여성의 사랑에만은 깊이 얽혀 있어 헤어 나오지 못했습니다. 또한 당신의 사도도 나에게 결혼생활을 금하는 것이 아니었고 다만 모든 사람이 자기와 같이 되기를 바라며 보다 더 나은 생활을 하라고 권면한 것으로 나는 생각했습니다. 그러나 나는 의지력이 약하여 좀더 안일한 길을 택하게 되었습니다. 이 한 가지 이유 때문에 나는 모든 일에서도 단안을 내리지 못해 혼돈 속에 빠져 있었습니다. 내 손과 발을 묶어 놓은 결혼 생활 때문에 나는 내가 원치 않던 다른 일까지도 어쩔 수 없이 하게 되었고 그것으로 인해 나의 번민은 심해져 내 심신은 몹시 피곤하고 쇠약해졌습니다.

나는 한편 진리의 입이 '천국을 위하여 스스로 고자된 자도 있다' 고 하신 말씀을 들은 바 있습니다. 그러나 그분이 계속해서 "이 말을 받을 만한 자는 받을지어다."(마 19:12) 하신 말씀도 들었습니다. 진실로 하나님을 알지 못한 자들이나 혹은 선하게 보이는 사물들을 통하여 선(善) 자체이신 하나님을 발견할 수 없는 자들은 모두 허망한 사람들입니다. 그러나 나는 그럴 정도로 허망한 것에 사로잡혀 있지는 않았습니다. 오히려 나는 그 허망함을 넘어 당신의 모든 피조물의 증거를 통하여 우리의 창조주이신 당신을 발견했고 또한 당신과 함께 계시고 당신과 같이 유일한 하나님이신 당신의 말씀(그리스도)을 알게 되었습니다. 당신은 그 말씀을 통하여 만물을 창조하셨습니다. 그러나 세상에는 다른 종류의 불경건한 사람들이 있으니 그들은 "하나님을 알되 하나님으로 영화롭게도 아니하며 감사치도 아니하는 자들"(롬 1:21)입니다. 나도 한때 이러한 무리들 사이에 빠져 있었으나 당신의 오른손이 나를 붙들어 건져내 주시사 내가 온전해질 수 있는 자리에 올려놓아 주셨습니다.

당신은 인간에게 말씀하시기를 "주를 경외함이 곧 지혜"(욥 28:28)이니 "스스로 지혜롭게 여기지 말지어다."(잠 3:7)라고 하셨습니다. 그것은 그들이 스스로 지혜가 있다 하나 어리석게 되었기 때문입니다.(롬 1:22) 나는 이제 값진 진주를 발견했기에 그 진주를 사기 위해 내게 있는 모든 재산을 팔았어야만 했습니다. 그러나 나는 망설이고 있었습니다.

2장_ 빅토리누스의 회심에 대한 이야기를 듣고

(3) 그래서 나는 심플리키아누스를 찾아갔습니다. 그는 그때 (밀라노의) 감독이었던 암브로시우스의 신앙의 아버지였는데 사실 감독님은 그를 아버지처럼 존경하고 있었습니다. 나는 심플리키아누스에게 내가 걸어왔던 그릇되고 구부러진 길을 이야기했습니다. 그리고 나는 그에게 빅토리누스(Victorinus)[2]—한때 로마의 수사학자였다가 후에 기독교인이 되어 세상을 떠났다고 들은 바 있는—가 라틴어로 번역한 몇 권의 플라톤주의자들의 책을 읽었다고 말을 했습니다. 그러자 그는 내가 이 세상의 원리를 기초로 하여 씌어졌고 헛된 속임수로 가득 찬 다른 철학자들의 책을 읽지 않

2) 마리우스 빅토리누스(Marius Victorinus)는 북아프리카 출신으로 로마에서 수사학자, 플라톤주의 철학자로 존경받고 유명해진 4세기 인물이다. 그는 아리스토텔레스, 플로티누스, 포르피리의 책들을 그리스어에서 라틴어로 번역한 자이다. 그러나 후에 심플리키아누스의 설득으로 세례를 받고 기독교인이 되었다.(355년경) 그가 남긴 책 중에서 『삼위일체론』은 유명하다.

고 하나님과 그의 말씀이 여러 면으로 언급되어 있는 플라톤주의자들의 책을 읽었다고 해서 나를 치하했습니다.

그리고 그는 나에게 "지혜롭고 슬기 있는 자들에게는 숨기시고 어린아이들에게는 나타내신"(마 11:25) 그리스도의 겸손을 권면하기 위하여 그가 로마에 있을 때 친하게 지냈던 빅토리누스에 대한 이야기를 해주었습니다. 내가 이제 그의 이야기를 언급하지 않고 지나갈 수 없습니다. 왜냐하면 빅토리누스에 대한 이야기는 당신의 은혜를 높이 찬양하는 것으로 꼭 내가 당신께 고백하고 넘어가야 하기 때문입니다.

모든 학문에 박학했고 다능했던 그 노인 빅토리누스는 많은 철학 서적을 탐독하고 평가한 자였으며 유명한 원로들의 스승이기도 했습니다. 사람들은 그의 탁월한 가르침의 공적을 기념하여 로마의 광장에 세상 사람들이 큰 명예로 생각하는 동상을 세우기까지 했습니다. 그는 나이가 많을 때까지 우상을 숭배했고 로마의 모든 귀족들이 열을 올렸던 그 신성모독의 종교의식에 적극 참여한 자였습니다. 그는 백성들을 고무시켜 한때 네프투누스(Neptunus)와 비너스(Venus)와 미네르바(Minerva)에게 대항을 했던 개 귀신 아누비스(Anubis)나 괴물과 같은 잡신들을 섬기라고 했던 자였습니다. 이러한 잡신들은 한때 로마가 정복한 신들이었으나 이제는 로마가 숭배하는 신들이 되어 빅토리누스까지도 우레와 같은 웅변으로 오랫동안 옹호해 왔었습니다. 그러던 그가 이제는 당신의 세례로 다시 태어나 그리스도의 어린아이가 되었고 겸손의 멍에를 목에 매고 수치스러운 십자가 앞에 이마를 내밀기를 부끄러워하지 않았다는 것입니다.

(4) 오, 주님, "하늘을 드리우고 강림하시며 산들에 접촉하사 연기를 발하게 하시는"(시 144:5) 이여, 당신은 어떤 방법으로 그의 심장(마음)의 벽(pectus)에까지 밀고 들어가셨습니까? 심플리키아누스의 말에 의하면 빅토리누스는 성서를 읽고 모든 기독교 문헌들을 철저히 조사 연구한 후 그에게 공개적으로 말하지 않고 은밀히 그리고 다정하게 이렇게 말했다는 것입니다. "나는 이제 기독교인이 되었다는 것을 자네는 알아야 해." 이 말에 심플리키아누스가 대답하기를 "내가 자네를 교회 안에서 보지 않는 한 자네가 말한 것을 믿지도 않을 것이요, 또한 자네를 기독교인으로 간주하

지도 않겠네."라고 했다는 것입니다.

빅토리누스는 이 말을 듣고 비웃으면서 "그러면 교회의 벽이 기독교인을 만드는 것인가?"라고 대답했다는 것입니다. 그리고 그가 자주 자기는 이제 기독교인이 되었다고 말할 때마다 심플리키아누스는 같은 대답을 했고 그는 또 교회의 벽에 대해 농으로 반복했다는 것입니다. 그는 잡신을 섬기는 교만한 자기 친구들의 감정을 상하게 할까 봐 두려워했던 것입니다. 그는 주님이 아직 꺾지 않으신 레바논의 백향목처럼 거만한 바빌론[3]의 고위층의 친구들로부터 심한 적개심의 폭풍이 자기에게 몰아칠 것으로 생각했습니다.

그러나 그 후 그는 독서와 명상을 통해서 점점 용기를 얻게 되었고 그가 사람들 앞에서 그리스도를 부인할 경우 그리스도도 거룩한 천사들 앞에서 그를 부인할 것이라는 두려움을 갖게 되었습니다.(눅 9:26) 그리하여 그는 스스로 교만해진 악마들의 뒤를 따르며 그들을 섬기는 의식에 참여한 신성 모독은 부끄러워하지 않으면서도 당신 말씀의 겸손의 성례는 부끄럽게 여긴 것을 큰 죄로 생각하게 되었습니다. 이제 그는 허망한 것을 물리치고 진리 앞에 부끄러움으로 서게 되었습니다.

심플리키아누스가 나에게 말한 바에 의하면 빅토리누스는 어느 날 갑자기 그의 예상을 뒤엎고, "자, 교회에 같이 가세! 나는 기독교 신자가 되기로 결심했네!"라고 말했다는 것입니다. 이 말을 듣고 심플리키아누스는 기쁨을 억제하지 못하면서 그와 함께 교회에 갔습니다. 빅토리누스는 곧 세례 지망자로서 학습을 받게 되었고 얼마 안 가서 세례로 거듭나기 위해 자기 이름을 적어 넣게 되었습니다. 이에 로마의 도시는 깜짝 놀랐고 교회는 기뻐해 마지않았습니다. 그것을 보고 거만한 자들은 분을 내며 이를 갈면서 자지러졌으나 주 하나님은 당신의 종의 희망이 되시사 그들의 허위와 거짓과 광증에 마음을 두지 않게 하셨습니다.

(5) 마침내 그가 신앙고백을 할 때가 왔습니다. 그 당시 로마의 관습으로는 입교하고자 하는 자들은 그들이 암기했던 일정한 교리를 모든 신자

3) 바빌론은 로마 제국을 상징적으로 말한 것이다.

들 앞에서, 높은 단 위에서 고백하는 것이 예사였습니다. 그러나 공석에서 신앙고백하기를 수줍어하는 사람들을 위해서는 사석에서 신앙고백을 하는 예도 있었기에 사제들은 빅토리누스에게 원하면 그렇게 할 수 있는 기회를 주겠다고 했습니다. 이때 빅토리누스는 자기의 구원을 성도들 앞에서 고백하기로 결심한 것입니다. 그는 구원이 없는 수사학도 공공연히 가르쳤고 미치광이들 앞에서 자기의 말을 아무 두려움 없이 했는데 당신의 말씀을 고백하는 데서 그가 당신의 온유한 무리를 두려워했겠습니까?

그가 신앙고백을 하려고 단상에 올라갔을 때 그를 알고 있었던 사람들은 즐거운 목소리로 그의 이름을 서로 주고받았습니다. 사실 그들 중에서 빅토리누스를 모르는 사람이 있었겠습니까? 즐거워하는 무리들의 입과 입에서 "빅토리누스! 빅토리누스!" 하고 고요하게 속삭이는 소리가 터져 나왔습니다. 사람들은 그를 보자마자 환성을 올렸으나 그의 신앙고백을 들으려고 곧 조용해졌습니다. 그가 확실한 신념을 가지고 참 신앙을 고백하였을 때 모든 사람들은 두 손을 벌려 그를 붙들어 자기들의 가슴에 껴안고 싶었습니다. 사실 그들은 사랑과 기쁨으로 그를 자기들의 마음에 껴안았습니다. 그것은 그를 사랑과 기쁨으로 영접하는 박수로 나타난 것입니다.

3장_ 죄인의 회개를 더 기뻐하시는 하나님

(6) 오, 좋으신 하나님, 전혀 절망해 본 적이 없고 또한 위험한 상태에 있어 보지도 않은 사람보다 절망과 큰 위험에서 구원받은 사람들을 놓고 사람들이 더 기뻐하는 이유는 무엇입니까? 오, 자비로우신 아버지, 당신도 회개할 필요가 없는 아흔아홉의 의인보다 회개하는 한 사람으로 인하여 더 기뻐하십니다.(눅 15:7) 우리도 길 잃은 양을 찾아 어깨에 메고 집에 와서 즐거워하는 목자의 이야기나 잃어버린 은전을 다시 찾아 보물함에 넣고 이웃과 함께 즐거워하는 여인의 이야기를 들을 때마다 크게 기뻐합니다. 또한 우리가 당신의 집에서 "죽었다가 다시 살아났으며 잃었다가 다시 찾은"(눅 15:24) 둘째 아들에 대한 이야기를 들으며 즐거운 예배를 드릴 때 복받쳐 오르는 눈물을 금치 못합니다. 이렇듯 당신은 거룩한 사랑으로 거룩하게 된

당신의 천사들과 우리 안에서 기뻐하십니다. 당신은 항상 같으신 분이심으로 항상 있지 않고 늘 변하는 모든 것을 변함없이 아시고 계십니다.

(7) 그러면 우리가 좋아하는 것을 소유하고 있을 때보다 그것을 잃었다가 다시 찾거나 다시 얻을 때 더 기쁜 이유는 무엇입니까? 다른 많은 예가 이와 같은 사실을 증거해 주고 있습니다. 또한 많은 사실이 '그것은 그렇다' 고 외쳐 증거하고 있습니다. 개선 장군도 싸우지 않았으면 승리하지 못합니다. 그리고 그 싸움의 위험이 크면 클수록 승리의 기쁨도 큽니다. 사나운 폭풍이 승객을 뒤흔들고 그들이 탄 배를 뒤집을 듯 위협할 때 임박하는 죽음에 직면하여 새파랗게 질리지 않을 자가 어디에 있겠습니까? 그러나 하늘이 개이고 바다가 잔잔해지면 그들의 공포가 컸던 것만큼 그들의 기쁨도 큽니다. 사랑하는 사람이 아파서 눕게 되었는데 그의 맥박이 생명의 위급함을 시사한다 합시다. 그의 건강 회복을 원하는 자들은 그와 함께 아픔을 느낍니다. 그러나 그가 회복이 되면 그가 비록 전과 같이 건강하게 걸어다니지 못한다 할지라도 그가 이전에 건강하게 다녔을 때보다 우리는 더욱 그로 인하여 기뻐하게 됩니다.

진실로 인간은 어떤 아픔을 통해서—그것이 비록 뜻밖에, 기대하지 않았던 것이든지 혹은 그것이 의도적으로 계획되었던 것이든지 간에—인생의 쾌락을 경험하게 됩니다. 배고픔과 목마름의 괴로움을 먼저 경험하지 않고서는 인간은 먹고 마시는 기쁨을 알지 못합니다. 음주가들이 술을 마시기 전에 짭짤한 고기를 먼저 먹는 것도 입에 불쾌한 갈증을 일으켜 술로 그것을 가시게 하기 위함입니다. 그럼으로써 그들은 술을 마시는 쾌감을 느끼게 됩니다. 약혼한 여성을 결혼 즉시 남자에게 넘겨주지 않는 관습이 있는데 그것은 신랑으로 하여금 신부를 오래 간절히 사모하고 기다림으로 그를 더 아끼고 받들게 하기 위함입니다.

(8) 이러한 경우는 더럽고 부끄러운 쾌락을 추구하는 데서나 사회에서 허락하는 정당한 즐거움을 추구하는 데서도 똑같이 관찰될 수 있습니다. 또한 그러한 경우는 솔직한 우정에서나 '죽었다가 다시 살고, 잃었다가 다시 찾게 된 자' 에게서도 마찬가지입니다. 이처럼 큰 기쁨이란 어디서나

큰 고통을 겪은 후에야 경험됩니다.

오, 나의 주 하나님, 당신은 스스로 당신에게 영원한 기쁨이 되십니다. 그런데 당신 주위에 있는 어떤 피조물(천사들)이 영원히 당신 안에서 즐거움을 누린다는 뜻은 무엇입니까? 또한 이 세상의 사물들이 변화무쌍하여 망하고 흥하며 불화하고 화해하는 그 뜻이 무엇입니까? 높고 높은 하늘에서부터 낮고 낮은 땅에 이르기까지, 시간의 시작부터 시간의 끝까지, 천사로부터 벌레에 이르기까지, 최초의 운동으로부터 마지막의 운동에 이르기까지, 당신은 모든 좋은 것들과 당신의 일들이 제각기 적절한 장소와 시간에서 이루어지도록 하셨는데, 이것이 바로 당신이 정해 주신 그들의 존재양상입니까?

아, 우리는 가련한 존재입니다. 우리가 어떻게 가장 높은 것보다 더 높으시고, 가장 깊은 것보다 더 깊으신 당신의 높이와 깊이를 감히 알 수 있겠습니까? 당신은 우리를 결코 떠나 계시지 않으시나 우리가 당신에게 돌아가기란 그렇게 어렵습니다.

4장_ 위대한 인물의 회심과 그 영향

(9) 오, 주님, 우리 안에서 역사하시어 당신에게 돌아가도록 우리를 인도하소서. 우리를 부추겨 당신께로 끌어당겨 주소서. 당신의 향기를 우리에게 풍기사 우리의 즐거움이 되어 주소서. 우리로 하여금 사랑하게 하시고, 달려가게 하소서. 빅토리누스가 처해 있었던 맹목의 심연보다 더 깊은 곳으로부터 나와서 당신께로 가까이 간 자가 얼마나 많습니까? 그들은 당신께로부터 오는 빛으로 조명을 받은 자들이 아닙니까? 당신은 그 빛을 받은 자들에게 당신의 자녀들이 될 수 있는 권세를 주셨습니다.(요 1:12) 그렇지만 만일 그들을 아는 사람들이 많지 않을 경우에는 그들로 인하여 함께 즐거워할 사람들도 많지 않게 됩니다. 반면에, 많은 사람들이 함께 즐거워하면 각자가 느끼는 기쁨이 더 풍성해집니다. 그것은 그들이 서로 기쁨의 열을 나누어 줌으로써 자신들이 그 열을 더 받게 되기 때문입니다.

더욱이 그들의 이름이 널리 알려진 사람들이라면 그만큼 더 많은 사람들에게 구원의 영향을 끼치고 결국 많은 사람들을 구원의 길로 가도록 인도합니다. 또한 그들보다 구원의 길을 먼저 가고 있는 자들도 그들로 인해 크게 기뻐하게 됩니다. 그것은 이름이 있는 자들이 믿기 때문만이 아니라 그들의 뒤를 따라 믿게 될 많은 사람들 때문입니다. 그러나 당신의 장막에서는 부자가 가난한 자보다 또는 귀족이 보통 사람보다 더 우대를 받아서는 절대로 안 됩니다. 오히려 당신은 세상의 약한 자들을 택하사 강한 자들을 부끄럽게 하시며 세상의 천한 자들과 멸시받는 자들과 없는 자들을 택하사 있는 자들을 폐하려 하십니다.(고전 1:27)

당신은 이러한 말씀을 당신의 사도 중에서 "지극히 작은 자"(고전 15:9)의 입을 통하여 하셨습니다. 그 사도의 이와 같은 진술은 지방장관인 바울(Paulus)의 교만을 꺾고 그로 하여금 그리스도의 가벼운 멍에를 메고 위대한 왕의 시민이 되게 했던 것입니다.(행 13:4—12) 사도는 그러한 큰 승리를 기념하여 이전의 사울이라는 자기 이름 대신에 바울이라고 불리기를 더 원했던 것입니다. 마귀에게 강하게 사로잡혀 있는 사람이나 그의 도구가 되어 다른 많은 사람들에게 영향을 끼친 자를 정복하면 마귀의 세력은 그만큼 정복되는 것입니다.

그런데 마귀는 고위층에 있는 자들을 귀족의 이름하에 강하게 사로잡고 있으며 또한 그들의 권위를 통해서 다른 많은 사람들에게 큰 영향을 끼치고 있습니다. 그러므로 마귀가 절대로 빼앗기지 않을 자기의 성곽이라고 여겼던 빅토리누스의 마음과 그의 강하고 예리한 웅변—마귀가 그것에 의해 많은 영혼을 살해했던—을 사람들이 높이 평가한 만큼 당신의 자녀들은 그로 인하여 더욱더 기뻐했습니다. 왜냐하면 우리의 왕이 되신 주께서 강한 자를 결박하셨기 때문이며(마 12:29), 또한 그 강한 자의 그릇[4]을 빼앗아 깨끗하게 하셔서 당신의 영광에 합당하게 하시고 모든 선한 일을 위하여 주께 봉사하게 함을 당신의 자녀들이 알았기 때문입니다.

4) 빅토리누스의 학문적 지식, 즉 수사학이나 철학적 지식을 순화시켜 기독교 신앙을 해석하는 도구로 사용할 수 있음을 시사한 것이다. 이것은 애굽의 황금을 취하는 것에 비할 수 있다.(7, 9, 15)

5장_ 노예가 된 의지 : 오호라 나는 곤고한 사람이로다!

(10) 당신의 종 심플리키아누스가 빅토리누스에 대한 이 모든 이야기를 나에게 해주었을 때 나도 그와 같이 되어 보고 싶다는 심정이 불같이 일어났습니다. 사실 이런 이유로 그도 빅토리누스에 대한 이야기를 나에게 해주었을 것입니다. 그는 또한 덧붙여서 말하기를 율리아누스(Julianus) 황제 때[5] 기독교인은 학예와 수사학을 가르치지 못하게 법령을 제정한 일이 있었는데 그때 빅토리누스는 그 법에 순응하여 세상의 말을 파는 학교를 버리고 어린아이의 입에 웅변을 주시는 당신의 말씀을 택했다는 것입니다.

나에게는 빅토리누스가 용감할 뿐만 아니라 행복하게 보였습니다. 왜냐하면 그는 이제 당신께만 그의 모든 시간을 바칠 수 있는 기회를 가졌기 때문입니다. 사실 나도 그렇게 되기를 바랐던 것입니다. 그러나 나는 다른 사람의 쇠사슬에 의해서가 아니고 바로 나 자신의 의지의 쇠사슬에 의해 묶여 있었습니다. 원수가 내 의지를 지배하여 그것으로부터 쇠사슬을 만들었고 그 쇠사슬에 의해 나는 묶여 있었습니다. 그렇게 된 것은 내 의지가 왜곡되어(voluntas perversa) 육욕(libido)이 생겼고, 육욕을 계속 따름으로 버릇(consuetudo)이 생겼으며, 그 버릇을 저항하지 못해 필연(necessitas)이 생겼기 때문입니다. 이것들은 쇠사슬의 고리처럼 서로 연결되어—그래서 나는 그것들을 쇠사슬이라고 불렀습니다—나를 노예의 상태에 강하게 붙들어 매어 놓았습니다.[6] 오, 나의 하나님, 당신을 자유롭게 예배하

5) 율리아누스는 361-363년까지 로마 제국을 통치했던 황제였다. 그러나 그는 기독교의 확장을 저지했고, 그 대신 과거의 이교의 종교를 회복하려고 노력했다. 그는 362년 6월 17일에 기독교인으로 하여금 고전문학(철학, 수사학 등)을 가르치지 못하게 하는 칙령을 내리기까지 했다. 이때 로마에서 수사학을 가르치고 있었던 빅토리누스는 자진해서 교수직을 사임했다. 교회사가들은 그 황제를 '배신자 율리아누스'라고 기록하고 있다.

6) 본래 자유스러웠던 인간의 의지가 어떻게 스스로 묶이게 되어 노예의지가 되었는가를 어거스틴은 자기의 이야기를 통해서 고백하고 있다. 그는 자기의 의지를 묶어 놓은 쇠사슬을 습관의 폭력이라고도 말하고 있다.

고 즐기려 하는 '새로운 의지'가 내 안에 태어났어도 그 의지는 아직 약해서 오랫동안 나를 사로잡고 있었던 강한 '옛 의지'를 이겨내지 못했습니다. 이리하여 나의 두 의지, 즉 옛 의지와 새로운 의지, 육의 의지와 영의 의지는 내 안에서 서로 싸워 내 영혼을 찢어 놓았습니다.

(11) 이제 나는 내 경험을 통하여 내가 읽은 "육체의 소욕은 영을 거스리고 영이 원하는 것은 육을 거스린다."(갈 5:17)는 뜻을 이해하게 되었습니다.[7] 확실히 나는 양쪽에 다 마음을 두고 있었습니다. 그러나 내 마음은 내가 좋지 않게 생각하는 편보다는 좋다고 생각하는 편에 더 두고 있었습니다. 하지만 내가 좋지 않게 여겼던 편에 내 마음이 가 있을 경우에는 내가 좋아서 의도적으로 그런 것이 아니라 내 본뜻에는 거슬리나 할 수 없이 하게 된 것입니다. 이때에 그러한 버릇이 나를 거슬러 싸우는 원수가 된 것도 실은 나 때문이었으니, 내가 지금 원하지 않는 상태에 있게 된 것도 결국은 내 의지에 의해 행한 것이기 때문입니다. 그러므로 죄인에게 마땅한 벌이 가해질 때 누가 감히 그것에 대해 불평할 수 있겠습니까? 이제 나는 진리를 확실히 인식할 수 없기 때문에 세상을 버리고 당신 섬기기를 주저한다고 상투적인 변명을 할 수가 없었습니다. 왜냐하면 나는 이미 진리를 확실히 인식하고 있었기 때문입니다. 그러나 나는 아직 땅에 매여 있었던 탓으로 당신의 병사가 되기를 싫어했습니다. 또한 나는 당신에게 나아가는 길을 방해하는 장애물을 두려워했어야 했는데 오히려 그 장애물에서 벗어나게 됨을 두려워했습니다.

(12) 이리하여 나는 잠이 몹시 와서 일어나지 못하는 사람처럼 이 세상의 짐에 눌려 일어나지 못하고 있었습니다. 당신에 대한 나의 명상은 마치 잠에서 깨어 일어나려고 하다가도 그 잠에 못 이겨 일어나지 못해 다시 누워 자 버린 사람과 같았습니다. 물론 항상 자고 싶은 사람은 하나도

7) 어거스틴은 '영과 육'을 플라톤이 말한 것처럼 존재론적(이분법)으로 보지 않고 인간학적으로 해석한다. 그는 하나님을 향한 인간의 의지(삶)를 '영'이라 말하고 반대로 하나님에게 등을 돌리는 의지(삶)를 '육'이라 말하고 있다.

없습니다. 깨어 있는 것이 자고 있는 것보다 낫다고 함은 모두 알고 있는 사실입니다. 그러나 인간이란 자기의 사지가 탁 풀려 노곤할 때는 잠에서 깨어 일어나기를 미루게 됩니다. 일어날 시간이 되어 이제 일어나야 하겠다고 생각은 하면서도 계속 자고 싶어하는 것입니다. 이와 같이 나도 내 자신을 당신의 사랑에 바치는 것이 자신의 탐욕에 바치는 것보다 낫다고 생각은 했습니다. 그리하여 나는 전자의 길을 따르려고 마음에 결심까지 했습니다. 그러나 후자의 길이 쾌락으로 내 의지를 사로잡아 묶어 놓았습니다. 그러기에 "잠자는 자여 깨어서 죽은 자들 가운데서 일어나라, 그리스도께서 네게 빛을 비추시리라."(엡 5:14)고 부르시는 당신의 음성에 나는 대답을 하지 못했습니다.

당신은 여러 면으로 당신이 말씀하신 것은 진리임을 나에게 보여 주셨습니다. 그러나 나는 그 진리를 확신하면서도 '잠깐만! 잠깐만! 잠깐만 더 자도록 내버려두시오!' 하고 잠꼬대처럼 말하는 것 외에 할 말이 없었습니다. 그런데 '잠깐만! 잠깐만!'은 '이제'가 아니었고 '잠깐만 더 자도록 내버려두시오'는 오랫동안 끌어 나갔습니다. 그러므로 '내 지체 속에서 한 다른 법이 내 마음의 법과 싸워 내 지체 속에 있는 죄의 법 아래로 나를 사로잡았을 때' 내가 속 사람으로 하나님의 법을 즐거워했음은 헛된 일이었습니다.(롬 7:22) 그 죄의 법이란 다름 아닌 습관의 폭력으로서 이로 인해 인간의 마음은 자신의 의지에 역행해서까지 붙잡혀 있기도 하고 가기도 합니다. 그러나 인간이 그렇게 붙잡히게 된 것도 처음에는 스스로 원해서 습관화된 것이니 핑계할 수 없습니다. "오호라 나는 곤고한 사람이로다. 이 사망의 몸에서 누가 나를 건져내랴?"(롬 7:24) 다만 우리 주 예수 그리스도를 통한 당신의 은혜밖에는 없습니다.

6장_안토니우스에 대한 이야기를 듣고

(13) 오, 나의 도움이 되시고 구원자가 되시는 주님, 나는 당신이 어떻게 하여 나를 굳게 묶어 놓았던 정욕의 쇠사슬과 세상의 일에 대한 염려로부터 구해 주셨는지 당신께 아뢰며 당신의 이름을 찬양하고자 합니다.

나는 이럭저럭 일상생활의 일을 해나갔지만 불안은 점점 심해져 매일매일 당신에게 나의 한숨을 쏟아 놓았습니다. 나는 내가 시달리고 있던 잡무에서 틈이 날 때마다 당신의 교회를 자주 드나들었습니다. 그때 알리피우스는 나와 함께 있었습니다. 그는 재무상의 보좌관으로서 세 번째의 법적 임기를 마쳤으므로 이제는 그 자리를 떠나 내가 말재주를 가르치며 팔고 있듯이 법률상담을 하려고 상담자들을 찾고 있었습니다.

네브리디우스는 밀라노의 한 시민이요, 문법교사이며 우리들의 절친한 친구이기도 했던 베레쿤두스(Verecundus)를 도와 그 밑에서 착실히 공부를 가르치고 있었습니다. 그가 그렇게 한 것도 우리의 우정관계 때문이었으니 베레쿤두스가 정말 그의 도움이 필요해서 도와 달라고 요청을 했고, 또한 우리도 그렇게 하라고 권면했던 것입니다. 그러므로 네브리디우스가 그런 일을 맡은 것은 결코 어떤 이득의 동기에서 한 것이 아니었습니다. 만일 그가 원했다면 그 자신이 학교를 열어 문학을 가르침으로 더 많은 이익을 얻을 수 있었을 것입니다. 그러나 그는 대단히 친절하고 상냥한 벗으로 우정의 의무를 존중한 나머지 우리의 요청을 거절하지 못했던 것입니다. 그는 가르치는 일에 종사하면서도 대단히 슬기 있게 세상을 살아갔으니 혹시나 자기의 이름이 세상의 유명 인사들에게 알려질까 봐 경계했습니다. 이리하여 네브리디우스는 자기 마음이 흩어질까 봐 세상의 잡무에 얽매이지 않기를 원했습니다. 그러기에 그는 될 수 있으면 많은 여가를 내서 지혜에 대하여 탐구하고, 읽으며, 들으려고 했습니다.

(14) 그런데 어느 날 나와 알리피우스가 집에 있을 때—네브리디우스는 무슨 일인지는 몰라도 그때 우리와 함께 있지 않았습니다—폰티키아누스(Ponticianus)라는 사람이 찾아왔습니다. 그는 북아프리카 출신으로 우리의 동향인이었고 황실에서 높은 벼슬을 하고 있었던 사람이었습니다. 그가 무엇 때문에 왔는지는 몰랐어도 우리는 그저 앉아 서로 이야기를 하게 되었습니다. 그때 우리 앞에 노름을 할 때 사용한 책상이 하나 있었는데 그는 어쩌다가 그 위에 놓여 있던 한 책을 보게 되었습니다. 그가 그 책을 집어들고 펴 보니 기대했던 것과 정반대로 사도 바울의 서신이었음을 알게 되었습니다. 그는 이 책이 내 교수 직업에 관계된 골치 아픈 수사학 책일

것이라 상상했던 것입니다. 그러기에 그는 칭찬하는 안색으로 나를 쳐다보고 미소 지으면서 내 앞에서 뜻밖에도 이 책만 보게 됨을 놀라며 기뻐했습니다. 그것은 그가 신실한 기독교인이었기 때문입니다. 그는 자주 교회에 나가 우리 하나님이신 당신 앞에 엎드려 오래 기도하는 사람이었습니다. 내가 가장 주의 깊게 읽는 책이 성서라고 그에게 말하자 그는 애굽의 수도사 안토니우스(Antonius)에 대하여[8] 이야기를 하기 시작했습니다.

안토니우스의 이름은 이미 당신의 종들 사이에는 높이 알려져 있었지만 우리는 그때까지 한번도 그에 대하여 들어 보지 못했습니다. 폰티키아누스가 이 사실을 알자 우리들의 무지를 놀라면서 그를 알지 못하고 있었던 우리들에게 이 위대한 인물에 대하여 길게 이야기해 주었습니다. 우리는 그러한 당신의 위대한 역사가 최근에—거의 우리 시대에—당신의 교회와 참 신앙 안에서 많은 사람들에 의해 증거되었다는 사실에 깜짝 놀랐습니다. 우리 세 사람은 다 놀랐습니다. 알리피우스와 나는 이러한 엄청난 이야기를 듣고 놀랐고, 폰티키아누스는 우리가 그런 일들을 전혀 듣지 못했다는 사실에 놀랐습니다.

(15) 이 이야기를 한 다음 그는 계속해서 수도원에서 사는 많은 무리들과 당신에게 드리는 향내와 같은 그들의 생활, 그리고 광야에서의 풍성한 고독의 생활에 대하여 말을 했습니다. 그러나 우리는 이러한 일들을 전혀 모르고 있었습니다. 밀라노의 성 밖에도 암브로시우스의 돌봄 아래 운영되는 수도원이 있었는데 수도사들로 가득 차 있었습니다. 그러나 우리는 그것도 모르고 있었습니다. 그래서 그는 그런 이야기를 계속했고 우리는 조용히 앉아 열심히 듣고 있었습니다. 그가 이야기를 하던 중 다음과 같은 말을 했습니다.

언젠가 자기와 자기의 동료 셋이 어느 날 오후—언제인지 날짜는 분명히 모르지만 장소는 트레베로스(Treveros)[9]였습니다—황제가 경기장

8) 안토니우스(251—356)는 애굽의 수도사였는데 아타나시우스(Athanasius, 295—373)가 357년에 성 안토니우스의 생애를 그리스어로 썼다. 그 책은 370년에 라틴어로 번역이 되어 서방세계에 알려지게 되었다. 그 책은 한국어로도 번역이 되어 있다.

에서 구경을 하고 있는 동안 넷은 성밖으로 나와 근방에 있는 정원을 산책하게 되었습니다. 그들은 둘씩 짝을 지어 거닐게 되었는데 한 사람은 자기와 함께 다른 두 사람은 저들대로 각각 다른 방향으로 가게 되었습니다. 다른 두 사람은 이리저리로 걸어 다니다가, 어느 조그만 집으로[10] 들어갔습니다. 그 곳에는 '마음이 가난하여 천국을 유업으로 받은' 당신의 종들이 몇 명 살고 있었습니다. 그들 둘은 거기에서 안토니우스의 생애를 기록한 책 한 권을 보게 되었습니다. 그 두 사람 중의 하나가 그 책을 읽고 감탄하며 감격하기 시작했습니다. 그 책을 읽으면서 자기도 속세의 직업을 버리고 당신만을 섬기는 생활을 하면 어떨까 곰곰이 생각을 해보았습니다—이 두 사람은 소위 제국의 관리들이었습니다—그는 즉시 거룩한 사랑과 건전한 수치감으로 압도되어 자신을 향해 격분하면서 그의 친구를 쳐다보고 이렇게 말했습니다.

> "내 부탁이니 말을 좀 해보게! 우리가 이렇게 고생하면서 추구하는 목적이 무엇이지? 우리가 정말 원하는 것이 무엇이지? 우리가 제국의 공직에서 일하는 동기가 도대체 무엇이지? 우리가 궁중에서 일을 해도 결국은 황제의 친구들이 되는 것 이상은 바랄 수 없겠지? 만일 그 자리에 오른다 할지라도 거기가 얼마나 불안정하고 위험이 많은 곳인가? 그리고 위험이 많은 그 자리에 마지막으로 오르려고 할 때 얼마나 많은 위험을 치루어야 하는가? 그러나 하나님의 친구가 되기 원하면 바로 지금도 될 수 있지 않은가?"

이렇게 말한 후 그는 새 생명이 터져 나오는 산고를 겪으면서 책장으로 눈을 다시 돌려 계속 읽어 내려갔습니다. 당신이 보신 바와 같이 그는 그러던 중에 내적인 변화를 받아 그의 마음은 세상의 무거운 짐에서 벗어나고 있었습니다. 이 사실은 얼마 가지 않아 곧 외부로 나타났습니다. 그가 책을 읽어 내려가는 동안 그의 마음속에서는 파도가 출렁대듯이 잠깐 동안

9) 이 도시는 독일어로는 Trier, 프랑스어로는 Treves라고 부르는데 독일의 모셀(Mosel) 강변에 자리잡고 있었던 도시로서 그때는 제국의 서쪽을 다스렸던 수도였다.
10) 이 집은 작은 수도원이었다.

내적 갈등에 못 이겨서 신음 소리를 냈습니다. 그러나 그는 결국 보다 나은 인생 길을 택했습니다. 이리하여 전적으로 당신의 종이 된 그는 자기 친구를 향해 이렇게 말했습니다. "이제 나는 우리가 이때까지 가지고 있었던 모든 야심에 찬 희망을 버리고 하나님만을 섬기기로 결심했네. 바로 지금 이 자리에서부터 이 일에 헌신을 하려고 하네. 자네가 이런 일을 하는 데서 나를 따르기 싫거든 제발 반대만은 하지 말게!"

그의 친구는 이 말을 듣고 대답하기를 자기도 그와 함께 거기에 머물러 그런 위대한 봉사와 그에 따른 영광스러운 상급을 위해 일하는 데 친구가 되어 주겠다고 했습니다. 이리하여 이 두 사람은 이미 당신의 것이 되었고 자기들이 소유한 모든 것을 버리고 당신을 따르는 비싼 값을 치루면서(눅 14:28–33) 탑을 쌓아 올리기 시작했습니다.

이때에 정원 반대쪽을 산책하고 있었던 폰티키아누스와 그의 친구는 다른 두 친구들을 두루 찾다가 이 집에 오게 되어 거기서 그들을 찾아 만나게 되었습니다. 폰티키아누스와 그의 친구는 그 두 친구를 보자 이제 날이 저물기 시작하니 그만 돌아가자고 권했습니다. 그러나 그 두 친구는 자기들의 결심, 목적 그리고 어떻게 하여 자기들의 마음에 그러한 결심이 생기게 되고 굳히게 되었는지를 그들에게 말해 주었고, 이어서 자기들과 함께 남아 있지 않으려거든 괴롭히지나 말라고 간청했습니다. 폰티키아누스와 그의 친구가 비록 이전에 자기들이 걸어왔던 길을 떠나지는 못했어도 자기들의 옛 모습을 보고 슬퍼하면서 폰티키아누스가 말한 대로 그들을 칭찬했고 자기들을 위해 기도해 달라고 부탁했습니다. 그리하여 이 두 사람은 땅의 것에 마음을 다시 향한 채 궁전으로 돌아왔고 다른 두 사람은 마음을 하늘에 붙인 채 그 집에 머물렀습니다. 두 사람이 다 약혼녀가 있었는데 그들이 이 소식을 듣자 자기들도 정결을 당신께 바쳤다는 것입니다.

7장_ 자기 성찰

(16) 이것이 폰티키아누스가 말해 준 이야기였습니다. 오, 주님, 그가 이렇게 말하는 동안 당신은 나를 나 자신으로 돌이켜 자기 성찰을 하도

록 하셨습니다. 내 자신을 살피기 싫어서 이때까지 내 등뒤에 놓아 두었던 나를 당신은 잡아떼어 내 얼굴 앞에 갖다 세워 놓으셨습니다. 그리하여 당신은 나로 하여금 내가 얼마나 보기 흉하고, 비뚤어지고, 더럽고, 얽었고, 종기투성이인지 보게 하셨습니다. 나는 나 자신이 보기 싫어서 나를 피해 어디로 가고 싶었으나 갈 곳은 없었습니다. 그래도 내가 나 자신에게서 눈길을 돌리려고 하면 폰티키아누스는 여전히 그 이야기를 계속했고, 당신은 다시 나를 내 앞에 가져다 놓아 내 눈앞으로 밀어 붙였으니 그것은 나로 하여금 내 죄를 보고 미워하게 하기 위함이었습니다. 물론 나는 내 죄를 보고 알게 되었습니다. 그러나 나는 그것을 못 본 체하고 억눌러 망각하려 했던 것입니다.

(17) 그러나 그때 그 두 사람이 구원을 받기 위하여 자신들을 당신께 헌신했다는 건전한 사랑의 이야기를 듣고 그들을 사랑하는 마음이 불타게 되었습니다. 내가 그들을 사랑하는 마음이 강할수록 그들과 비교된 나 자신이 미워졌습니다. 내가 열아홉 살 때에 키케로의 『호르텐시우스』를 읽고 처음으로 지혜를 탐구하려는 열정에 불탔었는데, 그 후 어언간 십이 년이라는 긴 세월이 흘러갔습니다. 그러나 아직도 나는 세상의 낙을 끊어 버리지 못하여 지혜를 탐구하는 일을 미루고 있었던 것입니다. 비록 지혜를 발견하지는 못할지라도 그것을 탐구하는 일 자체는 세상의 왕국이나 보화나 쉽게 구할 수 있는 육체적 쾌락을 찾아 얻는 것보다 더 중요한 것이었습니다.

그러나 불쌍한 젊은 이놈은 더 처절했던 청년 초기부터 당신에게 순결을 빌면서 기도하기를 '나에게 순결을 주소서. 절제를 주소서. 그러나 아직은 마소서' 했던 것입니다. 그 이유는 당신이 너무 빨리 내 소원을 들어주시면 사라지기보다는 충족되기를 원했던 내 정욕의 병으로부터 내가 너무 빨리 고침을 받을까 두려워했기 때문입니다. 그리하여 나는 신성 모독의 미신을 좇아 사악한 길(마니교)을 헤매며 돌아다녔습니다. 그 종교에 대하여 내가 어떤 확신을 가지고 있어서가 아니라 다른 종교들—내가 신앙적으로 탐구하려 하기보다는 부정적으로 반대만 했던—에 비해 더 낫다고 생각했었기 때문입니다.

(18) 생각하건대, 내가 세상의 희망을 버리고 당신만을 따라야 하겠다는 결심을 매일매일 미루어 왔던 이유는 내 길을 인도할 확실한 목적이 나타나지 않았기 때문입니다. 그러나 이제 내가 벌거숭이로 내 앞에 서고, 내 양심(conscientia)이 나를 꾸짖는 소리를 들을 날이 이제 온 것입니다.

> '네 혀가 어디 있지? 네가 언젠가 말했지? 세상의 헛된 짐일지라도 확실하지 않은 진리를 위해서는 버리지 못하겠다고. 보라! 이제 진리가 확실히 이해되었는데 너는 아직도 너의 짐의 무게 밑에 눌려 있는구나! 그 사람들을 보라. 그들은 진리의 확실성을 탐구하는 데 그렇게 피곤을 느끼지도 않았고 그런 일에 십 년 이상이나 되도록 생각하지도 않았다. 그래도 그들은 날개를 얻어 어깨의 짐을 벗어 버리고 날지 않느냐?' [11]

폰티키아누스가 그런 이야기를 하는 동안 내 속은 썩어 들어가는 듯 괴로웠고 나는 부끄러움과 두려움에 압도되어 몸둘 바를 몰랐습니다. 그는 이야기를 다 끝내고 나를 찾아온 일을 다 마친 다음 자리를 떠났습니다. 그리고 나는 이제 내 자신으로 들어왔습니다. 내가 무슨 말을 내 안에서 나를 향해 하지 않았겠습니까? 나는 자책의 채찍을 휘둘러 내 영혼을 쳐서 당신을 따르려고 애를 쓰는 나를 따르라고 말했습니다. 그러나 내 영혼은 뒷걸음질만 했습니다. 내 영혼은 따라나서기를 거절하면서도 변명의 이유를 대지는 못했습니다. 모든 이론이라는 논증은 다 동원되었으나 무너졌고 남는 것이란 떨리는 침묵밖에 없었습니다. 내 영혼은 습관의 흐름이 저지당하는 것을 죽음처럼 두려워했으나 사실은 바로 그 습관 때문에 영혼은 죽음으로 빠져 들어가고 있었습니다.

11) 플라톤의 『패드루스』(*Phaedrus*), 249에 의하면 철학자들의 영혼에는 날개가 주어져 다른 사람들보다 쉽게 하늘로 날 수 있다고 한다. 여기서 '날개'는 사랑(eros)을 상징한 것이다.

8장_ 정원에서 : 마음의 밀실에서의 싸움

(19) 이렇듯 내가 내 영혼을 상대로 시작한 강렬한 싸움이 내 자신의 내면의 집안에서, 즉 내 마음의 밀실에서 일어났습니다. 그래서 내 마음과 얼굴은 흥분한 상태에 있었습니다. 이때 나는 알리피우스를 붙들고 소리를 질렀습니다. "우리에게 무엇이 잘못되었지? 너도 방금 들은 이 이야기는 무엇을 의미하고 있는 것이지? 교육을 받지 못한 사람들이 일어나서 천국을 획득하는데, 소위 모든 학문을 닦았다고 하는 우리들은 지금도 혈육의 진흙탕에서 뒹굴고 있는 것을 보라! 다른 사람들이 우리보다 앞서 갔기에 우리가 그들의 뒤를 따라가기가 부끄러워서 그럴까? 그들의 뒤를 따라가지 못한 것 자체가 부끄럽지 않은가?" 이와 같은 말을 한 다음 나는 너무 흥분한 나머지 벌떡 일어나 알리피우스를 떠나 나왔고 그는 깜짝 놀라 말없이 나를 쳐다보고만 있었습니다. 왜냐하면 나의 말하는 투가 평상시와 같지 않았기 때문입니다. 사실 나의 이마, 뺨, 눈, 안색, 말하는 어조가 내가 한 말보다 내 심정을 더 잘 말해 주고 있었습니다.

우리들이 세를 들어 살고 있던 집에 정원(동산)이 있었습니다. 그 집 주인이 거기에 살고 있지 않았으므로 우리는 이 정원도 그 집과 함께 전부 사용하고 있었습니다. 내 가슴속에서 일고 있는 파도는 나를 그 정원으로 몰아냈습니다. 그 곳은 내가 내 자신을 상대로 일으킨 열전이 끝날 때까지 나를 방해할 사람이란 하나도 없었습니다. 그러나 그 싸움이 어떻게 끝날지에 대해서는 당신만이 아실 뿐 나는 모르고 있었습니다. 내가 현재 얼마나 불행한 처지에 있는지 알고 있었지만 조금 후에 얼마나 좋게 될 것이라는 것을 모르고 있었기 때문에 나는 미치며 죽어가고 있었습니다. 그러나 그 미침 속에 건강이 깃들어 있었고, 그 죽음 안에 새 생명이 움트기 시작했습니다.

그래서 나는 정원으로 들어갔습니다. 알리피우스도 내 뒤를 좇아 한걸음 한걸음 따라왔습니다. 그가 내 옆에 있다고 해서 내 고독이 덜한 것은 아니었지만 그와 같은 상태에 빠져 있는 나를 어찌 홀로 둘 수 있었겠습니까? 우리는 가능한 한 집에서 멀리 떨어져서 앉았습니다. 오, 나의 하나님, 나는 영적으로 심한 번민을 하고 있었습니다. 내 모든 뼈가 나에게 당신의 뜻을 받아들이고 당신과 계약을 맺으라고 하늘 높이 부르짖어도 나는 그것을 받아들이지 않았습니다. 그래서 나에 대한 나의 분노는 걷잡을 수 없이 치밀어 올라왔습니다. 그 곳에 가는 길은 배나 수레나 발로 가는 길이 아니요, 집에서 우리가 앉아 있는 이곳까지 걸어온 그 거리도 안 되는 길이었습니다. 그 길을 따라갈 뿐만 아니라 그 길이 인도하는 목표에 도달하기 위해서는 의지만 있으면 되었습니다. 그러나 그 의지는 강하고 온전해야지 결코 때를 따라 이리저리 비틀거리고 흔들려서는 안 됩니다. 즉, 변하고 비뚤어지고 흔들려서 한쪽이 기울었다가 다른 쪽이 올라갔다가 하면서 몸부림치는 그런 의지는 안 됩니다.

(20) 이렇듯 나는 결단을 내리지 못해 고민하고 있었습니다. 나는 마치 사람들이 몸을 움직이고 싶어도—손발이 없던가, 혹은 손발이 묶여 있던가, 병으로 약해졌던가, 혹은 어떤 이유로 불구가 되었다는 이유로—마음대로 움직이지 못해 몸부림치는 것과 같았습니다. 내가 만일 머리를 잡아뜯거나 내 이마를 주먹으로 치거나 양손가락을 서로 끼어 무릎을 당긴다면 그것은 바로 나 자신이 그렇게 하기 원했기 때문입니다. 그러나 내 손발의 움직임이 내가 원하는 것(뜻)에 따라 응해 주지 않았다면 내가 그렇게 원했다 할지라도 그것을 할 수가 없었을 것입니다. 그러므로 사실 나는 내가 원하는 것과 내가 할 수 있다는 것(능력) 사이에 모순이 되는 행동을 많이 한 것입니다.

또한 나는 내가 가장 중요하게 희망했던 그 한 가지 일도 하지 않았습니다. 내가 그것을 하려고 하는 뜻만 있었다면(그리고 그 뜻이 온전했다면) 나는 그것을 했을 것입니다. 이 경우엔 할 수 있는 능력과 하려는 뜻이 일치됨을 말합니다. 즉 무엇을 원한다는 것은 그것을 행한다는 것을 의미합니다. 그러나 나에게는 그렇게 되지 않았습니다. 내 몸은 마음이 원하는 대로 그의 손발을 움직여 쉽게 따랐지만, 내 마음은 마음이 하라는 바를 수행해 나가는 데서 그것을 따라 주지 않았습니다.

9장_ 두 가지의 의지

(21) 이런 이상한 현상이 어디서 오는 것입니까? 왜 그러한 현상이 일어납니까? 당신의 자비로 나를 비추어 나로 하여금 이런 물음에 해답을 찾게 하소서. 혹시나 우리 인간이 지은 죄에 대한 은밀한 벌 때문인지, 또는 아담의 후손들이 겪는 어두운 애통의 고뇌 때문인지 모르겠습니다. 이런 이상한 현상이 어디서 오는 것입니까? 왜 그러한 현상이 일어납니까? 마음(Animus)이 육체에게 명령을 하면 육체는 그 명령에 바로 따릅니다. 그러나 마음이 자신에게 명령을 하면 듣지 않습니다. 마음이 손에게 움직이라고 명하면 곧 그대로 행하기 때문에 명령과 복종의 행동 사이에는 거의 차이가 없을 정도입니다. 그러나 마음은 마음이요, 손은 육체의 일부분입니다. 마음이 마음에게 무엇을 하라고 명하면 둘 다 같은 마음이지만 자신의 명령을 따르지 않습니다.

이런 이상한 현상이 어디서 오는 것입니까? 왜 그런 현상이 일어납니까? 마음이 마음에게 무엇을 하라고 명할 때 그 마음이 그것을 하려고 원하지 않았다면 그런 명령도 하지 않았을 것입니다. 그런데 마음은 자신이 원하는 것을 하지 않는 것입니다. 그러나 실은 마음이 그것을 하려고 전적으로 원하지 않았기에 전적으로 명령을 하지 않은 것입니다. 마음이 원하는 한, 마음은 명령합니다. 따라서 마음이 원하지 않는 한, 명령한 것이라 할지라도 그것은 이행되지 않습니다. 마음의 의지는 하라고 명합니다. 그러나 그 명령은 다름 아닌 자신에게 하는 것입니다. 그 자신이 그 명령을 이행하지 않는 이유는 마음의 원하는 바가 완전하지 못하기 때문입니다. 만일 그 마음의 원하는 것(의지)이 완전하고 온전한 것이었다면 자신에게 그렇게 하라고 명령을 할 필요조차 없습니다. 왜냐하면 그것은 이미 그렇게 되어 버린 것이기 때문입니다.

그러므로 마음이 일부 하고 싶다, 일부 하고 싶지 않다고 하는 것은 이상한 현상이 아닙니다. 그것은 우리 영혼(마음)의 병(aegritudo animi)일 뿐입니다.[12] 우리의 혼이 진리에 떠받쳐 있어도 습관의 무게에 눌려 전혀 일어나지 못하고 있는 것입니다. 그러므로 우리에게는 두 가지 의지가 있습니다. 그 둘이 각각 온전하지 못해서 한 편에서 부족한 것을 다른 편에서 찾는 것입니다.

10장_마니교도의 착오

(22) 오, 하나님, 망언을 하고 사람의 마음을 현혹케 하는 무리들(마니교도들)을 당신의 면전에서 사라지게 하소서. 그들은 인간이 무엇을 숙고할 때 두 의지가 나타나는 것을 보고 선하고 악한 두 가지 다른 본성을 가진 두 영혼이 우리에게 있다고 결론을 내립니다. 그들이 이런 악한 생각을 품고 있을 때는 그들 자신이 악한 자들이 되기 마련입니다. 그러나 그들이 진리를 알고 그 진리에 순응하면 선한 자들이 될 수 있습니다. 그러면 당신의 사도가 "너희가 전에는 어두움이더니 이제는 주 안에서 빛이라." (엡 5:8)고 한 말씀이 그들에게 맞게 됩니다. 그런데 그들은 영혼의 본성이 하나님의 본성과 같다고 상상하여 주님 안에서 빛이 되기보다는 자기 안에서 스스로 빛이 되기를 원했습니다. 그 결과로 그들은 가공할 교만으로 인해 "참 빛, 곧 세상에 와서 각 사람에게 비추는 빛"(요 1:9)이 되신 당신을 멀리 떠나 더 어두운 것이 되고 말았습니다. (마니교도들아), '너희들은 말을 조심하고 부끄러움으로 얼굴을 가리우라. 주께 가까이 나아가 빛을 받아라. 그러면 네 얼굴은 부끄러움을 면케 되리라.'

내가 오랫동안 계획했던 대로 주님을 섬기려고 생각하고 있을 때 그것을 원하는 것도 나요, 그것을 원치 않는 것도 나였습니다. 이렇든 저렇든 간에 결국은 내가 한 것이었습니다. 나는 완전히 원하는 것도 아니요, 완전히 원하지 않는 것도 아니었습니다. 그러므로 나는 내 자신과 더불어 싸우고 있었고 내 자신에 의하여 분열되어 있었습니다. 이 싸움은 다름 아닌 내 의지를 상대로 일어난 싸움이었습니다. 그것은 내 안에 다른 혼의 본

12) 인간의 의지가 원해도 행할 수 없음은 의지가 이미 무력증이라고 하는 병에 걸려 있기 때문이다. 이것을 어거스틴은 마음의 병이라고 말하고 있다.

성이 있어서 생긴 것이 아니고 내 자신에게 내린 벌이라고 생각했습니다. 그러므로 그 싸움의 원인은 내가 아니요, 내 안에 있는 죄였습니다.(롬 7:17) 그리고 내 안에 있는 죄란 자발적으로 지은 아담의 죄에 대한 벌로부터 온 것인데, 사실 나는 그 아담의 후손입니다.[13)]

(23) 한 사람 안에 서로 대립되는 의지가 많이 있듯이 서로 대립되는 본성이 많이 있다면, 실은 사람 안에 두 본성만 있는 것이 아니라 많은 본성이 있다고 보아야 합니다. 어떤 사람이 마니교도들의 집회소에 갈까 혹은 극장에 갈까 생각한다고 가정해 봅시다. 마니교도들은 이에 대하여 다음과 같이 말할 것입니다. "보라, 여기에 사람이 두 본성을 가지고 있다는 좋은 예가 있다. 하나는 선한 본성으로 이리로 인도하고, 다른 하나는 악한 본성으로 저리로 인도한다. 그렇지 않다면 이 상반된 두 의지의 망설임을 어떻게 달리 설명할 수 있겠는가?" 내가 말하고 싶은 것은, 그들에게 가고 싶은 의지나 극장에 가고 싶은 의지나 둘 다 나쁘다는 것입니다. 그러나 그들은 자기들에게 이끄는 의지는 좋은 것이라고 믿습니다.

그러면 우리 중에 어떤 사람이 우리 교회로 갈까 혹은 극장에 갈까 심중에서 결정을 못하고 서로 상반되는 두 의지 사이에서 망설인다고 가정해 봅시다. 이 경우에 그들은 어떻게 대답을 해야 할지 망설이지 않을까요? 그들은 이렇게 말하고 싶지 않지만 우리 교회에 가도록 인도하는 충동은 선한 의지라고 고백하든지—그들의 신도들이 마니교의 집회소에 나와 종교의 행사에 참여하는 것이 좋다고 그들이 말하는 것처럼—그렇지 않으면 그 사람 속에서 나쁜 두 본성 혹은 두 영혼이 서로 싸운다고 생각해야 합니다. 그렇다면 그들이 항상 말하듯이 둘 중에 하나의 본성은 나쁘고, 다른 하나의 본성은 선한 것이라고 주장하는 그들의 말은 틀립니다. 따라서 그들은 진리로 돌아와서 사람이 무엇을 하려고 숙고할 때 하나의 영혼이 서로 상반되는 여러 의지 사이에서 헷갈린다는 사실을 부정해서는 안 됩니다.

---

13) 어거스틴은 **고백록** 8, 5, 10－12에서 자기가 원해도 그렇게 할 수 없는 실존상황, 즉 의지의 왜곡에서부터 시작하여 필연으로 전락한 상황을 심리적으로 잘 분석해 놓았다. 또한 그는 그것의 원인을 역사적으로 추구하여 인류의 시조인 아담의 타락에 연결을 짓고 있다.

(24) 그러므로 한 사람 안에서 두 의지가 서로 싸우는 현상을 보고 그 싸움이 선과 악의 두 원리(본성, 실체)로부터 유래된 두 영혼의 싸움이라고 말해서는 안 됩니다. 진리의 하나님, 당신은 그렇게 생각하는 자들을 꾸짖으시고, 반박하시고 심판하십니다. 두 의지가 다 나쁜 경우를 생각하여 봅시다. 예를 들면, 어떤 사람이 다른 사람을 살해하려고 할 때 독약으로 할까 혹은 칼로 할까 생각하는 경우, 다른 사람의 재산을 다 취할 수 없으니 이것을 취할까 혹은 저것을 취할까 하는 경우, 또는 돈을 탕진하여 쾌락을 살까 혹은 탐욕으로 인해 돈만 꼭 붙들고 있을까 하는 경우를 우리는 생각해 볼 수 있습니다.

그리고 같은 날에 경마장과 극장이 다 문을 열었을 때 이곳에 갈까 저곳에 갈까 생각하는 경우도 있습니다. 마지막의 경우에 더 첨가하여 세 번째의 선택으로 기회가 있으면 남의 집을 털까 말까 하는 경우와 네 번째의 선택으로 기회가 있으면 음행을 할까 말까 하는 경우도 생각해 볼 수 있습니다. 이 모든 생각이 동시에 일어나고 또한 똑같이 이루어지기를 바라지만 그렇게 하기란 불가능합니다. 그러므로 그 사람의 영혼은 서로 상반되는 네 가지의 의지에 의하여 아니 더 많은 상반된 욕구의 수에 따라 더 많이 헷갈려 분열되게 됩니다. 그러나 마니교도들은 그처럼 서로 다른 많은 실체가 있다고 주장하지는 않습니다.

인간이 가지고 있는 선한 의지에 대해서도 마찬가지입니다. 내가 그들에게 사도의 글을 즐거이 읽는 것이 좋은지, 그렇지 않으면 시편을 즐거이 묵상하는 것이 좋은지, 그렇지 않으면 복음서를 읽고 토의하는 것이 좋은지 물어 보았다고 합시다. 그들은 이 물음에 다 '좋다' 고 대답할 것입니다. 그러나 우리가 그 모두를 똑같은 시간에 읽고 싶을 때는 어떻게 되겠습니까? 우리 마음이 그중에 하나를 선택하려고 숙고하는 동안 서로 다른 의지들이 우리의 마음을 헷갈리게 만들지 않겠습니까?

이 모든 하고 싶어하는 의지는 좋은 것만은 사실입니다. 그러나 그중에서 하나의 의지가 선택될 때까지는 모든 의지들이 분쟁을 하게 됩니다. 이렇게 하다가 하나가 선택이 되면 이전에 여러 방면으로 나누어져 있던 그 의지가 안정이 되고 하나가 됩니다. 영원한 축복이 우리를 위에서 끌어올리고 세상의 좋은 것이 우리를 밑에서 잡아당길 때도 마찬가지로 같은 하나의 혼이 하나의 의지를 가지고 양자 택일을 전적으로 원(뜻)하지 않습니다. 따라서 영혼은 진리 때문에 전자를 선택하나 습관 때문에 후자를 버리지 못해 괴로운 번민으로 분열되는 것입니다.[14)]

11장_ 뒤에서 부르는 헛된 소리와 앞에서 초대하는 절제

(25) 이렇듯 나는 병들어 괴로워하고 있었습니다. 나는 이전보다 더 나 자신을 질책했고 나를 매고 있던 쇠사슬이 아주 풀릴 때까지 나 자신을 뒤틀고 몸부림쳤습니다. 물론 그때 나는 거의 쇠사슬에서 풀려 나왔으나 아직도 조금은 묶여 있었던 것입니다. 오, 주님, 당신은 내 마음의 깊은 곳에서 엄한 자비로써 나를 밀어 붙여 두려움과 부끄러움의 채찍을 들어 나를 두 배로 치셨습니다. 그것은 당신께서 내가 다시 후퇴하지 않도록 또한 나를 아직도 조금 묶어 놓고 있던 가느다란 나머지의 쇠사슬이 끊어지지 않고 다시 강하게 굳어져서 나를 더 단단히 묶어 버리지 않도록 하기 위함이었습니다. 나는 속으로 '자, 지금 그렇게 하자. 지금 그렇게 하자' 고 말을 했습니다. 그 말을 하자마자 나는 거의 내가 하고 싶은 결심(목표)을 향해 움직이기 시작했습니다. 나는 거의 그렇게 결심할 뻔했습니다. 그러나 아직 그렇게 하지는 않았습니다. 그렇다고 내가 옛 상태로 떨어져 들어가지는 않았고 다만 그 근방에서 숨을 돌리고 있었습니다.

나는 다시 노력하여 그 결심에 도달하려고 거리를 좁혀 가까이 갔습니다. 나는 손을 내밀어 그것을 거의 붙잡을 뻔했습니다. 그러나 나는 아직 거기에 도달하거나, 손을 대거나 그것을 붙잡을 수는 없었습니다. 나는 아직도 죽음의 삶을 죽이고 참 삶을 살기를 망설였던 것입니다. 그것은 아직 경험해 보지 못한 선보다는 습관화된 악이 나를 더 강하게 지배하고 있

14) 어거스틴은 여기서 마니교도들의 주장, 즉 인간 안에는 두 혼(선한 혼과 악한 혼)이 있어 서로 싸우고 있다는 이론을 비판하고 있다. 그에 의하면 인간의 주체인 마음(혼)은 하나인데 그의 의지가 여럿으로 분열되어 헷갈리게 된다는 것이다. 참고: **고백록** 2, 1, 1.

었기 때문입니다. 그리하여 내가 새 존재가 되려는 순간이 가까이 올수록 더 큰 두려움이 나를 엄습했습니다. 그러나 이 모든 것이 나를 아주 뒤로 물러서게 하거나 고개를 돌리게 하지는 못했습니다. 나는 결정을 못한 채 머뭇거리고만 있었습니다.

(26) 내가 오랫동안 애착심을 가지고 대해 왔던 헛되고 헛되며 어리석기 짝이 없는 일들이 아직도 나를 꼭 붙들고 있었습니다. 그들은 나의 옷자락을 슬쩍 치면서 고요히 '당신이 우리를 정말 버리고 떠나가렵니까? 그러면 이제부터 우리는 당신과 영원히 함께 있을 수 없단 말입니까? 이제부터는 당신이 이런 일 저런 일을 영원히 할 수 없다는 말입니까?' 라고 속삭였습니다. '이런 일 저런 일' 이라는 말이 나에게 무엇을 암시해 주는 것입니까? 오, 나의 하나님, 그 말이 나에게 무엇을 암시해 주는 것입니까? 당신의 자비가 역사하시어 당신의 종의 영혼에서 이런 것들을 멀리 해주소서. 아, 그것들은 얼마나 더럽고 부끄러운 것을 암시했습니까? 나는 그것들이 말한 것을 절반도 거의 듣지 못했습니다.

이제 그것들은 나와 정면으로 대결하지 않고 오히려 내 등뒤에서 부드럽게 속삭이듯 했으며 내가 슬쩍 뒤를 돌아보도록 옷깃을 살짝 잡아당기는 것 같았습니다. 그리하여 그것들은 나의 발걸음을 느리게 했습니다. 그로 인하여 나는 그것들을 떼어 떨쳐 버리고 부름을 받은 곳으로 뛰어가기를 머뭇거렸습니다. 이때 습관의 폭력은 나에게 말하기를 '네 생각에는 그것들이 없어도 네가 살 수 있을 것 같으냐?' 하는 것이었습니다.

(27) 그러나 이런 소리가 이제 아주 작아졌습니다. 그것은 내가 마지막 일보를 내딛기 두려워했던 그 곳을 향해 고개를 돌렸을 때 거기에서 나는 순결한 절제(continentia)의 존엄성[15]을 보았기 때문입니다. 그녀(절

15) '절제' 란 여인의 부름은 하나님에게 자신을 바치고 사는 순결한 삶으로의 초대이다. 또한 그녀의 부름은 하나님이 어거스틴을 먼저 부르시는 선행은총을 뜻하기도 한다. 어거스틴에게서 하나님께 향하는 인간 행동의 방향전환의 전제 조건은 항상 하나님의 선행적 부르심이다. 혹은 절제의 부름을 어거스틴을 품어 안으려는 교회의 부름으로 해석할 수도 있다.

제)는 평정하고 부정이 없는 기쁨에 차 있는 모습이었습니다. 그녀는 나에게 주저하지 말고 자기에게 오라고 진심으로 초대하며 선한 많은 모범자들을 안고 있는 거룩한 그 손을 펴서 나를 영접하고 품어 안으려고 했습니다. 그 손안에는 대단히 많은 소년 소녀, 그리고 여러 연령층의 젊은이들이 있었습니다. 또한 그 안에는 엄숙한 과부들과 처녀로 늙은 많은 동정녀들이 있었습니다. 오, 주님, 그들 안에는 절제가 깃들여 있었기에 그들은 수태를 못했어도 그들의 남편 되신 당신을 통해서 기쁨이라는 자식을 많이 낳은 어머니들이었습니다.

그녀(절제)는 격려하는 표정으로 나를 보고 웃으면서 이렇게 말하는 듯했습니다.

> '너는 이 젊은 남녀들이 하는 일을 할 수 없다는 말이냐? 네 생각에는 이 사람들이 이런 일을 주님의 도움으로 하지 않고 자기들의 힘으로만 하는 것 같으냐? 그들의 하나님이신 주님께서 나를 그들에게 선물로 주신 것이다. 왜 너는 네 발로만 서려고 하느냐? 그래서 너는 설 수 없는 것이다. 그에게 너 자신을 맡겨라. 두려워 말라. 그가 너를 붙들어 넘어지지 않게 하시리라. 두려워말고 너를 그에게 용감히 맡겨라. 그가 너를 영접하여 온전케 하시리라.'

나는 너무나 부끄러웠습니다. 왜냐하면 나는 아직도 (뒤에서 들려오는) 그 헛된 소리를 미약하게나마 들으면서 머뭇거리고 있었기 때문입니다. 그녀는 다시 나에게 말하는 듯했습니다. '불결한 네 몸의 지체가 말하는 소리를 듣지 말아라. 네 몸의 지체를 쳐 복종케 하여라. 그들이 너에게 말한 쾌락이란 너의 주 하나님의 법도에 어긋난 것이다.' 이렇듯 내 마음속에서는 내가 내 자신을 상대로 터뜨린 논쟁이 계속되었고 알리피우스는 내 곁에 앉아서 나의 이상한 흥분상태가 어떻게 끝날 것인지 그 결과를 침묵 가운데서 지켜보고 있었습니다.

12장_ 어거스틴의 회심 : 무화과나무 밑에서

(28) 나의 깊은 생각이 내 영혼의 심연을 파헤치고 나의 모든 비참함을 찾아내어 마음의 눈앞에 쌓아 놓았을 때 눈물의 홍수를 동반한 큰 폭풍이 내 마음에서 일어났습니다. 나는 실컷 소리라도 내어 울어 보려고 알리피우스의 곁을 일어나 떠났습니다. 왜냐하면 울 때는 홀로 있는 것이 더 낫다고 나는 생각했기 때문입니다. 그래서 나는 그가 곁에 있는 것조차 거북하게 느껴져서 더 멀리 떨어진 곳으로 간 것입니다. 내가 그때 느꼈던 심정은 이러했었고 알리피우스도 그것을 이해하고 있었습니다. 내가 그의 곁을 떠나기 전에 무어라 말을 한 듯 생각됩니다. 그도 내 말소리가 이미 울음으로 목메어 있었음을 알아차렸습니다. 그러기에 그는 우리가 함께 앉아 있었던 자리에 놀란 모습으로 홀로 앉아 있었습니다. 나는 어떻게 했는지는 몰라도 어느 무화과나무 밑에[16] 쓰러져 흘러나오는 눈물을 마음껏 흐르도록 했습니다. 오, 주님, 그렇게 세차게 흘러나온 나의 눈물은 당신에게 드리는 합당한 희생제물이었습니다.

나는 꼭 이런 말을 한 것은 아니나 대강 이런 뜻으로 당신에게 부르짖었습니다. "오, 주여, 어느 때까지입니까? 오, 주여, 어느 때까지입니까? 당신께서 영원히 노하시려 하십니까? 나의 이전의 죄악을 기억하지 마소서." 나는 그 죄악으로 인해 아직도 꽉 묶여 있는 것 같이 느껴졌습니다. 그래서 나는 애처로운 목소리로 당신에게 부르짖기를 "언제까지입니까? 언제까지입니까? 내일입니까? 내일입니까? 왜 지금은 아닙니까? 왜 이 순간에 나의 불결함이 끝나지 않습니까?"라고 한 것입니다.

16) 여기에 나온 무화과나무는 **고백록** 2, 4, 9에 나온 배나무와 관련시켜 봐야 한다. 배나무가 어거스틴으로 하여금 죄를 짓게 하는 선악과나무를 상징한다면 여기에 나온 무화과나무는 창세기 3:22에 나온 생명나무, 인류를 영생에 이르게 하는 십자가 나무를 상징한 것으로 볼 수 있다. 그러므로 배나무 밑에서 죄를 지은 어거스틴은 무화과나무(십자가 나무) 밑에서 회심하고 새사람이 된 것이다.

(29) 나는 이렇게 말하고 내가 지은 죄에 대하여 마음으로부터 통회하면서 울고 있었습니다. 그때였습니다. 갑자기 이웃집에서 들려 오는 말소리가 있었습니다. 그 말소리가 소년의 것인지 소녀의 것인지 나는 확실히 알 수 없었으나 계속 노래로 반복되었던 말은 "들고 읽어라, 들고 읽어라." (tolle lege, tolle lege)는 것이었습니다. 나는 곧 눈물을 그치고 안색을 고치어 어린아이들이 어떤 놀이를 할 때 저런 노래를 부르는지 곰곰이 생각해 보았습니다. 그러나 아무리 생각해 보아도 전에 그런 노랫소리를 들어 본 기억이 나지를 않았습니다. 나는 흘러나오는 눈물을 그치고 일어섰습니다.

나는 그 소리를 성서를 펴서 첫눈에 들어 온 곳을 읽어라 하신 하나님이 나에게 주신 명령으로밖에 생각할 수 없었습니다. 내가 그렇게 생각한 것도 내가 안토니우스에 대하여 들은 바 있었기 때문입니다. 안토니우스가 언젠가 교회에 나가서 복음서를 낭독한 말씀을 들은 바 있었는데, 그는 그 말씀을 직접 자기에게 하는 것으로 받아들였다는 것입니다. 그 말씀의 내용은 "가서 네 소유를 팔아 가난한 자들을 주라. 그러면 하늘에서 보화가 네게 있으리라. 그리고 와서 나를 좇으라." (마19:21)는 것이었습니다. 그는 이 말씀을 듣자 바로 당신께 돌아갔다는 것이었습니다.

나는 바로 알리피우스가 있는 곳으로 급히 돌아갔습니다. 왜냐하면 내가 그 곳을 일어나 떠났을 때 거기에다 사도의 책을 놔두고 온 까닭입니다. 나는 그 책을 집어들자마자 펴서 내 첫눈에 들어 온 구절을 읽었습니다. 그 구절의 내용은 "방탕과 술 취하지 말며 음란과 호색하지 말며 쟁투와 시기하지 말고 오직 주 예수 그리스도로 옷 입고 정욕을 위하여 육신의 일을 도모하지 말라." (롬 13:13-14)였습니다. 나는 더 이상 읽고 싶지도 않고 또한 더 읽을 필요도 없었습니다. 그 구절을 읽은 후 즉시 확실성의 빛이 내 마음에 들어와(infusa cordi meo) 의심의 모든 어두운 그림자를 몰아냈습니다.[17)]

17) 어거스틴의 회심은 어린이의 "들고 읽어라." 는 소리에 따라서 읽은 성서의 말씀(하나님의 외적인 부르심)과 그의 마음속에 주입된(infusa) 성령의 내적인 역사로 인해 이루어진 것이다.

(30) 나는 손가락으론가 다른 어떤 것으로 책장 사이에 표시를 한 다음 그 책을 덮고 나에게 일어난 모든 이야기를 알리피우스에게 말했습니다. 이때 나의 얼굴은 침착한 모습이었습니다. 그도 자기 안에서 일어난 일에 대하여 나에게 말을 해주었습니다. 그러나 나는 그가 그런 경험을 하고 있었는지는 전혀 알지 못했습니다. 그는 내가 읽었던 구절이 어디냐고 나에게 물었습니다. 내가 그에게 그 곳을 보여 주자 그는 내가 읽었던 곳보다 더 아래에 눈을 돌렸습니다. 나는 그 뒤에 오는 말씀을 모르고 있었습니다. 그 말씀은 믿음이 연약한 자를 받아 주라는 것이었습니다.(롬 14:1) 그는 이 말씀이 자신에게 적용된 것이라고 보고 그렇게 나에게 말해 주었습니다. 그는 이러한 말씀의 권고로 힘을 얻었습니다. 그는 성격이 항상 좋아서 나와는 좀 달랐습니다. 그는 자기의 성격에 알맞는 그 선한 결심과 목적에 자신을 일치해 나아가는 데 초조하게 머뭇거리지 않았습니다.

우리는 바로 집으로 들어가 어머니에게 이 사실을 여쭈었습니다. 어머니는 기뻐해 마지않았습니다. 어떻게 하여 이렇게 되었는가를 설명을 해드렸을 때 어머니는 승리감에 기뻐 뛰며 춤을 추었습니다. 그리고 어머니는 "우리의 온갖 구하는 것이나 생각하는 것에 더 넘치도록 능히 행하시는" 당신에게 찬양을 드렸습니다. 왜냐하면 어머니는 자기가 나를 위해 애절하게 빌어 마지않았던 간구 이상으로 당신이 베풀어 주셨음을 보았기 때문입니다. 이제 당신은 나를 당신에게로 전향(ad te)하게 하셨으니 나는 아내나 세상의 어떤 다른 희망도 찾지 않기로 결심했습니다. 나는 오래전에 당신이 나에 대하여 꿈으로 어머니에게 보여 주셨던 그 "신앙의 교리"(잣대, regula fidei)[18] 위에 굳건히 서 있었던 것입니다.

이리하여 당신은 어머니의 슬픔을 기쁨으로 전향해 주셨습니다. 그 기쁨이란 어머니가 원했던 것보다 훨씬 더 풍성했고, 어머니가 내 육신을 통해서 보게 될 손자들을 원하는 것보다 훨씬 더 귀엽고 순결한 것이었습니다.

18) **고백록** 3, 11, 19에 모니카는 꿈에 '나무로 만든 잣대' 위에 어거스틴이 자기와 함께 서 있는 것을 보고 큰 위로를 받았다. 그 '잣대'란 '신앙의 교리'를 의미한 것이다. 이제 그 꿈이 이루어진 것이다. 즉 어거스틴은 어머니가 서 있었던 정통적인 기독교 신앙으로 돌아오게 된 것이다.

제 9 권

어거스틴의 세례와 모니카의 죽음

회심 후 어거스틴은 교수직을 사임하기로 결심한다. 그리고 어머니와 친구들과 함께 카씨키아쿰으로 가서 한가한 시간을 보낸다. 그는 거기에서 성서 말씀을 명상도 하고 철학적인 주제를 놓고 대화도 나누면서 세례 받을 준비를 한다. 그 후 밀라노로 돌아가 알리피우스와 자기 아들 아데오다투스와 함께 암브로시우스 감독에 의해 세례를 받는다. 세례 후 그들은 아프리카로 귀환하기 위해 오시티아로 내려가 배를 기다리는 중 어머니와 함께 신비체험을 한다. 그 후 얼마 안 되어 어머니는 거기에서 세상을 떠나고 어거스틴은 돌아가신 어머니와 아버지를 위해 감명 깊은 기도를 드린다.

1장_ 죄의 쇠사슬에서 해방된 영혼

(1) 오, 주님, 나는 당신의 종이옵니다. 나는 당신의 종이요, 당신 여종의 아들입니다. 당신이 나를 쇠사슬에서 풀어 주셨으니 나는 당신께 찬양의 감사제를 드립니다. 이제 내 마음과 혀로 하여금 당신을 찬양하게 하소서. 내 모든 뼈가 소리 질러 "주님과 같은 자 누구리요?" (시 35:10)라고 말하게 하소서. 내 모든 뼈가 그렇게 말할 때 당신께서 나에게 대답하시고 내 영혼에게 "나는 네 구원이라." (시 35:3) 말씀해 주소서.

나는 누구이며 어떠한 본성을 가지고 있는 놈이옵니까? 내가 한 행동에 죄 아닌 것이 어디 있습니까? 만일 내 행동에 죄가 없었다면 내가 한 말에는 죄가 없었습니까? 내가 한 말에 죄가 없었다면 내 의지(동기)에는 죄가 없었습니까? 오, 주님, 그러나 당신은 선하시고 자비로우셔서 당신의 오른손을 내 죽음의 심연에 펴시어 내 심장(마음)의 밑바닥에 있는 깊은 부패의 늪을 마르게 하여 주셨습니다. 그 결과로 나는 내 뜻을 부인하고 당신이 원하신 뜻을 원하게 되었습니다. 그러나 그 동안에 내 자유의지(당신의 뜻을 원하는)는 어디에 있었습니까? 오, 나의 도움이 되시고 나의 구주가 되시는 예수 그리스도여,[1] 내 자유의지가 순간적으로 호출되어 나오게 된 그 깊고 은밀한 곳은 어디입니까?

이제 내 목은 당신의 멍에를 쉽게 메게 되었고 내 어깨는 당신의 짐을 가볍게 짊어지게 되었습니다.(마 11:30) 저 허망한 것들에게서 오는 향락을 버린다는 것이 나에게는 갑자기 얼마나 큰 기쁨이 되었는지요! 이전에 내가 그렇게 놓기를 두려워했던 것을 놓아 버린 것이 이제 나에게 얼마나 큰 기쁨이 되었는지요! 이렇게 된 것도 참되시고 가장 좋으신 당신께서 그것들을 내 안에서 쫓아내 주시고 그 자리에 친히 들어와 계셨기 때문입

1) **고백록**에서 어거스틴이 처음으로 그리스도의 이름을 2인칭으로 "예수 그리스도여"라고 부르고 있다. 회심 전까지는 그리스도에 대해서 3인칭으로만 논해 왔다. 신앙의 본질은 3인칭으로 '그리스도에 대하여' 논하는 것(talking about, 신학)이 아니라 '그리스도에게' (talking to) 고백하고 기도하는 것이다.

니다.

당신은 모든 쾌락보다 더 달콤하지만 그것은 혈육에 의한 것이 아닙니다. 당신은 모든 빛보다 더 밝지만 내 마음의 심연보다 더 깊은 곳에 계신 분이십니다. 당신은 모든 존귀에 뛰어난 존귀를 받으실 만하지만 스스로 높다고 자칭하는 자들은 그것을 모릅니다. 이제 내 영혼은 명예와 이득과 간질거리는 정욕을 긁고 뒹구는 괴로운 불안에서 해방되었습니다. 오, 나의 주 하나님이여, 그러므로 나는 (이제 어린아이가 아버지에게 지껄인 것처럼) 나의 명예, 나의 부(富), 나의 구원이 되신 당신에게 친근하게 이야기하고 있었습니다.[2)]

2장_ 교수직의 사표를 고려함

(2) 나는 당신의 면전에서 내 혀를 사용하여 언변을 팔았던 시장에서 물러나려고 결심했습니다. 그것은 당신의 법도와 평화에는 관심이 없고 어리석은 거짓과 법정 논쟁만을 일삼는 젊은이들이 다시는 내 입으로부터 광포한 무기를 사지 못하게 하기 위함이었습니다. 다행히도 포도 수확기 방학까지[3)] 며칠이 남지 않아서 그때까지 참았다가 정식으로 학교를 그만두기로 했습니다. 이제 나는 당신에 의하여 속량을 받은 자이니 또 다시 말을 파는 시장에 팔려 가지 않기로 결심했습니다. 당신은 내가 계획한 바를 알고 계셨습니다만 내 주위에 있는 친구들 외에는 아무도 그것을 모르고 있었습니다. 우리들끼리는 이런 사실을 사람들에게 알리지 말자고 의견을 같이 했습니다. 그러나 우리가 눈물의 골짜기에서 나와 당신께로 올라가는 기쁜 노래를 부를 때 당신은 우리에게 거짓된 혀를 대항하여 싸울 수 있는 날카로운 화살과 불타는 숯불(시 120:3, 4)을 주셨습니다. 왜냐하면 그 거짓된 혀는 우리를 도와주는 것 같았지만 실은 우리를 반대했고, 우리를 사

---

2) 회심을 한 어거스틴에게서 하나님은 이제 저 멀리, 저 높은 곳에 계시는 초월적인 존재가 아니고 (아버지와 어린 자식과의 관계처럼) 친근하게 이야기할 수 있는 인격적 대화자인 것이다.

3) 포도 수확기 방학은 8월 22일부터 10월 15일까지였다.

랑하는 것 같았지만 실은 사람들이 음식을 (좋아한다고 하면서) 먹어치우듯이, 우리를 집어 삼켜 버리는 것이었기 때문입니다.

(3) 당신은 우리 마음(cor, 심장)을 당신의 사랑의 화살로 관통했고, 우리는 당신의 말씀을 우리의 장부에 지니고 다녔습니다. 그리고 당신으로 말미암아 어둠에서 빛으로, 죽음에서 생명으로 변화된 당신의 종들의 모범된 생활들은 우리 생각의 품속에 깊숙이 파고들어 와 함께 쌓여 불탐으로써 우리의 무거운 게으름을 태워 주었고 우리로 하여금 다시는 밑으로 떨어져 내려가지 않도록 해주었습니다. 우리는 그 불에 맹렬히 타고 있었으므로 거짓된 혀로부터 나오는 모든 호흡의 바람은 그 불을 끄기보다는 오히려 더 잘 타게 부채질해 주었습니다.

그러나 세상에는 온 땅에서 거룩하게 여김을 받고 있는 당신의 이름을 찬양하기 위하여 우리의 결심과 목적을 높이 칭찬할 사람들이 있을 줄로 우리는 알고 있었습니다. 그러므로 우리 생각에는 얼마 남지 않은 방학 때까지 기다리지 않고 모든 사람이 다 알고 있는 내 교수직을 당장 그만둔다는 것은 좀 외적인 과시인 듯 보일 것 같았습니다. 왜냐하면 얼마 남지 않은 방학이 오기도 전에 내가 미리 사표를 내는 것을 보고 사람들은 내가 위대한 사람처럼 보이려고 고의적으로 그런다고 말을 많이 할 것이기 때문이었습니다. 사람들이 혹시나 내 마음의 결심에 대하여 그렇게 오해하고 서로 토론함으로 인해 우리의 좋은 일이 욕을 먹게 된다면 그것이 나에게 무슨 유익함이 되었겠습니까?

(4) 더욱이 바로 그 여름에 내 폐는 학교의 과중한 일로 인하여 약해져 깊은 호흡을 하기가 힘들었습니다. 내 가슴에 통증이 있었고 크게 혹은 길게 소리를 낼 수도 없어서 내 폐가 병들었음에 틀림이 없다고 나는 생각했습니다. 처음에 나는 약간 당황했습니다. 왜냐하면 이럴 경우 나는 할 수 없이 가르치는 일을 그만두든지 혹시 치료가 되어 회복된다 할지라도 휴양을 위해 잠시 중단할 수밖에 없었기 때문입니다. 그러나 내가 가만히 있어 당신이 주님이 되심을 알기 위해서는(시 46:10) 한가한 시간을 가져야 한다는 의욕이 내 속에서 일어나고 굳어지자—나의 하나님, 당신은 이 사실을

아십니다—나는 꾸민 것이 아닌 이런 솔직한 이유를 갖게 됨을 기쁘게 생각했습니다. 나는 이런 이유를 들어 자기 자식들의 공부를 위해 나를 매어 놓고 싶은 학부모들을 진정시킬 수도 있었습니다.

나는 그런 기쁨으로 가득 차 있었으므로 방학이 될 때까지 참고 기다리기로 했습니다. 그때까지 약 이십 일 정도 남았었는데 참고 기다리기란 정말 힘들었습니다. 과거에 이러한 고역을 견뎌 내게 한 것은 돈에 대한 나의 욕망 때문이었습니다. 그러나 이제는 그러한 욕망이 나에게서 떠났으므로 만일 인내가 그 욕망의 자리를 대신하지 않았던들 나는 그 일로 인해 압도되었을 것입니다. 아마 나의 형제들인 당신의 종들 중에 어떤 이들은 말하기를 내가 마음을 완전히 당신을 섬기는 데 바쳤다고 하면서 계속 거짓말을 가르치는 직장의 자리에 한 시간이라도 앉아 있다는 것은 죄를 짓는 것이 아니냐고 할 것입니다. 나는 그 말을 논박하고 싶지 않습니다. 오, 가장 자비로우신 주님, 그러나 당신은 거룩한 물(세례)로 죽어야 마땅한 나의 무서운 죄와 나의 다른 죄를 함께 용서해 주시고 면해 주시지 않았습니까?

3장_ 베레쿤두스와 네브리디우스의 회심과 죽음

(5) 우리가 이러한 축복을 받았을 때 베레쿤두스(Verecundus)[4]는 근심으로 괴로워하고 있었습니다. 그는 자기를 단단히 묶어 놓고 있었던 쇠사슬 때문에 우리와의 우정 관계를 상실하게 될 것으로 생각하고 있었습니다. 그는 아직 기독교 신자가 아니었으나 그의 아내는 충실한 교인이었습니다. 그러나 다른 무엇보다 아내에게 묶여져 있어 그는 우리가 걷기 시작한 이 순례의 길을 걸어가지 못했습니다. 그는 결혼한 상태로 기독교인이 되기는 불가능하다고 생각했던 것입니다. 그러나 그는 아주 친절히 우리에게 자기의 별장을 제공해 주어 그 곳에 우리가 오랫동안 머물러 있어도 좋다고 허락해 주었습니다. 오, 주님, 당신께서 이미 그에게 의인의 몫

4) 베레쿤두스는 밀라노의 문법학교 교사였고 어거스틴과 친분을 맺고 있었던 사람이다. 네브리디우스도 그의 학교에서 그를 도와 문법을 가르치고 있었다.(8, 6, 13)

을 주신 것을 보니, 미래에 있을 "의인들의 부활시에"(눅 14:14) 당신께서 그에게도 이 일로 인해 꼭 상으로 갚아 주실 것입니다.

우리가 후에 (밀라노를 떠나 귀향 도중) 로마에 있었던 탓으로 그의 옆에 있지 않았을 때 그는 병에 걸려 눕게 되었습니다. 그는 병중에서 세례를 받고 기독교인이 된 후 세상을 떠났습니다. 이렇게 함으로써 당신은 그에게뿐만 아니라 우리에게도 자비를 베풀어 주셨습니다. 만일 그가 우리에게 보여 준 드높은 친절을 우리가 기억하면서도 그를 당신의 양떼에 속한 한 사람으로 여기지 못했다면 우리는 견딜 수 없는 슬픔으로 괴로워했을 것입니다. 우리의 하나님이여, 감사하옵니다. 우리는 이제 당신의 것이옵니다. 당신의 격려와 위로가 이 사실을 말해 줍니다. 약속을 신실하게 지키시는 당신께서 카씨키아쿰(Cassiciacum)[5]에 있는 별장을 우리로 하여금 쓰게 한 값으로 베레쿤두스에게 당신의 영원히 푸른 낙원의 즐거움으로 갚아 주소서. 우리는 그 별장에서 세상의 고뇌를 멀리 떠나 당신 안에서 편안히 쉴 수 있었습니다. 이제 그는 지상에서 지은 자기의 죄를 다 용서받고 젖이 흐르는 산, 당신의 산, 저 풍성한 산에 있을 것입니다.(시 68:15)

(6) 베레쿤두스가 살아 있을 때였습니다. 그는 우리가 세상의 직업을 그만둔다는 말을 처음 듣고 대단히 속상해 했습니다. 그러나 그를 도와 공부를 가르치고 있었던 네브리디우스는 기뻐했습니다. 그는 아직 기독교 신자가 아니었고 진리이신 당신 아드님의 육체를 환상[6]이라고 믿는 오류에 빠져 있었습니다. 그러나 그는 후에 그 곳에서 빠져 나와 우리가 믿는 교리를 받아들였습니다. 그는 아직 당신 교회의 성례를 받지 않았으나 진리를 열심히 추구하는 탐구자였습니다. 우리가 회개하여 당신의 세례로 새

---

5) 카씨키아쿰은 밀라노 동북쪽으로 약 33km 위치한 농촌 마을이었다. 지금은 카사고 브리안자(Cassago Brianza)라고 부르는 소도시이다. 베레쿤두스는 이 마을에 별장을 가지고 있었다.

6) 네브리디우스는 한때 예수 그리스도의 육체는 인간의 육체처럼 보이는 환상이지 실제의 인간의 육체가 아니라는 영지주의의 환각설(docetism)에 빠져 있었다. 이러한 주장은 그리스도의 신성을 지나치게 강조한 나머지 말씀이 육신이 되셨다는 성육신 사상을 부인하는 결과를 낳았다. 그래서 2—3세기 교회는 이런 설을 이단으로 규정한 것이다. 참고: **고백록** 7, 19, 25.

로 태어난 지 얼마 되지 않아 그도 충실한 기독교인이 되었습니다. 그는 후에 아프리카로 돌아가 온 집안을 기독교 신앙으로 인도했고 동향인들 사이에서 살면서 순결과 절제로 당신을 섬겼습니다.

그 후 얼마 되지 않아 당신은 그를 육체에서 해방시켜 주셨으므로 이제 그는 아브라함의 품에서 살고 있습니다.(눅 16:22) 아브라함의 품이 무엇을 의미하든지 간에 나의 친한 벗 네브리디우스가 그 곳에 살고 있습니다. 그는 이제 해방된 노예가 아니라 당신의 양자가 되어 그 곳에서 살고 있는 것입니다. 그러한 영혼을 위해 더 좋은 곳이 또 어디에 있을 수 있겠습니까? 그는 자기가 지금 살고 있는 곳에 대하여 불쌍하고 어리석은 이놈에게 자주 묻곤 했습니다. 그는 이제 자기의 귀를 내 입에 대지 않고 오히려 자기의 입을 당신의 샘에 대어 지혜를 마음껏 마실 수 있게 되었습니다. 그는 영원히 행복합니다. 그러나 그가 지혜의 물을 마시고 취했어도 나를 잊어버리지는 않을 것입니다. 오, 주님, 왜냐하면 그가 마신 당신은 우리를 항상 기억하고 계시기 때문입니다.

우리는 회개한 후에도 우리들의 우정 관계를 유지하면서 슬퍼하고 있는 베레쿤두스를 위로했고 그에게 그의 현상황, 즉 결혼한 상태에서 신앙을 받아들이라고 권면했습니다. 사실 우리는 그 당시 네브리디우스가 우리를 따라와 주기를 기다렸습니다. 그는 우리와 입장이 거의 같아서 곧 결심을 하려고 했습니다. 결국 그 기다리던 기간이 지나갔습니다. 그런데 그 기다리는 매일매일이 너무 많고 길게 느껴졌던 것은 우리가 자유와 여가를 얻어 마음속으로부터 당신을 찬양하고 싶어서였습니다. "내 마음이 주께 말하되 내가 당신의 얼굴을 찾으리이다. 오, 주님, 당신의 얼굴을 내가 찾으리이다."(비교. 시 27:8)라고 찬양하고 싶어서였습니다.

4장_ 카씨키아쿰에서

(7) 드디어 내가 수사학 교수직에서 해방되는 날이 왔습니다. 물론 나의 마음은 벌써 거기에서 해방되어 있었습니다. 이미 내 마음을 그 직업에서 구해 내 주신 당신은 이제 내 혀를 거기에서 구해 내 주셨습니다. 나

는 기쁨으로 당신께 감사하면서 나와 함께 있었던 자들을 다 데리고 별장으로 갔습니다.[7] 나는 거기서 당신을 전적으로 섬긴다고 하면서도, 숨가쁠 때 잠깐 쉬어 숨을 돌리듯 여가를 얻어 학문의 교만을 호흡하고 있었습니다. 내가 거기서 무엇을 했는가에 대해서는 내가 쓴 책들[8]이 증거하고 있거니와 그것들은 주로 친구들과의 대화나 당신 앞에서 행한 나의 독백을 포함하고 있습니다. 또한 그때 멀리 떨어져 있었던 네브리디우스에게 보낸 나의 편지들이 그 곳에서 지낸 우리들의 형편을 말해 주고 있습니다.

그때 당신이 우리에게 베푸신 큰 축복을 언제 시간을 내어 다 말할 수 있겠습니까? 특히 이 시간 더 중요한 당신의 자비를 말하려 하니 시간이 더욱 부족한 것 같습니다. 오, 주님, 내가 그 축복들을 기억하고 당신께 고백할 때 내 마음이 그렇게 기쁠 수가 없습니다. 즉, 당신이 막대기로 내 마음을 찔러 나를 길들여 주셨던 일, 당신이 내 생각의 높은 산과 언덕을 낮추어 평평하게 하셨던 일, 당신이 나의 굽은 길을 곧게 하시고 나의 험한 길을 평탄케 하셨던 일을 당신께 고백하니 내 마음이 흐뭇합니다. 나는 또한 당신이 내 마음의 형제인 알리피우스를 당신의 독생자이신 우리 구주 예수 그리스도의 이름에 복종케 하신 것을 기억하고 감사를 드립니다. 알리피우스는 처음에 그리스도의 이름이 우리들의 글에 언급되는 것을 싫어했습니다. 그는 오히려 우리들의 책이 뱀에 물린 상처를 고치기 위해 교회가 제공한 약초의 냄새를 풍기기보다는 오히려 학문의 세계의 드높은 백향목의 향기를 풍기기 원했습니다. 그러나 지금은 주께서 그것을 꺾어 주셨습니다.

(8) 나의 하나님, 내가 교만심이 없는 다윗의 시편, 그 신앙의 찬미, 그 경건의 노래를 읽고 당신께 무엇을 부르짖었습니까? 당신의 사랑 안에

7) 그때 어거스틴과 함께 카씨키아쿰의 별장에 갔던 자들은 모니카, 아데오다투스(어거스틴의 아들), 네비기우스(어거스틴의 형), 루스티쿠스, 파스티디아누스, 알리피우스, 트리케티우스, 리켄티우스 등 모두 9명이었다.

8) 거기에 4−5개월동안 머물면서 어거스틴이 쓴 책들은 『회의론 반박』, 『행복한 삶』, 『질서론』, 『독백록』 등이 있다. 이것을 어거스틴의 초기 작품, 카씨키아쿰 대화록이라고 부른다.

서 아직 초심자요, 예비신자였던 나는 그때 예비신자였던 알리피우스와 우리를 언제나 떠나지 않았던 어머니와 함께 그 별장에서 한가한 시간을 보내고 있었습니다. 어머니는 여자의 옷은 입었으나 남자의 강한 신앙을 가지고 계셨고 자신의 연령에 맞는 마음의 평화와 자식에 대한 사랑, 그리고 기독교인의 경건을 몸에 함께 지니고 있었습니다. 내가 그 시편을 읽고 당신께 무엇을 부르짖었습니까? 그 시편을 읽고 나의 마음은 당신을 향해 얼마나 불탔습니까? 가능하다면 나는 그 시편을 온 세계에 큰소리로 외쳐 인류의 교만을 무찌르고 싶었습니다. 그러나 온 세계는 이미 이 시편을 노래하고 있었으니 당신의 온기를 피하여 숨을 자가 어디 있겠습니까?(시 19:6) 나는 얼마나 격하고 비통한 마음으로 마니교도들을 향해 분노하고 있었습니까? 그렇게 느끼다가도 나는 오히려 그들을 불쌍히 여기게 되었습니다. 왜냐하면 그들은 우리의 병을 치료하는 약인 교회의 성례를 모르고 있었고 자신들을 온전하게 해주는 해독제를 맹렬하게 거부했기 때문입니다.

내 생각에는 그들이 나 몰래 어딘가 내 곁에 가까이 있다가 내가 조용한 시간에 시편 4편을 읽을 때 내 얼굴을 보고 내 소리를 들어주었기를 바랐습니다. 내가 그 시편을 읽고 얼마나 감명을 받고 있었는지 그들이 좀 보아 주었기를 바랐습니다. "내 의의 하나님이여, 내가 부를 때 응답하소서, 곤란 중에 나를 너그럽게 하셨사오니 나를 긍휼히 여기사 나의 기도를 들으소서."(시 4:1) 내가 원하기는 이렇게 내가 읽는 시를 해석해 말할 때 그들이 나도 모르게 어디서 듣고 있었으면 했습니다. 왜냐하면 내가 그들이 듣고 있었음을 알고 있었다고 그들이 알면, 내가 꼭 그들을 위해서 이런 말을 한 것이라고 그들 스스로 상상할 것이기 때문입니다. 사실 내가 그들이 나를 보았고 내 말을 듣고 있었다는 것을 미리 알았다면 물론 나의 말의 내용과 방법은 달라졌을 것입니다. 그리고 내가 똑같은 말을 했다고 할지라도 그들이 이해하는 바는 내가 당신 앞에서 나 자신에게 자연스러운 마음으로 말하는 뜻과는 전혀 달랐을 것입니다.

(9) 오, 아버지, 나는 두려움에 떨면서도 희망으로 불타고 있었고 당신의 자비에 즐거워하고 있었습니다. 이러한 모든 감정의 표시는 당신의 성령이 나를 향해서 "인생들아, 어느 때까지 너의 마음이 둔하며 허사를 좋

아하고 거짓을 추구하겠느냐?"(비교. 시 4:2)고 말씀하실 때 내 눈과 목소리에서 나타났습니다. 그것은 내가 허사를 좋아했고 거짓을 추구했기 때문입니다. 오, 주님, 그러나 당신은 이미 당신의 거룩한 자를 영화롭게 하시고 죽은 자 가운데서 일으키사 당신의 오른편에 앉게 하셨습니다. 그는 거기 높은 곳에서 그가 약속하신 보혜사, 즉 진리의 영(요 14:17)을 보내 주시겠다고 했습니다. 이미 그는 진리의 영을 보내셨습니다. 그러나 나는 그것을 알지 못했습니다.

그는 이미 영광을 받으시고 죽은 자 가운데서 다시 살아나시어 하늘에 오르셨으므로 세상에 보혜사를 보내 주셨습니다. 그때까지 성령을 보내시지 않음은 예수께서 아직 영광을 받지 않으셨기 때문입니다.(요 7:39) 그런데 예언자는 외쳐 말하기를 "어느 때까지 너의 마음이 둔하여 허사를 좋아하고 거짓을 추구하겠느냐? 주께서 그의 거룩한 자를 택하여 영화롭게 하신 것을 너희가 알지어다." 했습니다. 그 예언자는 "어느 때까지" 그리고 "너희가 알지어다."(시 4:2－3)라고 외쳤습니다. 그러나 나는 그렇게 오랫동안 알지 못했고, 허사를 좋아했으며 거짓을 추구했습니다. 그러므로 나는 그 말씀을 듣고 두려워 떨었습니다. 왜냐하면 내가 돌이켜 생각해 보건대 그 말씀은 나처럼 살아왔던 사람들에게 하신 말씀이었기 때문이었습니다.

내가 한때 진리라고 생각했던 그 환상들 속에는 허사와 거짓이 담뿍 들어 있었습니다. 그러므로 나는 내 과거를 기억하고 슬퍼하면서 솔직히 큰소리로 많은 말을 했습니다. 내가 바라기는 아직도 허사를 좋아하고 거짓을 추구하는 사람들이 내가 한 말을 들었으면 합니다. 아마도 그들은 자신들의 오류를 깨닫고 그것을 토해 내뱉었는지도 모릅니다. 그리고 그들이 당신께 부르짖을 때 당신은 그들의 부르짖음을 들어주셨을 것입니다. 그것은 그리스도께서 우리를 위하여 육신으로 정말 죽으시고 지금은 우리를 위하여 당신께 중보의 간구를 하고 계시기 때문입니다.(롬 8:34)

(10) 나는 또 "분을 내어도 범죄치 말지어다."(시 4:4, 엡 4:26)라는 구절을 계속 읽게 되었습니다. 오, 나의 하나님, 이 말씀이 나에게 큰 감명을 주었습니다. 이제 나는 미래에 죄를 짓지 않도록 과거에 잘못을 저지른 나 자신에 대해 분을 내는 것을 배웠습니다. 내가 내 자신을 향해 분을 내

는 것이 옳은 것은 내 안에서 죄를 짓게 한 것이 마니교도들이 말한 것처럼 어둠의 왕국에 속해 있는 다른 본성이 아니요, 나 자신이었기 때문입니다. 마니주의자들은 자기 자신들에 대하여 분을 내지 않으므로 진노의 날, 곧 하나님의 의로우신 판단이 나타나는 그날에 임할 진노를 쌓고 있는 것입니다.(롬 2:5)

나는 또한 나의 참 행복(선)이 나 밖에 있는 것이 아니요, 내 육신의 눈으로 햇빛에 의해 볼 수 있는 어떤 것도 아님을 알게 되었습니다. 외부의 사물에서 행복을 찾으려고 하는 자들은 빨리 허전해지고 보이는 것들과 무상한 것들에 의해 자신들을 쏟아 버리게 됩니다. 그들의 마음은 정말 굶주려 있으므로 자기들의 그림자까지 핥아먹으려고 합니다. 그들이 배가 고파 피곤에 지쳐서 말하기를 "우리에게 선을 보일 자 누구뇨?"(시 4:6) 할 때 우리가 다음과 같이 대답한 말을 그들은 들을 것입니다. "오, 주여, 당신 얼굴을 들어 우리에게 비추소서."(시 4:6) 우리들 자신은 각 사람을 비추는 그 빛이 아닙니다.(요 1:9) 이전에 우리는 어둠이었으나 이제 당신 안에서 빛이 되기 위하여 당신으로부터 빛을 받은 것입니다.(엡 5:8) 아, 그들이 자신들 안에 있는 영원한 빛을 볼 수 있었으면 얼마나 좋았겠습니까! 나는 그 영원한 빛을 맛보았어도 그것을 그들에게 보여 줄 수 없어서 몹시 괴로워했습니다. 그것은 그들이 당신을 멀리 떠나 세상 사물만 보는 자신들의 눈에 마음을 둔 채 "우리에게 선을 보일 자가 누구뇨?" 하고 나에게 묻기만 했기 때문입니다.

그러나 내 마음의 골방, 내가 나를 탓하여 분을 내었던 그 곳에서, 애통하는 내 마음이 찔림을 받은 그 곳에서, 나의 옛 사람을 죽여 당신께 제사를 드리고 당신에게만 소망을 두고 새로운 삶을 시작하고자 결심한 그 곳에서, 나는 당신의 빛을 맛보았고 당신은 내 마음속에 기쁨을 주셨습니다. 이처럼 내가 성서의 구절을 읽을 때 밖으로는 소리 내어 읽었고, 안으로는 그 뜻을 파악했던 것입니다. 그 이후 나는 내 시간을 소모하고 또한 시간에 의하여 소모되는 이 세상의 좋은 것이 나에게 많아지기를 원치 않았습니다. 왜냐하면 나는 당신의 영원한 단순성 안에서 다른 종류의 "곡식과 포도주와 기름"(시 4:7)을 소유하고 있었기 때문입니다.

(11) 오, 평화이시요, 항상 동일하신 자시여 ! 나는 내 마음으로부터 그 다음의 구절을 소리를 내어 읽었습니다. 그 구절은 시편 기자가 말한 바와 같이 우리가 당신 안에서 "평안히 눕고 자기도 한다."는 것을 말해 주고 있었습니다.(시 4:8) 사실 "사망이 이김의 삼킨 바 되리라."(고전 15:54)는 말씀이 이루어질 때 누가 감히 우리를 대적하겠습니까? 확실히 당신은 탁월하게 동일하시고 변치 않으시니 당신 안에만 모든 수고와 근심을 잊게 하는 안식이 있습니다. 아무도 당신과 같으신 이가 없사오니 우리는 당신이 아닌 다른 많은 것들을 위하여 수고를 하지 않아야 합니다. 오, 주님, 그러므로 당신만이 우리를 소망 안에서 살게 하십니다.

이러한 구절들을 읽고 내 마음은 불타올랐습니다. 그러나 저 귀머거리요, 죽은 자와 같은 마니교도들에게 무엇이라 말해야 할지 나는 어리둥절했습니다. 한때는 나도 그들 중의 하나가 되어 하늘의 꿀처럼 달콤하고 당신의 빛을 받아 빛나는 당신의 성서를 향하여 맹목적으로, 병적으로, 혹독하게 고함쳤습니다. 그러나 이제 나는 이 성서의 원수들 때문에 애를 태우고 있습니다.

(12) 내가 한적하게 지내던 동안 생긴 일들을 다 기억하여 기록할 수가 없습니다. 그러나 그때 당신이 얼마나 심한 통증으로 나를 치셨고 또한 얼마나 빨리 당신의 자비가 역사하셨던가는 내가 잊을 수도 없고 묵묵히 그저 지나갈 수도 없습니다. 그때 당신은 나를 치통으로 치셨습니다. 그 치통이 너무 심해 견딜 수 없어서 내가 말조차 할 수 없게 되었을 때 어떤 생각이 나에게 문득 떠올랐습니다. 그것은 내 곁에 있던 사람들에게 모든 건강을 주시는 하나님, 당신께 나를 위한 기도를 부탁하자는 생각이었습니다. 나는 그 부탁을 글로 써서 그들에게 읽도록 주었습니다. 우리가 바로 무릎을 꿇고 간절한 간구를 드렸을 때 통증이 곧 사라졌습니다.[9] 무슨 통증이 그렇게도 빨리 가셨습니까? 나의 주 하나님이여, 나는 정말 두려웠습니다. 내 일생에 그렇게 아파 보기는 처음이었습니다. 그런고로 나는 마음

9) 영과 육을 창조하신 하나님은 영적인 병만을 고쳐 주시는 분이 아니라 육신의 병도 고쳐 주시는 분임을 말하기 위해 자기의 치통의 치료도 말하고 있는 것이다.

속 깊이에서부터 당신의 뜻을 깨닫고 믿음 안에서 당신의 이름을 찬양했습니다. 그러나 그러한 신앙도 내가 과거에 지은 죄 때문에 느끼는 불안을 없이 해주지는 못했습니다. 그것은 그 죄가 당신의 세례를 통해 아직 사함을 받지 않았기 때문이었습니다.

5장_ 수사학 교수직을 그만둠

(13) 포도 수확기 방학이 끝나자 나는 밀라노 사람들에게 통지를 보내어 학생들에게 말을 파는 사람을 나 대신 구하라고 했습니다. 내가 그 직장을 그만둘 수밖에 없었던 것은 당신을 섬긴다는 결심도 있었으려니와 가슴이 아프고 호흡이 곤란해서였습니다. 나는 당신의 거룩한 사람인 암브로시우스 감독에게 서신을 보내어 내 과거의 오류와 현재의 결심을 전했습니다. 그것은 당신의 은총을 받기 위해 준비를 하는 데는 당신 책(성서)의 어느 부분을 읽는 것이 좋으냐고 조언을 얻기 위해서였습니다. 그는 나에게 이사야서를 읽으라고 권면했습니다. 아마도 나의 생각엔 이사야가 다른 예언자들보다 더 확실히 복음과 이방인의 소명을 예언했기 때문일 것입니다. 그러나 그 책의 첫 부분을 이해할 수 없었고 나머지 부분도 그럴 것이라고 상상했기 때문에 나는 그 책을 잠시 미루어 놓았습니다. 내가 나중에 주님의 말씀에 익숙해진 후 다시 읽기로 나는 마음 먹었던 것입니다.

6장_ 어거스틴의 세례

(14) 세례를 받기 위해 내 이름을 써서 넣어야 할 때가 오자 우리는 시골(별장)을 떠나 밀라노에 돌아갔습니다.[10)] 알리피우스도 당신 안에서 나와 함께 거듭나기를 원했습니다. 그는 이미 당신의 성례에 알맞는 겸손

10) 어거스틴의 일행은 387년 3월 10일 사순절 첫날에 밀라노에 돌아왔다. 그것은 세례를 받기 위한 마음의 준비와 그것에 합당한 교육을 받기 위함이었다.

의 옷을 입은 자였고 비상한 인내로 얼어붙은 이탈리아 땅을 맨발로 걸어 다닐 정도로 자신의 육체를 과감하게 제어했던 자였습니다. 우리는 또한 아데오다투스(Adeodatus)라는 소년을 데리고 갔는데 그는 내 죄 가운데서 태어난 내 육신의 아들이었습니다. 그러나 당신은 그를 좋은 소년으로 만들어 주셨습니다. 그의 나이는 열다섯쯤 되었는데 재능으로는 많은 위대한 학자들을 능가할 정도였습니다.

오, 나의 주 하나님, 우리의 모든 잘못을 좋게 고쳐 주시는 만물의 창조주시여, 나는 당신이 주신 선물[11]을 당신께 드려 찬양합니다. 사실 내가 이 소년 안에 지닌 부분이라고는 죄밖에 없었습니다. 우리가 그를 당신의 훈계로 양육하게 된 것도 실은 누구도 아닌 당신께서 친히 우리에게 영감을 주어 그렇게 하게 하신 것입니다. 그러므로 그는 당신이 주신 선물이라고 내가 당신께 고백을 합니다. 우리들의 책 중에 『교사론』(*De Magistro*)이라는 책이 있는데 거기에서 나와 대화하는 자가 바로 그였습니다.

당신이 아시거니와 거기서 나의 대화자로서 말한 모든 것은 그 아이가 열여섯 살 때 펴낸 생각이었습니다. 이외에도 나는 더 놀랄 만한 많은 재능을 그에게서 발견했습니다. 그의 탁월한 재능은 나에게 경외감을 주었던 것입니다. 당신 이외에 누가 그러한 경이한 일을 하실 수 있겠습니까? 그런데 당신은 일찍이 그의 생명을 이 땅에서 데려 가셨습니다. 그러기에 이제 나는 그의 소년기나 청년기나 전생애에 대하여 염려할 필요가 없어 아무 불안감 없이 그를 회상하고 있습니다. 우리는 바로 그 아이를—당신의 은총 안에서는 같은 나이인—데리고 가서 당신의 훈계에 따라 같이 양육 받기를 원했습니다. 그리하여 같이 세례를 받고 나니 과거의 그릇된 생활에 대한 우리의 불안이 전부 사라졌습니다.[12]

물론 그 당시에는 인류 구원을 위한 당신의 깊으신 계획을 명상하

---

11) 어거스틴의 아들 이름이 Adeodatus인데 라틴어로 A는 '부터', Deo는 '하나님', Datus는 '선물'을 의미한다. 그러므로 그의 아들의 이름은 '하나님으로부터 받은 선물'이라는 뜻을 가지고 있는 것이다.

12) 어거스틴과 그의 제자 알리피우스와 그의 아들 아데오다투스는 4월 24(25)일 부활절 전야에 암브로시우스 감독에 의해 세례를 받았다. 세례를 준 자와 받은 자들의 이름이 모두 'A'로 시작하고 있다.(Ambrosius, Augustinus, Alypius, Adeodatus)

는 데서 그 오묘한 맛을 충분히 맛보지는 못했습니다. 그러나 나는 당신을 찬양하는 찬송과 노래를 듣고 얼마나 많이 울었는지 모릅니다. 그리고 당신 교회의 아름다운 음악 소리에 얼마나 깊은 감명을 받았는지 모릅니다. 그 노랫소리는 내 귀에 흘러 들어갔고 그 진리는 내 마음속으로 스며들어 안으로는 내 경건의 감정이 차고 넘쳤고 밖으로는 눈물이 넘쳐 흘러나왔습니다. 그러나 그것은 행복의 눈물이었습니다.

7장_ 찬송의 유래와 순교자들의 유골

(15) 밀라노에 있는 교회는 최근에 와서야 위로와 격려의 찬송을 부르며 예배를 드리기 시작했는데 교인들이 열심히 목소리와 마음을 합하여 (찬송을) 불렀습니다. 사실은 그때부터 약 일년 전에 소년 황제였던 발렌티니아누스(Valentinianus)의 어머니, 유스티나(Justina)[13)]가—아리우스파 기독교인들의 꾀임에 빠져 자신의 이단 사상을 펴기 위해—당신의 종 암브로시우스를 박해했던 일이 있었습니다. 그때 경건한 교인들은 교회에 모여 철야를 하며 당신의 종이요, 자기들의 감독인 암브로시우스와 함께 죽기로 작정했습니다. 당신의 여종인 나의 어머니는 그들이(교회를 사수하기 위해) 근심하며 철야하는 데 중요한 역할을 담당했고 그 곳에서 밤낮 기도하고 계셨습니다. 우리는 아직 당신의 성령의 열로 아주 뜨거워지지 않아서였는지 그 사건에 대하여 냉담한 태도를 가졌습니다만 그래도 온통 놀라고 떠들썩한 도시의 형편을 보고 흥분하지 않을 수 없었습니다. 바로 이때 이곳에서는 동방교회를 본받아 교인들이 슬픔과 지루함으로 피곤해지지 않도록 찬송을 부르고 시를 노래하는 관습이 시작되었습니다. 이러한 관습이

13) 유스티나는 로마 황제 발렌티니아누스 1세의 부인이었다. 황제가 죽자 4살 된 그의 아들 발렌티니아누스 2세가 황제의 자리에 오르게 되었다. 그래서 그의 어머니 유스티나가 섭정을 하게 되었는데 그녀는 기독교 이단이었던 아리우스파(삼위일체를 부인하고 그리스도를 위대한 인간으로 간주했던 4세기의 이단) 교인이었다. 그러므로 그녀가 아리우스파들과 함께 전통적인 기독교 신앙의 옹호자요, 대표자인 암브로시우스를 박해했고 385년과 386년 두 번에 걸쳐서 그의 교회를 빼앗으려 했던 것이다.

그때부터 지금까지 보전되어 이제는 전세계에서 많은, 아니 거의 온 교회가 그것을 본받게 되었습니다.

(16) 그때 당신은 저 유명한 감독인 당신의 종에게 순교자 게르바시우스(Gervasius)와 프로타시우스(Protasius)[14]의 유골이 있는 곳을 꿈으로 보여 주셨습니다. 당신은 이 유골이 썩지 않도록 은밀한 당신의 보고에다 오랫동안 보존해 두셨다가 적당한 때에 내놓으셔서 황제의 어머니인 그 부인의 분노를 저지시켰습니다. 교인들이 그들의 유골을 찾아서 발굴한 후 정중하게 암브로시우스의 교회로 운반을 했을 때—악령 자신들이 고백한 대로—더러운 귀신들에 의하여 괴로움을 당하고 있던 많은 사람들이 나음을 얻었습니다.

거기에는 또한 밀라노에서 잘 알려진 한 사람이 있었는데 그는 오랫동안 소경이 되어 앞을 보지 못한 자였습니다. 그는 사람들이 기뻐 떠드는 이유를 묻고 알게 되자 벌떡 일어나 자기 길잡이에게 그 곳으로 자기를 인도해 달라고 부탁했습니다. 그 곳으로 인도되자 그는 그 성자들—그들의 죽음은 당신 면전에서는 고귀한 것이었기에(시 116:15)—의 관을 손수건으로 만지도록 허락해 달라고 했습니다. 그가 그렇게 한 다음 그 손수건을 눈에 대자마자 그의 두 눈은 열려 보게 되었습니다. 그 소문은 널리 퍼져 나갔고 이로 인해 사람들이 당신께 드린 영광과 찬송은 더 환히 빛났습니다. 그 사건 때문에 원수가 되었던 황제의 어머니의 마음은 진정되어 비록 완전한 신앙으로 고침을 받지는 못했어도 심한 박해는 멈추었습니다.

오, 나의 하나님, 감사하옵니다. 어디서부터 어디까지 당신께서 내 기억을 이끌어 나로 하여금 거의 망각하여 버릴 뻔했던 그 위대한 사건들을 상기하여 당신께 고백하게 하십니까? 그러나 그때 당신의 기름의 냄새가 그렇게 향기로울 때도 나는 당신을 향해 좇아 달려가지 않았습니다. 그러므로 나는 당신에게 드리는 찬송 소리를 듣고 심히 울었습니다. 그러나 이제 그간 오랫동안 당신을 숨가쁘게 갈망했던 나도 드디어 이 초막집(육

14) 두 순교자 게르바시우스와 프로타시우스에 대해서는 확실한 역사적인 자료가 없으나 아마도 네로(Nero, 54—68년) 황제 때 순교를 당한 자들이 아닌가 보고 있다. 참고: 『신국론』 22, 8.

신)이 허락하는 한 당신을 마음껏 호흡할 수 있게 되었습니다.

8장_ 모니카의 젊은 시절

(17) 뜻을 같이하는 사람들끼리 한 집에서 함께 살도록 하게 하신 당신께서는 또한 우리들에게 에보디우스(Evodius)[15]를 보내 주셨습니다. 그는 우리 고향사람으로 관직에 있을 때 우리보다 먼저 회개하고 세례를 받은 자였습니다. 그는 그 후 세상의 관직을 그만두고 당신만을 섬기기로 준비를 하고 있었습니다. 우리는 그때 다 함께 있었습니다. 그리고 우리들의 거룩한 목적을 위해 함께 살기로 우리는 계획했습니다. 그리하여 우리가 당신을 섬기기에 어디가 더 적당할까 생각하고 찾다가 다 같이 아프리카로 돌아가자고 결정했습니다. 돌아오던 중 우리가 티베리나(Tiberina) 강 하구에 있는 오스티아(Ostia)에 도착했을 때 내 어머니가 이 세상을 떠났습니다.[16]

내가 바쁜 탓으로 많은 것을 언급하지 않고 지나갑니다. 오, 나의 하나님, 내가 말하지 않은 여러 가지 일들에 대하여 당신께 드리는 나의 감사와 고백을 받으소서. 그러나 당신의 여종에 대하여 내 마음에 떠오르는 것은 내가 그저 넘겨 버릴 수 없습니다. 어머니는 자신의 육신으로는 나를 시간의 빛에 태어나게 하셨고, 자신의 마음으로는 나를 영원한 빛에 태어나

15) 에보디우스는 어거스틴의 동향인으로 관직(비밀경찰)에 있다가 은퇴한 자였고 어거스틴보다 먼저 회심한 자였다. 그는 어거스틴의 저서 『영혼의 크기』(*De quantitate animae*)와 『자유의지론』에서 대화자로 등장하고 있다. 그는 어거스틴을 따라 타가스테의 수도원의 일원이 되었다. 후에 그는 우잘리스(Uzalis)의 감독이 되었다. 어거스틴과 에보디우스 사이에 왕래했던 편지는 지금도 남아 있다.

16) 오스티아는 티베리나 강 하구에 있는 항구도시이다. 어거스틴 일행은 거기에 도착하여 북아프리카로 가는 배를 기다리고 있었다. 그러나 내란으로 인해 배가 출항을 못하자 어떤 기독교인인 가정에서 머물고 있었다. 그러던 중 모니카는 열병으로 누워 9일 만에 세상을 떠났다. 세상을 떠난 확실한 날짜는 모르지만 387년 11월쯤으로 추측된다. 내란으로 인해 해안이 봉쇄되어 배가 떠날 수 없게 되자 어거스틴의 일행은 로마로 가서 일년을 머물면서 교회 지도자들도 만나고 책도 썼다. 그리고 388년 말경에 북아프리카로 돌아갔다.

게 하셨습니다. 내가 지금 말하고자 하는 것은 어머니의 은혜가 아니오라 어머니에게 주신 당신의 은혜입니다. 왜냐하면 어머니가 자기 자신을 창조한 것도 아니요, 교육을 시킨 것도 아니기 때문입니다. 당신이 어머니를 창조하셨습니다. 어머니의 부모님들도 자신들에게서 어떤 아이가 태어날 줄을 몰랐습니다. 그러나 그리스도의 채찍, 즉 당신 독생자의 훈계가 어머니로 하여금 당신을 경외하도록 당신 교회의 충실한 지체인 기독교인의 가정에서 교육을 시키셨습니다.

어머니는 자기가 받은 좋은 교육을 말할 때 자기 모친의 열성보다는 자기 집에서 일했던 나이 많은 하녀의 덕택이라고 했습니다. 그 하녀는 보통 큰 여자 아이가 작은 어린아이를 업고 다니듯 어머니의 부친을—아직 어릴 때—등에 업고 다녔다는 것입니다. 그 하녀는 오랫동안의 봉사와 나이 많음과 좋은 품성 때문에 그 기독교 가정의 어른들에게 칭찬을 받았고, 집안에서 일하는 계집종들을 관리하는 일을 맡았습니다. 그 하녀는 자기가 맡은 임무를 정성껏 이행했습니다. 필요한 경우에 그 하녀는 거룩하고 엄격하게 그들의 행동을 다스렸고, 그들을 가르쳐 지도할 때는 신중하고 지혜롭게 했습니다. 그 하녀는 부모님의 식탁에서 같이 식사할 때 외에는 아이들에게 물을 마시도록 허락하지 않았습니다. 그것은 그릇된 습관이 아이들에게서 형성되지 않도록 하기 위함이었습니다.

그 하녀는 언젠가 아이들에게 이렇게 충고한 일이 있었습니다. "너희들은 지금은 물을 마시어라, 지금은 너희들이 술을 다스리지 못하기 때문이다. 너희들이 커서 시집을 가서 부엌과 술을 둔 광을 관리하는 주부가 되면 물에는 관심이 없고 술 마시는 습관에 젖게 될 것이다." 그 하녀는 이러한 교훈의 방법과 권위를 가지고 미숙한 아이들의 욕심을 억제했고, 소녀들의 갈증을 적절히 다스려 그들로 하여금 필요 없는 것은 원하지 않도록 가르쳤습니다.

(18) 그럼에도 불구하고 당신의 여종이 자기 아들인 나에게 말한 바에 의하면 한때 자기에게도 술을 좋아하는 버릇이 생겼었다는 것입니다. 흔히 있는 관습에 따라서 부모님은 아직 술맛을 모르는 자기에게(처녀 시절에) 술통에서 술을 따라 가지고 오라고 자주 심부름을 시켰답니다. 그럴 때

술을 그릇에 따라 주전자에 붓기 전에 자기 입술 끝을 약간 대서 맛을 보았다는 것입니다. 독해서 그 이상은 마실 수 없었습니다. 어머니가 그렇게 맛만 본 것은 술을 마시고 싶어서가 아니라 보통 그런 나이에 있는 충동과 장난기가 끓어 올라 넘쳐 흘렀기 때문이었습니다. 그러나 그러한 짓은 어린 시절에 보통 집안 어른들의 훈계로 견제가 됩니다. 그런데 술맛을 보는 '조금씩'은 매일 '조금씩' 더 가산되어—조그만 것을 경시하는 자는 조금씩, 조금씩 넘어지게 된다는 말씀처럼(집회서 19:1)—나중에 어머니는 그 조그만 잔을 거의 가득 채워 마시기를 좋아하는 습관으로 빠져 들어갔습니다.

그때 그 현명한 나이 많은 하녀는 어디 있었으며 그의 엄격한 금령은 어디에 있었습니까? 오, 주님, 당신의 치료하시는 약이 우리를 항상 보살펴 주시지 않았다면 다른 무엇이 우리를 이 은밀한 질병에서 구해내 줄 수 있었겠습니까? 우리들을 창조하셨고, 부르셨고 또한 어른들을 통해서 우리의 영혼을 구원하는 선한 일을 하시는 당신은 부모나 보호자가 옆에 없을 때도 항상 어머니와 함께 계셨습니다. 나의 하나님, 그때 당신은 무엇을 하고 계셨습니까? 어떻게 당신은 어머니의 그 습성을 고쳐 주셨습니까? 어떻게 당신은 어머니의 마음을 온전케 하여 주셨습니까? 당신은 그 하녀의 마음에서 강하고 날카로운 욕설이 나오게 하여—당신의 은밀한 곳으로부터 나온 의사의 칼처럼—한번의 칼질로 어머니에게 있었던 더러운 습성을 제거하시지 않았습니까?

어머니가(아직 처녀 시절에) 언젠가 술 광에 술을 가지러 들어갔을 때였습니다. 그럴 때는 다른 하녀가 자주 어머니와 같이 가곤 했는데 그때 단 둘이서 말다툼을 하게 되었답니다. 그들 사이에 이런 말다툼은 곧잘 있었답니다. 그 하녀는 어머니가 술을 마시는 것을 보고 "술주정뱅이"라고 말하면서 가장 혹독한 욕설을 퍼부었답니다. 그 욕설에 찔림을 받은 어머니는 자신의 그릇된 행위를 반성하고 바로 그것을 정죄하여 버렸다는 것입니다.

진실로 아첨하는 친구들이 우리를 그르치듯이, 원수들의 욕설이 때로는 우리의 잘못을 고쳐 주기도 하는 모양입니다. 그렇다고 당신은 사람들이 당신의 좋으신 뜻을 이루는 수단으로 사용되었다고 해서 그들에게 상 주시는 것이 아니라, 그들이 가지고 있는 좋은 동기를 보고 상을 주십니다.

아마도 성을 내었던 그 하녀는 젊은 처녀(어머니)의 잘못을 고쳐 주려고 욕을 하기보다는 골려 주려고 그렇게 했을 것입니다. 그래서 그 하녀는 단둘이만 있을 때 그 말다툼을 했을지 모릅니다. 혹은 그 장소와 그 시간에 우연히 그러한 다툼이 일어났는지도 모릅니다. 혹은 그 하녀가 오랫동안 어머니의 습성을 교정하지 못한 것에 대한 문책을 받을까 봐 염려하여 그랬는지도 모릅니다.

오, 주님, 당신은 천지를 다스리시며 당신의 뜻을 따라 깊이 흐르는 강물을 돌리고 세상의 사나운 파도를 잔잔케 하십니다. 당신은 한 사람의 분노를 통해 다른 사람의 나쁜 습성을 고치십니다. 그러므로 우리가 이런 본을 보고 다른 사람의 잘못을 고쳐 주려 할 때, 설사 우리가 훈계한 말에 의하여 고침을 받았다고 할지라도 결코 우리의 힘으로 했다고 착각해서는 안 됩니다.

9장_ 파트리키우스의 부인 모니카

(19) 이렇듯 어머니는 얌전하고 조심스럽게 교육을 받았습니다. 실은 당신께서 어머니를 가르쳐 조부모님께 순종하도록 하셨지 조부모님이 어머니를 가르쳐 당신께 순종하도록 한 것이 아닙니다. 얼마 되지 않아 결혼할 나이에 다다르자 어머니는 남편을 만나 주님을 섬기듯 그를 섬겼습니다.(엡 5:21) 어머니는 남편(아버지)을 당신께 인도하려고 할 때 자기 행동으로 당신에 대하여 설교를 했으니 당신은 어머니의 행동을 통해 어머니가 아름답게 보이도록 만드시어 남편의 사랑과 존경과 흠모를 받도록 하시었습니다. 자기 남편이 혹시 결혼생활에 실수가 있어도 그것을 견디어 내셨고, 그것으로 인해 남편과 싸우는 일이 없었습니다. 어머니는 오히려 하나님의 자비가 남편에게 내려지기를 기다리며 그도 당신을 믿고 정결케 되기를 원했습니다. 아버지는 본래 성격이 대단히 친절한 사람이었지만 성질이 불같은 사람이기도 했습니다. 그러나 어머니는 남편이 성났을 때에는 말과 행동을 조심하여 그와의 충돌을 피했습니다. 어머니는 남편의 성질이 가라앉아 진정되었을 때에 좋은 기회를 틈타 남편의 기분을 상하게 해주었을지

도 모르는 자기의 행동을 조용히 설명해 주었습니다.

사실 세상에는 아버지보다 훨씬 온화한 남편들과 사는 부인들도 많았습니다. 그러나 그들은 남편에게 맞아 흉한 얼굴을 지니고 다녔습니다. 그들이 모여 앉아 가끔 자기 남편들의 행동을 욕하는 잡담을 하면 어머니는 농담 섞인 심각한 충고를 하며 그들의 혀를 나무랐습니다. 어머니가 말했던 것은 결혼계약서가 그들에게 낭독된 이후부터는 그들은 그 계약서를 종이 되는 문서와 같이 봐야 한다는 것이었습니다.[17)]

따라서 그들은 항상 자신들의 상황을 이해하여 그들의 주인들에게 맞서 교만하게 일어서서는 안 된다고 했습니다. 어머니가 성질 사나운 남편을 참아 주고 살고 있다는 것을 알고 있었던 부인들은 어머니가 이때까지 파트리키우스(Patricius)[18)]로부터 한번도 맞은 흔적이 없었고 또한 맞았다는 불평이나 하루를 넘긴 가정 싸움이 있었다는 말을 들은 일이 없어서 경의를 금치 못했습니다. 그래서 그들은 어머니에게 어떻게 그토록 살 수 있었느냐고 은밀히 물어 보았답니다. 어머니는 위에서 내가 말한 그 삶의 법을 그들에게 전해 주었습니다. 그 법을 따라 살았던 부인들은 어머니의 충고에 감사할 이유를 발견했고, 그렇지 않았던 자들은 계속 눌려 살며 고생만 했습니다.

(20) 나의 할머니는 언젠가 어머니에게 분노하신 적이 있었습니다. 그것은 심술 궂은 하녀들이 서로 수군대는 소리를 할머니가 들은 것이 발단이 되었습니다. 그러나 어머니는 온유함과 인내를 가지고 시어머니를 섬

17) 이러한 기록을 읽고 어거스틴은 성 차별주의자 혹은 가부장제도를 주장한 대표적인 교부가 아니냐고 생각할 사람이 있을지 모른다. 우리가 생각해야 할 것은 어거스틴도 바울처럼 자기가 산 시대(제도)를 어느 정도 받아들인 것 같다. 그러나 그들은 다 주어진 상황에서 새로운 질서(제도)를 세우기 위해 노력한 자들임을 잊어서는 안 될 것이다. **고백록** 13, 23, 33에서는 "당신이 창조한 남녀의 성 차별이 당신의 교회에 베풀어 주신 은혜 안에서는 있을 수 없습니다."라고 기록하고 있다. **고백록**에 어머니에 대한 이야기가 많이 기록된 것, 교회를 어머니라고 표현한 것 등은 여성의 위치를 높이 평가한 것이라고 볼 수 있다.

18) **고백록**에서 처음으로 어거스틴은 자기 아버지의 이름을 거론한다.

겼으므로 그녀의 분노는 풀렸습니다. 그 결과로 시어머니는 자기 아들(어거스틴의 아버지)에게 가서 말하기를 하녀들이 혀를 잘못 놀려 자기와 며느리를 이간질시켰고 가정의 평화를 어지럽게 했으니 그들을 엄벌하여 행동을 고쳐 주라고 당부했습니다. 아버지는 자기 어머니의 말씀대로 가정의 질서를 바로잡으며 가내 사람들끼리 화목하게 살도록 하기 위하여 그 사건에 관련된 하녀들을 벌했습니다. 할머니는 그들에게 경고하여 말하기를 누구든지 자기 눈에 들려고 자기 며느리를 나쁘게 말하는 자들은 같은 벌을 면치 못할 것이라고 했습니다. 그 후부터는 감히 그런 일을 하려고 하는 자가 없었고 서로 사이가 좋아져서 행복하게 잘 지냈습니다.

(21) 자비로우신 나의 하나님이여, 당신께서는 저 선한 당신의 여종의 태에서 나를 창조하셨습니다. 당신은 바로 저 여종에게 또 다른 큰 은사를 주셨습니다. 그 큰 은사라 함은 사람들이 서로 싸우거나 불화할 때 어머니는 힘이 미치는 한 화평케 하는 자로 나타나 행동하셨다는 것입니다. 어머니는 양편이 서로 상대편에게 퍼붓는 악담을 들을 때에도—사람들은 보통 옆에 있는 친구에게 그 자리에 있지 않은 자기 원수에 대하여 이야기할 때는 과장하여 차마 들을 수 없는 욕설을 퍼붓고 증오심을 격한 말로 표현합니다만—서로 화해하게 하는 데 도움이 되는 이야기 외에는 이쪽 말을 저쪽으로 결코 옮기지를 않았습니다.

이런 일은 대단치 않은 덕행이라고 생각할지 모르나 그것은 결코 작은 덕행이라고 볼 수 없습니다. 나는 세상에서 많은 사람들이 어떤 무서운 전염병과 같은 죄에 감염되어 서로 싸워 원수 된 사람들의 말을 상대편에 전해 줄 뿐만 아니라 하지도 않은 말까지 덧붙여 말전주를 하는 슬픈 사실들을 경험했습니다. 그러나 사람다운 사람은 악담을 하지 않음으로써 사람들 사이에서 나쁜 감정을 악화시키거나 증가시키지 않았다고 만족해하지 않고, 오히려 더욱더 혀를 잘 사용하여 모든 나쁜 감정을 종식시키려고 힘씁니다. 어머니는 바로 이와 같은 사람이었습니다. 당신은 바로 어머니의 깊은 마음의 학교에서 그러한 교훈을 가르친 내적(마음의) 교사였습니다.

(22) 마지막으로 어머니는 자기의 남편을 그의 지상생활의 말년에 당신께로 드디어 인도하셨습니다. 아버지가 충실한 신자가 된 후에는 그가 회개하기 전에 가지고 있었던 불경건한 생활을 끊었기에 어머니는 그것에 대하여 불평을 하신 일이 없었습니다. 어머니는 당신을 섬기는 종들의 종이었습니다. 어머니를 알게 된 당신의 종들은 누구나 어머니로 인하여 당신을 찬양하고 영광을 돌리며 사랑하게 되었습니다. 그것은 어머니의 거룩한 생활(말)과 그 증거를 통하여 당신이 어머니의 마음속에 계심을 그들이 알았기 때문입니다. 어머니는 한 남편의 아내였고, 부모님께 순종했으며, 자기 집안을 경건하게 다스렸고, 착한 일을 하여 칭찬을 받았으며, 자식들이 당신의 길에서 떨어져 가는 것을 볼 때는 그들의 출산시에 겪었던 산고의 괴로움을 다시 몸에 느끼면서 그들을 길러 냈습니다.[19]

오, 주님, 끝으로 당신의 은총이 당신의 종들인 우리로 하여금 더 말하도록 허락하시니 여쭙니다. 어머니가 당신 안에서 세상을 떠나기 전에 세례의 은총을 받은 우리들은 다 함께 살고 있었습니다. 그때 어머니는 우리들을 보살펴 주실 때는 친아들들처럼 보살펴 주셨고 당신의 종들이라 해서 우리를 섬길 때는 딸이 부모를 섬기듯 했습니다.

10 장_ 오스티아의 신비체험

(23) 이제 어머니가 이 세상을 떠나실 날이 가까이 왔었습니다. 그러나 그날은 당신만이 알고 계셨지 우리는 모르고 있었습니다. 우리가 티베리나 강변에 있는 오스티아에서 머물고 있을 때 우연히도 어머니와 나는 단둘이서 집안의 정원[20]이 내려다보이는 창문 가에 기대고 서 있었습니다. 우리는 이곳에서 지루하고 피곤한 여행을 마친 후 사람들을 잠깐 떠나 쉬

19) 어거스틴은 여기서 이상적인 기독교인의 어머니상을 말하고 있다. 참고: 디모데전서 5:4−9.

20) 정원에 대한 기록은 **고백록**에서 세 번 나온다. 회심 이전의 정원(2, 4, 9), 회심의 정원(8, 8, 19), 회심 이후의 정원(9, 10, 23)이다. 이 세 정원에서 일어난 사건에 대해 독자들은 주의 깊게 생각해 볼 필요가 있다.

면서 배를 기다리고 있었습니다. 이런 기회도 실은 우연이 아니고 당신께서 은밀한 방법으로 마련하신 것으로 나는 믿습니다. 거기서 우리는 단둘이서 이미 지나간 과거를 잊어버리고 앞에 있는 것을 붙잡으려고(빌 3:13) 마음을 지향(志向)하여 애쓰면서 서로 즐거운 대화를 나누었습니다. 우리는 진리이신 당신의 면전에서 보지도 못했고 듣지도 못했으며 사람의 마음에도 떠오르지 않는(고전 2:9) 성자들의 영생이 무엇과 같을까 하고 서로 이야기했습니다. 우리는 마음의 입을 크게 벌려 당신에게 있는 생명의 샘, 즉 당신의 샘으로부터 흘러나오는 하늘의 강물을 목말라 하며 사모했습니다.(시 36:9) 우리는 그 흘러나오는 물의 몇 방울만이라도 우리의 능력에 따라 받아서 그토록 심오한 신비의 진리를 어느 정도 생각할 수 있기를 바랐습니다.

(24) 그런데 우리의 대화는 다음과 같은 결론에 이르게 되었습니다. 즉 우리의 육체적 감각의 쾌락은 그것이 아무리 좋고 또한 지상의 빛에 의하여 그 윤택한 빛깔이 드러난다고 할지라도 말로는 표현할 수 없는 행복한 성자들의 생애와는 비교할 수도 없다는 것이었습니다. 우리는 마음속에서 이처럼 열정적으로 타오르는 사랑으로 인하여 '항상 같으신 분' (불변자)을 향하여 오를 때 점차적으로 여러 계층의 사물들을 통과하여 해와 달과 별들이 지상으로 빛을 보내는 저 하늘에까지 오르게 되었습니다. 그리고 우리는 당신이 만드신 모든 것을 명상하고, 말하고, 감탄하면서 오르다가 우리의 마음에까지 왔었고, 나중에는 그것마저 초월하여 더 올라가 당신이 진리의 음식으로 항상 이스라엘을 먹이시는 곳, 다함이 없이 넘치는 그 풍성한 영역에 다다르고자 했습니다. 그 곳에서는 생명이 곧 지혜입니다. 그 지혜에 의하여 모든 것, 즉 과거에 있었던 것이나 미래에 있을 모든 것이 다 창조됩니다. 그러나 그 지혜 자체는 창조된 것이 아니요, 과거에 있었던 그대로 그리고 미래에 있을 그대로 현재에도 존재하고 있습니다. 왜냐하면 그 지혜에는 '있었다' (과거)와 '있을 것이다' (미래)가 없고 '있음' (현재)만이 있기 때문입니다. 그러기에 지혜는 영원한 존재요, '있었다' 와 '있을 것이다' 의 존재는 영원한 것이 아닙니다.

우리가 이처럼 말하고 그 지혜를 향해 목말라 하며 전심전력을 집중하는 동안 순간적으로 그 지혜와 약간 접촉을 하게 되었습니다. 그러고는 긴 한숨을 쉬면서 "영의 첫 열매"(롬 8:23)를 그 곳에 묶어 남겨 둔 채 우리는 시작이 있고 끝이 있는 인간의 말로 되돌아왔습니다. 우리 주님, 그러나 이러한 인간의 말은 당신의 말씀에 전혀 비교될 수가 없습니다. 당신의 말씀은 항상 자체 안에 머물러 있어 낡아짐이 없이 모든 것을 새롭게 하십니다.

(25) 그래서 그때 우리는 다음과 같이 말했습니다.

"만일 우리에게서 육체의 시끄러운 잡음이 진정되고, 땅과 물과 공기의 영상도 잠잠해지며 저 하늘까지도 잠잠해졌다고 생각해 봅시다. 또한 우리 영혼도 잠잠해져서 자신을 생각하지 않음으로써 자기를 초월했다고 생각해 봅시다. 그리고 모든 꿈과 환상이 잠잠해지고 모든 혀와 기호와 변화하는 사물들이 잠잠해졌다고 생각합시다. 왜냐하면 우리가 그들의 소리를 들으려고 하면 그것들은 말하기를 자기들이 스스로를 만든 것이 아니고 영원한 존재자가 그들을 만드셨다고 소리를 지르고 잠잠해져 우리의 귀를 그들을 만든 자에게 돌리도록 하기 때문입니다. 그러므로 하나님이 이제 말씀하실 때 이런 피조물을 통해서 하시지 않으시고 그 자신이 직접 하신다고 생각해 봅시다.

그러면 우리는 당신이 말씀하신 것을 육체의 혀나, 천사의 음성이나 천둥소리나, 또는 은밀한 비유를 통해서 듣지 않고—물론 우리는 이 피조물을 통해서 당신을 사랑하게 되기도 합니다만—그들의 도움 없이 직접 듣게 될 것입니다.

이러한 직접적인 (신비)체험은 우리 둘이 그때 마음을 (당신을 향해) 집중하여 번쩍하는 순간적인 생각 속에서 모든 것을 초월한 영원한 지혜를 접하는 경험을 한 것과 같을 것입니다. 이러한 순간의 경험이 지속이 되고 다른 낮은 종류의 영상들을 우리 마음에서 제거한다면, 그리고 이 순간적인 경험만이 그것을 관상한 우리를 즐거움으로 황홀케 하고, 흡수하고, 포괄한다고 하면, 우리의 (미래의) 영생이란 지금 우리가 한숨을 쉬며 바라다가 체험한 그 순간의 경험과 내용이 같을 것입니다. 그것이 바로 "네 주님의 즐거움에 참여할지어다."(마 25:21)라고 말씀하신 뜻이 아니겠습니까? 그러나 그때가 언제이겠습니까? 그때는 우리가 다 부활할 때요, 우리가 다 변화할 때가 아니겠습니까?(고전 15:51)[21]

(26) 나는 말을 꼭 이렇게 하지는 않았으나 대개 이러한 내용으로 말을 했습니다. 주님, 우리가 이렇게 말하고 있었던 그날, 아니, 그런 말을 하고 있었던 순간에 이 세상과 그 즐거움은 우리에게 하찮게 보여졌음을 당신은 알고 계십니다. 그때 어머니는 나에게 이렇게 말씀하셨습니다. "아들아, 나는 이제 이 세상에서 누릴 즐거움이라고는 하나도 없다. 이 세상에서 나의 바라던 것이 다 이루어졌는데 내가 이 세상에서 더 해야 할 일이 무엇인지, 그리고 왜 내가 더 세상에 남아 있어야 하는지 나는 모르겠다. 내가 이 세상에 잠깐이라도 더 오래 남아 있기를 원했던 단 한 가지 이유는 죽기 전에 네가 기독교인이 되는 것을 보고 싶었던 것이었다. 나의 하나님은 내가 바라던 것보다 더 풍성하게 보답해 주셔서 네가 세상의 행복을 끊고 그의 종이 된 것을 나로 하여금 보게 하셨다. 내가 이 세상에서 할 일이 더 이상 무엇이 있겠느냐?"

11 장_ 모니카의 죽음

(27) 이 말을 듣고 어머니에게 내가 무어라 대답했는지 기억이 잘 나지 않습니다. 그러나 이런 일이 있은 지 거의 닷새가 지났을까 말까 할 때 어머니는 열병으로 눕게 되었습니다. 어머니가 열병으로 앓던 중 어느 날 실신하여 잠깐 의식을 좀 잃은 적이 있었습니다. 우리가 빨리 달려가 보니 어머니는 곧 의식을 회복하시고는 곁에 서 있는 나와 내 형을 쳐다보며 "내가 어디에 있었지?" 하고 말씀하셨습니다. 그리고 슬픔에 말문이 막혀서 있는 우리를 주시하면서 어머니는 "너의 어미를 이곳에 묻어다오."라고

21) 밀라노에서의 신비체험(7, 17, 23)과 오스티아의 신비체험(9, 10, 23—25) 사이에는 근본적인 차이가 있다. 전자는 지적인 신비체험, 개인적인 체험이요, 후자는 심정의 신비체험, 어머니와 함께한 체험(공동체적, 기독교적인 체험)인 것이다. 자세한 내용은 앞으로 출판하게 될 역자의 고백록의 해설을 참고할 것.

말씀하셨습니다. 나는 아무 말 없이 서서 터져 나오는 눈물을 억지로 누르고 있었는데 내 형은 어머니가 그래도 고향에서 돌아가셔야지 타향에서 돌아가셔야 되겠느냐고 말을 했습니다. 어머니는 이 말을 듣고 아직도 그러한 세상의 생각을 하고 있다고 근심스러운 얼굴을 하면서 형을 나무라듯이 쏘아보았습니다. 그러고는 어머니는 나를 쳐다보며 형이 쓸데없는 소리를 한다고 말씀하셨습니다. 곧 이어서 어머니는 우리 둘에게 다음과 같이 말씀하셨습니다. "내 몸은 어디에 묻어도 좋다. 그 일로 인하여 조금도 염려하지 말라. 단 한 가지만 너희에게 부탁한다. 너희들이 어디에 있든지 주님의 제단에서 나를 기억해 다오." 어머니는 있는 힘을 다하여 이 말로 자신의 소원을 전달하시고는 심해져 가는 통증 때문이었는지 더 이상 말씀을 못하셨습니다.

(28) 오, 보이지 않으시는 하나님, 당신은 신실한 신자들의 마음속에 은총을 심어 놓으시고 그것으로부터 놀랄 만한 열매를 맺게 하십니다. 그 은총을 고요히 생각하며 나는 기뻐 당신께 감사를 드렸습니다. 나는 어머니가 얼마나 자기의 묻힐 자리에 대하여 염려하고 걱정해 오셨던가를 잘 알고 있었습니다. 어머니는 벌써부터 자신을 위해 아버지의 묘 옆에다가 자기의 묘 자리를 마련해 놓고 있을 정도였습니다. 부모님은 서로 화목하게 잘지냈기 때문에 어머니는 마지막으로 남편의 옆에 묻히는 행복을 원했습니다. 또한 어머니는 당신이 해외의 여행을 다 마친 후 마지막에는 고향에 돌아와 지상에서 같이 연합한 남편과 함께 같은 땅에 묻히게 허락되었다고 사람들이 기억해 주기를 원했습니다. 그러나 인간의 작은 마음이 어떻게 하나님의 뜻을 파악할 수 있겠습니까?

그런데 언제 이런 헛된 망상이 당신의 선하신 뜻에 의하여 어머니의 마음에서 사라지게 되었는지 나는 몰랐습니다만 어머니가 이러한 자기 마음의 상태를 나에게 전해 줄 때 나는 놀라면서도 기뻤습니다. 물론 창문에 기대고 서서 나와 대화한 가운데 "내가 이 세상에서 할 일이 더 이상 무엇이 있겠느냐?" 하신 말씀 속에는 어머니가 이미 자기 고향에서 꼭 죽어 묻히고 싶다는 생각이 없었음을 시사한 것으로 봅니다.

내가 후에 들은 바입니다만 우리가 아직 오스티아에 있었던 어느 날—나는 그때 그 곳에 없었습니다—어머니는 모성의 확신과 신뢰를 가지고 내 친구 몇 사람과 함께 이 세상 생활을 경시하는 태도와 죽음을 유익하게 보는 점에 대하여 말을 했다고 합니다. 그들은 당신이 여자에게 주신 그 용기에 놀라며 어머니에게 고향에서 이렇게 멀리 떨어진 곳에다 자기 몸을 묻히게 하는 것이 두렵지 않느냐고 물었답니다. 어머니는 이 질문에 대하여 "하나님에게는 먼 곳이란 아무것도 없다. 하나님이 세상 끝 날에 나를 부활시킬 장소가 어디인 줄 모를까 두려워할 필요가 하나도 없다." 고 대답했답니다. 그러므로 어머니가 병상에 눕게 된 지 아흐레째 되던 날, 어머니가 오십육 세가 되시던 해, 내 나이 삼십삼 세가 되던 해에 그렇게도 신실하고 경건한 저 영혼이 몸에서 벗어나게 된 것입니다.

12 장_ 모니카의 장례와 어거스틴의 애도

(29) 나는 어머니의 눈을 감겨 드렸습니다. 말할 수 없는 슬픔이 나의 마음에 복받쳐 올라와 눈물이 터져 나왔습니다. 그러나 동시에 나의 눈은 마음의 강한 명령에 따라 그 눈물의 근원을 막는 것이었습니다. 이러한 싸움이 나에게는 얼마나 괴로움이 되었는지 모릅니다. 어머니가 마지막 숨을 거두었을 때에 소년이었던 아데오다투스가 큰소리를 내어 울기 시작했습니다. 그러나 우리가 모두 그를 억제하여 울음을 그치게 했습니다. 내 안에도 어린아이 같은 심정이 있어서 어린아이처럼 소리를 내어 울고 싶기는 마찬가지였습니다만 억제하고 침묵을 지켰습니다. 그것은 그 엄숙한 장례를 눈물과 슬픔으로 지내는 것이 합당치 않다고 생각했기 때문입니다. 세상 사람들은 대개 죽은 이가 불쌍하다거나 혹은 아주 죽는다고 생각하여 슬퍼합니다. 그러나 어머니는 불쌍하게 세상을 떠나신 것도 아니요, 아주 죽으신 것도 아니었습니다. 우리는 이 증거를 어머니의 선한 생활과 "거짓이 없는 믿음"(딤전1:5)과 확실한 이성의 근거 위에서 굳게 믿고 있었습니다.

(30) 그러면 무엇이 나를 이렇게도 심히 슬프게 만드는 것입니까? 그것은 어머니와 함께 지내왔던 그 귀하고 정든 나의 생활이 갑자기 정지

된 데서 받은 새로운 상처 때문이었을 것입니다. 그러나 어머니가 마지막 병석에서 해주신 말씀은 나에게 큰 위로가 되었습니다. 어머니는 자식된 도리를 다하며 시중을 들고 있는 나를 어루만지면서 효자라고 말씀하셨습니다. 그리고 어머니는 일생 동안 내 입에서 자기를 향해서 던진 심한 말이나 욕설을 들어 보지 못했다고 칭찬해 주었습니다. 우리를 만드신 하나님, 그러나 내가 어떻게 어머니에게 드린 나의 효도를 나를 위한 어머니의 정성어린 노고에 감히 비교할 수 있겠습니까? 이제 그러한 크신 어머니의 위로가 없어졌으므로 내 영혼은 상처를 받았고 어머니와 하나가 되어 살았던 나의 생명은 찢어진 듯했습니다.

(31) 아데오다투스가 우리들의 만류로 울음을 그쳤을 때에 에보디우스는 시편을 들고 시를 암송하기 시작했습니다. "내가 인자와 공의를 찬송하겠나이다. 오, 주여, 내가 주께 찬양하리이다." (시 101:1) 그러자 온 집안 사람들이 그 시에 화답했습니다. 우리에게 무슨 일이 생긴 소식을 듣고 많은 남녀 신도들이 함께 우리를 찾아왔습니다. 풍습을 따라서 장례를 맡은 사람들이 그 준비를 하고 있는 동안 나는 다른 방에서 나의 몇 친구들과 함께 그 상황에 적절하다고 생각되는 문제들을 놓고 이야기했습니다. 그들은 나를 홀로 내버려두면 안 된다고 생각하여 나와 함께 있었던 것입니다. 그런데 이렇게 이야기한 진리의 말씀은 향유처럼 내 아픈 마음을 어루만져 주었습니다.

그러나 그 아픔은 당신만이 아실 뿐 다른 사람은 모르고 있었습니다. 그러기에 그들은 내가 하는 이야기를 열심히 들으며 내가 아무 슬픔도 느끼지 않는다고 생각했던 것입니다. 그러나 나는 그들이 듣지 못하도록 당신의 귀에다 대고 내 감정의 연약함을 꾸짖고 터져 나오려는 슬픔의 홍수를 억제했습니다. 그러자 그 슬픔은 잠시 동안 물러갔다가 다시 발작하여 나를 엄습했습니다. 그러나 내가 눈물을 흘리거나 안색을 변하게 할 정도는 아니었습니다. 물론 나는 그때 내 마음에서 슬픔을 억누르고 있음을 잘 알고 있었습니다. 물론 그러한 느낌은 우리 인간에게 당연하게 생기는 일이요 필연적으로 찾아오는 운명이지만 그것이 이다지도 크게 나를 뒤흔드는 것을 보고 나는 또 슬펐습니다. 그러니 내 슬픈 심정에 또 새로운 슬픔이 더해져 나는 이중적인 슬픔에 괴로워하고 있었습니다.

(32) 이제 어머니의 유해가 장지[22)]로 옮겨졌습니다. 우리는 그 곳에 갔다 왔습니다. 그때도 나는 울지 않았습니다. 우리는 관습에 따라서 유해를 무덤에 묻기 전에 그 옆에 내려놓고 어머니를 위해 구속의 예배를 드리며 당신께 기도를 올렸습니다. 그 동안에도 나는 눈물을 흘리지 않았습니다. 그러나 나는 그날 온종일 남몰래 느끼는 슬픔에 못 이겨 괴로운 심정에서 당신께 내 슬픔을 낫게 해주시라고 힘껏 기도했습니다. 그러나 당신은 내 기도에 응답해 주시지 않았습니다. 당신은 나로 하여금 인간 영혼이 진리의 말씀으로 양육된다고 할지라도 습관의 힘에 얼마나 많이 좌우되고 있는지를 이 한 가지 사실만을 통해서도 알게 하셨습니다.

목욕을 하러 가는 것이 좋겠다고 나는 생각하게 되었습니다. 왜냐하면 목욕을 한다는 라틴어의 단어는 마음에서 근심을 씻어 낸다는 그리스어 단어 발라네이온(Βαλανεῖον)에서 왔다고 내가 들었기 때문입니다. 고아들의 아버지시여, 내가 이것도 당신의 자비에 고백합니다만 목욕을 해보아도 목욕을 하기 이전의 나의 느낌은 그대로 남아 있었습니다. 물이 나의 마음속에 있는 슬픔의 쓴맛을 씻어 내지를 못했습니다. 그래서 내가 한잠을 자고 깨어났더니 나의 슬픔이 어느 정도 가라앉았습니다. 홀로 침대에 누워 있노라니 당신의 종 암브로시우스 감독이 지은 좋은 시가 내 마음에 떠올랐습니다.

만물을 창조하신 하나님,
당신은 하늘을 다스리시는 분,
낮을 아름다운 빛으로 옷 입히시고,
밤을 편안한 잠으로 덮으십니다.
피곤한 팔 다리 쉬게 하시고,

22) 모니카의 장지는 우연히 발견하게 되었다. 1945년 여름에 두 소년이 한 교회 옆에 있는 조그만 광장에서 농구를 하기 위해 골대를 세우려고 땅을 파게 되었다. 그들이 땅에 구멍을 파 내려가다가 우연히 돌을 발견하게 되었는데 그것이 바로 모니카의 이름이 새겨진 비문의 일부분이었다.

다시 새 힘 주어 일하게 하십니다.
마음이 지칠 때 일으키시고,
슬퍼 괴로워하는 마음 풀어 주십니다.

(33) 그때 당신의 여종에 대한 옛 생각이 점점 내 마음에 되돌아와서 나는 당신의 면전에서는 경건하게 사셨고 우리들에게는 부드럽고 친절하게 대해 주셨던 어머니를 회상하게 되었습니다. 이러한 어머니를 갑자기 여의게 되었기에 나는 당신 앞에서 어머니와 나를 위하여 울었던 것입니다. 그렇게 우는 것이 나에게는 위로가 되었습니다. 그래서 나는 이때까지 참아 왔던 눈물을 흐를 대로 흐르게 하여 그 눈물로 베개를 삼고 누워 있었습니다. 그 곳에는 내 울음을 오해하여 경시할 사람들의 귀는 없었고 다만 당신의 귀만이 내 가까이 있었습니다.

오, 주님, 그러나 지금 나는 글로서 이 모든 것을 당신께 고백합니다. 이 글을 읽고 싶은 사람은 읽고 마음대로 해석해도 좋습니다. 그러나 내 눈앞에서 세상을 떠나신 어머니를 위해 내가 잠깐 울었던 것을 잘못이라 생각하여 그가 나를 비웃지는 말게 하소서. 그 어머니는 내가 항상 당신 앞에서 살도록 나를 위해 얼마나 오랫동안 우시었습니까? 그러므로 그가 넓은 사랑을 가진 사람이라면 나를 비웃지 말고 오히려 모든 기독교인들의 아버지가 되신 당신 앞에서 지은 내 죄에 대하여 울어 주어야 합니다.

13장_ 부모님들을 위한 어거스틴의 기도

(34) 이제 나의 마음은 그때 받은 상처에서 고침을 받았습니다. 그 상처는 내가 그때 너무 육신의 감정에 사로잡힌 결과로 생긴 것이라 생각하여 후에 나 자신을 탓했습니다. 우리의 하나님, 그러나 지금 나는 당신의 여종을 위하여 당신께 다른 종류의 눈물을 흘리지 않을 수 없습니다. 그 눈물은 아담 안에서 죽는 뭇영혼들의 위험을 생각하고, 두려워 떠는 마음에서 흘러나오는 눈물이옵니다. 어머니가 세상을 떠나시기 전에 그리스도 안에서 삶을 얻었고(고전 15:22), 믿음과 행실로 당신의 이름을 찬양하며

사신 것만은 사실입니다. 그러나 어머니가 세례로 거듭나게 된 후부터 당신의 계명에 거슬리는 말을 한 번도 하지 않았다고 나는 감히 말할 수 없습니다.

진리이신 당신의 아드님이 말씀하시기를 누구든지 형제에게 미련한 놈이라 하는 자는 지옥불에 들어가게 되리라고 하셨습니다.(마 5:22) 아무리 칭찬을 받을 만한 행동을 한 사람이라 할지라도 당신이 자비 없이 심판하신다면 화를 면치 못하게 됩니다. 그러나 당신은 우리의 죄를 엄하게 캐묻지 않으시기에 우리는 당신의 면전의 한 자리를 바라고 믿사옵니다. 그러므로 누가 감히 당신 앞에서 자기의 공로를 헤아릴 수 있겠습니까? 만일 헤아린다면 당신이 주신 선물을 헤아리는 것밖에 안 됩니다. 아, 인간들은 자신들이 인간밖에 안 된다는 것을 좀 알았으면 좋겠습니다. 그러면 자랑하는 자는 주 안에서 자랑하게 될 것입니다.(고후 10:17)

(35) 나의 영광이 되시고 생명이 되시는 내 마음의 하나님, 그러므로 이제 나는 잠깐 내 어머니의 선한 행위를 제쳐놓고—물론 어머니의 행위로 인하여 당신께 기쁨으로 감사를 드립니다만—어머니가 지은 죄 때문에 당신께 간구를 하지 않을 수 없습니다. 원하오니 십자가에 달리셨다가 이제는 당신의 우편에 앉으사 우리를 위해 간구하고 계신 당신 아들의 이름으로 나의 기도를 들어주소서.(롬 8:34) 그는 우리의 상처를 낫게 하는 "참 약"[23]이옵니다. 어머니는 언제나 사람들을 긍휼히 여겼고 자기에게 잘못한 자들을 진심으로 용서해 준 것으로 알고 있습니다. 그러므로 당신께서도 어머니가 물로 세례를 받은 이후 오랜 세월 동안 당신에게 지은 죄가 있거든 용서해 주시기를 기원합니다. 오, 주님, 어머니를 용서해 주소서. 당신께 비오니 어머니를 용서해 주소서. 주의 종에게 심판을 행치 마소서.(시 143:2) 당신의 긍휼하심이 당신의 정의를 이기게 하소서, 긍휼을 베푼 자에게 긍휼을 약속하신 진실된 당신 말씀대로 긍휼히 여기는 자로 긍휼히 여김을 받게 하소서.(마 5:7) 이것은 당신이 주신 선물이오니 당신은

23) 그리스도의 몸을 상징한 성만찬을 "영혼 불멸의 약"이라고 처음으로 말한 교부는 안디옥의 감독 이그나티우스(Ignatius, 35－107년)였다.

긍휼히 여길 자를 긍휼히 여기시고 불쌍히 여길 자를 불쌍히 여기시옵니다.(롬 9:15)

(36) 당신은 이미 내가 간구하는 것을 응답해 주신 줄 믿습니다. 오, 주님, 그래도 내 입의 낙헌제를 받으소서.(시 119:108) 어머니는 세상을 떠날 날이 가까이 왔을 때 자기 몸을 화려한 베로 감아 주거나 향유로 발라 주기를 바라지 않았습니다. 또한 어머니는 아름다운 비석을 원하거나 자기 고향에 묻히는 것도 바라지 않았습니다. 어머니가 우리에게 명하고 부탁했던 것은 그런 것들이 아니고 다만 어머니가 하루도 빠짐없이 섬겼던 당신의 제단에서 자기 이름을 기억해 달라는 것이었습니다. 왜냐하면 그 제단에 (그리스도의) 희생제물이 바쳐졌고 그 희생제물로 인하여 "우리를 거스르고 우리를 대적하는 의문에 쓴 증서가 도말되었으며"(골 2:14) 그 희생을 통하여 우리의 원수가 패배당한 것을 어머니는 알고 계셨기 때문입니다. 그 원수는 우리의 잘못을 계산하여 우리를 책잡으려고 했으나—우리 대신 희생제물로 바쳐진—그분 안에서는 아무 잘못을 찾을 수 없었으므로 우리는 그를 통해 원수를 이기게 된 것입니다.

누가 그의 무죄한 피를 그에게 다시 돌려줄 수 있겠습니까? 누가 우리를 속량한 그 피 값을 다시 치르고 우리를 원수의 손에서 탈취할 수 있겠습니까? 그래서 당신의 여종은 신앙의 띠로 자신의 영혼을 우리의 속량의 성례에 굳게 매어 놓았던 것입니다. 그러므로 아무도 어머니를 당신의 보호하심에서 떼어 내지 못하게 하소서. 악마의 화신인 "사자나 뱀"(시 91:13)이 힘과 교활함으로 어머니의 길을 가로막고 이간질하지 못하게 하소서. 어머니가 자기는 죄가 없다고 대답하다가 교활한 고발자에게 속아넘어가지는 않을 것입니다. 오히려 어머니는 대답하기를 우리에게 빚진 것이 하나도 없으시나 자신을 내줌으로써 우리의 빚을 갚아 주신 그리스도에 의하여 자기의 죄가 용서함을 받았다고 할 것입니다. 그러나 우리를 위해 그가 치룬 그 빚은 아무도 갚을 수가 없습니다.

(37) 그러므로 이제 어머니를 아버지와 함께 편안히 쉬게 하소서. 아버지와 결혼하기 전이나 그가 세상을 떠난 후에나 어머니는 그 외에 다

른 남자를 알지 않았습니다. 그리고 어머니는 당신을 위해 인내의 결실을 맺으면서 아버지를 섬긴 나머지 결국에는 그를 당신께로 인도하게 되었습니다.

나의 주님, 나의 하나님, 내가 말과 마음과 글로 섬기고 있는 나의 형제들인 당신의 종들, 당신의 자녀들, 그리고 나의 스승들에게 감화를 끼치소서. 또한 내 고백록을 읽을 많은 사람들에게도 감화를 끼치소서. 그들이 이 책을 읽고 당신의 여종인 모니카(Monica)[24]와 그녀의 남편이었던 파트리키우스를 당신의 제단에서 기억하게 하소서. 내가 어떻게 하여 이 세상에 나오게 되었는지는 몰라도 당신은 이 두 사람의 육신을 통하여 나를 이 세상에 태어나게 하셨습니다. 이제 그들이 경건한 마음으로 이 두 사람, 즉 이 무상한 세상에서는 나의 부모님이 되고, 어머니가 되는 교회와 아버지가 되시는 당신 안에서는 한 형제가 되며, 당신의 백성들이 출생시부터 그 곳을 향해 한숨 쉬며 순례를 하고 있는 저 영원한 예루살렘에서는 같은 시민이 되는, 이 두 분을 기억하게 해주소서. 그럼으로써 어머니가 임종시에 나에게 부탁했던 그 요청이 내 개인의 기도를 통해서보다는 내 고백록을 읽을 많은 사람들의 기도를 통하여 더 풍성하게 이루어지게 하소서.

24) 여기에서 어거스틴은 처음으로 자기 어머니의 실명을 말하고 있다.

제 10 권
기억의 신비

제 9권까지에서 자기 어린 시절부터 어머니의 죽음까지를 이야기한 후 어거스틴은 자기의 현재 상태의 모습을 분석해 말한다. 이 과정에서 그는 인간의 기억의 놀랄 만한 힘에 대해 자세히 설명을 하면서 자기의 기억 안에서, 기억을 통해서 자기의 혼이 하나님에게로 오르는 과정을 논한다. 그는 또한 자기가 감독으로 있으면서도 세 가지의 유혹, 즉 육신의 정욕과 안목의 정욕과 이생의 자랑과 싸우면서 성화의 과정을 밟고 나감을 말한다. 끝으로 그는 중보자가 되시는 그리스도의 속량을 통하여 자기의 혼이 여러 가지의 무지와 병에서 치료가 됨을 고백한다.

1장_ 하나님 안에 있는 인간의 희망과 즐거움

(1) 나를 아시는 주님, 나로 하여금 당신을 알게 하소서. 당신이 나를 아시는 것 같이 나로 하여금 당신을 알게 하소서.(고전 13:12) 내 혼의 힘이 되시는 주님, 내 혼 안에 들어오셔서 그것을 당신의 뜻에 맞게 만들어 "티나 주름 잡힌 것 없는"(엡 5:27) 당신의 소유물로 삼아 주소서. 이것이 나의 희망이옵니다. 그러기에 내가 이토록 당신께 말씀드리옵니다. 이 희망 중에서 내가 즐거워할 때 나는 정말로 건전하게 즐거워하는 것이 됩니다. 이 세상의 삶에서는 사람들이 더 슬퍼하는 일에 대해서는 우리는 덜 슬퍼해야 하고, 덜 슬퍼하는 일에 대해서는 더 슬퍼해야 합니다. 보시옵소서. 당신은 진리(진실함)를 원하옵니다.(시 51:6) 그것은 진리를 행하는 자가 빛으로 오기 때문입니다.(요 3:21) 바로 이 진리를 내가 고백할 때 당신 앞에서는 내 마음으로, 내 책을 읽게 될 많은 증인들 앞에서는 이 글로 하고자 합니다.

2장_ 모든 은밀한 것을 아시는 하나님

(2) 오, 주님, 당신의 눈앞에서는 인간 양심의 바닥도 벌거벗은 것처럼 다 드러나고 맙니다.(히 4:13) 그러므로 내가 그 양심을 당신께 고백하지 않는다고 해서 내 안에 있는 그 무엇이 당신의 눈을 피할 수 있겠습니까? 내가 당신을 보지 않으려고 내 눈을 가린다 해도 나 자신을 당신에게서 숨길 수는 없습니다. 이제 내 한숨이 증명하듯이 나는 내 자신에게 불만이오니 당신이 나에게 빛을 비추어 만족케 하시고 나로 하여금 당신만을 사랑하고 원하게 하소서. 이제 나는 자신이 부끄러워 내 자신을 내던져 버리고 그 대신 당신을 택하옵니다. 그것은 당신 안에서만 내가 당신과 내 자신을 즐겁게 할 수 있기 때문입니다.

오, 주님, 나는 내 알몸 그대로 당신 앞에 다 드러나 있고 내가 무슨 목적으로 당신께 이 고백을 하게 된 것도 이미 말씀드렸습니다. 또한 내가 고백을 할 때도 육체의 말이나 소리로 하지 않고 내 영혼의 언어와 반성의 부르짖음으로 합니다. 당신의 귀는 그것을 다 들으십니다. 그러기에 내가 악할 때 나의 고백은 당신 앞에서 나 자신을 불만스럽게 여기는 것이요, 내가 착할 때 나의 고백은 내 공로를 나에게 돌리지 않고 당신에게 돌리는 것이옵니다. 오, 주님, 그 이유는 의인을 축복하시는 이가 당신이지만(시 5:12) 그가 (의롭게 되기 전) 죄인이었을 때 그를 먼저 의롭게 하신 이가 당신이시기 때문입니다.(롬 4:5) 나의 하나님, 그러므로 당신 면전에서 당신께 드리는 나의 고백은 소리 없이 하기도 하고 소리를 내어 하기도 합니다. 입으로 내 고백은 소리 없이 하지만, 내 사랑으로는 큰소리로 합니다. 내가 무슨 옳은 말을 사람들에게 했다면 내가 그 말을 하기 전에 당신은 그것을 먼저 나에게서 들으신 것입니다. 또한 당신이 그러한 말을 나에게서 들으셨다면 그것은 당신이 먼저 나에게 말씀해 주신 것이옵니다.

3장_ 고백의 효력

(3) 그러면 내가 왜 사람들로 하여금 이 고백을 듣도록 하는 것입니까? 그들이 내 고백을 듣고 내 병을 고쳐 주지나 않을까 해서입니까? 인간이란 다른 사람들의 생활에 대하여 알려고 호기심을 가지고 있으나 자기 자신들의 생을 알고 고치려는 데는 게으릅니다. 어찌하여 그들은 내가 누구인가에 대하여 (내가) 그들에게 말해 주기를 원하면서도 자기 자신들이 누구인가에 대하여 당신께서 말씀하신 것은 싫어합니까? 또한 그들이 내 자신에 대하여 고백하는 나의 말을 듣고 그것이 진실인지 아닌지 어떻게 알 수 있습니까? 사람의 사정은 사람의 속에 있는 영 외에는 누구도 모르지 않습니까?(고전 2:11) 그렇지만 만일 그들이 자기 자신들에 대하여 당신이 말씀하신 것을 들었다면 '주께서 거짓말하신다' 고 말하지는 못할 것입니다. 왜냐하면 자기 자신에 대하여 하신 당신의 말씀을 듣는다는 것은, 곧 자기 자신을 아는 것이 되기 때문입니다.

그러므로 누가 자기 자신을 알고 있으면서도 '그렇지 않다' 고 말하는 사람은 스스로 속이는 것밖에 안 됩니다. 그렇지만 사랑의 줄로 하나가 된 사람들 사이에서는 사랑은 모든 것을 믿기 때문에(고전 13:7) 나는 그 사람들 앞에서 큰소리로 당신께 고백을 합니다. 물론 내 고백이 진실인지 아닌지를 그들에게 증명할 길은 없습니다. 그러나 사랑으로 자기들의 귀를 나에게 여는 자는 내가 참말을 하고 있음을 믿을 것입니다.

(4) 내 영혼의 의사이시여, 내가 무슨 목적으로 이 고백을 하고 있는지 나로 하여금 확실히 알게 하소서. 당신은 내 과거의 죄를 용서하시고 덮어 주셔서 신앙과 성례로 내 생을 변화시키셨고 당신 안에서 행복함을 누리도록 하셨습니다. 이제 사람들이 내 고백을 읽고 들을 때 그들의 마음이 감명을 받고 일어나게 하소서. 그리하여 그들이 '나는 할 수 없다' 고 절망 속에서 누워 잠들지 않고 오히려 당신의 은혜를 즐기고 당신의 자비를 사랑하는 마음으로 깨어 일어나게 하소서. 이러한 당신의 은혜를 통하여 자신의 약함을 알게 된 사람은 약하지만 강하게 됩니다.(고후 12:10) 그리고 착한 사람들도 용서함을 받은 사람들의 과거의 죄에 대하여 들어 보기를 즐깁니다. 그들이 즐겨 듣기는 사람들이 저지른 잘못이 좋아서가 아니라 과거에 저지른 그 잘못을 지금은 그들이 반복하지 않기 때문입니다.

오, 나의 주 하나님이여, 내 양심은 나 자신의 결백보다는 당신의 자비를 믿고 바라면서 매일 당신께 고백을 하고 있습니다. 그러면 내가 무슨 목적으로 당신 앞에서, 사람들에게, 이 책을 통하여, 내 과거와 현재의 상태를 고백하는 것입니까? 나는 이미 내 과거에 대한 고백의 목적을 언급했습니다.[1] 그러나 나를 개인적으로 아는 사람들이나 모르는 많은 사람들이 내가 이 고백록을 쓰고 있는 나의 현재의 상태를 알고 싶어합니다. 그들은 내가 직접 한 말이나 나에 대하여 다른 사람이 한 말을 들었습니다만 그들의 귀는 내가 있는 그대로인 내 마음에는 가깝게 있지를 못합니다. 그러므로 그들은 자기들의 눈으로나, 귀로나, 정신으로 꿰뚫고 들어갈 수 없는 내면에 있는 '내' 가 누구인지를 내 고백을 통해서 듣고자 합니다. 그들은 믿

1) **고백록** 1–9권에서 어거스틴은 이미 자기의 과거에 대한 고백을 했다. 그러나 그의 과거에 대하여 들었던 사람들은 어거스틴의 현재의 상태를 알고자 했다.

기를 원하는 사람들처럼 듣기를 원하고 있습니다만, 그들이 과연 나를 이해할 수 있을까요? 그들을 좋은 사람으로 만드는 사랑이 내 고백은 참되다는 것을 그들에게 증거할 것이요, 그들 안에 있는 그 사랑이 이 고백을 하는 나를 믿게 할 것입니다.[2)]

4장_ 고백의 목적

(5) 그러나 내가 이렇게 고백하는 말을 듣고자 하는 그들의 목적은 무엇입니까? 내가 당신의 은혜로 당신께 가까이 나아가고 있음을 듣고 그들이 나와 함께 기뻐하고 싶어서입니까? 그리고 내가 죄의 무게로 인해 뒤쳐져 당신에게서 멀리 떨어져 나가고 있음을 듣고 그들이 나를 위해 기도해 주고 싶어서입니까? 그들이 이것을 원한다면 나는 그들에게 서슴지 않고 내 자신이 어떠한 사람이라는 것을 말하여 주겠습니다. 오, 나의 주 하나님이여, 왜냐하면 이렇듯 많은 사람들이 나로 인해 당신께 감사를 드리게 되고, 또한 나를 위해 기도를 하게 되면 그 도움이란 적지 않을 것이기 때문입니다.

그러므로 내 형제들의 마음으로 하여금 당신이 사랑할 만하다고 가르치신 것을 내 안에서 볼 때 사랑하게 하시고, 슬퍼해야 한다고 가르치신 것을 내 안에서 볼 때 슬퍼하게 하소서. 그들의 마음이 이방인들이나 그들의 자손들처럼 입으로 헛된 것을 말하거나 오른손을 들어 거짓을 행하지 않게 하소서. 그들의 마음이 내 안에서 선한 것을 볼 때 나를 위해 기뻐하게 하시고 내 안에서 죄를 볼 때 슬퍼하게 하소서. 그들은 내 안에서 선한 것을 보든지 악한 것을 보든지 나를 사랑하기 때문에 나의 형제들입니다. 이러한 사람들에게 나는 서슴지 않고 내 자신이 어떠한 사람이란 것을 말해 주겠습니다.

---

2) 어거스틴은 391년에 사제안수를 받았고, 395년에는 감독으로 성별되었다. 그러나 교회 안에서나 밖에서 많은 사람들은 아직도 어거스틴의 회심에 대해 회의를 품고 있었다. 이러한 상황에 직면하여 사랑으로 자기의 고백을 받아 줄 것을 그는 사람들에게 호소한 것 같다.

그들로 하여금 나의 선한 행위로 인하여 기뻐하게 하시고, 나의 악한 행위로 인하여 한숨 짓게 하소서. 나의 선한 행위는 실은 당신이 하시는 일이요, 당신의 선물이옵니다. 그러나 내가 하는 악한 행위는 내 잘못이며 당신이 나에게 내린 심판의 벌이옵니다. 그들이 전자를 보고 기뻐하게 하시고 후자를 보고 한숨 짓게 하소서. 그리하여 감사의 찬미와 슬픔의 부르짖음이 향로와 같이 그 형제들의 마음에서 당신의 면전에 오르게 하소서.(계 8:3—4) 오, 주님, 그리고 당신의 성전에서 올라가는 그 향기를 흠향하시고 당신의 이름을 위해 "주의 인자를 따라 내게 인자를 베푸시며"(시 51:1) 내 안에서 시작하신 당신의 일을 어떤 이유로도 버리지 마소서. 또한 내 안에 있는 불완전한 것을 완전케 하소서.

(6) 그러므로 내가 나의 과거뿐만 아니라 나의 현재의 상태를 고백하는 목적은 당신 면전에서만 은밀히 "떨며 즐거워하고"(시 2:11) 소망 중에 은밀히 슬퍼하며 내 생을 고백하기 위함만은 아닙니다. 내가 또한 모든 믿는 사람들의 귀 앞에서도 이것을 고백하기 위함입니다. 그들은 나의 즐거움을 같이 나누는 동배들이요, 나와 다 같은 유한한 존재들이며, 나와 함께 (천국의) 시민이 된 자들이요, 나와 함께 이 세상을 걸어가는 순례자들—내 앞에 먼저 갔든지, 내 뒤에 올 사람들이든지 혹은 나와 함께 이 세상에서 길을 걸어가는 사람들이든 간에—입니다. 이들은 당신의 종들이요, 나의 형제들이며, 당신이 당신의 자녀로 택한 자들입니다.

당신이 나에게 명하시기를 내가 당신의 은혜 안에서 당신과 함께 살기를 원한다면 그들을 주인으로 섬기라고 하셨습니다. 그러나 당신의 이 명령이 말씀으로만 나에게 전해지고 실지로 (그리스도의) 모범을 통하여 먼저 나에게 보여 주시지 않으셨다면 그것은 나에게 별로 의미가 없었을 것입니다.(요 13:1—17) 그러므로 나는 당신의 명령을 말과 행동으로 따르되 당신의 날개의 보호 아래에서 하려는 것입니다. 그것은 만일 내 영혼이 당신의 날개 아래 깃들여 당신께 복종하지 않고 연약함을 고백하지 않는다면 거기엔 큰 위험이 따를 것이기 때문입니다.

진실로 나는 어린아이밖에 되지 않습니다. 그러나 나의 아버지는 영원히 살아 계시어 나의 보호자가 되어 주시니 내게 부족함이 전혀 없습니다. 그는 항상 같으신 분으로서 나를 태어나게 하셨고 나를 보살펴 주십니다. 오, 전능하신 자여, 당신은 나의 모든 선이 되시어 내가 당신과 함께 있기 전에도 나와 함께하셨습니다. 이제 나는 당신이 나더러 섬기라고 명하신 그들에게 과거의 나에 대해서만 말하지 않고, 현재의 나와 아직도 계속하여 있을 나에 대하여 말하려 합니다. 그러나 나는 나 자신을 판단하지 않사오니(고전 4:3) 내가 말하는 대로 (그들이) 들어주기를 바랄 따름입니다.

5장_ 제한된 인간의 지식

(7) 오, 주님, 나를 판단하시는 이는 당신뿐이십니다. 사람의 사정을 사람의 속에 있는 영 외에는 아무도 모른다고 하지만(고전 2:11), 사람 안에는 영 자신도 모르는 것이 있는가 봅니다. 그러나 당신이 사람을 창조하셨기에 당신은 그를 샅샅이 아십니다. 내가 당신 앞에서 나 자신을 무시하여 티끌과 재로 여기지만, 자신을 모르면서도 당신에 대해서는 무엇인가 조금 알고 있습니다. 다시 말하면 내가 어떤 유혹을 물리칠 수 있고 어떤 유혹을 물리칠 수 없는지 알지 못해도 당신은 절대로 다른 존재에 의해 침해될 수 없다는 것은 알고 있습니다. 물론 우리가 당신을 아는 것은 "거울로 보는 것 같이 희미하고" 아직은 "얼굴과 얼굴을 대하여" 보는 것 같지는 않습니다.(고전 13:12)

그러므로 당신을 떠나 이 세상에서 순례를 하는 동안 나는 당신에게보다는 나 자신에게 더 가까이 하고 있습니다. 그러나 나에게 한 가닥의 희망이 있으니 당신은 미쁘시사 우리가 감당치 못할 시험당함을 허락지 않으시고, 또한 시험을 당할 때에 피할 길을 주어 우리로 능히 감당하게 하시기 때문입니다.(고전 10:13) 그러므로 나는 내 자신에 대하여 알고 있는 것뿐만 아니라 모르고 있는 것도 함께 고백하려 합니다. 내가 나 자신에 대하여 알게 된 것은 당신의 빛이 나(내 얼굴)를 조명해 주시기 때문입니다. 그리고 내가 나 자신에 대하여 모르는 것은 내가 당신의 면전에서 빛을 받아 내 어둠이 대낮[3]과 같이 될(사 58:10) 때 (밝히) 알게 될 것입니다.

6장_ 하나님의 존재와 그 인식

(8) 주여, 내가 당신을 사랑함은 어떤 모호한 느낌에서가 아니고 확실한 의식을 가지고 하는 것입니다. 당신의 말씀이 내 마음을 관통한 때부터 나는 당신을 사랑하게 되었습니다. 그뿐 아니라 하늘과 땅과 그 안에 있는 모든 것들이 사방에서 내가 당신을 사랑해야 한다고 나에게 소리를 질러 말합니다. 그들은 끊임없이 이것을 모든 사람들에게 외쳐 사람들로 하여금 핑계치 못하게 합니다.(롬 1:20) 그러나 더 심오하게 말한다면 당신은 긍휼히 여길 자를 긍휼히 여기시고 불쌍히 여길 자를 불쌍히 여기십니다.(롬 9:15) 그렇지 않는 한 하늘과 땅이 당신에게 찬미하는 소리를 사람들은 귀머거리처럼 알아들을 수 없게 됩니다.

그러면 내가 당신을 사랑한다 할 때 무엇을 사랑하는 것입니까? 그것은 물체의 아름다움도 아니요, 시절(때)의 아름다움도 아니며, 우리의 눈을 즐겁게 하는 찬란한 빛도 아니요, 여러 가지 노래의 아름다운 소리도 아니며, 꽃과 기름과 향료가 풍기는 향기도 아니요, 만나와 꿀도 아니며, 사랑으로 포옹할 때 흐뭇하게 느껴지는 손발도 아닙니다. 내가 하나님을 사랑한다 할 때 이것들을 사랑하는 것은 아닙니다. 그러면서도 어떤 면에서는 내가 하나님을 사랑한다 할 때 어떤 종류의 빛, 소리, 향기, 음식, 포옹을 사랑하고 있는 것도 사실입니다. 왜냐하면 당신은 내 안에 있는 인간(內面的 人間)의 빛, 소리, 향기, 음식, 포옹이시기 때문입니다. 당신은 내 안에서 영혼에게 어떤 공간에 의해 제한받지 않는 빛을 비추시고, 시간이 나에게서 빼앗아 가지 못하는 소리를 발하시며, 바람이 불어 흩어 버리지 못하는 향기를 풍기시고, 먹어도 없어지지 않는 음식을 공급하시며, 충족해도

3) 여기서 '대낮'은 정오(正午)를 뜻하는 것으로 해와 인간이 가장 가까이 있을 때를 말한다. 이때는 그늘이 거의 없게 되고 빛과 열을 가장 많이 받게 된다. 이와 같이 인간의 마음이 정오 때와 같이 하나님과 가장 가까이 있게 되면 인간의 마음은 하나님으로부터 빛과 열을 많이 받아 자기를 알게 되고 사랑을 받게 된다. 참고: **고백록** 12, 15, 21 ; 13, 8, 9.

떨어지지 않는 포옹을 해주십니다. 내가 나의 하나님을 사랑한다 할 때 이 것들을 사랑하는 것입니다.

(9) 그러면 이 하나님은 어떠한 분이십니까? 나는 땅에게 물어 보았습니다. 땅은 나에게 대답하기를 '나는 그분이 아니다' 라고 했습니다. 또한 그 안에 있는 모든 것이 같은 말로 고백했습니다. 나는 바다와 심연과 그 안에서 기어다니는 생물들에게 물어 보았습니다. 그러나 그들은 대답하기를 '우리는 너의 하나님이 아니다. 우리 위에서 그분을 찾아라' 고 했습니다. 나는 지나가는 바람에게 물어 보았습니다. 그때 공기와 그 대기권 안에 사는 모든 것들이 대답하기를 '아낙시메네스(Anaximenes)[4]는 틀렸다. 나는 하나님이 아니다' 라고 했습니다.

나는 하늘과 해와 달과 별들에게 물어 보았습니다. 그들도 대답하기를 '우리도 네가 찾는 하나님은 아니다' 라고 했습니다. 그래서 나는 내 육체 감각의 문 주위에 있는 모든 사물들에게 말하기를 '나의 하나님에 대하여 말을 해다오. 네가 그분이 아니라면 그분에 대하여 무엇을 좀 말해 다오' 라고 했습니다. 그때 그들은 분명히 큰소리로 부르짖기를 '그분이 우리를 만드셨다' 고 했습니다. 물론 나의 질문은 그들에 대한 나의 관찰이었고 그들의 대답은 그들의 조화의 미(美)에 있었습니다.

이제 나는 주의를 나 자신에게 돌려 나에게 '네가 누구냐? 고 물어 보았습니다. 나는 '사람이다' 라고 대답했습니다. 생각해 볼 때 나에게는 육체와 영혼이 있습니다. 전자는 밖에 있고 후자는 안에 있습니다. 그러면 이 둘 중 어느 것에 의하여 내가 하나님을 찾아야 하겠습니까? 나는 이미 내 육체를 통해 하나님을 찾으려고 땅에서부터 하늘에 이르기까지 내 시선(視線)의 특사를 파견해 보았습니다. 그러나 나는 내 '안에 있는 사람' 이 '밖에 있는 사람' 보다 더 나은 것을 알게 되었습니다. 그것은 내 육체의 모든 특사(감각)들은 하늘과 땅과 그 안에 있는 모든 것들이 대답한 메시지들, 즉 '우리는 하나님이 아니다. 하나님이 우리를 만드셨다' 고 한 말들을

4) 아낙시메네스는 기원전 6세기에 밀레투스(Miletus)에서 살았던 자연 철학자로서 공기가 만물의 근원이라고 가르친 사람이다.

통치자와 심판자의 역할을 하는 안에 있는 사람에게 보고를 해주기 때문입니다. 이리하여 안에 있는 사람은 이 모든 것을 밖에 있는 사람의 도움을 통하여 알게 됩니다. 즉 안에 있는 사람인 나, 즉 영혼인 나는 육체의 감각을 통하여 이 모든 것을 알게 됩니다. 나는 또한 전우주에게 나의 하나님에 대하여 물어 보았습니다. 그 우주 역시 '나도 하나님이 아니다. 하나님이 나를 만드셨다' 고 대답했습니다.

(10) 감각이 건전한 사람이라면 이 세상의 아름다운 형체를 분명히 볼 수 있습니다. 그러면 그것이 왜 모든 사람들에게 똑같은 말을 해주지 않습니까? 크고 작은 동물들도 그것을 보는 것만은 사실입니다. 그러나 그들은 그것의 의미를 물어 볼 능력이 없는 것입니다. 왜냐하면 그들은 감각에 의하여 전달된 여러 가지 보고들을 판단할 수 있는 이성(ratio)을 가지고 있지 않기 때문입니다. 그러나 인간들은 그것에 대하여 물어 볼 수가 있어서 하나님의 보이지 않는 것들을 그가 만드신 피조물을 통하여 이해할 수가 있습니다.(롬 1:20) 그러나 인간들은 피조물을 너무 좋아한 나머지 그 피조물의 노예가 되어 버리고 말았습니다. 노예는 판단의 능력을 가지고 있지 않습니다. 그러므로 이 모든 것들은 판단력을 가진 사람들의 질문에만 대답을 하게 됩니다.

가령 어떤 사람은 피조물을 단순히 보기만 하고 어떤 사람은 그것을 보기만 하는 것이 아니라 질문도 한다고 생각해 봅시다. 이 경우에 그 피조물이 전자에게는 이렇게 후자에게는 저렇게 달리 나타나는 것은 아닙니다. 다시 말하면 이런 경우에 그 피조물이 자기의 소리—아름다운 현상—를 사람에 따라 변경하는 것은 아닙니다. 그 피조물은 두 사람에게 다 똑같이 나타나지만 단순히 보기만 하는 사람에게는 침묵을 지키고, 보기도 하고 판단을 하는 사람에게는 대답을 해줍니다. 아니, 이렇게 말하는 것이 더 나을 듯합니다. 즉, 피조물은 사실 모든 사람들에게 다 똑같이 말하지만 감각을 통하여 밖으로부터 들어오는 소리를 안에 있는 진리와 비교(판단)할 수 있는 사람들만이 그 뜻을 이해할 수 있습니다.

그러므로 (내 안에 있는) 진리는 나에게 '하늘이나, 땅이나 어떠한 물체도 너의 하나님은 아니다' 라고 말합니다. 그리고 피조물의 본성은 그것을 관찰하는 자에게 '물체에서는 부분의 부피가 전체의 부피보다 더 적다' 고 말합니다. 그러나 내 영혼아, 이제 내가 너에게 말하노라. "너는(내 안에 있지만) 나의 가장 우수한 부분이다. 너는 육체가 육체에게 절대로 부여하지 못하는 생명을 네 육체에게 주고 있다. 그러나 네가 네 육체의 생명이 된다면 너의 하나님은 너에게 생명을 주는 생명의 생명이시다."[5)]

7장_ 감각만으로는 하나님을 알지 못함

(11) 그런고로 내가 당신을 사랑한다 할 때 무엇을 사랑하는 것입니까? 내 영혼의 첨단 위에 계신 분은 누구이십니까? 내가 그분에게 오르려고 하면 바로 이 영혼을 통해 가야만 합니다. 나는 먼저 나를 육체와 연결시켜 주고 있고 또한 그 육체의 모든 구조에게 생명으로 충만케 해주는 내 힘을 초월하려고 합니다. 단지 이 힘만으로는 내가 내 하나님을 찾을 수가 없기 때문입니다. 만일 가능하다면 이성이 없는 말이나 노새 같은 동물도 자기들의 육체를 움직이는 힘을 가지고 있는 까닭에 하나님을 찾을 수 있어야 합니다. 그러나 나에게는 육체를 움직이는 생명의 힘 이외에 내 육체에게 주어진 감각을 통하여 사물을 지각할 수 있는 힘도 주어져 있습니다.

이것은 주께서 나에게 주신 것으로 눈으로 하여금 듣지 못하게 하고 귀로 하여금 보지 못하게 하며 혹은 눈으로만 보게 하고 귀로만 듣게 하여, 모든 감각으로 하여금 적절한 자기 위치에서 기능을 이행하도록 하게 하신 것입니다. 이와 같이 하나의 영혼인 내가 여러 감각을 통하여 여러 가지 일을 하게 됩니다. 그러나 이러한 내 힘마저 나는 초월해야 합니다. 그것은 말이나 노새도 이러한 힘을 가지고 있기 때문입니다. 그들도 육체의 감각을 통하여 사물을 지각(知覺)하고 있습니다.

---

5) 어거스틴은 하나님과 인간의 영혼과 인간의 육체와의 관계를 다음과 같이 보고 있다. 즉 하나님은 영혼의 생명이요, 영혼은 육체의 생명이라는 것이다. 그러므로 영혼이 떠나면 육체가 죽은 것같이 하나님을 떠난 영혼은 죽은 영혼이다.(**고백록** 3, 6, 10 ; 10, 20 29)

8장_ 기억의 창고

(12) 그러므로 나는 본래 나에게 주어진 이 힘을 초월하여 단계를 밟아 나를 만드신 그분에게로 오르려고 합니다.[6] 그러자 나는 기억[7]이라고 하는 평야와 넓은 궁전에 오게 된 것입니다. 그것은 창고와 같아서 감각을 통하여 지각(知覺)된 여러 가지 사물의 영상들이 간직되어 있는 곳입니다. 그 기억 속에는 우리가 감각에 의하여 지각한 것을 어떻게 보태거나 감하거나 변경을 가하여 생각한 것들과 또한 망각이 아직 삼켜 버리거나 묻어 버리지 않은 여러 가지 것들이 간직되어 있습니다.

나는 이 기억이라는 창고에 들어가 내가 원하는 것을 찾아내 놓으라고 요구합니다. 그때 어떤 것은 곧바로 나오고, 어떤 것은 깊숙한 구석에서 찾아 끄집어내듯 한참 찾은 후에야 나옵니다. 또 어떤 것들은 무더기로 함께 나와서 우리가 찾는 것이 다른 것이라고 할 때는 '혹시 당신이 찾는 것이 우리가 아니냐? 라고 말하듯 앞으로 튀어나오기도 합니다. 그럴 때 나는 내가 원하는 것이 기억의 은밀한 구석에서 나타날 때까지 내 마음의 손으로 그들을 쫓아 버리는 것입니다. 그런데 어떤 것은 내가 원하는 대로 쉽게 그리고 질서 정연하게 나타나 보였다가 뒤를 따라오는 것에 자리를 내주고는—내가 부를 때 나오려고—다시 자기 자리로 들어가 기다립니다. 내가 무엇을 기억하여 말한다 할 때 나는 이러한 것을 내 속에서 경험하는 것입니다.

---

6) 『참된 종교』 29, 72에 있는 어거스틴의 말을 상기할 필요가 있다. "너 밖으로 나가지 말라. 너 자신 안으로 들어가라. 내면의 인간에 진리가 거한다. 너 자신이 변함을 알면 너 자신마저 초월하라." **고백록** 7, 10, 1에도 같은 내용이 기록되어 있다. 여기에 하나님께 나아가는 그의 독특한 표현, 즉 "밖에서 안으로, 안에서 위로"라는 표현이 나타나 있다.

7) 어거스틴이 **고백록**의 10권에서 논하는 "기억" (memoria)은 우리가 보통 생각하듯 과거의 일을 기억하는 것에만 국한 것이 아니라 의식, 무의식, 자의식의 전영역을 말하고 있다. 이것을 그는 "기억이라고 하는 넓은 평야와 넓은 궁전" 혹은 "창고와 같은 것" 이라고 말한 것이다.

(13) 이 기억 속에는 모든 것이 그 종류에 따라 제각기 따로따로 간직되어 있습니다. 그들은 각각 자기들의 관문(감각의)을 통하여 기억이라는 창고로 들어온 것입니다. 예를 들면 빛과 색깔과 물체의 형태는 눈을 통해서, 여러 가지 소리는 귀를 통해서, 모든 냄새는 코를 통해서, 모든 맛은 입을 통해서, 그리고 단단하든지 무르든지, 차든지 덥든지, 거칠든지 매끄럽든지, 무겁든지 가볍든지 한 것은 몸 밖에서든지 안에서든지 막론하고 온몸에 퍼져 있는 촉각을 통하여 들어오는 것입니다. 이렇듯 은밀하고도 말로 표현할 수 없이 무수한 구석을 가지고 있는 기억의 창고는 이 모든 것을 받아들여 간직해 놓았다가 필요할 때마다 다시 불러 찾아 내놓는 것입니다. 다시 말하면 이 모든 것은 제각기 자기의 관문을 통하여 기억 안으로 들어가 거기에 간직되는 것입니다. 그러나 우리가 지각한 사물 그 자신들이 그대로 거기에 들어가는 것이 아니고 다만 지각된 사물의 영상들만이 들어가 간직되어 있다가 그것을 기억하는 사람의 생각에 떠오르게 되는 것입니다.

나는 이 영상들이 감각을 통해서 안으로 들어와 간직되어 있다는 사실을 확실히 알아도 어떻게 하여 그 영상들이 형성되었는지는 모릅니다. 누가 그것을 알 수 있겠습니까? 내가 어둠과 침묵 속에 있을 때에도 나는 마음대로 내 기억 속에서 색깔을 떠오르게 하여 흑색과 백색과 다른 색을 분별할 수 있습니다. 이때 소리의 영상이 갑자기 나타나 눈을 통해서 들어와 고려되고 있는 영상들을 어지럽히지 못합니다. 왜냐하면 소리라는 영상들도 기억 안의 어느 구석에 따로 간직되어 있기 때문입니다. 이 소리도 내가 원하면 불러내어 들을 수 있습니다. 그 소리는 내가 부르는 대로 바로 나오기에 나는 혀와 목청을 움직이지 않고도 원하는 대로 노래를 부를 수 있습니다. 또한 거기에 있는 색깔의 영상도 갑자기 나타나, 귀의 감각을 통하여 들어와 있다가 호출을 받고 나오는 다른 영상들을 방해하지는 않습니다.

이처럼 나는 다른 여러 감각을 통하여 들어와 쌓여 있는 영상들을 마음대로 불러내 올 수 있습니다. 그리하여 나는 실제로 그들의 냄새를 맡지 않고도 백합화의 향기를 제비꽃의 향기로부터 구별합니다. 또한 나는 단순히 이 기억을 통하여 맛을 보거나 만지지 않고도 꿀이 술보다 좋고, 매끄러운 것이 거친 것보다 좋다고 말하는 것입니다.

(14) 이 모든 일들을 나는 내 자신 안에서, 즉 내 기억이라고 하는 넓은 방에서 하는 것입니다. 그 안에는 내가 망각한 것을 제외하고는 내가 감각을 통하여 지각한 다른 모든 것들과 하늘과 땅과 바다가 현존해 있습니다. 거기에서 나는 나 자신을 만나고 나 자신을 기억합니다.[8] 또한 나는 거기에서 내가 어디서, 언제, 무엇을 했으며 그것을 할 때 어떻게 느꼈다는 것도 기억합니다. 거기에는 내가 경험했든지 혹은 다른 사람들에게 들어서 기억한 모든 것이 있습니다. 그리하여 나는 같은 기억의 창고에서 내가 과거에 경험했거나 그 경험을 토대로 하여 믿게 된 것의 영상들을 꺼내어 새로운 영상들을 구성해 보고, 그것들이 과거의 맥락에 맞는가 견주어 보기도 합니다. 그리고 그것을 토대로 하여 나는 미래의 행동과 사건과 희망을 추측해 봅니다. 또한 나는 이 모든 것을 현재적인 사실로 생각하는 것입니다. 그렇게도 많고 큰 영상들로 가득 찬 넓은 창고인 내 마음에서 나는 나에게 말하는 것입니다. '내가 이것을 할까 저것을 할까?' '그러면 이런 결과 아니면 저런 결과가 나오겠지!' '오, 다만 이것 또는 저것이 생겼으면!' 혹은 '하나님이 이것 또는 저것을 막아 주셨으면!' 나는 이렇게 나 자신에게 말하는 것입니다. 이렇게 내가 말할 때 그 순간 내가 말하고 있는 모든 것들의 영상들이 같은 기억의 창고로부터 나와서 내 앞에 나타나게 되는 것입니다. 만일 영상들이 거기에 없다고 한다면 나는 그것에 대하여 말조차도 할 수 없게 됩니다.

(15) 오, 나의 하나님, 이 기억의 힘은 위대합니다. 실로 그 힘이 너무 위대합니다. 그것은 너무 크고 끝이 없는 내면의 방입니다. 누가 그 깊이를 재어 보았습니까? 그래도 그것은 내 마음의 힘이므로 내 본성에 속해 있습니다. 하지만 나는 내 자신의 전부를 파악할 수 없습니다. 그러므로 내 마음은 자기 자신 전체를 포괄하기에는 너무 좁은 듯합니다. 그러면 포괄될 수 없는 부분은 어디에 있습니까? 그것이 마음 안에 있지 않고 마음 밖에 있습니까? 그렇다면 마음이 왜 자신을 포괄할 수 없습니까? 이러한 문제를 생각해 볼 때 내 마음은 어리둥절하여 놀라움에 사로잡히게 됩니다.

8) 자의식을 의미함.

사람들은 밖으로 나가서 높은 산, 바다의 큰 파도, 넓고 긴 강의 흐름, 끝없이 넓은 대양, 별의 운행 등을 바라보고 놀라움을 금치 못합니다만 자기 자신들에 대해서는 놀라지 않습니다. 또한 내가 눈으로 보지 않고 그것들에 관하여 말하고 있다는 사실에 대해 놀라지도 않습니다. 나는 그것들을 내 기억 속에서 보고 말하는 것입니다. 내가 과거에 본 그러한 산, 파도, 강, 별들이나, 다른 사람의 말을 듣고 믿는 바다와 그것들 사이에 놓여 있는 넓은 공간들을 내가 마치 그것들을 나 밖에서 보는 것처럼 내 안의 기억 속에서 보지 않는다면 나는 그것들에 대하여 한 마디의 말도 할 수 없는 것입니다. 그런데 내가 그것들을 눈으로 볼 때, 본다는 감각을 통해서 그것들을 내 안으로 끌고 들어온 것은 아닙니다. 사물 자체들은 그대로 내 외부에 있습니다. 다만 그것들의 영상만이 내 안에 들어와 있습니다. 그러나 내 육체의 어떤 감각의 통로를 통하여 내 마음에 이러한 영상들이 들어왔는지 나는 분명히 알고 있습니다.

9장_ 더 고차원적인 기억

(16) 그러나 내 기억의 무한한 포용력은 이것만을 간직하고 있는 것은 아닙니다. 기억 안에는 또한 학예(학문)에서 배운 모든 지식이 망각되지 않고 더 깊숙한 곳, 즉 어떤 장소가 아닌 내면의 장소에 간직되어 있습니다. 그것들은 사물의 영상들이 아니라 실체(학문) 자체들입니다. 왜냐하면 문학이나, 논리학이나 다른 여러 부문의 문제에 대하여 배운 나의 지식은 그대로 내 기억 속에 간직되고 있기 때문입니다. 이 경우는 사물(실체)은 밖에 있고 그 영상만 기억 안으로 들어오는 경우와는 다릅니다.

예를 들면 소리는 한번 들렸다가 후에 사라집니다. 그러나 그 소리는 귀를 통해서 들어와 그 소리의 흔적(영상)만을 남깁니다. 그러면 나는 그 소리를 밖에서 듣지 않고도 다시 상기하여 마치 듣는 것과 같이 기억을 합니다. 또한 냄새는 코를 찌른 후 바람을 타고 사라집니다. 그러나 그 냄새의 영상은 후각을 통해 기억 안으로 들어와 있다가 후에 우리가 그것을 기억하여 그 냄새를 재현합니다. 또한 음식은 배에 들어가 그 맛을 잃어버립니다만 그 맛의 영상은 기억에 남아 있습니다. 또한 내가 촉각으로 무엇을 몸에 느꼈을 때 외부의 대상과 접촉이 끊어졌어도 그 촉감의 영상이 기억에 남아 있습니다. 왜냐하면 이런 경우들에는 사물 그 자체들이 기억 안으로 들어온 것이 아니기 때문입니다. 다만 그들의 영상만이 무섭게 빨리 포착되어 소위 기억의 굉장한 밀실에 간직되는 것입니다. 그리고 그 영상들은 밀실로부터 신기한 방법으로 기억의 작업을 통하여 다시 불려 나오게 되는 것입니다. (그러나 학문의 지식이 기억에 간직된 것은 외부의 사물이 감각들을 통해서 들어와 기억에 영상으로 간직된 경우와는 아주 다릅니다.)

10 장_ 학습과 기억

(17) 사람들은 어떤 사물에 대해서 보통 세 가지 질문을 한다는 말을 나는 들은 바 있습니다. 그것은 '그것이 과연 존재하는가?' '그것은 무엇인가?' 그리고 '그것은 어떤 종류의 존재인가?' 입니다. 내가 이런 질문을 들을 때 나는 그 말을 구성하고 있는 음성의 영상을 마음에 간직하게 됩니다. 그리고 그 음성은 소리를 내고는 공기 속으로 사라져 없어져 버림을 나는 알고 있습니다. 그러나 나는 그 음성이 의미하고 있는 '본질' 은 육체의 감각을 통해서 만지거나 보지는 못했습니다. 나는 오직 마음으로 그것을 파악한 것뿐이었습니다. 이 경우 내 기억에 간직되어 있는 것은 사물의 영상들이 아니고 본질 자체들입니다. 어떻게 하여 그것들이 내 마음 안으로 들어오게 되었는지 아는 사람은 말해 보라고 하십시오. 왜냐하면 나는 내 육체의 감각의 문을 다 살펴보았어도 그것들이 들어온 문을 찾아볼 수 없었기 때문입니다.

내 눈은 말하기를 '그것들이 색깔을 가지고 있었더라면 우리가 통고해 주었을 것이다' 라고 했습니다. 내 귀가 말하기를 '그것들이 소리를 냈더라면 우리가 그것을 알고 알려 주었을 것이다' 라고 했습니다. 내 코가 말하기를 '그것들이 냄새를 가지고 있었더라면 나를 통해서 그것이 마음으로 들어갔을 것이다' 라고 했습니다. 내 미각도 말하기를 '그들이 아무 맛도 가지고 있지 않다면 나에게 물을 필요도 없다' 라고 했습니다. 내 촉각도 말하기를 '그들이 형체를 가지고 있지 않다면 나는 만질 수가 없고, 만지지 못한다면 나는 마음에 연락도 할 수 없다' 라고 했습니다.

그러면 그것들이 어디서 어떻게 하여 내 기억에 들어오게 된 것입니까? 나는 그것을 알 수가 없습니다. 왜냐하면 내가 그것들에 대하여 배워서 알게 되었을 때 다른 사람의 마음에 의존한 것이 아니요, 내 마음 안에서 그것들을 시인하여 '옳다' 고 긍정한 것이기 때문입니다.[9] 그리고 나는 그것들을 마음에 위탁하여 간직해 놓았다가 필요할 때마다 꺼내는 것입니다. 그러므로 그것들은 내가 그것들에 대하여 배워 알게 된 이전에도 이미 내 마음 어디에 있었다는 것입니다. 다만 그것들이 내가 배우기 전에는 기억에 나타나지 않은 것뿐입니다. 그러면 그것들은 본래 어디에 있었습니까? 어떻게 하여 다른 사람이 그것들에 대하여 하는 말을 듣고 내가 그것들을 시인하며 '그것은 그렇다. 정말이다' 라고 말할 수 있습니까? 그것은 그것들이 이미 내 기억 속에 있었던 때문이 아닙니까? 그러나 그것들은 기억의 아주 깊숙한 구석에 파묻혀 있기 때문에 다른 사람의 암시(가르침)로 끄집어 내지 않았다면 아마도 나는 그것들에 대하여 결코 생각하지를 못했을 것입니다.

11 장_ 배운다는 것은 상기하는 것

(18) 이리하여 우리가 결론 내리기는 감각을 통하여 우리 마음에 들어오지 않는 것(존재)들, 즉 아무 영상 없이도 물 자체(본질)를 우리 안에서 알게 된다는 것은 기억 속에 이미 있었으나 흩어지고 혼돈 된 상태로 있는 것들을 사고의 과정을 통하여 거두어 모으는 것밖에 안 된다는 것입니다. 그렇게 거두어 모은 것을 우리는 주의를 쏟아 질서 있게 정리하여 기억 안

9) 이와 같은 어거스틴의 말은 플라톤의 "미노"(Meno)에서 논한 상기설(anamnesis)에 가깝다. 플라톤에 의하면 우리의 혼은 전 세상에서 이미 무엇을 알고 있었으나 이 세상에 태어날 때 망각했다는 것이다. 교육이란 어떤 지식을 교사가 넣어 주는 것이 아니라 이미 알고 있는 것을 상기시키게 한다는 것이다. 그러나 어거스틴은 이러한 상기설을 받아들이지는 않고 그 대신 내적 교사인 그리스도가 인간의 마음을 조명시킨다고 주장한다.

의 가까운 곳에 간직하여 두게 됩니다. 그러면 전에는 숨겨져 있고, 버려져 있고, 흩어져 있었던 것들이 마음에 낯이 익어 쉽게 떠오르게 됩니다.

내 기억은 자기 마음에서 이렇게 발견하여 간직해 놓은 것들을 많이 가지고 있습니다. 이것을 가리켜 우리는 그것들에 대하여 배워서 알게 된 것이라고 말합니다. 그러나 내가 잠깐이라도 그것들을 생각하지 않으면 그것들은 또다시 기억의 깊숙한 구석으로 흩어져 들어가 버리고 맙니다. 만일 내가 그것들에 대하여 다시 알기를 원한다면 그것들을 같은 장소에서 다시 불러내 와야 합니다. 그것들이 다른 곳으로 가 있을 곳이란 없기 때문입니다. 다시 말하면 안다는 것은 흩어져 있는 것들을 거두어 모은다는 것입니다. 여기에서 생각한다는 말이 나온 듯합니다. 그것은 라틴어에 ago(나는 한다)와 agito(내가 계속한다)가 연관되어 있고, facio(나는 만든다)와 factito(나는 자주 만든다)가 연관되어 있듯이 cogo(나는 모은다)와 cogito(나는 생각한다)가 연관되어 있기 때문입니다. 그러나 사람들은 cogito란 말을 마음의 기능에만 적용하여 사용했기 때문에 다른 곳에서 모아진 것이 아니고 마음 안에서 거두어 모아진 것만을 생각한다는 말로 부르게 된 것입니다.

12장_ 수(數)와 기억

(19) 기억은 또한 수와 크기에 관한 셀 수 없이 많은 원리와 법칙을 그 자체 안에 포함하고 있습니다. 그것들은 색깔, 소리, 맛, 촉감 등을 가지고 있지 않기 때문에 육체의 감각을 통하여 기억에 전달되어 들어간 것이 아닙니다. 나는 사람들이 그것들에 대하여 논할 때 그 원리를 상징해 말하는 소리를 듣습니다. 그러나 그 말의 소리와 그 말이 상징하는 원리는 다릅니다. 말로 표현(상징)할 때 그리스어와 라틴어의 말소리가 다릅니다만 그 말이 표현하는 내용은 그리스어도 아니요, 라틴어나 다른 어떤 언어도 아닙니다. 나는 또한 설계사들이 그린 거미줄 같은 선(線)들을 보았습니다. 그러나 수학적인 선들이란 이런 선들과는 다른 것입니다. 그것들은 내 육신의 눈이 보는 것과 같은 그런 선들의 영상이 아닙니다. 그러한 수학적인

선(원리)들을 이해하는 사람은 어떤 물체를 생각함이 없이 그 자신 안에서 그것들을 보고 시인하는 것입니다. 나는 또한 무엇을 계산할 때 사용하는 숫자들을 내 육체의 감각으로 알고 있습니다. 그러나 셈하는 수(수의 개념)는 이 숫자들과 전혀 다릅니다. 이 수는 숫자들의 영상들도 아닙니다. 그러므로 그 수는 진정으로 존재하는 것입니다. 이것을 알지 못하는 사람은 내가 이런 말을 한다고 비웃을 것입니다. 그러나 그가 나를 보고 비웃는 동안 나는 그를 불쌍히 여길 것입니다.

13장_ 기억을 기억하는 것

(20) 나는 이러한 모든 것을 기억 안에 잘 간직하고 있습니다. 그리고 내가 처음에 그것들에 대하여 어떻게 배웠는지도 기억에 간직하고 있습니다. 나는 또한 이러한 이론을 반대하는 많은 그릇된 논증을 듣고 그것까지 기억하고 있습니다. 비록 그러한 논증들이 그릇된 것이라 할지라도 내가 그것을 기억하고 있다는 것만은 그릇된 것이 아닙니다. 나는 또한 내가 진리와 그와 반대되는 오류를 구별했다는 것을 기억하고 있습니다. 이리하여 내가 알게 된 것은 내가 지금 진리와 오류를 식별하고 있다는 것과 내가 과거에 이 문제를 생각할 때 그러한 식별을 했다는 사실을 기억하는 것 사이에 큰 차이가 있다는 것이었습니다. 그렇다면 나는 과거에 내가 이러한 사실을 이해했었다는 것을 기억하고 있고 또한 현재 내가 식별하고 이해하고 있다는 것을 기억하고 있는 것이 됩니다. 이렇게 현재에 내가 이해하고 있는 것은 미래에 내가 그것을 그때 이해했었다고 기억하게 될 것입니다. 따라서 나는 내가 기억한다는 사실을 기억하고 있는 것입니다. 이처럼 만일 내가 미래에 '내가 한때 이러한 사실들을 기억했었다' 고 기억한다면 그것은 내 기억력으로 그것들을 불러내 오는 것밖에 안 됩니다.

14장_ 기쁨과 슬픔에 대한 기억

(21) 또한 같은 내 기억 안에는 내 마음(영혼)의 여러 가지 감정도 간직되어 있습니다. 그러나 그러한 감정은 경험할 때 느낀 그대로가 아니고 기억력에 따라 적절하게 다른 상태로 기억이 되고 있습니다. 왜냐하면 내가 지금 기쁘지 않으면서도 과거에 기뻤었다고 기억할 수 있고, 내가 지금 슬프지 않으면서도 과거에 슬펐었다고 기억할 수 있으며, 또한 내가 지금은 두려워하지 않으면서도 과거에 두려워했다는 것을 기억할 수 있고, 내가 지금은 욕심이 없으면서도 과거에 욕심을 부렸다는 것을 기억할 수 있기 때문입니다. 때로는 이와 정반대로 내가 지금은 기쁜데 과거의 슬픔을 기억할 때가 있고, 내가 지금은 슬픈데 과거의 기쁨을 기억할 때가 있습니다. 그러나 내가 이런 사실을 보고 이상하게 생각할 필요가 없는 것은 마음과 몸이 서로 다르다는 것을 알고 있기 때문입니다. 그러므로 내가 과거 내 몸의 통증을 지금 기쁨으로 기억한다 해도 그것은 전혀 이상한 것이 아닙니다.

그러나 마음(영혼)과 기억은 서로 다른 것이 아니고 같은 것입니다. 우리는 기억을 마음이라고까지 부릅니다. 그러기에 우리가 다른 사람에게 무엇을 기억하라 명할 때 흔히 말하기를 '여보게, 이것을 마음에 기억해 두게' 라고 하며 무엇을 망각했을 때는 '내 마음에 떠오르지 않는다' 또는 '내 마음에서 빠져나갔다' 고 말하는 것입니다.

그렇다면 내가 현재 기뻐하면서도 과거의 슬픔을 기억하고 있을 때, 즉 마음에는 기쁨이 있고 기억에는 슬픔이 있을 때 어찌하여 마음은 자기 안에 있는 기쁨 때문에 즐거워해도 기억은 자기 안에 있는 슬픔 때문에 슬퍼하지 않습니까? 그것은 기억이 마음에 속해 있지 않아서 그렇습니까? 누가 그렇게 당돌하게 말할 수 있겠습니까? 그러므로 기억이란 말하자면 마음의 위장과 같고 기쁘고 슬픈 경험은 달고 쓴 음식과 같다고 보는 것이 좋을 듯합니다. 기쁘고 슬픈 경험이 기억 안으로 한번 들어가면 위장에 들어가 있는 음식처럼 그 곳에 간직은 되어 있어도 그 맛은 볼 수 없는 것과 같습니다. 기억이 위장과 같다고 하는 비유는 좀 우스운 것 같으나 아주 틀린 비유는 아닙니다.

(22) 그런데 내가 우리 마음은 네 가지 종류의 감정, 즉 욕망, 기쁨, 두려움, 슬픔을 경험할 수 있다고 말할 때 그것도 실은 내 기억에서 끄집어 내어 온 것입니다. 그리고 내가 그 감정들을 종개념이나 유개념으로 분류하고 정의하여 논할 때도 나는 하려고 하는 말을 기억에서 찾고 거기에서 끄집어냅니다. 그러나 내가 이 감정들을 기억하여 마음에 떠오르게 한다 해도 나는 그것들에 의하여 하등의 영향을 받지 않습니다. 사실은 내가 그것들을 상기하여 생각하기 이전에도 그것들이 내 기억 안에 있었던 것입니다. 그러기에 나는 그것들을 상기하여 그 곳에서 불러내 온 것입니다. 그러므로 마치 소가 위에서 음식물을 끄집어내어 새김질을 하듯이 사람은 이런 감정들을 상기하여 기억 속에서 끄집어내는 것입니다.

그러면 왜 사람들이 감정들을 상기하여 논할 때 그들의 생각의 입에서 기쁨의 단맛과 슬픔의 쓴맛을 느끼지 않습니까? 아마도 이 점에서 상기한다는 것은 새김질한다는 것과 같다는 비유가 맞지 않을지 모릅니다. 만일 우리가 슬픔과 두려움을 말할 때마다 슬퍼지고 두려워진다면 누가 감히 이러한 문제에 대하여 말하려고 하겠습니까? 그러나 우리가 만일 육체의 감각에 의하여 우리의 마음에 새겨진 영상에 따르는 이름의 소리나 혹은 감정 자체의 개념들을 기억 안에서 찾지 못한다면 우리는 감정적인 경험들에 대하여 전혀 말할 수가 없습니다. 그 감정 자체의 개념들이란 육체의 감각을 통하여 마음에 들어온 것이 아닙니다. 마음 그 자체가 감정을 경험할 때 그것을 의식하고 기억에 맡겨 두든지 혹은 마음이 의식적으로 기억에 맡기지 않았어도 기억이 그것을 그대로 맡아 두든지 합니다.

15 장_ 현존하지 않은 것에 대한 기억

(23) 그러나 이것이 영상으로 인하여 생기게 되는 것인지 아닌지에

대하여 누가 쉽게 말할 수 있겠습니까? 예를 들어 내가 '돌' 이나 '태양' 이 내 감각에서 경험되지 않을 때도 나는 '돌이다' 혹은 '태양이다' 라는 말을 합니다. 그때 사물 자체들은 내 감각에 실제적으로 나타나지 않아도 그것들의 영상은 내 기억 안에 있습니다. 내가 '육체의 통증' 이란 말을 한다고 합시다. 그때 실제적인 통증이 나에게 없으면 나는 아픈 것이 아닙니다. 그러나 그 통증의 영상이 내 기억 안에 없다면 그것에 대하여 무어라 말할 수가 없고 또한 통증을 기분 좋음과 식별해 말할 수도 없습니다. 나는 또한 내 몸이 건강할 때 '육체의 건강' 을 말합니다. 그때 내가 말하는 건강 조건이 나에게 있는 것만은 사실입니다. 그러나 건강이라는 영상이 내 기억 안에 있지 않으면 건강이라는 말이 무엇을 의미하는지 나는 알 수 없습니다.

그러므로 병든 사람도 자신은 건강하지 않지만 '건강' 이라는 영상이 기억 안에 간직되어 있기 때문에 건강이라는 말을 들을 때 그 뜻을 알게 되는 것입니다. 나는 또한 계산할 때 수를 말합니다. 그러나 이때 내 기억 안에 있는 것은 수의 영상이 아니고 수 그 자체입니다. 내가 태양의 영상에 대하여 말할 때도 내 기억 안에 있는 것은 그 영상의 영상이 아니고 그 영상 자체입니다. 그러므로 내가 태양을 상기할 때 그 영상이 기억에 떠오르는 것입니다. 내가 '기억' 에 대하여 말을 할 때도 나는 그것을 알고 있습니다. 내가 그것을 기억 안에서 알지 않고 어디서 알겠습니까? 이 경우 기억은 자신에게 직접 나타나지 않고(간접적으로) 자기의 영상을 통해 나타난다는 말입니까?

16장_ 망각의 문제에 대하여

(24) 나는 또한 '망각' 이라는 말을 할 때 그 말의 뜻을 이해하고 있습니다. 그러나 내가 '망각' 했다는 것을 기억함이 없이 어떻게 그것을 이해할 수 있습니까? 여기서 나는 그 낱말의 소리를 말함이 아니고 그 말의 소리가 의미하는 '것' 을 말하는 것입니다. 내가 만일 '그것' 을 잊었다면 '망각' 이라는 말을 해도 그 뜻을 이해할 수 없을 것입니다. 그러므로 내가 기억을 기억할 때는 그 기억은 자신을 통하여 자신과 함께 현존해 있지만,

망각을 기억할 때는 망각과 기억, 즉 기억하는 기억과 기억된 망각이 함께 현존해 있습니다.

그러면 망각이란 무엇입니까? 망각이란 기억이 없는 상태(기억의 결핍)가 아니고 무엇이겠습니까?[10] 그렇다면 망각이 내 기억 안에 현존해 있는 한 내가 그것을 기억하지 못해야 하는데 어떻게 하여 내가 그것을 기억하고 있는 것입니까? 만일 우리가 기억하는 것만을 기억에 간직하고 망각한 것은 기억하지 못한다면 망각이라는 말을 듣고도 그 말의 의미를 이해할 수 없을 것입니다. 그러므로 망각이라고 하는 것도 우리 기억 안에 간직되어 있음이 틀림없는 사실입니다. 망각은 우리로 하여금 망각한 것을 완전히 잊지 않도록 하기 위해 우리 안에 있는 것이지만 바로 그 망각이 우리 안에 있기 때문에 우리는 잊어버리는 것입니다. 그러면 우리가 망각을 기억할 때 그 망각 자체가 아니고 그 영상이 우리 기억 안에 현존해 있는 것이라고 결론 지을 수 있습니까? 왜냐하면 만일 망각 그 자체가 기억에 현존해 있다면 그것은 우리로 하여금 잊은 것을 상기케 하는 것이 아니라 아주 잊게 하는 것이기 때문입니다. 누가 이런 문제를 더 깊이 탐구할 수 있겠습니까? 그것이 어떻게 하여 이렇게 되는지 누가 이해할 수 있겠습니까?

(25) 주님, 나는 정말 이 문제를 놓고 고역을 치르고 있습니다. 내가 그 힘든 일을 하고 있는 곳은 내 자신의 내부입니다. 이렇듯 진땀을 흘리며 고역을 치르고 있는 땅은 바로 나 자신입니다. 나는 지금 하늘의 영역을 탐색하는 것도 아니요, 별들의 거리를 재는 것도 아니며, 어떻게 지구가 공중에 매달려 있는지 알아보자는 것도 아닙니다. 내가 알고자 하는 것은 기억하는 나 자신인 마음입니다. 왜냐하면 내가 경탄하고 있는 것은 나 자신에게서 멀리 떨어져 있는 것들에 대해서가 아니고 나에게 가장 가까이 있는 내 자신이기 때문입니다. 생각해 보건대 나는 나에게 그렇게 가까이 있는 기억력을 이해하지 못하고 있습니다. 그럼에도 불구하고 그 기억력이 없이

10) 어거스틴에게서 악은 실체가 아니고 다만 선의 결핍이다. 마찬가지로 그는 망각은 기억의 결핍이라고 말한다. 따라서 엄밀한 의미에서 전적인 망각이란 있을 수 없는 것이다. 여기서 어거스틴이 말한 망각은 프로이트가 말하는 '무의식' 혹은 '잠재의식'에 가깝다고 볼 수 있다.

는 나는 나 자신의 이름을 부를 수도 없습니다. 그러면 내가 분명히 망각을 기억하고 있을 때 무어라고 말해야 합니까? 내가 기억하는 것이 내 기억 안에 없다고 말해야 합니까? 그렇지 않으면 내가 아주 잊어버리지 않기 위해 망각이 내 기억 안에 있다고 말해야 합니까? 이 두 견해는 다 이치에 맞지 않습니다.

그러면 제삼의 견해가 가능합니까? 즉, 내가 망각을 기억하고 있을 때 망각 그 자체를 기억하고 있는 것이 아니라 그 망각의 영상을 기억하고 있는 것이라고 말할 수 있습니까? 그러나 내가 이렇게 말할 수도 없는 것은 어떤 사물의 영상이 기억 안에 간직되기 위해서는 먼저 그 사물 자체가 존재해 있어야 하기 때문입니다. 내가 카르타고나 내가 방문한 여러 장소를 기억하는 것도 그렇습니다. 내가 만나 본 사람들의 얼굴을 기억하는 것이나 다른 감각을 통하여 알게 된 사물들을 기억하는 것도 그렇습니다. 또한 내 몸의 건강이나 병을 기억하는 것도 그렇습니다. 이러한 대상들이 내 앞에 현존할 때 내 기억은 그것들로부터 영상을 받아 간직해 두었다가 그 대상들이 내 눈앞에 있지 않을 때도 그것들을 기억하고 싶으면 상기해 내어서 생각해 보는 것입니다.

그러므로 만일 망각이 기억 안에 간직되어 있다면 그것은 망각 자체가 아니고 그 영상일 것입니다. 그렇다면 망각은 영상으로 기억되기 전에 객관적으로 존재해 있어야 합니다. 그러나 망각이라고 하는 것은 이미 기억된 인상들을 지워 버리는데 어떻게 그것이 자신의 영상을 기억에 기록해 둘 수 있습니까? 그런데 그것이 어떻게 하여 이렇게 된다는 것을 이해하거나 설명할 수는 없어도 내가 확실히 알고 있는 것은 나는 이미 기억한 것을 지워 버리는 망각까지도 기억하고 있다는 사실입니다.

17장_ 기억을 초월하여

(26) 기억력이라고 하는 것은 정말로 위대합니다. 나의 하나님, 그것은 깊고도 무한한 다양성을 가진 무서운 존재입니다. 바로 그것이 내 마음이요, 나 자신입니다. 오, 나의 하나님, 그러면 나는 무엇입니까? 나의 본

성이란 어떠한 것입니까? 정말로 복잡하고 다양한 생명이므로 그것을 측량할 수 없습니다. 내 기억의 넓은 들과 동굴과 깊이를 들여다볼 때 나는 거기에서 무수한 종류의 것들이 한없이 간직되어 있음을 발견하게 됩니다. 사물들은 영상들의 형태로, 지식은 직접 그 자체의 현존으로, 마음의 감정들은 어떤 종류의 관념이나 인상의 형태로 그 안에 간직되어 있음을 발견하게 됩니다. 감정은 지금 마음이 그것을 느끼지 못한다 할지라도 기억 안에 간직되어 있습니다. 그리고 기억 안에 간직되어 있는 것은 역시 마음 안에 있는 것이 됩니다. 나는 이 모든 것들 사이를 이리저리 뛰어다니고 날아다니며 그들을 깊이 투시해 보려고 하는 것입니다. 그러나 그것들의 밑바닥은 보이지 않습니다. 인간의 생명은 유한하지만 그 안에 있는 기억의 힘은 그렇게 크고, 생명의 힘은 그토록 큰가 봅니다.

나의 참 생명이 되신 나의 하나님, 그러면 내가 무엇을 해야 합니까? 나는 기억이라고 일컫는 이 힘을 초월하고자 합니다. 나는 이 기억을 초월하여 사랑스러운 빛이 되신 당신에게 다다르고자 합니다.[11] 당신은 나에게 지금 무엇을 말씀하시고 계십니까? 이제 나는 내 마음을 통하여 내 위에 계신 당신을 향해 올라갑니다. 즉 나는 기억이라고 일컫는 이 힘을 초월하여 당신과 접할 수 있는 곳에서 당신을 접하고 당신을 붙들 수 있는 곳에서 당신을 붙들려고 합니다. 왜냐하면 동물들이나 새들도 기억력을 가지고 있기 때문입니다. 그 기억력 때문에 그들은 자기들의 동굴이나 둥지를 찾아갈 수 있으며 습관화된 여러 짓들을 할 수 있습니다. 이런 기억력이 없다면 그들은 아무것에도 길들여지지 않게 됩니다.

그러나 당신은 나를 네발 달린 짐승들과 구별하시고 공중에 나는 새들보다 더 지혜롭게 만드셨으니 당신께 다다르기 위해서는 나는 그런 기억마저 초월해야 합니다. 그러므로 나는 내 기억을 초월하여 올라가 당신

---

11) 고백록 10권을 개관해 본다면 『참된 종교』 39, 72, **고백록** 7, 10, 16 ; 7, 17, 23 ; 9, 10, 23—25의 내용을 확대하여 논한 것이라고 보아도 좋을 것이다. 그 내용인즉 하나님을 향해 나아가는 길은 밖에서 내적 인간(혼)으로, 인간의 혼마저도 초월하여 위에서 비추는 빛을 따라 상승하여 하나님을 관상하는 것이다. 그러나 그러한 체험도 순간적이다. 인간은 그러한 체험에서 시작과 끝이 있고, 시험과 유혹이 있는 일상성으로 다시 돌아오게 된다. 그런데 여기서는 "나는 이 기억을 초월하여…"라는 말로 표현하고 있다.

을 찾고자 합니다. 그러면 내가 어디서 나의 참된 선이 되시고, 나의 경고한 즐거움이 되시는 당신을 찾을 수 있겠습니까? 만일 내가 기억함이 없이 당신을 찾는다고 하면 나는 당신을 기억(의식)하지 못하고 있는 것입니다. 그런데 내가 당신을 기억하고 있지 않다면 어떻게 내가 당신을 찾을 수 있겠습니까?[12)]

18장_ 잃어버린 것을 다시 찾는 것

(27) 어느 여인이 은전 하나를 잃었는데 등불을 켜서 그것을 다시 찾았다고 합니다.(눅 15: 8) 그러나 그 여인이 잃어버린 은전을 기억하고 있지 않았다면 그것을 결코 찾지 못했을 것입니다. 만일 그 은전을 기억하고 있지 않았다면 그 여인이 그것을 다시 찾았을 때에도 자기가 찾고 있었던 것인지 아닌지 어떻게 알아볼 수 있겠습니까? 나에게도 물건을 잃었다가 다시 찾은 일이 많이 있었습니다. 그런 경험을 통해서 아는 바입니다만 내가 잃어버린 물건을 찾고 있을 때 누가 나에게 '네가 찾고 있는 것이 이것이냐 혹은 저것이냐?' 하고 물으면 찾고 있는 것이 나타날 때까지 나는 계속 '그것은 아니다' 라고 대답할 것입니다.

그러나 그것이 무엇이었든지 간에 내가 잃어버린 것을 기억하고 있지 않았다면 그것을 찾아 나에게 보여 주어도 나는 그것을 알아볼 수 없었을 것입니다. 이것은 우리가 잃어버린 것을 다시 찾을 때 항상 있는 현상입니다. 어떤 물건이 우리 시야에서는 사라졌어도 기억에 남아 있으면—이것은 보이는 모든 사물에 똑같이 적용됩니다—그 물건의 영상이 우리 마음에 간직되어 있으므로 그 물건이 눈앞에 나타날 때까지 찾는 것입니다. 그리고 그 물건을 찾았을 때는 마음 안에 있는 영상에 의하여 우리는 그것을 알아보게 되는 것입니다. 이렇게 우리는 알아보지 못한다면 잃은 것을 찾았

12) 인간이 하나님을 찾는다고 할 때 어떤 면에서는 하나님의 존재를 의식하고 있다는 것이다. 그러므로 하나님의 존재에 대한 인간의 질문은 이미 하나님의 존재를 전제하고 있는 것이며 또한 하나님이 사람의 마음을 움직여 유발한 질문이기도 하다.(**고백록** 1, 1, 1)

다고 말할 수 없고, 그것을 기억함이 없이는 그것을 알아볼 수도 없습니다. 그러므로 그것은 시야에서는 사라졌으나 기억에서 사라진 것은 아닙니다.

19장_ 망각한 것을 기억한다는 것

(28) 그러나 흔히 우리가 어떤 물건을 망각하고 그것을 상기해 내려고 애를 쓸 때 우리는 그것을 다른 곳에서가 아니고 기억 안에서 더듬어 찾으려고 합니다. 거기에서 기억이 이것이나 저것 등을 내놓아도 우리는 찾고 있는 것이 나타날 때까지 그것들을 거절합니다. 그러다가도 우리가 찾고 있는 것이 나타나면 바로 '이것이다' 라고 말합니다. 그러나 우리가 그것을 알아보지 못했다면 그런 말을 할 수 없고, 우리가 그것을 기억하고 있지 않았다면 알아볼 수도 없었을 것입니다. 우리는 다만 그것을 망각하고 있었던 것이 확실합니다. 그러나 혹시 그것의 전부가 기억에서 빠져나가지 않고 그 일부가 남아 있어서 기억이 빠져나간 부분을 찾고 있는 것입니까? 이때 기억은 그것을 통째로 간직하고 있지 않아 일부분이 없어서 균형을 못 이룸을 알고 부족한 부분을 회복하라고 요청하는 것입니까?

예를 들어 우리가 알고 있는 어떤 사람을 보든지 혹은 생각할 때 그의 이름이 생각나지 않는 경우가 있습니다. 그의 이름을 상기하려고 애를 쓸 때 다른 이름이 기억에 떠올라도 그것이 습관상 그 사람을 부르는 것과 맞지 않아서 그에게 적용하지를 않습니다. 그러므로 우리가 그 사람을 알고 익숙하게 부르는 이름이 나타날 때까지 모든 이름을 받아들이지 않는 것입니다. 그러나 그 이름이 기억에서가 아니면 어디서 나타나겠습니까? 누가 우리에게 암시를 주어서 그 이름을 생각나게 했다고 할지라도 그것이 기억에서 온 것만은 확실합니다. 왜냐하면 그때 알게 된 이름은 전혀 새로운 것이 아니고 우리가 기억을 하고 있었으므로 그 이름이 맞았다고 시인하는 것뿐이기 때문입니다. 그러나 만일 그 이름이 우리 마음에서 완전히 지워져 버렸다면 다른 사람이 암시를 주어도 그것을 생각해 내지를 못했을 것입니다. 그러므로 우리가 무엇을 망각했다고 한 사실을 기억하고 있는 한 그것을 완전히 망각한 것은 아닙니다. 만일 우리가 무엇을 완전히 망각했다면 우리는 그것을 찾을 수 없을 것입니다.

20장_ 모든 사람이 찾는 행복

(29) 오, 주님, 그러면 내가 당신을 어떻게 찾을 수 있습니까? 나의 하나님, 내가 당신을 찾는다고 할 때 사실은 행복을 찾고 있는 것입니다.[13)] 내 영혼이 살기 위하여 당신을 찾고 있는 것입니다.(사 55:3) 왜냐하면 내 육신은 영혼으로 말미암아 살고 있고 내 영혼은 당신으로 말미암아 살고 있기 때문입니다. 그러면 내가 어떻게 하여야 그 행복을 찾을 수 있습니까? 내가 '이제는 만족하다. 이것이 바로 행복이다' 라고 말할 수 있을 때까지 나는 행복할 수가 없습니다. 그러면 내가 그 행복을 어디서 어떻게 찾아야 합니까? 내가 행복을 망각했어도 망각했다고 하는 것은 기억에 어렴풋이 남아 있기 때문에 나는 그것을 기억하여 그 행복을 찾는 것입니까? 그렇지 않으면 내가 전혀 알지 못하는 행복을—그것을 전혀 알고 있지 않았든지 혹은 그것을 완전히 망각하여 망각한 것조차 기억을 못하게 되어서—알려고 하는 욕망 속에서 찾는 것입니까?

행복이란 모든 사람이 원하는 것이 아닙니까? 누가 행복을 원하지 않겠습니까? 그러면 사람들이 어디서 그 행복을 알게 되어 그것을 소유하려고 그렇게 원하고, 어디서 그것을 보고 그렇게 사랑하게 된 것입니까? 어떤 면에서는 우리에게 어느 정도의 행복이 있는 것만은 사실입니다. 그러나 그것이 우리에게 어떻게 하여 들어오게 되었는지 나는 모르겠습니다. 어떤 사람은 어느 정도의 행복을 현재 누리고 있습니다. 어떤 사람은 희망 속에서 행복감을 느끼기도 합니다. 후자는 전자보다 덜 행복하겠지만 현실로나 희망으로도 행복감을 느끼지 못한 사람들보다는 훨씬 나은 것입니다. 그러나 현실로나 희망으로 행복을 느끼지 못한 사람들이라고 할지라도 어느 정도 행복이 무엇임을 알고 있는 것만은 사실입니다. 그렇지 않다면 그

13) 어거스틴에 의하면 하나님을 찾는 것은 바로 행복을 찾는 것과 같다. 왜냐하면 하나님이 바로 그 행복의 근원이기 때문이다. 따라서 하나님을 향해서, 하나님 안에서 사는 삶이 바로 행복한 삶인 것이다.(**고백록** 1, 1, 1 ; 10, 22, 32)

들이 행복하려고 원하지도 않았을 것입니다. 어떻게 하여 그들이 행복을 알게 되었는지 나는 확실히 알지 못해도 행복에 대한 어느 정도의 지식을 가지고 있는 것만은 사실입니다.

그 지식이 기억에 있는지 그렇지 않은지에 대하여 나는 잘 모르겠습니다. 행복에 대한 지식이 기억에 있다면 우리가 한때 행복했던 것이 사실입니다. 혹시 우리가 한때 제각기 다 행복했는지 그렇지 않다면 아담—그이 안에서 우리가 먼저 죄를 지었으므로 죽게 되었고 그를 통하여 우리가 모두 비참한 운명 속에서 태어나게 된—안에서 모두 행복했었는지에 대해서는 지금 논하고 싶지 않습니다. 그러나 내가 꼭 묻고 싶은 것은 행복이 기억 속에 간직되어 있는가에 대한 것입니다. 왜냐하면 우리가 그것을 먼저 알고 있지 않았다면 그것을 사랑하게 될 수도 없기 때문입니다.[14)]

우리가 '행복' 이라는 말을 들을 때는 모두 그 말이 상징하는 행복을 소유하려고 합니다. 우리는 단순히 말소리만 듣고 행복할 수는 없습니다. 그리스 사람이 라틴 말로 '행복' 이라는 말을 들었다고 해도 그 말소리가 무엇을 의미하는지 모르기 때문에 기뻐하지 않을 것입니다. 그러나 그 사람이 그리스어로 하는 소리를 들으면 라틴어를 이해하는 우리가 라틴어로 하는 소리를 듣고 기뻐하듯이 기뻐할 것입니다. 행복이라고 하는 것은 그리스어나 라틴어가 아니고, 그리스 사람들이나 로마 사람들이나 다른 언어를 가진 모든 사람들이 추구하는 것입니다. 이렇듯 모든 사람들은 다 행복이 무엇인지 알고 있습니다. 그렇기에 그들에게 '행복하고 싶으냐?' 고 물어본다면 틀림없이 '그렇다' 고 대답할 것입니다. 그러나 이런 대답은 '행복' 이라는 말이 상징하는 행복 그 자체가 우리 기억 안에 간직되어 있지 않았다면 불가능합니다.

14) 우리는 한때 아담 안에서 다 행복했었으나 그의 타락으로 인해 그의 후손들인 우리는 행복을 상실하게 되지 않았나 어거스틴은 문제를 제기해 보고 있다. 왜냐하면 우리는 은전을 잃어버린 여인이 그것을 잃어버렸음을 기억하고 찾으려 애쓰는 것처럼 행복을 기억하고 찾고 있기 때문이다.

21 장_ 행복과 기쁨

(30) 그러면 행복을 기억하는 것은 내가 보았던 카르타고를 기억하는 것과 같다고 할 수 있습니까? 그렇지 않습니다. 왜냐하면 행복이란 물질적인 대상과 같이 눈으로 볼 수 있는 것이 아니기 때문입니다. 그러면 우리가 행복을 기억할 때 수를 기억하듯 합니까? 그렇지 않습니다. 왜냐하면 어떤 사람이 수의 개념을 마음에 갖고 있다고 해서 그 수를 더욱 소유하려고 하지 않기 때문입니다. 그러나 행복에 대해서는 우리가 그것을 이미 알고 사랑하며 더욱 행복하고자 계속 추구합니다.

그러면 행복을 기억하는 것은 웅변을 기억하는 것과 같습니까? 그렇지 않습니다. 웅변에 능하지 못한 자들도 '웅변' 이라는 말을 듣고는 그 말의 뜻을 바로 알게 됩니다. 또한 많은 사람들이 그 말을 듣고 자기들도 웅변가가 되기를 원합니다. 이때에 그들이 웅변에 대하여 무엇을 알고 있는 것이 사실입니다. 그러나 다른 사람의 웅변을 알게 되는 것이나, 그것을 즐기게 되는 것이나, 자신들도 그렇게 되고 싶어하는 것들이 모두 육체의 감각을 통하여 일어나는 것입니다. 그들이 웅변에 대하여 어떤 내적 개념을 가지고 있지 않았다면 그것을 즐기지 못했을 것이요, 또한 그들이 그것을 즐기지 못했다면 자기들도 그처럼 되고 싶어하지는 않았을 것입니다. 그러므로 다른 사람의 행복을 우리로 하여금 알게 하는 것은 육체의 감각이 아닌 것입니다.

그러면 행복을 기억하는 것은 우리가 기쁨을 기억하는 것과 같습니까? 아마 그럴지 모릅니다. 왜냐하면 내가 불행할 때도 행복을 기억할 수 있듯이 내가 슬플 때도 기쁨을 기억할 수 있기 때문입니다. 그러나 나는 기쁨을 육체의 감각을 통하여 보거나, 듣거나, 냄새를 맡거나, 맛을 보거나, 만져 보지를 않습니다. 기쁨은 내가 즐거울 때 내 마음에서 경험한 것이요, 그때 그 기쁨에 대한 지식은 내 기억 속에 깊이 새겨지게 되는 것입니다. 그리하여 내가 후에 여러 가지 사정에 따라 그 기쁨을 때로는 경시하고, 때로는 그리워하면서 회상(기억)하게 되는 것입니다. 그러므로 나는 한때 부끄러운 일들에서 어떤 기쁨을 느끼기도 했습니다만 지금에 와서는 그것을 기억할 때 미워하고 싫어하게 됩니다. 또한 어떤 때는 좋고도 덕스러운 일들에서 어떤 기쁨을 느꼈던 것을 회상하며 그리워합니다. 그러나 또한 그 기쁨이 지금 나에게 없으므로 나는 지나간 날의 기쁨을 회상할 때 슬픔을 느끼게 됩니다.

(31) 그러면 내가 언제 어디서 행복을 경험해 본 적이 있었기에 그것을 기억하고 사랑하며 그리워하는 것입니까? 이렇듯 행복하기를 원하는 자는 나나 몇 사람뿐만은 아닙니다. 그러나 우리가 행복이 무엇인지 확실히 알고 있지 않았다면 그토록 강한 의지를 가지고 그것을 소유하려고 하지 않았을 것입니다. 이제 하나의 예를 들어 봅니다. 여기에 두 사람이 있는데 그들에게 군복무를 하겠느냐고 물으면 한 사람은 '예' 하고 다른 한 사람은 '아니요' 라고 대답할 수 있습니다. 그러나 두 사람에게 행복하기를 원하는가라고 물으면 그들은 틀림없이 '예' 라고 곧 대답할 것입니다. 그러므로 행복하기 위하여 한 사람은 군복무를 원하고 한 사람은 군복무를 원치 않은 것입니다.

그러므로 어떤 사람은 자기의 기쁨을 이런 일에서 찾고 어떤 사람은 자기의 기쁨을 저런 일에서 찾는 것이 아니겠습니까? 이와 같이 모든 사람에게 물어 보면 기뻐하기를 원하듯 행복하기를 다 원합니다. 바로 이 기쁨을 사람들은 행복이라고 말합니다. 어떤 사람은 이렇게, 어떤 사람은 저렇게 각기 다르게 기쁨을 추구하지만 한 가지 공통되는 목적은 모두가 다 그 기쁨에 도달하고자, 즉 그것을 얻고자 힘쓰는 것입니다. 이 기쁨을 경험해 보지 않았다고 말하는 자는 하나도 없을 것입니다. 그러므로 사람들이 '행복' 이라는 말을 들을 때 자기들의 기억 속에서 그 기쁨을 회상하여 알아보게 되는 것입니다.

22 장_ 참다운 행복

(32) 오, 주님, 내가 이 세상에서 어떠한 기쁨을 경험한다 할지라도

그것으로 인해 내가 참으로 행복하다는 생각을 갖지 말게 하소서. 당신에게 고백하는 당신의 종인 나의 마음에서 이런 생각을 멀리 떠나게 하소서. 당신께서는 참다운 기쁨을 불경건한 사람들에게는 주시지 않고 당신만을 목적으로 예배하는 자들에게만 주십니다. 그러기에 당신만이 그들의 기쁨이 되십니다. 참다운 행복이란 당신으로부터 오는, 당신을 향한, 그리고 당신을 위한 기쁨이옵니다. 참 행복이란 이것뿐 그 외에는 없습니다. 혹시 다른 종류의 행복이 있다고 생각하는 사람들은 다른 종류의 기쁨을 추구할 것입니다. 그러나 그것은 참다운 기쁨이 아닙니다. 그럼에도 불구하고 그들이 추구하는 그러한 기쁨도 어떤 면에서는 참다운 기쁨을 닮은 면이 있기에 그것을 추구하는 사람들의 의지도 그 영상에 의해 움직여져서 그러한 기쁨을 추구하는 모양입니다.

23 장_ 진리와 행복

(33) 그러므로 모든 사람이 다 (참다운) 행복을 추구한다는 것은 확실하지 않습니다. 왜냐하면 세상에는 당신 안에서 기뻐하기를 원치 않는 자들이 있기 때문입니다. 그러면 모든 사람이 다 행복을 원하지 않는다는 것입니까? 혹은 모든 사람들이 다 행복을 원하지만 육체의 욕심은 영을 거스르고 영은 육체를 거슬러 그들이 원하는 것을 하지 못하게 됨으로(갈 5:17), 자기들이 할 수 있는 것으로 전락되어 거기에서 만족하게 눌러앉는 것입니까? 이렇게 되는 이유는 사람들이 할 수 없는 일을 하려고 할 때 그것을 성취하려는 의지가 약하게 되어 그렇습니까?

이제 내가 사람들에게 진리 안에서 기뻐하겠느냐, 아니면 거짓 안에서 기뻐하겠느냐고 물으면 모두 서슴지 않고 대답하기를 '진리 안에서' 기뻐하겠다고 할 것입니다. 그것은 그들에게 무엇을 원하느냐고 물을 때 행복을 원한다고 서슴지 않고 대답하는 것과 똑같습니다. 왜냐하면 참 행복이란 진리 안에서 기뻐하는 것이기 때문입니다. 그것은 곧 진리이신 당신 안에서 기뻐하는 것이 됩니다.[15] 나의 빛이시요, 내 얼굴을 구원하시는

15) 하나님은 인간의 존재와 진리와 행복의 근원이 되신다. 그러므로 인간이 존재와 진리

내 하나님이여, 이 행복을 바로 모든 사람들이 원하고 있습니다. 이러한 삶이 바로 모든 사람들이 원하는 행복입니다. 즉 진리 안에서 기뻐하는 삶을 모든 사람들은 원하고 있는 것입니다.

나는 남을 속이기 원하는 사람들을 많이 만나 보았으나 속임을 당하기 원하는 자는 한 사람도 만나 보지 못했습니다. 그렇다면 진리를 알게 되는 것이 바로 행복을 알게 되는 것이 아닙니까? 사람들이 속기를 원하지 않는 것을 보면 진리를 사랑하고 있는 것이 분명합니다. 또한 그들이 행복, 즉 진리 안에서 누리는 기쁨을 사랑한다면 진리를 사랑하고 있음이 틀림없습니다. 그러나 그들이 그것에 대한 어떤 지식을 기억에 간직하고 있지 않았다면 그것을 사랑하게 되지 않을 것입니다. 그러면 왜 사람들이 진리 안에서 기뻐하지 않습니까? 왜 사람들이 행복하지 못합니까? 그것은 사람들이 그들을 행복하게 해주는 진리는 희미하게 기억하고 있고, 그들을 불행하게 해주는 여러 가지 잡무에는 너무 관심을 가지고 있으므로 후자의 힘이 전자의 힘보다 더 커서 그러는 것입니다. 그러나 사람들에게는 아직도 꺼지지 않은 작은 빛이 남아 있으니(요 12:35), 그들로 하여금 그 빛에 의하여 걸어가게 하소서. 그 빛 안에서 걸어가게 하소서. 어둠이 그들을 뒤덮지 못하게 하소서.

(34) 그러면 어찌하여 사람들은 진리를 미워하는 것입니까? 왜 사람들은 진리 안에서 기쁨을 누리는 그 행복을 사랑한다 하면서 진리를 전파하는 당신의 사람은 적으로 여기는 것입니까?(요 8:40) 그 이유는 사람들이 진리를 사랑한다고 하면서 진리 아닌 것을 진리인 것처럼 사랑하기 때문입니다. 그들은 스스로 속는 것을 원하지 않기 때문에 자기들이 속고 있음을 시인하려고 하지 않습니다.

그러므로 그들은 진리의 자리에 자기들이 사랑하는 것들을 가져다 놓고는 그것들을 위해 진리를 미워하는 것입니다. 그들은 진리가 그들을 조명해 줄 때는 그것을 사랑하나, 진리가 그들을 꾸짖을 때는 미워합니다. 그들은 스스로 속기는 싫으나 남을 속이기는 좋아하므로, 진리가 그들에게

와 행복의 근원이신 하나님 안에서 기뻐할 때 행복하게 된다고 어거스틴은 고백한다.

드러날 때는 그것을 사랑하나 진리가 잘못된 그들을 들추어 낼 때는 그것을 미워합니다. 그러나 진리에 의하여 들추어냄을 받기 싫어하는 사람들도 결국은 싫지만 진리에 의하여 노출되고 마는 심판을 받게 됩니다. 하지만 진리는 그와 같은 사람들에게는 자신을 드러내 보여 주지 않습니다.

이렇듯 우리 인간의 마음은 눈이 어둡고 병들었으며, 악하고 흉해져서, 자기 자신은 숨기려 하면서 자기에게는 아무것도 숨겨지지 않기를 바랍니다. 그러나 사실은 정반대의 현상이 나타납니다. 즉 인간의 마음이 진리 앞에서는 자기를 숨기지 못하지만 진리는 그러한 마음에서 숨어 버리고 맙니다. 이렇게 비참한 인간의 마음이지만 사람들은 거짓 안에서보다는 진리 안에서 기뻐하고자 합니다. 그러므로 인간의 영혼은 다른 많은 일들로 인해 헷갈림이 없이 유일한 그 진리—모든 것이 그 진리에 의하여 참되게 되는—안에서만 기쁨을 누리게 될 때 비로소 행복하게 될 것입니다.

24장_ 진리 자체이신 하나님

(35) 오, 주님, 나는 당신을 찾고자 할 때 내 기억 밖에서 찾지 않고 내 기억의 넓은 광장 안에서 두루 살폈습니다. 그러나 내가 당신을 알게 된 때부터 내 기억에 새겨진 당신의 모습 이외에는 찾아볼 수 없었습니다. 내가 처음으로 당신을 알게 된 이후 당신을 잊어 본 적이 없습니다. 그것은 내가 진리를 찾은 그 곳에서 진리 자체가 되신 나의 하나님을 찾았기 때문입니다. 따라서 나는 진리를 처음으로 알게 된 때부터 진리를 잊어 본 적이 없습니다. 그러므로 내가 당신을 알게 된 이후 계속 당신은 내 기억(의식) 안에 임재하여 계셨습니다.[16] 내가 바로 그 곳에서 당신을 기억하고, 당신 안에서 기뻐할 때, 당신을 찾아 만나게 됩니다. 이것이 나의 거룩한 기쁨입

16) 하나님이 내 기억 안에 계신다 함은 내가 하나님의 존재를 의식한다는 의미이다. 이것을 틸리히(Tillich)는 하나님의 존재에 대한 "immediate awareness"(직접의식)라고 말했다. 인간의 기억은 하나님을 의식하고 그와 접촉할 수 있는 접촉점 혹은 통로가 된다. 그러므로 하나님에게 나아가는 길은 '밖에서 인간의 혼 안으로, 혼에서 하나님에게로 초월' 해 올라가는 길인 것이다.

니다. 이것은 당신께서 자비로서 내 궁핍함을 굽어살피시고 나에게 허락하여 주신 것이옵니다.

25장_ 기억 안에서, 기억을 통해서 하나님을 의식함

(36) 오, 주님, 그러면 당신은 내 기억 안의 어디에 계시는 것입니까? 내 기억 안의 어느 부분에 계십니까? 거기에 당신을 위해서 어떠한 거처를 만들어 놓으셨습니까? 거기에 당신을 위하여 무슨 성소(聖所)를 지어 놓으셨습니까? 당신은 당신이 거처할 자리를 내 기억 안에다 만들어 두심으로써 내 기억에 영광을 주셨으니, 이제 나는 당신이 내 기억의 어느 부분에 거처하고 계신지 알아봐야 하겠습니다. 내가 당신을 생각한다고 할 때 동물도 가지고 있는 그 기억의 부분을 초월해야 했습니다. 왜냐하면 나는 기억 속에 간직되어 있는 물체들의 영상들 사이에서 당신을 찾아 만나 볼 수 없었기 때문입니다.

그러므로 나는 그 부분을 뛰어넘어서(초월해서) 내 마음의 감정을 간직해 놓은 곳으로 갔습니다. 그 곳에서도 나는 당신을 찾아볼 수 없었습니다. 그래서 나는 내 기억 안에 있는 바로 내 마음(영혼)의 자리에까지 들어갔습니다. 그 곳에서는 마음이 그 자신을 기억(생각)하는 것이었습니다. 그러나 그 곳에도 당신은 계시지 않았습니다. 그러므로 당신은 어떤 물체의 영상도 아니요, 살아 있는 사람들의 감정—우리가 즐거울 때나 슬플 때, 무엇을 원하거나 두려워할 때, 무엇을 기억하거나 망각할 때, 혹은 그와 같은 것을 느낄 때의 감정 등—도 아닙니다. 또한 당신은 마음 자체도 아닙니다. 왜냐하면 당신은 그 마음의 주님이 되시고 하나님이 되시기 때문입니다. 이 모든 것들은 다 변합니다만, 이 모든 것들을 초월하여 계시는 당신은 불변하십니다. 그렇지만 당신은 내가 당신을 알게 된 때부터 내 기억 안에 거하기로 택하시었습니다. 그러면 내가 왜 당신이 기억 안의 어떤 특정한 장소에 계신 것처럼 당신이 거하시는 곳을 찾고 있는 것입니까? 그 이유는 내가 처음으로 당신을 알게 되었을 때부터 당신을 기억하고 있었기 때문이며, 또한 내가 당신을 생각하게 될 때 내 기억 안에서 당신을 찾아

뵙기 때문입니다.

26 장_ 무소 부재하신 하나님

(37) 그러면 내가 당신을 알기 위해서는 어디서 당신을 찾아뵈어야 합니까? 내가 당신을 알게 되기 이전에는 당신은 내 기억 안에 계시지 않으셨습니다. 그러면 내가 당신을 어디에서 찾아 만나 당신을 알 수 있게 되겠습니까? 내 위에 계시는 당신 안에서만 당신을 찾을 수밖에 없습니다. 당신이 계시는 장소는 따로 있는 것이 아닙니다. 우리가 앞으로 나아갔다, 뒤로 물러갔다 하지만 그것은 장소를 가리켜 말하는 것은 아닙니다. 진리이신 당신은 어디에든지 계시어 당신께 간구하는 소리를 들으시며, 모든 사람들의 여러 가지 요구를 동시적으로 들어주십니다. 그러나 사람들은 그 확실한 대답을 확실히 듣지를 못합니다. 사람들은 자기들의 소원을 당신께 간구합니다. 그러나 그들이 항상 자기들이 소원한 대로 당신의 응답을 듣는 것은 아닙니다. 당신의 충실한 종은 자기가 뜻하는 것을 당신이 들어주기 원하기보다는 오히려 당신께서 말씀하신 뜻을 들으려 원하는 것입니다.

27 장_ 당신을 나는 너무 늦게 사랑했습니다

(38) 그렇게도 오래 되셨지만, 그렇게도 새로운 '아름다움' 이 되시는 당신을 나는 너무 늦게 사랑했습니다. 보시옵소서. 당신은 내 안에 계셨건만 나는 나 밖에 나와서 당신을 찾고 있었습니다. 그리하여 나 자신은 (참 아름다우심이 되시는 당신을 떠나) 당신이 만드신 피조물들의 아름다움 속으로 굴러 빠져 들어가 흉하게 되어 버렸습니다. 당신이 나와 함께 계셨건만 나는 당신과 함께 있지 않았습니다. 그 피조물들의 외형적인 아름다움이 나를 당신에게서 멀리 떠나게 했습니다. 그러나 실은 그 피조물의 아름다움도 당신 안에 있지 않으면 있을 수도 없는 것이 아닙니까? 그래도 당신은 부르시고 소리 질러 귀머거리가 된 내 귀를 열어 주셨습니다. 또한

당신은 당신의 빛을 나에게 번쩍 비추어 내 눈의 어둠을 쫓아 버렸습니다. 당신이 당신의 향기를 내 주위에 풍기시매 나는 그 향기를 맡고서 이제 당신을 더욱 갈망하고 있습니다. 나는 당신을 맛보고는 이제 당신에 굶주리고 목말라하고 있습니다. 당신이 나를 한번 만져 주시매, 나는 불이 붙어 당신이 주시는 평안을 애타게 그리워하고 있습니다.[17)]

28장_ 시련의 연속인 인생의 삶

(39) 나의 전존재가 당신에게 온전히 의존하게 될 때는 나에게 더 이상 슬픔과 괴로움이 없을 것입니다. 그때에는 내 생은 당신으로 충만케 되어 참된 삶이 될 것입니다. 당신은 이렇듯 당신으로 말미암아 충만하게 된 사람을 붙들어 올리십니다. 그러나 나는 아직도 그렇게 충만하게 되어 있지 않아서 스스로 무거운 짐이 되었습니다. 내 안에서는 슬퍼해야 할 내 생의 즐거움과 즐거워해야 할 내 생의 슬픔이 서로 싸우고 있어 어느 편이 승리하게 될지 나는 알 수 없습니다. 주여, 가엾은 나를 불쌍히 여기소서. 내 안에서는 나의 나쁜 과거에 대한 슬픔과 나의 선한 즐거움이 서로 싸우고 있습니다. 어느 편이 승리하게 될지 나는 모릅니다. 가엾은 나를 불쌍히 여기소서. 보시옵소서, 나는 당신의 눈을 피해 내 상처를 숨기지 않습니다. 당신은 나의 의사이시요, 나는 병든 환자입니다. 당신은 자비로우시고 나는 지금 비참한 상태에 놓여 있습니다. 이 땅에서 사는 인생이 계속 시련이 아니고 무엇입니까?

누가 이 신고와 어려움을 원해서 좋아하겠습니까? 당신은 우리에게 명하여 이 어려움을 좋아하지 말고 참으라고 하십니다. 세상에 누가 자기가 참고 있는 것을 좋아하겠습니까? 사람들은 어려움을 즐거이 참는 수는

17) 어거스틴은 인간육체의 5감각을 통해 안식을 얻으려고 했으나 그렇지 못했음을 이미 말했다.(4, 7, 12) 반면에 그는 영적인 5감각을 유비적으로 말하면서(10, 6, 8 ; 10, 29, 40) 하나님은 인간의 영적인 청각, 시각, 후각, 미각, 촉각을 만족시키심을 논하고 있다. 그러나 완전한 만족은 이 세상에서 이루어지는 것이 아니고 미래의 하나님의 나라에서 온전히 이루어짐을 말하고 있다.

있으나 참고 있는 그 어려움은 좋아하지 않습니다. 사람들이 자기가 어려움을 참을 수 있다는 인내력은 좋아하지만 참아야 할 어려움은 없기를 바랍니다. 나는 역경에 처했을 때는 번영을 바라고, 번영할 때는 역경을 두려워합니다. 그러면 인간의 생이 시련을 겪지 않는 그 중간의 상태가 어디에 있습니까? 이 세상에서는 번영할 때에도 우리에게 계속 두 가지의 저주가 따르게 되오니 그것은 곧 역경에 대한 두려움이요, 왜곡된 즐거움입니다. 이 세상의 역경에는 세 가지의 저주가 따르오니 그것은 번영을 바라는 욕심이요, 역경에서 받는 쓰라림이며, 그 역경을 견디어 내는 인내력이 무너질까 두려워함입니다. 이 지상에서 사는 인간의 생활은 끊임없이 계속되는 시련이 아닙니까?

29 장_ 나의 희망은 하나님의 자비뿐

(40) 나의 모든 희망은 오로지 당신의 크신 자비에만 있습니다. 당신이 명하시는 것을 (행할 수 있도록 해)주시고 당신이 원하시는 것을 명하소서. 당신은 우리에게 절제하라고 명하십니다. 어떤 기자가 말하기를 "하나님이 절제를 주시지 않으시면, 아무도 절제할 수 없다는 것을 나는 알고 있습니다. 그러므로 그것이 누구로부터 온 선물인지 알게 된 것 자체도 하나의 지혜입니다."라고 했습니다.(지혜서 8:21) 바로 이 절제로 인하여 잡다하게 분산된 우리 자신들은 거두어 모아져서 본래의 하나로 돌아오게 됩니다.[18] 누가 세상의 것들을 사랑하되 당신을 위한 수단으로 사랑하지 않고 당신과 동등하게 사랑을 하면 그는 당신을 덜 사랑하는 자가 됩니다.[19] 오, 항상 타오르고 계시며 결코 꺼지지 않는 사랑이여, 나의 사랑, 나의 하나님이여, 간구하오니 당신의 사랑으로 나를 불태워 주소서. 당신은 나에게 절제하라 명하십니다. 당신이 명하시는 것을 (행할 수 있도록 해) 주시

18) **고백록** 2, 1, 1 ; 2, 11, 29에서도 "흩어짐(분열)과 거두어 모아짐(통합)" 에 대하여 논하고 있다. 참고: 플로티누스의 『에네아드스』(*Enneads*) 4, 3, 32.

19) 세상 사물은 수단으로 사랑해야 하고(uti), 하나님은 목적으로 사랑해야 함(frui)을 시사하고 있다. 이것에 대해서 선한용, 『시간과 영원』, 제8장 시간과 사랑을 참고할 것.

고 당신이 원하시는 것을 명하소서.[20]

30 장_ 육신의 정욕 : 촉감의 유혹

(41) 당신은 나에게 "육신의 정욕과 안목의 정욕과 이생의 자랑"(요1 2:16)을 절제하라고 확실히 명하시옵니다.[21] 당신은 나에게 간음하지 말라고 명하셨습니다. 당신은 결혼을 금하지는 않으셨으나 그보다 더 나은 길을 택하라고 나에게 권면하셨습니다. 당신이 나에게 은혜를 베풀어 주시어 나는 성례를 집전하는 사제가 되기 이전에 이미 당신의 권면을 따랐습니다. 그러나 내가 지금까지 많은 말로 기술했던 내 기억 속에는 이전의 내 나쁜 습관이 새겨 놓은 여러 가지 쾌락의 영상들이 남아 있습니다. 내가 깨어 있을 때는 이런 영상들이 밀어 닥쳐도 나는 별 영향을 받지 않습니다. 그러나 몽중에는 그것들이 덮쳐와 나를 기분좋게 할 뿐만 아니라 나의 동의까지 얻어내어 깨어 있을 때의 행동과 흡사하게 영향을 끼칩니다. 이러한 영상들은 단순한 환상밖에 안 되는 것이지만 내 마음과 육체에 끼치는 영향이 너무 커서 내가 깨어 있을 때 실제의 인물을 보고도 하지도 못한 짓을 몽중에 있는 나를 설득하여 하도록 합니다.

오, 나의 주 하나님이여, 내가 몽중에 있을 때는 나 자신이 아닙니까? 그러나 깨어 있다가 잠이 든 나와 잠들었다가 깨어난 나 사이에는 큰 차이가 있습니다. 내가 깨어 있을 때는 현실의 유혹이 닥쳐와도 나의 이성은 그것에 굴하지 않고 강하게 물리칩니다. 그러나 내가 몽중에 있을 때는 그 이성이 어디로 가 있습니까? 내가 눈을 감고 잠들 때 그 이성도 같이 눈

20) "당신이 명하시는 것을 (행할 수 있도록 해) 주시고 당신이 원하시는 것을 명하소서." 라는 어거스틴의 이 구절은 그 당시 수도사였고 도덕주의를 주창했던 펠라기우스와 논쟁을 야기시켰다. 펠라기우스는 이러한 어거스틴의 표현, 즉 "당신이 명하시는 것을 (행할 수 있도록 해) 주시고…"는 선을 행할 수 있는 하나님의 은혜를 너무 주장한 나머지 기독교의 윤리적 노력을 저해한다고 주장했다. 참고: 『인내의 은혜』 20, 53.

21) "육신의 정욕"은 30−34장에서, "안목의 정욕"은 35장에서, "이생의 자랑"은 36−39장에서 논하고 있다. 그리고 어거스틴은 육신의 정욕에 촉감의 유혹, 미각의 유혹, 후각의 유혹, 청각의 유혹, 시각의 유혹을 포함시키고 있다.

을 감은 것입니까? 그렇지 않으면 내 육체의 감각과 함께 자는 것입니까? 그러면 우리가 몽중에서도 그러한 유혹을 물리치는 일, 즉 우리의 결심을 의식하여 순결을 지키며 그러한 유혹에 굴하지 않는 일은 어떻게 하여 일어나는 것입니까? 그러나 깨어 있을 때의 나와 잠들어 있을 때의 나 사이에는 큰 차이가 있으므로 우리가 몽중에서 받는 유혹이나 하는 행동에 대해서는 아무 책임을 물을 수가 없음을 알고 있습니다. 그러므로 우리가 몽중에서 그러한 유혹을 받다가 깨어나면 내 양심은 큰 안도감을 갖게 됩니다. 그러나 그것이 비록 몽중에서 행한 행위라 할지라도 우리 자신 안에서 행해졌다는 사실에 대하여 우리는 슬퍼하게 됩니다.

(42) 오, 전능하신 하나님이여, 당신의 능력의 손은 내 영혼의 병을 치료해 주실 수 있으십니다. 당신은 더 풍성한 은혜를 베풀어 취중에서도 나를 충동시키는 이 음탕한 불을 꺼줄 수 있으십니다. 주님, 나에게 당신의 은혜를 더 풍성히 베풀어 주시사 내 영혼이 정욕의 쇠사슬에서 풀려 나와 당신을 향하는 나를 따르게 하소서. 내 영혼이 자신을 배반하지 말게 하시고 혹시 몽중에서라도 내 육신을 충동시키고 더럽히는 저 동물적인 영상들이 일으킨 추행을 행하거나 그것에 승복하지 말게 하소서. 당신은 전능하사 “우리가 구하거나 생각하는 모든 것에 더 넘치도록 능히 하실”(엡 3:20) 분이십니다.

그러므로 그러한 추잡한 영향이—비록 그 영향이 미약하여 약간의 노력으로도 방지할 수 있는 것이라 할지라도—잠결에라도 정결한 자의 마음에 만족감을 주지 못하도록 하는 것은 당신에게서 그렇게 큰 일은 아닙니다. 이토록 나를 지금만이 아니라 내 일생 동안 지켜 주옵소서. 지금 나는 아직도 이와 같은 상태에 있음을 선하신 주께 아뢰옵니다. 나는 이미 베풀어 주신 당신의 은혜에 대해 두려움과 떨림으로 기뻐하지만, 아직도 온전하게 되지 못한 나 자신을 두고 슬퍼하고 있습니다. 그러므로 내가 온전한 평화에 이르게 되기까지 당신의 자비가 계속 내 안에서 역사해 주시기를 바라고 있습니다. 그러면 사망이 이김에 의해 삼킨 바가 될 때(고전 15:54) 나의 전존재는 당신과 함께 그 완전한 평화를 누리게 될 것입니다.

31 장_ 육신의 정욕 : 미각(식욕)의 유혹

(43) 그리고 이 세상에는 하루로 족하였으면 싶은 다른 종류의 괴로움이 나날이 있습니다.(마 6:34) 우리는 당신이 종말에 음식과 배를 폐하실 때까지(고전 6:13) 매일 먹고 마심으로써 우리 육체의 소모를 보충해 나갑니다. 그때가 오면 당신은 놀랄 만한 만족감으로 우리의 공복감을 없애 주시고 우리의 썩을 육신을 영원히 썩지 않을 생명으로 옷을 입혀 주실 것입니다.(고전 15:53) 그러나 지금 나는 먹어야 사는 필연성에서 쾌락을 맛보고 있으며 그 쾌락의 노예가 되지 않도록 계속 싸우고 있습니다. 그러므로 나는 매일 금식을 함으로써 그 쾌락과 싸우고 있으며 계속 내 몸을 쳐서 복종케 하고 있습니다.(고전 9:27) 그러나 금식 후에는 먹고 마시는 쾌락이 배고픔의 아픔을 쫓아 줍니다. 사실 배고픔과 목마름은 하나의 아픔이 아닐 수 없습니다. 그것은 열병과 같아서 음식이라는 약으로 치료해 주지 않으면 우리의 몸을 태워 죽게 합니다. 그러나 땅과 물과 공기로 하여금 우리의 연약함을 돌보도록 하시는 당신의 은혜의 약을 손쉽게 얻을 수 있으므로 우리는 이런 비운을 즐거움이라고 부르기조차 합니다.

(44) 당신은 나로 하여금 음식을 약 먹듯이 먹도록 배우게 하셨습니다. 그러나 내가 공복의 배고픔에서 포만의 만족감으로 옮겨가는 그 과정에 탐식(정욕)의 올무가 나를 기다리고 있습니다. 왜냐하면 첫째로는 거기로 옮겨가는 과정에 나는 기분이 좋고, 둘째로는 거기로 가는 다른 길이 없으며, 셋째로는 필요에 의해서 나는 꼭 그 길을 걸어갈 수밖에 없기 때문입니다. 나는 건강을 목적으로 먹고 마시는데 위험한 쾌감은 종처럼 나를 따라다닙니다. 때로는 쾌감의 목적이 건강의 목적을 앞질러 나가, 내가 먹고 마시는 것이 건강을 위한 것이라 말하면서도 실은 쾌감을 위한 것이 되고 맙니다. 더욱이나 건강과 쾌감이 요구하는 적량이 서로 같지 않아서 건강에 넉넉한 음식의 양이 쾌감에는 부족하기도 합니다.

뿐만 아니라 때로는 내 몸을 돌보기 위한 필요성이 음식을 요구하는지 그렇지 않으면 쾌감을 만족시키려는 탐식의 기만이 잘 먹기를 원하는지 나는 확실히 알 수 없습니다. 이러한 애매한 상태를 불쌍한 내 영혼은 좋아하며 그것을 이용하여 자신을 은폐하고 변명합니다. 내 영혼은 건강에 넉넉한 적량이 얼마인지 확실히 모르는 그 애매함을 이용하여 건강을 위한다는 미명 아래 쾌감의 추구를 즐거이 은폐합니다. 나는 매일 이러한 유혹을 물리치고자 애를 쓰며 당신의 오른손이 나를 도와주시기를 간구하고 있습니다. 나는 아직도 이 문제를 해결하지 못하고 있기 때문에 나의 괴로움을 당신께 아뢰옵니다.

(45) "너희는 과식함과 술취함으로 마음을 둔하게 하지 말라."(비교. 눅 21:34)고 명하시는 당신의 음성을 나는 듣습니다. 술취함은 나와 먼 거리에 있지만 당신께서 나에게 자비를 베풀어 주시어 그것이 나에게 가까이 오지 못하게 하소서. 그런데 과식은 모르는 사이에 자주 당신의 종을 엄습합니다. 나에게 자비를 베풀어 주시어 그것을 나에게서 멀리 해주소서. 당신께서 주시지 않으시면 아무도 절제를 할 수 없습니다.(지혜서 8:21) 당신은 우리의 간구에 응답하여 많은 것을 허락하여 주시었습니다. 우리가 간구하기 전에 가지고 있었던 좋은 것도 실은 당신께서 주신 것이었습니다. 더 나아가서는 당신께서 우리에게 주신 것이라고 알아보게 된 것도 실은 당신께서 주신 은혜였습니다. 나는 술고래가 되어 본 일이 없습니다. 그러나 나는 많은 술고래들이 당신의 은혜로 술을 끊고 온전하게 된 사실을 알고 있습니다. 그러므로 어떤 사람이 한번도 술고래가 되어 본 일이 없었다는 것도 당신의 은혜요, 어떤 사람이 술고래였으나 이제는 아니라고 하는 것도 당신의 은혜이며, 또한 이 두 사람이 당신의 은혜로 이렇게 되었다고 알게 되는 것도 당신의 은혜입니다.

나는 "너는 정욕을 따르지 말고 쾌락을 멀리하여라."(집회서 18:30) 하신 당신 음성을 들었습니다. 나는 또한 당신의 은혜로 다음과 같은 말씀, 즉 "우리가 먹지 않는다고 해서 못 사는 것도 아니고 먹는다고 해서 더 잘 사는 것도 아니니라."(고전 8:8)는 말씀을 듣고 크게 기뻐했습니다. 이 말씀의 뜻은 우리가 먹지 않았다고 해서 비참하게 되는 것도 아니요, 먹었다고 해서 풍성하게 되는 것도 아니라는 것입니다.

나는 또 다음과 같은 당신의 말씀을 들었습니다. "나는 비천에 처할 줄도 알고 풍부에 처할 줄도 알아 모든 일 곧 배부름과 배고픔과 풍부와 궁핍에도 처할 줄 아는 일체의 비결을 배웠노라. 내게 능력 주시는 자 안에서 내가 모든 것을 할 수 있느니라."(빌 4:12－13) 보시옵소서. 여기에 하늘의 군대에 속해 있는 군인이 있습니다. 우리는 티끌이 아닙니다. 주님, 그러나 당신께서 인간을 티끌로부터 만드셨으니(창 3:19) 우리는 사실 티끌밖에 안 된다는 것과 인간은 잃었다가 다시 찾은 바 되었다는 것을(눅 15:24) 기억하소서. 당신의 영감을 받아서 "내게 능력 주시는 자 안에서 내가 모든 것을 할 수 있느니라."고 말한 바울도 자기 힘으로 무엇을 할 수 있었던 것은 아닙니다. 내가 그 말을 듣고 그를 좋아하게 되었습니다. 그러나 그도 역시 같은 티끌밖에 되지 않습니다.

그러므로 모든 것을 할 수 있도록 나에게도 힘을 주소서. 당신이 명하신 것을 (행할 수 있도록 해)주시고 당신이 원하시는 것을 명하소서. 바울도 고백하기를 자기가 이 능력을 당신으로부터 받았으니 자랑할 때 주 안에서 자랑한다고 했습니다.(고전 1:31) 나는 또한 어떤 사람이 당신으로부터 무엇을 얻고자 다음과 같이 간구하는 말을 들었습니다. "배(腹)의 탐욕을 나에게서 제거해 주소서."(집회서 23:6) 거룩하신 하나님, 그러므로 우리가 당신이 하라고 명하시는 것을 할 수 있게 된 것도 당신께서 우리에게 힘을 주셔서 하게 된 것이 분명합니다.

(46) 선하신 아버지여, 당신은 다음과 같은 말씀으로 나를 가르쳐 주셨습니다. "깨끗한 자들에게는 모든 것이 깨끗하나"(딛 1:15), "거리낌으로 먹는 사람에게는 악한 것이라."(롬 14:20) "하나님께서 지으신 모든 것이 선하매 감사함으로 받으면 버릴 것이 없나니."(딤전 4:4) "음식은 우리를 하나님 앞에 내세우지 못하나니"(고전 8:8). "먹고 마시는 것으로 인하여… 누구든지 너희를 비판하지 못하게 하라."(골 2:16) "먹는 자는 먹지 않는 자를 업신여기지 말고 먹지 않는 자는 먹는 자를 비판하지 말라."(롬 14:3) 나의 스승이 되신 나의 하나님, 이런 교훈을 나에게 가르쳐 주셨으니 당신께 감사와 찬양을 드립니다. 당신은 내 귀의 문을 두드리시고 내 마음을 비춰 조명해 주십니다. 모든 유혹에서 나를 구하소서.

내가 두려워하는 것은 불결한 음식이 아니라 불결한 내 욕심입니다. 노아는 음식으로 적합하다고 생각한 고기는 어떤 것이라도 먹었고, 엘리야도 고기를 먹었으며, 금욕주의자였던 세례 요한이 산 동물인 메뚜기를 잡아먹었어도 불결하게 되지 않았음을 나는 알고 있습니다. 그 반면에 에서는 팥죽 한 그릇이 먹고 싶어 속아넘어갔고, 다윗은 목말라 물을 찾는 자신을 꾸짖었으며, 우리의 왕이 되신 그리스도는 고기가 아닌 빵으로 시험을 받으셨음을 나는 알고 있습니다. 그러므로 광야에서 이스라엘 백성들이 꾸지람을 받은 것은 고기를 원해서가 아니고, 고기를 먹고 싶은 탐심에서 주님을 원망했다는 데 있었습니다

(47) 이와 같은 시험의 와중에서 나는 매일 이렇듯 먹고 마시고 싶은 탐욕과 싸우고 있습니다. 왜냐하면 이 탐욕은 단번에 끊어 버리고 다시는 만지지 않겠다고 결심할 수 있는 성욕과는 아주 다른 것이었기 때문입니다. 그러므로 나는 내 목구멍의 고삐를 너무 죄지도 않고 너무 늦추지도 않는 그 중간을 적절히 유지해야만 합니다. 주님, 그런데 자기의 필요한 한계선을 조금이라도 넘어가지 않은 자가 어디에 있습니까? 자기에게 필요한 한계선을 넘어가지 않는 자가 있다면 그 사람은 위대한 사람입니다. 그 사람은 그렇게 할 수 있다는 것에 대해 당신의 이름을 찬미해야 합니다. 그러나 나는 그러한 사람이 되지 못합니다. 그것은 나는 죄인이기 때문입니다. 그래도 나는 당신의 이름을 찬양합니다. 왜냐하면 세상을 이기신 그분(요 16:33)이 나의 죄를 위하여 당신께 간구하며(롬 8:34) 나를 그의 몸 된 교회의 약한 지체 중의 하나로 삼아 주셨기 때문입니다. 또한 당신의 눈은 내가 아직 형성되지 않았을 때도 나를 보고 계셨으며 (나의) 모든 것을 당신의 책에 기록해 두셨기 때문입니다.

32 장_ 육신의 정욕 : 후각의 유혹

(48) 향기의 유혹에 대해서 나는 그렇게 심히 염려하지를 않습니다. 향기가 없다고 해서 나는 그것을 찾지 않고, 향기가 있다고 해서 나는 그것

을 싫어하지도 않습니다. 나는 또한 그것이 전혀 없어도 살아갈 수 있는 준비가 되어 있습니다. 이것이 나의 견해입니다. 혹시나 내가 스스로 속고 있는 줄도 모릅니다. 왜냐하면 슬프게도 내 안에 있는 능력은 깊은 어둠에 싸여 있어 내 마음이 자신의 능력에 대하여 생각할 때도 쉽게 자신의 판단을 믿으려고 하지 않기 때문입니다. 또한 내 마음 안에 이미 있는 것도 거의 은폐되어 있어서 어떤 경험이 그것을 드러내지 않으면 나는 그것을 확실히 알 수 없기 때문입니다. 우리는 이처럼 시련이 계속되는 이 세상 생활에서 안도감을 갖고 살 수 없습니다. 그러기에 우리는 자신의 생이 나쁜 상태에서 좋아지게 될 때도 좋은 상태에서 나빠지게 되는 것이 아닌지 마음을 놓지 못합니다.

33 장_ 육신의 정욕 : 청각의 유혹

(49) 귀의 즐거움은 나를 더 강하게 매혹하여 붙들어 매놓고 있었습니다. 그러나 당신은 거기에서 나를 풀어놓아 주셨습니다. 사람들이 당신의 말씀으로 영감을 받아 지은 찬송을 잘 훈련된 목소리로 아름답게 노래하는 소리를 들을 때 나는 기쁨을 마음에서 느낍니다. 그러나 내가 그 노랫소리에만 매혹되어 발이 붙어 있을 정도는 아닙니다. 내가 노래를 듣다가도 원하면 언제나 일어나 그 자리를 떠날 수 있습니다. 그럼에도 불구하고 때로는 노랫소리의 생명이 되는 그 말씀(성구)과 함께 그 노랫소리도 내 마음 안으로 들어와 거기에서 말씀보다 더 높은 위치를 차지하고자 합니다. 그러기에 그 노랫소리에 적절한 위치를 마련해 주기가 그렇게 쉽지 않습니다.

당신의 말씀이 노래로 잘 불릴 때는 그렇지 않을 때보다 내 마음이 더 헌신적으로, 더 열정적으로 신앙의 불길에 타오르게 되어, 나는 그 노래에 과분한 자리를 내주는 듯하기도 합니다. 내가 관찰하기에는 노랫소리에 있는 어떤 양상이 내 마음의 여러 가지 감정의 양상과 상관 관계를 가지고 있어서 내가 알지 못하는 은밀한 방법으로 내 감정을 고무시키는 듯합니다. 그러나 내 마음은 이 육체적 즐거움에 의하여 약화되어 오도가 되지 않도록 해야 합니다. 왜냐하면 육체의 감각은 마음을 돕는다는 이유로 안으로 한번 들어오면 마음의 지시를 받아 참을성 있게 그 뒤를 따르려고 하기보다는 오히려 앞에 서서 마음을 인도하려고 하기 때문입니다. 이런 경우에 나는 무의식적으로 죄를 짓게 됩니다. 그러나 후에야 나는 그것을 의식하게 됩니다.

(50) 그러나 때로는 내가 이러한 시험을 너무 두려워한 나머지 지나치게 엄격해져 버린 실수를 범하기도 합니다. 이럴 때 나는 다윗의 시를 노래로 부르는 모든 찬송이 내 귀에서뿐만 아니라 온 교인들의 귀에서도 사라졌으면 좋겠다고 원하기까지 합니다. 그럴 때 가장 안전한 길은 언젠가 내가 들은 바 있었던 알렉산드리아(Alexandria)의 감독이었던 아타나시우스(Athanasius)의 충고를 따르는 것입니다. 그는 시편을 낭독한 사람으로 하여금 소리의 굴곡을 적게 하여 말을 하는 것처럼 소리내게 한 것입니다. 그러나 나는 내가 믿음을 회복했던 첫날에 교인들의 찬송 소리를 듣고 울었던 일을 기억하고 있습니다.

나는 지금도 교인들이 확실한 음성과 적절한 곡조로 찬송을 부를 때 그 노래의 음성 자체보다는 부르는 가사(말씀)의 뜻에 깊은 감명을 받고 있습니다. 이렇게 보면 교회 안에서 찬송을 부르는 관습이 대단히 유익함을 나는 시인합니다. 그러므로 나는 (찬송의) 위험한 감각적인 즐거움과 내 신앙의 경험 사이에서 결정적인 의견을 내놓지 못한 채 망설이고 있습니다.[22]

그러나 마음이 약한 자들이 귀의 즐거움을 통해서 경건의 감정으로 자극을 받도록 교회 안에서 찬송 부르는 옛 관습을 허락하는 편으로 나는 쏠리게 됩니다. 그럼에도 불구하고 내가 혹시 찬송의 가사의 뜻보다는 찬송 부르는 노랫소리 자체에 의하여 감명을 더 받을 때는 슬퍼해야 할 죄를

22) 그 당시 북아프리카 교회는 예배를 드릴 때 찬송을 불러야 하는지, 그리고 찬송을 부른다면 어떤 찬송을 불러야 하는지에 대하여 상당한 논쟁이 있었던 것 같다. 어거스틴은 양극단의 주장을 반대한다. 한편으로는 예배드릴 때 음악이나 조각품이나 그림 같은 것은 예배자들의 마음을 헷갈리게 하기 때문에 제거해야 한다는 주장도 반대하고, 다른 편으로는 음악, 조각, 미술 등이 예배의 수단이 되지 않고 목적이 되어 진정한 예배의 정신을 저해하게 한 것도 반대한다. 참고: **고백록** 9, 6, 14 ; 9, 7, 15.

짓고 있는 것입니다. 그럴 때는 내가 오히려 그 찬송 부르는 것을 듣지 않았더라면 더 좋을 뻔했다는 생각을 갖기도 합니다.

내가 지금 어느 상태에 있는지 보시옵소서. 자기 마음에 선한 마음을 품고 선한 행동을 하는 이들이 있으면 그들로 하여금 나와 함께 나를 위해 울어 주게 해주소서. 이러한 마음을 품고 있지 않은 자들은 내가 무슨 말을 하는지 이해 못할 것입니다. 오, 나의 주 하나님, 나를 굽어보시고 내게 귀를 기울이소서. 나를 불쌍히 보시고 치료해 주소서. 당신이 아시다시피 나는 내 자신에게 문제가 되었으니 이것이 내가 괴로움을 당하고 있는 하나의 병이옵니다.

34장_ 육신의 정욕 : 시각의 유혹

(51) 이제 나는 내 육신의 눈을 통하여 들어오는 쾌락에 대해서도 당신에게 고백합니다. 당신의 성전의 귀, 즉 사랑스럽고 경건한 교인들의 귀가 이 고백도 듣도록 하여 주소서. 이것으로 나는 육신의 정욕에서 오는 유혹에 대한 나의 고백을 끝맺으려고 합니다. 이 유혹은 "탄식하며 하늘로부터 오는 우리 처소로 덧입기를 간절히 사모하는"(고후 5:2) 나를 아직도 괴롭히고 있습니다. 나의 눈은 여러 가지 아름다운 형체와 밝고 부드러운 색깔을 좋아합니다. 그러나 이것들이 내 영혼을 주관하지 못하게 하소서. 이 모든 것을 아주 좋게 만드신 당신만이 내 영혼을 맡아 주관하여 주소서.

당신만이 나의 선(좋으심)이시요, 그것들은 아닙니다. 그러나 이 눈의 즐거움은 내가 눈을 뜨고 있는 한 언제나 나에게 영향을 주고 있습니다. 나는 때때로 노랫소리나 다른 소리가 들리지 않는 고요함 속에서는 쉴 수가 있는데, 보이는 것들로부터는 내가 쉬지 못합니다. 채색의 여왕이라고 말할 수 있는 빛은 내가 다른 일에 골몰하여 그것을 의식 못할 때도 보이는 모든 것에 비추어 낮에는 내가 어디에 있든지 여러 가지 모양으로 나를 유혹합니다. 그 빛이 내게 주는 영향이 너무 강하기 때문에 나는 그것이 갑자기 없어지면 그리워 찾게 되고 오랫동안 없게 되면 내 마음이 우울해집니다.

(52) 눈먼 토비아(Tobia)가 보았던 빛이시여, 그가 눈이 어두워 보지 못했어도 자기 아들에게 생명의 길을 가르쳤으며, 사랑의 발길로 그를 앞서서 인도했으며, 걸어갈 때도 길을 잃지 않았습니다.(토비아 2—4) 이삭이 보았던 빛이시여, 그는 나이가 많아 육신의 눈이 흐려서 누가 누구인지를 모르고 자기의 두 아들을 축복했습니다. 그러나 그는 그들을 축복하는 도중에 그들을 구별하는 능력을 얻었습니다.(창 27:1) 야곱이 보았던 빛이시여, 그가 늙은 나이로 인해 눈이 어두워졌으나 그의 마음은 조명을 받아 그의 자식들로부터 태어나게 될 족속들을 미리 보았던 것입니다. 그리하여 야곱은 요셉의 두 아들을 축복할 때 묘하게도 손을 바꾸어 오른손은 작은 아들에게 왼손은 큰아들에게 얹었습니다. 요셉이 이를 보고 손의 위치를 바꾸어 얹었다고 고쳐 주려고 하여도 야곱은 자기 안에서 비치는 빛에 의하여 그들이 장차 어떻게 될 것을 식별했던 것입니다.(창 48장) 이 빛이 참다운 빛입니다. 이 빛은 하나이기 때문에 이 빛을 보고 사랑하는 사람들은 하나가 됩니다.

그러나 내가 방금 말한 바 있는 물질적인 빛은 그것을 맹목적으로 사랑하는 사람들의 현생활을 위험스러운 화려함으로 매혹을 합니다. 그렇지만 그 빛을 주신 당신을 찬양할 줄 아는 자들은 "만물을 창조하신 하나님"(Deus, creator omnium, 9권 12장 참고)이라는 찬송에 그것을 끌어들여 당신을 찬양하고 결코 영혼의 잠에 끌려들어 가지 않습니다. 나는 그러한 사람이 되고 싶습니다. 내가 당신의 길을 걸어가다가 내 발이 시각의 유혹의 그물에 걸려 넘어지지 않도록 나는 그 유혹을 물리칩니다.

그리고 내 발이 그물에서 벗어나도록 내 영혼은 그 눈을 들어 당신을 바라봅니다.(시 25: 15) 내 발은 자주 그 그물에 걸려들기 때문에 당신은 늘 내 발을 그 그물에서 빼내 주십니다. 내가 이처럼 계속 내 주변에 놓여 있는 그물에 걸려듭니다만 당신은 계속 내 발을 거기에서 빼내 주십니다. 진실로 이스라엘을 지키시는 자는 졸지도 않고 주무시지도 않으십니다.(시 121:4)

(53) 사람들은 눈의 즐거움(쾌락)을 위하여 수없는 물건을 여러 가지 기술과 재간으로 만들어 냅니다. 즉 그들은 옷, 신발, 도자기, 기타 필수

품 등, 그리고 그 외에도 그림을 그리고 조각품을 만들어 냅니다. 이렇게 만들어진 물건들을 보면 대개 도를 넘어 우리 생활에 필요하지 않든가, 적절하지 않든가, 혹은 경건 생활에 도움이 되지 않는 것들이 많습니다. 이렇듯 사람들은 눈의 즐거움을 위해서 이런 것들을 더 만들어 내놓고 있습니다. 그들은 밖으로는 자기들이 만든 물건들을 좇아 살고 있고, 안으로는 자기들을 만드신 창조주를 떠남으로써 창조주가 그들 안에 만들어 놓으신 본래적인 삶을 파괴하고 있습니다. 내 아름다움이 되신 나의 하나님, 그러나 나는 이것들로 인하여 당신께 찬송을 부르며 나를 성화시키시는 당신께 감사와 찬양의 제사를 드립니다. 왜냐하면 예술가들의 영혼을 통해 그들의 손으로 전달되어 이룩된 그 아름다운 형상도 실은 그 영혼 위에 존재한 최고의 아름다움에서 온 것이기 때문입니다. 나는 이 최고의 아름다움을 갈망하며 밤낮으로 한숨 쉬고 있습니다.

외모의 아름다움을 만들거나 추구하는 사람들은 바로 이 최고의 아름다움에서 그 판단의 기준을 찾습니다. 그러면서도 그 판단의 기준을 받아들여 그 아름다운 것들을 사용하려고 하지는 않습니다. 그 판단의 기준이 거기에 있는데도 그들은 그것을 보지 못합니다. 만일 보았다면 그들이 그 판단의 기준에서 떨어져 나가 길을 잃지 않았을 것이고, 당신을 위해 간직해 둔 그 힘을 피곤하게 하는 쾌락에 탕진하지 않았을 것입니다. 그러나 이렇게 말하고 이렇게 알고 있는 나 자신의 발도 낮에는 외모의 미에 걸려 있습니다. 주님, 그러나 당신이 나를 빼내어 주실 것입니다. 당신이 나를 빼내어 주실 것을 알고 있습니다. 그것은 당신의 인자하심이 내 목전에 있기 때문입니다.(시 26:3) 내가 가련하게 그물에 걸려 있으면 당신의 인자하심은 나를 구해 주십니다. 때로는 당신이 구해 주셨어도 그것을 의식 못하기도 합니다. 그것은 내 발이 조금 걸렸다가 구조되었기 때문입니다. 때로는 당신이 구해 주실 때 내가 아픔을 느끼기도 합니다. 그것은 내가 깊이 빠져 있다가 구조되었기 때문입니다.

35장_ 안목의 정욕 : 호기심의 유혹

(54) 이런 유혹 이외에도 다른 유혹이 있습니다. 이것은 내가 이때까지 언급한 것보다 더 위험합니다. 육신의 정욕은 모든 감각의 즐거움과 쾌락의 추구를 충족시켜 주려고 합니다. 만일 사람들이 그것의 노예가 되면 그들은 당신으로부터 멀리 떨어져 나와 망하게 됩니다. 이것 이외에도 우리에게는 다른 유혹이 있으니 그것은 우리 영혼이 육욕의 쾌락을 얻으려고 하기보다는 감각을 통하여 어떤 경험을 얻으려고 하는 허망한 호기심입니다. 이 호기심은 학문과 지식이라는 미명의 가면을 둘러쓰고 있습니다. 그런 지식은 주로 오관 중에서도 눈을 통해서 얻어지는 것이므로 성서에서는 이것을 가리켜 "안목의 정욕"(요1 2:16)이라고 부릅니다. 왜냐하면 '본다'는 것은 특별히 눈의 기능이지만 우리가 다른 감각기관을 통하여 지식을 획득하는 경우에도 이 '본다'는 단어를 적용해 쓰기 때문입니다.

그래서 우리는 '얼마나 번쩍이는지 들어라', '얼마나 환한지 냄새 맡아라', '얼마나 빛나는지 맛보아라' 혹은 '얼마나 번쩍이는지 만져라'고 말하지 않습니다. 우리는 이 모든 경우에 '보다'라는 동사를 써서 말합니다. 따라서 우리는 눈으로 볼 수 있는 것에 한하여만 '얼마나 빛나는지 보라'고 말하지 않고, 넓혀서 '어떻게 들리는지 보라', '어떠한 냄새가 나는지 보라', '얼마나 단단한지 보라'고 말합니다. 그러기에 내가 위에서 말한 바와 같이 감각적인 경험을 통틀어 '안목의 정욕'이라 말하는 것입니다. 왜냐하면 '본다'는 것은 주로 눈의 기능에 속하는 것이지만 다른 감각들이 지식을 획득하는 데 관계되어 있을 때는 우리는 유비(類比)를 써서 본다는 말을 다른 감각에도 적용해 말하기 때문입니다.

(55) 이 점에서 우리는 감각을 통해서 추구하는 쾌락과 호기심의 차이를 쉽게 구별할 수 있습니다. 쾌락은 보기 좋고, 듣기 좋고, 냄새 좋고, 맛 좋고, 부드러워 만지기 좋은 것을 추구하지만, 호기심은 새로운 경험을 얻으려는 것이 목적이어서 때로는 전자와 정반대의 방향으로 가기도 합니다.

물론 그것은 불쾌한 것을 경험하고자 하는 목적이 아니라 새로운 것을 탐색하고 발견해 보자는 욕구 때문입니다. 우리를 소름 끼치게 하는 만신창이가 된 시체를 보고 쾌감을 느낄 사람이 어디에 있습니까? 그러나 사람들은 그러한 시체가 근방에 놓여 있을 때는 호기심으로 가서 보고 놀라며 슬퍼합니다. 그들은 누군가에게 강제로 끌려가서 그 광경을 보고 놀라는 것처럼, 혹은 누가 잘못 전하는 소문을 듣고 미관을 보러 간 줄 알고 갔다가 그 광경을 보고 놀라는 것처럼, 꿈결에서라도 그런 광경을 볼까 두려워합니다. 그래도 그들은 알아보고자 하는 호기심에서 가 보는 것입니다. 이런 경우는 다른 감각에도 마찬가지입니다. 그런 예를 들자면 한이 없습니다.

바로 이 호기심 때문에 극장에서는 괴상한 광경의 장면을 사람들에게 보여 주며, 이 호기심 때문에 사람들은 자기들의 생활에 관계없는 자연의 비밀마저 알아보려는 것입니다. 그러한 것은 우리 인간에게 아무 도움도 주지 않지만 사람들은 다만 아는 그 자체를 목적으로 알려고 하는 것입니다. 또한 사람들은 무엇을 알려고 하는 그릇된 호기심 때문에 마술도 추구합니다. 이런 경향은 종교 생활에까지 영향을 미쳐서 사람들은 기사와 이적을 보여 달라고 하나님을 시험합니다. 그들이 이렇듯 하나님께 간구함은 그들 자신들의 구원을 목적으로 그러한 것이 아니라 다만 기사와 이적을 보고자 하는 욕구에서 하는 것입니다.

(56) 내 구원의 하나님이여, 이와 같이 함정과 위험이 많은 끝없는 광야에서 나는 당신의 은혜를 힘입어 많은 유혹을 내 마음에서 잘라 내고 밀쳐 냈습니다. 그러나 이런 종류의 많은 시험은 아직도 내 생활의 주변에서 와글거리고 있으니, 내가 어찌 그것들에게 흥미를 갖도록 자극을 받지 않는다고, 또는 그것들을 탐하는 욕구가 없다고 감히 말할 수가 있습니까? 물론 이제는 극장도 나의 흥미를 끌지 못합니다. 나는 이제 점성술 연구에도 관심이 없으며, 귀신들에게 내 운명을 물어보지도 않고, 신성모독의 모든 종교적인 의식을 좋아하지 않는 것만은 사실입니다.

내가 겸손과 충성을 다 바쳐서 섬기는 나의 주 하나님, 그러나 나의 원수는 온갖 흉계와 암시로 나를 죄어 당신에게 어떤 기적을 구하라고 합니다. 우리의 왕이 되신 그리스도와 순결하고 정결한 우리 본향, 예루살렘의 이름으로 구하오니 내가 그러한 생각에 동의하려는 가능성을 나에게서 아주 멀리, 더 멀리 떠나게 하소서. 그러나 내가 다른 사람의 구원에 대하여 당신께 구할 때는 나의 구하는 목적이 아주 다릅니다. 당신은 당신이 원하신 대로 하시오니 나에게 은혜를 주시어 즐거이 당신의 뜻을 따라가도록 도와주소서.

(57) 그러나 우리의 호기심이 매일 여러 가지 사소하고 쓸데없는 것들에 의해 시험을 받는 경우가 얼마나 많습니까? 그리고 그 시험에 빠져 들어가는 경우가 얼마나 많습니까? 때때로 사람들은 쓸데없는 말을 우리에게 합니다. 그때(주의를 주고 싶으나) 혹시나 마음이 약한 자들을 기분 상하게 할까 염려하여 우리는 처음에는 그런 말을 듣기 싫어도 꾹 참고 들어줍니다. 그러다가도 나중엔 점점 우리는 그런 말을 듣기 좋아하게 되는 때가 얼마나 많습니까? 이제는 내가 경기장에 가서 개가 토끼를 쫓는 구경을 하지 않습니다. 그러나 길을 가다가 우연히 들에서 그와 같은 광경을 보게 되면 나는 심각한 생각을 하다가도 쉽게 마음의 주의를 그쪽으로 향하게 됩니다. 물론 내가 타고 가는 말의 머리를 그쪽으로 돌리지는 않지만 내 마음의 경향이 그쪽으로 기웁니다. 당신께서 나에게 나의 약함을 알게 하시고 경종을 울려 내 생각을 그 광경에서 돌려 당신께로 향하도록 해주시지 않는다면 혹은 내가 그 광경을 전혀 무시하고 당신의 길을 가도록 해주시지 않는다면 나는 그 곳에 마음이 팔려 멍하니 서 있을 것입니다.

내가 집에 앉아 있을 때 도마뱀이 파리를 채서 먹는 것이나 파리가 거미줄에 걸렸을 때 거미가 그것을 둘러 감는 것을 봅니다. 여기에 관련된 동물들은 다 작습니다만 호기심을 일으켜 내 주의를 끄는 것은 여전합니다. 나는 그런 광경을 보고 모든 것을 오묘하게 창조하시고 질서 지어 다스리시는 당신을 찬양하게 됩니다. 그러나 내가 처음에 이런 광경을 보자마자 당신을 찬양하고자 하는 생각을 갖게 된 것은 아닙니다. 내가 넘어졌다가 곧바로 일어난 것은 처음부터 넘어지지 않은 것과 전혀 다릅니다. 나의 생은 이런 것들로 가득 차 있으니 나의 유일한 희망은 오로지 당신의 자비뿐입니다. 내 마음이 이런 것들을 받아들이는 창고가 되고, 수없는 헛된 것들로 가득 차 눌려 있을 때 우리의 기도는 곧잘 방해를 받고 헷갈리게 됩니다. 우리가 당신의 면전에서 마음의 소리를 당신의 귀에 여쭐 때도 어디서 왔는지 모르는 쓸데없는 생각이 내 마음에 들어와 이와 같은 중요한 나의 기도를 단절시키기도 합니다.

36장_ 이생의 자랑 : 교만의 유혹

(58) 우리는 이런 일을 그렇게 중요하지 않은 것이라 생각하며 무시해 버리고 지나갈 수 없습니다. 이제 당신이 우리를 변화시키기 시작했으니 우리가 잘 알고 있는 당신의 자비 외에는 다른 소망이 없습니다. 당신이 나를 얼마나 변화시켜 주셨는지 당신은 이미 잘 알고 계십니다. 당신은 내 모든 죄악을 사하시며, 그 모든 병을 고치시며, 내 생명을 파멸에서 구속하시고 인자와 긍휼로 관을 씌우시며, 좋은 것으로 내 소원을 만족케 하시기 위해(시 103:3—5) 먼저 내가 자신을 변명하려는 내 주장의 병을 고쳐 주셨습니다. 나에게 당신을 두려워하는 마음을 주사 내 교만을 꺾으셨고 내 목을 길들여 당신의 멍에를 메도록 하셨습니다. 지금 내가 그 멍에를 메고 있습니다. 그 멍에는 쉽고 가볍습니다. 그것은 당신이 그렇게 약속하셨고 또한 그렇게 되도록 역사하셨기 때문입니다. 진실로 그 멍에는 가벼웠는데 나는 그때 그것을 알지 못해 멍에를 메기를 두려워했습니다.

(59) 오, 주님, 당신만이 모든 것을 교만이 없이 다스리십니다. 그것은 당신 이외에 다른 주님이 없는 참 주님이시기 때문입니다. 내가 이제 묻사오니 이 세 번째의 유혹이 나에게서 떠나갔습니까? 그렇지 않으면 언젠가 내 생전에 아주 떠나가 버릴 때가 있겠습니까? 그 유혹이란 사람들이 나를 두려워하고 사랑해 주기를 바람으로써 어떤 즐거움을 누리려고 하는 욕구입니다. 그러나 그것이 어찌 참 즐거움이 되겠습니까? 그것은 오히려 비참한 생이요, 추잡한 허식밖에 안 됩니다. 바로 이런 이유 때문에 사람들은 당신을 순수하게 사랑하거나 두려워하지를 못합니다. 그러므로 당신은 교만한 자를 대적하시고 겸손한 자들에게 은혜를 주십니다.(벧전 5:5) 또한 당신은 세상의 권력욕에 벼락을 치시고 산의 터를 흔들어 놓으십니다.(시

18:7, 13)

그러나 인간 사회에는 직책이 있기 마련이고 사람들은 그 직책 맡은 사람들을 두려워하고 좋아하게 됨은 당연한 일입니다. 하지만 바로 그것 때문에 우리의 참된 행복을 해치는 원수는 우리에게 가까이 와서 '잘했다. 잘했다' 라는 칭찬의 덫을 우리 주위에 많이 펴놓습니다. 그러면 우리는 그 칭찬의 말을 좋아서 듣다가 알지 못하는 사이에 그 덫에 걸려들어 당신의 진리에서 즐거움을 찾으려고 하지 않고 사람들의 위선에서 그것을 찾으려고 하는 것입니다. 이리하여 우리는 '당신을 위해서' 가 아니고 '당신 대신' 에 사람들이 우리를 두려워하고 사랑해 주기를 좋아합니다. 이러한 방법을 통하여 우리의 원수는 사람들을 자기와 같은 자로 만들어 소유하게 되며 사랑 안에서 연합하게 하기보다는 같이 벌을 받는 도당들이 되게 합니다. 또한 저 원수는 자기의 보좌를 북쪽(사 14:12-14)에 이룩해 놓고 부당하고 왜곡된 방법으로 당신을 모방하면서 춥고 어두운 백성들로 하여금 자기를 섬기도록 만들려고 합니다.

주님, 우리는 당신의 적은 무리들입니다. 우리를 당신의 것으로 삼아 주소서. 당신의 날개를 우리 위에 펴사 우리로 하여금 당신의 날개 밑에서 피난처를 찾게 하소서. 당신만이 우리의 영광이 되어 주소서. 우리가 사람들로부터 사랑을 받되 당신을 위해서 받게 하시고 우리 안에 당신의 말씀을 두려워하는 마음을 갖게 하소서. 당신이 좋게 여기시지 않으신다면 누가 사람들로부터 칭찬을 받고자 하겠습니까? 당신이 사람을 심판하시면 아무도 그를 변호할 수 없습니다. 당신이 사람을 정죄하시면 아무도 그를 구원할 수 없습니다. 죄인이 자기의 욕구대로 칭찬을 받는 일이 없으며 악을 행하는 자가 축복을 받는 경우가 없습니다.

그러나 사람들은 보통 당신이 어떤 사람에게 주신 선물(재능)을 보고 그를 칭찬합니다. 이 경우에 만일 그 사람이 당신에게서 그 선물을 받은 것에 대해 즐거워하기보다 사람들이 칭찬하는 것을 더 즐거워하면 그 사람은 사람들에게서는 칭찬을 받지만 당신에게서는 비난을 받습니다. 그럴 때는 그를 칭찬하는 사람들이 칭찬을 받는 사람보다 훨씬 낫습니다. 왜냐하면 전자는 그 사람에게 주신 하나님의 선물을 좋아하지만 후자는 하나님이 주신 것보다 사람들이 준 것을 더 좋아하기 때문입니다.

37 장_ 이생의 자랑 : 칭찬을 받고자 하는 유혹

(60) 주님, 우리는 이런 유혹으로 인해 매일 시험을 받고 있습니다. 아니, 우리는 끊임없이 이 시험을 받고 있습니다. 우리가 매일 시련을 받고 있는 도가니는 인간의 혀입니다.(잠 27: 21) 이 점에 대해서도 당신은 우리에게 절제를 명하십니다. 당신이 명하신 것을 (행할 수 있도록 해)주시고 당신이 원하시는 것을 명하소서. 내가 이런 일로 인해 얼마나 괴로워하고 눈물을 흘리며 당신께 애원하는지 당신은 아십니다. 내가 어느 정도 이 질병으로부터 깨끗함을 받았는지 알아내기가 그리 쉽지 않습니다. 그래서 당신은 알고 계시지만 나는 알지 못하고 있는 그 은밀한 죄를 나는 심히 두려워합니다. 나는 다른 종류의 유혹에 대해서는 어느 정도 자신을 성찰하고 제어할 수 있는 능력을 가지고 있습니다. 그러나 이 유혹을 제어할 수 있는 능력은 거의 가지고 있지 않습니다.

다시 말하면 육체의 쾌락을 추구하는 것과 무엇을 알아보려는 헛된 호기심은 내가 그런 유혹들을 의도적으로 피하던가 하여 나 자신이 어느 정도 제어할 수 있음을 알고 있습니다. 왜냐하면 나는 그때 그것이 없으면 내가 얼마나 좌절감을 갖게 되는지 그 정도를 스스로 물어볼 수 있기 때문입니다. 인간이 자기의 세 가지의 욕구(요1 2:16) 중 그 하나나 혹은 둘이나 혹은 셋 전부를 만족시키려고 재물을 원할 때도 마찬가지입니다. 그 재물을 가지고 있는 사람이 그것에서 초연한가 않은가를 알아보기 힘들 때는 일단 그것을 포기해 봄으로써 자신을 시험할 수 있습니다.

그러나 칭찬을 받지 않고도 지낼 수 있는 우리의 능력을 시험해 보려고 할 때 우리가 어떻게 하면 됩니까? 우리가 못된 생활이나 막된 생활을 하여 사람들이 우리를 싫어하도록 해봐야 합니까? 이렇게 말하고 행동하는 미친 짓이 또 어디에 있겠습니까? 그러나 칭찬은 보통 착한 생활이나 착한 행동에 수반되는 것이기 때문에 칭찬이나 착한 생활을 다 버릴 수 없습니다. 하지만 무엇이 없어서 내 기분이 상하는지 그렇지 않은지를 알려면 일단 그것이 나에게서 없어져 봐야 합니다.

(61) 오, 주님, 그러면 이 칭찬의 유혹에 대하여 내가 당신께 무엇을 고백하고 있습니까? 내가 남에게서 칭찬받기를 좋아하는 것만은 사실이나 칭찬보다는 진리를 더 좋아합니다. 그러므로 누가 나에게 묻기를 '네가 모든 일에서 미친 짓이나 잘못을 저질러도 사람들이 칭찬해 주기를 좋아하겠느냐, 그렇지 않으면 사람들이 비난을 해도 진리에 확신을 가지고 굳게 서 있기를 좋아하겠느냐?' 라고 한다면 내가 어떤 편을 택할 것이라는 것은 분명합니다. 그러나 사람들이 내 안에 있는 어떤 좋은 점을 보고 칭찬했다고 해서 내 즐거움이 증가되지 않기를 바랍니다. 솔직히 말하면 사람들이 나를 칭찬할 때 내 즐거움은 증가되고 비난할 때 내 즐거움은 감소됩니다. 내가 이러한 나의 비참한 형편에 대하여 슬퍼하고 있을 때 하나의 변명의 구실이 생각납니다. 그 구실이 얼마나 좋은 것인지는 당신이 아십니다. 나는 그것에 대해 잘 모르겠습니다.

당신은 우리들에게 절제뿐 아니라 정의도 같이 명하셨습니다. 즉 어떤 것에는 사랑을 억제하고 어떤 것에는 사랑을 (적절하게) 부여하라는 명령을 하신 것입니다. 그래서 당신은 우리들에게 당신을 사랑할 뿐 아니라 우리 이웃도 사랑해야 한다고 명하십니다. 따라서 종종 이웃이 나를 바로 이해하고 칭찬해 주어서 내 마음이 즐거울 때는 그가 가지고 있는 능력과 장래성에 대해서 나는 즐거워합니다. 반면에 이웃이 자기가 알지 못하는 것을 비난하거나 혹은 좋은 것을 비난하는 것을 들을 때 나는 그의 옳지 못한 행동을 보고 슬픔을 금치 못합니다.

때로는 이웃이 내가 불만스럽게 생각하는 내 성질을 칭찬하거나 또는 나에게서 썩 좋지 못하고 낮은 층에 속해 있는 선(善)한 것을 분수에 넘치게 높이 평가하여 칭찬하는 말을 들을 때 나는 슬픔을 금치 못합니다. 그러나 내가 이렇게 느끼는 것은 나를 칭찬해 주는 사람의 평가가 내 자신에 대한 나의 평가와 틀리지 않기를 원해서 그러는지 모릅니다. 내가 그렇게 느끼는 것도 그 사람의 이익을 위해서가 아니고, 내 안에 있는 어떤 좋은 것이 다른 사람을 즐겁게 해줄 때 그것으로 인해 내가 더 즐겁게 될 것이라고 생각하기 때문입니다. 어떤 면에서 내 자신의 자기 평가가 다른 사람에 의해 받아들여지지 않으면 내 자신이 칭찬을 받지 못한 것과 같습니다. 다시 말하면 내가 좋아하지 않는 것을 사람들이 칭찬하든가 혹은 내가 중요하지 않게 여기는 것에 중요한 가치를 부여하여 칭찬할 때 사실 그들은 나를 칭찬하는 것이 아닙니다. 그러므로 이 문제에서 나는 나 자신을 잘 모르고 있는 것이 아닙니까?

(62) 오, 진리이시여, 내가 칭찬을 받고 마음이 즐거울 때는 나 자신을 위해서가 아니라 내 이웃의 이익을 위해서 그래야 된다 함을 나는 당신 안에서 알고 있습니다. 그러나 사실 내가 그렇게 느끼고 있는지에 대해서는 나 자신도 확실히 모릅니다. 이것에 대해서는 당신이 나보다 나 자신을 더 잘 알고 계십니다. 오, 나의 하나님, 내가 바라오니 나 자신을 나에게 알게 해주시어 나를 위해 기도하는 형제들에게 나의 약점을 고백하게 하소서. 나로 하여금 나 자신을 더 자세히 성찰할 수 있게 하소서. (만일) 내가 칭찬을 받을 때 정말로 이웃의 이익을 위하여 내 마음이 즐겁다면 왜 내 이웃이 억울하게 욕을 먹을 때는 내가 욕을 먹을 때보다 마음이 덜 흥분합니까? 우리가 똑같이 잘못하여 같이 현장에서 욕을 먹을 때도 왜 나는 이웃이 욕을 먹을 때보다 내 자신이 욕을 먹을 때 더 흥분하는 것입니까? 내가 이것도 잘 모른다고 하겠습니까? 혹시나 내가 아직도 나 자신을 속이고 당신의 면전에서 내 혀와 마음으로 진실을 말하지 않고 있는 것이 아닙니까? 주님, 내 입에서 나오는 말이 '죄인의 기름' 이 되어 내 머리를 번지르르하게 만들지 못하도록 이런 거짓을 나에게서 멀리해 주소서.

38 장_ 이생의 자랑 : 허영심의 유혹

(63) 나는 가난하고 궁핍합니다.(시 109:22) 그러나 내가 나 자신에 대하여 불만을 느끼고 은밀히 신음하며 당신의 자비를 구하면 나는 좋아질 것입니다. 그러면 나의 결점은 고쳐지고 온전히 치료가 되어 교만한 자의 눈이 보지 못하는 평안에 드디어 이르게 될 것입니다. 그러나 우리들의 입에서 나온 말과 사람들에게 알려진 우리들의 행동에는 사람들로부터 칭찬을 받고자 하는 위험한 유혹이 깃들여 있습니다. 그러기에 칭찬을 좋아하는 자는 자기 개인의 우수성을 내세우기 위하여 사방으로 돌아다니면서 거

지가 동냥을 구하듯이 다른 사람들로부터 칭찬을 구걸하고 수집합니다. 이렇듯 칭찬받기를 좋아하는 허영의 유혹은 내가 속으로 그것을 꾸짖을 때도 나를 시험합니다. 아니, 내가 그것을 꾸짖는다는 그 자체 속에 남에게서 칭찬을 받고자 하는 허영의 유혹이 작용하고 있습니다. 왜냐하면 인간은 자기의 허영을 꾸짖는 일 그 자체에서 자기를 헛되이 자랑하고 있기 때문입니다. 그러므로 이 경우에 인간은 자기를 자랑하는 허영을 실제로 꾸짖는 것이 아닙니다. 왜냐하면 인간은 자기가 자랑하는 것을 경멸하지 않기 때문입니다.

39장_ 이생의 자랑 : 자기 만족의 유혹

(64) 우리 마음 안에는 같은 유혹에서 일어나는 다른 종류의 악이 또 도사리고 있습니다. 이것은 자기 만족(사랑)에 도취된 사람들의 허영입니다. 그들은 다른 사람들이 좋아하거나 싫어하는 것에 관심이 없을 뿐 아니라 남을 좋아하려고 하지도 않습니다. 그러나 그들은 자기 자신들을 좋아함으로써 당신을 심히 노엽게 하는 자들입니다. 여기에서 그들의 잘못은 좋지 않은 것을 좋은 것처럼 즐기는 데 있을 뿐만 아니라, 당신께서 주신 좋은 것을 마치 자기들의 것인 것처럼 생각하는 데 있습니다. 또한 그들의 잘못은 당신께서 주신 것을 마치 자기들이 받을 만한 공로가 있어서 받은 것처럼 생각하거나, 혹은 당신의 은혜로 그것을 받은 줄 알면서도 다른 사람에게 주신 당신의 은혜를 질투하며 그들과 함께 즐길 줄 모르는 데 있습니다. 이와 같은 모든 위험과 신고 속에서 내 마음이 떨고 있는 것을 당신은 보시고 계십니다. 나는 이런 것으로 인해 어려움을 받지 않기를 원하기보다는 오히려 당신의 은혜로 고침을 받기 원합니다.

40 장_ 6–39장의 요약 : 인간의 비참과 하나님 안에서의 기쁨

(65) 당신이 어디인들 나와 동행하지 않으신 적이 있었습니까? 내가 이 땅에서 볼 수 있는 모든 것들에 대하여 당신께 아뢰고 당신의 뜻을 구할 때 당신은 나와 동행하시면서 내가 무엇을 원하고 무엇을 삼가야 할 것임을 가르쳐 주셨습니다. 나는 외적 감각을 통하여 할 수 있는 한 이 세상을 두루 살펴보고 내 육체의 생명과 내 감각 자체까지도 관찰해 보았습니다. 거기서 나는 내 기억의 깊은 방 속으로 들어가 보았습니다. 그 안에는 넓은 방들이 많이 있었고, 그 방들은 놀랍게도 셀 수 없이 많은 것들로 가득 차 있었습니다. 나는 그것들을 보고 깜짝 놀라 서 있었습니다. 왜냐하면 나는 거기서 그것들 중 어느 것도 당신 자체는 아니지만, 당신의 도움 없이는 그것들 중 어느 하나도 식별할 수 없음을 알게 되었기 때문입니다.

나는 이 모든 것을 관찰하며 그것들을 가치의 계층에 따라 구별하고 평가해 보려고 노력했습니다. 그들 중 어떤 것들은 내가 육체의 감각을 통해 보고를 받은 그대로 받아들여진 것들이었습니다. 또 어떤 것들은 나 자신과 밀접히 관련되어서 나는 그것들을 깊이 관찰해 보았습니다. 나는 또한 나에게 보고해 주는 여러 가지 감각(보고자)을 살펴보고, 식별해 보기도 했습니다. 때로는 내 기억의 넓은 창고에 간직되어 있는 여러 가지 것들을 고찰하며 그중 어떤 것은 저장해 두고 어떤 것은 꺼내 보기도 했습니다. 그러나 이런 일을 하는 나나, 이런 일을 할 수 있는 나의 능력은 진리이신 당신이 아니었습니다. 당신은 다함이 없는 영원한 빛이시므로 나는 이 모든 것들에 대하여 그들이 사실 존재하는지, 그들의 본질이 무엇인지, 그들의 가치가 무엇인지 당신에게 물어 보았습니다. 그때마다 나를 가르치시고 명령하시는 당신의 말씀을 나는 들었습니다.

나는 자주 이렇게 모든 것을 살피고 당신께 여쭈어 보는 것에서 하나의 기쁨을 느낍니다. 그러므로 나의 일과중에 쉴 수 있을 때마다 이와 같은 기쁨을 찾습니다. 그러나 내가 이렇게 당신께 여쭈어 보며 살피고 있는 이 모든 것들에는 내 영혼이 안주할 수 있는 장소가 없습니다. 오직 당신 안에만 내 영혼이 쉴 수 있는 장소가 있습니다. 그러므로 흩어진 내 자신을 당신 안에서 하나 되게 거두어 모아 주시고,[23] 나의 어떤 부분도 당신을 떠나지 말게 하소서. 때로는 당신이 내 안에 역사하셔서, 나로 하여금 평상시와 다른 경험, 즉 말로 다할 수 없는 기쁨을 경험하게 하십니다. 그러한 경험이 나에게서 계속(완성)이 된다면 그것은 이 세상에서 경험할 수 있는 것이 아닐 것입니다. 그러나 나는 자신의 비참한 무게에 눌려 평상시의 일에 다시 떨어져 내려와 나의 옛 습관에 다시 사로잡히게 됩니다.[24] 내가 그것에서 벗어나려고 그렇게 슬피 울어도 나는 여전히 그것에 붙잡혀 있습니다. 이럴 정도로 습관의 힘은 나를 억누르고 있습니다. 나는 이러한 상황 속에서 머물러 있는 것입니다. 그러나 나는 여기에 머물러 있기 싫습니다. 달콤한 맛을 맛본(경험한) 그 곳에 내가 머물러 있고 싶습니다. 그러나 내가 원한다 해도 나는 그렇게 할 수가 없습니다. 그러므로 나는 이러나 저러나 비참한 존재일 뿐입니다.

41 장_ 진리와 거짓

(66) 그러므로 나는 내 죄의 병을 세 가지의 정욕(요1 2:16)에 비추어 생각해 보면서 당신의 오른손이 나를 구해 주시기를 부르짖었습니다. 내가 상한 마음으로 당신의 광채를 보았을 때, 나의 눈은 부시어 보지 못하고 격퇴되었습니다. 그때 나는 소리 지르기를 "누가 저기로 올라갈 수 있습니까?" 나는 "주의 목전에서 끊어졌다."(시 31:22)고 말했습니다. 당신은 모든 것을 다스리시는 진리 자체이십니다. 나는 내 욕심 때문에 진리이신 당

---

23) 흩어진 자신의 혼을 모아 하나 되게 해주시라는 어거스틴의 기도는 여러 곳에서 언급되어 있다.(**고백록** 1, 3, 3 ; 2, 1, 1 ; 10, 29, 40 ; 11, 29, 39)

24) 하나님 안에서 말로 표현할 수 없는 기쁨을 순간적으로(가끔) 경험했다가 옛 습관으로 인해 다시 일상성의 생활로 전락하게 된다는 내용은 **고백록** 7, 17, 23(밀라노에서의 신비체험) ; 9, 10, 23－25(오스티아에서의 신비체험) ; 10, 27, 38에서도 언급되어 있다.

신을 놓고 싶지 않았습니다. 그러나 동시에 나는 거짓도 놓고 싶지 않았습니다. 그래서 나는 당신과 거짓을 동시에 소유하고 싶었습니다. 그것은 진리를 알면서 거짓말을 하는 것과 같은 것이었습니다. 그리하여 나는 당신을 잃어버리고 말았습니다. 왜냐하면 (진리이신) 당신은 거짓과 함께 소유되기를 원치 않으시기 때문입니다.

42 장_ 거짓 중보자

(67) 누가 나를 당신께 화해시킬 수 있겠습니까? 하늘의 천사들에게 부탁을 해야 합니까? 어떤 기도를 올려야 합니까? 어떤 종교 의식을 행하여야 합니까? 내가 듣기로는 많은 사람들이 당신께 돌아가려고 했으나 자기들의 힘으로는 할 수가 없어 이런 방법을 시도해 봤다는 것입니다. 그러나 그 결과로 주어진 보수는 그들이 이상한 환상이나, 착각으로 빠져 들게 되었다는 것입니다. 그들은 스스로 높다 하여 가슴을 치기보다는 앞가슴을 내밀며 학문의 교만에서 당신을 찾으려 했던 것입니다. 그러다가 그들은 교만의 동역자요, 공모자인 "공중의 권세 잡은 자" (엡 2:2)들을 자기들에게로 끌어들였습니다. 그들이 순화되기 원하여 중보자를 찾았으나 그를 찾지 못하고 오히려 권세 잡은 자들에 의해 마술로 속기만 했습니다.[25)] 그들이 찾은 것은 중보자가 아니고 광명의 천사로 가장한 악마였습니다.(고후 11:14) 그 사탄은 육체가 없었으므로 그들의 교만한 육체를 더 유인했던 것입니다.

화해를 필요로 하는 그들은 죽을 수밖에 없는 죄인들입니다. 그러나 주님, 화해를 하시는 당신은 불멸하시고 죄가 없으십니다. 그러므로 하나님과 인간을 화해시킬 중보자는 (한편으로는) 하나님과 같아야 하고, 동시에 (다른 편으로는) 인간과도 같아야 합니다. 만일 그렇지 않고 그분이

25) 신플라톤주의자들 중에는 종교적인 의식에 의한 신들과의 접촉을 통해 자신들의 영혼을 순화하여 신비적인 체험을 얻고자 했던 자들이 있었다. 이러한 종교적 의식(theurgy)에 빠진 자들 중에는 신플라톤주의자 포르피리(Porphyry)도 있었다. 어거스틴은 자기의 『신국론』 9권에서 그를 비판하고 있다.

인간과 같기만 하다면 하나님에게서 너무 멀고, 하나님과 같기만 하다면 인간에게서 너무 멀어 중보자가 될 수 없습니다. 그러나 저 거짓 중보자(악마)는 인간과 한 가지 공통점을 가지고 있습니다. 그것은 다름 아닌 죄입니다. 당신의 은밀한 심판은 인간의 교만이 그 사탄에 의하여 미혹되게 하십니다. 그런데 그 사탄은 죽을 수밖에 없는 육체를 입고 있지 않다고 해서 마치 하나님과 같은 불멸의 본성을 가지고 있는 것처럼 보이려 합니다. 그러나 "죄의 삯은 사망"(롬 6:23)이라는 점에서 그도 인간과 공통점을 가지고 있으므로 인간과 함께 죽음을 면할 수 없도록 정해져 있습니다.

43장_ 참된 중보자

(68) 그러나 당신은 은밀한 자비로 참된 중보자를 인간들에게 나타내 보여 주셨습니다. 당신은 그를 보내어 인간으로 하여금 그의 겸손을 통하여 겸손을 배우도록 하셨습니다. 그는 인간과 하나님을 화해케 하시는 중보자 예수 그리스도로서 죽을 수밖에 없는 죄인들과 불멸하시고 의로우신 하나님 사이에 나타나셨습니다. 그는 인간과 같이 죽을 수 있지만 하나님과 같이 의로우신 분이십니다. 따라서 의로우심의 삯은 바로 생명이요, 평화이므로 그는 의를 통하여 하나님과 하나가 되어 인간들의 죽음을 친히 전담함으로써 '의롭게 된 죄인들'의 죽음을 없애 주셨습니다. 그는 우리가 오래전에 당하신 그의 수난을 믿음으로 구원을 얻을 수 있도록 하신 것처럼, 옛날 성현들에게도 나타나시어 그들이 미래에 있을 그의 수난을 믿음으로 구원을 얻을 수 있도록 하셨습니다. 그가 인간이 되신 면에서는 우리의 중보자이시나, 하나님의 말씀이신 면에서는 하나님과 인간 사이의 중간적 존재가 아니십니다. 왜냐하면 그는 하나님과 동등하시고, 하나님과 함께 계시며, 하나님과 하나이신 분이시기 때문입니다.

(69) 선하신 하나님이여, 당신은 우리를 사랑하사 당신의 독생자를 아끼지 않으시고 죄인인 우리를 위하여 죽음에 내주기까지 하셨습니다.(롬 8:32) 당신은 우리를 사랑하사 그분이 당신과 동등됨을 취하지 않으시고

죽기까지 복종하셨으니 곧 십자가 위에서 죽으시기까지 하게 하셨습니다.(빌 2:6) 그분만이 죽은 자들 가운데서 자유로우셨고, 그분만이 자기 생명을 버릴 권세도 가지고 계셨고 다시 얻을 권세도 가지고 계셨으며, 또한 우리를 위하여 당신 면전에서 승리자도 되셨고 희생제물도 되셨습니다. 그것은 그가 희생제물이 되셨기 때문에 승리자가 되셨던 것입니다. 그는 우리를 위하여 당신 앞에서 제사장과 제물이 되셨습니다. 그가 제물이 되셨기에 제사장이 되신 것입니다. 그는 당신에게서 나시었으나 우리를 섬김으로써 우리를 종으로부터 자녀들로 만들어 주셨습니다.

바로 그에게 내 희망을 강하게 둠은 당신은 "하나님 우편에 계신 자요, 우리를 위하여 간구하시는 자"(롬 8:34)를 통하여 우리의 모든 병을 고쳐 주시기 때문입니다.(시 103:3) 그렇지 않다면 나는 아주 절망할 수밖에 없습니다. 내 병은 많고 큽니다. 정말 내 병은 많고도 큽니다. 그러나 당신의 약은 내 병보다 더 강합니다. 당신의 말씀이 육신이 되어 우리 가운데 거하시지 않으셨다면(요 1:14) 우리는 당신의 말씀이 인간에게서 멀리 떨어져 있다고 생각하고 절망했을 것입니다.

(70) 나는 내 죄악과 비참의 무게로 인해 괴롭고 떨리어 광야로 도망칠까 하는 생각을 마음에서 해보았습니다.[26] 그러나 당신은 이러한 나의 생각을 금하시고 나를 위로하시면서 "그(그리스도)가 모든 사람을 대신하여 죽으심은 산 자들로 하여금 다시는 저희 자신을 위하여 살지 않고 오직 그들을 대신하여 죽었다가 다시 살아나신 이를 위하여 살게 하려 함이니라."(고후 5:15)고 말씀하셨습니다.

오, 주님, 이제부터는 내가 살기 위해 내 모든 근심을 당신께 맡기고 당신의 법의 기이한 것을 상고하겠습니다.(시 119:18) 당신은 나의 무지와 병을 아시오니 나를 가르치시고 치료해 주소서. 그 안에 지혜와 지식의 모든 보화가 감추어져 있는(골 2:3) 당신의 독생자가 그의 피로 나를 속량해 주셨습니다. 이제는 교만한 자가 나를 비방하지 못하게 하소서.(시 119:

---

26) 애굽의 사막에 들어가 홀로 수도생활을 했던 성 안토니우스처럼 어거스틴도 살고 싶어한 생각을 가진 듯하다. 그러나 그는 사막의 수도생활에서보다는 교회를 섬기며 성례를 행하는 일에 더 큰 의미를 찾았다.

122) 그것은 내가 항상 나를 속량하신 그(몸) 값을 생각하며 그것을 먹고 마시며 다른 사람들에게 나누어 주기 때문입니다. 나 자신이 배가 고프기 때문에, 그것을 먹고 배부른 자들과 함께 나도 그것을 먹고 배부르기 원합니다. 무릇 주를 찾는 자들은 그를 찬송할지어다.(시 22:26)[27]

27) 어거스틴은 자신의 과거(제1부: 1—9권)와 자신의 현재(제2부: 10권)에 대한 고백을 끝낸다. 그리고 그는 이제 제3부로 "태초에 하나님이 천지를 창조하시니라." 부터 "모든 일을 마치시고 그날에 안식하셨음이니라."(창 1:1—2:2)까지를 심층 논하면서 시간과 영원(11권), 무로부터의 창조(12권), 창세기 1장에 대한 은유적 해석(13권)을 하고 있다. 이 부분은 어거스틴이 자신의 미래의 안식을 기대하며 쓴 부분으로 이해해도 좋을 것이다. 참고: **고백록**을 이해하기 위한 안내.

제 11 권
시간과 영원

자기의 과거의 생과 현재의 모습을 분석한 어거스틴은 이제 존재의 시작인 창조와 그때(시간)를 상세히 논하면서 '하나님이 천지를 창조하시기 전에는 무엇을 하고 계셨는가?' 라는 질문에 답한다. 그에 의하면 하나님은 세상을 시간 안에서 창조하시지 않으시고 시간과 함께 창조하셨으므로 창조 이전의 시간인 '그때' 를 물을 수 없다고 말한다. 이와 같은 대답으로부터 출발하여 어거스틴은 시간과 영원의 질적인 차이와 관계, 시간의 본질, 시간체험 때문에 생기는 영혼의 분산과 분열, 그리고 그것을 극복하는 길에 대해 철학적으로 규명한다.

1장_ 모든 것을 아시는 영원자 하나님

(1) 오, 주님, 당신은 영원자이시기 때문에 내가 당신께 아뢰는 이 고백을 다 알고 계십니다. 당신은 시간 속에서 일어나는 사건들을 아시되 지나가는 시간의 지배를 받지 않으십니다. 그러면 내가 왜(이미 다 알고 계시는) 당신 앞에서 이와 같은 내 이야기를 늘어 놓는 것입니까? 그것은 당신이 나에게서 무엇을 배우리라는 뜻에서가 아니고, 이 고백을 통하여 당신께 향하는 나의 사랑과 독자들의 사랑이 일깨워져서 다 같이 '주님은 위대하시니 크게 찬양을 받으실 만합니다' 라고 말하기 위함입니다.[1] 내가 이미 이것을 말했거니와 내가 여기서 또 말하겠습니다. 나는 당신의 사랑을 사랑하기 위하여 이 고백을 하는 것입니다. 우리가 기도할 때는 우리에게 필요한 것을 당신께 간구합니다. 그러나 진리 자체이신 분이(그리스도께서) "구하기 전에 너희에게 있어야 할 것을 하나님 너희 아버지께서 아시느니라."(마 6:8)고 말씀하셨습니다.

그러므로 우리가 당신에게 우리의 비참함과 우리에게 베푸신 당신의 자비를 고백하며 당신 앞에 우리의 사정을 아뢰는 것은 당신이 이미 시작하신 대로 우리를 온전히 자유롭게 해주시기 원해서입니다. 그러면 우리는 자신 안에서 더 이상 비참해지지 않고, 당신 안에서 행복을 누릴 수 있을 것입니다. 그래서 당신은 우리를 불러, 복된 자가 되기 위해서는 심령이 가난한 자, 온유한 자, 애통하는 자, 의에 주리고 목마른 자, 긍휼히 여기는 자, 마음이 청결한 자, 화평케 하는 자가 되라고 하셨습니다.(마 5:1—9) 이렇듯 내가 뜻과 힘을 다하여 많은 것을 당신에게 아뢰는 것은 내가 먼저 내 주 하나님이신 당신께 고백하는 것이 당신의 뜻인 줄 알기 때문입니다. 당신은 선하시며, 당신의 인자하심은 영원하십니다.(시 118:1)

1) 어거스틴은 이 표현으로 자기의 고백록을 쓰기 시작했다.(1, 1, 1) 이 표현은 이 책을 통해서 늘 반복되는 주제이다.

2장_ 성서를 잘 이해할 수 있도록 기원함

(2) 당신은 나를 인도하여 당신의 백성을 위하여 말씀을 선포하고 성례를 집행하도록 하셨습니다.[2] 나를 그렇게 하도록 하신 당신의 권면, 경고, 위로와 지도를 내 필(筆)의 혀로 언제 다 말할 수 있겠습니까? 내가 이것을 정리하여 만족할 만하게 하려면 나에게는 (물시계에서 몇 개 물방울이 떨어지는) 순간적인 시간도 귀하기만 합니다.[3] 오랫동안 나는 당신의 율법을 명상하기를 열망했습니다. 그리고 당신의 능력이 나의 연약함을 삼킬 때까지 율법에 대하여 내가 알고 모르는 것, 내 마음을 조명해 주시는 당신의 빛, 그리고 아직도 나에게 남아 있는 마음의 어두운 면을 당신께 고백하고 싶습니다. 그러므로 나는 나에게 필요한 몸의 휴식시간과 연구시간과 남을 위하여—의무적으로나 혹은 자진해서—하는 봉사의 시간 이외의 여가를 다른 것에 쓰고 싶지 않습니다.

(3) 나의 주, 하나님이여, 나의 기도를 들으시고 자비로써 나의 원하는 바를 허락하소서. 내가 이렇게 간절히 원함은 나 자신만을 위함이 아니요, 형제애를 증진시키기 위한 목적도 있습니다. 이것이 나의 진실임을 당신은 내 마음을 보고 알고 계십니다. 이제 나는 나의 마음과 혀가 하는 봉사를 당신께 바쳐 제사를 드리고자 하오니 당신께 드릴 것을 먼저 나에게 주소서. 나는 궁핍하고 가난합니다. 그러나 당신은 당신을 부르는 모든 사람들에게 부요하십니다.(롬 10:12) 당신은 자신을 위하여 염려하시지 않으시나 우리를 위해서는 염려하십니다. 내가 경솔한 말과 거짓말을 하지 않도록 내 안과 밖의 입술에 할례를 행해 주소서. 당신의 성서를 명상함이 나

2) 어거스틴은 391년에 히포에서 사제안수를 강제로 받았고, 395년에 히포의 감독으로 성별되었다. 그러므로 그는 이제 말씀을 선포하고 성례를 집행하는 일에 골몰하게 된 것이다.

3) 어거스틴은 물시계를 사용한 것 같다. 그렇기 때문에 그는 순간적인 시간을 설명하기 위해 "stillae temporum"(시간의 물방울들)이라는 표현을 쓰고 있는 것이다.

의 순결한 기쁨이 되게 하소서. 나로 하여금 그 성서를 잘못 이해하거나 다른 사람에게 잘못 해석해 주지 말게 하소서. 오, 주님, 나에게 귀를 기울여 나를 긍휼히 여기소서. 소경의 빛, 약한 자의 힘이 되실 뿐 아니라, 보는 자의 빛, 강한 자의 힘도 되시는 내 주 하나님이여, 내 영혼에 귀를 기울이시어 깊은 데서 부르짖는 나의 소리를 들어주소서.(시 130:1) 만일 당신의 귀가 깊은 데서 부르짖는 우리에게 기울이시지 않으신다면 우리가 어디로 가오리까? 우리가 누구에게 부르짖으오리까?

낮도 당신의 것이요, 밤도 당신의 것입니다.(시 74:16) 당신의 뜻에 의해 매순간이 흘러 지나갑니다. 그러므로 내가 당신의 율법의 비밀을 명상할 수 있도록 시간을 주시고 문을 두드리는 나에게 그 문을 닫지 마소서. 성서에 알기 어려운 비밀이 많이 기록되게 하신 당신의 뜻에는 이유가 없는 것이 아닙니다. 깊은 숲 속에도 사슴이 들어가 깃들이고, 거닐며, 풀을 뜯고, 누워서 새김질하고 있습니다.(시 29:9)[4] 오, 주님, 나를 온전케 하여 주시고, 그 책의 비밀을 나에게 계시해 주소서.

보시옵소서. 당신의 음성은 나의 기쁨이요, 내 모든 쾌락을 초월합니다. 내가 사랑한 바를 나에게 허락해 주소서. 나는 진실로 그것을 사랑합니다. 이것도 당신께서 주신 선물입니다. 당신이 주신 이 선물을 버리지 마시고 당신을 목말라 하는 당신의 풀을 멸시하지 마소서. 내가 당신의 책에서 무엇을 발견하든지 당신께 고백하게 하시고 그것에 대해서 당신을 찬양하게 하소서. 나로 하여금 당신에게서 마시게 하시고, 당신이 천지를 창조하신 때로부터 시작하여 우리가 당신과 함께 영원히 다스리게 될 당신의 거룩한 도성에 이르게 될 때까지 당신의 법의 기이함을 생각하게 하소서.(시 119:18)

(4) 오, 주님, 나를 긍휼히 여기사 나의 소원을 들어주소서. 내가 바라는 것은 이 땅에 속한 것, 즉 금, 은, 보석도 아니요, 화려한 옷이나 명예나 권력도 아니며, 육체의 쾌락이나 몸에 필요한 물건이나 이 세상의 순례

4) 여기에 나온 사슴은 성서의 깊은 뜻을 이해할 수 있는 은사를 받은 자들을 비유적으로 말한 것이다.

에 필요한 것들도 아닙니다. 우리가 먼저 당신의 나라와 의를 구하면 당신은 이 모든 것을 우리에게 더해 주실 것입니다.(마 6:33) 오, 나의 하나님이여, 내가 바라는 것이 어디에 기인해 있는지 보시옵소서. 오, 주님, 불의한 자들이 자기들이 즐기는 것을 말해 주었습니다만 그것은 당신의 법을 즐기는 것과는 같지 않았습니다. 내 소원이 바로 여기에 있사오니 보시옵소서. 아버지여, 굽어살펴 보시고 그 소원을 허락하소서. 내 소원이 당신의 자비 앞에서 당신을 기쁘게 해드리게 하시고, 나로 하여금 당신 앞에서 은혜를 받게 하소서. 그리하여 내가 두드릴 때 당신 말씀의 오묘한 비밀이 나에게 열리게 하소서.

당신의 아들이요, 당신의 우편에 계신 자이시며, 인자(人子)이신, 우리 주 예수 그리스도의 이름으로 당신께 구하옵니다. 당신은 그를 당신과 우리 사이의 중보자로 삼으시어 우리가 당신을 찾지 않을 때 그를 통해 우리를 찾으셨습니다. 아니, 당신은 우리로 하여금 당신을 찾도록 하기 위하여 그를 통해 우리를 찾으셨습니다. 그는 당신의 말씀으로서, 그를 통해 당신은 모든 것을 창조하셨으니 그 안에는 나도 들어 있습니다. 그는 당신의 독생자로서, 당신은 그를 통해 믿는 사람들을 불러 당신의 양자로 삼으셨으니 그 안에는 나도 들어 있습니다. 내가 이제 당신의 우편에 앉아 계시어 우리를 위하여 간구하시는 자(롬 8:34)의 이름으로 간구합니다. 그의 안에는 지혜와 지식의 모든 보화가 감추어져 있습니다.(골 2:3) 내가 이 보화를 당신의 책에서 찾고 있습니다. 모세가 이미 그분에 대하여 기록했고, 그분 자신이 그렇게 말씀하셨으며, 진리가 그렇게 말씀하시고 계십니다.(요 5:46)

3장_ 천지 창조에 대하여

(5) 나는 "태초에 하나님이 천지를 창조하시니라."(창 1:1)는 말씀을 듣고 그 뜻을 알고자 합니다. 모세가 이 말을 기록했습니다. 그는 이 말을 써놓고 이 세상을 떠났습니다만 실은 당신께로부터 와서 당신께로 돌아간 것입니다. 그러므로 그는 지금 내 눈앞에 있지 않습니다. 그가 만일

내 앞에 있다면 나는 그를 붙들고 당신의 이름으로 이 말의 뜻을 설명해 달라고 간청했을 것입니다. 그리고 그의 입에서 나오는 소리를 들으려고 내 육신의 귀를 기울였을 것입니다. 그가 만일 히브리어로 말했다면 그 말소리는 공연히 내 귓전만 울려 내 마음에 들어와 닿는 것은 하나도 없을 것입니다. 그러나 그가 라틴어로 말했다면 나는 그가 말하는 뜻을 알아들었을 것입니다.

그러나 그때 모세가 말하는 것이 진리인지 내가 어떻게 알 수 있습니까? 만일 내가 그의 말이 진리인 줄 알았다고 할 때 그 앎이 그로부터 온 것입니까? 그렇지 않습니다. 그 앎은 확실히 내 안에서, 즉 내 생각의 집안에서 히브리어나, 그리스어나, 라틴어나, 다른 언어가 아닌 진리(자체)가 입이나 혀의 도움도 없이, 그리고 음절의 소리도 없이 '그는 진리를 말하고 있다' 고 말하는 데서 온 것입니다. 그때 나는 즉시로 확증을 갖게 되어 자신 있게 당신의 종을 향하여 '당신은 진리를 말합니다' 라고 말할 수 있을 것입니다. 그러나 나는 이렇게 모세에게 물어 볼 수도 없으니 진리(자체)이신 당신께 간구할 수밖에 없습니다. 모세를 진리로 충만케 하여 진리를 말하게 하신 나의 하나님이여, 당신께 간구하오니 내 죄를 용서하소서. 당신의 종에게 은혜를 주어 이 진리를 말하게 하신 것처럼 나에게 은혜를 주어 이 말을 깨달아 알게 하소서.

4장_ 피조물이 창조자를 증거함

(6) 우리는 천지가 존재하고 있는 것을 눈앞에서 보고 있습니다. 이것들은 자기들이 창조되었다고 큰소리로 외치고 있습니다. 왜냐하면 그들은 변하고 바꾸어지고 있기 때문입니다. 창조되지 않고도 존재하는 것이 있다면 그 존재 안에는 전에 없었던 것이 있게 되었다는 것은 하나도 없어야 할 것입니다. 변하고 바꾸어진다는 것은 전에 없었던 것이 있게 되었다는 것을 의미합니다. 그래서 하늘과 땅은 자기들이 스스로를 만들지 않았다고 외쳐 말하기를 '우리가 존재하게 된 것은 우리가 만들어졌기 때문이다. 그러므로 우리가 존재하게 되기 이전에는 존재하지 않았기에 우리가

우리 자신들을 만들 수 없었다' 라고 합니다.[5] 이렇듯 그들이 존재하고 있다는 자명한 사실이 바로 그들이 이렇게 말하는 소리인 것입니다. 오, 주님, 이 모든 것을 만드신 이는 당신이옵니다. 당신이 아름다우시기에 그것들도 아름답고, 당신이 좋으시기에 그것들도 좋으며, 당신이 존재하시기에 그것들도 존재하게 된 것입니다. 그러나 그것들이 그것들을 내신 창조자처럼 그렇게 아름답고, 좋고, 존재하는 것은 아닙니다. 당신에 비하면 그것들은 아름답지도 않고, 좋지도 않으며, 존재하지도 않습니다. 이것을 알게 된 것을 당신께 감사드립니다. 그러나 이와 같은 우리의 지식은 당신의 지식에 비하면 무지와 같습니다.

5장_ 하나님의 창조와 인간의 제작

(7) 당신은 어떻게 하여서 천지를 만드셨습니까? 그와 같은 큰 작업을 하시기 위해 무슨 도구를 사용하셨습니까? 당신의 천지창조는 인간 기술공이 어떤 질료(재료)로부터 자기가 마음먹은 대로 무엇을 만들어 내는 것과는 다릅니다. 이때 그 기술공의 마음은 자기의 마음의 눈으로 본 형상을 재료에다가 부과시키는 능력을 가지고 있습니다. 이러한 인간의 능력도 당신께서 먼저 그렇게 만드시지 않으셨다면 있을 수 없습니다. 이렇듯 그러한 능력을 가진 기술공은 이미 있어 왔고 또한 어떤 존재형태를 지니고 있는 질료—진흙, 돌, 나무, 금 또는 그와 같은 재료—에다 어떤 형상을 부과시켜 무엇을 만드는 것입니다. 그러나 당신이 이 질료를 존재하도록 만드시지 않으셨다면 어떻게 그것이 있을 수 있겠습니까?[6]

당신이 그 기술공의 몸을 만드셨고, 사지를 통솔할 수 있는 그의 혼

5) **고백록** 10, 6, 9와 같은 내용이다.

6) 플라톤의 『티메우스』(*Timaeus*, 29d−30c ; 48e−50c)에 의하면 데미오고스라는 창조의 신이 이미 선재해 있던 질료에다가 어떤 형상을 부가하여 이 세상을 만들었다고 한다. 이러한 이원론의 사상은 고대에 있었던 일반적인 사상이었다. 그러나 어거스틴은 이러한 이원론을 배격하고 질료까지라도 하나님이 무에서 창조하셨다고 주장한다. 참고: **고백록** 12, 7, 7−12, 8, 8 ; 선한용, 『시간과 영원』, 제3장 시간과 무로부터의 창조.

을 만드셨으며, 그가 무엇을 만들 때 쓸 재료까지 만드셨습니다. 당신은 또한 그의 작품을 이해할 수 있는 지성의 능력을 만들어 주시어 그가 밖에서 만들 것을 안에서 볼 수 있도록 하셨습니다. 당신은 또 그의 육체의 감각을 만들어 주시어 통역하는 사람처럼 그것들을 통하여 마음에서 결정한 것을 밖의 물질의 세계에 전달하게 하고, 자기가 만든 결과를 다시 마음으로 전달해 주도록 하셨습니다. 그리하여 그는 자기 마음을 주장하고 있는 진리에 의해서 자기 작품이 잘되었는지 못 되었는지 평가하는 것입니다.

이 모든 것들이 만물의 창조주이신 당신을 찬양합니다. 그런데 당신은 이 모든 것을 어떻게 창조하셨습니까? 오, 하나님, 당신은 어떻게 이 천지를 창조하셨습니까? 당신은 이 천지를 하늘에서나, 땅위에서, 혹은 물에서나 공중에서 결코 창조하시지 않으셨습니다. 왜냐하면 이 모든 것도 실은 이 천지의 영역에 속해 있는 것이기 때문입니다. 이 우주의 어느 곳에서도 이 우주를 만들었다고 말할 수 없는 것은 이 우주가 창조되기 전에는 그것을 만들 어떤 장소도 있지 않았기 때문입니다. 또한 당신은 이 천지를 만들 어떤 질료도 당신의 손에 가지고 있지 않으셨습니다. 왜냐하면 당신이 무엇을 만드시려고 할 때 그 질료까지도 당신이 만드셨기 때문입니다. 당신이 존재하신다는 이유 이외에 다른 무엇이 존재해 있을 수 없습니다. 그러므로 당신이 말씀하시매 이 모든 것들이 만들어진 것입니다. 즉 당신의 말씀 안에서만 당신은 이 모든 것을 만드신 것입니다.

6장_ 하나님의 말씀과 창조

(8) 그러면 당신은 어떻게 말씀하셨습니까? "이는 내 사랑하는 아들이라."(마 3:17)고 구름 속에서 소리가 들릴 때처럼 당신이 그렇게 말씀하신 것입니까? 그 소리는 한번 났다가 지나가 버렸습니다. 그것은 시작이 있었고 끝이 있었습니다. 그 말소리의 음절들은 들렸다가 사라져 가면서 첫째 음절 뒤에 둘째 음절이 오고, 둘째 음절 뒤에 셋째 음절이 오며, 차례대로 마지막 음절이 들렸다가 나중에는 침묵이 왔습니다.[7] 이것을 볼 때 분

7) 어거스틴은 우리가 현재 알고 있는 '음의 파장'을 말하고 있는 것 같다. 따라서 시간

명한 것은 그 소리는 당신이 창조한 어떤 피조물의 운동을 통해서 발하게 되었다는 것입니다. 물론 그것은 시간 안에서 되는 운동이지만 당신의 영원한 뜻에 순응하고 있는 것입니다. 이렇듯 시간 안에서 형성된 당신의 말씀은 외부의 귀를 통해 내부의 생각하는 마음에 전달이 되며, 내부의 귀가 당신의 영원한 말씀을 향하여 듣게 되는 것입니다. 그러면 그 마음은 시간 속에서 들은 그 말씀과 침묵 속에서 들리는 당신의 영원한 말씀을 비교하면서 이렇게 말합니다. '이 말씀은 이 말에 비해 아주 다르다. 이것은 아주 다른 말이다. 시간 안에서 들은 말은 내 밑에 있다. 그것은 사실 존재하는 것도 아니다. 그것은 날아가서 지나가 버리고 말기 때문이다. 그러나 나의 하나님의 말씀은 내 위에 영원히 머물러 있다.' (비교. 사 40:8)

그러므로 당신이 만일 시간 속에서 소리가 났다가 지나가는 말로 '천지가 있으라' 하심으로써 천지를 창조하셨다면, 천지가 있기 전에 이미 어떤 창조된 물질이 있었을 것이며 바로 그 물질의 시간적인 운동에 의해서 당신의 음성이 시간 안에서 흘러갔을 것입니다. 그러나 천지가 창조되기 이전에는 어떤 피조물도 없었습니다. 만일 있었다면 당신이 그것을 시간 밖에서 말씀하심으로써 창조하셨다가 후에 그것에 의해 시간 안에서 '천지가 있으라' 고 말씀하셨을 것입니다. 그 시간적인 음성이 나도록 하게 한 근원(조건)이 무엇이었든지 간에 그것도 당신이 창조하시지 않으셨다면 존재할 수가 없습니다. 그러면 이렇게 시간 안에서 당신의 말씀이 발해지도록 하게 하는 그 물질적인 실체를 만들기 위해서 당신은 무슨 말씀을 하셨습니까?

7장_ 영원하신 하나님의 말씀

(9) 당신은 우리를 불러서 그 말씀을 이해하라고 하십니다. 그 말씀은 곧 하나님이요, 당신과 함께 계시는 하나님이십니다.(요 1:1) 그 말씀은 영원히 말해지고 있으며, 그 말씀으로 말미암아 모든 것이 말해지고 있습

안에서 들리는 말은 어떤 존재(being)라기보다는 들렸다가 없어져 버린 생성의 운동(흐름, becoming)인 것이다.

니다. 그 말씀은 하나의 말이 시작되었다가 끝나고 다른 말이 계속되어 나중에는 다 끝나 버리는 것과 같이 말해지는 것이 아닙니다. 그 말씀 안에서는 모든 것이 동시에 영원히 말해집니다. 그렇지 않다면 당신의 그 말씀은 시간과 변화의 지배를 받게 되어 참으로 영원하고 불멸한 존재가 아닌 것이 됩니다.

나의 하나님, 내가 이것을 알게 됨을 당신께 감사드립니다. 주, 하나님, 나는 이것을 알고 당신께 고백합니다. 누구든지 당신의 진리의 확실성에 대해 감사하는 사람은 나처럼 이것을 알고 당신께 감사드릴 것입니다. 오, 주님, 우리는 이것을 알고 있습니다. 즉 어떤 것이 한때 있다가 지금 없고, 없다가 지금 있게 되는 한 그것은 없어지고 생기는 존재임을 알고 있습니다. 그러나 당신의 말씀은 참으로 영원하고 불멸하시므로 그 말씀의 어느 부분도 지나가 다른 말로 대치되지를 않습니다. 따라서 당신은 당신과 함께 영원히 계신 그 말씀에 의하여 모든 말을 동시에 영원히 하십니다. 당신은 그 말씀으로 모든 것을 만드셨습니다. 당신이 말씀으로 만드시지 않은 것이 하나도 없습니다. 그러나 당신이 말씀으로 만든 모든 것은 동시에 만들어진 것도 아니요, 영원한 것도 아닙니다.[8)]

8장_ 하나님의 말씀은 우리의 교사

(10) 나의 주 하나님, 그러면 어떻게 해서 이렇게 되는 것입니까? 나는 어느 정도 그것에 대하여 알고 있습니다. 그러나 나는 그것을 어떻게 말로 표현해야 할지 잘 모르겠습니다. 다만 이렇게 표현할 수밖에 없습니다. 즉 있기 시작했다가 없어져 버리는 모든 것은 영원한 이성(aeterna ratio) 안에서 그것들이 언제 있어져야 하고 없어져야 하는지 (당신이) 아시는 그때 있기 시작하고 없어지게 된다는 사실입니다. 그러나 그 영원한 이성에는

8) 어거스틴에 의하면 하나님의 말씀은 시간의 흐름과 함께 사라지는 말씀이 아니고 영원히 계시는 말씀이시다. 하나님은 그 말씀과 함께 계셨고, 그 말씀 안에서 모든 것을 창조하셨다.(요 1:1) 그러므로 시간 안에서 듣는 말씀과 시간을 초월한 영원의 말씀 사이에는 질적인 차이가 있다.

시작하는 것도 없고 끝나는 것도 없습니다. 이 영원한 이성은 바로 당신의 말씀이며 우리에게 말씀하시는 '태초' (principium)이기도 합니다.(요 8:25)[9)]

그래서 그(그리스도)는 복음서에서 육신을 통하여 그렇게 말씀하신 것입니다. 그의 음성은 밖으로 사람들의 귀에 들리게 하여 그를 믿게 하고, 안으로는 그를 찾게 하여 영원한 진리 안에서 그를 만나게 합니다. 그 영원한 진리 안에서 그 좋으시고 유일하신 교사는 그의 모든 제자들을 가르치는 것입니다. 오, 주님, 나는 거기서 나에게 말씀하시는 당신의 음성을 듣습니다. 그것은 우리를 가르치는 교사가 말씀하시기 때문입니다. 우리를 가르치지 않는 교사는 그가 말을 한다고 할지라도 실은 우리에게 말하는 것이 아닙니다. 그러면 변함이 없는 진리 이외에 누가 우리의 교사가 될 수 있겠습니까? 왜냐하면 우리가 변하는 피조물을 통하여 무엇을 배우게 될 때도 결국 우리는 변하지 않는 진리로 인도되고 말기 때문입니다. 우리가 거기에 서서 그의 음성을 들을 때 정말로 진리를 배우게 됩니다.[10)]

그때 우리는 신랑의 음성을 듣고 기뻐하며(요 3:29) 우리가 유래(由來)된 그 근원으로 다시 돌아가게 됩니다. 그러므로 그는 변하지 않으시는 '태초' (영원한 이성, 말씀)가 되십니다. 만일 그 '태초' 가 변한다면 우리가 길을 잃었을 때 찾아 돌아갈 곳이 없습니다. 그러나 우리가 오류에서 (진리로) 돌아가게 됨은 우리가 그 진리를 알게 됨으로 가능하게 됩니다. 우리로 하여금 그 진리를 알게 하기 위하여 그는 우리를 가르치십니다. 왜냐하면 그는 '태초' 가 되시고 또한 우리에게 말씀하시는 분이시기 때문입니다.(요 8:25)

---

9) 라틴어 'principium' 이라는 뜻을 어거스틴은 두 가지로 해석한다. 첫째의 의미는 하나님의 영원한 이성인 말씀이며, 둘째의 뜻은 시간의 '태초' (처음)란 뜻이다. 그러므로 "태초에 하나님이 천지를 창조하시니라." (창 1:1)를 어거스틴은 '말씀' (로고스), 지혜 안에서 천지를 창조하신 것을 의미하기도 하고 혹은 시간의 절대적 시초(absolute beginning)에 천지를 창조하신 것을 의미하기도 한다. 여기에서는 전자를 의미한다.

10) 어거스틴은 "교사론" (De Magistro)에서 그리스도는 우리의 마음을 조명함으로써 진리를 이해하도록 하는 내적 교사(Magister interior)라고 말한다.

9장_ 하나님의 지혜

(11) 오, 하나님, 당신은 이 '태초' 안에서 즉, 당신의 말씀, 당신의 아들, 당신의 능력, 당신의 지혜, 당신의 진리 안에서 오묘하게 말씀하시고, 오묘하게 역사하심으로 천지를 만드셨습니다. 누가 이 신비를 감히 이해할 수 있으며 말할 수 있겠습니까? 가끔 나를 꿰뚫고 비춰 주며 내 가슴에 타격을 가하되 해치지 않는 이 빛은 무슨 빛입니까? 나는 이제 두려움에 떨면서도 그것을 사모하는 사랑에 불타고 있습니다. 떨고 있음은 내가 그것과 같지 않음이요, 불타고 있음은 어떤 면에서 그것과 같기 때문입니다. 이렇듯 때때로 나를 뒤덮고 있는 구름을 헤치고 나를 비춰 주는 것은 지혜의 빛, 지혜 그 자체입니다. 그러나 내가 약해져서 그 빛에서 멀어질 때 내 징벌의 무게와 같은 어둠이 나를 덮어 나는 다시 그 구름에 휩싸이게 됩니다.

이제 "내 기력이 나의 죄악 때문에 약하여"(시 31:10)져서 나는 나의 선(좋음)을 계속 지탱할 수 없게 되었습니다. 오, 주님, 그러므로 나의 죄를 관대하게 보시는 당신께서 또한 내 병도 고쳐 주소서. 당신은 내 생명을 파멸에서 구속하시고, 인자와 긍휼로 관을 씌우시며, 좋은 것으로 내 소원을 만족케 하사 내 청춘을 독수리같이 새롭게 하실 것입니다.(시 103: 4-5) 나는 이제 이 희망으로 구원을 받았으니 당신의 이 약속을 인내로 기다리고 있습니다.(롬 8:24) 자신의 마음속에서 말씀하시는 당신의 음성을 들을 수 있는 사람은 듣게 하소서. 나는 당신의 말씀을 굳게 믿고 그것을 힘차게 선포하리이다. 오, 주님, 당신이 하신 일들이 어찌 그리 크신지요? 당신께서는 이 지혜 안에서 이 모든 것을 만드셨습니다.(시 104:24) 바로 이 지혜가 '태초'가 되시며, 당신은 그 '태초' 에(안에서) 천지를 창조하셨습니다.

10 장_ 창조 이전의 시간에 대해 묻는 자들

(12) "하나님이 천지를 창조하시기 이전에는 무엇을 하시고 계셨는가?" 라고 우리에게 묻는 자들이 있습니다.[11] 그런 자들은 아직도 자기들의 옛 오류에서 벗어나지 못한 자들이 아닙니까? 그들은 다음과 같이 말합니다.

"만일 하나님이(천지를 창조하시기 전에) 아무것도 하시지 않은 채 쉬고 계셨다면 왜 그는 그러한 상태에 영원히 머물러 계시지 않으셨는가? 만일 하나님 안에 어떤 변화가 일어나서 전에 만들어 본 일이 없는 어떤 것을 만드시려고 새로운 뜻(의지)을 세웠다면 어떻게 하나님을 참으로 영원한 존재라고 말할 수 있는가? 전에 없었던 하나님의 뜻이 새로 생겨났다면 그것은 영원한 것이 아니지 않는가? (천지를 창조하고자 하신) 하나님의 뜻은 피조물이 아니고 그 창조를 선행(先行)하고 있으므로 창조자의 의지가 창조를 앞서 있지 않는 한 아무것도 창조될 수 없는 것이다. 그러므로 하나님의 의지는 바로 하나님의 본체에 속한 것이라고 볼 수 있다. 그런데 만일 하나님의 본체 안에서 과거에 없었던 어떤 것이 생겨났다면 그 본체는 진정한 의미에서 영원하다고 말할 수 없는 것이다. 그러나 만일 천지를 창조하시겠다는 계획이 영원부터 있었던 하나님의 의지였다면, 그 피조물도 역시 영원한 것이 아니겠는가?"

11 장_ 영원과 시간은 질적으로 다르다

(13) 오, 하나님의 지혜요, 마음의 빛이여, 그러한 말을 하는 자들은 아직 당신을 이해하지 못하고 있는 것입니다. 그들은 만들어진 것들이 당신을 통하여, 당신 안에서 어떻게 만들어졌는지 아직 모르고 있는 것입니

11) 마니교도들이 이러한 질문을 했다.

다. 그들이 영원을 이해하고 맛보려 하나 그들의 마음은 피조물들의 과거와 미래의 움직임을 따라서 펄떡거릴 뿐 아직도 안정을 찾지 못하고 있습니다. 누가 인간들의 마음을 붙들어 잠깐 동안만이라도 고요히 머물러 있게 하며, 항상 머물러 계신 저 영원의 광휘를 조금이라도 엿볼 수 있게 할 수 있겠습니까? 만일 그들이 보았다면, 그들은 (항상 머물러 있는) '영원'과 '결코 머물러 있지 않는 시간' 은 서로 비교가 되지 않음을 알게 될 것입니다. 그들은 긴 시간이란 동시적으로 존재할 수 없는 여러 사건(운동)의 계속적인 흐름(경과)이 긴 것이라는 것, 영원에는 아무것도 지나가는 것이 없어 모든 전체가 동시적으로 현재적이라는 것, 그리고 시간이란 항상 지나가는 것으로서 동시적으로 존재하지 못하는 것임을 알게 될 것입니다. 그들은 또한 과거란 항상 미래에 의해 밀려나고, 미래는 항상 과거를 뒤쫓지만, 과거와 미래는 둘 다 영원한 현재 안에서 창조되고 흐르게 됨을 알게 될 것입니다. 누가 인간의 마음을 붙잡아 고요히 머물러 있게 하여, 과거나 미래의 시간이 아닌, 즉 항상 머물러 있는 저 영원이 어떻게 과거와 미래의 시간을 지시하시는지 알아볼 수 있게 하겠습니까? 내 손의 힘이 이런 일을 할 수 있습니까? 혹시 내 입에서 나오는 말이 이런 큰일을 할 수 있습니까?

12장_ 창조 이전을 묻는 자에게 주는 대답

(14) 그러면 이제 내가 "하나님이 천지를 창조하시기 이전에는 무엇을 하시고 계셨는가?" 라고 묻는 자에게 대답하겠습니다. 그러나 나는 어떤 사람이 질문의 힘을 꺾기 위해 익살맞게 '하나님은 너무 깊은 신비를 꼬치꼬치 파고드는 사람들을 위해 지옥을 만들고 계셨다' 고 대답한 것처럼 하지는 않겠습니다. 질문을 이해하고 대답을 한다는 것과 그렇게 묻는 자를 비웃는다는 것은 아주 다릅니다. 나는 그렇게 대답하고 싶지 않습니다. 나는 오히려 잘 모르는 것은 '모른다' 고 대답함으로써 심각한 질문을 던진 자를 비웃고 틀린 대답을 주어 사람들로부터 재간이 있다고 칭찬을 받고 싶지 않습니다.

오, 우리들의 하나님, 나는 오히려 '당신은 모든 것을 지으신 창조주이시다' 라고 말하고 싶습니다. 여기에서 '천지' 라는 말이 모든 피조물을 의미하는 것이라면 나는 당당히 '하나님이 천지를 창조하시기 이전에는 아무것도 만드시지 않으셨다' 고 선언하고 싶습니다. 왜냐하면 만일 하나님이 무엇을 만드셨다 할지라도 그것은 필경 피조물 이외의 다른 것이 아니기 때문입니다. 바라기는 나에게 유익하게 될 것을 내가 알되 '피조물이 창조되기 이전에는 아무것도 창조된 것이 없다' 고 확실히 아는 것처럼 알게 되기를 바랍니다.

13장_ 창조 이전의 시간이란 없다

(15) 그러나 경솔한 생각을 가진 어떤 사람은 과거의 시간을 상상하다가 혹시나 모든 것을 창조하시고 섭리하시는 천지의 창조주시요, 전능하신 하나님은 이 위대한 창조의 역사를 실제로 시작하시기 이전에 무수한 시대를 아무것도 하시지 않으신 채 그저 보내시지 않으셨을까 생각해 볼 것입니다. 그러나 그렇게 상상하는 사람이 있다면 잠에서 깨어나 자신의 상상이 근거가 없음을 알아야 합니다. 왜냐하면 당신은 모든 시대(시간)의 창조자이시요, 근원자이므로 당신이 창조하시지 않은 그 무수한 시대란 지나갈 수가 없기 때문입니다. 당신이 창조하시지 않은 시간이 어디 있을 수 있습니까? 시간이 존재하지 않는데 어떻게 시간이 지나갑니까? 당신은 모든 시간의 창조자이십니다. 만일 당신이 천지를 창조하시기 이전에 어떤 시간이 있었다고 하면, 어찌하여 당신은 창조 이전에 아무 일도 하시지 않고 쉬고 계셨다고 말할 수 있겠습니까? 시간조차도 당신께서 만드신 것이오니 당신이 만드시기 이전에는 아무 시간도 지나갈 수가 없습니다. 그러므로 천지가 창조되기 이전에 시간이 없었다면 어찌하여 그들이 묻기를 "당신이 그때(tunc) 무엇을 하고 계셨습니까?" 라고 합니까? 왜냐하면 시간이 없을 때에 '그때' 란 있을 수 없기 때문입니다.[12)]

12) 어거스틴에 의하면 하나님은 태초에 이 세계를 시간 안에서 창조하시지 않으시고 시간과 함께 동시적으로 창조하셨다고 말하고 있다. 『신국론』 11, 6.

(16) 그러므로 당신이 모든 시간을 앞서 계신다고 우리가 말할 때 당신이 시간 안에서 시간을 앞서 계심을 의미하는 것은 아닙니다. 그렇지 않다면 당신은 사실 시간을 앞서 계신 것이 아닙니다. 당신은 항상 현재이신 영원의 탁월성으로 모든 과거의 시간 전에도 계시고 모든 미래의 시간 후에도 계시는 분이십니다. 왜냐하면 다가올 미래라고 하는 것도 그것이 오자마자 과거로 지나가고 말기 때문입니다.[13)]

그러나 당신은 항상 같으시고(同一) 당신의 세월은 무궁합니다.(시 102:27) 당신의 세월은 가지도 않고 오지도 않습니다만, 우리의 세월은 가고, 오면서 모든 순간이 다 와서 지나가 버립니다. 당신의 모든 세월이 동시적으로 함께 있음은 그 세월이 항상 머물러 있기 때문입니다. 당신의 세월은 흘러 지나가지 않아서 오는 시간이 가는 시간을 밀쳐 냄이 없습니다. 그러나 우리들의 세월은 그것이 다 지나가 없어지면 그것으로 다 끝이 납니다. 당신의 세월은 "하루의 날"(벧후 3:8)이지만 그날은 지나가는 매일이 아니요, 항상 '오늘' 입니다. 왜냐하면 당신의 오늘은 내일에 의해 밀려나지도 않고 어제를 뒤따라 좇아가지도 않기 때문입니다. 당신의 오늘은 영원입니다. 그러므로 당신이 "오늘날 내가 너를 낳았도다."(시 2:7)라고 말씀하실 때 당신과 함께 있는 영원한 당신의 아들을 낳으신 것입니다.(히 1:3—5) 당신은 모든 시간을 창조하셨고 모든 시간을 앞서 계십니다. 그러므로 시간이 존재하지 않았을 때 어떤 시간도 있을 수 없습니다.

14 장_ 시간이란 무엇인가?

(17) 그러므로 당신이 아무것도 만드시지 않으셨을 때는 시간도 있지 않았음이 분명합니다. 왜냐하면 시간 자체도 당신께서 만드신 것이기

13) 여기에서 하나님이 시간을 앞서 계신다 함은 시간을 초월해 계신다는 것을 의미한 것이다. 우리 인간은 시간의 범주 내에서 존재하고, 생각하고, 활동하기 때문에 하나님의 영원성을 말할 때 시간적인 개념을 써서 '시간의 초월, 무시간성, 불변성, 동일성, 동시성' 등과 같은 말로 표현할 수밖에 없다. 이러한 표현은 영원과 시간의 질적 차이를 뜻하는 것이다.

때문입니다. 그리고 어떤 시간도 당신과 같이 영원할 수는 없습니다. 그것은 당신만이 변함없이 항상 머물러 계시기 때문입니다. 만일 시간이 항상 머물러 있다면 그것은 벌써 시간이 아닙니다.

그러면 시간이란 무엇입니까? 누가 쉽게 그리고 간략하게 그것을 설명할 수 있겠습니까? 누가 감히 그것을 잘 이해하여 그 대답을 말로 표현할 수 있겠습니까? 그러나 우리는 일상대화에서 시간보다 더 친근하게 그리고 잘 이해하고 있는 것도 없습니다. 우리가 시간에 대하여 말할 때, 우리는 분명히 그것을 알고 있습니다. 또한 다른 사람들이 시간에 대하여 말하는 것을 들을 때 우리는 그것을 알고 있습니다.

그러면 시간이란 도대체 무엇입니까? 만일 아무도 나에게 묻지 않는다면 나는 알고 있습니다. 그러나 묻는 자에게 내가 시간을 설명하려고 하면 나는 모릅니다. 그럼에도 불구하고 내가 자신을 가지고 말할 수 있는 것은 만일 아무것도 흘러 지나가지 않으면 과거의 시간이란 없을 것이요, 만일 아무것도 흘러오지 않으면 미래의 시간이 없을 것이며, 만일 아무것도 현존하지 않는다면 현재라는 시간이 없으리라는 것입니다. 그러면 과거는 이미 지나가서 지금 존재하지 않고, 미래는 아직 오지 않아서 지금 존재하지 않는데 이 두 가지 시간, 즉 과거와 미래가 어떻게 하여 있게 되는 것입니까?

반면에 현재라는 시간이 항상 현재로 남아 있어 과거의 시간으로 흘러 지나가지 않는다면 그것은 분명히 시간이 아니고 영원일 수밖에 없습니다. 그러므로 만일 현재가—시간이 되기 위해서는—반드시 과거로 지나가는 것으로만 존재하게 되면 우리가 어떻게 그것이 현재 '있다' 고 말할 수가 있습니까? 그것은 현재 시간의 존재 이유가 지나가 없어져 버리는 데 있다는 말이 아닙니까? 그러면 시간이란 비존재(non esse)로 흘러 지나가는 것으로만 '있다' 고 말할 수 있는 것이 아닙니까?

15 장_ 시간의 장단(長短)

(18) 그러나 우리는 '긴 시간이다', 혹은 '짧은 시간이다' 라고 말을

합니다. 우리는 그러한 어휘를 과거나 미래의 시간에만 적용하여 말합니다. 예를 들면 우리는 백년 전을 가리켜 긴 과거의 시간이라고 말하고 백년 후를 가리켜 긴 미래의 시간이라고 말합니다. 반면에 우리는 열흘 전을 가리켜 짧은 과거의 시간이라고 말하고 열흘 후를 가리켜 짧은 미래의 시간이라고 말합니다. 그러나 어떠한 의미에서 현재 있지도 않은 것에 대하여 길다 혹은 짧다고 우리가 말할 수 있는 것입니까? 왜냐하면 과거는 '이미 없고' 미래는 '아직 없는 것' 이기 때문입니다. 그렇다면 우리는 과거에 대하여 '그것은 길다' 고 말해서는 안 되고, 그 대신에 '그것은 길었다' 고 말을 해야 합니다. 또한 미래에 대해서도 우리는 '그것은 길다' 고 말할 것이 아니라 '그것은 길 것이다' 라고 말을 해야 합니다.

오, 나의 빛이 되신 주님, 그러나 이 점에서도 당신의 진리는 인간을 비웃고 계시는 것이 아닙니까? 우리가 과거의 시간이 길었다고 말할 때 이미 지나가 버린 과거의 시간이 길었던 것입니까, 아니면 현재에 아직도 있는 시간이 긴 것입니까? 과거의 어느 긴 기간이 길 수 있습니다. 그러나 과거는 이미 지나가서 있지 않습니다. 그 경우에 있지 않는 것이 길 수는 없습니다.

그러므로 우리는 '과거의 시간이 길었다' 고도 말해서는 안 됩니다. 왜냐하면 과거의 시간이 한번 지나가 버리면 더 이상 존재하지 않으므로 과거의 시간에는 길어질 수 있는 어떤 것도 우리가 찾아볼 수 없기 때문입니다. 우리는 오히려 '현재에 있는 그 시간이 길다' 고 말을 해야 하는데 그것은 그 시간이 현재로 있을 때만 길어질 수 있기 때문입니다. 그것은 아직 흘러 지나가 없어지지 않았으므로 거기에는 길어질 수 있는 무엇이 있는 것입니다. 그러나 그것이 한번 지나가 없어지면 길어질 수 있는 가능성도 없어지고 맙니다.

(19) 인간의 영혼아, 그러면 이제 현재의 시간이 길어질 수 있는지를 살펴보자. 너에게는 시간의 간격을 관찰하고 잴 수 있는 능력이 주어져 있다. 너는 나에게 무어라 대답해 줄 수 있는가? 현재의 백년을 길다고 말할 수 있겠는가? 이 물음에 대답하기 전에 먼저 백년이라는 햇수가 모두 현재일 수 있는지 살펴보자. 그 백년 중 첫해에 우리가 살고 있다면 그 첫해

는 우리에게 현재이지만 나머지 구십구 년은 미래이므로 아직 없는 것이 된다. 그러나 둘째 해에 우리가 살게 되면 한 해는 이미 지나갔고, 둘째 해는 우리의 현재이며, 나머지 해는 우리의 미래가 된다. 이렇듯 한 세기(世紀)의 어느 대목을 택하여 현재라고 간주할 때 그것의 이전은 과거요, 그것의 이후는 미래가 된다. 그러므로 백년이라는 한 세기가 동시에 현재가 될 수 없는 것이다.

그러면 이제 한 해가 우리의 현재가 될 수 있는지 살펴보자, 만일 우리가 일년 중 첫 달에서 산다면 나머지는 다 미래요, 둘째 달에서 산다면 첫 달은 이미 지나갔고 나머지는 아직 오지 않은 것이다. 그러므로 우리가 살고 있는 그 한 해도 그 전부가 우리의 현재라고 볼 수 없다. 즉 한 해 전부가 현존하지 않으면 그 해도 우리의 현재가 될 수 없는 것이다. 또한 일년을 형성하고 있는 열두 달에서도 마찬가지이다. 그중 어느 한 달을 현재로 간주하게 되면 그 외의 달들은 과거가 아니면 미래가 된다. 그러니 우리가 살고 있는 그 달도 현재가 아니요, 다만 그중 하루가 현재라고 볼 수 있다. 만일 첫째 날이 현재라면 나머지는 모두 미래요, 마지막 날이 현재라면 나머지는 전부 과거가 된다. 그 달의 중간의 어느 하루를 현재로 간주하면 그것은 과거와 미래의 사이에 들게 된다.

(20) 보라, 우리가 길다고 유일하게 말할 수 있는 그 현재의 시간도 이제 백년, 한 해, 한 달에서 하루라고 하는 시간의 길이로 줄어들었다. 그것도 자세히 상고해 보자. 왜냐하면 그 하루라고 하는 것도 전부 현재가 아니기 때문이다. 그 하루는 주야 24시간으로 이루어져 있다. 만일 첫 시간이 현재라면 나머지 시간은 미래요, 마지막 시간이 현재라면 나머지 시간은 전부 과거가 되며, 그 중간의 어느 시간을 현재로 간주한다면 그 이전은 과거요, 그 이후는 미래가 된다. 또한 그 한 시간이라고 하는 것도 분으로 이루어져 있어 계속해서 흘러가고 있다. 흘러간 것은 과거요, 아직 남아 있는 것은 미래이다. 그리고 우리가 만일 더 이상 쪼갤 수 없는 시간의 순간을 생각해 볼 수 있다면 그것만이 현재라고 부를 수 있는 점일 것이다. 그러나 이 순간의 점은 미래에서 과거로 너무도 빨리 지나가기 때문에 그의 지속은 쉬는 틈, 즉 연장(延長)이 없다. 만일 연장이 있다면 그것은 과거와 미래

로 쪼개어 떨어지게 된다. 그러므로 현재라는 시간은 연장이 없는 것이다.

그러면 우리가 '길다' 고 말할 수 있는 시간은 어디에 있는가? 그것은 미래인가? 우리는 미래를 가리켜 '길다' 라고 말할 수 없다. 왜냐하면 미래는 아직 오지 않았으므로 오지 않은 시간이 길게 될 수 없기 때문이다. 그 대신 우리는 '미래가 길 것이다' 라고 말할 수 있을 것이다. 그러면 미래의 언제가 길다는 말인가? 하지만 그것이 미래인 한 길 수가 없는 것은 아직 오지 않아서 현재 있지 않는 것이 길 수가 없기 때문이다. 혹시 시간이 아직 있지 않은 미래에서 와서 현재 있기 시작할 때—길게 될 수 있는 무엇이 현재 있으므로—길다고 말할 수 있을지 모르겠다. 그러나 그런 경우에도 우리가 이미 위에서 들은 바와 같이 현재라는 시간이 크게 소리 질러 자신은 길게 있을 수 없다고 말한다.

16장_ 시간의 측정

(21) 오, 주님, 그럼에도 불구하고 우리는 시간의 간격을 의식하고, 그것을 서로 비교하여, 어떤 것은 길고, 어떤 것은 짧다고 말합니다. 우리는 또한 이 시간이 저 시간보다 얼마나 길고 짧은가를 재어 보기까지 합니다. 그리고 이 시간의 길이는 저 시간의 길이보다 두 배나 세 배가 더 길다든지 혹은 똑같거나 거의 같다고 말합니다. 이렇게 우리가 재는 시간은 우리가 실제로 의식한 시간, 현재 지나가고 있는 시간을 재는 것입니다. 그러나 누가 이미 없는 과거의 시간을 잴 수 있으며, 아직 없는 미래의 시간을 잴 수 있습니까? 누가 현재 있지도 않는 시간을 잴 수 있다고 감히 장담할 수 있습니까? 그러므로 우리는 시간이 지나가고 있는 동안에 그것을 의식하여 잴 수가 있습니다. 그것이 일단 지나간 다음에는 현재에 있지 않으므로 그것을 잴 수가 없게 됩니다.

17장_ 과거나 미래도 어떤 면에서는 있다

(22) 아버지여, 나는 지금 내 주장을 내세우는 것이 아니요, 당신에게 묻는 것입니다. 나의 하나님, 나를 다스려 인도하소서. 우리는 소년 시절에 세 가지의 시간, 즉 과거, 현재, 미래의 시간이 있다고 배웠고 우리도 또한 학교에서 그들에게 그렇게 가르쳤습니다. 그러나 그러한 세 가지의 시간이나 또한 지금 있지도 않는 두 가지의 시간(과거와 미래)은 따로 있는 것이 아니요, 다만 있는 것은 현재뿐이라고 누가 나에게 말해 줄 수 있습니까? 혹시 과거나 미래는 있는 것이 아닙니까? 그런데 미래가 현재가 되고, 현재가 과거로 될 때 시간은 어떤 은밀한 곳에서 나왔다가 어떤 은밀한 곳으로 들어가는 것이 아닙니까?

만일 미래가 있지 않았다면 예언자들은 어떻게 아직 있지 않은 미래를 미리 내다볼 수 있었겠습니까? 존재하지 않는 것을 본다는 것은 불가능한 일이기 때문입니다. 이와 똑같이 지나간 과거를 이야기하는 사람들도 그것을 자신들의 마음에서 그것을 보지 못했다면 정확하게 그런 이야기를 할 수 없었을 것입니다. 즉 과거의 일들이 어떤 면에서 존재하지 않는다면 사람들은 그것을 전혀 알아볼 수가 없게 될 것입니다. 그러므로 과거의 시간이나 미래의 시간이 (어떤 면에서) 있는 것만은 사실입니다.

18장_ 과거와 미래가 현재에서 파악됨

(23) 나의 소망이 되신 주님, 나로 하여금 더 깊이 탐구하도록 허락하여 주소서. 탐구하려는 나의 뜻이 헷갈리지 않게 하여 주소서.[14] 만일 과거와 미래의 시간이 있다고 하면 그것들이 어디에 있는지 알고 싶습니다. 내가 지금은 아직 확실히 알고 있지 않지만, 적어도 이것만은 알고 있습니

14) 참고: **고백록** 11, 29, 39.

다. 즉 과거와 미래가 어디에 있든지 간에 그것들은 과거나 미래의 형태로 있는 것이 아니고 현재라는 형태로 존재하고 있다는 것입니다. 왜냐하면 만일 미래가 미래로 남아 있다면 그것은 '아직 없는 것' 이 되고, 과거가 과거로만 남아 있다면 그것은 '이미 없는 것' 이 되고 말기 때문입니다.

그러므로 과거와 미래가 어디에 있든지 또는 무엇이든지 간에 그것들은 현재로 존재하는 것이 됩니다. 따라서 우리가 과거의 일들을 정확하게 말할 때도 이미 지나가 없는 과거의 사건 자체를 기억 속에서 회상해 내어 말하는 것이 아니고, 마음에 있는 그 영상을 토대로 하여 형성된 '언어'를 회상하여 말하는 것입니다. 이 영상이란 과거의 사건들이 지나가면서 감각을 통하여 마음에—발자취를 남기듯—찍어 남긴 것입니다.

예를 들면 나의 어린 시절은 현재에 있지 않고 이미 없어져 버린 과거의 시간에 속하여 있습니다. 그러나 내가 그것을 회상하여 말하게 될 때 나는 그것의 영상을 현재에서 보고 알게 됩니다. 왜냐하면 그 영상은 아직도 내 기억 속에 살아 남아 있기 때문입니다.

오, 나의 하나님, 그런데 미래의 일을 예언하는 데서도 내가 그와 똑같은 이유로 설명할 수 있는지, 즉 예언자들은 아직 일어나지 않은 일들의 영상을 지금 있는 것처럼 미리 보고 예언한 것인지에 대해서는 당신에게 나는 모른다고 고백합니다. 다만 내가 한 가지 확실히 알고 있는 것은 우리가 하려고 하는 미래의 행동을 미리 생각하는 경우에, 미리 생각하는 것은 현재이지만, 미리 생각된 사건은 미래이므로 이것(후자)은 아직 존재하지 않는다는 사실입니다. 그러나 내가 그 사건에 착수하여 미리 생각한 것을 하기 시작하면 그때 그 행동은 현재에 있게 되는 것입니다. 왜냐하면 그것은 이미 미래가 아니고 현재이기 때문입니다.

(24) 아무튼 미래를 미리 내다보는 그 방법이 아무리 신비한 것이라 할지라도 내가 확신하는 것은 지금 있지 않는 것은 볼 수 없다는 사실이요, 지금 있다고 하는 것은 미래가 아니고, 현재라는 것입니다. 그러므로 우리가 미래의 일들을 미리 본다고 말할 때, 보인 것들은 아직 존재하지 않는 미래의 사건 자체들이 아니고—그것들은 미래이므로 아직 존재하고 있지 않기 때문입니다—아마도 그 미래의 사건들을 미리 표시해 주는, 현존하

고 있는 그것들의 원인들(causae) 혹은 기호들(signa)일 것입니다. 따라서 이 원인들이나 기호들은 그것들을 보는 사람들에게는 미래가 아니고 현재입니다. 사람들은 바로 이것에 의하여 마음에서 미래의 사건들을 미리 생각하고 예언하는 것입니다. 이렇게 생각된 개념들은 그들의 마음에 이미 존재하고 있는 것이므로 그들은 그것들을 보고 미래의 사건들이 현재에 있는 것처럼 예언하게 되는 것입니다.

나는 이제 많은 실례 중에서 그 하나를 택하여 말해 보겠습니다. 나는 동이 트는 것(여명)을 보고, 곧 해가 뜨게 될 것임(일출)을 예언합니다. 그때 내가 보고 있는 것은 현재이나 내가 예언하는 것은 미래입니다. 내가 여기에서 말하는 것은 이미 존재하고 있는 해가 미래라고 하는 것이 아니고 그것의 떠오름이 미래라는 것입니다. 해가 아직 떠오르지 않았기 때문입니다. 그러나 내가 일출의 영상을 마음에 미리 가지고 있지 않았다면—내가 지금 일출에 대하여 말하고 있는 것처럼—일출에 대해서 예언할 수 없었을 것입니다. 그렇지만 내가 지금 동녘 하늘에서 보고 있는 여명은 일출이 아니고, 다만 그 앞에 오는 것일 뿐입니다. 또한 내 마음에 있는 일출의 영상도 일출 그 자체는 아닙니다. 나는 이 두 가지(여명과 일출의 영상)를 현재에서 보면서 그것들을 토대로 하여 미래의 일출을 예언하는 것입니다. 그러므로 미래의 사건 자체는 아직 있지 않습니다. 만일 그것이 아직 있지 않다면 그것은 존재하지 않는 것이 됩니다. 그리고 그것이 존재하지 않는 것이라면 그것은 전혀 볼 수 없는 것이 됩니다. 그렇지만 나는 (내 마음에) 이미 존재하고 있고 또한 볼 수도 있는 현재의 것(여명과 일출의 영상과 같은 것)들을 토대로 하여 미래의 사건들을 예언할 수 있게 됩니다.

19장_ 하나님의 조명을 간구함

(25) 당신의 피조물을 다스리시는 통치자이시여, 그러면 당신은 어떠한 방법으로 미래의 일을 사람들에게 가르치십니까? 당신은 과거에 당신의 예언자들에게 미래의 일을 가르쳐 주신 일이 있습니다. 당신에게는 미래가 없는데 어떠한 방법으로 그들에게 미래를 가르쳐 주셨습니까? 혹시

당신은 현재의 일에 비추어서 미래 사건을 읽을 수 있도록 가르치시지 않으십니까? 그것은 현재 있지 않는 미래를 가르친다고 하는 것은 불가능하기 때문입니다. 미래에 대하여 가르치시는 당신의 방법은 "내게 너무 기이하니 높아서 내가 능히 미치지 못하나이다." (시 139:6) 내 영혼의 눈을 조명하시는 즐거운 빛이시여, 그러나 당신이 나에게 힘을 주시면 나는 할 수 있습니다.

20 장_ 세 가지의 시간

(26) 그러나 이제 나에게 명확히 드러나 밝혀진 것은 미래의 시간이나 과거의 시간이란 없다는 것입니다. 그러므로 우리가 과거, 현재, 미래라는 세 가지의 시간이 있다고 말하는 것도 적당치 않습니다. 아마 '과거 일의 현재', '현재 일의 현재', '미래 일의 현재' 라는 세 가지의 시간이 있다고 말하는 것이 옳을 것입니다. 이 세 가지의 시간이 어떤 면에서 우리의 영혼(마음) 안에 존재하고 있습니다. 그렇지 않다면 나는 그 밖의 다른 곳에서 그것을 알 수가 없습니다.[15] 즉 과거 일의 현재는 기억이요, 현재 일의 현재는 직관이며, 미래 일의 현재는 기대입니다. 만일 우리가 이렇게 표현해도 괜찮다면 나는 그와 같은 면에서 세 가지의 시간이 있다고 보며 그것을 또한 주장하겠습니다. 사람들은 보통 관습에 따라 과거, 현재, 미래라는 세 가지의 시간이 있다고 잘못 말하지만 그렇게 말을 해도 괜찮습니다. 그렇게 말한다고 해서 나는 그것을 반대하거나 논박하거나 비판하고 싶지 않습니다. 다만 내가 의미하는 말, 즉 미래의 일이나 과거의 일은 현재에 있지 않다는 것을 알고 있으면 됩니다. 우리는 언어를 적절하게 사용할 때가 적고, 오히려 많은 경우에 언어를 부적절하게 사용합니다. 그렇지만 우리

15) 어거스틴은 시간을 인간의 내면의 세계에서 기대(미래), 직관(현재), 기억(과거)이라는 형태로 파악을 하고 있다. 이 점에서 그는 이 세 가지의 시간이 인간의 혼 안에 있다고 말하고 있다. 그렇다고 그는 하나님이 창조하신 질서로서의 객관적인 시간을 부정한 것은 아니다. 그가 주장하고 있는 것은 객관적인 시간을 인간의 내부에서 체험(이해)하지 않는다면 그것을 알 수 없다는 것이다.

는 서로 말하려고 하는 뜻을 그런 대로 이해하기 마련입니다.

21 장_ 시간을 어떻게 재고 알게 되는지

(27) 나는 조금 전에 우리는 지나가고 있는 시간을 잰다고 말한 적이 있습니다. 그래서 우리는 이 시간의 길이(간격)는 저 시간의 길이보다 두 배나 더 길다, 혹은 이 시간의 길이는 저 시간의 길이와 같다고 말하며, 그 외의 어떤 시간의 길이도 그렇게 재고 기술합니다. 내가 방금 말한 바와 같이 우리는 지나가고 있는 시간을 재는 것입니다. '너는 어떻게 그것을 아는가?' 라고 누가 나에게 묻는다면 나는 이렇게 대답하겠습니다. '내가 그것을 알게 되는 것은 우리가 시간을 재고 있기 때문이다. 우리는 현재 있지 않는 시간을 잴 수 없으며 과거나 미래는 현재 있지 않다'.

그러면 길이(연장)도 없는 현재의 시간을 어떻게 재는 것입니까? 우리는 현재의 시간이 지나가는 '동안' 그것을 재는 것입니다. 이미 과거로 흘러 지나가 버린 시간을 우리는 잴 수 없습니다. 왜냐하면 시간이 한번 지나가 버린 후에는 잴 수 있는 아무것도 남아 있지 않기 때문입니다. 그러면 우리가 시간을 재는 동안 그것은 어디서 와서, 어디를 통해, 어디로 지나가는 것입니까? 그것은 미래에서 와서 현재를 통하여 과거로 지나가는 것이 아니고 무엇이겠습니까? 그러므로 시간이란 아직 있지 않은 것에서, 연장이 없는 것을 통하여, 이미 있지 않는 것으로 지나가는 것입니다. 그러나 어떤 종류의 연장도 없는 시간을 우리는 어떻게 잴 수 있는 것입니까? 왜냐하면 우리는 시간의 길이를 말함이 없이 이 시간은 길다든지, 이 시간은 저 시간보다 두 배나 세 배가 길다든지, 같다든지, 혹은 다른 표현을 써서 말할 수 없기 때문입니다.

그러면 우리는 어떻게 지나가는 시간을 재는 것입니까? 다가오는 시간인 미래의 길이로 시간을 재는 것입니까? 그러나 우리는 아직 있지 않은 것으로 현재의 시간을 잴 수 없습니다. 그러면 지금 지나가고 있는 현재로 시간을 재는 것입니까? 그러나 연장이 없는 현재의 시간으로 시간을 잴 수 없습니다. 그러면 시간이 흘러 들어간 과거로 재는 것입니까? 그러나 우리는 이미 있지 않은 것으로 시간을 잴 수도 없습니다.

22장_ 이 난문제를 이해할 수 있도록 기도함

(28) 내 영혼은 가장 어려운 이 수수께끼를 이해하려고 불타고 있습니다. 오, 내 주 하나님이여, 선하신 아버지시여, 그리스도의 이름으로 당신께 간구하오니, 내가 보통 알고 있으면서도 실상 잘 모르고 있는 이 모호한 문제를 이해하려는 나의 갈망을 끊지 마소서. 오, 주님, 당신의 자비의 빛에 의하여 나의 갈망이 그 문제를 파고들어 가 밝히 알 수 있도록 하소서. 이런 문제에 대하여 내가 누구에게 물어 보겠습니까? 내가 당신이 아닌 누구에게 나의 무지를 고백하여 도움을 얻을 수 있겠습니까? 내가 당신의 성서를 알고자 강하게 불타며 연구하는 것이 당신에게 거슬리지는 않을 것입니다. 내가 사랑(알고자 갈망)하는 것을 나에게 주소서. 나는 진실로 그것을 사랑합니다. 당신은 이 사랑을 나에게 주셨습니다. 당신의 자녀들에게 좋은 것을 줄줄 아시는 아버지여(마 7:11), 그것을 나에게 허락하소서. 내가 그것을 알기 위해 연구하고 있사오니 당신께서 그것을 나에게 허락하시지 않으시면 나는 힘든 수고만 할 따름입니다.

거룩한 것 중에서 가장 거룩한 그리스도의 이름으로 간구하오니, 아무도 탐구하는 나를 방해하지 못하게 하소서. 내가 믿었으므로 말합니다.(고후 4:13) 나는 주님의 즐거움을 관상하기를 그렇게 바라며 그것을 위해 살고 있습니다.(시 27:4, 마 25:21) 보시옵소서. 당신은 나의 날이 늙어 지나가게 하시나 나는 그것이 어떻게 지나가는지 알지 못합니다. 그래도 우리는 계속 시간이라는 단어를 때로는 단수로 때로는 복수로 말하면서 '그가 얼마나 오랫동안 말을 했지?', '그가 얼마나 오랫동안 그 일을 했지?', '내가 그것을 본 지가 얼마나 오래 됐지?', '이 음절은 저 음절보다 두 배나 더 길지?' 라고 합니다. 우리는 이런 말들을 서로 하고 들으며, 이해하고 이해시킵니다. 이런 말의 표현보다 더 평범하고 확실한 것이 어디 있겠습니까? 그러나 그런 말의 의미는 너무 깊이 감추어져 있어서 그것을 발견하려면 아직도 새로운 노력을 해야 합니다.[16)]

23장_ 시간과 물체의 운동은 다르다

(29) 나는 언젠가 어떤 학자에게서 '해와, 달과, 별의 운동이 바로 시간이다' 라고 하는 말을 들은 적이 있습니다.[17] 그러나 나는 그 말에 동의하지 않았습니다. 왜냐하면 만일 그렇다면 모든 물체의 운동도 시간이 될 수 있다고 우리가 말할 수 있기 때문입니다. 가상으로 지금 모든 천체의 운동이 정지되고 토기장이의 물레바퀴만 돌고 있다고 합시다. 그때도 우리는 그 물레바퀴의 회전을 시간으로 재면서 말하기를 그것이 같은 속도로 회전한다든지 또는—그것이 때로는 느리게 때로는 빠르게 회전할 때도—그 회전의 시간이 길다든지 혹은 짧다고 말하는 것이 아닙니까? 이런 말을 하는 동안도 우리는 시간 안에서 말하는 것이 아닙니까? 또한 우리가 하는 말에도 긴 음절과 짧은 음절이 있어서 발음을 하는 데서도 어떤 것은 길게, 어떤 것은 짧게 시간이 걸리지 않습니까?

오, 하나님, 우리 인간들에게 지혜를 주시사 작은 것들을 통해서도 크고 작은 것들에게 다 적용될 수 있는 보편적 원리(개념)를 알아보게 하소서. 하늘의 별들이나 빛은 "징조와 계절과 날과 해"(창 1:14)를 이루기 위하여 정해 주신 것만은 틀림이 없습니다. 그러나 한편으로는 내가 저 작은 나무로 된 물레바퀴의 한 번의 회전이 하루의 시간이라고 말해서는 안 되고, 다른 편으로는 그 학자가 그 물레바퀴의 회전은 시간과 관계없다고 말해서도 안 됩니다.

(30) 내가 알고자 하는 것은 시간의 본성(본질)과 그 힘입니다. 우리는 그것으로 물체의 운동을 재며 이 운동은 저 운동보다 시간이 두 배나 길다고 예를 들어서 말합니다. 우리가 보통 하루라고 말을 할 때 태양이 반드

16) 우리는 시간을 알고 있으면서도 그것을 설명하려고 하면 모른다는 **고백록** 11, 15, 17을 되풀이하고 있다.

17) 어거스틴은 아마도 플라톤의 *Timaeus*, 39c−d 와 아리스토텔레스의 *Physics*, 218b−219a에 대한 말을 들은 것 같다.

시 지구 위에 떠 있어 낮을 밤으로부터 구분하는 시간만을 의미하는 것이 아니고 태양이 동쪽에서 출발하여 동쪽으로 다시 돌아와 완전히 한번의 회전을 하는 시간의 길이를 말하는 것입니다. 우리는 그 시간의 길이를 보고 '며칠이 지나갔다' 고 말을 하는 것입니다. 여기에서 밤은 하루의 날에 포함되므로 따로 계산하지 않습니다. 이렇듯 하루라고 하는 것은 태양이 동쪽에서 동쪽으로 그 궤도를 완전히 한 바퀴 도는 시간이므로 나는 다음과 같은 질문을 할 수 있습니다. 즉 "하루란 태양의 운동 그 자체인가 혹은 그 운동이 완성된 시간의 길이인가 혹은 그 둘 다인가?" 라는 질문입니다.

만일 태양이 궤도를 한 바퀴 도는 그 운동이 하루를 이룬다면, 태양이 한 시간밖에 안 되는 짧은 시간에 그 운동을 끝마쳐도 하루가 되어야 할 것입니다. 만일 태양이 그 궤도를 한 바퀴 도는 시간의 길이를 하루로 여긴다면 태양이 그 궤도를 한 시간에 한 바퀴 돌아도 그 한 시간이 하루가 되어야 할 것입니다. 그러나 실은 그 한 시간이 하루가 될 수 없습니다. 그 경우에 정말 하루가 되기 위해서는 태양이 궤도를 스물네 번을 돌아야 합니다. 또한 만일 두 가지, 즉 태양의 운동과 그 운동에 걸리는 시간이 하루를 이룬다고 해도 그것이 정말 하루가 될 수 없습니다. 왜냐하면 만일 태양이 그 궤도의 한 바퀴를 한 시간에 다 돌았다고 해도 그것이 사실 하루가 될 수 없고, 또한 만일 태양이 운동을 멈추고 서 있는 동안 태양이 보통 아침에서 다음 아침때까지 한 바퀴 돌 때 걸리는 시간(스물네 시간)이 경과했다고 할지라도 그것이 하루가 될 수 없기 때문입니다.

그러므로 내가 묻고자 하는 것은 '하루' 라고 하는 것이 무엇인가가 아닙니다. 내가 오히려 묻고 싶은 것은 '시간이란 무엇인가?' 입니다. 왜냐하면 우리는 태양의 회전의 운동을 시간으로 재고 있기 때문입니다. 그래서 만일 태양이 그 궤도를 열두 시간에 한 바퀴 돌았다고 해도, 우리는 말하기를 태양이 궤도를 한 바퀴 돌 때 보통 걸리는 시간의 반밖에 걸리지 않았다고 말합니다. 그 경우에 우리는 두 시간의 길이를 비교하면서—태양이 스물네 시간 동안에 한 바퀴 돌든지 두 바퀴 돌든지 간에—이 시간이 저 시간보다 두 배나 더 길다고 말합니다.

그러기에 나는 천체의 운동이 바로 시간이라고 주장하는 사람의 말도 받아들이지 않습니다. 왜냐하면 어떤 사람(여호수아)이 전투에서 승리를 거두기 위해 태양을 멈추어 달라고 기도를 했을 때 태양은 멈추었어도 시간은 여전히 흘러 지나갔기 때문입니다. 그 전투는 필요한 시간 동안에 계속하다가 끝났던 것입니다.(수 10:12－14) 그러므로 나는 시간을 어떤 종류의 분산(팽창)[18]이라고 봅니다. 그러나 내가 정말 시간을 그렇게 이해하고 있습니까? 그렇지 않으면 내가 그렇게 이해하고 있는 것처럼 생각하고 있습니까? 빛과 진리가 되시는 당신께서 나에게 보여 주소서.

24장_ 물체의 운동을 재는 시간

(31) 누가 '시간이란 물체의 운동이다' 라고 정의를 내릴 때 당신은 그 말을 받아들이라고 나에게 명하시겠습니까? 당신은 그러한 명령을 나에게 내리지 않으실 것입니다. 나는 오히려 당신이 내 안에서 '시간 밖에서는 어떠한 물체의 운동도 불가능하다' 고 말씀하시는 것을 듣습니다. 그러나 나는 '물체의 운동이 시간이다' 라고 말씀하시는 당신의 음성은 듣지 못했습니다. 왜냐하면 내가 어떤 물체의 운동을 재게(측량) 될 때 그 물체가 운동을 시작했을 때부터 마칠 때까지를(얼마나 운동을 했는지) 시간으로 재기 때문입니다. 그러나 만일 그 물체가 언제 운동을 시작했고, 언제까지 운동을 계속하다가 끝마치게 된 것을 볼 수 없다면, 나는 그 물체의 운동을 잴 수 없습니다. 다만 내가 할 수 있는 것은 내가 운동을 보기 시작했을 때부터 보기를 마칠 때까지의 시간을 잴 뿐입니다. 그래서 내가 그것을 오랫동안 보고 있었다면 그 운동의 시간이 길었다고 나는 주장할 수 있습니다. 그러나 나는 그 시간이 얼마나 길었는가 말할 수는 없습니다. 왜냐하면 우

18) 어거스틴은 시간을 "distentio animi"라고 말하고 있다.(**고백록** 11, 26, 33) 이 "distentio"라는 단어는 **고백록** 8, 10, 24 ; 11, 23, 30 ; 11, 26, 33 ; 11, 28, 38 ; 11, 29, 39에 나타나고 있다. 이 뜻은 문맥에 따라 영혼의 연장, 분산, 팽창, 헷갈림, 흩어짐 등으로 번역될 수 있다. 즉 시간이란 인간의 혼이 기억, 직관, 기대라는 형태로 연장되기도 하고, 분산되기도 하며, 헷갈리기도 하는 것을 뜻하고 있는 것이다. 이와 반대되는 단어들은 영원자 하나님에게 향해 나아가는 인간의 혼의 지향과 집중을 "extentio, attentio, intentio"라는 단어로 나타내고 있다.(**고백록** 9, 10, 23 ; 11, 18, 23 ; 11, 29, 39)

리가 그 시간이 '얼마나 긴가?' 라고 말할 때는 반드시 어떤 것과 비교해서 '이것은 저것과 같은 시간이다' 혹은 '이것은 저것보다 길이가 두 배이다' 등의 말을 하기 때문입니다.

그러나 우리가 만일 어떤 물체가 운동을 시작하고 끝마치는 공간의 양지점을 알 수 있든가, 혹은 어떤 물체가 그 축을 중심하여 일정하게 돌고 있는 것을 관찰할 수 있다면 그 물체가 이 지점에서 저 지점으로 움직이는데 얼마나 시간이 걸리는가 하는 것을 말할 수 있을 것입니다. 이렇듯 물체의 운동과 그 운동의 간격(지속)을 재는 것과는 아주 다르므로 그 둘 중 하나를 시간이라고 일컬어야 함은 누구도 알 것입니다. 같은 물체가 때로는 빠르게 때로는 느리게 운동을 하며 때로는 운동을 않고 정지 상태에 있기도 합니다. 그러나 우리는 이때 그 운동뿐 아니라 그 정지 상태의 기간을 시간으로 재면서 '그 물체가 정지해 있는 시간이 운동을 한 시간과 똑같다' 혹은 '정지한 시간이 운동한 시간의 두 배나 세 배가 된다' 는 등 말을 합니다. 우리가 그렇게 말할 때 그 기간을 정확하게 계산하든지 혹은 우리가 흔히 하듯 대강 '다소'(多少) 얼마라고 짐작으로 말을 하든지 별 관계는 없습니다. 그러므로 시간이란 물체의 운동이 아닙니다.

25장_ 조명해 주시기를 기원함

(32) 오, 주님, 나는 아직도 시간이 무엇인지 확실히 알지 못하고 있음을 당신께 고백합니다. 그러나 내가 또 당신께 고백함은 내가 이와 같은 말을 하고 있는 것도 시간 안에서 하고 있다는 것과, 내가 지금까지 시간에 대하여 긴 시간 동안 말을 했다는 것과, 그리고 이와 같은 긴 시간이라고 하는 것은 지나간 시간이 길다는 것임을 알고 있다는 사실입니다. 그러면 시간이 무엇인지 아직 모르면서 내가 어떻게 이런 사실을 알고 있는 것입니까? 아마 내가 알고 있는 사실을 말로 표현을 못하는 것뿐입니까? 내가 아직 알지 못하고 있는 사실조차 알지 못하고 있는 나에게 화가 있을지어다! 오, 나의 하나님, 보시옵소서. 나는 거짓말을 하지 않습니다. 나는 내 마음에 있는 바를 말하는 것뿐입니다. 내 주 하나님이여, 내 등불을 켜주시어

나의 어둠을 밝히소서.(시 18:28)

26 장_ 시간의 장단을 재는 것

(33) 나는 시간을 잰다고 내 영혼이 당신께 진실로 고백하고 있지 않습니까? 내 주, 하나님이여, 그렇습니다. 나는 정말 시간을 재고 있습니다. 그러나 내가 무엇을 재고 있는지는 잘 모릅니다. 혹시 내가 물체의 운동을 시간으로 잴 때 시간 그 자체도 재게 되는 것이 아닙니까? 내가 물체의 운동을 재게 될 때—그 운동이 얼마 동안 계속했는지, 혹은 그 물체가 이 장소에서 저 장소로 움직이는 데 얼마나 오래 걸렸는지—그 물체가 그 안에서 운동하는 시간의 간격을 재지 않고 무엇을 재겠습니까?

그러면 나는 그 시간을 어떻게(무엇으로) 재는 것입니까? 마치 우리가 대들보의 길이를 큐빗[19]의 길이로 재듯이 긴 시간을 짧은 시간으로 재는 것입니까? 우리는 긴 음절을 짧은 음절로 재면서 긴 음절은 두 배나 더 길다고 말합니다. 마찬가지로 우리는 (읊는) 시(詩)의 길이를 구절의 길이로, 구절의 길이를 시각의 길이로, 시각의 길이를 음절의 길이로, 긴 음절의 길이는 짧은 음절의 길이로 재는 것입니다. 이때 우리는 시의 길이를 시의 장수로 재지는 않습니다. 왜냐하면 우리가 만일 장수로 시의 길이를 잰다면 그것은 공간을 재는 것이지 시간을 재는 것이 아니기 때문입니다. 그러면서도 우리가 시를 읊는 동안 말이 흘러 지나갈 때 '이것은 구절이 많으니 긴 시이다. 이것은 시각이 많으니 긴 구절이다. 이것은 많은 음절을 포함하고 있으니 긴 시각이다. 이 음절은 짧은 음절의 두 배가 되므로 긴 음절이다' 라고 말을 합니다.

그러나 우리가 이렇게 말하듯이 시간을 재는 것은 아닙니다. 왜냐하면 만일 우리가 짧은 구절을 느리게 읽으면 그것을 빠르게 읽을 때보다 시간이 더 오래 걸리기 때문입니다. 그것은 시나 시각이나 음절을 읽을 때도 마찬가지입니다. 이것으로 미루어 볼 때 시간이란 어떤 종류의 분산(팽

19) 큐빗은 보통 사람들의 팔꿈치로부터 가운뎃손가락 끝까지의 길이를 말한다.

창, 연장)인 듯 보입니다. 그러나 그것이 무엇의 분산인지 나는 잘 모르겠습니다. 그것은 아마 마음(영혼)의 분산인지[20] 모르겠습니다. 오, 나의 하나님, 내가 당신에게 묻사오니 '이 시간은 저 시간보다 길다' 라고 내가 대강 말하든가 혹은 '이 시간은 저 시간보다 두 배나 더 길다' 라고 정확히 말할 때 나는 무엇을 재고 있는 것입니까? 내가 시간을 재고 있음은 알고 있습니다. 그러나 그때 내가 재고 있는 것은 아직 오지 않은 미래도 아니요, 아무 연장이 없는 현재도 아니며, 이미 있지 않은 과거도 아닙니다. 그러면 내가 무엇을 재는 것입니까? 그것은 지나가 버린 시간이 아니라 지나가고 있는 시간을 재는 것입니까? 그렇다고 나는 말을 해왔습니다.

27 장_ 시간을 재는 곳

(34) 내 영혼아, 용기를 내어라. 너의 모든 힘을 다하여 주의를 집중하여라. 하나님은 우리의 도움이 되신다. 그가 우리를 지으셨지 우리가 자신들을 지은 것이 아니다.(시 100:3) 진리가 비추기 시작한 곳을 향해 너의 주의를 집중하여라. 예를 들어 어떤 물체가 소리를 내기 시작한다고 생각해 보자. 그 소리가 계속 울리다가 끊어지면 침묵이 이어진다. 이제 그 소리가 지나갔으니 더 이상 들리지 않게 된다. 그 소리가 울리기 전에는 그것이 미래에 속한 것이므로 우리는 그 소리의 길이를 잴 수 없다. 그것이 아직 있지 않기 때문이다. 그러나 지금은 그 소리가 이미 지나가 버렸으니 우리는 그것을 잴 수 없다. 그러므로 우리는 그 소리가 실제로 울리고 있는 동안에만 그것을 잴 수 있을 것이다. 그때만이 거기에 우리가 잴 수 있는 어떤 것이 있기 때문이다. 그러나 실은 그때에도 그 소리는 정지하지 않고 계속 흘러 지나가 버린다. 그러면 바로 그 이유로 우리가 그 소리의 길이를 재는 것이 더 쉬울 것인가? 현재라고 하는 것은 아무 연장이 없는 것이기에 우리가 잴 수 없고, 다만 그 소리가 지나가는 과정에서 어떤 시간의 길이로 연장이 되므로 우리가 그것을 잴 수 있을 것이다.

20) 참고: 각주 18.

그러면 그때 우리가 그것을 잴 수 있다고 가정하고 이제 다른 면을 한번 생각해 보자, 즉 어떤 소리가 울리기 시작하여 그치지 않고 계속 울린다고 가정해 보자. 우리는 그 소리가 나는 동안에만 그것을 잴 수 있다. 왜냐하면 만일 그 소리가 울렸다가 멈춰 버리면 이미 과거로 지나가 버렸으니 거기에는 우리가 잴 수 있는 아무것도 없기 때문이다. 그러면 이제 그것을 정확히 재보고 얼마나 긴가를 알아보자. 아직도 울리고 있는 소리를 재려면 우리는 그 소리가 울리기 시작한 때부터 끝날 때까지를 재야 한다. 왜냐하면 우리가 무엇을 잰다고 하는 것은 그것이 시작한 때부터 그것이 끝마치는 시간의 길이를 재는 것이기 때문이다.

그렇기 때문에 아직 끝나지 않은 소리에 대해서는 우리가 그것이 얼마나 길고 짧다든지, 혹은 다른 것의 길이와 같다든지, 또는 그 길이의 두 배나 된다는 말을 할 수 없다. 그러나 그 소리가 끝나 버리면 그것은 이미 있지 않은 것이니 우리가 그것을 어떻게 잴 수 있을 것인가? 그럼에도 불구하고 우리는 시간을 잰다고 말한다. 하지만 우리가 재는 시간은 아직 있지 않은 시간도 아니요, 이미 없는 시간도 아니며, 연장이 없는 시간도 아니요, 또한 어떠한 제한이 없는(시작과 끝이 없는) 시간도 아니다. 그러므로 우리가 재는 것은 미래의 시간도 아니요, 과거의 시간도 아니며, 현재의 시간도 아니요, 흘러가는 시간도 아니다. 그러나 우리는 시간을 재고 있다.

(35) 만물을 창조하신 하나님(Deus Creator omnium)[21]이라는 구절은 길고 짧은 음절을 전부 합하면 여덟 음절로 이루어져 있다. 넷의 짧은 음절(첫째, 셋째, 다섯째, 일곱째)은 다른 넷의 긴 음절에 비하면 단음이고, 긴 음절은 짧은 음절을 낭송할 때보다 시간이 두 배나 걸린다. 내가 그것들을 여러 번 낭송해 볼 때 그렇다고 확인할 수 있고 또한 보통의 상식으로도 그렇다고 말할 수 있다. 상식적으로 말하더라도 나는 긴 음절을 짧은 음절을 가지고 재며 전자는 후자의 두 배가 됨을 안다. 그러나 첫 음절이 짧고, 둘째 음절이 길 경우, 두 음절이 연달아 발음될 때 내가 어떻게 짧은 음절

21) 암브로시우스가 지은 "창조주 하나님" 이라는 찬송시이다. 참고: **고백록** 9, 7, 15 ; 9, 12, 32.

을 고정시켜 놓고 그것을 표준치로 하여 긴 음절을 재며 후자가 전자보다 두 배나 더 길다고 말할 수 있을까? 그렇게 할 수 없는 것이 긴 음절은 짧은 음절이 낭송되어 지나간 후에야 낭송되기 시작하기 때문이다. 또한 내가 그 긴 음절을 잴 때는 그 음절의 진행(현재)을 재는 것이 아니고 그것이 끝날 때 재게 된다. 그러나 그 진행이 끝나면 지나가 버리고 말기 때문에 그것을 잴 수가 없다.

그러면 과연 내가 무엇을 잴 수 있다는 말인가? 내가(긴 음절을 잴 때) 표준치로 사용한 짧은 음절은 어디에 있는 것일까? 또한 내가 재고자 하는 그 긴 음절은 어디에 있는 것일까? 두 음절이 다 함께 소리가 나서 과거로 지나가 버려 지금 있지 않다. 그래도 나는 그것들을 지금 재면서―내 청각을 믿을 수 있는 한―자신 있게 긴 음절은 짧은 음절보다 낭송할 때 시간이 두 배나 걸린다고 말할 수 있다. 이러한 판단을 내가 하게 된 것도 이 두 음절이 지나가 끝이 났기 때문이다. 그러므로 내가 현재 재는 것은 과거로 흘러가 지금 있지 않은 그 음절이 아니고, 내 기억에 남아 있어 고정되어 있는 그 어떤 것일 것이다.

(36) 오, 내 마음(영혼)아, 나는 네 안에서 내 시간을 재노라.[22] 나를 어지럽게 하지 말아다오. 즉 시끄럽게 밀려들어 오는 여러 가지 인상으로 인해 너 자신을 어지럽게 하지 말라. 내가 말한 바와 같이 나는 바로 네 안에서 시간을 잰다. 여러 가지 일들은 지나가면서 네 안에 인상을 남긴다. 그 일들은 과거로 지나갔어도 그것들이 남긴 인상은 현재 남아 있다. 나는 바로 현재 남아 있는 그 인상을 재는 것이지 과거로 지나가면서 인상을 남긴 그 일들(사건)을 재는 것은 아니다. 내가 시간을 잰다고 할 때 나는 바로 그 남아 있는 현재의 인상을 재는 것이다. 그러므로 시간이 이렇게 존재하

---

22) '내 시간을 잰다' (tempora mea metior)는 말은 주관적인 시간체험, 즉 시간성을 의미한 것이다. 이러한 어거스틴의 표현을 근거로 어떤 학자는 **고백록**에 나타난 시간론은 심리적인 시간론이라고 말하고 있다. 그러나 어거스틴은 결코 하나님이 창조하신 객관적 질서인 시간을 부정하지 않는다. 그가 **고백록**에서 논하고 있는 시간론은 객관적인 질서로서의 시간을 전제하고 있다. 시간은 하나님이 세상과 함께 창조하신 것이다. 그러나 그것의 본질 파악은 역시 인간의 마음(내면)에서 이루어지는 것이다. 참고: 11권 각주 13 ; 선한용, 『시간과 영원』, 81―82.

지 않으면 나는 그것을 잴 수 없다.[23)]

그러면 계속되는 침묵의 시간을 재면서 이 침묵의 시간은 저 음성이 계속되는 시간의 길이와 같다고 말할 때는 어떻게 된 것일까? 그때 우리는 침묵 속에서도 생각의 날개를 펴서 음성이 들리는 것처럼 상상하여 그 음성의 길이로 그 침묵의 시간을 재는 것이 아닐까? 또한 우리는 음성과 혀를 사용하지 않고도 마음으로 시(詩)나, 시의 구절이나, 어떤 말이나 혹은 어떤 운동의 길이를 재보면서—마치 우리가 소리를 내어 그것들을 낭송하고 그것들의 시간을 재는 것처럼—이것은 저것에 비해 얼마나 더 긴가를 말한다.

어떤 사람이 긴 소리를 내기 위하여 미리 그 소리를 얼마나 길게 낼까 생각했다고 하자. 그 사람은 이미 침묵 속에서 그 시간의 길이를 경험하고 그것을 기억해 둔 다음 그 소리를 내기 시작한다. 그 소리는 계속 나다가 미리 정해진 끝에 와서야 멈추게 된다. 그 소리가 계속되는 동안 그 소리의 일부는 이미 났고, 그 일부는 앞으로 나게 될 것이다. 즉 그 소리의 일부는 이미 끝나서 소리가 나버렸고 나머지의 소리는 앞으로 날 것이다. 이리하여 그 사람의 현재의 의지가 미래를 과거로 전부 옮겨 버릴 때까지 그 소리는 계속해 나간다. 그러면 미래는 점점 감소되고 과거는 점점 증가되어 가다가 나중에는 모든 미래가 과거로 전부 소진되어 없어지게 된다.

28 장_ 마음에서 시간을 잰다

(37) 그러나 아직 있지 않는 미래가 어떻게 감소되며 없어진다는 말인가? 또는 이미 있지 않은 과거가 어떻게 증가한다는 말인가? 그것은 우리 마음에 이런 일을 하는 세 가지의 기능이 있기 때문이 아닌가? 우리 마음은

23) 과거의 현재, 현재의 현재, 미래의 현재(기억, 현재, 기대)는 어떤 면에서는 혼의 현재에 포함되어 지속이 되어가고 있는 것이다. 그러나 그것은 하나님의 영원한 현재와는 다른 분열된 현재라고 말하는 것이 더 타당할 것이다. 인간에게 지속해 가는 현재가 있다고 하는 것은 어떤 면에서 영원한 하나님의 형상을 닮아 창조된 인간성을 의미하는 줄도 모른다.

'기대' 하고, '직관' 하고 '기억' 한다. 그래서 우리 마음이 기대하는 것은 직관하는 것을 통하여 기억하는 것으로 흘러 지나간다. 미래가 아직 있지 않음을 누가 부인하겠는가? 그러나 우리 마음에는 아직 오지 않은 미래(의 일)에 대한 기대가 이미 존재해 있다. 과거의 일은 이미 지나가 현재에 있지 않음을 누가 부인하겠는가? 그러나 우리 마음에는 과거(의 일)에 대한 기억이 아직도 존재해 있다. 현재라는 시간은 순간적으로 지나가기 때문에 아무 연장(길이)도 없음을 누가 부인하겠는가? 그러나 마음의 직관(주의 작용)은 지속(持續)이 되고 그것을 통해 '있을 것' (미래)은 '없어질 것' (과거)으로 이행하여 지나간다. 그러므로 현재(아직) 있지 않은 미래의 시간이 긴 것이 아니다. 미래가 길다 함은 미래에 대한 우리의 기대가 긴 것뿐이다. 또한 이미 있지 않은 과거도 길 수는 없다. 과거가 길다 함은 과거에 대한 우리의 기억이 긴 것뿐이다.

(38) 내가 알고 있는 시 한 편을 지금 읊으려 한다고 생각해 보자. 내가 그 시를 읊기 전에는 나의 기대가 그 시 전체에 펼쳐 있다. 그러나 내가 그 시를 읊기 시작하자마자 읊은 그 부분은 기대의 영역에서 떨어져 나와 과거로 옮아가며 기억의 영역으로 들어가게 된다. 이리하여 내 (마음의) 기능은 기억과 기대, 즉 내가 이미 읊은 부분과 내가 읊으려고 하는 부분으로 분산하게(헷갈리게) 된다. 그러나 그런 중에도 나의 직관(주의 작용)은 현재로 지속이 되어 나가며 그것을 통해 미래의 것은 과거로 지나가게 된다. 이러한 과정이 계속하는 동안 기대의 영역은 점점 짧아지고 기억의 영역은 점점 길어져 마침내는 그 기대의 전부가 없어지게 된다. 그때 나의 시를 읊는 활동은 모두 끝나 기억으로 옮겨지게 된다. 이러한 현상은 그 시의 구절이나 음절을 읊어 나갈 때도 마찬가지이다. 이러한 현상은 이 시가 한 부분을 이루고 있는 더 긴 시편을 읊을 때도 마찬가지이다. 또한 이러한 현상은 이런 활동이 한 부분을 이루고 있는 인간의 전생애에서도 마찬가지이다. 그리고 이러한 현상은 모든 인간들의 생애가 그 일부분을 이루고 있는 전 인류의 역사에서도 마찬가지이다.[24)]

---

24) 인간의 개인의 생애나 인류의 전 역사를 어거스틴은 하나의 시를 낭독하는 것에 비해

29장_ 마음의 헷갈림에서 통합으로

(39) 당신의 인자하심은 생명보다 낫습니다.(시 63:3) 보시옵소서. 내 생명은(시간 속에서) 헷갈리어 없어져 가고 있습니다. 그러나 인자(人子)이신 내 주 안에서 당신의 오른손은 나를 붙드셨습니다.(시 18:35) 그는 하나이신 당신과 여러 모양과 많은 것으로 쪼개 떨어진 우리 사이에 계시는 중보자이십니다. 그가 나를 붙드심은 그로 인하여 내가 잡힌 바 된 것을 붙잡기 위함이며(빌 3:12－14), 또한 내가 지난날의 헷갈린 생활에서 거두어 모아져서(통합이 되어) 오직 유일하신 당신을 향해 좇아가기 위함입니다. 나는 이제 지나간 과거를 잊어버리고, 지나가 없어지게 될 미래의 것에 마음을 향하지 않으며, '앞에 있는 것'[25]을 붙잡기 위하여—분산된 마음으로가 아니라 마음을 집중하여,[26] 즉 마음의 헷갈림으로가 아니라, 마음의 지향으로써—하늘의 부르는 상을 얻기 위하여 좇아갑니다. 거기에서 나는 당신을 찬양하는 소리를 들을 것이요, 오지도 않고 가지도 않는 당신의 즐거움을 관상할 것이옵니다.

그러나 지금 나는 내 연수(年數)를 탄식으로 보내고 있습니다.(시 31:10) 오, 주님, 당신은 나의 위로자, 나의 영원한 아버지이십니다. 그러나 나는 알 수 없는 질서인 이 시간 속에서 산산이 분열되어 있습니다.[27] 내

말하고 있다. 읽어야 할 부분은 기대(미래)요, 읽은 부분은 기억(과거)이다. 그리고 읽어가고 있는 순간(지속)은 미래를 점차 감소시키고 과거를 계속 증가시키다가 마지막으로는 미래에 대한 기대를 다 소진시킨다. 이것이 바로 개인의 종말이요, 또한 인류 역사의 종말이다.

25) '앞에 있는 것' (in ea quae ante sunt)이란 시간을 초월해 있는 하나님의 영원한 목적을 시사한 메타포이다. 이것을 영어로 표현한다면 'above and beyond time' 을 의미한다.

26) 시간 속에서 영원을 향한 지향성(志向性), 즉 영혼의 지향성(intentio animi)을 의미한다.

27) 어거스틴은 이때까지 시간을 'distentio animi' (영혼의 분산이라는 심리적 시간)라고 말을 해오다가 갑자기 말을 바꾸어 'at ego in tempora dissilui' (그러나 나는 시간 속에서 분열되어 있습니다.)라고 기술하고 있다. 여기에서 어거스틴은 시간을 심리적으로

생각과 내 영혼의 골수는 당신의 사랑의 불로 순화되고 녹아져 당신에게로 흘러 들어가게 (당신과 연합하게) 될 때까지는 여러 무상한 일들(파도)로 인하여 갈기갈기 찢기어 있게 될 것입니다.[28)]

30장_ 창조와 함께 시작한 시간

(40) 그러므로 나는 나에게 형상을 부여하신 당신, 당신의 진리 안에 굳게 서 있고자 합니다. 따라서 나는 어떤 사람들이 던진 질문, 즉 '하나님이 천지를 창조하시기 전에는 무엇을 하시고 계셨는가?' 혹은 '하나님이 (세상을 창조하시기) 이전에는 아무것도 하시지 않고 계셨다가 왜 갑자기 무엇을 만들려고 생각을 하셨을까?' 라는 질문을 받아주고 싶지 않습니다. 그들은 그들 스스로 지은 죄의 벌로 자기들의 배가 감당할 수 없는 분량의 물까지 마시려고 갈망하는 자들입니다.

오, 주님, 그들로 하여금 자신들이 말하는 것을 잘 생각하게 하소서. 그들로 하여금 시간이 존재하지 않았을 때에 (하나님이) 아무것도 하시지 않고 계셨다고 말할 수 없음을 알게 하소서. 그런 말은 하나님의 세계 창조가 시간 안에서 이루어진 것처럼 생각하고 하는 말입니다. 그러므로 그들로 하여금 당신이 창조한 피조물이 없는 곳에는 어떤 시간도 있을 수 없음을 알게 하시고, 이제는 그런 헛된 말을 하지 않게 하소서. 그들도 앞에 있는 것을 붙잡으려고 그들의 마음을 향하게 하소서. 그리하여 그들로 하여

분석하고 이해하다가 실존적으로 접근하고 있다. 즉 그는 시간을 'dissiliatio animi' (영혼의 분열)라고 말한 것이다. 그러므로 어거스틴에게서 영혼의 분산으로서의 시간, 영혼의 분열로서의 시간체험(문제)은 영혼의 지향성(intentio animi)으로 극복이 되는 것이다. 그는 시간체험을 유일하신 하나님을 떠남으로 생긴 영혼의 분산 혹은 분열로 보고 있다. 그리고 그 극복을 영원하신 하나님에게 향하는 영혼의 지향성(사랑)에서 찾으려 한다.

28) 어거스틴은 여기서 시간(역사)의 과정에서 사는 삶을 바다로 흘러 들어가는 강에 비유하고, 그 과정을 살아가면서 갖게 되는 마음의 헷갈림 혹은 분열로서의 시간체험을 흐르는 강물에서 일어나는 여러 가지, 여러 모양의 파도로 묘사한 듯하다. 그러한 헷갈린 영혼도 영원하신 하나님과 연합하게 될 때 비로소 통합된다고 그는 강조하고 있다.(비교: 2, 1, 1)

금 당신은 모든 시간을 창조하신 영원자이시요, 모든 시간 이전에(모든 시간을 초월해) 계신 자이시므로 어떤 시간도 당신과 같이 영원할 수 없음을 알게 하소서. 또한 어떠한 피조물도—비록 그 피조물이 시간을 초월하여 있다고 할지라도—당신과 같이 영원할 수 없음을 알게 하소서.[29)]

31장_ 하나님의 지식과 인간의 지식

(41) 오, 내 주 하나님이여, 당신의 신비의 오묘함은 얼마나 깊은지요? 그리고 나는 내가 지은 죄로 인하여 거기에서 얼마나 먼 곳으로 던져져 있는지요? 내 눈을 치료해 주시사 당신의 빛을 즐기게 하소서. 만일 어떤 영혼이 있어서 내가 어떤 시를 잘 알고 있듯이 모든 일의 과거와 미래를 환히 아는 지식과 선견을 가지고 있다면 그는 확실히 경이할 만한 존재일 것입니다. 마치 내가 잘 알고 있는 시를 읊어 갈 때 처음부터 얼마를 읊었고, 앞으로 아직 얼마 더 읊어야 할 부분이 남아 있는가를 잘 알고 있는 것처럼, 그는 과거로 지나간 모든 일이나 미래에 있을 모든 일을 다 잘 알고 있을 것입니다.

그러나 우주를 창조하시고, (사람의) 영과 육체를 지으신 당신은 모든 과거와 미래를 아시되 단순히 이 정도로 아시는 것은 아닙니다. 당신은 이것보다 훨씬 더 경이롭고 훨씬 더 신비스러운 방법으로 과거와 미래를 아시고 계십니다. 우리가 익숙한 시를 읊거나, 혹은 읊고 있는 시를 들을 때는 읊게 될 말을 기대하고 이미 읊은 말을 기억함으로 인하여 우리의 감정은 변하고 우리의 마음은 헷갈리게(분산) 됩니다. 그러나 불변하시고 영원하시며 인간의 정신까지도 창조하신 당신의 아심은 이런 종류의 것이 아닙니다. 그러므로 당신이 태초에 천지를 아셨을 때 당신의 아심에 어떤 변화가 있었던 것은 아닙니다. 또한 당신이 태초에 천지를 창조하셨을 때 당

29) 여기에서 언급된 피조물이란 천사들을 시사한 것이다. 천사들은 피조물이지만 항상 영원자이신 하나님을 관상하고 있기 때문에 무상한 시간을 체험하지 않는다고 어거스틴은 말한다. 그러나 천사들도 하나님과 같은 영원한 존재는 아닌 것이다. 참고: 12, 9, 9 ; 『신국론』 12, 16.

신의 행동에 어떤 변화가 있었던 것도 아닙니다. 어떤 사람은 이것을 이해할 것이요, 어떤 사람은 이것을 이해하지 못할 것입니다. 그러나 이것을 이해하든 못하든 그들이 다 당신을 찬양하게 하소서. 아, 당신은 얼마나 숭고하신 존재이십니까? 그러나 당신은 겸손한 자의 마음에 당신의 거처를 두셨습니다. 당신이 넘어진 자를 일으키시면 그들은 넘어지지 않습니다. 당신이 그들을 붙들어 주시기 때문입니다.

제 12 권

무로부터의 창조, 질료와 형상

제11권에서 창조와 시간의 문제를 다룬 어거스틴은 이제 창세기 1:1과 1:2를 해석한다. '하늘'(天)이란 '하늘의 하늘'로서 영적 존재의 창조를 뜻하고 '땅'(地)이란 무형의 질료를 뜻한다고 그는 논하고 있다. 하나님은 이 무형의 질료로부터 우리가 보는 이 세계를 만드셨다고 말함으로써 '무로부터의 창조'에 대한 신학적인 뜻을 규명한다. 그는 여기서 창조에 대한 여러 가지 해석의 가능성을 시사하면서 해석하는 자는 관용의 태도를 가지고 사랑의 덕을 세우는 데 해석의 초점을 맞추어야 한다고 주장한다.

1장_ 불완전한 인간과 성서의 말씀

(1) 오, 주님, 내 마음은 당신의 성서의 말씀에 깊이 감동되었으나 불완전한 세상에 빠져 있는 탓으로 그것을 이해하는데 몹시 애를 쓰고 있습니다. 바로 그 불완전성 때문에 인간의 지성은 대개 말을 많이 하게 됩니다. 그리하여 진리를 발견하기보다는 그것을 추구하는 데 말이 더 많고, 답을 얻기보다는 묻는 데 말이 더 길며, 받는 손보다는 문을 두드리는 손이 더 바쁩니다. 그러나 우리는 당신의 약속을 간직하고 있으니 누가 감히 그 약속을 무효로 할 수 있겠습니까? "만일 하나님이 우리를 위하시면 누가 우리를 대적하리요?"(롬 8:31) "구하라, 그러면 너희에게 주실 것이요. 찾으라, 그러면 찾을 것이요. 문을 두드리라, 그러면 너희에게 열릴 것이니 구하는 이마다 얻을 것이요, 찾는 이가 찾을 것이요, 두드리는 이에게 열릴 것이니라."(마 7:7—8) 하신 이 말씀이 당신의 약속입니다. 진리가 되신 분께서 이렇게 약속하시는데 누가 속지나 않을까 하고 두려워하겠습니까?

2 장_ 하늘의 하늘

(2) 이제 나의 혀는 겸손히 천지(하늘과 땅)[1]를 지으신 당신의 높으심을 찬양합니다. 내가 우러러보고 있는 저 하늘과 내가 발을 딛고 있는 이 땅을 당신이 만드셨습니다. 내가 지니고 있는 이 몸도 실은 그 땅에 속해 있습니다. 오, 주님, 그러나 시편의 말씀에서 우리가 듣는 바 "하늘의 하늘은 주님의 것이요, 땅은 인간의 자식들에게 주셨도다."(비교. 시 115:16, 148:4)라고 하는 그 '하늘의 하늘' (caeilum caeli)은 어디에 있습니까?[2] 우

1) 역자는 의미가 잘 이해될 수 있도록 창세기 1:1에 기록된 "천지"를 "하늘과 땅"으로 서로 바꾸어 쓰기도 했음을 지적해 둔다.

2) 어거스틴에 의하면 "태초에 하나님이 천지를 창조하시니라."(창 1:1)에 기록된 "천"(하늘)은 우리가 육안으로 볼 수 있는 저 '땅의 하늘' (caelum terrae)이 아니고 '하늘의 하

리가 보지 못하는 그 하늘은—그것에 비하면 우리가 볼 수 있는 모든 것(저 하늘도)은 다 땅에 속한 것밖에 안 되는데—어디에 있습니까? 이 물질적인 우주는 비록 그 모두가 동시에 존재하고 있지 않으나 그 낮은 계층에 이르기까지 모두 아름다운 형태를 지니고 있습니다. 그중에서 우리의 땅은 가장 낮은 계층에 속하여 있습니다. 그러나 "하늘의 하늘"에 비하면 우리 지상의 저 하늘도 실은 땅에 속하여 있는 것밖에 안 됩니다. 그러므로 당신에게 속해 있고 인간에게 속해 있지 않는 저 신비의 하늘에 비해 우리가 이 두 큰 형체(하늘과 땅)를 땅이라 불러도 마땅합니다.

3장_ 질료와 형상

(3) 이제 이 땅은 보이지 않았고 아무 형상이 없었습니다.[3)] 그것은 내가 알 수 없는 어떤 깊은 심연으로서 아직 어떠한 형상도 가지고 있지 않았고, 또한 그 위에 어떠한 빛도 전혀 비치지 않았습니다. 그래서 당신은 "흑암이 깊음 위에 있다."(창 1:2)고 기록하게 하셨습니다. 흑암이란 빛이 없는 상태와 다를 것이 무엇입니까? 왜냐하면 거기에 빛이 있었다면 그 빛은 모든 것 위에서 모든 것을 비추었을 것이기 때문입니다. 그러므로 빛이 아직 없는 곳에서는 흑암을 빛의 결핍으로 볼 수밖에 없습니다. 따라서 거기에 빛이 없었기에 흑암의 심연이 있었습니다. 그것은 마치 소리가 없는 곳에 침묵이 있는 것과 같습니다. 왜냐하면 침묵이란 소리의 결핍밖에 안 되기 때문입니다.

오, 주님, 당신께 이렇게 고백하는 이 영혼에게 당신은 이 진리를 가르쳐 주시지 않으셨습니까? 오, 주님, 당신이 아직 아무 형체가 없는 이 무

늘'(caelum caeli), 즉 하나님을 항상 관상하고 있는 천사들의 창조를 의미한 것이라 말한다. 따라서 여기서 "지"(땅)는 우리가 보는 저 하늘과 발을 딛고 사는 이 땅을 다 포함하고 있는 것이다. 참고: **고백록** 12, 11, 12—12, 13, 16.

3) 어거스틴이 사용한 성서는 ("불가타" 라틴어 성서가 나오기 전) 칠십인역(Septuagint)을 라틴어로 번역한 고대 라틴어 성서였다. 그는 그 성서의 창세기 1:2 "Haec terra erat invisibilis et incomposita"를 글자 그대로 받아들여 질료와 형상이라는 그리스 철학의 개념을 도입하여 그것을 새롭게 해석하려고 시도했다.

형(無形)의 질료에 형상을 부여하여 여러 가지 형체를 만드시기 전에는 색이나, 모양이나, 몸이나, 영이나, 아무것도 존재하고 있지 않았다는 것을 당신은 나에게 가르쳐 주시지 않으셨습니까? 그렇다고 해서 그것이 절대무(絶對無, omnino nihil)는 아니고, 아직 일정한 형태가 없는 무형의 '어떤 것' (질료)이었습니다.[4)]

4장_ 무형의 질료

(4) 그러면 이 무형의 질료를 우리는 무엇이라고 불러야 하며 어떻게 그 뜻을 쉽게 말하여 둔한 사람들에게 전할 수 있겠습니까? 이 세상의 많은 것들 중에서 '땅' 이나 '심연' 보다 더 '무형의 질료' 에 가까운 것이 어디 있겠습니까? 이 무형의 질료는 존재의 계층에서 가장 낮은 층에 속해 있으므로 그 위의 계층의 투명하고 빛나는 다른 모든 존재들보다는 덜 아름답습니다. 그러나 당신은 먼저 아무 형상이 없는 질료를 만드시고 그것으로부터 이 아름다운 세계를 만드셨습니다. 그러므로 내가 이 무형의 질료를 사람들이 알아듣기 쉽게 '보이지 않고 형상이 없는 땅' 이라 불러도 괜찮을 것입니다.

5장_ 질료란 무엇인가?

(5) 그러므로 우리가 이 무형의 질료가 무엇인지 정의해 보려고 할 때 스스로 이렇게 말합니다. "그것은 생명이라든가 정의(正義)와 같은 추상적(지적)인 개념이 아니다. 왜냐하면 그것은 물체의 질료이기 때문이다. 그것은 또한 어떤 감각적인 형상을 가지고 있는 것도 아니다. 왜냐하면 볼

4) 무형의 질료란 창세기 1:2에 나온 혼돈, 흑암, 깊음을 의미한다. 창세기에서는 이것이 창조되었는지 그렇지 않으면 본래부터 존재했었는지 명시되어 있지 않다. 그러나 어거스틴은 하나님은 절대무에서 무형의 질료(상대무 혹은 거의 무)를 창조하셨고, 거기에서부터 우리가 살고 있는 천지를 창조하셨다고 한다. 참고: **고백록** 12, 8, 8 ; 13, 33, 48.

수도 없고 형상도 없는 것에서는 감각적인 경험이 불가능하기 때문이다." 그러하기 때문에 인간의 생각이 그것에 대하여 말을 하려고 할 때는 그것을 모르면서도 안다고 하든지, 알면서도 모른다고 말할 수밖에 없습니다.

6장_ 사물의 가변성

(6) 오, 주님, 당신께서 이 '무형의 질료' 에 대하여 나에게 가르치신 모든 것을 내가 이제 입과 글로 당신께 고백하려 합니다. 그러나 내가 처음으로 그 질료에 대하여 말하는 것을 들었을 때는 그 뜻을 잘 이해하지 못했습니다. 실은 그것에 대하여 나에게 설명해 주는 사람도 잘 모르고 있었습니다. 나는 그것이 여러 가지 많은 형상을 가지고 있는 어떤 것으로 마음에 그려 보았습니다. 그런 탓으로 나는 그 질료를 잘 이해하지 못했던 것입니다. 내 마음은 혼돈상태에 빠져 있어서 나는 다만 흉칙하고, 무섭고, 무질서한 형상들만을 생각하고 있었습니다. 그러한 형상들을 나는 '형상이 없는 것' 이라고 부른 것입니다. 그 이유는 그것이 어떤 종류의 형상을 가지고 있지 않아서가 아니라—어떤 종류의 형상을 가지고 있으되—그것이 나에게 나타나면 괴상하고 이상하게 보여 내 감각은 어지러워지고 내 약한 마음은 혼돈에 빠지게 될 것 같기 때문이었습니다.

다시 말해서 내가 무형의 질료라고 말할 때는 그것이 아무 형상을 가지고 있지 않아서가 아니라 어떤 종류의 형상을 가지고 있으되 아름답게 형상화된 것에 비해서 덜 형상화되어 있다고 생각한 것입니다. 그래서 나의 이성은 권고하기를 내가 진정으로 무형의 질료를 파악하려면 그 질료에서 형상이라고 하는 형상은 모조리 제거하여 버리면 된다고 했습니다. 그러나 나는 그렇게 할 수가 없었습니다. 왜냐하면 나는 곧 아무 형상이 없는 것은 존재하지도 않는다고 생각했고 형상과 무(無) 사이에 있는 어떤 중간적인 존재, 즉 (절대) 무도 아니요, 아직 형상화되지도 않은 어떤 질료—형상이 없는 '거의 무' (prope nihil)—를 생각하기가 어려웠기 때문입니다.

그래서 내 정신은 내 상상으로 이런 문제를 해결하려는 시도를 그만두었습니다. 왜냐하면 내 마음은 이미 여러 가지 형성된 물체의 영상으로 가득 차 있었고, 또한 그것들을 뜻대로 이렇게 혹은 저렇게 바꾸고 변경하고 있었기 때문입니다. 오히려 나는 여러 물체 자체에 주의를 집중하여 그것들이 있었다가 없어지게 되고, 없었던 것이 있기 시작하게 되는 (조건으로서) 물체의 가변성(可變性)을 더 깊이 생각하게 되었습니다. 이처럼 (사물이) 하나의 형상에서 다른 형상으로 옮겨지는 것은 어떤 중간적인 존재, 즉 어떤 형상을 가지고 있지는 않지만 절대무는 아닌 어떤 것을 통해 이루어지는 것이 아닌가 추측해 보았습니다. 그러나 나는 그것을 추측하기보다는 확실히 알고 싶었습니다.

이제 이렇게 당신께서 이 문제에 대하여 나에게 해답해 주신 모든 것을 내가 말과 글로 당신께 다 고백한들, 인내심을 가지고 내 고백을 끝까지 읽을 사람이 어디 있겠습니까? 그렇다 하더라도 내 마음은 이렇게 말로 다 표현할 수 없는 것에 대해서도 당신께 영광과 찬송을 계속 드리지 않을 수 없습니다. 변하는 사물들의 가변성은 그 자체 안에 사물들이 여러 가지 형상으로 바꾸어질 수 있는 가능성을 가지고 있습니다. 그러면 그 가변성이란 무엇입니까? 그것이 혼입니까? 아니면 물체입니까? 혹은 그것이 어떤 특수한 종류의 혼이거나 물체입니까? 혹시 그것을 '없는 어떤 것' (nihil aliquid)이라든가 혹은 '있고도 없는 것' (est non est)이라고 말할 수 있다면 나는 그 표현을 받아들이겠습니다. 그러나 그것은 어떤 면에서 존재하고 있는 것, 즉 가시적(可視的)인 복잡한 여러 형상을 받을 수 있는 어떤 것(가능체)임에는 틀림이 없습니다.[5]

5) 이 가능체는 플라톤의 *Timaeus*에 나오는 질료에 해당된다. 이 질료는 어떤 형태를 가지고 있는 존재이기보다는 어떤 형상을 받을 수 있는 가능성(수용성)을 의미한다. 플라톤에게서는 이 질료는 창조의 신과 함께 영원부터 존재한 존재론적 원리이기도 하다. 이 점에서 플라톤은 이원론을 주장한 자이다. 그러나 어거스틴은 이 질료까지도 하나님이 절대무에서 창조하신 것이라고 봄으로써 절대 유일신 사상(전능하사 천지를 만드신 창조주)을 주창하고 있는 것이다. 이에 대해서는 **고백록** 12, 7, 7에서 자세히 설명하고 있다.

7장_ 절대무로부터 무형의 질료를 창조함

(7) 이렇듯 볼 수 있고 다양한 형상을 수용할 수 있는 그 무형의 질료는 어디서 왔고 어떻게 존재하게 된 것입니까? 그것이 존재한다면 모든 존재의 근원이 되신 당신에게서 오지 않았으면 어디서 왔겠습니까? 그러나 당신에게서 멀리 떨어져 있는 것일수록 그것은 당신을 닮지 않습니다. 내가 여기서 말하는 것은 공간의 거리를 뜻하는 것은 아닙니다. 오, 주님, 당신의 존재는 때와 장소에 따라 변하지 않으시고, 바로 항상 같으시고, 같으시고, 같으시며—거룩, 거룩, 거룩하신—전능하신 주 하나님이십니다.(사 6:3, 계 4:8) 이러한 당신께서는 당신에게서 나왔고 당신의 본체에서 태어난 태초가 되시고, 당신의 지혜가 되신 그분 안에서 '어떤 무엇'을 무로부터 창조하셨습니다. 그러나 하늘과 땅은 당신의 본체로부터 유출하여 나온 것이 아닙니다.[6] 만일 그랬다면 하늘과 땅은 당신의 독생자와 동등한 존재가 되고 따라서 당신과 동등한 존재가 됩니다. 그러므로 당신의 본체에서 낳지 않은 것을 당신과 동등하다고 말하는 것은 이치에 맞지 않는 것입니다.

삼위일체가 되신 하나님이여, 그러나 당신밖에는 이 하늘과 땅을 창조할 수 있는 어떠한 것(질료)도 없었습니다. 그러므로 당신은 먼저 무로부터 하늘과 땅—하나는 크고 하나는 작은—을 창조하셨습니다. 당신은 전능하시고 좋으시기 때문에 모든 것을—저 큰 하늘과 땅까지도—좋게 만드셨습니다. 당신만이 영원부터 존재하고 계셨으므로 당신밖에 하늘과 땅을 만들 수 있는 아무 질료도 있지 않았습니다. 당신이 이 두 존재인 하늘과 땅을 창조하셨는데 하나는 당신에게 가까운 존재요, 다른 하나는 무(절대무)에 가까운 존재입니다. 그러므로 전자는 모든 것 위에 있으나 당신 아래에 있고 후자는 모든 것 밑에 있으나 절대무 위에 있는 것이 됩니다.[7]

---

6) 어거스틴은 여기에서 플라톤의 형성설(formation theory)이나 플로티누스의 유출설(emanation theory)을 함께 거부하고 있다. 참고: **고백록** 13, 33, 48 ; 선한용, 『시간과 영원』, 제3장 무로부터의 창조.

7) 여기에 나온 "하늘"은 하늘의 하늘로서 하나님 바로 밑에 존재하며 그를 항상 관상하

8장_ 무, 혼돈, 피조물

(8) 오, 주님, 그 '하늘의 하늘' 은 당신에게 속해 있는 것이지만, 그때 땅이란 인간의 자식들에게 내주어 보게 하고 만지게 하는 그런 형태를 가지고 있었던 땅은 아니었습니다. 그때는 땅이 아직 형성되지 않아서 볼 수 없었고 '깊음' 만이 있어서 그 위에 아무 빛도 비추지 않았습니다. 그러하기에 그 '깊음' 위에 덮여 있던 어둠은 '깊음' 안에 있는 어둠보다 더 짙었을 것입니다. 우리가 보고 있는 바다의 깊이에도 그 곳에 알맞는 어떤 종류의 빛이 있어서 물고기나 바다 밑을 기어다니는 생물들이 어느 정도 볼 수가 있습니다. 그러나 그때는 모든 '깊음' 이 '거의 무' (prope nihil)였습니다. 왜냐하면 그것은 아직 어떤 것으로도 형성되지 않았기 때문입니다. 그렇지만 거기에는 어떤 형상을 받을 수 있는 가능성이 있었습니다. 오, 주님, 당신은 이와 같은 무형의 질료에서 이 세상을 만드셨고 '거의 무' 인 이 무형의 질료는 (절대) 무에서 창조해 내셨습니다. 그리고 당신은 이 무형의 질료에서 인간의 자식들이 그렇게 감탄하는 이 굉장한 세계를 만들어 내신 것입니다. 정말로 물과 물 사이에 있는 저 보이는 하늘, 저 궁창은 당신이 빛을 만드신 다음 둘째 날에 "궁창이 있으라." 명하시어 그렇게 된 것입니다.(창 1:6)

당신은 궁창을 하늘이라고 불렀습니다. 그 하늘은 셋째 날에 창조된 이 땅과 바다의 하늘인 것입니다. 당신은 모든 날 이전에 창조한 무형의 질료에다 보이는 형상을 부여하심으로 이 하늘을 만드신 것입니다. 물론 당신은 모든 날 이전에 하늘을 만드시기도 했습니다. 그러나 그 하늘은 이 하늘의 하늘이었습니다. 왜냐하면 태초에 당신이 창조한 하늘과 땅은(우리가 보고 있는) 이 하늘과 땅이 아니기 때문입니다. 그때 당신이 만드신 땅이란 볼 수 없고 형상이 없는 것이기에 무형의 질료라고 말할 수 있습니다.

고 있는 천사들(피조물)을 시사하고 있다. 고로 하나님과 가장 가까운 존재이다. "땅"이란 아무 형상을 아직 부여받지 못한 무형의 질료(거의 무)를 뜻하는 것으로 절대무로부터 창조된 것이기 때문에 존재의 계층에서 "무" 위에 있는 것이 된다.

그리고 어둠이 그 '깊음' 위를 뒤덮고 있었습니다. 이렇듯 보이지 않고 형상이 없는 땅, 무형의 질료, '거의 무' 로부터 당신은 '있으면서도 있지 않은'[8] 이 변화무쌍한 세상의 모든 것을 만드셨습니다. 바로 이 조건 속에 사물의 가변성이 나타나 있으며 거기에서 시간이 경험되고 측정되는 것입니다. 왜냐하면 시간이란 한 형상이 다른 형상으로 바꾸어지는 사물의 변화로 이루어지는 것이기 때문입니다. 그리고 이 모든 것의 질료는 위에서 말한 바와 같이 보이지 않은 땅인 것입니다.

9장_ 존재와 시간의 기원

(9) 그러므로 당신의 종(모세)의 스승이신 성령께서 "태초에 당신이 하늘과 땅을 창조하시니라." 고 말씀하실 때 시간과 날에 대해서는 전혀 언급하시지 않은 것입니다. 당신이 태초에 창조하신 '하늘의 하늘' 이란 어떤 이지적(理智的)인 피조물(천사)입니다. 물론 그 피조물은 삼위일체가 되신 당신과 같이 영원한 존재는 아닙니다만 어떤 면에서는 당신의 영원성에 참여하고 있습니다. 즉 그 존재는 당신을 가장 즐겁고 행복하게 관상함으로 인해 자신의 가변성을 제어하는 힘을 갖게 되고, 창조 때부터 타락함이 없이 계속 당신께 의존함으로 인해 시간의 무상함을 초월해 있는 것입니다. 또한 보이지 않고 형상이 없는 땅(무형의 질료) 역시 창조의 날 수(시간)에는 들어갈 수가 없습니다. 왜냐하면 형상과 질서가 없는 곳에는 오는 것도 없고 가는 것도 없으며, 이러한 조건이 없는 곳에는 날도 없고 시간의 변화도 있을 수 없기 때문입니다.

---

8) "있으면서도 있지 않은" (constat et non constat) 것이란 피조물을 뜻한다. 피조물은 존재하도록 하나님이 창조하셨기에 '있는 것' 이다. 그러나 피조물은 스스로 자기의 존재를 지탱할 수 없다. 피조물을 존재케 한 창조자가 그 존재를 지지해 주어야 존속할 수 있다. 참고: **고백록** 7, 11, 17.

10 장_ 성서의 신비를 이해하기를 기원함

(10) 오, 내 마음의 진리이시요, 내 마음의 빛이시여, 당신이 나에게 말씀하시고 내 자신의 어둠이 나에게 말하지 않게 하소서. 나는 당신에게서 떨어져 나와 어둠에 굴러 떨어진 탓으로 어두운 존재가 되고 말았습니다. 그렇지만 나는 그 어둠 속에서도 당신을 사랑하게 되었습니다. 내가 길을 잃었을 때에도 나는 당신을 기억하고 있었습니다. 나는 내 뒤에서 '돌아오라' 고 부르시는 당신의 음성을 들었습니다. 그러나 평화의 원수들이 너무 시끄럽게 떠드는 바람에 그 음성이 거의 들리지 않았습니다. 이제 당신의 샘물에 목이 타고 말라서 당신께로 돌아갑니다. 아무도 나를 가로막지 못하게 하소서. 내가 거기에 가서 물을 마시면 살게 되겠습니다. 내가 내 생명의 주인이 되지 말게 하소서. 내가 스스로 주인이 되어 살면 나는 잘못 사는 것이요, 그것은 내 죽음밖에 안 됩니다. 그러나 내가 당신 안에 있게 되면 나는 다시 사는 것이 됩니다. 나에게 말씀하소서. 나와 함께 담화하여 주소서. 나는 당신의 책(성서)을 믿어 왔습니다. 그러나 그 말씀의 신비를 깨닫기는 매우 어렵습니다.

11 장_ 하나님이 창조하시지 않은 두 가지: 무와 왜곡된 인간의 의지

(11) 오, 주님, 당신은 이미 강한 음성으로 내 마음의 귀에다 말씀하시기를 당신은 영원하시고 당신만이 죽지 않으신다고 하셨습니다.(딤전 6:16) 왜냐하면 당신은 어떤 형상이나 운동의 변화에도 영향을 받지 않으시며 당신의 뜻은 시간의 경과에 의해 변하지 않기 때문입니다. 한때는 이렇게 한때는 저렇게 변하는 뜻을 영원한 뜻이라 말할 수 없습니다. 이것은 이미 내가 당신 앞에서 확실히 이해하고 있습니다. 원하오니 내가 이것을 더 확실히 이해하도록 도와주소서. 그리고 내가 이해하고 있는 그 진리의

빛에 의해 당신의 날개 밑에서 계속 편안히 거하게 하소서.

오, 주님, 당신은 또한 강한 음성으로 나의 마음의 귀에다 말씀하시기를 당신이 모든 자연과 실체—당신과 같은 존재는 아니지만 그래도 존재하고 있는—를 만드셨다고 하셨습니다. 당신이 창조하시지 않은 것은 다만 존재하지 않은 (절대) 무와 최고의 존재자이신 당신에게 등을 돌리어 열등한 것들에게 향하는 (왜곡된) 의지(意志)뿐입니다.[9] 그러한 의지의 운동이 바로 사악한 것이요, 죄인 것입니다. 그러나 누구의 죄도 위에서나 밑에서나 당신을 해치거나 당신의 질서를 어지럽히지 못합니다. 이 모든 것을 나는 당신 앞에서 확실히 이해하고 있습니다. 원하오니 내가 그것을 더 확실히 이해할 수 있도록 하소서. 그리고 내가 이해하고 있는 그 진리의 빛에 의하여 내가 당신의 날개 밑에서 계속 편안히 거하게 하소서.

(12) 당신은 또한 강한 음성으로 내 마음의 귀에다 말씀하시기를 당신만을 관상하고 즐기는 그 피조물(하늘의 하늘)이라도 당신과 같이 영원하지는 않다고 하셨습니다. 그 피조물은 지치지 않는 순결로 당신에게서 영양을 섭취하고 있으나 어디서나 어느 때나 자신이 가지고 있는 본래의 가변성을 벗어 버리지는 못합니다. 그러나 그 피조물은 항상 당신 앞에 있어 당신에게 온 사랑을 다하여 의존함으로써 오지 않는 미래를 기대하지도 않고 과거의 시간으로 지나가 버린 것을 기억하지도 않습니다. 그러므로 그 피조물은 어떤 변화에도 영향을 받지 않고 어떤 시간의 경과에도 헷갈림을 받지 않습니다.

이렇듯 당신의 축복에 의존하고 있는 그 피조물은 얼마나 행복한 존재입니까? 그 피조물은 당신 안에서 행복합니다. 그것은 당신만이 그 피조물의 영원한 거처가 되시고 조명자가 되시기 때문입니다. 나는 당신에게 속해 있는 이 '하늘의 하늘'을 당신의 집이라고 부르는 것보다 더 적절한

9) 하나님이 창조하시지 않은 것은 둘이 있다. 하나는 절대무이며, 다른 하나는 인간의 왜곡된 의지이다. 절대무는 무엇이 그것으로부터 창조될 수 있는 어떤 존재가 아니고 글자그대로 무인 것이다. 왜곡된 의지는 하나님에게 등을 돌리는 죄이다. 그러나 하나님이 인간의 죄는 창조하지 않으셨으나 다스리시기는 하신다. 참고: **고백록** 1, 7, 11 ; 1, 10, 16.

표현을 찾지 못했습니다. 이 집에서는 당신 안에 있는 즐거움을 항상 관상하고 있기 때문에 다른(낮은) 존재에 마음을 두어 그리로 하락하는 일이 없습니다. 그 곳에서는—우리가 육안으로 보는 저 하늘을 넘어서 있는—천국의 시민들, 즉 거룩한 영들이 순수하고 완전히 일치된 마음을 가지고 안정된 평화 속에서 지내고 있습니다.

(13) 이제 당신을 떠나 먼 나라로 떠나간 영혼으로 하여금 이것을 통해 무엇을 알게 하소서. 만일 그 영혼이 당신을 갈망하게 된다면 그리고 사람들이 종일 그에게 "네 하나님이 어디 있느냐?" 고 말할 때 주야로 흘리는 그 영혼의 눈물이 그의 음식이 된다면(시 42:3, 4), 또한 그 영혼이 당신에게 간구하는 것이 단 한 가지, 즉 당신 집에서 평생토록 살게 해달라는 것뿐이라면(시 27:4)—사실 그 영혼의 생명은 당신뿐입니다. 당신의 날은 영원하시며 당신은 항상 같으심으로 당신의 연대는 영원무궁합니다.(시 102:27)—이러한 영혼으로 하여금 당신은 영원성에 있어서 모든 시간을 초월하여 계시다는 것과 당신의 집은 당신에게서 결코 떠나가지 않음을 알게 하소서. 이 당신의 집은 당신과 같이 영원하지 않지만 계속 밑으로 떨어지지 않고 당신께 의존하고 있기 때문에 시간의 무상함을 경험하지 않습니다. 이것은 내가 당신 앞에서 확실히 이해하고 있습니다. 원하오니 내가 이것을 더 확실히 이해하도록 하소서. 그리고 내가 이해하고 있는 그 진리의 빛에 의해 당신의 날개 밑에서 계속 편안히 거하게 하소서.

(14) 그러나 당신이 후에 창조한 세계에서 가장 낮은 층을 이루고 있는 이 세계의 사물의 변화에 무슨 종류의 무형의 요소가 있는지 나는 모릅니다. 누가 이것에 대하여 나에게 설명해 줄 수 있습니까? 어떤 사람이 나에게 설명하기를 만일 모든 형상이 사물에서 사라져 없어진다면 마지막으로 형상이 없는 어떤 것이 남게 되는데 바로 그것 때문에 사물이 하나의 형태에서 다른 형태로 변화해 나가며 시간의 변화도 그것으로 인해 생긴다는 것입니다. 그 사람은 자기 마음이 텅 비어 있어 자신의 상상 속에서 이리 저리 헤매는 사람입니다. 나는 그렇게 생각하지 않습니다. 왜냐하면 여러 가지 운동의 변화가 없는 곳에는 시간이 있을 수 없고 형상이 없는 곳에

는 운동의 변화가 있을 수 없기 때문입니다.

12 장_ 시간의 지배를 받지 않는 두 피조물

15) 오, 나의 하나님, 당신이 나에게 능력을 주시고 내 마음을 자극시켜 문을 두드리게 하시며 또한 당신이 나에게 그 문을 열어 주시는 범위 내에서 나는 이 문제에 대하여 생각해 보았습니다. 나는 당신이 만드신 피조물 중에 두 가지가 시간의 영역 밖에 있다는 것과 그러나 그들은 당신과 같이 영원한 존재는 아니라는 것을 알게 되었습니다. 그중 하나는 변할 수 있는 가능성을 가진 존재로 만들어졌지만 당신을 끊임없이 관상함으로 어떠한 변화도 경험하지 않기 때문에 계속 영원성과 불변성을 누릴 수 있습니다. 그러나 그중 다른 하나는 아무 형상이 없기 때문에 운동과 정지와 같은 형태의 변화를 할 수가 없습니다. 따라서 이것은 시간의 영역 안에 있지 않게 됩니다.[10] 그러나 당신은 이것을 무형의 상태에 내버려 두시지 않으셨습니다.

당신은 모든 날 이전의 태초에 내가 이미 말한 바 있는 두 가지 피조물인 하늘과 땅(天地)을 창조하셨습니다. 그때 땅은 볼 수 없었고 아무 형상이 없었으며 어둠이 깊음 위에 있었습니다.(창 1:2) 이 말씀은 무형이라는 개념을 우리에게 암시해 주고 있는 것입니다. 이 무형이라는 개념은 절대무가 아닌, 아직 어떤 형상을 가지고 있지 않은 것이 무엇임을 확실히 이해하지 못하는 사람들을 점차적으로 가르쳐 주시기 위함입니다. 바로 이 무형의 질료에서 당신은 저 궁창(두 번째 하늘)과 질서가 있게 보이는 이 땅과 아름다운 바다와 이 세계 안에 있는 모든 것을 창조의 날에 따라 창조하셨습니다. 이 모든 것은 정해진 운동과 형상의 변화로 인하여 시간의 무상성의 지배를 받도록 되어 있습니다.

10) 천사들도 피조물이요, 무형의 질료도 피조물이다. 그러나 이 두 존재는 무시간적 존재, 즉 시간의 지배를 받지 않는 존재이다. 전자는 영원한 하나님을 항상 관상하고 있기 때문에 시간의 영향을 받지 않은 존재요, 후자는 아직 형상을 부여받지 못했기에 시간의 영향을 받지 않은 것이다. 왜냐하면 형상이 없는 곳에는 시간도 없기 때문이다.

13장_ 영계의 존재들의 앎

(16) 오, 나의 하나님, 내가 성서의 말씀, "태초에 하나님이 천지를 창조하시니라. 그리고 땅은 보이지 않았고 아무 형상이 없었으며 흑암이 깊음 위에 있더라."(창 1:1－2)[11]를 읽고 이렇게 이해합니다. 성서는 어느 날에 당신이 하늘과 땅(천지)을 지으셨다고 말해 주지 않습니다. 그 이유를 나는 이렇게 생각합니다. 그때 당신이 창조하신 하늘이란 '하늘의 하늘', 즉 이지적(영적)인 하늘로서 거기에서는 영적인 존재(천사)가 모든 것을 전체적으로 알고 있다는 것입니다. 거기에서는 (인간들이 이 세상에서) 거울로 보는 것같이 희미하게 알 듯 부분적으로 아는 것이 아니고 모든 것을 얼굴과 얼굴을 대하여 보듯이 동시적으로 또한 전체적으로 확실히 알고 있다는 것입니다.(고전 13:12) 그러므로 거기에서는 시간의 흐름의 제약을 받아 하나를 알게 된 다음에야 다른 하나를 알게 된 것이 아니고, 시간의 흐름에 관계없이 모든 것을 동시적으로 알게 됩니다. 그리고 땅이 보이지 않고 아무 형상을 가지고 있지 않았다는 말은 땅이 아직 볼 수 없고 형상화되지 않아서 '지금은 이것, 다음은 저것'으로 변하는 시간의 영향을 받지 않았다고 이해합니다. 왜냐하면 형상이 없는 곳에는 아직 '이것과 저것'이라는 변화가 있을 수 없기 때문입니다.

그러므로 성서에 아무 날을 말하지 않고 다만 "태초에 하나님이 천지를 창조하시니라."고 기록한 것은 태초에 형상을 부여받아 창조된 피조물(천사)과 형상이 없는 땅을, 즉 '하늘의 하늘'과 보이지 않고 형상화되지 않은 땅을 가리킨 것이라고 나는 생각한 것입니다. 그리고 바로 이 말씀을 뒤따라(우리가 볼 수 있는) 실지의 땅이 무엇임을 말해 주고 있는데 그것은 둘째 날에 만들어진 것으로서 하늘이라고 우리가 부르는 궁창인 것입니다. 이것으로 미루어 보아서 우리는 성서의 첫 말씀에 아무 날을 언급함이 없이 창조된 그 하늘이 무엇을 뜻하는 것인지를 알 수 있습니다.

---

11) 고대 라틴어 성서 창세기 1:1－2에는 이렇게 기록되어 있다.

14장_ 성서의 깊은 뜻

(17) 당신의 말씀의 깊이는 얼마나 오묘합니까? 우리들에게 나타난 그 표면의 의미는 어린이들도 좋아합니다. 오, 나의 하나님, 그러나 그 표면 뒤에 있는 뜻이 얼마나 오묘하고 깊이가 있습니까? 그래서 우리는 성서를 두려움과 떨림으로 들여다봅니다. 즉 존엄과 사랑을 가지고 들여다봅니다. 따라서 나는 성서를 미워하는 자들을 신랄하게 비난합니다. 내가 바라는 것은 당신이 양쪽에 날선 검을 들어(시 149:6, 히 4:12) 그들을 쳐죽임으로 그들이 성서의 적이 되지 않았으면 합니다. 그럼으로써 그들이 자신에게서는 죽는 것이 되지만 당신을 향해서는 살게 되기를 바랍니다.

반면에 세상에는 창세기를 비난하기보다는 그 책을 오히려 찬양하는 자들도 있습니다. 그러나 그들은 나에게 반론을 제기하기를 "하나님의 영이 그의 종 모세를 통하여 이것을 기록하게 한 것은 네가 설명한 것처럼 이해하라는 것은 아니다. 우리가 설명한 것이 옳은 해석이다."라고 말합니다. 우리 모두의 하나님이시여, 당신께서 우리의 심판자가 되어 주소서. 당신 앞에서 그들에게 던진 나의 대답은 이러합니다.[12)]

15장_ 반론에 대한 대답

(18) 창조주의 진정한 영원성에 대하여 진리가 강한 음성으로 내 마음의 귀에다 말하는 것을 너희들이 거짓이라 주장할 수 있느냐? 즉 창조주의 본체는 시간에 의해서 변하지도 않고 또한 그의 뜻(의지)과 분리되어 있지 않다. 그러므로 그는 한때는 이것을 다른 때는 저것을 뜻하시지 않으시

12) 여기에서 어거스틴에게 반론을 제기한 자들은 마니교도들이 아니고, 기독교인들 중에서 창세기에 대한 그의 해석에 전적인 동의를 하지 않은 자들이었다. 이러한 반론을 제기한 자들에게 자신의 답을 해주면서 성서 해석의 다양성과 해석의 기준 등을 말하고 있다.

고 뜻하신 것은 모두 한번에 동시적으로 항상 뜻하신다. 그는 자기의 뜻하는 것을 또다시 반복하시지 않으시고 지금은 이것을 뜻하셨다가 나중에 저것을 뜻하시지 않으신다. 또한 그는 이전에 뜻하시지 않으신 것을 후에 뜻하지도 않으시고 이전에 뜻하신 것을 후에 바꾸시지도 않으신다. 그렇게 변하는 뜻은 영원한 것이 될 수 없다. 그러나 우리 하나님은 영원하시다.

또한 진리가 내 마음의 귀에다가 말씀하시기를 '기대한 것(미래)은 현재에 와서 직관으로 바꾸어지고, 그 직관이 과거로 지나가면 기억으로 바꾸어진다. 이처럼 바꾸어지는 생각은 변하는 것이요, 변하는 것은 영원한 것이 되지 못한다. 그러나 우리 하나님은 영원하시다' 라고 하신다. 이것을 종합하여 생각해 볼 때 내가 발견하는 것은 영원하신 나의 하나님은 어떤 새로운 뜻을 세워서 만물을 창조하시지 않으신다는 것과 그의 앎은 시간의 변화에 의해 아무 영향을 받지 않으신다는 것이다.

(19) 아, 반론을 제기한 자들이여, 그러면 이것에 대하여 무엇을 말하려고 하는가? 이것이 모두 거짓이란 말인가? "아니다." 라고 당신들은 대답한다. 그러면 무엇을 말하려고 하는가? 창조된 모든 존재나 무엇으로 형성될 수 있는 질료가 다 최고 존재자시요, 최고선이신 하나님으로부터 왔다는 사실이 거짓이란 말인가? "아니다. 우리는 그것을 부정하지 않는다." 고 당신들은 대답한다. 그러면 무엇을 말하려고 하는가?

하나님이 만드신 것 중에는 숭고한 피조물이 있어서 진리이시요, 영원하신 하나님께 순결한 사랑으로 의존하고 있기 때문에—비록 하나님과 같이 영원하지는 않아도—그 피조물은 하나님에게서 떨어져 나와서 시간의 흐름과 변화에 빠져 들어가지 않는다는 것과 항상 하나님을 관상하며 안식하고 있다는 것을 당신들이 부정하겠는가?

오, 하나님, 당신은 당신이 명하신 바를 사랑하는 그 피조물에게 계시하시고 만족함을 주십니다. 그러므로 그 피조물은 당신으로부터 떨어져서 자신에게 빠져 들어가지 않습니다. 이 피조물이 바로 '당신의 집' (거처)입니다. 당신의 집은 물질적인 것으로 형성되어 있는 땅이나 하늘(천체)의 어떤 것이 아닌 영적인 것으로써 당신의 영원성에 참여하고 있습니다. 그것은 그 피조물이 영원히 오점을 가지게 되지 않기 때문입니다. 당신은 그 피조물을 영원히 견고케 세우셨으니 한번 정하신 당신의 법은 결코 변함이 없습니다.(시 148:6) 그러나 그 피조물은 지음을 받았고 시작이 있기 때문에 당신과 같이 영원하지는 못합니다.

(20) 당신이 제일 먼저 이 피조물, 즉 '지혜'를 창조하셨기 때문에 그 이전에는 아무 시간도 없었습니다. 여기서 말하는 지혜란—그의 아버지이시요, 우리의 아버지이신—당신과 동등하시고 당신과 같이 영원하시며, 당신이 그 안에서 만물을 창조하시고 태초에 천지를 창조하신 그 지혜(말씀)를 말하는 것은 아닙니다. 여기서 말하는 지혜란 창조된 것으로서 지적인 본성을 가진 지혜, 빛을 관상함으로 인해 빛이 되는 빛을 말합니다. 이 지혜는 창조된 것이지만 역시 지혜라고 부를 수 있습니다. 그러나 창조하시는 지혜와 창조된 이 지혜 사이에는 큰 차이가 있습니다.[13] 그 차이란 비추는 빛과 그 빛을 받아 반사하는 빛과의 차이, 또는 의(義)롭게 하는 의와 의롭게 되는 의와의 차이와 같습니다. 그러기에 당신의 종 바울도 말하기를 우리가 그리스도 안에서 "하나님의 의"가 된다고 한 것입니다.(고후 5:21)

그러므로 당신은 모든 것 이전에 이 지혜를 창조하셨으니 그것은 하늘 위에 있어 자유롭고 영원하며, 우리의 어머니가 되는(갈 4:26) 당신의 순결한 도성의 이성적, 지적인 정신(존재)인 것입니다. 여기서 하늘이라 함은 당신에게 속해 있고 당신을 항상 찬양하고 있는 '하늘의 하늘'이 아니고 무엇이겠습니까? 그것은 모든 것이 창조되기 이전, 즉 시간이 창조되기 이전에 지음을 받았기 때문에 시간을 앞서(초월) 있습니다. 그러나 이 존재마저 앞서 계신 것은 창조자의 영원성입니다. 그것은 당신이 태초에 이 피조물을 창조하셨기 때문입니다. 그 태초란 시간 안에서의 시작이 아니라—그때는 시간이 없었으므로—그 존재의 기원을 말하는 것입니다.

---

13) 어거스틴은 창조하는 지혜 혹은 영원한 지혜와 창조된 지혜를 구별한다. 전자는 영원부터 하나님과 같이 계시며 그를 통하여 모든 것을 창조하신 지혜(성자 되신 말씀, 로고스)요, 후자는 하늘의 하늘, 천사들, 하나님의 빛에 의해 조명을 받아 지혜롭게 되는 지혜를 말한다. 인간이 지혜롭게 된다는 것도 후자에 속한다. 참고: 『카톨릭 교회의 도덕과 마니교도의 도덕』(*De moribus ecclesiae catholicae et de moribus Manichaeorum*) 21, 38.

(21) 오, 우리의 하나님, 그러므로 그 피조물은 당신으로 말미암아 존재하게 되었으니 타자(他者)로서 자기의 존재를 가지고 있습니다. 그러나 당신이 존재하시듯 항상 동일하신 존재는 아닙니다. 물론 그 피조물 존재 이전에는 시간이 없었거니와 그 자신 안에서도 시간을 경험하지 않음은 그 존재가 항상 당신의 얼굴을 뵈옵고 있으며(마 18:10) 당신에게서 자기의 얼굴을 돌리지 않은 까닭입니다. 그래서 그 존재는 어떤 시간의 변화도 경험하지 않는 것입니다. 그러나 그 존재 안에는 가변성이 본래 있기 때문에 만일 그 존재가 강한 사랑으로 당신에게 의존해 있어 당신으로부터 계속 빛과 열을—정오(正午)의 태양에서 빛과 열을 받듯이—받지 않는다면 다시 어두워지며 차가워지고 말 것입니다.[14]

아, 빛나고 아름다운 그 집이여, 내가 주의 계신 집과 주의 영광이 거하는 집을 사랑하오니(시 26:8) 그 집은 당신이 지으셨고 당신이 소유하시고 계십니다. 나는 순례자의 길을 가면서 그 집을 애타게 사모하며 그 집을 지으신 당신께 거기로 나를 영접해 주시기를 빕니다. 그 집을 지으신 당신이 나도 지으셨기 때문입니다. 나는 길을 잃은 양처럼 유리 방황하오니(시 119:176) 그 집을 지으신 내 목자의 어깨 위에 얹혀 그 곳으로 가기를 원하고 있습니다.

(22) 나에게 반론을 제기한 자들이여, 이것에 대하여 나에게 무엇이라고 말하려느냐? 당신들도 모세가 하나님의 충성스런 종이라는 것과 그가 쓴 책은 성령이 말씀하신 것임을 믿고 있지 않는가? 이 하나님의 집은 비록 하나님처럼 영원한 존재는 아닐지라도 어떤 면에서 "하늘에 있는 영원한 집"(고후 5:1)이 아닌가? 그 곳에는 시간의 변화가 없으니 거기에서 시간의 변화를 찾으려고 헛수고를 하지 말아라. 하나님에게 항상 의존해 있음으로써 행복을 누리고 있는 그 곳은 모든 시간의 변화와 헷갈림(분산)을 초월해 있는 것이다. 당신들도 "그렇다."고 대답하고 있다. 그렇다면 내 마음이 하

---

14) "정오"는 우리가 태양에 가장 가까이 있어 빛과 열을 가장 많이 받을 때이다. 이때는 자신의 그림자조차도 없게 된다. 천사들(하나님의 집, 하늘의 하늘)은 하나님에게 항상 가까이 있고, 하나님께 의지하고 있고, 하나님을 관상하고 있기 때문에 이러한 관계를 유지하고 있다는 것이다. 반면 인간은 그렇지 못하다. 참고: **고백록** 4, 16, 30.

나님을 찬양하는 소리를 안으로 들으면서 그에게 큰소리로 부르짖는 것 중에 어떤 것이 거짓이라고 주장하는가? 형상이 없는 곳에는 질서가 없는 것이라고 주장하여 내가 '무형의 질료' 를 말하는 것이 잘못이란 말인가? 질서가 없는 곳에는 시간의 변화도 없는 것이다. 여기서 말하는 '무형의 질료', 즉 '거의 무' (상대적 무)가 '아주 없는 무' (절대적 무)가 아닌 이상 창조자에게서 온 것이다. 존재하는 것은 그것이 어떠한 형태의 존재이든지 간에 모두 하나님에게서 온 것이다. 당신들은 "이것 역시 부정하지 않는다." 고 대답하고 있다.

16장_ 내 본향, 하늘의 예루살렘

(23) 오, 나의 하나님, 이제 나는 당신의 진리가 내 마음속에서 속삭이는 바를 진리라고 받아들이는 자들과 함께 잠깐 동안 당신의 면전에서 이야기를 나누고 싶습니다. 그 진리를 부정하는 사람들은 자기들의 귀청이 떨어질 때까지 짖고 싶은 대로 짖도록 내버려두십시오. 나로서는 그들이 조용해지도록 설득하여 당신의 말씀이 그들에게 들어갈 수 있도록 노력하겠습니다. 오, 나의 하나님, 그러나 그들이 내 충고를 뿌리치고 거절한다 해도 당신이 나에게 침묵을 지키지는 마소서. 내 마음속에서 진리로 말씀하소서. 이렇게 말씀하신 분은 당신뿐이십니다.

나는 믿지 못한 자들—입으로 먼지를 불어 일으키다가 그 먼지가 눈으로 들어가 보지 못하게 된 그들—을 잠깐 밖에 놓아두고 나의 은밀한 방으로 들어가 당신에게 사랑의 노래를 부르고자 합니다. 이제 나는 이 순례의 길에서 내 본향이요, 내 어머니인 저 하늘의 예루살렘을 기억하고 내 마음을 거기로 향하면서 말할 수 없는 탄식으로 그리워하고 있습니다. 또한 나는 그 예루살렘의 통치자, 빛, 아버지, 보호자, 남편, 청결하고 깊은 즐거움, 변함없는 기쁨, 그리고 유일하고 참된 선(善), 말로 다할 수 없는 모든 선의 근원이 되시는 당신을 기억하며 사모하고 있습니다.

내 자비가 되신 나의 하나님, 당신이 흩어지고 쪼개어 떨어져 혼돈 상태에 있는 나를 거두어 모아 주시어 내 사랑스러운 어머니인 저 예루살렘의 평화에 인도될 때까지 거기에서 내 마음을 돌리지 않게 하소서. 그 곳에 내 영혼의 첫 열매가 있고, 그 곳으로부터 내가 이것에 대해 확실성을 얻게 되오니 나로 하여금 그 예루살렘을 본받게 하여 나를 영원히 견고하게 하소서. 그러나 내가 말한 이 모든 진리를 거짓이라고 주장하지 않는 자들, 당신의 거룩한 사람인 모세가 기록한 성서를 존중하며, 우리들처럼 그것의 권위를 높이 받아들이고 따르는 자들, 그러나 어떤 점에서는 나와 의견을 달리하는 자들에 대해서는 이렇게 말하고 싶습니다. '오, 우리의 하나님이여, 나의 고백과 그들의 반론을 판단하여 주소서.'

17 장_ '하늘과 땅' (천지)에 대한 다양한 의미

(24) 그들은 이렇게 말합니다. "네가 말하는 것이 다 사실인지는 모르나 모세가 성령의 계시를 받아 '태초에 하나님이 천지를 창조하셨다' 라고 말했을 때 이 두 피조물을 생각한 것은 아니었을 것이다. 즉 그가 '하늘' 이라고 말할 때 하나님의 얼굴을 항상 관상하고 있는 영적 혹은 이지적인 피조물을 의미하지는 않았을 것이다. 또한 그가 '땅' 이라고 말했을 때도 무형의 질료를 의미하지는 않았을 것이다."

"그러면 이 말(하늘과 땅)이 무엇을 의미하는 것인가?" 라고 물어보았더니 그들은 이렇게 대답하는 것입니다. "모세는 우리가 말하고자 하는 것을 의미했을 것이다. 바로 그 뜻을 그러한 말로 표현한 것뿐일 것이다." "그러면 그것이 무엇을 의미하느냐?" 고 물었더니 그들은 이렇게 대답했습니다.

"모세는 먼저 '하늘과 땅' 이라는 이 두 말로 우리가 보고 있는 전세계를 포괄적으로 간단하게 표현하려고 했고, 그 다음으로 그는 더 자세하게—성령이 그렇게 표현하기를 원하시는 대로—창조의 날짜를 따라 낱낱이 설명하려고 한 것이다. 모세가 이렇게 설명한 것은 그의 말을 듣고 있었던 사람들이 대개 교육을 받지 못한 자들이었고, 또한 보이는 것만 생각할 수 있는 사람들이었기 때문에 그들에게 하나님의 창조의 보이는 면만을 말해 주는 것이 적당하다고 그가 생각했기 때문이다." 그들이 이렇게 대답하면서도 '보이지 않고 형상이 없는 땅과 흑암의 깊음'—그리고 곧 이어서 설명된 것과 같이 이것으로부터 우리가 알고 있는 이 모든 보이는 것들이 정해진 날에(6일 동안에) 만들어지고 질서 지어진—을 '무형의 질료' 라고 이해해도 불합리하게 해석하는 것은 아니라고 동의를 했습니다.

(25) 그러나 어떤 사람은 말하기를 "이 형상이 없고 혼돈한 상태에 있는 질료란 본래 하늘과 땅을 의미하는 것이었다. 왜냐하면 우리가 보통 하늘과 땅이라고 부르는 이 세계와 그 안에 있는 모든 것이 그 질료로부터 창조되었고 완성된 것이기 때문이다."라고 합니다. 또 어떤 사람은 다음과 같이 말합니다. "하늘과 땅이란 보이는 세계(자연)와 안 보이는 세계를 전부 포함한 것이라 말해도 적절하다. 따라서 하나님이 그의 지혜 안에서, 즉 태초에 창조하신 모든 피조물은 '하늘과 땅' 이라는 이 말에 다 포함되어 있는 것이다. 그러나 모든 것은 하나님의 본체로부터 만들어진 것이 아니고 무(無)로부터 창조된 것이기 때문에 하나님과 같을 수가 없다. 그러므로 모든 피조물은 그것이 하나님의 영원한 집(천사들)처럼 영속하는 존재든지, 혹은 인간의 영혼이나 육체처럼 변하는 것이든 간에 가변성의 원리를 자체 안에 안고 있는 것이다.

그러므로 보이는 것이나 보이지 않는 모든 것의 근원이 되는 그 기본적인 공통의 질료, 즉 아직 어떤 것으로 형성되지는 않았지만 어떤 것으로 형성될 수 있는 가능체로서의 질료로부터 하나님은 하늘과 땅, 보이는 것과 보이지 않는 것들을 만드신 것이다. 이 질료를 가리켜 '보이지 않고 형체가 없는 땅, 심연 위의 어둠' 이라고 부른 것이다. 그러나 여기에 서로 다른 점이 있는데 '보이지 않고 형상이 없는 땅' 이란 물질적 질료(materia corporalis)로서 그것이 아직 어떤 형상을 받기 이전의 상태를 의미하는 것이요, '심연 위의 어둠' 이란 영적인 질료(materia spiritalis)로서 그것이 '지혜' 로부터 빛을 받아서(어둠이 없어지고) 그 무한정한 유동상태가 한정이 된 이전의 상태를 의미한 것이다."

(26) 아직도 더 말하고 싶은 사람은 이렇게 말할 수도 있습니다. "태초에 하나님이 천지를 창조하시니라는 말씀에서 '하늘과 땅' 은 보이는 것

으로나 보이지 않는 것으로 형성되고 완성된 자연 만물을 의미하는 것은 아니다. 그것은 오히려 어떤 사물이 형성되기 이전의 원초적인 무형의 질료, 즉 어떤 존재로 아직 형성은 되지 않았으나 어떤 형상을 받을 수 있는 (가능체로서의) 질료를 그렇게 부른 것뿐이다. 이렇게 부른 이유는 이 질료에는—아직 어떤 형상과 질서의 구별이 없이 혼돈 상태에 있었지만—후에 질서가 주어지고 제각기 구별이 되어 우리가 하늘과 땅이라고 부를 수 있는 두 존재가 가능체로서 이미 존재하고 있었기 때문이다. 우리는 전자를 영적인 피조물이라 하고 후자를 물질적 피조물이라고 부른다."

18장_ 다양한 성서 해석

(27) 나는 이 다양한 논증들을 듣고 생각해 보았습니다. 그러나 나는 그 논쟁들에 대해 논쟁을 하고 싶지는 않습니다. 왜냐하면 그런 논쟁은 아무에게도 유익함이 되지 못할 뿐만 아니라 오히려 듣는 자들을 망하게 하기 때문입니다.(딤후 2:14) 그러나 사람이 율법을 올바르게 쓰면 교훈을 주는 데 좋은 것이 됩니다. 이는 율법의 목적이 청결한 마음과 선한 양심과 거짓 없는 믿음에서 나오는 사랑이기 때문입니다.(딤전 1:5) 그러기에 우리 주께서도 모든 율법과 선지자의 강령이 (사랑의) 두 계명에 달려 있음을 아시고 계셨습니다.(마 22:40)

오, 어두운 곳에서도 내 눈의 빛이 되어 주시는 하나님, 내가 이 계명을 심중으로 열심히 믿고 그 진리를 당신께 고백할 때 그것이 나에게 무슨 해가 되겠습니까? 같은 말에 여러 가지 뜻이 있다고 할지라도 그것이 다 옳을 수 있지 않습니까? 모세(저자)가 이 글에서 의도한 것을 내가 다른 사람과 달리 해석한다고 해서 그것이 나에게 무슨 해가 되겠습니까? 우리가 책을 읽을 때는 모두 그 저자가 책에서 말하려고 하는 뜻을 찾아 이해하려고 노력합니다. 그리고 우리는 모세가 진리를 말하고 있음을 확실히 믿고 있으므로 우리가 허위라고 알거나 허위라고 생각하는 것 등을 그가 말했다고 감히 생각할 수는 없습니다. 따라서 우리가 성서를 읽고 그 저자의 의도를 파악하려고 할 때 그 해석이 본래 저자가 의도한 바와 다를 수가 있습니다만 그 해석이 진실한 마음의 빛이 되신 당신께서 우리에게 보여 주신 진리라고 이해한다 해서 우리에게 무슨 해로움이 되겠습니까? 그것이 저자가 의도한 바는 아닐지라도 우리는 진리의 한 면을 알게 되는 것이 아닙니까?[15)]

19장_ 창조에 대한 자명한 진리

(28) 오, 주님, 이렇게 주장함은 (태초에) 당신이 천지를 만드셨다는 것이 진리이기 때문입니다. 또한 그 '태초'란 당신의 지혜로서 그 안에서 당신이 모든 것을 창조하셨다는 것도 진리입니다. 그리고 이 보이는 세계란 하늘과 땅이라고 하는 두 큰 부분으로 나누어져 있고, 또한 당신이 창조하시고 만드신 삼라만상을 다 포함하여 말하고 있음도 진리입니다. 그리고 변하는 모든 것은 우리에게 어떤 형상이 없는 질료와 같은 것을 암시해 주고 있으며, 그 형상이 없는 질료는 어떤 형상을 받아 변화할 수 있는 가능성을 가지고 있다는 것도 역시 진리입니다.

또한 당신의 피조물로서(천사) 원래 그 자신은 변화가 가능하지만 변화하지 않는 영원한 형상에 강하게 의존하여 있기 때문에 그 존재는 변화를 받지 않아 시간의 지배를 받지 않고 있다고 보는 것도 역시 진리입니다. 그리고 '거의 무'라고 말할 수 있는 무형의 질료는 시간의 변화를 받지 않는다는 것도 진리입니다. 또한 질료는 그것으로부터 만들어진 사물의 이

15) 성서의 역사적 방법이란 역사적 연구를 통해서 저자의 의도를 파악하려고 하는 하나의 시도이다. 그와 반대로 은유적(allegorical) 성서 해석이란 저자의 의도보다는 현재 텍스트를 읽는 독자들에게 어떤 공감을 일으키느냐에 초점을 맞추고 있다. 어거스틴은 후자의 방법을 선호하고 있지만 역사적 연구를 도외시하지는 않는다. 그는 원문비판, 역사적 비판, 문맥에 대한 연구 등을 통해서 성서를 해석할 것을 권유하고 있다. 그러나 텍스트의 뜻이 확실치 않고 애매하고 모호할 때는 은유적 해석을 하라고 권면한다. 그러나 그는 은유적 해석이 독자들의 지나친 상상력으로 인해 잘못 나갈 수 있음을 경고하기도 한다. 그래서 그는 은유적 해석의 한계를 정하여 준다. 즉 성서 해석은 1) 그리스도 중심, 2) 신앙의 표준, 3) 사랑의 덕에서 떠나는 해석을 피하라고 한다. 참고: 『그리스도교 교양』 2 ; 선한용, "어거스틴의 성서 해석", 『신학과 세계』 18권, 1989.

름을 따라 불릴 수 있으므로 비유적으로 하늘과 땅(천지)이라고 부를 수 있다는 것도 진리입니다. 그리고 형상을 가지고 있는 모든 것들 중에 땅과 심연보다 무형의 질료에 더 가까운 존재는 없다는 것도 진리입니다. 또한 당신이 창조하시고 형성하신 모든 존재뿐만 아니라 형상을 받아 어떤 존재로 형성될 수 있는 질료(가능태)까지도 모든 것의 근원이 되시는 당신이 창조하셨다는 것도 진리입니다. 끝으로 무형의 질료에서 만들어진 모든 것은 본래 아무 형상을 가지고 있지 않았으나 후에 일정한 형상을 받게 되었다는 것도 진리입니다.[16)]

20 장_ 창세기 1:1에 대한 해석

(29) 이러한 진리를 파악할 수 있는 통찰의 영안(靈眼)을 당신께로부터 받은 사람이나 당신의 종인 모세가 진리의 영 안에서 참말을 한 것이라고 굳게 믿고 있는 사람은 이 모든 진리를 믿어 의심치 않습니다. 그러나 사람들은 이 진리들 중에 하나를 택하여 제각기 달리 설명을 합니다.

그래서 어떤 사람은 "태초에 하나님이 하늘과 땅(천지)을 창조하시니라."를 "하나님은 영원히 자신과 함께 계시는 말씀 안에서 이 지적인 존재와 감각적인 존재, 즉 영적인 피조물과 물질적인 피조물을 창조하셨다."는 뜻으로 해석합니다. 어떤 사람은 이와는 다른 뜻으로 해석하여 "하나님은 영원히 자신과 함께 계시는 말씀 안에서—우리가 현저하게 보고 알 수 있는 모든 자연(존재)을 포함한—물질적인 세계를 이루는 보편적 질료를 만드신 것이다."라고 말합니다. 어떤 사람은 이 말을 "하나님은 영원히 자신과 함께 계시는 말씀 안에서 물질적인 존재를 이루게 될 무형의 질료를

16) 성서에 대한 은유적 해석은 여러 가지 해석으로 문을 열어 준다. 그렇다고 어거스틴은 다양한 성서 해석의 가능성이 다양한 진리를 시사한 것이라고 보지는 않는다. 성서가 증거한 진리에 접근하는 데는 다양한 시각의 차이 때문에 여러 가지의 해석상의 차원과 차이가 있기 마련이라는 것이 그의 주장이다. 그러므로 진리는 하나의 시각이 독점할 수 없고 서로 공유해야 함을 그는 말하고자 하는 것이다. 참고: **고백록** 12, 18, 27 ; 12, 25, 34—35.

만드셨다."는 뜻으로 해석합니다. 또 어떤 사람은 이 말을 "하나님은 영원히 자신과 함께 계시는 말씀 안에서 물질적인 피조물을 이루게 될 무형의 질료를 만드셨는데 그 안에서는 하늘과 땅이 아직 형성되지 않아 혼돈 상태로 있었다. 그러나 후에 그것은 서로 분리되고 형성되어 지금 우리가 볼 수 있는 세계를 이루게 된 것이다."라고 해석합니다. 또 어떤 사람은 이 말을 "하나님은 어떤 것을 창조하시고 형성하시는 맨 처음에 무형의 질료를 만드셨는데 그 속에는 하늘과 땅이 혼돈 상태로 존재하고 있었다. 그러나 그 질료에서 우리가 보는 하늘과 땅 그리고 그 안에 있는 모든 것이 만들어진 것이다."라고 해석합니다.

21 장_ 창세기 1:2에 대한 다양한 해석

(30) 그 다음에 나오는 말씀(창 1:2), "땅은 보이지 않고 형상이 없었으며(혼돈하였으며) 어둠이 심연 위에 있으니라."를 해석하는 데서도 마찬가지로 이견이 있습니다. 어떤 사람은 이 구절을 다음과 같이 해석합니다. 즉 "하나님이 만드신 물질적인 세계는 아직 혼돈 상태에 있었다. 그것은 후에 물질적인 세계를 이루게 될 질료로서 아직은 어떠한 질서와 형상과 빛을 받지 않은 상태에 있었다."라고 그들은 해석합니다.

어떤 사람은 이 구절을 다르게 해석합니다. 즉 "하늘과 땅이라고 부르는 이 모든 것은 아직 아무 형상이나 빛을 받지 못한 질료의 상태에 있었다. 이 질료로부터—우리가 육체적 감각으로 알 수 있는 모든 것을 다 포괄하고 있는—저 하늘과 땅을 만드신 것이다."라고 말합니다.

어떤 사람은 이 구절을 좀 다르게 해석합니다. 즉 "하늘과 땅이라고 부르는 이 모든 것은 아직 아무 형상이나 빛을 받지 못한 질료의 상태에 있었다. 이 질료로부터 소위 '하늘의 하늘'이라고 부르는 이지적인 하늘과 땅, 즉 우리가 볼 수 있는 저 하늘과 그 안에 있는 모든 물질적인 존재들을 만드셨다. 다시 말하면 이 질료로부터 보이는 것과 보이지 않는 모든 것을 하나님께서 만드신 것이다."라고 말합니다.

또 어떤 사람은 이 구절을 좀 달리 해석합니다. 즉 "성서는 형상이 없는 무형의 질료를 하늘과 땅이라고 말한 것은 아니다. 그 무형의 질료는 이미 존재해 있었는데 이것을 성서는 '땅은 보이지 않고 형상이 없었으며 어둠이 심연 위에 있으니라' 고 말한 것이다. 전에 언급한 바와 같이 이 무형의 질료로부터 하나님은 땅과 하늘, 즉 영적인 피조물과 물질적인 피조물을 만드신 것이다."라고 말합니다.

그러나 어떤 사람은 이 구절을 다르게 해석합니다. 즉 "성서가 이미 말한 바와 같이 무형의 질료가 이미 존재하고 있었는데 그 질료로부터 하나님이 하늘과 땅을 창조하신 것이다. 다시 말하면 하나님이 어떤 물질적인 덩어리(세상이 될 수 있는)를 만드셨고 그 물질적인 덩어리는 두 부분, 즉 높은 부분과 낮은 부분으로 나누어져 하늘과 땅을 이루었고 우리가 잘 알고 있는 모든 존재는 그 안에 있게 되었다."라고 말합니다.

22장_ 반론과 대답

(31) 위에서 논한 여러 해석들 중에 마지막 두 견해를 반대한 사람은 다음과 같이 이론(異論)을 제기합니다. "만일 하나님이 만드신 하늘과 땅이 무형의 질료를 의미한 것이 아니라면 그 뜻은 하나님이 창조하시지 않은 어떤 것이 이미 존재해 있었고, 그 어떤 것으로부터 하나님이 하늘과 땅을 만든 것으로 이해할 수밖에 없다. 성서는 하나님께서 이 무형의 질료를 창조하셨다고 말하지는 않는다. 그러나 '태초에 하나님이 천지(하늘과 땅)를 창조하시니라' 에 나온 하늘과 땅 혹은 땅이라는 표현 속에 하나님이 무형의 질료까지도 만드신 것을 시사한 것으로 우리는 받아들일 수 있다. 따라서 다음 구절 '땅은 보이지 않고 혼돈하였으며' (형상이 없었으며)는 모세가 무형의 질료를 말하기 위한 표현으로 본다. 그러므로 우리는 '하나님이 하늘과 땅을 창조하시니라' 고 기록된 구절을 이해했듯이 이 무형의 질료까지도 하나님이 만드신 것으로 이해할 수밖에 없다."

그러나 위에서 언급한 마지막 두 가지 이론을 주장하는 사람은 이러한 해석을 듣고는 다음과 같이 반대 이론을 제기할 것입니다. "우리는 이 무형의 질료가 하나님으로 말미암아 창조되었다는 것을 부정하지 않는다.

모든 것이 하나님께로부터 온 것이기 때문에 다 아주 좋은 것이다. 하나님이 어떤 형상을 부여하여 창조하신 것은 훨씬 더 좋다. 또한 창조되었으나 아직 어떤 형상을 받지 않은 무형의 질료, 즉 어떤 형상을 받아 지음을 받을 수 있는 가능체도 덜 좋은 것이지만 좋은 것만은 사실이다. 그런데 성서는 하나님이 이 무형의 질료를 만들었다고 특별히 말하고 있지는 않다. 그 외의 '체루빔' 이나 '세라핌' (사 6:2), 그리고 바울이 말한 '보좌들' 이나 '주관들' 이나 '정사들' 이나 '권세들' (골 1:16)도 하나님이 만들었다고 그곳에 기록되어 있지 않다. 그러나 하나님이 이 모든 것을 창조하신 것은 확실하다. 그러나 만일 '하나님이 하늘과 땅을 창조하시니라' 는 말이 모든 존재를 다 포함한 것이라면 '하나님의 영이 물위에 운행하시니라' 고 말한 그 물에 대해서는 우리가 어떻게 이해해야 할 것인가?

만일 물이 땅이라는 말에 함축되어 있다고 한다면 그렇듯 아름다운 물을 포함하고 있는 땅을 우리는 어찌 무형의 질료라 말할 수 있을까? 또한 이렇게 해석된다면 왜 성서에는 같은 무형의 질료에서 하늘이라고 불리는 궁창이 창조되었다는 기록은 있어도 그 무형의 질료에서 물이 창조되었다는 기록은 없는가? 그토록 아름다운 형태로 흐르는 물을 우리는 어찌 보이지 않고 형상이 없는 혼돈이라고 말할 수 있겠는가? 하나님이 '천하의 물이 한곳으로 모이라' 고 말씀하셨을 때(창 1:9) 물이 어떤 아름다운 형상을 받았다고 하면—모인다고 하는 것은 형성을 뜻하는 것이니—궁창 위에 있는 물에 대하여는 우리가 어떻게 이해해야 할 것인가? 만일 궁창 위에 있는 물이 어떤 형상을 받지 않았다고 한다면 어떻게 그러한 영광스러운 자리에 놓여 있을 수 있는 것일까?

그런데 그 물이 어떤 특수한 말씀으로 형성되었는지 성서는 말하지 않고 있다. 물론 창세기에는 하나님이 어떤 특정한 존재를 만드셨다는 자세한 기록은 없다. 그러나 건전한 신앙과 정확한 이성은 하나님이 그것들을 모두 창조하셨다는 사실을 추호도 의심치는 않는다. 따라서 건전한 가르침은 궁창 위에 있는 그 물이—창세기에는 언급되어 있으나—언제 창조되었다는 언급이 없다고 해서 하나님과 같이 영원하다고 말할 수는 없을 것이다. 그러므로 성서가 말한 바와 같이 '보이지 않고 아무 형상이 없는(혼돈) 상태에 있는 땅과 어두운 심연' 이라는 무형의 질료가 하나님에 의해 무로부터 창조함을 받았다는 것, 그리고 성서에 그것이 언제 창조함을 받았다고 하는 기록이 없다고 할지라도 그 무형의 질료는 하나님과 같이 영원할 수 없다는 것을 진리의 가르침으로 우리는 깨달아 알 수 있지 않을까?'

23장_ 두 가지 의견

(32) 나는 이러한 다른 견해들을 내 부족한 이해력이 미치는 한 숙고해 보았습니다. 오, 주님, 당신께 내 부족함을 고백하오니 당신은 내가 말씀드리지 않아도 내 부족함을 아시옵니다. 내 부족한 견해로는 어떤 사실이 말로 전달될 때 비록 그 전달자가 진실하다고 할지라도 두 가지의 다른 의견이 나오리라 생각합니다. 하나의 의견은 그 사실의 진위에 대한 것이요, 다른 하나의 의견은 이 사실을 말한 전달자가 의도한 뜻에 대한 것입니다. 그러므로 우리가 창조에 대한 진위를 묻는 것과 당신의 탁월한 신앙의 종인 모세가 듣는 자나 읽는 자로 하여금 이 말을 통해 무엇을 이해시키고자 했는가 하는 그의 의도를 묻는 것은 서로 다릅니다.

첫 번째의 물음에 대하여 거짓을 진리라고 생각하고 있는 모든 사람을 나에게서 멀리해 주소서. 두 번째의 물음에 대하여 모세가 거짓을 말했다고 생각하는 사람도 나에게서 멀리해 주소서. 오, 주님, 나로 하여금 넓은 사랑 안에서 당신의 진리를 먹고사는 자들과 함께 당신 안에서 연합하여 하나가 되게 하시고 그들과 함께 당신 안에서 즐기게 하소서. 나로 하여금 그들과 함께 당신의 책의 말씀에 접근하게 하소서. 그리고 우리로 하여금 이 말씀 안에서 당신의 종(저자)이 말하고자 하는 뜻을 찾고 그 뜻을 통하여 당신의 뜻을 찾게 하소서. 당신은 그 종의 필(筆)을 통하여 (당신의) 말씀을 우리에게 주셨습니다.

24 장_ 성서 해석의 난점

(33) 그러나 이 말씀이 함축하고 있는 진리는 해석하는 자에 따라

다르게 이해됩니다. 누가 감히 '모세(저자)가 말하려고 하는 뜻은 바로 이것이었다. 바로 이것을 그는 우리로 하여금 읽고 이해하도록 한 것이다' 라고 말할 수 있습니까? 누가 자신 있게 '모세가 그러한 뜻으로 말했는지 안 했는지는 확실히 모르지만 그것은 진리이다' 라고 말할 수 있습니까?

오, 나의 하나님이여, 보시옵소서. 당신의 종인 나는 이 글을 통해 당신에게 고백의 제사를 드립니다. 당신의 자비로 내 기도가 당신에게 상달되기를 기원합니다. 나는 당신이 당신의 영원한 말씀 안에서 보이는 것과 보이지 않는 모든 것을 창조하셨다고 확신하고 있습니다. 그러나 모세가 "태초에 하나님이 천지(하늘과 땅)를 창조하시니라." 고 기록했을 때에 그가 이 뜻(나의 해석) 이외에 다른 뜻을 생각하지 않았다고 내가 같은 확신을 가지고 단언할 수 있습니까? 아닙니다. 모세가 이 말을 기록할 때 꼭 이 뜻을 마음에 생각하고 있었다고 말할 수 없습니다. 아마 모세가 "태초에" 라고 말했을 때 그는 창조의 처음 시작을 생각하고 있었을 것입니다. 그리고 그가 "하늘과 땅" 이라고 말했을 때 모세는 그것을—영적인 것이든 물질적인 것이든 간에—이미 형성되고 완성된 존재가 아니고 혼돈하여 아직 아무 형상이 없는 어떤 것으로 생각하라는 뜻인 것 같습니다.

내 생각에는 모세가 어떤 뜻으로 말했든지 간에 진리를 말하고 있음은 틀림이 없습니다만 그가 사실 이 말을 통해 무슨 뜻을 표현하려고 했는지는 확실히 모르겠습니다. 그러나 모세가 그 말의 두 가지의 뜻 중 어느 쪽을 택했는지 혹은 내가 언급하지 않은 다른 뜻으로 말했는지에 대해서는 내가 확실히 몰라도, 이 위대한 인물이 자기의 마음에서 진리를 보고 그 의미를 적절하게 표현했을 것이라는 데 대해서는 조금도 의심치 않습니다.

25장_ 다양한 해석과 사랑의 덕

(34) 그러므로 누가 나에게 '모세가 의도한 것은 네가 말(해석)한 대로가 아니고 내가 말한 대로이다' 라고 말함으로 나를 더 이상 괴롭히지 않기를 바랍니다. 누가 나에게 묻기를 '그러면 너는 어떻게 해서 모세가 한 말에 대한 너의 해석이 그의 의도에 맞는다고 생각할 수 있느냐? 고 한다

면 나는 그 질문을 참고 들으며 위에서 이미 말한 나의 대답을 되풀이할지 모릅니다. 혹시 질문자가 내 말을 잘 이해하지 못할 때는 나는 더 길게 자세히 설명해 줄 것입니다. 그러나 만일 그 사람이 '모세가 의도한 것은 네가 해석한 대로가 아니고 내가 해석한 대로이다' 라고 주장하면서도 내 해석이 옳을 수 있다는 가능성을 배제하지 않는다면, 즉 두 해석이 옳을 수 있다는 가능성을 부정하지 않는다면, 오, 가난한 자의 생명이 되신 나의 하나님—당신의 품안에는 아무 모순이 없습니다—내 마음에 어진 이슬을 내려 주사 이렇게 말하는 자들을 인내로 대하게 하소서.

이렇게 말하는 자들은 자신들이 경건하거나 당신의 종 모세의 뜻을 알아서가 아니라 교만해서 그러는 것입니다. 그들이 모세의 뜻을 알아서가 아니라 자기 자신들의 견해를 사랑해서 그럽니다. 그들은 진리를 사랑하기보다는 자신들의 견해를 사랑합니다. 그렇지 않다면 그들도 다른 사람의 견해를 존중하게 될 것입니다. 나도 그들이 진리에 대해서 말할 때 그들의 견해를 존중합니다. 그것은 그 견해가 그들의 것이라는 점에서가 아니라 그것이 진리이기 때문입니다. 그러므로 그 견해가 진리라면 그 진리가 그들의 소유만은 아닙니다. 만일 그들이 어떤 견해가 진리이기 때문에 그것을 사랑한다면 그것은 그들의 소유도 되고 나의 소유도 됩니다. 왜냐하면 그것은 진리를 사랑하는 모든 사람들의 공동소유가 되기 때문입니다.

그러나 그들이 말하기를 모세가 의도한 것은 내가 해석한 대로가 아니고 자기들이 해석한 대로라고만 우겨댄다면, 나는 그들의 주장을 존중하지도 않고 사랑하지도 않을 것입니다. 혹시 그들의 주장이 옳다고 하더라도 그러한 무모한 독단은 지혜에서보다는 자만에서 온 것입니다. 즉 그들의 주장은 통찰력의 소산이라기보다는 교만의 소산일 것입니다.

오, 주님, 그러므로 당신의 심판은 두렵습니다. 왜냐하면 당신의 진리는 내 것, 네 것 누구의 것도 아니라 당신이 공유하라고 명하신 대로 우리의 것이기 때문입니다. 당신은 우리를 엄중히 경고하사 우리로 하여금 진리를 마치 자기 개인 것인 양 소유하려고 하지 말라고 하십니다. 그 이유는 그렇게 할 때 우리는 그 진리를 박탈당하고 말기 때문입니다. 만일 어떤 사람이 당신이 모든 사람과 함께 누리라고 부여하여 주신 것을 자기 개인에게만 돌리려고 하든가 모든 사람에게 속해 있는 것을 자기 소유물로 삼으려 한다면, 그는 공(公)에서 사(私)로, 진리에서 거짓으로 전락한 사람입니다. 왜냐하면 자기의 개인의 생각을 말하는 사람은 거짓을 말하는 자이기 때문입니다.

(35) 오, 공평한 심판자가 되시고 진리 자체이신 하나님이여, 이렇게 논쟁을 거는 사람에게 대답하는 나의 말을 들으소서. 나는 당신의 면전에서 그리고 율법을 적절히 실천하여 사랑의 덕을 세우는(딤전 1:8) 나의 믿음의 형제들 앞에서 이 말을 합니다. 내 말이 당신을 기쁘시게 해드린다면 그에게 대답하는 나의 말에 귀를 기울이소서. 나는 친절하고 조용한 말씨로 그에게 이렇게 말하고 싶습니다.

"만일 우리 둘이 다 네가 한 말에도 진리가 있고 내가 한 말에도 진리가 있다고 인정한다면 내가 묻고 싶은 것은 우리가 어디서 그 진리를 보게 되는 것일까? 확실한 것은 그 진리를 내가 너에게서 보는 것도 아니요, 네가 나에게서 보는 것도 아닐 것이다. 우리는 그 진리를 우리 마음을 초월해 있는 불변의 진리 그 자체 안에서 보게 되는 것이다. 그러므로 우리 주 하나님의 참 빛에 대하여 의견을 같이하는 우리는 불변의 진리를 보듯 확실히 알 수 없는 우리 이웃의 생각을 놓고 언쟁을 벌일 필요가 없지 않은가?

만일 모세가 우리 앞에 나타나서 말하기를 '내 생각은 이렇다' 고 해도 우리는 그의 말을 믿을 뿐 그의 마음 안에 있는 그의 생각은 보지 못하는 것이 아닌가? 그러므로 우리는 기록된 말씀 밖으로 넘어가 서로 대적하여 교만한 마음을 먹지 말자.(고전 4:6) 그 대신 우리는 마음을 다하고 목숨을 다하고 뜻을 다하여 우리 주 하나님을 사랑하고 우리 이웃을 우리 자신을 사랑하듯 하자.(마 22:37－39)

모세가 이 책에서 무엇을 말하려고 했든지 간에 우리는 그의 뜻을 이 사랑의 두 계명의 정신으로 이해를 해보자. 그렇게 생각하지 않는다면 우리는 하나님을 거짓말하는 자로 만드는 것이다(요1 5:10). 왜냐하면 우리는 하나님이 우리에게 명하신 이외의 것을 그의 종, 모세의 뜻에 집어넣는 것이 되기 때문이다. 이렇듯 모세가 기록한 말 속에서 풍부하고도 참된 여러 가지의 뜻을 우리는 찾아낼 수 있음에도 불구하고, 모세가 생각한 것은 이것뿐이라고 하나의 해석만을 고집하는 것은 어리석은 일이 아닌가? 모세가 그것을 기록한 목적은 사랑의 덕을 세우기 위함이었는데 그 기록을 우리가 해석하다가 사랑의 덕을 파괴하는 논쟁을 일삼는 것은 어리석은 일이 아닌가?"

26 장_ 내가 모세라고 할지라도

(36) 오, 나의 하나님, 당신은 내가 비천한 가운데 있을 때 나를 높이 들어올리시고, 내가 수고로 인해 피곤할 때 나의 안식처가 되어 주십니다. 또한 당신은 내 고백을 들으시고 나의 죄를 사해 주시며 내 이웃을 내 몸과 같이 사랑하라고 명하십니다. 나는 이렇게 생각해 봅니다. 즉 내가 모세가 살았던 시대에 태어나 그가 봉직한 자리에 앉아 있게 되었다고 생각해 봅니다. 또한 내가 내 마음과 혀를 바쳐서 모든 나라와 백성에게 도움을 주고 높은 권위로서 교만과 거짓의 가르침을 극복하게 하는 당신의 책을 펴낸다고 생각해 봅니다. 그렇다 할지라도 당신의 충실한 종인 모세에게 주신 그 재능은 내가 간곡히 나에게 주시기를 바라는 재능보다 결코 못하지 않았을 것입니다. 우리 인간은 다 같은 흙덩이에서 나왔으니 당신이 우리를 생각하시지 않으시면 우리는 무엇이 되겠습니까?(시 8:4)

내가 만일 그 당시의 모세였고 당신이 나에게 명하여 창세기를 기록하라 하셨다면 나는 당신에게 비범한 표현력과 문장 구성의 기술을 주시도록 간구했을 것입니다. (그러한 재능을 가지고 내가 창세기를 기록했다면) 당신이 어떻게 이 세상을 창조하신 것에 대하여 알지 못하는 자들도 내 책을 이해할 수 없다고 내버리지 않을 것입니다. 그리고 어느 정도 자신들의 상상력을 발휘하여 창조를 이해할 수 있는 사람들은 내 말과 모세의 간단한 말 사이에 별다른 차이가 없음을 발견할 것입니다. 또한 당신의 진리의 빛에 조명을 받아 다른 의견을 갖게 되는 사람도 내 말 속에서 같은 뜻을 발견할 것입니다.

27장_ 해석에 대한 두 가지의 비유

(37) 물의 근원은 비록 그 범위가 작아도 거기에서 흘러나와 넓은 평야에 물을 공급해 주는 긴 물줄기보다 더 풍부한 물을 가지고 있습니다. 이와 마찬가지로 당신의 말씀을 전하는 모세의 서술이 비록 짧아도—그것을 주석하고 설교하는 많은 사람들에게 풍부한 자료를 공급해 주는 원천이 되어—확실한 진리의 물줄기가 거기서 많이 흘러나오게 됩니다. 이 진리의 물줄기로부터 이 사람은 이렇게, 저 사람은 저렇게 자기의 독특한 언어 표현으로 길게 혹은 짧게 창조에 대한 해석을 끌어내게 되는 것입니다.[17)]

예를 들면 어떤 사람들은 모세가 창조에 대하여 한 말을 읽거나 들을 때, 하나님을 마치 인간과 같은 존재 혹은 어떤 큰 힘을 가지고 있는 물질적인 실체로 상상합니다. 그리하여 하나님이 세상을 창조하실 때 그는 갑자기 어떤 우발적인 새 결심을 하시어 자신 밖에 어느 거리를 두고 존재하는 하늘과 땅, 즉 두 큰 물체를 창조하셨고, 그중 하나는 위에 하나는 아래에 두어 모든 것을 포함하도록 하셨다고 그들은 생각합니다. 또한 그들은 "하나님께서 말씀하심에 그대로 된지라."를 듣고는 하나님이 하신 말씀도 인간의 말처럼 시간 속에서 들렸다가 사라지는 시작과 끝이 있는 것처럼 생각합니다. 따라서 그들은 하나님이 창조하신 피조물은 하나님이 말씀하신 후에 뒤따라 생긴 것처럼 생각하는 것입니다. 이와 같이 그들은 모든 것을 이 세상적(물질적)인 개념으로만 생각하려고 합니다.

그러한 사람들은 아직도 어머니 품안에서 양육을 받아야 할 연약한 어린이와 같아서 이렇듯 소박한 언어(사용)로 보호를 받고 양육을 받아야 합니다. 이렇게 함으로써 그들의 신앙이 건전히 성장하여 나중에 그들은 자신들의 주위에서 관찰할 수 있는 천차만별의 피조물을 하나님이 모두 창

---

17) 성서 해석에 다양성이 있음을 시사하며 다른 해석들에 대해 관용의 태도를 가지고 그러한 해석에도 어떤 진리의 한 면이 드러나 있음을 인정하고 있다. 그러나 초신자들이 성서를 잘못 해석하여 교회라는 둥지에서 이탈하는 일은 없도록 경고하고 있다.

조하셨다는 확실성에 도달하게 될 것입니다. 그러나 그들 중 어떤 자가 이 말씀의 소박함을 무시하여 가치가 없다고 생각한 나머지, 마치 약한 어린 새 한 마리가 교만의 날개를 펴서 자기가 깃들이던 둥지 밖으로 뛰쳐나오듯 하면 그 새는 자기를 양육한 둥지에서 비참하게 떨어지게 될 것입니다.

오, 주 하나님이여, 저 날개 돋지 않은 어린 새끼를 불쌍히 여기소서. 길가에 떨어져 지나는 행인들에 의해 밟힐까 두렵습니다. 당신의 천사를 보내 주시어 그를 들어 안아 다시 그 둥지로 넣어 주소서. 그리고 거기에서 그가 날개가 잘 돋아 날을 수 있을 때까지 머물러 살게 하소서.

28장_ 여러 가지 해석의 가능성

(38) 그러나 어떤 사람들에게는 이 말씀이 둥지가 아니고 오히려 잎이 무성하고 그늘진 숲과 같습니다. 그들은 (새와 같이) 잎에 가려져 있는 열매를 발견하고는 즐거이 주위를 감돌고 재잘거리면서 그 열매를 찍어 먹습니다. 오, 하나님, 그들은 당신의 말씀을 읽거나 들을 때 당신은 영원 불변하시고 항상 계셔서 과거의 모든 시간과 미래의 모든 시간을 초월하신 것을 알게 될 것입니다. 또한 시간적인 피조물 중에 당신이 창조하지 않으신 것이 하나도 없다는 것도 그들은 알게 될 것입니다. 더 나아가서는 당신의 뜻은 당신의 존재와 동일하시므로 세계를 창조하실 때에 당신은 전에 가지고 있지 않았던 뜻을 새로 세운 것도 아니요, 당신의 뜻에 어떤 변화가 있었던 것도 아니라는 것을 알게 될 것입니다. 그리고 당신은 만물을 당신을 닮게 혹은 당신 자신으로부터 유출시켜 만드신 것이 아니라, 먼저 만물의 형상이 되시는 당신의 형상(말씀)을 통하여 '무'로부터 무형의 질료—당신을 전혀 닮지 않은—를 만드셨다는 것도 알게 될 것입니다.

그들은 또한 이 '무형의 질료'는 당신을 전혀 닮지 않았지만 당신의 형상을 통하여 '유일'하신 당신께 향함으로써 당신이 정해 주신 능력에 따라 각각 어떤 형상을 받게 되었다는 것도 알게 될 것입니다. 이리하여 모든 것은 당신 곁에 있든지 혹은 시공적(時空的)으로 계층에 따라 당신에게서 멀리 있든지 간에 다 아름답게 창조되어 이 세상에서 생기는 아름다운 변화를 일으키기도 하고 받기도 함을 알게 될 것입니다. 그들은 비록 자신들의 이해의 정도가 다를지라도 이런 진리를 파악할 수 있어서 당신께서 비추어 주신 진리의 빛을 즐거워할 것입니다.

(39) 이런 사람들 중에 어떤 사람은 "태초에 하나님이 천지(하늘과 땅)를 창조하시니라." 의 성서의 구절을 상고하고는 "태초에" 라는 말을 '지혜 안에서' 라는 뜻으로 해석합니다. 왜냐하면 그 지혜가 우리들에게 말씀하시기 때문입니다.(요 8:25) 그중 어떤 사람은 같은 구절을 상고한 후 그 "태초에" 라는 말을 단순한 창조의 시작으로 이해하여 "태초에 하나님이 하늘과 땅을 창조하시니라." 의 구절을 "시간의 처음에 하나님이 하늘과 땅을 창조하시니라." 고 해석합니다. "태초에" 를 '지혜 안에서' 라는 뜻으로 해석하는 사람들 중에서도 어떤 이는 "하늘과 땅" 이라는 말을 질료로 해석하여 그것으로부터 우리가 보는 저 하늘과 땅이 만들어졌다고 이해합니다. 그러나 그중 다른 사람은 "하늘과 땅" 이라는 말을 이미 형성되고 구별된 존재로 이해합니다. 또 어떤 이는 하늘이라는 말을 이미 형성된 영적인 존재로 해석하고 땅이라는 말을 아직 형성되지 않은 물질적 질료로 해석합니다.

그리고 하늘과 땅이라는 구절을 질료로 해석하여 나중에 우리가 보는 저 하늘과 땅이 그것으로부터 만들어졌다고 생각하는 사람들도 그것을 단순한 뜻으로 받아들이지는 않습니다. 그중 어떤 사람은 그 질료로부터 영적인(영계의) 창조와 물질적(감각적) 세계의 창조가 이루어졌다 하고, 다른 사람은 그 질료로부터—우리가 볼 수 있는 모든 사물을 자체의 품속에 안고 있는—감각적, 물질적 세계를 창조했다고 해석합니다.

또한 하늘과 땅이란 말을 이미 창조가 되어 질서 지어진 피조물이라고 해석하고 있는 사람들도 서로 의견을 달리하고 있습니다. 그중 어떤 사람은 그것이 보이는 세계와 보이지 않는 세계를 뜻한다고 해석하는가 하면, 다른 사람은 저 빛나는 창공과 어두운 땅, 그리고 그 안에 모든 것을 포함하고 있는 보이는 세계를 뜻한다고 해석합니다.

29장_ 네 종류의 우선 순위

(40) 그러나 "태초에 하나님이 하늘과 땅을 창조하시니라."를 "제일 처음에 하나님이 하늘과 땅을 창조하시니라."의 뜻으로 해석하는 사람은 그 구절을 제일 처음에 하나님이 하늘과 땅의 질료, 즉 영적 그리고 물질적 존재(세계)의 질료를 창조하신 뜻으로 이해할 수밖에 없습니다. 왜냐하면 만일 그 사람이 이 구절을 이미 형성된 우주를 칭하는 것으로 해석한다면 다음과 같은 질문에 대답을 해야 하기 때문입니다. "만일 하나님이 제일 처음에 우주를 다 만드셨다면 그 후에는 무엇을 만드셨을까? 하나님이 우주를 다 만드셨다면 더 만드실 것이 없었을 것이 아닌가? 하나님께서 후에 아무것도 만드실 것이 없으셨다면 어떻게 우리는 '제일 처음에' 라고 말할 수 있을까?"

그러나 만일 그 사람이 말하기를 하나님이 제일 처음에 무형의 질료를 창조하신 다음 그 무형의 질료에 어떤 형상을 부가한 것이라고 한다면, 그리고 그 사람이 영원, 시간, 선택, 근원에서 무엇이 우선(먼저)임을 알고 있었다면 그 사람은 자기 모순에 빠지게 되지는 않을 것입니다. 영원에서 우선(優先)이라 함은 하나님이 모든 피조물을 앞선다(초월하신다)는 뜻이요, 시간에서 우선이라 함은 꽃이 열매를 앞선다는 뜻이며, 선택(의 행위)에서 우선이라 함은 열매(의 가치)가 꽃을 앞선다는 뜻이요, 근원에서 우선이라 함은 소리가 노래를 앞선다는 뜻입니다.

내가 언급한 이 네 가지 예 중에서 둘째와 셋째는 이해하기가 쉬우나 첫째와 마지막의 것은 이해하기가 대단히 어렵습니다. 오, 주님, 영원하신 당신께서 어떻게 자신은 변하지 않으시면서 변하는 피조물을 창조하셨을까, 즉 어떻게 하나님의 영원성이 시간을 앞서 있는가를 우리 인간이 파악하기에는 대단히 어렵습니다. 또한 소리가 노래를 앞서 있다는 내용을 쉽게 파악할 사람이 어디 있습니까? 그것은 예민한 통찰력을 필요로 합니다. 노래는 소리가 형성(작곡)되어 생기게 됩니다. 따라서 아직 형성되지 않은 질료(소리)는 존재할 수는 있습니다. 왜냐하면 존재하지 않은 것에는 어떤 형상도 부가될 수 없기 때문입니다. 이와 같이 질료(소리)는 형성된 존재(노래)를 앞서 있습니다. 그것은 질료가 존재를 형성했다는 점에서 앞서는 것은 아닙니다. 그것도 역시 지음을 받았기 때문입니다.

또한 시간의 격차에서 질료가 형상화된 존재를 앞서는 것도 아닙니다. 우리가 노래를 할 경우 먼저 형성되지 않은 소리를 내고, 그 후에 그것을 노래로 형성하여 부르지는 않기 때문입니다. 그것은 우리가 목재나 은으로부터 옷장이나 그릇을 만드는 것과는 다릅니다. 이런 질료(목재나 은)는 그것으로 만든 물건보다는 시간상으로 먼저 있습니다. 그러나 노래를 부르는 경우는 그렇지 않습니다. 노래를 부를 경우 소리도 동시에 같이 납니다. 그것은 처음에 형성되지 않은 소리가 들렸다가 후에 노래로 형성되는 것이 아니기 때문입니다. 노랫소리가 한번 나자마자 그것은 사라져 버리고 마는 것이니 그것을 다시 찾아 모아 가지고 그것을 노래로 만들(작곡할) 수는 없습니다.

그러므로 노래는 그 재료가 되는 소리와 분리가 되어 있지 않습니다. 그러나 노래가 성립되기 위해서는 소리가 어떤 형상을 받아 작곡되어야 합니다. 이것이 내가 말한 바 질료인 소리가 형상인 노래를 앞선다는 뜻입니다. 소리가 노래를 앞선다는 것은 소리가 노래를 만드는 힘이 있다는 것은 아닙니다. 노래를 만드는 자는 소리가 아니요, 노래를 부르는 자입니다. 소리는 노래를 부르는 자의 몸(목청)에서 발성되어 재료로써의 역할을 하고 그의 마음은 그 재료에 형상을 가해서 노래를 부르게 되는 것입니다. 그러나 소리가 노래보다 시간상으로 먼저라고 말할 수 없는 것은 소리는 노래와 함께 동시적으로 나오기 때문입니다. 선택의 면에서도 소리가 노래보다 먼저라고 말할 수 없습니다. 왜냐하면 노래는 단순한 소리가 아니요, 아름답게 형성된 소리이므로 소리가 노래보다 좋다고 우리는 말할 수 없기 때문입니다. 그렇지만 근원에서는 소리가 노래보다 먼저라고 말할 수 있습니다. 왜냐하면 노래가 형성이 되어 소리가 되는 것이 아니고, 소리가 형성되어 노래가 되기 때문입니다.

이러한 예를 통하여 이해력이 있는 자들은 '하늘과 땅'이라 부르는 질료가 '먼저' 창조되었고 그것으로부터 우리가 경험하는 저 하늘과 땅(우주)이 만들어졌다는 뜻을 파악할 수 있을 것입니다. 그러나 질료는 시간상으로 보아서 '먼저' 라는 뜻은 아닙니다. 왜냐하면 시간은 어떤 형상이 주어짐으로써 생기는 것인데 이 질료는 아직 아무 형상을 가지고 있지 않기 때문입니다. 이제는 우리가 시간 안에서 질료와 형상을 동시적으로 직관하게 됩니다. 그렇지만 형상이 없는 이 질료에 대하여 말을 하려고 하면 우리는 시간상으로 질료가 형상보다 먼저인 것처럼 표현할 수밖에 없습니다. 물론 가치상으로 볼 때는 질료가 형상보다 못합니다. 그것은 형성된 것이 형상이 없는 질료보다는 확실히 좋기 때문입니다. 그리고 무형의 질료를 앞서 있는 것은 창조자의 영원입니다. 이 영원한 창조자께서 '무' 로부터 '질료' 를 창조하시고 그 질료로부터 만물(어떤 것)을 만드신 것입니다.

30장_ 해석의 기준

(41) 이와 같은 여러 가지 해석 차이에도 불구하고 각각의 해석에는 어느 정도의 진리가 다 있으니 진리 자체로 하여금 그들 사이에서 일치를 가져오게 하소서. 우리 하나님께서 자비를 내리사 우리로 하여금 율법을 적절하게 사용하여 그 법(계명)의 목적인 순수한 사랑을 이행케 하소서.(딤전 1:5, 8) 그러므로 누가 나에게 묻기를 '이 여러 가지 해석 중에서 어떤 것이 당신의 종 모세의 의도에 맞느냐?' 고 한다면 '나는 모릅니다' 라고 당신께 고백하는 말이 아닌 이상 구태여 고백적인 표현을 쓰고 싶지는 않습니다. 그러나 내가 알고 있는 것은 이 모든 견해에는—위에서 내가 생각한 것을 말한 육적인(소박한) 사람들의 견해를 제외하고는—다 진리가 있다는 것입니다.

그렇지만 그러한 육적인(소박한) 해석을 가지고 있는 사람들도 희망이 있는 당신의 어린 무리들이오니 오묘한 신비를 단순하게—혹은 몇 가지 근본적인 진리를—여러 가지 표현으로 계시하시는 당신의 책의 말씀이 그들을 놀라게 마소서. 그러나 이 말씀 가운데 있는 진리의 뜻을 파악하고 전(말)하는 우리들은 서로 사랑하게 하소서. 그리고 우리가 허망한 것을 추구하지 않고 진리를 추구하는 것이라면 우리가 다 함께 진리의 원천이 되신 우리 하나님, 당신을 사랑하게 하소서. 우리로 하여금 당신의 성령을 충만히 힘입고 이 성서를 기록한 당신의 종 모세를 존경하게 하소서. 그리고 모세가 당신의 계시를 받고 이 말씀을 기록할 때는 그의 의도는 우리가 진리의 빛에 인도되고 유익한 열매를 맺는 데서 다른 사람들보다 뛰어나게 되기 위함이었습니다.

31 장_ 진리를 이해하는 정도

(42) 그러므로 어떤 사람이 말하기를 '모세가 의도한 것은 내가 생각한 대로이다.' 라고 하든지, 혹은 다른 사람이 말하기를 '그렇지 않다, 그가 의도한 것은 내가 생각한 대로이다' 라고 주장한다면 나는 경건하게 다음과 같이 말하고 싶습니다. '이 두 사람 다 진리를 말하고 있다면 그 두 사람의 뜻을 모세가 의도한 바라고 생각하면 잘못일까?

만일 어떤 사람이 이 말씀 중에서 이 두 가지 뜻 이외에 제삼의 뜻, 제사(第四)의 뜻을 찾아냈고, 혹은 다른 사람이 그 말씀 중에서 또 다른 뜻을 발견했다고 할 때 모세가 이 모든 뜻을 다 의도하고 썼다고 생각하면 잘못이겠습니까? 한 분이신 하나님께서 모세(성서 기자)에게 모든 사람들의 이해의 정도에 알맞게 기록하도록 하셨으니 각 사람이 그 말씀 중에서 여러 가지 진리를 여러모로 해석할 수 있지 않습니까?

내가 마음속으로부터 굳게 말하고 싶은 것이 있습니다. 그것은 내가 만일 높은 권위를 가진 책을 쓰게 된다고 하면, 하나의 일방적인 뜻이 명확히 드러나 다른 모든 해석(뜻)들—그것은 거짓도 아니요, 해가 되는 것도 아닌 해석들—을 배제하도록 쓰고 싶지는 않습니다. 오히려 나는 독자들이 내 책을 읽는 중에 내 말이 어떤 진리의 소리를 그들의 마음에 메아리쳐서 거기에서 누구든지 어떤 진리를 발견할 수 있도록 쓰겠습니다.[18] 오, 나의 하나님, 그러므로 나는 경솔하게 모세는 이런 재능을 당신의 손으로부터 받지 않았다고 말하고 싶지 않습니다. 모세가 이 말씀을 쓸 때에 그

18) 어거스틴의 이러한 표현은 텍스트의 의미는 텍스트의 배후에 있는 것이 아니라 텍스트의 앞에 있다고 말한 폴 리쾨르(Paul Riceour)의 주장과 맥을 같이하고 있는 것이다.

자신은 우리가 그 말씀 안에서 발견할 수 있었던 모든 진리, 우리가 발견할 수 없었던 진리, 혹은 아직도 발견하지 못했으나 발견할 수 있는 모든 진리들을 알고 있었을 것입니다.

32 장_ 해석의 정신

(43) 오, 주님, 마지막으로 말씀드리면 당신은 하나님이시므로 우리 인간처럼, 혈육을 가지고 계시지 않습니다. 우리 인간은(혈육을 가지고 있으므로) 통찰력이 부족하여 당신이 이 말씀을 통하여 후세의 독자들에게 말씀하시고자 하신 뜻을 다 알 수 없습니다. 그러나 나를 공평한 땅으로 인도하시는 당신의 선하신 영(시 143:10)이 그것을 모르시겠습니까? 혹시 모세가 이 말씀을 쓸 때 다른 많은 뜻 중에서 다만 하나의 뜻을 마음에 두고 썼다고 할지라도 그것을 당신의 영이 모를 리 없습니다. 만일 모세가 많은 뜻 중에서도 하나의 뜻을 마음에 두고 있었다고 한다면 그 하나의 뜻은 다른 많은 뜻보다 더 탁월하다고 생각하지 않을 수 없습니다.

오, 주님, 그러나 모세가 알고 있었던 그 뜻이든지 아니면 당신이 원하시는 다른 뜻이 있으면 우리에게 계시하여 주소서. 당신이 우리에게 당신의 종 모세에게 보여 주신 그 뜻을 보여 주시든지 혹은 이 말씀의 다른 뜻을 보여 주시든지 간에 당신이 우리를 먹이시는 것은 틀림없으니 그릇된 해석이 우리를 속이지 말게 하소서. 오, 내 주 하나님이여, 우리가 몇 마디의(당신의) 말씀에 대하여 얼마나 많이, 정말 얼마나 많이 해석을 해왔는지 보시옵소서. 이런 식으로 쓴다면 내가 당신의 책(성서) 전부에 대한 해석을 쓸 때 얼마나 많은 노력과 시간이 소요되겠습니까? 원하오니, 이제 나로 하여금 당신의 말씀에 대하여 짤막하게 고백(주석)하게 하소서. 그리고 여러 가지 해석이 가능한 탓으로 여러 가지 해석이 나올 수 있지만 당신의 영감으로 나로 하여금 참되고, 확실하며, 좋은 하나의 의미(해석)를 선택하게 하소서. 만일 내 해석이 당신의 종 모세가 의도한 것과 일치한다면 그것이 가장 옳고 좋은 것이므로 그것을 위해 노력하려는 것이 내 고백의 신앙(태도)입니다. 내가 혹시 이 목적을 이루지 못할지라도 당신의 진리가 모세에게 말씀하시려고 하신 것처럼 당신의 진리가 그의 말(성서)을 통해 나에게 말씀하시려고 하신 뜻을 나로 하여금 말하게 하소서.

제 13 권

창세기 1장에 대한 은유적 해석

그는 창세기 1장을 은유적으로 해석하면서 특히 창조 때 나타나신 삼위일체, 하나님의 형상으로 지음을 받은 인간의 위치와 사명, 그리고 좋으신 하나님이 창조한 세계의 좋음을 말하고 있다. 마지막으로 그는 자기의 해석의 정점을 이루고 있는 하나님의 안식을 논하면서 우리도 우리가 해야 할 좋은(선한) 일을 다 마친 후 하나님 안에서 영원한 안식을 누릴 수 있도록 하나님께 기원한다.

St. Augustine's CONFESSIONS

1장_ 존재와 행복의 근원이 되신 하나님

(1) 나의 자비가 되신 나의 하나님, 내가 당신께 부르짖어 아뢰옵니다. 당신은 나를 지으셨습니다. 그리고 나를 잊지 않고 기억해 주셨습니다. 그러나 나는 당신을 잊어버리고 살았습니다. 이제 당신께서 내 영혼을 감동시켜 당신을 그리워하고 영접하도록 준비시키시오니 나는 이제 내 영혼 안에 당신을 모시고자 당신께 부르짖습니다. 내가 당신을 부를 때 행여 나를 저버리지 마소서. 내가 당신을 부르기 이전에도 사실 당신은 나를 부르고 계셨습니다. 당신은 여러 가지 음성과 방법으로 거듭거듭 부르시고 독촉하시어 나로 하여금 멀리서 당신의 음성을 듣고 돌아서서 나를 부르시는 당신을 부르게 하셨습니다.

오, 주님, 당신은 당신을 멀리 떠나게 한 내 손의 과오를 벌하시지 않으시고 오히려 나의 모든 죄와 허물을 말살해 주셨습니다. 그리고 당신은 내가 좋은 일을 하기 이전에도 그것을 미리 아시고 나를 도우셨으니 그것은 나를 만드신 당신의 손의 성업을 보상하기 위함이었습니다. 당신은 내가 존재하기 이전에도 계셨으니 무(無)에서 나를 만들어 존재하게 하셨습니다. 보시옵소서, 내가 여기에 존재하고 있는 것은 당신의 좋으심 때문이오니 그 좋으심은 나를 만드시기 이전에, 아니 나를 만드는 재료가 있기 전에도 있었습니다. 나의 주, 나의 하나님이여, 당신은 꼭 나를 필요로 하지 않으십니다. 따라서 나는 당신에게 도움이 되는 유용한 존재도 아닙니다. 당신은 일하셔도 피곤함이 없으시니 내가 당신의 피곤함을 덜어 드리기 위해 봉사할 수 있는 존재도 못 됩니다. 그러므로 당신의 능력은 나의 조력이 없어도 감소되지 않습니다. 당신은 경작을 필요로 하는 땅과 같지 않으십니다. 그러므로 내가 땅을 경작하듯 당신을 섬기지 않아도 당신의 성업은 하나도 지장을 받지 않으십니다. 내가 당신을 섬기고 예배함은 당신이 그것을 필요로 해서가 아닙니다. 당신을 섬기고 예배함은 당신으로 말미암아 내가 행복하게 되기 위함입니다. 내가 당신으로 말미암아 존재하게 되었으니 당신으로 말미암아 행복하게 됨은 당연한 일이옵니다.[1)]

2장_ 존재와 선의 근원이 되신 하나님

(2) 진실로 모든 피조물은 당신의 차고 넘치는 선(좋음)으로부터 존재를 받아 가지게 되었으니 창조된 것은 다 좋은 것이옵니다. 그러나 창조된 그 좋음은 당신의 본체에서 나온 것이 아니요, 당신의 좋으심과 동등한 것도 아니니 당신에게는 별 도움이 되지 못합니다. 그럴지라도 그것은 좋으신 당신께서 창조하신 것이니 존재하는 것이요, 또한 좋은 것이옵니다.

당신이 태초에 지으신 '천지' 가 당신에게 무슨 공로를 주장할 수 있습니까? 당신의 지혜 안에서 창조된 영적인 질료와 물질적인 질료로 하여금 당신 앞에서 무슨 공로가 있는지를 말하게 하소서. 그때 모든 것은 영적인 질료이든지, 물질적인 질료이든지 간에 아직 아무 형상을 받지 않았기 때문에 혼돈 상태에 있었습니다. 그러나 그것들이 그러한 혼돈 상태에 머물러 있게 된 것도 당신의 지혜에 의존하여 있었기 때문이었으니 그것들이 당신 앞에서 무슨 공로를 주장할 수 있습니까? 영적인 질료는 아직 형상을 받지 않았어도 형성된 물질적 존재보다 낫고, 아직 아무 형상을 받지 않은 물질적인 질료(상대적인 무)라도 절대(완전)무보다는 더 낫습니다. 이러한 무형의 질료들은 당신의 말씀에 의하여 그 상태에 머물러 있다가 같은 그 말씀에 의하여 당신의 통일성에 부름을 받고 향함으로써 최고선이신 당신으로부터 일정한 형상을 받아 존재하게 된 것입니다. 이처럼 무형의 질료들이 창조되고 그러한 상태에 머물러 있게 된 것도 당신으로 말미암은 것이라면 도대체 그것들이 당신 앞에서 무슨 공로를 주장할 수 있습니까?

(3) 당신이 창조하시지 않으셨다면 존재할 수 없었던, 보이지 않고 아무 형상도 없었던 그 물질적인 질료는 당신 앞에서 무슨 가치를 주장할 수 있습니까? 당신이 창조하시기 전에는 존재하지 않았으니 그것이 당신

---

1) 창조주 하나님은 우리의 존재의 근원만 되신 것이 아니라 지혜와 행복의 근원도 되신다. 참고: 『신국론』 11, 24.

앞에서 무슨 존재의 가치를 가지고 있을 수 있습니까? 또한 당신의 존재로부터 멀리 떨어져 있어 심연처럼 어둡고 유동하고 있었던 영적인 질료가 당신 앞에서 무슨 존재의 가치를 주장할 수 있습니까? 그러나 당신은 말씀으로 그것을 창조하시고 또한 같은 말씀으로 그것을 당신께 향하게 하여, 조명을 받아 빛이 되게 하셨습니다. 이 빛은 당신과 동등한 것은 아니나, 당신과 동등한 위치에 있는 '당신의 형상' (말씀, 빛)을 닮았습니다.

물체에서 존재와 아름다움이 서로 다르듯이—그렇지 않다면 추하다는 것이 있을 수 없습니다—창조된 영적인 존재에서도 산다고 하는 것은 지혜롭게 산다고 하는 것과는 다릅니다. 그렇지 않다면 그 영적인 존재는 변함없이 지혜롭게 산다는 말이 됩니다. 따라서 영적인 피조물의 좋음은 당신에게 항상 가까이 있어 굳게 의존하여 사는 것입니다. 그렇지 않다면 그 영적인 피조물은 당신을 향해서 얻은 그 빛을 당신으로부터 등을 돌림으로 잃어버려 어두운 심연과 같은 생명 없는 상태로 다시 떨어지게 됩니다. 영혼을 가지고 있어서 영적인 피조물이라 말할 수 있는 우리 자신들에게서도 마찬가지입니다. 우리는 참 빛이 되신 당신으로부터 등을 돌려 한때 그와 같은 어두운 생활을 했습니다.(엡 5:8) 우리는 당신의 아들을 통하여 '하나님의 산' 과 같은 당신의 의(義)(고후 5:21)가 될 때까지 이 묵은 어둠의 잔여 속에서 몸부림치고 있을 것입니다. 그러기에 우리는 깊은 심연과 같아 하나님의 심판의 대상이 되어 왔습니다.(시 36:6)[2)]

3장_ 빛이 있으라

(4) 나는 창조의 처음에 하신 당신의 말씀 "빛이 있으라 하시니 빛이 있으니라." (창 1:3)를 영적 피조물을 창조하신 것으로 생각해도 무관하다

2) 어거스틴은 『시편 강해』(*Enarrationes in Psalmos*) 36, 8에서 위대한 설교자들을 "하나님의 산" 이라고 말하고 있다. 왜냐하면 그들은 자기들의 영혼의 높은 곳에 올라 하나님으로부터 조명을 받은 자들이기 때문이다. 반면에 "깊은 심연" 은 악한 사람이나 불신앙인들이 빠지게 되는 죄의 심연을 말한다. 그래서 깊은 심연은 하나님의 심판의 대상이 되는 것이다.

고 봅니다. 당신이 (창조의 맨 처음에) 창조하신 영적 피조물은 이미 자체 안에 어떤 종류의 생명을 가지고 있어서 당신이 조명하시는 빛을 받을 수 있었다고 봅니다.[3] 그러나 그 영적인 피조물은 당신 앞에서 스스로 생명의 존재 가치를 주장할 수 없듯이, 존재하게 된 후에도 당신으로부터 빛을 받아야 된다는 가치를 주장할 수 없습니다. 그 영적인 피조물이 아직 빛을 받지 않아서 아무 형상을 받지 못했을 때는 당신에게 기뻐하시는 바가 되지 못했습니다. 그러나 그것이 당신으로부터 조명을 받아 빛을 발하게 될 때 당신에게 기쁨이 되었습니다.

이렇듯 그것이 빛이 된 것은 단순히 존재하여 있다는 사실에 근거한 것이 아니고, 그것이 조명해 주시는 당신의 빛을 향해 바라보며(관상하며) 당신에게 의존하고 있었기 때문입니다. 그러므로 그 영적인 피조물이 존재하고, 살고, 빛을 받아 행복하게 산다는 것은 전적으로 당신의 은혜 때문입니다. 당신의 은혜로 말미암아 그 영적인 피조물은 더 좋은 것으로나 나쁜 것으로 변하지 않으시는 당신을 향해 바라봄으로 더 좋은 상태로 변화하게 됩니다. 그러므로 당신만이 절대적인 통일성을 가지고 변함없이 존재하시는 분이십니다. 당신에게서는 산다는 것과 행복하게 산다는 것이 일치해 있으니 당신은 행복 그 자체이십니다.

4장_ 창조자와 피조물과의 관계

(5) 당신은 좋으심(선) 자체이시므로 이 피조물이 지음을 받지 않았든가 혹은 무형의 상태에 머물러 있었다 할지라도 당신의 좋으심에는 어떤 부족함도 없으십니다. 당신이 이 피조물을 만드신 것은—형상이 없는 질료를 한정시켜 형상을 부여하심으로—자신에게 무엇이 부족해서가 아니라 차고 넘치는 당신의 좋으심 때문입니다.[4] 그러므로 당신은 그 피조물로

3) 영적 피조물은 영적 질료에서 창조되었음을 암시하고 있다. 이 영적 질료는 어떤 종류의 생명을 가지고 있어서 하나님으로부터 빛을 받을 수 있는 가능성을 가지고 있다.

4) 플라톤도 세계창조에 대해서 거의 같은 말을 하고 있다. 창조신인 데미오고스는 좋은 신으로서 세계를 가능한 자기와 같이 좋게 창조하려고 했다는 것이다.(*Timaeus*,

인해 더 즐거워지는 것은 아닙니다. 어떻게 불완전한 피조물이 완전하신 당신을 즐겁게 해드릴 수 있습니까? 그러나 당신은 완성된(형상을 받아) 피조물을 보시고는 기뻐하셨을 것입니다. 이 말은 결코 당신이 완전하시지 않았다든가 혹은 당신이 더 완전한 존재가 되기 위하여 그 피조물을 완성(창조)하셨다는 뜻은 아닙니다.

좋으신 "당신의 영(성령)이 수면 위에 운행하시니라."는 구절이 있습니다.(창 1:2) 당신의 영이 수면 위에 운행하셨다 함은 그 수면이 당신의 영을 자신 위에서 쉬실 수 있도록 떠받쳐 주고 있음을 의미하는 것은 아닙니다. 당신의 영이 사람 안에 들어와 쉬신다 할 때도 실은 당신의 영이 그로 하여금 당신 안에서 쉬도록 하게 하는 것입니다. 타락하지 않으시고, 변치 않으시며, 그 자체에서 충족하신 당신의 뜻은 당신이 창조하신 생명(영적인 질료) 위에 운행하셨습니다. 그 생명은 단순히 살고는 있으나 행복하게 살고 있는 것은 아니었습니다. 왜냐하면 그것은 아직도 어둡고 유동적인 상태에 머물러 있었기 때문입니다. 그것이 행복하게 사는 생명이 되기 위해서는 그런 상태에서 그를 만드신 창조주께로 향해 있어야 합니다. 그리고 생명의 샘이 되신 당신 곁에 살면서 당신의 빛에 의하여 빛을 보고 조명을 받아 완성이 되어야 합니다.(시 36:9)

5장_ 삼위일체가 되신 하나님

(6) 오, 나의 하나님, 이제 내 마음에 삼위일체가 되신 당신의 신비가 떠오릅니다. 왜냐하면 성부가 되신 하나님께서 우리 지혜의 처음(태초)이 되시는 당신의 지혜(말씀) 안에서 하늘과 땅을 창조하셨기 때문입니다. 당신의 지혜란 당신의 아들, 즉 성자로서 당신에게서 나오시고, 당신과 동등하시며, 당신과 영원히 함께 계시는 분이십니다. 내가 이미 '하늘의 하늘', 보이지 않고 형상이 없는 땅, 그리고 흑암에 덮여 있는 심연에 대하여 말을 많이 했습니다. 그 흑암에 덮여 있는 심연은 영적인 피조물로서 아직

29D-30A) 선한용, 『시간과 영원』, 39.

형상을 받지 않아서 유동하고 혼돈한 상태에 있었다는 것도 말했습니다. 그러한 영적인 피조물이—자체 안에 어떤 종류(단순한)의 생명을 가지고는 있었으나—당신에게 향함으로 당신의 빛을 받아 아름다운 생명이 되었으니 이것이 바로 '하늘의 하늘', 즉 하늘 위에 있는 물과 땅 아래에 있는 물 사이에 있는 저 '보이는 하늘'의 하늘인 것입니다. 그래서 나는 하나님이라는 명칭하에서는 이 모든 것을 창조하신 성부를, 태초(지혜)라는 명칭하에서는 그 안에서 하나님이 모든 것을 창조하신 성자를 알게 되었습니다. 나는 이미 삼위일체가 되신 하나님을 믿고 있었으므로 이 진리를 성서에서 찾아보니 당신의 영이 수면 위에 운행하셨다 함을 발견하게 되었습니다. 바로 여기에서 나는 만물을 창조하신 나의 하나님이신 성부, 성자, 성령을 보게 된 것입니다.

6장_ 수면 위에 운행하신 성령

(7) 오, 진리의 빛이시여, 내 마음을 당신에게 향하오니 내 마음이 나에게 헛된 것을 가르치지 않도록 그 안에서 어둠을 쫓아내 주소서. 원하오니 '어머니가 되시는 사랑'을 통하여 나에게 말씀하여 주소서. 왜 성서는 '하늘'과 보이지 않고 형상이 없는 '땅'과 심연 위의 흑암을 언급한 다음에 당신의 영에 대하여 말하고 있습니까? "수면 위에 운행하시니라."고 말씀하실 때에 어떤 것(수면)을 말한 다음에 당신의 영에 대하여 언급한 것이 더 적절해서 그런 것입니까? 당신의 영이 수면 위에 운행하시니라 할 때에 어떤 것을 먼저 말하지 않으면 그 위에 운행하시니라는 말을 할 수 없어서 그랬을 것입니다. 당신의 영은 성부나 성자 위에 운행하시지 않으셨습니다. 그러나 아무것도 아닌 것(무) 위에 운행하셨다고 말할 수도 없습니다. 그러므로 당신의 영이 어떤 것 위에 운행하셨다고 말하려면 먼저 어떤 것을 언급하는 것이 당연합니다. 그러나 내가 묻고 싶은 것은 당신의 영이 왜 "위에 운행하시니라."는 표현 이외의 다른 적당한 방법으로 언급하시지 않으셨습니까?

7장_ 성령의 역사

8) 그러므로 이해의 능력이 있는 사람은 이제 사도의 말씀, 즉 "우리에게 주신 성령으로 말미암아 하나님의 사랑이 우리 마음에 부은 바 됨이니"(롬 5:5)라는 그 말씀의 뜻을 파악해야 합니다. 그런 사람은 또한 우리에게 신령한 은사를 가르치며 제일 좋은 사랑의 길을 보여 주시고(고전 12:31), 우리로 하여금 모든 지식을 초월하신 그리스도의 사랑을 알 수 있도록 당신 앞에서 무릎을 꿇고 간구하는 사도의 말씀의 뜻을 파악해야 합니다.(엡 3:14—19) 그러므로 모든 것을 초월하여 '위에 계시는' 성령은 처음부터 수면 위에 운행하셨습니다.

내가 누구에게 이 말을 해야 합니까? 우리를 심연으로 끌어내리는 정욕의 무게와—처음부터 수면 위에 운행하셨던 당신의 영을 통하여 우리를 끌어올리시는—당신의 사랑에 대하여 내가 어떻게 설명할 수 있겠습니까? 내가 이것에 대하여 누구에게 그리고 어떻게 말을 해야 합니까? 우리가 빠져 들어간 정욕의 심연이나 우리를 끌어올리는 사랑이란 공간적인 장소가 아닙니다. 우리는 이런 경험을 비유적으로 공간적인 언어를 써서 말할 수 있습니다. 그러나 이러한 비유는 서로 같은 점도 있지만 틀린 점도 있습니다. 둘 다 인간의 내면에 속해 있는 감정이요, 사랑입니다. 하나는 세상에 대한 사랑과 염려로 우리를 밑으로 내려가게 하는 우리 영의 불결함이요, 하나는 세상에 대한 염려에서 해방되기를 사랑하게 함으로써 우리를 다시 위로 끌어올리는 당신의 거룩함입니다. 이러한 당신의 거룩함을 통하여 우리의 마음은 당신의 영이 수면 위에 운행하신 곳, 당신이 계신 곳을 향해 오르게 됩니다. 이리하여 우리 영혼은 실체가 없는 수면을 통과하여 드디어 최상의 안식에 다다르게 됩니다.

8장_ 타락과 회복

(9) 천사도 타락하고 인간의 영혼도 타락했습니다. 이것은 흑암의 심연으로의 타락을 말해 주고 있는 것입니다. 만일 당신이 태초에 "빛이 있으라." 말씀하심으로 빛이 생기지 않았다면, 그리고 하늘의 도성에 있는 순종하는 영적인 존재들이 당신에게 의존하지 않고 변하는 모든 것 위에 변함없이 운행하시는 당신의 영 안에 머물러 쉬지 않았다면, 전체의 영적인 피조물은 그러한 흑암의 심연에 휩싸이게 되었을 것입니다. 그러나 이제는 그것이 주 안에서 빛이 되었습니다.(엡 5:8) 당신의 빛의 옷을 벗어 버림으로 스스로 어둠을 나타내는 타락한 영들의 비참함 속에서도 당신은 당신이 만드신 이 이성적인 피조물들의 고귀함을 확실히 보여 주셨습니다. 그것은 그들의 안식과 행복을 당신 이외의 다른 존재에서나, 자기 자신들에게서 찾을 수 없게 하셨기 때문입니다.

오, 주님, 우리에게 빛을 비춰 주시는 분도, 빛의 옷을 입히시는 분도 당신이십니다. 이렇듯 우리가 당신의 빛의 조명을 받고 당신의 빛의 옷을 입을 때는 우리의 어둠은 대낮처럼 밝아질 것입니다.(사 58:10)[5] 오, 나의 하나님, 당신 자신을 나에게 주소서. 당신 자신을 나에게 돌려주소서. 보시옵소서, 나는 당신을 사랑합니다. 당신에게 향한 나의 사랑이 미약하다면 당신을 더 강하게 사랑할 수 있도록 도와주소서.

내 생명이 당신의 품안에 달려가 당신 면전의 은밀한 곳에 온전히 숨겨져서(시 31:20) 거기를 떠나지 않게 되기까지 내 사랑이 얼마나 더 있어야 하고 얼마나 더 부족한지 나는 감히 측량해 알 수가 없습니다. 그러나 내가—나의 외적인 삶이나 나의 내적인 삶에서—당신 안에 있지 않으면 화를 면치 못함을 확실히 알고 있습니다. 그러므로 내가 모든 부를 가졌다고 할지라도 당신을 떠나 있으면 나는 궁핍한 자가 되고 맙니다.

5) 어거스틴의 정오사상을 말해 주고 있다. 참고: **고백록** 10, 5, 7 ; 12, 15, 21.

9장_ 나의 무게는 나의 사랑

(10) (성령이 수면 위에 운행하셨다고 말할 때) 성부와 성자도 함께 그 수면에 운행하신 것이 아닙니까? 수면 위에 운행하심이 마치 물체가 공간 안에서 움직이는 것처럼 우리가 이해한다면 그것은 잘못입니다. 당신의 영이 이런 뜻에서 수면 위에 운행하신 것은 아닙니다. 그러나 불변하시고 최고의 존재자이신 하나님이 변하는 것들 위에 운행하셨다는 의미로 이해한다면 성부와 성자와 성령이 함께 그 수면 위에 운행하셨다고 생각해야 합니다.

그러면 왜 창세기에 다만 당신의 영(성령)만이 수면 위에 운행하셨다고 기록되어 있습니까? 당신의 영은 장소를 초월하여 계시는데 어찌하여 당신의 영이 일정한 장소에 계신 것처럼 기록되어 있습니까? 그리고 어찌하여 당신의 영은 당신의 선물이라고 기록되어 있습니까?(행 2:38)

당신이 선물로 주시는 그 성령 안에서만 우리가 안식할 수 있고 그 안에서만 당신을 즐길 수 있기 때문일 것입니다. 당신의 선물이 우리의 안식이요, 우리의 안식은 우리가 본래 있어야 할 '자리' 입니다. 바로 그 자리로 사랑은 우리를 들어올립니다. 그 자리로 당신의 좋으신 영은 낮은 상태에 있는 우리를 죽음의 문에서(시 9:13) 이끌어 올리십니다. 우리의 평안은 당신의 좋으신 뜻에 있습니다.

물체는 자체의 무게로 인해 제자리를 향해서 움직입니다. 그 무게의 운동은 반드시 밑으로만 움직이는 것이 아니고, 그것의 고유한 제자리를 향해서 움직입니다. (예를 들면) 돌은 밑으로, 불은 위로, 제각기 자기의 무게로 인하여 제자리를 찾아 운동을 합니다. 물 속에 부은 기름은 물위로 떠오르고, 기름 위에 부은 물은 기름 밑으로 가라앉습니다. 이와 같이 모든 것은 제 무게로 인해 제자리를 찾아 움직입니다. 그것들이 제자리를 벗어나면 불안정해지고 제자리에 다시 돌아가면 안정을 찾게 됩니다. 나에게서도 나의 무게는 나의 사랑입니다.[6] 내가 어떤 방향으로 움직이든지 간에

6) 어거스틴은 만유인력을 발견한 뉴톤 이전의 시대에 살았던 사람이다. 그러므로 모든

나는 사랑이 이끄는 대로 움직이게 됩니다.

우리의 사랑은 당신의 선물인 성령으로 인하여 불붙어 위로 오르게 됩니다. 우리 마음은 그 불에 타며 계속 오르게 됩니다. 우리는 우리의 마음에서 당신에게 향해 오르는 단계의 길을 오르면서 "상승의 즐거운 노래"를 부릅니다.(시 120−134) 우리의 마음이 당신의 불,[7] 그 좋은 불에 타며 앞으로 나아감은 우리가 하늘의 "예루살렘의 평안"(시 122:6)을 향해서 위로 오르기 때문입니다. 그래서 사람들이 나에게 "주님의 집으로 가자." 고 말을 할 때 나는 기뻐했습니다.(시 122:1) 당신의 좋으신 뜻은 우리를 있어야 할 제자리에 거하게 할 것이기에, 우리는 당신의 집에 영원히 거하는 것 외에 다른 것을 더 바라지 않습니다.(시 23:6)

10 장_ 영적인 피조물의 행복

(11) 당신이 창조하셨기에 당신과 다른 존재이지만 창조된 그때부터 다른 상태로 떨어져 나가지 않는 영적인 피조물(하늘의 하늘, 천사)은 참 행복합니다. 이러한 피조물이라고 할지라도 가변성을 가진 모든 것 위에 운행하신 당신의 영에 의해 떠받쳐지고, 창조되자마자—아무 시간의 경과 없이—당신이 "빛이 있으라." 말씀하심으로 그것을 불러 빛이 되게 하시지 않았다면 지금과는 전혀 다른 존재가 되었을 것입니다. 그러나 우리 인간의 경우는 다릅니다. 우리에게는 시간의 경과가 있습니다. 우리는 어두운 상태에 먼저 있다가 나중에 빛의 상태에 있게 되는 것이니 거기에는 시간의 경과가 있습니다. 그러나 영적인 피조물이라고 할지라도 당신의 빛을 받지 않았다면 어떠한 상태에 있었을 것을 성서는 암시해 주고 있습니다. 성서는

물체의 운동을 본래 제자리를 찾아가는 운동으로 보았던 그 당시의 과학을 응용하여 그것을 인간의 사랑(영적 생활)을 설명하는 방법으로 삼은 것이다. 인간의 혼의 제자리는 하나님의 품안, 예루살렘의 평안, '당신의 집' 이므로 그의 사랑의 본래의 제자리(사랑의 목적)에 도달하기까지는 불안하여 안식할 수 없는 것이다. 참고: **고백록** 1, 1, 1 ; 4, 7, 12 ;『신국론』11, 28.

7) "당신의 불" 이란 성령을 상징함.

그것이 당신의 빛을 받지 않았다면 그 이전의 어둡고 유동적(불안정)인 상태에 있었을 것임을 암시해 줌으로써 그것이 다른 상태로 되지 않은 이유를 들어 보이고 있습니다. 그 이유란 영적인 피조물은 다함이 없는 당신의 빛에 자신이 조명을 받음으로써만 빛이 된다는 것입니다. 이해의 능력이 있는 사람은 이것을 알아듣게 하소서. 이것을 못 알아듣는 사람은 당신에게 간구하여 당신의 인도하심을 받게 하소서. 왜 사람들이 내가 마치 "세상에 와서 각 사람에게 비추는 빛"(요 1:9)인 것처럼 나를 괴롭힙니까?

11 장_ 인간 안에 있는 삼위일체의 흔적

(12) 누가 전능하신 삼위일체의 신비를 이해할 수 있겠습니까? 삼위일체의 본질에 대하여 말하기가 어려워도 사람들은 그것에 대하여 말을 합니다. 이렇듯 삼위일체에 대하여 말은 하지만 그것을 이해하는 자는 극히 드뭅니다. 사람들은 그것에 대하여 토론하고 다투지만 쉽게 그것을 이해하기란 매우 어렵습니다. 내가 바라기는·사람들이 자기 자신들 안에 있는 이 세 가지 것을 생각해 보았으면 합니다. 물론 이 세 가지는 삼위일체와는 전혀 다른 것입니다만 사람들로 하여금 자신들과 삼위일체가 되신 하나님과 얼마나 다른가를 생각해 보고, 이해하고, 느끼도록 하기 위하여 내가 말하는 것뿐입니다. 이 세 가지란 인간의 존재(esse)와 지식(nosse)과 의지(velle)입니다. 나는 무엇을 알고(지식) 뜻(의지)을 펴며 존재하고 있습니다. 나는 내가 존재하며, 뜻을 펴고 있음을 알고 있습니다. 또한 나는 내가 존재하고, 알기를 뜻(의지)하고 있습니다. 이 세 가지의 기능, 즉 존재하고, 인식하고, 뜻하는 것 속에서 나눌 수 없는 하나의 생명—하나의 생명, 하나의 정신, 하나의 본질—이 살아 움직임을 사람들로 하여금 알게 하소서. 그러므로 이 세 가지는 서로 구별이 되지만 분리하여 있는 것이 아님을 사람들은 알아야 합니다.

모든 인간은 이런 기능을 자기 안에서 의식하고 있으니 자신을 들여다보고 거기에서 발견한 것을 나에게 말하게 하소서. 그러나 어떤 사람이 자신 안에서 이런 사실을 발견하고 말했다 하여 그것이 바로 모든 것을 초월하시고 불변하신 존재, 즉 불변하게 존재하시고, 불변하게 아시고, 불변하게 뜻하시는 존재인 당신을 발견했다고 생각한다면 잘못입니다. 그러나 이러한 기능 때문에 한 분이신 하나님 안에 삼위(三位)가 계시는지, 혹은 이 세 가지의 기능이 다 각각의 위(位)에 있으므로 각 위는 이 세 가지의 기능을 다 가지고 계시는지, 그렇지 않으면 이 두 견해가 다 옳아서 우리가 상상할 수 없는 방법으로 삼위일체가 되신 당신은 한 분이시면서 여럿(셋)이시요, 무한하신 분이지만 자체 안에 제한되어 계시는—스스로 자체 안에 존재하시고, 스스로 자체 안에서 인식하시고, 스스로 자체 안에서 충족하신—불변의 동일자, 많은 풍부함을 지니고 계시는 단일자이신지 누가 이 신비를 쉽게 파악할 수 있겠습니까? 누가 감히 이것을 언어로 표현할 수 있겠습니까? 누가 감히 경솔하게 이것에 대하여 선언할 수 있겠습니까?[8)]

12 장_ 창조의 첫째 날에 대한 은유적 해석[9)] : 회개하고 빛을 받음

(13) 나의 신앙아, 네 고백을 계속하여 네 주 하나님께 아뢰어라. 거룩, 거룩, 거룩하신 내 주 하나님이여. 우리는 성부, 성자, 성령이신 당신의 이름으로 세례를 받았습니다. 또한 우리는 성부, 성자, 성령이신 당신의 이름으로 세례를 주었습니다. 하나님은 그리스도 안에서 '하늘과 땅' 을—우리들 가운데에—만들어 두셨습니다. (여기서) '하늘과 땅' 이란 그의 몸된 교회의 영적인 교인과 육적인 교인을 의미합니다. 땅(질료)과 같은 우리들은 형상과 같은 교리(가르침)를 받기 전에는 보이지 않고 형상이 없는(혼돈된) 존재였습니다. 그래서 우리는 무지의 어둠에 덮여 있었습니다. 당신은

---

8) 어거스틴은 삼위일체의 신비에 대한 유비(類比)를 인간 내면의 세계에서 찾고자 한다. 참고: 『삼위일체론』 11－12 ; 『신국론』 11, 26.

9) **고백록** 13, 12, 13－13, 38, 53은 주로 창세기 1:1－2:3에 기록된 창조 기사에 대한 은유적 해석이다. 어거스틴은 하나님이 육일 동안에 창조의 과업을 다하신 후 일곱째 날에 안식하신 것처럼, 우리도 이 세상에서 좋은 일을 다한 후 하나님 안에서 편히 쉬기를 기원하고 있다.

죄악을 견책하사 사람을 징계하시니(시 39:11) 당신의 판단은 깊은 바다처럼 심오하십니다. 그러나 당신의 영은 수면 위에 운행하셨으니 당신의 자비는 우리의 비참함을 저버리지 않으시고 말씀하시기를 "빛이 있으라, 회개하라 천국이 가까왔느니라."(창 1:3, 마 4:17) 하셨습니다.

오, 주님, 이에 우리의 영혼은 우리 속에서 낙망함으로 우리는 요단 땅에서 당신을 기억했습니다.(시 42:6) 또한 우리는 당신과 같이 높으신 산이시지만(당신과 동등하시지만) 우리를 위하여 낮아지신 그 산(그리스도 안)에서 당신을 기억했습니다.(빌 2:6) 우리는 우리를 덮고 있던 이 어둠이 싫어져서 당신에게 우리의 방향을 돌렸습니다. 그때 우리는 빛을 받았습니다. 보시옵소서. 우리는 이때까지 어둠이었으나 이제 주 안에서 빛이 되었습니다.(엡 5:8)[10)]

13장_ 창조의 첫째 날(계속) : 신랑을 그리워하는 신랑의 벗

(14) 그렇지만 우리가 빛이 된 것은 믿음으로 된 것이요, 보는 것으로 된 것은 아닙니다.(고후 5:7) 우리는 소망으로 구원을 얻은 것입니다. 보이는 소망은 소망이 아닙니다.(롬 8:24) 지금까지는 심연이 심연을 불렀으나(시 42:7) 지금은 당신의 폭포 소리가 부릅니다. 바울은 말하기를 "내가 신령한 자들을 대함과 같이 너희에게 말할 수 없어서 육신에 속한 자들을 대함과 같이 하노라."(고전 3:1) "나는 아직 내가 잡은 줄로 여기지 아니하고 오직 한 일, 즉 뒤에 있는 것은 잊어버리고 앞에 있는 것을 (향해서) 잡

10) 어거스틴은 창세기 1:1을 은유적으로 해석한다. 즉 땅(무형의 질료)이 어떤 형상을 받기 전에는 혼돈된 상태에 있었으나 형상을 받아 아름다운 세계로 지음을 받았듯이, 인간도 교회 안에서 가르침(교리)을 받고 기독교인의 인격이 형성되어 주 안에서 빛이 되어야 함을 말하고 있다. 이 해석은 어거스틴의 소년기에도 적용되고 있다. 그는 소년기에 세례를 받고 교회의 둥지 안에서 가르침(빛)을 받아 주 안에서 빛이 되도록 성장할 수 있었는데 그렇지 못해서 혼돈된 삶을 살게 되었다. 그는 창조론(세계 형성)과 인간론(인격 형성)을 같은 맥락에서 설명하고 있다. 참고: **고백록** 1, 11, 17–18.

으려고… 달려가노라."(빌 3:13) 했습니다. 그리고 그의 영혼은 무거운 짐을 짊어지고 탄식하며(고후 5:4) 사슴이 시냇물을 찾기에 갈급함같이 생존하시는 하나님을 찾았습니다. 또한 그는 하늘로부터 오는 우리의 처소로 덧입기를 간절히 사모하면서(고후 5:2) "내가 어느 때에 나아가서 하나님 앞에 뵈올고"(시 42:2, 3) 하고 부르짖었습니다.

그리고 바울은 심연 속에 깊이 빠져 있는 사람들을 향해서 "너희는 이 세대를 본받지 말고 오직 마음을 새롭게 함으로 변화를 받아라."(롬 12:2). 그리고 "지혜에는 어린아이가 되지 말고 악에는 어린아이가 되라. 지혜에 장성한 사람이 되라."(고전 14:20) 그리고 또한 "어리석도다 갈라디아 사람들아. 누가 너희를 꾀더냐?"(갈 3:1)라고 말했습니다. 그러나 이제 그것은 그가 말하는 것이 아니고 당신이 그를 통하여 우리에게 말씀하시고 계신 것입니다. 당신은 "위로 올라가시어"(엡 4:8, 9) 그의 은총의 수문을 열어 놓으신 그리스도를 통하여 성령을 보내 주셨습니다. 그리하여 그의 힘찬 강물의 흐름은 하나님의 도성을 기쁘게 만드신 것입니다.(시 46:4)

이제 그 도성과 그리스도를 그리워하는 신랑의 벗(요 3:29)은 이미 그의 안에서 성령의 처음 익은 열매를 받았으나 아직은 속으로 탄식하며 양자 될 것, 곧 자신의 몸이 구속을 받을 때를 기다립니다.(롬 8:23) 그가 그 도성을 향하여 탄식함은 자신이 바로 신부(교회)의 지체이기 때문입니다. 그를 그리워함은 자신이 신랑의 벗이기 때문입니다. 신랑의 벗이 그를 그리워함은 자기 자신 때문이 아니라 심연에 깊이 빠진 자들을 폭포 소리로 부르시는 당신의 음성(자기의 음성이 아닌)을 듣기 때문입니다. 그 음성을 듣고 그는 그리워하면서도 두려워합니다. 그것은 하와가 뱀의 간계로 유혹을 받았듯이 자신의 마음이 왜곡되어 당신의 아들이요, 그리스도이신 우리의 신랑에게 향한 순결을 잃을까 두려워하기 때문입니다. 그러므로 우리가 그리스도를 계신 그대로 보게 될 때에(요1 3:2), 그리고 사람들이 종일 나더러 "네 하나님이 어디 있느뇨?"(시 42:3) 하고 물어 내가 주야로 음식을 먹듯 흘렸던 눈물이 없어져 버렸을 때에 우리가 보게 될 당신의 빛의 아름다움은 어떠하겠습니까?

14장_ 창조의 첫째 날(계속) : 빛의 자녀와 어둠의 자녀

(15) 나도 역시 '나의 하나님이 어디에 계실까?' 하고 물어 봅니다. 당신은 어디에 계십니까? 내가 성일을 지키는 자처럼 기쁨과 찬양의 소리로 내 영혼을 당신 앞에 쏟아 놓을 때 나는 당신 안에서 숨을 조금 돌려 쉴 수가 있습니다. 그러나 내가 아직도 슬픔 속에 잠겨 있음은 내 영혼이 다시 심연으로 돌아가 어둠이 되어 버렸든지 아니면 아직도 그 심연 속에 빠져 있음을 느끼고 있기 때문입니다. 이때에 당신이 밤길을 걷는 내 발등상에 빛을 비추시고 계시다는 내 믿음이 내 영혼에게 말하는 것입니다. "내 영혼아, 네가 어찌하여 낙망하며 어찌하여 내 속에서 불안하여 하는고? 너는 하나님을 바라라.(시 43:5) 그의 말씀이 네 발에 등이요, 네 길에 빛이 되리라.(시 119:105) 악한 자들의 어머니가 되는 어둔 밤이 지나갈 때까지, 주의 진노가 다 가실 때까지, 바라고 견디어라. 한때 우리는 다 어둠 속에 빠져 진노의 자식이 되었었고, 지금도 우리는 그 어둠의 유물을 죄로 인해 죽게 된 우리의 몸에 지니고 있다.(롬 8:10) 그러나 날이 새고 그늘이 걷힐 때까지 바라고 견디어라. 하나님을 바라라."

이제 나는 아침에 당신의 면전에 서서 당신을 바라(관상) 보며 당신을 항상 찬양하리이다. 아침에 내가 당신의 면전에 서서 내 얼굴의 도움(구원)이 되시고, 우리 안에 거하시는 성령으로 우리의 죽은 몸을 살리시는(롬 8:11) 나의 하나님을 뵈오리이다. 그 성령은 자비로우셔서 어둡고 불안정한 우리 내부의 심연 위에 운행하시고 계셨습니다. 이 성령은 우리가 이 땅 위에서 지금 순례하는 동안에도 이미 빛 가운데 있다고 하는 보증을 우리에게 주셨습니다. 그것은 우리가 이미 소망으로 구원을 받아 빛의 자녀와 낮의 자녀가 되었고, 이전과 같이 밤의 자녀나 어둠의 자녀가 되지 않았기 때문입니다.(살전 5:5) 그러나 우리는 아직도 불확실한 인간의 지식을 가지고 있는 까닭에 어둠의 자녀들과 빛의 자녀들이 된 우리 사이를 엄밀히 구별할 수 없습니다. 그 구별을 하실 수 있는 분은 당신뿐입니다. 당신만이 우리 마음을 감찰하시어 빛을 낮이라 혹은 어둠을 밤이라 칭하실 수 있으십니다.(창 1:5) 당신 외에 누가 감히 우리 마음을 감찰할 수 있습니까? 우리가 가진 것 중에 당신이 주시지 않으신 것이 어디 있습니까?(고전 4:7) 당신은 같은 진흙 한 덩어리로 하나는 귀히 쓸 그릇을, 하나는 천히 쓸 그릇을 만드시지 않으셨습니까?(롬 9:21)

15 장_ 창조의 둘째 날 : 궁창을 창조함(성서의 권위)

(16) 오, 우리의 하나님, 우리를 위하여 성서라고 일컫는 당신의 권위인 궁창(하늘)을 만드신 이가 당신이 아니시고 누구입니까? 하늘이 언젠가는 두루마리같이 말릴 것이지만(사 34:4), 지금은 가죽처럼[11] 우리 위에 펼쳐 있습니다. 당신의 책인 성서의 권위는 그것을 기록한 사람들보다 더 숭고합니다. 왜냐하면 당신 말씀의 수단인 그들은 이미 세상을 떠났으나 당신의 말씀은 영원히 살아 남아 있기 때문입니다. 오, 주님, 당신은 아십니다. 인간이 죄를 지어 죽게 되었을 때 당신이 그들에게 가죽옷을 입혀 주셨습니다.(창 3:21) 그와 같이 당신은 가죽(옷), 즉 궁창과 같은 당신의 책을 우리 위에 펴주셨습니다. 다시 말하면 서로 일치하는 당신의 말씀을 유한한 인간들의 작업을 통하여 우리 위에 펼쳐 주셨습니다. 그들은 이제 다 세상을 떠났습니다. 그러나 그들을 통하여 말씀하신 궁창과 같은 당신 말씀의 권위는 그들의 죽음을 통하여 더욱 굳게 그 아래에 있는 모든 것 위에 펼쳐 있게 되었습니다. 그들이 아직 살아 있을 때는 성서의 권위가 널리 알려져 있지 않았습니다. 그때는 당신이 궁창과 같은 가죽을 아직 펴지 않으셨고, 그들의 죽음의 명성을 모든 곳에 아직 알리지 않으셨기 때문입니다.

(17) 오, 주여, 우리로 하여금 당신의 손가락으로 만드신 저 하늘(시 8:3)을 보게 하소서. 하늘을 덮고 있는 저 안개를 우리 눈에서 거두어 주시

11) 여기서 가죽이라 함은 양피지에 기록된 성서를 말하며 동시에 아담과 하와가 타락 후에 하나님이 그들에게 입히신 양의 가죽을 의미하기도 한다. 타락한 인간은 그들을 인도하고 보호할 성서의 권위가 필요함을 말하고자 함이다. 성서의 권위는 궁창처럼 우리 위에 펴 있어 우리로 하여금 그것을 쳐다 보고 살게 한다.

어 우리로 하여금 그것을 밝히 볼 수 있도록 하소서. 저 하늘, 즉 당신의 책 속에는 어린아이에게도 지혜를 주시는 당신의 증거가 있습니다.(시 8:2)

오, 나의 하나님, 어린아이와 젖먹이의 입을 통하여 당신에게 드리는 우리의 찬양을 완성하소서. 우리가 아는 바로는 인간의 교만을 이렇게 쳐부수고, 자기의 죄를 정당화함으로써 당신과의 화해를 저항하고 그것을 옹호하는 원수들을 이렇게 무너뜨리는 책은 우리가 본 바 없습니다. 오, 주님, 이토록 나를 감동시켜 죄를 고백하게 하고 나의 굳은 목을 숙여 당신의 멍에를 메게 하며, 즐거움으로 당신을 섬기게 하는 이런 순수한 말씀을 나는 다른 데서 읽어 본 바가 없습니다. 오, 좋으신 아버지, 나로 하여금 이 성서의 말씀을 이해하게 하소서. 성서의 권위에 고개를 숙인 나에게 그것을 파악할 수 있는 이해력을 주소서. 당신은 자기를 겸손히 낮추어 궁창(하늘)과 같은 성서의 권위 아래 자신을 둔 자에게 이 선물을 주시옵니다.

(18) 이 궁창 위에 다른 물이 있는 줄 나는 알고 있습니다. 그 물은 지상의 부패함에 아무 영향을 받지 않는 불멸의 존재들입니다. 그들로 하여금 당신을 찬양하게 하소서. 저 천상의 도성의 백성인 천사들로 하여금 당신의 이름을 찬양하게 하소서.

그들은 저 궁창을 바라다 볼 필요도 없고 또는 성서를 읽고 당신의 말씀을 알 필요도 없습니다. 왜냐하면 그들은 항상 당신의 얼굴을 바라보며(마 18:10) 시간의 제약을 받는 인간 언어의 음절이 없이도 당신의 영원하신 뜻이 무엇임을 읽을 수 있기 때문입니다. 그들은 당신의 뜻을 읽고, 선택하고 사랑합니다. 그들은 항상 당신의 뜻을 읽고 있으나 그들의 읽음은 인간이 읽듯이 지나가지 않습니다. 왜냐하면 그들이 불변하신 당신의 뜻을 읽음으로 당신의 뜻을 자기들의 뜻으로 선택하고 사랑하기 때문입니다. 그들이 읽는 책은 결코 덮어지지 않고 그들이 들고 있는 두루마리는 결코 말려지지 않습니다. 그것은 당신이 바로 그들의 영원한 책이 되시기 때문입니다. 당신은 그들을 궁창 위에 두셨으나 연약한 낮은 백성들은 그 궁창 밑에 두시어 거기서 그 궁창을 바라다봄으로써—모든 시간을 창조하신 당신을 시간 안에서 선포하는—당신의 자비의 솜씨를 알게 하셨습니다.

오, 주님, 당신의 인자하심은 하늘처럼 높고 당신의 진리(성실하심)

는 구름까지 다다릅니다.(시 36:5) 구름은 지나가나 하늘은 항상 남아 있습니다. 당신 말씀의 설교자들은 이 세상(삶)에서 저 세상으로 갔지만 당신의 말씀은 세상 끝날까지 모든 백성들 위에 펼쳐 있을 것입니다. 진실로 천지는 없어지겠으나 당신의 말씀은 없어지지 않을 것입니다.(마 24:35) 두루마리가 언젠가는 말리고 그 두루마리가 펴 있던 풀도 그 아름다움과 함께 사라지겠지만 당신의 말씀은 영원히 남아 있을 것입니다.(사 40:8) 당신의 말씀은 있는(자체) 그대로 우리에게 나타나는 것이 아니요, 하늘의 거울을 보듯 희미하게 그리고 구름(안개) 속의 영상처럼 확실치 않게 나타납니다.[12] 우리가 비록 당신의 아들의 사랑을 받은 자들이라고 할지라도 우리가 장래에 어떻게 될 것을 우리에게 아직 나타내지 않았습니다.(요1 3:2) 당신의 아들은 육신으로 오셔서 우리의 육신의 창을 통하여 우리를 보시고 우리에게 부드럽게 말씀하시어 우리의 사랑을 불타게 하셨습니다. 그리하여 우리는 그의 향기를 따라 달려간 것입니다. 그러나 그가 나타나실 때 우리도 그와 같을 줄을 아는 것은 우리가 그의 계신 그대로를 볼 것이기 때문입니다.(요1 3:2) 오, 주님, 우리가 그의 계신 그대로를 볼 것입니다. 그러나 그때는 우리에게 아직 오지 않았습니다.

16장_ 창조의 둘째 날(계속) : 빛 가운데서 빛을 보게 됨

(19) 당신이 완전히 존재하신 것과 같이 당신은 모든 것을 완전히 아시고 계십니다. 왜냐하면 당신은 변함없이 존재하시고, 변함없이 아시고, 변함없이 뜻하시기 때문입니다. 당신 존재의 본질은 변함없이 아시고 뜻하시며, 당신의 아심은 변함없이 존재하시고 뜻하십니다. 그러기 때문에 불변하는 빛이 자기 자체를 알듯이 빛을 받는 존재인 가변적인 존재가 자기 자체를 안다고 하는 것은 당신 눈앞에서는 당치도 않은 일입니다. 이와

12) 인간은 시간적인 제한성 때문에 성서의 영원한 진의를 완전히 파악할 수 없음을 시사한 것이다. 우리가 진리를 안다는 것도 부분적으로, 거울을 들여다 보듯 희미하게 아는 것뿐이다.(고전 13:12) 그 당시에 사용한 거울이란 유리거울이 아니고 구리거울이었음을 상기할 필요가 있다.

같이 나의 영혼은 스스로 자신을 비추지 못하고, 스스로 자신의 갈증을 해갈시키지 못하기에 마른 땅처럼 갈증이 심하여 당신을 사모합니다.(시 63:1) 이제 생명의 원천이 당신에게 있사오니 "주의 빛 안에서 우리가 빛을 보리이다."(시 36:9)

17장_ 창조의 셋째 날 : 바다와 뭍(마른땅)의 은유적 의미

(20) 누가 (당신을 떠나) 짜디짠 삶을 사는 사람들을 한데 모아서 하나의 공동사회를 이룩하도록 했습니까? 그들은 모두 이 땅에서 시간적인 행복을 얻으려는 공동적인 목적을 가지고 있습니다.[13] 이 목적을 성취하기 위하여 그들은 온갖 일을 다하며 허다한 관심과 근심 속에서 이리저리 몸부림치고 있습니다. 오, 주님, 물을 한곳으로 모이게 하시고 당신을 목말라 하는 마른 땅이 드러나도록 명하신 분이 당신이 아니고 누구이십니까?(창 1:9) 바다도 당신의 것이니 당신이 그것을 만드셨고 마른 땅도 당신의 손이 지으셨습니다.(시 95:5) 그러나 여기서 바다라고 일컫는 것은 당신이 물을 불러모아 놓은 것이지, 짜디짠 삶을 사는 인간들의 왜곡된 의지를 의미한 것은 아닙니다. 그러나 당신은 왜곡된 인간들의 욕심을 제어하시고 그 한계를 정하여 주시어 그들의 욕심의 파도가 정해 주신 한계선을 넘어가지 못하게 하셨습니다. 또한 그들의 욕심의 파도가 서로 부딪쳐 깨지게 하셨습니다. 이렇게 함으로써 당신이 만드신 바다를 모든 것을 다스리시는 당신의 섭리하에 두셨습니다.

(21) 그러나 당신을 사모하고 목말라 하며 당신 앞에 나타나는 영혼들을 당신은 짜디짠 삶을 살고 있는 바다와 같은 사회로부터 구별하시어

13) 짜디짠 바다의 물은 왜곡된 의지를 가지고 자신들의 욕구를 만족시키려고 몸부림치는 인간사회, 즉 '지상의 도시'(civitas terrena)를 의미한다. 참고: 『신의 도성』 19, 5. 하나님은 이러한 사회에서 따로 구별하여 마른 땅(뭍)과 같은 기독교인의 삶, 열정, 교회를 드러나게 하여 사랑의 열매를 맺게 하신다.

다른 목적을 가지고 살도록 하십니다. 당신은 그들에게 당신의 은밀한 샘에서 흘러나오는 달콤한 물을 주어 땅으로 하여금 열매를 맺도록 하십니다. 이렇게 땅이 열매를 내듯 우리 영혼은 땅의 주인이 되신 당신의 명령을 따라 제 나름대로의 자비의 행동을 하여 이웃의 육신의 궁핍함을 도와주는 이웃 사랑을 하게 됩니다. 이렇게 할 수 있음은 그들 안에 제 나름대로의 자비의 씨앗을 가지고 있기 때문입니다. 그것은 곧 우리가 약하고 어려움을 당할 때 도움을 바라는 것을 고려하여, 우리도 어려움을 당한 자들을 측은히 여겨 도와주려는 태도입니다. 이렇게 우리가 이웃을 도와주는 것은 풀이 씨를 맺듯이 쉬운 일에서뿐만 아니라, 나무가 과일을 맺듯이(어려운 일에서도) 있는 힘을 다하여 이웃을 도와주고 보호해 주어야 합니다. 다시 말하면 우리는 강한 자의 압제하에서 억울한 일을 당한 자들을 구해 주든지 혹은 강한 정의의 심판의 팔을 펴서 그들에게 보호의 은신처를 제공해 주어야 합니다.

18장_ 창조의 넷째 날 : 궁창의 광명체(빛)에 대한 은유적 의미

(22) 오, 주님, 그러므로 내가 이제 기도하오니 당신이 이미 정하시어 우리에게 기쁨과 능력을 주시듯 진리가 땅에서 솟아나게 하시고, 하늘에서 의가 굽어보게 하소서.(시 85:11) 그리고 하늘의 궁창에 광명체(빛)들이 있게 하소서.(창 1:14) 또한 우리로 하여금 주린 자에게 먹을 것을 나눠주고, 유리하는 빈민을 집에 맞아들이며, 헐벗은 자를 볼 때 입히고, 친척들을 업신여기지 않게 하소서.(사 58:7) 이런 열매가 땅에서 소출됨을 보시고 '좋다' 고 말씀하소서. 우리로 하여금 우리의 일시적인 빛이나마 비추게 하소서. 우리로 하여금 이런 낮은 단계의 결실(행동)에서부터 올라가 수확의 즐거움을 맛보는 관상(觀想)의 경지에까지 이르게 하소서. 이리하여 우리가 하늘의 궁창과 같은 성서에 매달림으로 드디어는 숭고한 생명의 말씀을 얻어 '세상에 빛처럼' 나타나게 하소서.

당신은 우리로 하여금 그 성서에서 영적(이지적)인 세계와 감각적인 세계, 영적인 세계에 속한 영혼과 감각적인 세계에 속한 영혼을 낮과 밤처럼 구별할 수 있도록 명확히 말씀해 주십니다. 이리하여 이제는 당신이 하늘의 궁창을 만드시기 이전에 빛과 어둠을 나누어 놓으시듯 당신이 홀로 은밀한 판단을 하시지 않으셨습니다. 당신은 하늘의 궁창과 같은 성서에다가 별과 같은 영적인 자녀들을 각각 위치시켜 놓으셨습니다. 이리하여 (당신은 그들을 통하여) 세계에 뚜렷이 나타난 당신의 은혜로 말미암아 이 땅에 빛을 비추게 하시고 낮과 밤을 나누어 때의 징조가 되게 하신 것입니다.(창 1:14) 이렇게 된 것은 이전 것이 지나가고 이제 모든 것이 새롭게 되었고(고후 5:17) 우리의 구원이 처음 믿을 때보다 더 가까웠으며 밤이 깊고 낮이 가까웠기 때문입니다.(롬 13:11－12)

당신은 또한 당신의 축복으로 당신의 연사(年事)에 관을 씌우시고(시 65:11) 추수할 일꾼들을 보내어 다른 사람들이 수고하여 뿌린 것을 거두게 하시며(마 9:38), 혹은 새로이 씨를 뿌리게 하여 그 수확을 세상 끝 날에 거두게 하십니다. 이렇게 함으로써 당신은 구하는 자의 기도를 들어주시고 의로운 사람의 세월을 축복해 주십니다. 그러나 당신은 항상 같으시사 흘러가지 않은 영원한 현재에서 무상한 세월(시간)을 위해 곡창을 준비해 주십니다. 당신은 영원한 경륜하에서 적절한 계절을 따라 하늘의 축복을 땅위에 내려 주십니다.

(23) 그래서 당신은 어떤 사람에게는 성령으로 말미암아 지혜의 말씀을 주시니, 그것은 마치 아침에 뜨는 큰 빛(해)과 같이 확실한 진리의 빛을 기뻐하는 자들에게 비추어 주십니다. 다른 이에게는 같은 성령을 따라 해보다 더 적은 빛, 즉 지식의 말씀을 주시고, 다른 이에게는 믿음을 주시며, 어떤 이에게는 병을 고치는 은사를, 어떤 이에게는 기적의 능력 행함을, 어떤 이에게는 예언하는 은사를, 어떤 이에게는 영들을 분별함을, 어떤 이에게는 각종 방언을 할 수 있는 능력을 주십니다.(고전 12:8－11) 이 모든 은사는 하늘의 궁창에 있는 여러 별들과 같습니다. 이 모든 일은 같은 한 성령이 행하사 그 뜻대로 각 사람에게 나누어 주시어 뭇 영혼의 유익을 위해 별들처럼 나타나 찬란하게 빛나도록 하신 것입니다.

그러나 모든 비밀(고전 13:2)을 담고 있는 지식의 말씀은 때를 따라 변하는 달과 같고, 다른 모든 은사들은 여러 별들에 비할 수 있습니다. 하지만 지식이나 은사는 낮이 누리는 지혜의 밝음에는 미치지 못합니다. 그것들은 다만 밤에만 나타나 빛납니다. 그것들은 마치 당신의 지혜의 종인 바울이 신령한 자들을 대하듯 말할 수가 없어서 육신에 속한 자들처럼 대했던 그런 자들에게 필요한 것입니다.(고전 3:1) 그러나 바울은 온전한 자들에게는 지혜의 말씀을 전한 것입니다.(고전 2:6) 육적인 사람은 그리스도 안에 있는 어린아이와 같아서 아직은 젖을 먹고 있기 때문에 그가 커서 밥을 먹을 수 있을 때까지, 그리고 그의 눈이 해를 바로 볼 수 있을 때까지—캄캄한 어둠 속에서 헤맬 것이 아니라—달빛과 별들의 빛으로 만족해야 합니다. 우리의 하나님, 당신은 하늘의 궁창과 같은 당신의 책을 통하여 우리에게 이런 진리를 명확히 말씀해 주시어서 우리로 하여금 이 모든 것을 놀라운 관상하에서 식별할 수 있도록 하십니다. 물론 우리들은 아직은 표징과 시간, 날과 햇수를 통해서만 그것을 식별할 수밖에 없습니다.(비교. 창 1:14)

19 장_ 창조의 넷째 날(계속)[14] : 빛을 만백성에게 비추어라

(24) 그러나 먼저 너희는 스스로 씻으며 스스로 깨끗케 하여 너희 영혼으로부터 그리고 내 목전에서 너희 악한 행실을 버리라.(사 1:16) 그리하여 마른 땅(뭍)이 드러나게 하여라.(창 1:9) 선행을 배우며 고아를 위하여 신원하며 과부를 위하여 변호하라.(사 1:17) 그리하여 땅으로 하여금 풀과 열매 맺는 나무를 내게 하여라.(창 1:12) 주께서 말씀하신다. "오라 우리가 서로 변론하자."(사 1:18) 하늘의 궁창에 별들이 나타나 땅을 비추도록 하라.

한 부자가 선하신 선생님(예수)에게 와서 무슨 선한 일을 하여야 영

14) 13, 19, 24부터 13, 20, 26 첫 번째 절까지는 문장의 구성으로 보든지 그 내용으로 봐서 다른 장과 다르다. 이것은 어거스틴이 하나님께 고백하는 내용이라기보다는 하나님이 어거스틴에게 권면하는 말씀이든지 혹은 어거스틴이 청중들에게나 독자들에게 권면하는 말인 것 같다.

생을 얻으리까 하고 물은 적이 있다. 그 부자는 그를 단순한 사람으로만 생각했던 것이다. 그러나 그는 신이시므로 선한 분이었다. 그 선하신 선생님은 말하기를 그가 영생에 들어가려면 계명을 지켜야 하고 사악한 것을 자신에게서 버려야 한다고 했다. 즉 살인하지 말고 간음하지 말며, 도둑질하지 말라고 했다.(마 19:18) 그리하면 마른 땅이 드러나 부모를 공경하고 이웃을 사랑하는 열매를 맺게 된다. 그 부자는 대답하기를 "이 모든 것을 내가 지켰습니다."라고 했다.

그러면 좋은 땅에서 어찌 가시덤불이 자랄 수가 있겠느냐? 너는 가서 탐욕의 가시덤불을 뽑아 내라. 네 소유를 팔아 가난한 자들에게 줌으로써 네 땅이 열매로 풍성하게 하여라. 그리하면 하늘에 보화가 네게 있으리라. 그리고 온전하게 되기 원하면 주님을 좇으라. 그의 지혜의 말씀을 듣는 무리 중에 들어가라. 그는 무엇을 낮과 밤에 나누어 주어야 함을 알고 계신다. 너도 그것을 알게 될 것이다. 그러면 너희를 위해 하늘의 궁창에 빛들이 만들어지게 될 것이다. 그러나 네 마음이 거기에 있지 않는다면 빛도 거기에 없을 것이요, 또한 네 재물이 그 곳에 없다면 네 마음도 거기에 없을 것이다.(마 6:21) 그런데 불모지와 같은 그 부자는 근심했으니 무성한 가시덤불이 그 말씀을 숨막히게 한 것이다.(마 13:7)

(25) 그러나 택함을 받은 백성들아, 너희는 세상에서 약하나 주님을 따르기 위하여 모든 것을 버렸다. 그를 따르라. 그리고 세상에서 강한 자를 부끄럽게 하여라.(고전 1:27) 오, 아름다운 발들이여(사 52:7), 그를 따르라. 하늘의 궁창에 있는 별처럼 빛나 하늘로 하여금 그의 영광을 선포케 하고 또한 아직 천사처럼 온전하지는 않으나 온전한 자들의 빛과 작은 자들의 어둠을 구별하도록 하여라. 물론 작은 자들이라고 하여 그들을 경시해서는 안 된다. 땅위를 두루 비추어라. 태양으로 인해 조명을 받은 밝은 낮은 지혜의 말을 낮에게 말하고, 달로 인해 조명을 받은 밤은 지식의 말씀을 밤에게 전하여라.(시 19:2)

달과 별들이 밤에 빛을 비추되 어둠이 그 빛을 가리우지 못함은 그 빛이 범위와 정도에 따라 비추기 때문이다. 보라, 마치 하나님이 "궁창에 빛(광명)이 있으라." 말씀하신 것처럼 홀연히 하늘로부터 급하고 강한 바람과 같은 소리가 있었고 불이 혀같이 갈라져 각 사람 위에 임했다.(행 2:2, 3) 이리하여 생명의 말씀을 지닌 하늘의 빛들이 생기게 된 것이다. 아, 거룩한 빛들이여, 아름다운 빛들이여, 사방으로 이리저리 뛰어다니며 비추어라. 너희들은 세상의 빛이니 말 아래에 두어서는 안 된다.(마 5:14, 15) 왜냐하면 너희들이 강하게 의지하고 있는 그리스도는 높은 곳에 오르셨고 또한 너희들도 높이 올려놓았기 때문이다. 이리저리 사방으로 뛰어다니며 너희들의 빛을 온 백성에게 알리어라.

20 장_ 창조의 다섯째 날 : 바다가 내놓은 생물과 하늘을 나는 새

(26) 바다도 잉태하여 너희들의 하는 일들을 낳도록 하여라. 바다의 물로 하여금 생명이 있는 피조물(생물)을 내놓도록 하여라.(창 1:20) 너희들은 귀한 것과 천한 것을 구별함으로써 하나님의 대변자가 되었다. 그 대변자를 통하여 하나님은 말씀하셨다. "물들은—땅이 내놓은 생명을 가진 피조물 말고—기어다니는 생명체와 하늘의 궁창을 나는 새들을 내놓아라."(창 1:20)

오, 하나님, 당신의 성례는 당신의 거룩한 종들의 사역을 통하여 세상의 유혹의 파도 속에 들어가 당신의 이름으로 베푼 세례로써 이방인들을 감화시켰습니다. 때로는 이러한 사역들 중에서도 '큰 바다 짐승(고래)들'에 비할 수 있는 위대하고도 놀랄 만한 일들(기적)이 일어났습니다. 또한 당신의 종들의 말씀(소리)은 땅 위를 나는 새들처럼 궁창과 같은 성서의 권위를 가지고 하늘을 날아다녔으니 그들은 어디로 가든지 자신들을 성서의 권위 밑에 두었던 것입니다.[15] 이리하여 그들의 말은 모든 언어를 통하여 들리게 되었으니 그들의 소리가 온 땅에 퍼지게 되고 그들의 말이 땅 끝

15) 공중에 나는 새라고 할지라도 하늘(궁창) 밑을 나는 것처럼, 말씀을 전하는 하나님의 사역자라고 할지라도 성서의 권위 밑에 자신들을 두어야 함을 어거스틴은 강조하고 있다.

까지 이르게 된 것입니다.(시 19:4) 오, 주님, 그들의 일이 이렇게 된 것은 당신이 그들의 하는 일을 축복하시고 번성케 하셨기 때문입니다.

(27) 내가 혹시 이런 해석을 하여 사람들을 오도하고 있지는 않습니까? 그렇지 않으면 내가 하늘의 궁창에 대한 확실한 지혜와 그 궁창 아래에서 요동하는 바다의 일에 대한 물질적인 지식을 구별 못하여 혼돈을 일으키고 있는 것입니까? 우리에게는 시대와 함께 변하거나 증가되지 않는 확고하고도 완전한 진리가 있습니다. 그것은 지혜와 지식의 빛과 같은 것입니다. 그러나 그런 원리(진리)는 이 물질적인 세계에서는 여러 가지로 혹은 다른 모양으로 나타나 작용하기도 합니다. 오, 하나님, 그리하여 어떤 것은 하나의 형태에서 다른 형태로 나타나며 당신의 축복하에서 생육하고 번성합니다. 당신은 우리의 육체적 감각이 쉽게 피곤해질까 봐 한 가지의 사실(진리)이 육체적 동작을 통하여 여러 가지로 상징되고 표현되도록 해주십니다.[16] 이러한 기이한 일들을 물이 내놓은 것입니다. 그러나 그것도 당신의 말씀에 의해서 한 것입니다. 당신의 영원한 진리에서 소외된 백성들의 필요를 위해서도 그런 일이 당신의 말씀을 통해서 이루어진 것입니다. 왜냐하면 물이 이런 일들(피조물)을 내놓은 것도 당신이 그 물의 짠맛(병)을 고치기 위하여 하신 일이었기 때문입니다.

(28) 모든 것은 당신께서 만드셨기에 다 아름답습니다. 그러나 이 모든 것을 만드신 당신은 우리가 말로 표현할 수 없도록 아름답습니다. 만일 아담이 당신으로부터 타락하지 않았더라면 그의 몸에서 이토록 짠 바닷물이, 즉 그렇게도 호기심이 깊고, 그렇게도 교만의 파도 속에서 요동하며, 그렇게도 불안하여 안정치 못한 이런 인류가 흘러나오지는 않았을 것입니다. 그러나 만일 이렇게 되지 않았더라면 당신의 종들도 '많은 물' (이 세

16) 인간은 타락의 결과로 진리 자체를 바로 인식 못한다. 왜냐하면 우리는 아직 천사들처럼 얼굴과 얼굴을 대하여 볼 수 있는 처지에 있지 않기 때문이다. 그러므로 우리 인간은 진리를 여러 가지 상징을 통하여 부분적으로 이해할 뿐이다. 이러한 인간의 제한성(죄성) 때문에 성서의 다양한 해석을 가능케 한 은유적 해석방법이 나오게 되는 것이다.

상) 가운데서 신비스러운 말씀과 행동(의식)으로 물질적, 감각적인 것을 사용하여 뜻을 나타내는 성례도 필요하지 않았을 것입니다.

나는 '기어다니는 생물' 과 '나는 새' 를 이렇게 이해했습니다. 그러나 사람들이 이렇게 보이는 성례에 대하여 가르침을 받고 그것을 통하여 교회에 입교했다고 할지라도 더 높은 차원에서 영적으로 살면서 완성을 향해 나아가지 않으면 더 이상 진전(성장)을 못합니다.(히 6:1)

21 장_ 창조의 여섯째 날 : 땅이 내놓은 생물

(29) 당신의 말씀 안에서 바닷물은 기어다니는 생명체와 날짐승을 내놓았으나 짠(쓴) 물에서 분리되어 나온 땅[17]은 '생물들' (산 영혼)[18]을 내놓은 것입니다.(창 1:24) 당신은 천국에 들어가는 유일한 문으로 세례라는 성례를 제정하셨습니다만(요 3:5) 이제 이 '생물들' 은 이방 사람들처럼 혹은 그 자신이 물로 덮여 있을 때처럼 세례가 더 이상 필요가 없게 된 것입니다. 또한 그 '생물들' 은 믿음을 얻기 위하여 기사와 이적을 바라지도 않습니다. 신실한 땅은 짜디짠 불신앙의 물에서 분리되어 나왔기 때문에 기사와 이적을 보지 않으면 믿지 못하겠다고 말하는 그런 정도의 사람은 아닙니다. 방언이라고 하는 것도 믿는 사람에게 주는 표적이 아니고, 믿지 않는 사람에게 주는 표적입니다. 그러하기 때문에 당신이 물에서 분리하여 세우신 땅은 당신의 말씀에 의하여 물에서 생겨난 날짐승이 필요 없습니다. 당신의 메신저(설교자)들을 통하여 당신의 말씀을 이 땅위에 전하소서. 우리가 그들의 업적을 말하고 있으나 실은 당신이 그들 안에서 역사하셔서 그들의 수고를 통하여 생물을 낳게 하신 것입니다.

'생물들' 을 내놓은 것은 땅입니다. 그러기에 그들이 이와 같은 수고

17) '땅' 이란 교회를 의미하기도 하고 하나님을 갈망한 인간영혼, 혹은 그 영혼의 열성을 의미하기도 한다.

18) '생물들' (산 영혼)이라 함은 이미 세례를 받고 신앙생활을 하는 기독교인들을 의미한다. 이러한 사람들은 세례를 다시 받지 않아도 됨을 시사하고 있는 것으로, 간접적으로는 그 당시 재세례를 강요한 도나투스파 교회의 주장을 비판하고 있는 것이다. 참고: 선한용, 『시간과 영원』, 부록: 도나투스 논쟁.

를 하는 것은 땅을 위한 것입니다. 그것은 마치 궁창의 밑을 나르는 날짐승과 기어다니는 피조물들의 움직임이 바다를 위한 것과 같습니다. 땅은 이러한 피조물들을 필요로 하지 않습니다. 그러나 땅은 깊은 바다에서 올려와 당신이 믿는 자들 앞에 마련하신 상 위에 놓은 물고기(예수 그리스도)[19]를 먹고삽니다. 그것은 깊은 바다에서 올려 온 물고기는 마른 땅을 먹이기 위함이기 때문입니다. 날짐승들이 생긴 곳은 바다였으나 번식은 땅위에서 합니다. (새들에 비할 수 있는) 복음의 전도자들이 처음 설교를 하게 된 이유도(바다에 비할 수 있는) 인간의 불신앙 때문이었습니다. 그러나 믿는 사람들도 그들로 인하여 매일 여러 가지의 권면과 축복을 받게 됩니다. 그러나 '생물들' 의 출처는 땅입니다. 왜냐하면 믿는 자만이 세상에 대한 탐욕을 벗어나(마른 땅이 바닷물 위로 솟아 나타나듯이) 하나님을 향하여 삶으로 인해 유익함을 얻기 때문입니다. 그러한 영혼은 일찍이 죽음을 가져오는 쾌락 속에서 살다가 거의 죽을 뻔했습니다. 오, 주님, 그러나 당신은 마음이 청결한 자에게 생명을 주시는 즐거움이 되십니다.

(30) 그러므로 이제 당신의 종들로 하여금 땅에서 일하게 하소서. 그러나 그들로 하여금 이전에 불신앙의 물(세상)에서 기사와 이적과 방언을 통하여 일하듯이 하지는 말게 하소서.[20] 이것들은 경탄을 야기하는 모체인 무지 때문에 두려움과 놀람을 통하여 주의를 끄는 방법밖에 안 됩니다. 이런 방법은 당신의 얼굴을 피하여 살다가 어두운 심연이 되어 당신을 잃어버리게 된 아담의 후예들을 신앙으로 들어오게 하는 첫 관문이 될 수 있습니다. 그 대신에 당신의 종들로 하여금 깊은 물의 소용돌이에서 분리

19) 물고기는 그리스도를 상징하는 것으로 성만찬을 의미하고 있다. 세례는 죄의 용서와 천국에 들어가는 문이다. 그것은 이방 사람들이 그리스도의 몸의 지체가 되는 성례이기도 하다. 세례를 통해 믿게 된 사람들은 세례가 더 이상 필요 없다. 그러나 물고기로 상징된 성례인 성만찬은 믿는 사람들이 계속해서 먹고살아야 한다. 다시 말하면 세례는 반복되지 않지만 성만찬은 믿는 사람들을 계속 먹여 살게 한다는 뜻에서 반복됨을 시사하고 있다.

20) 어거스틴은 기사와 방언과 같은 것은 사도시대에 전도를 위하여 필요한 것이었다고 말한다. 그러나 교회시대에서는 그런 것보다는 교회 안과 밖에서 행하는 사랑의 덕을 실천하라고 권면한다.

되어 나온 마른 땅에서 일하게 하소서. 그들로 하여금 믿는 사람들에게 모범이 된 생활을 하여 그 모범을 따르며 권면하게 하소서. 그럼으로써 믿는 사람들은 듣기만을 위하여 듣지 않고 행동하기 위하여 듣게 될 것입니다.

"하나님을 찾아라. 그러면 너희 영혼이 살리라. 땅은 생물들을 낳게 되리라. '너희는 이 세상을 본받지 말라.' (롬 12:2) 너희는 이 세상을 멀리하라. 너희가 사랑함으로써 너희를 죽게 하는 것들을 피하라. 그러면 너희 영혼이 살리라. 너희는 무절제한 교만의 야만성과 사치를 즐기는 태만과 거짓된 지식을 멀리함으로써 너희 안에 있는 야수를 길들이고 가축을 다스리며 뱀의 독을 빼라. 비유로 말하면 이것들은 모두 영혼의 운동(충동)을 뜻하는 것이다. 즉, 겸손하지 못한 교만과 쾌락을 따르는 정욕과 독약과 같은 호기심(요1 2:16)은 죽은 영혼의 충동이니라. 여기서 영혼이 죽었다 함은 영혼의 충동이 없어졌다 함이 아니요, 생명의 원천을 떠남으로 지나가는(무상한) 이 세상의 것들에 휩쓸려 들어가 그 세상을 본받게 됨을 말함이라."

(31) 오, 하나님, 당신의 말씀은 영생의 원천이시니 지나감이 없으십니다. 그러므로 영혼이 당신을 떠나려 할 때 당신은 말씀으로 그 길을 막으시며 "너희는 이 세상을 본받지 말라." 고 말씀하십니다. 이리하여 당신은 땅으로 하여금 생명의 샘에서 '생물들' 을 낳게 하십니다. 이러한 영혼들은 당신의 설교자들이 전하는 당신의 말씀 안에서 그리고 그리스도를 따르는 자들을 본받음으로 인하여 순결하게 됩니다. 이것이 바로 "그 종류대로" (창 1:21)라는 말의 뜻입니다. 왜냐하면 인간이란 자기의 친구(종류)를 따라 본받는 것이 예사이기 때문입니다. 이런 뜻에서 바울은 말하기를 "형제들아 내가 너희와 같이 되었은즉 너희도 나와 같이 되기를 구하노라." (갈 4:12) 했습니다.

이리하여 '생물들' 안에는 온유하게 행동하는 좋은 짐승들이 거하게 됩니다. 당신은 그 짐승들을 명하여 말씀하시기를 "너희는 온유함으로 일을 행하라. 그리하면 너희는 모든 사람들에게서 사랑을 받으리라." (지혜서 3:19) 하셨습니다. (그러면 그 영혼들 안에 있는) 가축들도 좋아져서 많이 먹어도 과식함이 없고 먹지 않아도 배고픔이 없을 것입니다(고전 8:8). 뱀들도 좋아져서 남을 해치는 독은 없어지고 지혜롭게 되어 다만 자기를 방어하는 데만 그것을 쓰게 될 것입니다. 그들이 시간적인 것들을 탐구하되, 지음을 받은 것들을 통하여 하나님의 영원성이 밝히 드러나 보이고 이해되기에 넉넉하도록 하게 하는 범위 내에서 할 것입니다.(롬 1:20) 이 모든 짐승들은 이성에게 순종하게 될 때 비로소 죽음에 이르는 길을 떠나 살게 되고 좋아지게 될 것입니다.[21)]

22 장_ 창조의 여섯째 날(계속) : 하나님의 형상대로 지음 받은 사람

(32) 우리의 창조자가 되시는 우리 주 하나님이시여, 우리가 세상을 사랑하는 탐욕을 제어하고—우리가 실은 그 탐욕 속에서 잘못 삶으로 인하여 죽은 자가 되었으나—선하게 삶으로 인하여 산 영혼들이 되기 시작했습니다. 그리하여 당신이 사도를 통하여 하신 그 말씀, 즉 "너희는 이 세상을 본받지 말고"(롬 12:2)라는 말씀이 우리 안에서 실현되기 시작했습니다. 그러나 그 말씀 후에 "오직 마음을 새롭게 함으로 변화를 받아"라는 당신의 말씀이 바로 뒤따랐습니다. 이 말씀은 '너희 종류를 따라' 살라는 뜻이거나 우리를 앞서 간 이웃들이나 우리들보다 더 나은 사람들의 본을 따라 살라는 뜻은 아닙니다. 왜냐하면 당신은 '그의 종류를 따라' 사람을 만들자 말씀하시지 않으시고 "우리의 형상을 따라 우리의 모양대로 우리가 사람을 만들고"(창 1:26)라고 말씀하시어 우리 인간으로 하여금 당신의 뜻이 무엇인지 분별하도록 하셨기 때문입니다. 그렇기 때문에 복음 안에서 자녀들을 낳은 당신의 사도 바울은 그들을 어린아이처럼 다루어 항상 젖으로 먹여 양육하기를 원치 않았습니다. 그래서 그는 말하기를 "너희는 오직 마음을 새롭게 함으로 변화를 받아 하나님의 선하시고 기뻐하시고 온전하

---

21) 창조의 여섯째 날에 창조된 땅의 가축과 기는 것과 땅의 짐승들은 인간의 이성에 순종하고 다스림을 받아야 할 인간의 충동을 상징하고 있다.

신 뜻이 무엇인지 분별하도록 하라." 고 하신 것입니다.

이런 이유로 당신은 '사람이 생기어라' 말씀하시지 않으시고 "사람을 만들자." 고 말씀하신 것입니다. 또한 당신은 '그 종류대로' 라고 말씀하시지 않으시고 "우리의 형상을 따라 우리의 모양대로" 만들자고 말씀하신 것입니다. 이렇듯 인간의 마음이 새롭게 되고 당신의 진리를 식별할 수 있을 때 그는 자기 종류의 인간을 모범으로 따르게 하는 지도자가 필요 없게 됩니다. 그 대신 그는 당신의 인도하심을 따라 당신의 선하시고 기뻐하시고 온전하신 뜻이 무엇인지 분별할 수 있게 됩니다.

그는 이제 이런 이해력을 가지고 있으므로 당신은 그를 가르쳐서 삼위의 일체와 일체가 되신 삼위의 큰 도리를 알게 하십니다. 그러기에 창세기에는 "우리의 형상을 따라 사람을 만들자." 라는 복수형의 진술 다음에 단수형의 표현인 "하나님이 사람을 창조하시니라." 의 진술이 있는 것입니다. 또한 복수형인 "우리의 형상을 따라" 라는 진술 후에 단수형인 "하나님의 형상대로" 라고 쓰여진 이유도 여기에 있는 것입니다. 이렇듯 인간은 그를 창조하신 하나님의 형상을 닮음으로 인하여 하나님을 아는 지식 안에서 변화를 받게 되는 것입니다. 이제 그는 영적으로 새로 낳음을 얻어 판단을 받아야 할 모든 것을 판단할 수 있게 됩니다. 그러나 그 자신은 아무에게도 판단을 받지 않습니다.(고전 2:15)

23 장_ 창조의 여섯째 날(계속) : 피조물을 다스리는 사람

(33) '모든 것을 판단한다' 는 말의 뜻은 인간이 바다의 고기, 공중에 나는 새, 가축이나 들짐승, 온 땅, 땅위에 기어다니는 모든 것을 다스리라는 것으로 이해합니다.(창 1:26) 사람이 이렇게 모든 것을 다스릴 수 있음은 하나님의 성령의 일을 식별할 수 있는 지성의 이해력 때문입니다. 그런데 사람이 이와 같은 존귀한 위치에 있었으나 자기의 책임을 알지 못하고 스스로 짐승들과 같이 되어 버렸습니다.(시 49:20)

오, 우리의 하나님, 그러나 당신의 교회에서는 당신이 우리에게 베풀어 주신 은혜로 말미암아 우리는 선한 일을 하도록 새로 지음을 받았습니다. 이 사실은 영적으로 우리를 다스리는 자들뿐만 아니라 영적으로 그들에게 순종하는 자들에게도 해당이 됩니다. 그렇기 때문에 당신이 창조하신 남녀의 성 차별은 당신의 교회에 베풀어 주신 은혜 안에서는 있을 수 없습니다.[22] 남녀는 다 동등합니다. 그것은 마치 은혜 안에서는 유태인이나 그리스인이나 또는 자유인이나 노예가 없는 것과 같습니다.(갈 3:28, 골 3:11) 따라서 영적인 사람은 다른 사람을 다스리는 자리에 있거나 혹은 다스림을 받는 자리에 있거나 영적으로 판단하는 것입니다.

그러나 궁창에 빛나는 영적인 지혜의 빛(진리)을 판단해서는 안 됩니다. 왜냐하면 우리가 그러한 숭고한 권위를 판단하는 것이 옳지 않기 때문입니다. 혹시 당신의 책(성서) 속에 애매한 점이 있다고 할지라도 그것에 대하여 조금이라도 의심을 품어서는 옳지 않습니다. 그 대신 우리는 우리의 이성을 성서의 권위에 복종시켜서 우리가 아직 이해를 못한다 할지라도 그것을 옳고 참된 말씀임을 확실히 믿어야 할 것입니다.

이렇듯 우리가 이제 영적인 사람이 되어 우리를 만드신 하나님의 형상을 따라 그를 아는 지식으로 새롭게 되었다고 할지라도 율법을 행하는 자가 되어야지 그것을 판단하는 자가 되어서는 안 될 것입니다.(약 4:11) 또한 우리가 영적인 사람이라고 할지라도 누가 영적인 사람이요, 육적인 사람인가를 판단해서는 안 됩니다. 오, 하나님, 그것은 당신만이 알고 계십니다. 그 이유는 그들의 행실로 그들의 정체를 알 수 있는 확실한 외적인 증거(열매)가 아직은 우리에게 나타나 있지 않기 때문입니다. 오, 하나님, 그러나 당신은 궁창을 만드시기 전에 그들(영적인 사람)을 이미 알고 계셔서 그들을 구별하시고 은밀히 부르셨습니다. 그러므로 영적인 사람이라고 할지라도 이 세상의 불안한 사람들을 판단해서는 안 될 것입니다. 왜냐하면 그들 중 누가 후에 당신 은혜의 단맛을 맛보게 되고 혹은 쓰디쓴 불경건의 상태에 계속 머물러 있게 될지 그가 알 수 없기 때문입니다. 그러므로 그는 밖에 있는 사람들(고전 5:12)을 판단해서는 안 됩니다.[23]

---

22) 어거스틴은 교회 안에서 남녀의 성 차별이 있어서는 안 됨을 주장하고 있다. 즉 교회를 위한 하나님의 뜻을 헤아리는 판단력은 특별히 안수를 받은 성직자들에게만 속해 있는 것이 아니라 남녀를 불구하고 모든 영적인 인간에게 속해 있음을 말하고 있다.

23) 어거스틴의 예정론은 **고백록**을 쓴 후 25년 후에 일어난 펠라기우스 논쟁에서 확실히

(34) 그러므로 당신의 형상을 따라 지음을 받은 사람은 하늘의 빛(별)들이나, 은밀한 하늘이나, 당신이 하늘을 창조하시기 이전에 불러내신 낮과 밤이나, 당신이 한곳으로 몰아 놓으신 물(바다)을 다스리는 권한을 받지 않았습니다. 그러나 그는 바다의 고기와 공중의 나는 새와 가축과, 온 땅과, 그 땅위에 기어다니는 모든 것을 다스리는 권한은 받았습니다. 그래서 그는 옳은 것은 옳다 하고 잘못된 것은 잘못되었다고 판단합니다.

이런 판단은 당신의 자비가 많은 물 가운데서 선택하신 자들을 교회로 받는 성례(세례식)를 행할 때, 혹은 물고기로 상징되는 성찬식—깊은 바다 속에서 건져 올려와 신실한 땅(교회)이 먹고 양육을 받는—을 행할 때 하기도 합니다. 또는 궁창의 밑을 나르는 새들처럼 당신의 책의 권위에 복종하는 말의 소리와 상징으로(설교로) 하기도 합니다. 즉 (당신의 말씀을) 해석하고 설명하고 가르치고 토의하며 당신을 찬양하고 당신께 기도하는 중 사람들이 '아멘' 으로 대답하는 입에서 터져 나오는 소리와 상징에서도 그렇습니다.[24] 이러한 모든 말들이 음성을 통하여 표현되어 우리의 귓전을 크게 울려주어야 할 이유는 이 세상이 깊은 바다와 같고 우리의 육체의 눈은 어두워 생각의 내용을 직접 알 수 없기 때문입니다. 이렇듯 공중에 나는 새들이 땅위에서 번식하지만 그들의 근원은 역시 바다의 물입니다.

영적인 사람은 또한 믿는 사람들의 행실과 덕에 대하여 옳은 것은 옳다 하고 나쁜 것은 나쁘다 판단합니다. 즉 땅이 과실을 맺는 것과 같은 그들의 자선(선한) 행위에 대하여 판단하는 것입니다. 또한 영적인 사람은 자신의 감정을 훈련시켜 순결을 지키고 금식을 하며 거룩한 명상을 하는 산 영혼들을 판단합니다. 그리고 그는 육체의 감각으로 알아볼 수 있는 모든 것에 대하여서도 판단을 합니다. 그가 이 모든 것들에 대하여 판단을 하게 됨은 이 모든 것들을 교정할 수 있는 능력을 (받아) 가지고 있기 때문입니다.

정착이 되었다. 그러나 예정론으로 가는 그의 사상은 이미 여기에서도 암묵적으로 나타나 있다.

24) 이러한 판단은 세례를 베풀고, 성만찬을 행하며, 설교를 할 때 하게 됨을 말한 것임.

24장_ 창조의 여섯째 날(계속) : 생육하고 번성하라

(35) 그러나 여기에 또 하나의 신비가 있습니다. 그것이 무엇을 의미하는 것입니까? 오, 주님, 당신은 인간들을 축복하사 "생육하고 번성하여 땅에 충만하라."(창 1:28)고 하셨습니다. 당신은 이것을 통하여 우리에게 어떤 무엇을 이해하도록 암시하신 것이 아닙니까? 당신은 왜 낮이라고 부르는 빛이나, 하늘의 궁창이나, 하늘의 여러 빛들이나, 별들과 땅과 바다를 (사람들을 축복하듯) 똑같이 축복하시지 않으셨습니까? 당신의 형상대로 우리를 창조하신 하나님, 나는 이렇게 말하고 싶습니다. 즉 당신이 물고기 떼들이나 바다 짐승(고래)들이 생육하고 번성하여 바닷물에 충만하도록, 그리고 나르는 새들이 땅위에서 번성하도록 축복하셨지만 사람에게 내리신 당신의 축복은 특별한 것이라고 말하고 싶습니다. 당신은 또한 풀과 나무와 땅위의 짐승들에게도 제각기의 종류대로 번식하도록 축복하셨습니다. 그러나 "생육하고 번성하라."는 축복은 풀이나 나무나 짐승들이나 뱀들에게는 하시지 않으셨습니다. 물론 그것들은 다 물고기나 새나 인간처럼 번식하여 제각기의 종류를 유지하고 있습니다.

(36) 나의 빛과 진리가 되신 하나님이여, 이것에 대하여 내가 무엇이라고 말해야 합니까? 이 말씀에는 어떤 특별한 뜻이 없다고 말해야 합니까? 믿는 자들의 아버지시여, 그럴 리가 없습니다. 당신의 말씀의 종이 그렇게 뜻 없이 말할 리 없습니다. 이 구절에서 당신이 뜻하시는 바를 내가 이해하지 못한다면 나보다 더 현명한 자들로 하여금 당신이 각자에게 주신 이해력을 따라 이 말씀을 더 잘 해석할 수 있게 하소서. 오, 주님, 그러나 나는 당신이 아무 뜻 없이 그렇게 말씀하시지 않으셨으리라 믿기 때문에 이 글을 읽고 내 마음에 떠오르는 해석을 감출 수 없습니다. 그러므로 나의 이런 고백도 당신의 눈에 들게 하소서. 나는 이 구절이 진리를 말하고 있다고 믿기 때문에 당신의 책이 시사하고 있는 은유적인 뜻을 이해하려는 시도에 아무 구애를 받지 않습니다.

내가 아는 바로는 정신적으로는 한 가지로만 이해된 것이 육체적으로(외적으로)는 여러 가지로 상징되고, 그 반면 육체적으로는 한 가지로 표현된 것이지만 정신적으로는 여러 가지로 이해된 것이 있습니다. 그 예로 하나님의 사랑과 이웃사랑을 생각해 봅니다. 그 사랑은 하나이지만 많은 상징을 통하여, 여러 가지 언어를 통하여, 그리고 그 언어 중에서도 여러 가지 언어의 표현을 통하여 구체적으로 표현되고 있습니다. 이와 같이 물에서 나온 피조물(생물)도 생육하고 번성해 나갑니다. 이제 나는 이것을 읽는 독자들에게 성서가 "태초에 하나님이 하늘과 땅(천지)을 창조하시니라."고 한 가지로 말씀하신 점에 주의를 환기시키고 싶습니다. 그 말 표현은 하나이지만 그 말의 뜻은 여러 가지로 이해될 수 있는 것이 아닙니까? 비록 그 말의 뜻이 여러 가지로 이해된다고 할지라도 그것이 틀린 것이 아니고 다 진리의 한 면을 드러내는 것이 아닙니까?[25] 인간의 후손들도 이와 같이 생육하고 번성해 나가는 것입니다.

(37) 그러므로 우리가 만일 사물의 본성을 문자적으로만 이해하고 은유적(영적, 상징적)으로 해석하지 않는다면 우리는 "생육하고 번성하라."는 구절을 씨로부터 발생하는 모든 종류의 피조물에게 적용해 말할 수 있습니다. 그러나 이 구절을 은유적으로 이해한다면—내 생각에는 성서가 그런 뜻에서 쓰여졌다고 판단됩니다. 왜냐하면 이런 축복을 인간의 후손과 물에서 번식하는 피조물들에게만 내리신 것은 그 배후에 무슨 뜻이 있다고 나는 믿기 때문입니다—이런 축복을 여러 가지로 모든 피조물에게 적용할 수 있습니다. 그리하여 우리는 "하늘과 땅"이라는 구절에서 영적인 피조물과 육적인 피조물을, "빛과 어둠"이라는 구절에서 선한 영혼과 사악한 영혼을, 위의 물과 밑의 물을 나뉘게 하신 "궁창"이라는 구절에서 우리에게 주신 율법의 기록자들을, "바다"라는 구절에서 신앙이 없이 쓰디쓴 경험을 하고 사는 백성들의 사회를, "마른 땅"(뭍)이라는 구절에서 거룩한 영혼들의 열성을, "씨 맺는 풀(채소)과 열매 맺는 나무"라는 구절에서 이 세상에

25) 다양한 성서 해석의 가능성을 여기에서도 논하고 있다. 어거스틴은 성서 해석의 다양성에 대해 **고백록** 12, 18, 27－12, 32, 43에서 상세히 말하고 있다.

서 행한 자선사업을, "하늘의 궁창에 광명(빛)" 이라는 구절에서 우리를 권면하기 위하여 빛나는 신령한 은사를, "산 영혼" (생물)이라는 구절(창 1:21)에서 사람이 정욕을 절제함을 은유적으로 찾아내는 것입니다.

이와 같은 모든 경우에서 우리는 의미의 다양성과 풍성함과 번식을 엿볼 수 있게 됩니다. 그래서 "생육하고 번성하라."는 표현을 육체적(외적)으로 주어진 상징을 통하여 여러 가지로 이해할 수 있습니다. 이렇듯 하나의 사실이 여러 가지로 이해되고 표현되며 또한 그 한 가지의 표현도 여러 가지로 이해되기 때문에 우리는 그것을 육체적(외적)으로 표현하고 영적으로 이해하는 이외에 다른 길이 없습니다. 그러므로 물에서 나온 생물의 생육과 번식은 육체적 표현(상징)을 말한 것이라고 봅니다. 그것은 우리 인간이 육체에 깊이 빠져 있는 탓으로 생긴 필연적인 결과인 것입니다.

그러나 사람의 생육과 번식이란 정신적으로 이성의 풍성한 열매들(다양한 해석들)을 뜻한다고 이해하고 싶습니다. 오, 주님, 당신께서는 이러한 뜻에서 바닷물의 생물들과 사람에게 "생육하고 번성하라."고 명하신 줄로 나는 믿습니다. 당신은 이런 축복으로 우리 인간에게 (이성의) 힘과 지능을 주셔서 한 가지의 사상을 여러 가지로 표현할 수 있게 하시고, 또한 한 가지로만 막연하게 쓰여진 것을 읽고 그것을 여러 면으로 생각하고 이해하도록 하신 것으로 나는 믿습니다. 이리하여 바다의 물은 물고기들로 인하여 충만하게 되었습니다. 그러나 그 바닷물은 여러 가치 의미를 상징하는 많은 파도가 없이는 움직여지지 않습니다. 마른 땅도 증가하는 인간의 후손들로 인하여 충만하게 되었습니다. 그러나 그 마른 땅은 진리에 대한 갈망과 함께 드러나고 이성은 그것을 다스리게 됩니다.

25 장_ 창조의 여섯째 날(계속) : 땅의 열매

(38) 오, 내 주 하나님이여, 나는 다음의 성서 구절이 나에게 무엇을 암시해 주는가에 대해서도 말씀드리고 싶습니다. 진실로 나는 두려움 없이 말씀드리고자 합니다. 왜냐하면 나는 당신이 주시는 영감을 통하여 이 성서의 말씀을 토대로 당신이 나에게 원하시는 진리를 말하고자 하기 때문입

니다. 당신께로부터 오는 영감 이외의 다른 영감으로는 내가 진리를 말할 수 없사오니 그것은 당신만이 진리이시요, 인간은 모두 거짓말하는 자들이기 때문입니다.(시 116:11, 롬 3:4) 거짓말하는 자는 제 생각으로 말하는 자입니다.(요 8:44) 그러므로 내가 진리를 말하려면 당신의 진리를 말씀해 주어야 합니다.

당신은 우리에게 음식으로 "온 지면의 씨 맺는 모든 채소와 씨 가진 열매 맺는 모든 나무"(창 1:29)를 주셨습니다. 비단 인간에게뿐만 아니라 공중에 나는 모든 새들과 땅의 모든 짐승과 땅에 기는 모든 것에게도 주셨습니다. 그러나 그것들을 바다의 고기 떼들과 큰 바다 짐승(고래)들에게는 주시지 않았습니다. 우리는 위에서 땅의 열매는 은유적으로 자선 행위를 의미한다고 말한 바 있습니다. 그런 행위는 비옥한 땅이 이 세상을 살아가는 데 필요한 것을 공급해 주는 것과 같습니다. 그러한 땅은 경건한 사람이었던 오네시보로와 같습니다. 당신은 그의 집안에 긍휼을 베푸시어 그로 하여금 당신의 종 바울을 기쁘게 하셨고 또한 바울이 사슬에 매인 것을 부끄러워하지 않게 하셨습니다.(딤후 1:16) 그런 비옥한 땅은 또한 궁핍한 가운데 있었던 바울을 도와 필요한 것을 공급해 줌으로써 그러한 열매를 맺은 마게도냐의 형제들에게 비할 수 있습니다.(고후 11:9)

그러나 당신의 종 바울은 자기가 마땅히 받아야 할 열매를 주지 않은 나무들을 보고 얼마나 슬퍼했습니까? 그래서 그는 말하기를 "내가 처음 변명할 때에 나와 함께한 자가 하나도 없고 다 나를 버렸으나 저희에게 허물을 돌리지 않기를 원하노라."(딤후 4:16)고 한 것입니다. 이러한 열매는 하나님의 신비를 깨닫고 우리들에게 신령한 교리를 가르치는 자들에게 마땅히 주어져야 하는 것입니다. 아니, 그들이 인간이란 점에서도 우리는 마땅히 열매를 드려야 하는 것입니다. 또한 온갖 절제생활을 통하여 우리에게 모범을 보여 줌으로써 '산 영혼'이 된 그들에게 열매를 드리는 것은 마땅합니다. 그리고 마지막으로 '날으는 새'처럼 사방으로 다니면서 복음을 전하는 그들에게 열매를 드리는 것은 마땅합니다. 그것은 그들이 전하는 소리가 온 땅에 퍼짐으로써(시 19:4) 그들의 축복이 땅위에서 증가해 가고 있기 때문입니다.

26 장_ 창조의 여섯째 날(계속) : 선물과 열매

(39) 그러나 그러한 열매를 기쁘게 받는 자들은 그것을 먹고 도움을 받습니다. 자기의 배를 하나님으로 여기는 사람들은(빌 3:19) 그것을 기쁨으로 받지 않습니다. 또한 그런 열매를 드리는 자들에게서도 무엇을 드리느냐보다는 어떠한 태도로 드리느냐가 더 중요합니다. 그러하기 때문에 하나님을 섬기고 자기의 배를 섬기지 않았던 바울이 열매를 받고 기뻐했던 이유를 나는 확실히 알고 있습니다. 그 이유로 나도 그와 함께 기뻐합니다. 바울이 에바브로디도 편에 보낸 빌립보 교인들의 선물을 받고 기뻐했던 이유를 나는 알고 있습니다.(빌 4:18) 그는 기쁜 마음으로 보낸 그 선물을 기쁘게 받으면서 진심으로 자기 마음을 털어놓았습니다. 그는 말하기를 "내가 주 안에서 크게 기뻐함은 너희가 나를 생각하던 것이 다시 싹이 남이니 너희가 또한 이를 위하여 생각은 하였으나 기회가 없었느니라." (빌 4:10) 했습니다.

그러나 그런 일을 하는 것은 대단히 피곤한 것이었습니다. 그러하기 때문에 빌립보 사람들은 그러한 피곤에 오랫동안 지쳐서 선한 일의 열매를 맺는 데 말라 버린 나무와 같았습니다. 바울은 그와 같은 나무에 다시 싹이 트는 것을 보고 기뻐한 것이지 자기의 궁핍함을 도와주었다 하여 기뻐한 것은 아닙니다. 그래서 그는 계속해 말하기를 "내가 궁핍함으로 말하는 것이 아니라 어떠한 형편에든지 내가 자족하기를 배웠노니 나는 비천에 처할 줄도 알고 풍부에 처할 줄도 알아 모든 일 곧 배부름과 배고픔과 풍부와 궁핍에도 처할 줄 아는 일체의 비결을 배웠노라. 내게 능력 주시는 자 안에서 내가 모든 것을 할 수 있느니라." (빌 4:11－13) 했습니다.

(40) 이렇듯 위대한 바울이 체험한 기쁨의 이유는 무엇이었습니까? 무엇 때문에 모든 경우에서도 그는 그런 기쁨을 가졌겠습니까? "자기를 창조하신 이의 형상을 좇아" (골 3:10) 하나님을 아는 지식으로 새로워진 바울, 자신의 정욕을 잘 다스려 절제의 생활을 한 '산 영혼' 이 된 바울, 공중

을 나는 새의 혀와 같이 하늘의 신비(진리)를 말한 바울, 그러한 분에게 이러한 열매(먹이)를 드리는 것은 마땅한 일입니다. 그러면 그가 먹고 산 열매란 무엇이겠습니까? 그것은 기쁨이었습니다. 그 다음에 나오는 그의 말을 들어 봅시다. "그러나 너희가 내 괴로움에 함께 참여하였으니 잘하였도다."(빌 4:14) 그가 기뻐한 것은 그들이 자신의 궁핍함을 덜어 주어서가 아니라 '선한 일'이었으니 그는 바로 이것을 먹고 산 것입니다.

이것은 다윗이 궁핍할 때 당신께 부르짖으며 곤란을 면하게 하여 주시라는 말과는 다릅니다. 그러기에 바울은 말하기를 자신은 능력 주시는 자 안에서 비천함에 처할 줄도 알고 풍부함에 처할 줄도 안다고 한 것입니다. 그는 또 계속해서 말하기를 "빌립보 사람들아 너희도 알거니와 복음의 시초에 내가 마게도냐를 떠날 때에 주고받는 내 일에 참여한 교회가 너희 외에 아무도 없었느니라. 데살로니가에 있을 때에도 너희가 한 번뿐 아니라 두 번이나 나의 쓸 것을 보내었도다."(빌 4:15—16) 했습니다. 바울이 기뻐했던 이유는 메마른 땅과 같은 그들이 비옥하게 되어 다시 싹을 내듯 이런 선한 일을 다시 하게 되었다는 것입니다.

(41) 바울이 "너희가 한 번뿐 아니라 두 번이나 나의 쓸 것을 보내었도다."고 말했을 때 그의 관심은 자기의 궁핍함을 덜어 주었다는 데 있었던 것은 아닙니다. 자기의 쓸 것을 보내 주었다고 해서 그가 그렇게 기뻐하였겠습니까? 물론 그것은 아니었습니다. 그러면 그가 기뻐했던 이유를 어떻게 알 수 있습니까? 바울은 말하기를 "내가 선물을 구함이 아니요, 오직 너희에게 유익하도록 풍성한 열매를 구함이라."(빌 4:17) 했습니다. 오, 나의 하나님, 당신은 나에게 선물과 열매의 뜻의 차이를 가르쳐 주셨습니다. 선물이란 우리에게 주는 생에 필요한 것들, 즉 돈, 음식, 마실 것, 옷, 집, 도움 등과 같은 물질이요, 열매란 주는 자의 착하고 올바른 뜻(과 행동)이옵니다.[26]

26)) 어거스틴의 윤리관은 인간의 선한 행위 자체보다는 그러한 선행을 하게 하는 선한 동기에 가치를 두고 있다. 악한 일을 하려다가 우연히 좋게 된 것보다는 좋은 일을 하려다가 우연히 나쁘게 되는 것이 도덕적으로는 더 나은 것이다. 그러므로 선한 동기(의지)가 도덕적 가치를 결정하는 것이다.

그러하기 때문에 우리의 참 스승이 되신 예수님은 '선지자를 영접하는 자' 라고만 말씀하시지 않으시고 "선지자의 이름으로"라고 덧붙여서 말씀하셨습니다. 그는 '의인을 영접하는 자' 라고만 말씀하시지 않으시고 "의인의 이름으로"라고 덧붙여서 말씀하셨습니다. 이리하여 한 사람은 선지자의 상을 받고 다른 사람은 의인의 상을 받게 되는 것입니다. 또한 그는 '이 작은 자 중 하나에게 냉수 한 그릇이라도 주는 자' 라고만 말씀하시지 않으시고 "누구든지 제자의 이름으로"라고 덧붙여 말씀하시면서 "내가 진실로 너희에게 이르노니 그 사람이 결단코 상을 잃지 아니하리라." 고 결론 내리셨습니다.(마 10:41－42)

선물이란 선지자와 의인을 영접하는 것, 냉수 한 그릇을 제자들에게 주는 것입니다. 그러나 열매(과실)란 선지자의 이름으로, 의인의 이름으로, 제자의 이름으로 (알고, 의도적으로) 이런 일을 하는 것입니다. 선지자 엘리야는 과부가 가져다 준 열매를 먹고살았습니다. 그 과부는 그가 하나님의 사람임을 알았기 때문에 그를 먹여 살린 것입니다. 물론 엘리야는 까마귀가 가져다 준 선물을 먹고도 살았습니다. 그러나 그의 내적 인간이 아닌, 그의 외적인 인간(육체)만이 그 음식(선물)을 먹고 산 것입니다. 그런 음식이나마 없었던들 그의 외적인 인간이 살아 남지는 못했을 것입니다.

27장_ 창조의 여섯째 날(계속) : 참된 자선의 행위

(42) 오, 주님, 그러므로 당신의 면전에서 나는 진리를 말하고자 합니다. 우리의 생각으로는 성서가 말하는 "물고기 떼"와 "큰 바다 짐승(고래)들" 이란 초신자들(무지한 자들, idiotae)과 이방인들을 신앙으로 인도하는 데 필요한 입교식과 기적들을 상징한다고 믿습니다. (이렇게 교회에 입교한) 그들이 당신의 종들에게 외적으로 봉사하든가 혹은 이 세상의 삶에 필요한 것을 어떤 방법으로 도와줄 때, 그들은 왜 그런 일을 해야 하는지, 또한 그런 행동의 목적이 무엇인지 확실히 알지 못하고 합니다. 그럴 때 그들은 당신의 종들을 먹여 살리는 것도 아니요, 당신의 종들도 그들이 주는 것을 먹고 사는 것도 아닙니다. 그 이유는 그들이 거룩하고 올바른 뜻을 가

지고 그런 일을 하지 않을뿐더러, 당신의 종들도 그들이 주는 것에서 열매를 보지 못함으로 주는 선물을 기쁘게 받지 않기 때문입니다. 인간의 마음은 열매를 먹고 기뻐함으로 살게 되는 것입니다. 그러므로 물고기 떼들과 큰 바다 짐승들은 마른 땅이—짜디짠 바닷물에서 분리되어 나온 후에—내놓은 먹이를 먹고 있지 않는 것이 됩니다.[27]

28 장_ 좋고 또 심히 좋은지라

(43) 오, 하나님, 당신은 자신이 만드신 모든 것을 보시고 심히 좋았더라고 말씀하셨습니다.(창 1:31) 우리도 당신이 만드신 모든 것을 보니 심히 좋습니다. 당신이 말씀으로 여러 종류의 존재를 각각 만드신 후 이것저것을 보시니 다 좋았습니다. 당신이 만드신 것을 보시고 "좋았더라" 고 말씀하신 곳이 일곱 번 기록되어 있습니다. 그런데 여덟 번째는 만드신 모든 것을 전체로 보시고 단순히 "좋았더라" 고 말씀하시지 않으시고 "심히 좋았더라." 고 말씀하셨습니다.[28] 그것은 당신이 만드신 것을 따로따로 보면 좋기만 하지만 그것들을 전체적으로 볼 때는 좋기도 하고 심히 좋았기 때문입니다. 모든 아름다운 물체도 이와 같아서 그 물체를 이루고 있는 각 지체는 따로따로 아름다우나 그 지체가 함께 모여 이루고 있는 그 (전체의) 물체는 각 지체보다 훨씬 더 아름답습니다. 왜냐하면 각 지체는 제각기 아름다우나 그 전체는 그들이 함께 잘 조화를 이루고 있기 때문입니다.[29]

---

27) 뜻이 분명하게 드러나지 않는 문장이다. 여기서 "물고기 떼들과 큰 바다 짐승들" 은 초신자들과 이방인들을 신앙으로 인도하는 입교식(세례)과 기적 등을 상징하는 것이다. 교회에 처음으로 입교한 자들이나 기적이나 보고 교회에 입교한 자들은 신앙의 초기 단계에 머물러 있는 자들로서 교회가 선포한 신앙의 높은 차원을 아직 이해도 못하고 실천(열매)을 하지 않고 있음을 의미한 것 같다. 세상(바다)에서 분리되어 나온 교회와 신도는 깊은 바다에서 올려 나와 상 위에 놓인 고기(성만찬)와 마른 땅이 내놓은 열매를 먹고 살아야 한다.

28) 어거스틴이 읽고 있었던 구약성서는 "칠십인역" 을 라틴어로 번역한 옛 라틴어 성서였다. 그 칠십인역에 의하면 창세기 1장에 하나님이 보시고 "좋았더라" 라고 기록된 곳이 전부 여덟 번이다. 현재 우리가 가지고 있는 성서에는 "좋았더라" 라는 곳이 전부 일곱 번 있다.

29 장_ 시간과 영원의 차이

(44) 나는 성서를 상고하던 중 당신이 만드신 것이 당신의 마음에 들 때 좋다고 보신 바가 일곱 번인지 여덟 번인지 알아보고자 했습니다. 그러나 당신의 보심은 시간을 초월한 것이니 당신이 만드신 것을 몇 번 보셨는지 내가 어떻게 이해할까 생각해 보았습니다. 그래서 나는 당신께 여쭈었습니다. 오, 주님, 성서는 진실하시고 또한 진리 자체이신 당신께서 말씀하신 것이니 진실된 것이 아닙니까? 그러면 당신은 나에게 "내가 보는 것은 시간을 초월한 것이다"라고 말씀하시는데 왜 당신의 성서는 당신이 만드신 것을 매일 보시고 "좋았더라"고 말씀하고 있습니까? 내가 세어 보니 몇 번인 것을 알아냈습니다. 이에 대하여 당신은 나에게 대답해 주셨습니다. 나의 하나님이 되신 당신은 당신의 종의 막힌 내면의 귀를 뚫으시면서 큰소리로 외쳐 말씀해 주셨습니다. "아, 인간아, 성서가 말하는 것은 바로 내 자신이 말하는 것이다. 물론 성서는 시간에 제약된 언어로 말하지만 나의 말은 시간을 초월했기에 그 영향을 받지 않는다. 왜냐하면 내 말은 나와 함께 영원히 있기 때문이다. 그러므로 네가 내 영에 의하여 말하는 것을 내가 말하듯, 네가 내 영에 의하여 보는 것을 나는 보노라. 그러나 너는 사물을 시간 안에서 보지만 나는 그것을 시간 안에서 보지 않으며 너는 시간 안에서 말하지만 나는 시간 안에서 말하지 않는다."

---

29) 어거스틴은 하나님이 창조하신 이 세계를 부정적으로 보는 영지주의나 마니교의 주장을 받아들이지 않는다. 그는 이렇게 조화를 이루고 있는 이 세계보다 더 좋은 세계를 원하지 않는다고 말하고 있다.(**고백록** 7, 13, 19) 그러하기 때문에 인간이 서로 조화를 이루고 살게 하신 생태계의 균형을 깨는 것은 창조주 하나님의 의도에 역행한 죄인 것이다.

30 장_ 이원론에 대한 반박

(45) 내 주 하나님이여, 이 대답을 듣고 나는 당신의 진리에서 흘러나오는 꿀과 같은 단물을 마실 수 있었습니다. 그리하여 나는 당신의 좋으신 창조를 싫어하는 사람들이 잘못임을 알게 되었습니다. 그들은 말하기를 당신은 허다한 것들, 예를 들면 하늘의 구조나 별들의 질서정연한 운동 과정 같은 것들을 어떤 외적인 필연에 의하여 만들었다고 합니다. 즉 그들의 주장에 의하면 당신은 당신이 창조하신 질료에서 그것들을 만드신 것이 아니라, 다른 어떤 존재가 이미 어디에 만들어 놓은 것들을 당신이 한데 모으고 조립하여 형성해 놓은 것이라고 합니다. 그리고 당신이 그러한 일을 하셨을 때는 당신이 당신에게 대적하는 적들을 정복하고 세상에 벽을 높이 쌓아 올려 그들이 다시는 세상에 들어와서 당신께 반역을 못하도록 한 때라는 것입니다.

그들이 또 주장한 것은 다른 존재들, 예를 들면 육체를 가진 모든 동물들, 미생물들, 땅에 뿌리를 내리고 살고 있는 것들은 당신이 만들었거나 조립하지도 않았다는 것입니다. 이러한 것들은 당신이 창조하지 않은, (오히려) 당신을 대적하는 어떤 존재가 세상의 낮은 층에서 발생하도록 했든가 만들었다고 합니다. 이렇게 주장한 그들은 분명히 정신이 나간 자들입니다.[30] 왜냐하면 그들은 당신이 만드신 피조물을 당신의 영을 통하여 보지 않을 뿐더러 피조물을 통하여 창조자를 시인하지도 않기 때문입니다.

31 장_ 창세기 1장에 대한 은유적 해석의 요약

(46) 그러나 우리가 당신의 영을 통하여 당신이 만드신 모든 것을

30) 어거스틴은 이원론, 즉 플라톤의 형성설, 마니교의 우주론, 바빌론의 창조설화 등을 비판하고 있다. 참고: 선한용, 『시간과 영원』, 제3장 시간과 무로부터의 창조.

볼 때 당신은 우리(의 눈)를 통하여 당신이 만드신 것을 보십니다. 우리가 당신이 만드신 것을 좋다고 볼 때는 당신도 그것을 좋다고 보십니다. 어떤 것이 당신으로 인하여 우리에게 기쁨을 줄 때는 실은 당신이 그것을 통하여 우리를 기쁘게 하시는 것입니다. 그리고 어떤 것이 당신의 영을 통하여 우리를 기쁘게 할 때는 실은 그것이 우리를 통하여 당신을 기쁘게 하는 것입니다. 그것은 "사람의 사정을 사람의 속에 있는 영 외에는 누가 알리요. 이와 같이 하나님의 일도 하나님의 영 외에는 아무도 알지 못하느니라. 우리가 세상의 영을 받지 아니하고 오직 하나님께로부터 온 영을 받았으니 이는 우리로 하여금 하나님께서 우리에게 은혜로 주신 것들을 알게 하려 하심이라."(고전 2:11－12)는 말씀대로입니다. 이때 내 마음에 의심이 생겨 물어 보았습니다. "진실로 그렇습니다. 하나님의 영 외에는 하나님의 일을 알 자가 아무도 없습니다. 그러면 내가 어떻게 그것이 당신의 은혜로 주신 것임을 알 수 있겠습니까?"

이 질문에 대하여 주신 대답은 이러했습니다. "너희가 그의 영을 통하여 아는 것이라 할지라도 이것은 인간이 아는 것이 아니요, 하나님의 영이 아는 것이다. 그러므로 하나님의 영을 통하여 말하는 이는 너희가 아니라."(마 10:20) 하신 것처럼, 하나님의 영을 통하여 알게 된 자들에게도 '아는 이는 너희가 아니다' 라고 말함은 과연 옳습니다. 그와 똑같이 하나님의 영을 통하여 보는 사람들에게도 '좋게 보는 이는 그들이 아니고 하나님이 좋게 보신 것이라' 고 말할 수 있습니다.

세상에는 좋은 것을 나쁘다고 판단하는 마니주의자들과 같은—위에서 언급한—사람들이 있는가 하면 당신의 창조를 좋게 보고 그것에서만 행복을 찾고 즐거워하는 자들도 많이 있습니다. 그런 사람들은 당신이 창조하신 것을 즐거워하지만 그것을 창조하신 당신 안에서는 즐거워하지 않는 자들입니다. 그러하기에 당신은 그들을 좋아하지 않으십니다. 그러나 이런 경우가 있습니다. 사람이 좋은 것을 볼 때 하나님이 그 사람 안에서 좋은 것을 보시는 경우입니다. 그것은 곧 하나님이 그의 만드신 것을 통하여 사랑을 받으신다는 뜻입니다. 그렇지만 하나님이 우리에게 부어 주시는 하나님의 영을 통하지 않고는 우리가 그를 사랑할 수 없습니다. 그러하기에 "우리에게 주신 성령으로 말미암아 하나님의 사랑이 우리 마음에 부은 바 됨이니”(롬 5:5) 그 성령으로 말미암아 우리는 어떤 종류(계층)의 존재도 좋은 것임을 보아 알게 됩니다. 왜냐하면 모든 존재는—존재의 어떤 계층에도 속하지 않고 모든 계층을 초월해 계시는 존재 자체이신—당신에게서 온 것이기 때문입니다.(출 3:14)[31]

32장_ 하나님의 세계 창조에 대한 요약과 찬양

(47) 오, 주님, 감사합니다. 이제 우리는 하늘과 땅을 보고 있습니다. 그것이 이 물질 세계의 높은 층이든 낮은 층이든 혹은 영적인 창조이든 물질적인 창조이든 우리는 보기도 하고 이해하기도 합니다. 이 두 부분들을 장식하기 위하여—그것이 물질적인 세계를 지칭하든지 아니면 온 피조물을 지칭하든지 간에—빛이 창조되었고 그 빛이 어둠으로부터 나누어졌음을 알고 있습니다. 우리는 또한 하늘의 궁창을 보고 있습니다. 그것은 상층의 영적인 물과 하층의 물질적인 물 사이에 놓여 있는 세계의 원초적인 형체, 즉 하늘이라고 부르는 기체의 공간입니다.[32] 하늘의 새들은 그 공간, 즉 증발하여 위로 올라가 구름이 되고 맑은 밤에는 이슬로 내리는 물과 무거워서 땅위를 흘러가는 물 사이의 공간의 영역을 날아 돌아다닙니다.

우리는 물이 한곳으로 모아져서 이루고 있는 바다, 물에서 분리되어 하나의 형체를 지님으로써 잘 정돈된 모습으로 눈에 나타나 보이는 마른 땅, 풀과 나무를 자기 위에서 키우는 흙을 봅니다. 우리는 하늘에 빛나는 광명체들을 봅니다. 즉 낮을 섬기는 해와 밤을 위로하는 달과 별을 봅니다. 이것들로 인하여 우리는 시간의 경과를 재고 표시합니다. 우리는 사방에 물의 요소가 있어 그 덕택으로 짐승들과 물고기와 새들이 가득히 살고 있음을 봅니다. 또한 공기는 물이 증발한 탓으로 그 농도가 짙어져서 새들로 하여금 잘 나르도록 도와주고 있음을 봅니다. 우리는 땅의 표면이 짐승들로 가득 채워져 있음을 봅니다. 그리고 끝으로 당신의 형상과 모양으로

31) 참고: **고백록** 2, 5, 10 ; 7, 12, 18.

32) 어거스틴은 자기가 말년에 쓴 『재고록』에서 이 문장은 대단히 애매하며 자신이 충분하게 고려하지 않고 기록했다고 언급하고 있다. 참고: 『재고록』 2, 6, 2.

지음을 받은 인간이—바로 당신의 형상과 모양, 즉 이성과 이해력을 가지고 있기 때문에—이성을 가지고 있지 않은 모든 피조물들을 다스리고 있음을 봅니다.

인간의 혼에는 두 요소, 즉 이성의 힘으로 다스리는 부분과 그 이성의 판단에 순종하는 부분이 있습니다. 이와 같이 남녀는 본질적으로 그들이 가지고 있는 정신의 이성적 능력에서는 동등하나 육체적인 성에서는 서로 다르므로 여자는 남자에게 순종해야 합니다. 그것은 마치 행동의 의지가 올바른 행동을 하기 위해서는 이성의 판단을 따라야 하는 것과 같습니다. 우리가 이 모든 것을 볼 때 그 하나하나가 각기 다 좋으나, 그들의 모두를 전체로 볼 때는 심히 좋습니다.

33장_ 무로부터의 창조

(48) 당신의 피조물들이 당신을 찬양함은 우리로 하여금 당신을 사랑하게 하기 위함이요, 우리가 당신을 사랑함은 당신의 피조물로 하여금 당신을 찬양하게 하기 위함입니다. 당신의 피조물들은 시간 안에서 시작과 끝이 있고, 흥망성쇠가 있으며, 아름다움과 그 아름다움의 상실이 있습니다. 이리하여 그들에게는 알게 모르게 서로 교차되는 아침과 저녁이 연속되고 있습니다. 이렇게 됨은 당신이 그들을 무(無)에서 창조해 내셨기 때문입니다. 그들은 당신 자신에게서 나온 것도 아니요, 당신이 창조하시지 않은 어떤 다른 질료에서 나온 것도 아니며, 혹은 이전에 당신이 창조해 두셨던 어떤 질료에서 나온 것도 아닙니다. 그들은 당신이 동시적으로 창조하신 질료에서부터 지음을 받은 것입니다. 즉, 형상이 없는 질료를 창조하신 것과 질료에 형상을 부가하여 어떤 존재를 만드신 것 사이에는 아무 시간적 간격이 없기 때문에 동시적이라 말할 수 있습니다. 원래 '하늘과 땅'의 질료와 형상은 서로 다릅니다. 그러하기 때문에 당신은 먼저 절대무에서 형상이 없는 질료를 창조하셨고, 그 형상이 없는 질료에서 이 아름다운 세상을 형성하신 것입니다.[33] 그러나 이 질료에 형상을 부여한 것은 동시에

33) 어거스틴은 여기서 플로티누스의 유출설과 플라톤의 형성설을 부인하고 그 대신 무

이루어진 것이니 이 두 사건 사이에는 아무 시간적인 간격이 없이, 형상이 질료에 뒤따라 부여된 것입니다.

34 장_ 창조에 대한 은유적 해석에 대하여

(49) 우리는 또한 모든 것을 이렇게 창조하시고 이러한 순서로 기록하게 하신 당신의 뜻이 무엇인지 그 영적 의미를 탐구하며 알아보았습니다. 또한 당신의 피조물들은 각각 다 좋으나 그것들을 전체적으로 보면 심히 좋음을 알게 되었습니다. 우리는 이 모든 것이 하늘과 땅에 동시에 계시는 당신의 말씀, 교회의 머리가 되시고, 몸이 되시는 당신의 독생자 안에서 이루어졌고, 또한 이것은 당신이 아침과 저녁이 없는 모든 시간 이전에 이미 예정하신 바라고 알게 되었습니다. 그러나 당신은 시간 이전에 예정하신 바를 시간 안에서 나타내시어 감추어져 있는 것을 나타나게 하셨고 질서가 없는 혼돈 된 우리에게 질서를 부여해 주셨습니다. 왜냐하면 우리는 우리 위에 있는 죄의 무게에 눌리어 당신을 떠나 흑암의 심연 속으로 깊이 빠져 들어가 (혼돈 된 상태에) 있었기 때문입니다. 그래서 당신의 영은 적당한 때 우리를 도우시고자 우리 위를 감돌고 계셨습니다. 마침내 당신은 죄인들을 의롭게 하시어 그들을 사악한 자들로부터 갈라놓으셨습니다.[34)]

당신은 궁창과 같은 성서의 권위를 당신에게 순종하는 윗사람들과 그들에게 순종하는 아랫사람들 사이에 두셨습니다. 당신은 또한 믿지 않는 자들을 한곳(한 집단)으로 모으심으로 믿는 자들의 열성이 드러나도록 하셨습니다. 그것은 믿는 자들이 하늘의 보화를 얻기 위하여 땅의 재물을 가난한 자들에게 나누어 줌으로써 당신에게 선한 일을 하도록 하게 함이었습

로부터의 창조를 주장하고 있다. 참고: **고백록** 7, 11, 17 ; 12, 3, 3 ; 12, 8, 8 ; 선한용, 『시간과 영원』, 제3장 시간과 무로부터의 창조.

34) 어거스틴은 혼돈(질료)에 질서(형상)를 부여하신 우주창조의 과정과 흑암에 깊이 빠져 들어가 혼돈 상태에 있는 인간을 새롭게 형성하시는 과정을 같이 보고 있다. 즉 그에게서 우주창조와 인간을 새롭게(의롭게) 하는 과정을 같은 맥락에서 보고 있는 것이다.

니다. 또한 당신은 궁창에 빛들을 켜주시었는데 그들은 당신의 생명의 말씀을 간직하고 사는 당신의 거룩한 사역자들이며, 영적인 은사를 받아 숭고한 권위로 빛나는 자들입니다. 또한 믿지 않는 백성들을 교회에 인도하고 믿는 자들을 축복하기 위하여 당신은 물질을 통하여 주시는 성례와 현저한 기적, 궁창으로 상징된 성서의 말씀을 그들에게 주셨습니다.

당신은 믿는 자들로 하여금 절제의 강한 능력으로 욕심을 다스리게 하심으로써 그들에게 '산 영혼' 을 형성해 주셨습니다. 당신은 또한 인간의 이성, 즉 당신에게만 순종하고 다른 인간의 권위에는 순종할 필요가 없는 그 이성을 취하사 당신의 형상과 모양을 따라 새롭게 되도록 하셨습니다. 그리고 아내가 남편에게 순종하듯이 당신은 이성의 행동을 숭고한 지성의 원리에 순종하도록 하셨습니다. 마지막으로, 이 세상에서 믿는 사람들의 생활을 완전케 하기 위하여 당신의 성직자들이 필요하므로 당신은 믿는 자들이 그들의 쓸 것을 (이 세상에서) 마련해 주기를 원하십니다. 그러한 행위는 미래에 열매 맺는 선한 일인 것입니다. 이 모든 것을 우리가 보니 심히 좋사옵니다. 그것은 당신이 우리 안에서 그것들을 좋게 보심이요, 또한 당신은 우리에게 당신의 영을 주시어 우리로 하여금 그것들 안에서 당신을 사랑하게 하시기 때문입니다.

35 장_ 일곱째 날 : 하나님의 안식과 인간의 안식

(50) 주 하나님, 당신이 모든 것을 우리에게 주셨으니 우리에게 당신의 평화도 주소서. 우리에게 휴식의 평화, 안식일의 평화, 저녁이 없는 평화를 주소서. 이렇듯 심히 아름다운 것들과 그 질서도 제 경로를 다 간 후에는 사라지고 맙니다. 그들에게 아침과 저녁이 있기 때문입니다.

36 장_ 저녁이 없는 안식일

(51) 그러나 일곱째 날에는 저녁이 없습니다. 그날에 해가 지지 않

음은 당신이 그날을 거룩하게 하사 영원히 지속하도록 축복하셨기 때문입니다. 당신은 심히 좋은 그 피조물들을 다 만드신 다음 일곱째 날에 안식하셨습니다.(창 2:2—3) 물론 당신은 이 모든 것을 계속 안식하시면서 동시에 창조하십니다. 그러므로 당신의 책의 말씀이 미리 우리에게 말씀해 주신 바와 같이(당신처럼) 우리도 당신이 하라 하신 선한 일을(이 세상에서) 다 마친 후 영생의 안식일에 당신 안에서 편히 쉬기 원합니다.

37 장_ 영원한 안식

(52) 그 영원한 안식일에는 당신이 지금 우리 안에서 역사하시듯 우리 안에서 안식하실 것입니다. 우리가 지금 하는 선한 일이 실은 당신이 우리를 통해서 하시는 일이오니 그때의 우리의 안식도 실은 당신이 우리를 통해서 누리는 안식일 것입니다. 오, 주님, 그러나 당신은 항상 일하시고 항상 안식하십니다. 당신은 시간 안에서 보시거나, 시간 안에서 움직이시거나, 시간 안에서 안식하시지 않으십니다. 그러나 당신은 우리가 시간 안에서 보는 모든 것들과 그 시간 자체를 지으셨고, 또한 그 시간에서 오는 휴식도 마련해 주십니다.

38 장_ 하나님 안에서 안식하기를 원함

(53) 우리가 당신이 창조하신 모든 것을 볼 수 있음은 그것들이 먼저 존재하고 있기 때문입니다. 그러나 그들이 존재하게 된 것은 당신이 그들을 먼저 보고 계시기 때문입니다.[35] 우리는 그들이 존재함을 우리의 육신의 눈을 통하여 봅니다. 그리고 그들의 좋음은 우리의 마음의 눈을 통하여 보게 됩니다. 그러나 당신은 만들고자 하신 것을 보실 때 이미 만들어진

35) 인간에게는 존재가 먼저 오고 그것에 대한 인식이 후에 온다. 그러나 하나님에게는 그와 반대로 하나님이 아시는 것이 먼저이고 존재는 하나님의 아심을 뒤따른다. 인간의 인식과 하나님의 인식의 차이를 말하려는 어거스틴의 의도이다.

것을 보십니다. 우리는 이제 당신의 영에 의하여 좋은 일을 하려고 마음먹고 그 일을 하려고 움직입니다. 그러나 이전에는 우리가 당신을 떠나 있었던 탓으로 악을 행하기 위해 움직였습니다. 그렇지만 유일하시고 좋으신 당신은 좋은 일 하시기를 그치지 않으십니다. 우리도 당신의 은혜로 어떤 좋은 일을 하기는 했습니다. 그러나 그런 일이 영원한 것이 되지는 못합니다. 그렇지만 우리가 이런 일을 끝마친 후 당신의 위대하신 성화 속에서 안식하기를 소망합니다. 선(좋으심) 자체이신 당신은 당신 이외의 다른 선을 필요로 하시지 않으시므로 항상 안식하시고 계십니다. 그것은 당신 자신이 당신의 안식이기 때문입니다.

누가 누구에게 이 진리를 이해하도록 가르쳐 줄 수 있습니까? 어느 천사가 어느 천사에게 이것을 이해시킬 수 있습니까? 어느 천사가 인간에게 이 진리를 깨우쳐 줄 수 있습니까? 이제 우리로 하여금 그것을 위해 당신께 간구하게 하소서.

당신 안에서 그것을 찾게 하소서.
그것을 위해 당신의 문을 두드리게 하소서.
그렇게 함으로써만 우리는 그것을 얻을 것이요,
그렇게 함으로써만 우리는 그것을 찾을 것이요,
그렇게 함으로써만 그 문은 우리에게 열릴 것입니다.(마 7:7—8)[36] 아멘.

36) **고백록** 12, 1, 1과 13, 38, 53을 대조해서 읽어 보면 후자는 전자의 대답이라고 볼 수 있다.